어문학 연구의 넓이와 깊이

어문학 연구의 넓이와 깊이

# 어문학 연구의 넓이와 깊이

김 규 철 외

도서출판 역락

# ▎머리말

　주지하는 바와 같이 학문에는 종착역은 없고 끝없는 천착만이 있을 뿐이다. 학문에는 어디에나 천착해야 할 문제점이 숨어 있고 이를 찾아내어 창조적으로 해결하여 인류발전에 이바지하는 것이 학자들의 소임이다. 미력하나마 이런 소임을 다하고자 몇몇 어문학 관련 학자들이 심혈을 기울려 연구한 논문을 모아 단행본으로 꾸려봤다.

　요즈음의 학문적 추세는 자체의 영역을 넓히는 학제적 연구가 많이 이루어지고 있다. 따라서 언어에 대한 연구도 언어 자체에만 국한되어서는 아니 될 것이다. 언어에 영향을 미치는 외적 요소에 대한 연구는 물론이지만, 아울러 언어를 매개로 하는 다른 학문의 연구도 매우 중요하다고 생각된다. 본서의 책명을 '어문학 연구의 넓이와 깊이'라고 한 이유는 언어의 이러한 특성을 반영하기 위함이다. 다시 말하면 '넓이'는 언어에 관련된 다양한 주제, 즉 전통적인 분야인 문법론은 물론 담화·인지언어학 분야와 언어예술이라는 문학까지 광범위하게 포함하고 있음을 나타내기 위한 단어이고, '깊이'는 각각의 논문이 해당 분야에서 창조적인 탁견을 제시하고 있음을 표현하기 위한 단어이다.

　그러나 독자들의 욕구를 충족할 만큼 넓고 깊은 연구가 되었다고는 자신있게 말할 수 없음이 솔직한 고백이다. 그러나 필자들의 학문적 위치로 보아 이 책이 넓고 깊은 연구로 가는 징검다리의 구실은 충분히 하고도 남을 것으로 믿기 때문에 다소 위안이 된다.

　아무튼 여러 학자들이 이 책을 읽고 많은 질정이 있기를 부탁드리는 바이다.

2006. 3. 31.  
화랑대 연구실에서  
김 규 철

# ▌목 차

▪ 머리말

# 제1부 | 언어학

목 차 █

## 제 2 부 | 문 학

# 제 1 부 언어학

# 指小化의 非指小 意味에 대하여

김 규 철[*]

## I. 서 론

본고는 국어의 指小化에는 어떠한 의미와 기능이 있는지 살펴보는 것을 목적으로 한다. 흔히 지소사(지소 접두사와 지소 접미사)에 의한 지소화는 단순히 '작음'만을 의미하는 것으로 알고 있지만, 그러나 이것 이외에도 다양한 의미를 나타내고 있다. 예로 지소 접미사 '-아지'를 보면 '강아지'에서 우리는 '작음'과 '새끼'의 의미를 발견할 수 있지만, '목아지'에서는 '작음'의 의미는 없고 반면에 '卑下나 輕蔑'을 나타내고 있다. 이렇게 지소화가 이루어지면 다양한 의미와 기능이 나타나는데, 본고에서는 지소사의 범어적인 의미와 대조하여 국어 지소화의 독특한 의미와 기능은 무엇인지 살펴보고자 한다.

지소화는 통사론적 절차와 형태론적 절차에 의해 이루어진다. 전자는 句 構成과 문장을 통한 지소화를 말한다. 그러나 본고에서는 지면상의 문제로 후자, 즉 형태론적 지소화에 한정하여 그 의미와 기능을 살펴보

---

[*] 육군사관학교 국어과.

겠다. 즉 지소 단일어[1]를 한 성분으로 하는 합성어나, '지소 접사'에 의해 이루어진 파생어를 대상으로 지소화의 여러 기능을 살펴볼 것이다.

'指小'라는 말이 최적의 용어는 아니라고 본다. 왜냐하면 이 '指小'는 diminutive(이하 DIM)가 의미하는 모든 것을 충분히 대신할 수 없기 때문이다. 다시 말하면 '지소'는 DIM보다는 훨씬 좁은 의미를 담고 있다. 일반적으로 국어에서 의미(meaning)나 어감(sense)의 크고 작음을 상대적인 개념으로 나타내는 기본 틀은 다음과 같이 輕薄系列(diminutive)과 深重系列(augmentative 이하 AUG)로 나누고 있다(이숭녕, 1978 : 17). 이것은 주로 음운의 음성상징적 대립을 기초로 한 것이다.

> (1) **輕薄**계열 : 輕 明 淺 淸 薄 剛 近 親 密 小 少 狹 急 短 濃 細 縮
> ··· DIM
> **深重**계열 : 重 暗 深 濁 厚 柔 遠 疎 粗 大 多 廣 緩 長 淡 太 擴
> ··· AUG

우리는 DIM이라는 용어는 경박계열의 여러 의미를 포괄하고 있는 것으로 보고자 한다. 그러나 위 두 계열에서 짝을 이루는 의미를 살펴보면 알 수 있듯이 '지소'가 가리키는 의미는 여러 짝 중에서 오직 '小/大'의 의미만을 지칭하게 되어 그 의미가 너무 축소되어 있다. 或者는 '指小' 대신에 '縮小'라는 용어를 쓰기도 하지만 이 또한 마찬가지이다.[2]

---

1) 지소 단일어란 '작다, 좁다' 등과 같은 경박계열의 의미를 나타내는 단일어를 말한다.
2) 우리는 指小辭보다는 더 넓은 의미로 指小化라는 용어를 쓰고자 한다. 전자는 단지 지소 접두사와 지소 접미사를 말하지만, 후자는 이 지소사는 물론 작음을 나타내는 지소 단일어에 의한 관형구성까지, 또는 지소의 의미를 나타내는 하나의 문장까지 포함하기 때문이다.
   그리고 일부는 指小辭 대신에 縮小辭를 선호하는데 전자가 더 적합한 용어로 생각된다. 왜냐하면 전자는 결과 지향적이고 후자는 과정 지향적이다. 우리가 논하고자 하는 것은 지소화가 실현된 결과이지 지소화가 이루어지는 과정이 아니다. '애호박'하면 지소화가 실현된 결과물로 '어리고 작은 호박'을 말한다. 역으로 말하면 '큰 호박'을 아무리 잘 축소한다고 해서 '애호박'이 되는 것은 아니다. 따라서 '縮小辭'보다는 '指小辭'가 더 좋은 용어라 생각된다.

즉, (1)의 두 계열에서 짝을 이루는 의미 중 '縮小ㆍ擴大'라는 좁은 의미만을 나타내기 때문이다. 그러나 DIM이라는 용어는 輕薄계열의 여러 의미를 두루 포괄하는 의미를 나타내기 때문에 본고의 연구 방향과 일치하는 용어라고 생각할 수 있다.

## Ⅱ. 본 론

### 1. 지소화의 절차

이 지소화는 범어적으로 일어나는 언어 현상 중의 하나이다. 그러나 비록 지소화가 범어적인 현상(language universal)이라 하지만 그 절차는 언어에 따라 독특하게(language specific) 이루어지고 있다.

앞에서 언급한 바와 같이 지소화는 형태론적 절차와 통사론적 절차로 나눌 수 있다. 형태론적 절차는 접사에 의한 '파생어 형성'과 지소어와의 '합성어'를 이루는 2가지 방법이 있다. 파생어 형성은 지소 접사(diminutive affix)를 이용하는 것을 말한다. 그리고 '합성어 형성'은 '작다'나 '애기'와 같은 指小語를 사용하여 합성어를 만들어서 지소화를 실현하는 것을 가리킨다. 통사론적 절차는 구 구성이나 문장을 만들어 실현하는 것을 말한다.3) 먼저 지소 접사에 의한 지소화를 보자.

    (2) ㄱ. 접두사 : 가랑비(가랑-), 애호박(애-), 좀도둑(좀-) ······
        ㄴ. 접미사 : 송아지(-아지), 싸라기(-아기), 고랑(-앙) ······

위의 예를 보면 지소의 의미, 즉 경박계열의 의미를 지닌 접두사나

---

'축소'라는 용어를 사용하는 경우는 구본관(1999), 전상범(1995) 등이 있다. 안효경(1994 : 63)에서는 '지소사'라는 용어를 사용하지는 않았지만 '갈-. 쇠-' 등을 '지소사적 의미'를 나타내는 접두사라고 하고 있다.
3) 지소화 절차에 대한 논의는 김규철(2004)을 참고하시오.

접미사를 이용하여 지소화를 실현하고 있음을 알 수 있다.

　다음은 指小語인 '애기'를 결합하여 합성어를 만들어서 지소화를 실현하는 예를 보자.


　　　(3) ㄱ. 애기가래[4]
　　　　　ㄴ. 애기괭이밥


　이 '애기'는 '아기'의 움라우트 현상으로(일명 'i' 모음 역행동화) 생성된 단어로, 주로 식물명에 붙어서 '작은'의 의미를 더해주고 있다.[5]

　다음은 통사론적 절차인 句 構成이나 문장에 의한 지소화를 살펴보자. 주지하다시피 句(phrase)란 단어들이 단어경계 #를 두고 결합하여 단어보다 더 큰 언어형식을 이루는 것으로, 이는 '주어-술어' 관계를 이루지 않는다는 점에서 節(clause)과는 구별된다. 節이란 '주어-술어' 관계를 이루는 문장의 일부분이다. 또한 형태소 경계 +를 두고 결합된 합성어와도 구별해야 한다.[6] 문장에 의한 지소화란 문장이 경박계열의 의미를 나타내는 것으로 "남의 흉은 홍두깨로 보이고 제 흉은 바늘로 보인다."와 같은 것을 말한다. 전체적인 문장의 의미는 '자기의 흉'을 지소화하고 있음을 알 수 있다.

　형태론이나 통사론적 절차 외에도 주로 음성상징적 차원의 음운 교체를 이용하여 지소화를 실현하기도 한다.[7] 언어마다 특이한 방법이 사용되는데 몇 예를 들면 다음과 같다.

　Diola-Fogny(Sénégal의 말)에서는 이완모음(lax vowels) 사용으로(Sapir 1975), Nez

---

4) 이희승 국어 대사전에는 "가래과에 속하는 다년생 수초"로 풀이하고 있다.
5) 식물명 외에도 '애기잠'(누에의 첫 번 자는 잠)이라는 합성어가 있는데 이 경우도 마찬가지 '아기'의 의미가 내포되어 있다.
6) 형태소 분석에서 사용되는 부호로는 '#, +, -'를 사용하는데 이는 각각 '단어 경계', '자립 형태소 경계', '구속 형태소 경계'를 나타낸다. 사용 예를 보이면 다음과 같다.
　ㄱ. 우리 학교 → 우리#학교 (句로서 '우리'와 '학교'가 단어경계로 떨어져 있다.)
　ㄴ. 소나무 → 솔 +나무 (합성어로서 '솔'과 '나무'가 모두 자립형태소이다.)
　ㄷ. 돌배 → 돌-배 (파생어로서 '돌-'은 접두사이므로 구속형태소이다.)
7) 송철의(1992 : 290)에서는 음성상징에 의한 어의 변화를 내적파생으로 보고 있다.

Perce(Idaho, Oregon, Washington의 3개 주의 접경 부근에 사는 인디언의 말)에서는 후자음(back consonants) 사용으로(Aoki 1994), 전자음(fronted consonants) 사용으로(Ultan 1978; Ohala 1984), Rengao(Vietnam의 Mon-Khmer 말의 하나)에서는 전설모음과 고모음(high vowel and/or front vowel) 사용으로(Gregerson 1984, 1987), 영어에서는 고주파수 음의 사용으로(Ohala 1994; LaPolla 1994)[8], Yoruba와 Bini에서는 tone의 변화로(Childs 1994)[9], 비음(nasals) 사용으로(Jacobson & Waugh 1979), Agta와 Nez Perce에서는 반복(reduplication)에 의하여(Moravscik 1978 : 332), 한국어에서는 후설모음 또는 저모음(back vowel and/or low vowel)의 사용으로(김규철 1997, 1999a, b) 지소화가 실현되고 있다.

그러나 본고에서는 주로 형태론적 절차에 의한 지소화를 대상으로 그 기능과 의미를 살펴볼 것이다. 논의를 풍부하게 하기 위하여 일부 통사론적 절차인 '구 구성'에 의한 지소화도 예로 이용할 것이다.

## 2. 지소사의 原形

### 2.1. 범어적 원형

지소사는 어디에 그 뿌리를 두고 있는가 하는 문제를 논의해 보자. Jurafsky (1996)에서 指小辭(diminutive affixe)의 原形(archetype)으로 '아기/아들'(child/son)를 제시하고 있어 우리의 흥미를 끈다.[10] 즉 자립어로서 '아기/아들'이 세월의 변화에 따라 문법화(grammaticalization)되어 지소 접두사나 지소 접미사로

---

8) LaPolla(1994 : 140)는 중국어를 자료를 분석하여 다음과 같이 주장하고 있다.

> We have seen from the results of these experiments that there is a cross-linguistic tendency toward associating acute segments with "small" category words, and grave segments with "big" category words. As acute sounds have energy largely in high frequencies, and graves sounds mostly in low, this could be related to the "small" ~ high frequency and "big" ~ low frequency relationships mentioned above.

9) Yoruba 언어는 high tone으로 바꾸면 지소화가 일어나지만 반대로 Bini 언어는 low tone 으로 바꾸면 지소화가 된다.

10) A large number of diminutive morphemes developed historically from a word meaning 'child' or 'son'. This is especially true in Niger-Congo and in many language families throughout east Asia.

변화했다는 것이다. 문법화란 실질적인 뜻을 가진 어휘나 구문이 특정
언어 환경에서 문법기능을 갖게 되는 과정을 말하며, 일단 문법기능을
갖게 되면 계속 새로운 문법기능을 획득하며 발전해 간다고 한다.[11] 또
한 문법화는 형태구조의 변화와 함께 의미변화가 반드시 수반되는 과
정이다. 즉 여러 변이형이 나타나고, 또 본래의 의미는 사라지고 대신
다양한 의미를 획득하게 된다. 먼저 Jurafsky(1996 : 562)에서 제시된 여러
언어의 예를 보자.

 

(4) Niger-Congo

   ㄱ. Ewe                       *vi* << *vi* 'child'

   ㄴ. Gbeya(Niger-Congo)      *bé* << *béém* 'child'

   ㄷ. Londo(Bantu) i-Luyana(Bantu)    *nwáná-* << *nwáná* 'child'

                                         *-ana* << *ana* 'child'

 

(5) east Asia

   ㄱ. Mandarin(Chinese)        *-er* << *er* 'son'

                                 (only bound, cf. *erzi* '*son*')

   ㄴ. Cantonese(Chinese)       *-dzai* << *dzai* 'son'

   ㄷ. Boro                      - $^1$*sa* << - $^1$*sa* 'child'

                                 (cf. $^2$*bi*$^1$*sa* 'his son, child')

   ㄹ. Eastern Kayah          *-phú* << *phú* 'child'

       (Tibeto-Burman)       (only bound, cf. *vɛphú* 'my child')

   ㅁ. Thai(Kam-Tai)          *lûuk-* << *lûuk* 'child'

 

(6) others

   ㄱ. Nahutal                *-pīl* << *pil* 'child'

   ㄴ. Awtuw(North New Guinea)    *-yæn* << *yæn* 'child'

---

11) Hopper & Traugott(1993)에서 설명하는 문법화를 보면 다음과 같다. "the process whereby
lexical items and constructions come in certain linguistic contexts to serve grammatical
functions, and once grammaticalized continue to develop new grammatical function."

    ㄷ. Tboli(Austronesian)                *ngá* << *ngá* 'child'

위에 제시된 자료에서 우리는 지소사가 자립형태(free form)인 '아기/아들'에서 유래되어 구속형태(bound form)인 접두사나 접미사로 문법화하였음을 알 수 있다. 따라서 우리는 한국어도 이런 문법화를 거쳤을 것을 추측할 수 있다.

## 2.2. 한국어 지소사 원형

우리는 지소사의 원형이 'child' 즉 '아기/아이'와 관련되어 있음을 살펴봤다. 또한 지소화 절차에는 '지소 접두사'를 이용하는 방법도 있기 때문에 우리는 지소 접두사도 '아기'와 관련이 있을 것이라고 추측할 수 있을 것이다. 그러나 한국어의 경우 지소 접두사에는 다양한 목록, 즉 '가랑-'(비), '땅-'(꼬마), '모지랑-'(비), '새앙-'(쥐), '오솔-'(길), '잰-'(걸음), '조랑-'(말), '좀-'(도둑) 등이 있지만 'child'와 관련된 것은 '애-' 하나뿐이다. 이 '애-'는 자립어 '아이'가 축약된 형태로서 문법화를 거친 접두사이다. 따라서 여러 지소 접두사의 원형을 찾는다는 것은 불가능하여 본고에서는 지소 접미사의 원형에 한정하여 논의해 보겠다.

구본관(1999 : 130)에서는 "'-아지'가 어디에서 기원한 것인지는 알 수 없다. 혹 '枝', '種'을 나타내는 중세국어 형태 '가지'와 관련이 있을 수도 있을 듯하다. 강원(인제, 평창, 명주, 정선, 삼척) 방언에서는 '지(枝)'를 나타내는 말이 '아지', '아장구' 등으로 나타나는데 이 점이 참고될 수도 있을 것이다."라고 하였다. 즉 자립형태소인 '가지'가 문법화하여 '-아지'가 되었을 가능성을 말하고 있는 것이다.

한편 이성하(2001 : 136)에서는 한국어 지소사의 原形으로 2가지 즉 실질적인 의미를 가지고 독립적으로 쓰이는 '아기'와 '알'(卵)을 제시하고 있다.12) 먼저 '아기'에 대하여 살펴보자. 이성하(2001)에서는 '-아기'와 '-아지'의 관계를 구개음화로 설명하며, 한국어 지소접사 생성도 범어적이라고 주장한다. 즉 [g]가 전설 고모음 [i] 앞에서 구개음화되어 [j]로 변하는 것은 범어적인 현상이기 때문이다. 그러면서 다음과 같은 자료를 인용하고 있다. Pre-Sanskrit어에서 *gegome > *gygome > *gyagāma > ǰagāma 'went'의 변화를 보이고 있다(Hoch 1991 : 74). 따라서 접미사 '-아기'와 '-아지'는 서로 깊이 관련되어 있다고 보아 '아기'를 원형으로 보고 있다.

또 다른 原形은 '卵'을 의미하는 '알'로 보고 있다(이성하 2001 : 136). 즉 실질적인 의미를 지닌 '알'(卵)이 문법화 과정을 거쳐 기능어로 변하여 '卵'의 의미는 사라지고 접사 '-아리'로 됐다는 것이다. '-아리'는 '알'에 애칭표지(hypocoristic marker) '-이'가 결합한 말이라는 것이다. 이 '-이'는 애칭을 나타내는 기능을 하는 것으로서 이름이나 호칭에서 자연스럽게 사용되는 것은 사실이다.

> (7) ㄱ. John > Johnnie,  Bob > Bobby
>     ㄴ. dad/daddy,  mom > mommy

(7ㄱ)은 사람 이름의 경우이고, (7ㄴ)은 呼稱의 경우이다. 따라서 우리는 이름이나 호칭에 애칭표지 [i]가 자연스럽게 사용되고 있음을 알 수 있다. 한국어에서도 사람 이름의 경우는 마지막 음절이 자음으로 끝날 때 [i]를 첨가하여 사용하고 있다.

> (8) ㄱ. 영철 > 영철이
>     ㄴ. 미순 > 미순이

그러나 이성하(2001 : 137)의 주장처럼 한국어의 이름에 사용되는 [i]가 애칭을 나타내느냐 하는 것은 의문이 아닐 수 없다. 허웅(1975 : 38-40)에

---

12) 한국어의 경우 지소사에는 지소 접두사와 지소 접미사로 나눌 수 있는데 이성하 (2001)에서는 지소 접미사에 한정하여 논하고 있다. 지소 접두사도 당연히 언급했어야 할 것이다.

서는 이 '-이'를 "문법적으로나 어휘적으로 아무런 뜻이 없고, 오직 소리를 고르기 위해서 들어가는 것'으로 보았다. 그러면서 이 '-이'를 접사(가지)와 비슷하나 실질적인 접사(참가지)는 아니기 때문에 유사접사(비슷한 가지)라 불러둔다."라고 하였다. 한편 안병희(1977 : 70)에서는 이 '-이'를 의미는 없고 다만 인명을 포함한 모든 유정물 지칭의 명사에 연결되는 그래서 '유정물 지칭어를 무정물 지칭어와 구별시켜 주는 중세국어 이래의 접미사'로 보았다. 물론 인명의 경우에는 이 '-이'가 별다른 의미기능을 갖지 못한다고 할 수 있지만, 그러나 송철의(1977 : 17)에서 지적했듯이 일반명사 '개똥'이나 '쇠똥'에 '-이'를 첨가하여 인명을 만드는 것을 보면 이 '-이'는 특별한 기능이 있음을 알 수 있다. 이해의 편의를 위해 인명을 나타내는 송철의(1992 : 135)의 예를 인용해 보자.

> (9) ㄱ. 곰배팔 → 곰배팔이, 육손 → 육손이, 똑똑 → 똑똑이
>     ㄴ. 맹꽁 → 맹꽁이, 꿀꿀 → 꿀꿀이, 뻐꾹 → 뻐꾸기
>     ㄷ. 합죽 → 합죽이, 홀쭉 → 홀쭉이, 뚱뚱 → 뚱뚱이

위의 예를 보면 모두 '-이'가 첨가되어 有情名詞로 변하는 것을 알 수 있다. 나아가 파생명사 (9ㄱ, ㄷ)의 예를 보면 '존경이나 애칭'의 대상이라고 보기는 어렵다. 오히려 비하, 폄하, 경멸의 의미가 짙게 풍기는 것으로 이해된다. '-이'의 기능이 이성하(2001)의 주장처럼 애칭을 나타내는 것으로 보기는 더욱 어려운 것은 다음 예를 보면 명확히 드러난다.

> (10) ㄱ. 우리는 초대 대통령인 <u>이승만이</u>를 존경해야 한다.
>      ㄴ. 영국의 수상이었던 <u>처칠이</u>를 아느냐?

한국어의 '-이'가 愛稱을 나타내려면 존경의 대상은 물론 同等 내지 下待의 대상에 두루 자연스럽게 연결될 수 있어야 할 것이다. 그러나 (10)

에서 보듯이 그렇지 못하다는 점에서 우리는 '-이'를 애칭의 접미사가 아니라고 주장하는 것이며, 단지 유정물을 나타내는 기능을 하는 것으로 보아야 할 것이다.

따라서 이성하(2001 : 136-7)의 주장처럼 한국어 지소접사의 어원을 '아기' 외에 '알'(卵)을 상정하는 것이 타당한가는 더 논의를 해 봐야 할 것이다. 물론 '알'에는 '작음'의 의미가 내포되어 있어 지소사로 문법화하는 데에서 하등의 문제가 없어 보인다. 그러나 이성하(2001 : 137)에서 지적하듯이 다른 언어에 대한 현재까지의 연구를 보면 '알'을 지소접사로 사용하는 예가 없다는 데, 즉 범어적이 현상이 아니라는 데 더 큰 문제가 있다. 범어적으로는 앞에서 제시했듯이 'child/son'을 지소접사의 원형으로 보고 있기 때문이다. 따라서 통시적인 접근을 통해 우리는 대안으로 'child/son'과 관련이 있는 '아들' '딸'의 형태소 분석에서 추출해 낼 수 있는 '-알'을 제시하고자 한다.

鷄林類事에 보면 '男兒曰了姐'과 '女兒曰寶姐'이 나오는데, '了, 寶'는 남녀의 '性'에 해당되며, 'child'에 해당하는 말은 '姐'로 이는 '*돌' 또는 '*올'로 再構할 수 있다.

(11) ㄱ. 了姐 : *아돌, *알올, *아 + ㄷ + 올 (male child)
     ㄴ. 寶姐 : *ㅂ돌, *볼올, *ㅂ + ㄷ + 올 (female child)


(11ㄴ)에서 寶姐은 '뿔'로 표기되는데 '뿔'의 'ㅂ'은 음가대로 발음되었음을 알 수 있다.[13] 이는 '뿔'(米)의 합성어가 증명해 주고 있다. 중세국어의 '뿔'(米)에 대응어는 '白米曰漢菩薩'에 있는 '菩薩'(*ㅂ술)이다. 이 '뿔'은 '*ㅂ술'로부터의 축약된 것이며, 따라서 통시적으로는 'ㅄ'은 표기된 음가대로 'ㅂ'과 'ㅅ'이 둘 다 발음되었다고 봐야한다. 왜냐하면 공시적으

---

13) 만약 추측을 허락한다면 이 'ㅂ', 또는 'ㅂ'이 여성의 성기와 관련이 있다고 말할 수 있을 것이다. 그러나 이는 매우 조심스럽게 접근해야 할 문제이다.

로도 현대국어의 합성어에서 'ㅂ'이 소생하고 있기 때문이다.

    (12) ㄱ. 뿔 : 입쌀, 좁쌀      ㄴ. 딱 : 입짝, 접짝

        ㄷ. 삐 : 욉씨, 볍씨      ㄹ. 뜨 : 브릅뜨-

        ㅁ. 뜰 : 휩쓸-

이처럼 'ㅂ'계 어두자음군의 경우 'ㅂ'이 살아나는 것은 통시적으로 보면 고대국어나 중세국어에서는 이 'ㅂ'이 음가대로 발음되었을 가능성을 말해주는 것이다. 그러나 女兒의 경우 15세기 문헌에는 '쏠'로 나타나지 '뿔'로는 나타나지 않기 때문에 문제가 된다. 그렇지마는 우리는 '아들'과 '딸'의 再構形에서 '-알'을 추출해 낼 수 있음에 주목할 필요가 있다.[14)]

따라서 우리는 '-아리'의 원형을 '알'(卵)에서 찾기 보다는 범어적으로 사용되는 'son/child'와 깊은 관련이 있는 중세국어의 '*욀'에서 찾는 것이 설득력이 있을 것이다.[15)] 그러나 우리의 이런 주장은 더 깊은 연구가 요구된다.

## 2.3. 한국어 지소사 목록

### 2.3.1. 지소 접두사

접두사의 분류기준과 특성을 고려하여 여러 학자들이 제시한 접두사

---

14) 공시적인 표기 '아들'과 '딸'에서 '-알'을 추출해 낼 수 있는 근거는 날짜를 표기하는 단어에서 찾을 수 있다. 공시적으로 '하루, 이틀, 사흘, 나흘'에서 '-을'을 분석해 낼 수 있는데, 이는 통시적으로 중세국어에서는 '*ᄒᆞ롤(ᄒᆞᄅᆞ), 이틀, 사올, 나올'로 표기하기 때문에 '-올/을'을 추출해 낼 수 있는 것과 같은 이치이다. 특히 '하루'는 중세국어의 'ᄒᆞᄅᆞ'(1일)로 이는 'ᄒᆞ롤'에 소급되며, 이것은 다시 '*ᄒᆞ돌'로 소급된다. 통시적으로 보면 '하루'는 '홀'(1)과 '올'(日)의 결합인 것이다. '일'(1)은 祭亡妹歌의 一等隱枝良出古(ᄒᆞ 돈 가재 나고)로 표기되어 'ᄒᆞ돈'을 재구할 수 있다. 어근 '홀'은 鷄林類事에 '一日河 屯'과 일치하고 있다. '홀'의 'ㄷ'은 'ㄹ'로 변하여 'ᄒᆞ롤'이 된다.

15) 그러나 아기가 태어나기 전에는 엄마의 자궁에 있기 때문에, 자궁의 '둥글음'과 '알' (卵)과의 밀접한 관계를 인정한다면 '-아리'의 원형을 '알'로도 볼 수 있을 것이다.

목록 중에 '지소'의 의미를 나타내는 것만을 제시해 보겠다. 옥익환(1984)
에서는 다음과 같은 지소 접두사 목록을 제시하고 있다.16) 그러나 목록
의 일부는 지소 접두사로 보기가 어려운 점이 있다.

> (13) 갈-(가마귀), 가랑-(비), 곰방-(대), 뙤-(창), 보득-(솔),
>     쇠-(고래), 시-(내)17), 애-(호박), 옹-(방구리), 옹달-(샘), 쥐-(젖),
>     조랑-(말), 접-(낫), 종-(다래끼), 쪽-(방)

우리는 이 밖에도 지소의 의미를 지닌 접두사를 더 찾을 수 있을 것
이다.18)

> (14) 땅-(강아지), 오솔-(길), 살-(어름), 새앙-(쥐), 서캐-(조롱), 몽당-(연
>     필), 잔-(가지), 잰-(걸음), 조막-(손), 조롱-(박), 좀-(도둑), 푼-(돈),
>     조약-(돌)

본고는 접두사에 대한 연구가 아니고 지소화 표현에 대한 연구이기
때문에 더 이상의 지소 접두사 목록을 찾는 것은 본고의 범위를 벗어나
는 것이므로 더 논의하지 않겠다.

---

16) 옥익환(1984 : 33)에서는 이밖에도 타당성에서 논란이 되는 '실개천, 좀도둑, 생쥐'에서
    분석되는 '실-, 좀-, 새앙-'등이 있다고 말하고 있다.
17) '시내'의 '시-'는 접두사로 볼 수 없는 근거가 있다. 다름이 아니라 '谷'의 釋(또는 訓)이
    '실'이라는 자료가 있기 때문이다.
    谷 : '골' (천자문, 訓蒙字會, 新增類合 등의 새김)
    '실' (三國遺事 권2, 同一人名에 '得烏失' 또는 '得烏谷')
    이기문(1991 : 74)에 의하면, "국어사전에는 '시내'(溪)를 '실'(絲)과 '내'(川)로 해석하고
    있다. 古代語와 俗地名에 '실'(谷)이 있음을 몰랐던 것이다. '시내'가 '실'(谷)과 '내'(川)의
    복합어임을 오래 전에 李熙承(1932)에 의하여 밝혀진 바 있다."고 역설하고 있다.
    따라서 '시내'는 본래 '실내'라는 합성어이며 'ㄹ'이 'ㄴ, ㄷ, ㅌ, ㅅ, ㅈ, ㅊ' 등의 齒音
    앞에서 탈락하는 규칙이 적용되어 '시내'로 된 것이다. 따라서 '시내'의 '시'는 접두사
    로 보기가 어렵다.
18) 여기서는 명사에 붙는 접두사만 다루었는데 동사의 경우도 발견할 수 있다. '보다'에
    '얕-', '깔-' 등의 접두사를 붙이면 DIM의 의미가 나타나게 된다.

### 2.3.2. 지소 접미사 목록

한국어의 고유한 지소 접미사로는 '-아기', '-아지', '-앙이', '-아리' 등과 이의 다양한 變異形이 있다. 이성하(2001 : 134-135)에는 '잎'의 지소화 목록을 제시하고 있는데 이에서 다양한 지소 접미사를 확인할 수 있다. 이를 인용해 보자.

(15)　이파구　　이파귀　이피기　　이파리　　이퍼리
　　　입사　　　입새기　입생기　　입생이　　입싸기
　　　이피리　　입퍼리　잎깡　　　잎사　　　잎사구
　　　잎사구이　잎사귀　잎사기　　잎삭　　　잎상구
　　　입상귀　　잎새　　잎새기　　잎생기　　잎생이
　　　잎싸구　　잎싸귀　잎싹

(15)에 나타난 다양한 접미사는 다시 크게 3가지 유형으로 분류할 수 있는데 바로 '-아기' 형, '-앙이' 형, '-아리' 형이 그것이다. 그런데 이 3가지 유형은 여러 변이형을 파생시키고 있다. 앞에서 잠시 언급한 바와 같이 실질적인 뜻을 지닌 어휘 '아기'가 문법화되어 기능어로 변하면 의미도 바뀌지만 또한 형태도 달라지기 때문이다.

(16) '-아기' 형
　　-아기/-어기　　-아구/-어구　　-아귀/-어귀　　-악/-억
　　-애기/-에기　　-애구/-에구　　-애귀/-에귀
　　-아지/-어지　　-애지/-에지
　　-아이/-어이　　-애/-에

(17) '-앙이' 형
　　-앙이/-엉이　　-앵이/엥이　　-앙/-엉
　　-앙기/-엉기　　-앵기/-엥기　　-앙귀/-엉귀　　-앵귀/-엥기
　　-옹이/-웅이　　-옹/-웅

(18) '-아리' 형
　　　-아리/-어리　　-오리/-우리　　-알/-얼


　위에 제시된 다양한 예를 보면 모음조화에 의한 '-아기/-어기', '-앙이/-엉이', '-오리/-우리' 등등, i 모음 역행동화에 의한 '-애기/-에기', '-앵기/-엥기' 등등, 축약에 의한 '-애/-에', 탈락에 의한 '-악/-억', '-알/-얼' 등의 여러 음운현상에 의하여 다양한 변이형이 나타나고 있다. 또한 '-아기'와 '-앙이'의 결합형으로 '-앙기/-엉기', '-앙구/-엉구' 등의 변이형도 나타난다. 이런 변이형의 지소사도 관심을 가지고 연구되어야 할 것이다.

## 3. 지소화의 의미

　흔히 우리는 지소화가 이루어지면 단순히 '작음'만을 나타내는 것으로 알고 있다. 그러나 이는 '指小'라는 단어에 지나치게 집착한 결과가 아닌가 한다. 많은 학자들은 지소 접사가 다양한 의미와 기능을 가지고 있음을 연구하여 보고하고 있다.

　이해를 돕기 위해 독일어의 경우를 보자. 독일어의 지소 접미사 -chen, -lein은 기본적으로는 '작음'을 나타내지만, 이것 외에도 때로는 폄하의 미(pejorative meaning)을, 또는 '친애', '애칭' 등의 의미를 나타내기도 한다. 예로 Mörderchen의 -chen은 오히려 비천한 것(Gemeintes)의 의미로 사용되고, Städtchen은 단지 kleine Stadt(작은 도시)를 의미하는 것이 아니라, '작은'(klein)의 의미는 완전히 가려지고 '귀여워하는 의미'를 나타내고 있다고 한다. 이런 예로 Mütterchen도 마찬가지로 지소접미사 '-chen'이 있지만 '작은'이라는 의미는 사라지고, 단지 객관적인 Mutter(어머니)에 주관적인 평가, 즉 '애정어린' 감정을 넣어 부르는 '애칭'이 의미를 띤다.

　한국어의 경우도 마찬가지로 지소화가 실현된 언어형식(구, 합성어, 파생어 등)에는 다양한 의미와 기능이 발견된다. 간략하게 지소 접미사 '-아지'의 예를 살펴보자.

    (19)　ㄱ. 송아지(←소 + ㅇ +아지), 망아지(←말 + ㅇ +아지)

          ㄴ. 버러지(←벌래 +어지)

          ㄷ. 뾰루지(←뾰 + ㄹ +우지)

          ㄹ. 모가지(←목 +아지), 꼬라지(←꼴 +아지), 싸가지(←싹 +아지)[19]

          ㅁ. 미꾸라지(←미꾸리 +아지)

          ㅂ. 바가지(←박 +아지), 나머지(←남- +어지)

          ㅅ. 아버지(←압 +어지)

(19ㄱ, ㄴ, ㅁ)에서는 '작음'의 의미가 내포되어 있음을 알 수 있다. (19ㄱ)의 '-아지'는 '가축의 새끼'를 나타내고 있으며, 아울러 '새끼'에는 '작음'의 의미도 포함되어 있다. 그러나 우리는 '소'가 아무리 작아도 '송아지'가 될 수는 없다는 것을 알아야 한다. 다시 말하면 '어미 소'가 아무리 작을지라도 우리는 '송아지'라 하지 않고 단지 '작은 소'라고 한다. (19ㄴ)에서도 마찬가지로 '경멸'과 '작음'이 혼재한다고 볼 수 있다. '버러지만도 못한 놈'에서 우리는 '경멸'의 의미를 찾을 수 있다. (19ㄷ)의 '-우지'는 病名을 나타내는 기능을 하며, '작고 동그랗게 부어오른 부스럼'을 의미한다. (19ㄹ)의 예에서 '작음'은 찾을 수 없고, 오직 '경멸'의 의미를 느낄 수 있다. (19ㅁ)은 '작은 동물'을 가리키는 기능을 하고 있다. (19ㅂ)은 '일부' 또는 '부분'을 의미하고 있다. (19ㅅ)에서의 '-아지'는 기원적으로 가족호칭(kinship term)에 결합하여 '애칭'을 나타내는 것으로 볼 수 있는데, 현재는 이 '애칭'의 의미는 사라지고 문법화하여 남아 있다. 이처럼 지소 접미사 '-아지'의 의미가 오직 '작음'만을 나타내는 것이 아니라 다양한 의미를 나타내고 있다.

    이처럼 지소화가 이루어진 말에는 다양한 의미와 기능이 있다. Jurafsky

---

19) 여기의 '싹'은 '싹수'(앞길이 트일 징조)의 '싹'이며, '싸가지'는 '싹수'의 비속어이다.

(1996)에서 60개 언어를 대상으로 자세히 고찰하여 제시하고 있다. 따라서 우리는 Jurafsky가 제시한 지소화의 의미가 한국어와는 어느 것이 일치하고 어느 것이 불일치하는지 검토해 보겠다.

Jurafsky(1996)에서는 지소화의 의미를 크게 두 부류로 나누고 있다. 첫째 지소사는 의미론상(semantically) '아이/작음'(child/small)을 기본적인 핵심의미로 하고 있으며, 이 핵심의미로부터 파생된 것으로 여성(female gender), 작은 相似形(small type), 모방(imitation), 강화 및 정확(intensity/exactness), 個體化 및 部分(individuation/ partitive), 近似値(approximation) 등의 여러 의미가 파생되는 것으로 보고 있다. 둘째는 화용론적으로(pragmatically) 애정(affection), 애완동물(pets), 동정(sympathy), 친숙함(intimacy), 경멸(contempt), 완곡표현(hedges) 등의 기능으로 확장된다고 주장한다.

### 3.1. 어린이/새끼(child/offspring)

먼저 Jurafsky(1996 : 536)에서 제시한 지소화의 의미가 '어린이/새끼'(child/ offspring)를 나타내는 예를 보자.

```
(20)                        UNMARKED FORM         DIMINUTIVE
 ㄱ. Ojibwa(Algonquian)     kwe 'woman'           kwezens  'girl'
 ㄴ. Nez Perce(Penutian)    'iceyé.ye 'coyote'    'iceyé.ye-qen 'young coyote'
 ㄷ. Thai                   mǔu  'pig'            lûuk-mǔu   'piglet'
```

위 예는 지소를 나타내는 접미사나 접두사에 의해 지소화가 실현된 것들이다. 그런데 (20ㄱ, ㄴ)은 '새끼'는 아니지만 '어리다'의 의미를 나타내고 있고, (20ㄷ)은 '새끼'를 나타낸다.

우리는 지소 접미사 '-아기'나 '-아지'가 자립어인 명사 '아기'에서 유래된 것으로 해석했다. 따라서 이 지소 접미사에 의한 파생어는 그것이 사람일 경우는 '아이/어린이'를, 동물일 경우는 '새끼'를 나타낼 것이라는 것을 추측할 수 있다. Jurafsky(1996)의 예는 이를 잘 말해준다. 그러나 특이하게도 한국어의 경우에는 오직 '동물의 새끼' 그것도 주로 집에서 기르는 '가축의 새끼'를 의미하는 경우가 대부분이고, 결코 인간의 자식, 즉 '아이/어린이'를 나타내는 경우는 없다. 한국어에 사용되는 '-아지/-어지'는 '牛, 馬, 犬, 猪, 豚' 등의 동물 이름 어기와 고루 결합한다.

(21) ㄱ. 송아지(←소 + ㅇ +아지),
ㄴ. 망아지(←말 + ㅇ +아지),
ㄷ. 강아지(←가(개) + ㅇ +아지)[20]

위 예에서 우리는 지소 접미사 '-아지'를 추출해 낼 수 있다. 이 '-아지'를 이용한 파생어의 의미는 '새끼'와 이 '새끼'에서 은유되는 의미인 '작음'이다. 모든 새끼는 어미에 비해 상대적으로 작을 수밖에 없기 때문이다. 또한 화용론적으로 보면 '귀여움'의 의미도 파생되는 것을 알 수 있다. 이런 의미에 대하여는 후술할 것이다.

다음은 '-앙이/-엉이'와 '-아리/-어리'가 결합하여 지소화가 이루어진 예를 보자.

(22) ㄱ. 꺼병이(<꿩)
ㄴ. 병아리

(22ㄱ)의 예는 '꿩의 새끼'를 일컫는 단어로 '꺼비 +엉이'로 분석할 수 있고, 따라서 어 우리는 지소 접미사로 '-앙이/-엉이'를 추출해 낼 수 있다. 그러나 문제는 '꺼비'라는 자립어를 문헌 자료에서 찾을 수 없다는

---

20) 가축의 동물 이름 어기와 '-아지'가 결합할 때 개입되는 'ㅇ'에 대한 해석은 다음과 같다. 첫째 견해는 안병희(1967)에서 주장한 바와 같이 중세어 '송아지, 몽아지, 강아지'에 나타나는 'ㅇ'을 모음충돌을 피하기 위해 결합된 것으로 보는 것이다. 둘째 견해는 이숭녕(1961 : 72)에서 제시된 바와 같이 접미사 '-앙/엉/ㅇ'을 설정하고 명사 간에 나타나는 관형사형 접미사의 일종으로 보았다. 자세한 논의는 구본관(1999), 김규철(2004)을 참조하시오.

것이다. 그러나 '-앙이/-엉이'의 다른 예와의 비교해 보면 '꺼비'가 語基라
는 것을 확인할 수 있다.

   (22ㄴ)의 '병아리'는 '벼 +아리', 또는 '벼 + ㅇ +아리'로 분석되는데
'벼'와 'ㅇ'의 정체를 밝혀야하는 2가지 문제가 대두된다. 'ㅇ'은 이숭녕
(1961)에서 논의한 '송아지, 몽아지, 강아지'의 'ㅇ'와 같은 것으로 볼 수
있어 해결이 된다. 그러나 현존 자료로서는 '벼'를 해결할 수 없어 이런
분석은 불가하다. 따라서 방언 자료를 이용하여 해결해 보자. '계(鷄)의
새끼'를 경북 지방에서는 '비가리'라 하는데 이 '비가리'는 '빅 +아리', 또
는 '비 + ㄱ +아리'로 형태소 분석이 가능하다.[21]

   동일한 것으로 분석한 접미사 '-아리'도 결국 '-아지'와 마찬가지로 '동
물의 새끼'를 나타내는 기능을 하고 있다. 그런데 한 가지 유의할 것은
맹수의 '새끼'에는 '-아지'가 결합된 파생어를 만들지 않는다는 것으로
보인다는 것이다.[22] 이런 경우는 句 構成이라는 지소화 절차를 거쳐 표
현하고 있다.


   (23) ㄱ. 곰 새끼 (*곰아지)
        ㄴ. 사자 새끼 (*사자아지)


   위의 예에서 우리는 분명히 '곰'과 '사자'의 '새끼'라는 의미를 파악할
수 있지만 그 외에도 '경멸/비하'의 의미가 있음을 알 수 있다. 이는 "'자
식 새끼' 잘못 키운 죄"라고 탄식하는 말에서 알 수 있다. 또한 '새끼'라
는 단어가 辱으로도 자주 쓰인다는 데에 기인한 것으로 생각할 수 있다.
그러나 구 구성에서 이 '새끼'나 '아기'가 앞에 오면 '귀여움'이라는 의미
가 첨가된다. 다음 예를 보자.

---

21) '비'나 '빅'은 <훈민정음 해례>에 나오는 '비육'(鷄)에서 나온 것으로 볼 수 있다.
22) 그러나 '호랑이'를 '호 +ㄹ +앙이'로 분석할 수 있어 '-앙이'를 추출할 수 있지만, '호
    랑나비'에서 찾을 수 있는 '호랑'의 의미(얼룩덜룩한 색)를 보면 '호랑이'는 '호랑 +이'
    로 분석하는 것이 좋을 것이다.

(24) ㄱ. 아기 곰 ↔ 어미 곰
　　ㄴ. 새끼 사자 ↔ 어미 사자

어린이들이 많이 읽는 동화에 보면 '곰 새끼'가 아니라 '아기 곰'으로, 또 '사자 새끼'가 아니라는 '새끼 사자'로 나오는 것을 볼 수 있다. 이 '새끼 사자'에 상대가 되는 '어미 사자'를 보면 더 쉽게 알 수 있다. 동화에 보면 '곰 어미'나 '사자 어미'는 잘 찾아지지 않는다. 이는 구 구성에서 선행성분, 또는 관형성분으로 으로 '어미'가 올 때 '親愛'의 의미가 나타나기 때문일 것이다.

한국어의 경우 범어적인 현상과는 달리 지소화가 '아이/어린이' 그 자체를, 즉 '인간의 자식'을 나타내는 기능은 없고, 단지 '가축의 새끼'를 의미한다는 것은 한국어의 특이한(language specific) 점이라 할 수 있다.

## 3.2. 작음(small)

冒頭에서 언급했듯이 지소화가 실현되면 근본적으로 '작음'을 나타내야 한다. 이는 '지소'라는 단어의 逐字的 해석으로도 알 수 있다. 여기서 우리가 주의할 것은 '작음'(small)은 물리적(physical) 크기의 '작음'만이 아니라, 質(quality)과 量(quantity)에도 모두 관련되는 개념으로 보아야 한다는 것이다. 즉 輕薄系列에서 '小'뿐만 아니라 '少'의 의미도 포함된 것으로 보자는 것이다. Jurafsky(1996 : 536)에서 제시한 지소화의 의미가 '작음'을 나타내는 예를 보자.

| (25) | UNMARKED FORM | DIMINUTIVE |
|---|---|---|
| ㄱ. Yiddish | *di mil* 'the mill' | *dos milexl* 'the little mill' |
| ㄴ. Boro[23] | $^2no$ 'house' | $^2no\,^1sa$ 'hut, small house' |
| ㄷ. Khasi[24] | *ka khnaay* 'the mouse' | *ʔii khnaay* 'little mouse' |

---

23) Tibeto-Burman 지역의 언어.

위 에서 알 수 있듯이 Boro어에서는 지소 접미사 -sa에 의해 작음을 나타내지만, Khasi어에서는 ²ii이라는 指小語를 관형어로 사용하여 '句 構成'으로 지소화를 실현했으며, 나아가 '작음'의 의미를 나타내고 있다. 한국어의 경우는 어떠한지 다음의 예를 살펴보자.25)

　　(26) ㄱ. 작은 학교, 꼬마 전등, 小幅 改閣
　　　　　ㄴ. 꼬마-물방개, 애기-괭이밥, 애기-나리
　　　　　ㄷ. 가랑-비, 땅-꼬마, 모지랑-비, 새앙-쥐, 오솔-길, 조랑-말, 좀-도둑
　　　　　ㄹ. 고랑(←골 +앙), 도랑(←돓 +앙), 돌멩이(←돌 +멩이)
　　　　　ㅁ. 미니-학교, 미니-축구

(26ㄱ)의 예는 '句 構成'으로 지소화를 실현한 것이다. 이 경우 '작음'의 의미가 가장 잘 드러난다. '작은 학교'는 교실이 몇 안 되고, 운동장도 자그마한 학교를 뜻한다. Khasi어에서도 '구 구성'이 '작음'을 나타내는 것과 일치하고 있다. (26ㄴ)은 합성어에 의한 지소화로 이 경우도 '작음' 의 의미가 잘 들어난다. 특히 동식물에 붙는 '애기', '꼬마' 등은 '경멸'이 나 친애' 등을 수반하지 않는 것이 특징이다. (26ㄷ)은 고유어 지소 접두 사에 의한 지소화의 예로 이 경우도 '작음'의 의미가 잘 나타난다. 때로 는 '애-호박'에서처럼 '어리다'(幼)의 의미가 있지만 대부분 '작음'의 의미 가 더 우세하다. (26ㄹ)은 지소 접미사에 의한 지소화의 예다. '골'은 '산 골'에서 보듯이 augmentative하지만, '고랑'은 '밭 고랑'에서 알 수 있듯이 diminutive를 나타낸다. 좁은 밭에 '산골'처럼 큰 '골'을 팔 수는 없을 것 이다. '돌멩이'도 마찬가지 '돌 산'은 자연스럽지만 '돌멩이 산'은 어색한 것은 '산'의 크기와 '돌'의 크기는 서로 호응이 되지만, 반면에 '돌멩이' 의 '작음'이 '큰' 산과는 어울리지 않기 때문이다. (26ㅁ)은 외래어 지소

---

24) Mon-Khmer 지역의 언어
25) 이성하(2001 : 138)에서는 '꼬랭이(<꼬리), 뿌렝이(<뿌리), 호멩이(<호미)'를 예로 들고 있 지만 '작음'의 의미보다는 '경멸'의 의미가 더 강하게 풍기는 것으로 봐야 할 것이다.

접두사의 예로 이 'mini-'는 그 생산력이 강해서 많은 파생어를 만들어 내고 있다. '미니카', '미니스커트' 등 외래어를 사용하기도 하지만 이 '미니-'는 위 예에서 보듯이 한국어와 혼종어를 이루는 경우가 대단히 많다. 이 '미니-'를 이용한 지소화는 오직 '작음'의 의미를 나타낼 뿐 여타의 의미를 나타내지는 못하는 것이 특징이다.

　여기서 한 가지 짚고 넘어가야 하는 것은 왜 지소 접미사가 '작음'을 나타내느냐 하는 점이다. 이는 앞에서 지소사의 원형을 논하는 자리에서 언급했듯이 지소 접미사는 실질적인 의미를 가진 자립어 '아기'가 문법화 과정을 거치면서 '접사화'했기 때문이다. 다시 말하면 원형인 '아기'에서 파생되는 의미 중의 하나는 '작음'이라는 것이다. 어떤 종류의 '아기/새끼'건 간에 '어미'보다 작을 수밖에 없다. 따라서 '아기/새끼는 작다'라는 은유가 성립되는 것이다.

### 3.3. 어리다(young)

　지소 接頭辭에 의한 지소화가 실현될 경우 한국어에서는 '작음'의 의미보다는 '어리다'(幼)의 의미가 더 강하게 나타나는 예가 발견된다. 바로 지소 접두사 '애-'가 그런 기능을 하는데 다음의 예를 보자.

    (27) ㄱ. 애나무(어린 나무)　　　ㄴ. 애돝(한 살이 된 돼지)
         ㄷ. 애벌레(어린 벌레)　　　ㄹ. 애송아지(어린 송아지)
         ㅁ. 애순(나무, 풀의 새로운 어린 싹)
         ㅂ. 애채(나무의 새로 돋은 가지)
         ㅅ. 애호박(덜 큰 어린 호박)

　이처럼 지소 접두사 '애-'는 '작음'의 의미보다는 '幼'(어리다)의 의미를 더 강하게 나타내고 있다.[26) 지소화가 실현되면 한 가지 의미를 나타낼

---

26) '애저녁'(초저녁), '애당초' 등의 예에서 '애-'는 '早, 初'의 의미를 나타내는데 이 또한

수도 있지만, 때로는 여러 의미가 포함될 수 있음을 말하는 것이다. 물론 이 '애-'는 다른 동식물 명칭의 語基에 첨가되어 핵심적인 의미 '작음'을 나타낸다. 예로 '애쉬파리', '애명주잠자리' 등에서는 '幼'(어리다)의 의미는 없고, '작다'는 의미만 나타난다.

지소화의 실현으로 '幼'(어리다)의 의미를 획득하는 언어로는 Nez Perce를 들 수 있다. 예로 iceyé.ye 'coyote'를 지소화하면 'iceyé.ye-*qen*' 'young coyote'이 되는데 이는 'small'이 아니라 'young'을 나타내는 것을 관찰할 수 있다.

그러면 왜 지소화가 실현되면 '어리다'는 의미가 타나나는가 하는 의문이 발생한다. 이는 앞에서 논의한 지소사의 原形을 보면 접두사 '애-'는 일반명사 '아이'(child)에 기초한 것으로, 당연히 '幼'(어리다)의 의미를 내포하고 있기 때문이다. 다시 말하면 '아이'이면 당연히 '어릴' 수밖에 없다는 말이다. 즉 '아이는 어리다'라는 등식에서 해답을 얻을 수 있다.

### 3.4. 여성(female gender)

한국어의 경우 gender(문법적인 性)[27]가 문법범주가 아니기 때문에 이것이 문법범주인 다른 언어와 일 대 일로 비교하는 것은 무리라고 본다. 인구어에서는 남성명사에 지소접미사를 첨가하면 여성명사로 변하고, 또 gender도 바뀐다. Jurafsky(1996 : 536, 545)에서 제시한 예를 보자.

| (28) | UNMARKED FORM | DIMINUTIVE |
|---|---|---|
| ㄱ. Hebrew | *axyan* 'nephew' | *axyanit* 'niece' |
| | *mapa*(masc) 'table clothe' | *mapit*(fem)  'napkin' |
| ㄴ. Hindi | *ladkā* 'boy' | *ladkī* 'girl' |

---

DIM한 의미로 볼 수 있을 것이다.

27) 한국어의 문법에서는 '性'과 'gender'을 구별하는 용어가 따로 마련되어 있지 않아 혼란을 일으킨다. '性'은 생물학적인 개념으로 'sex' 즉 남성 여성을 의미하지만, 'gender'는 문화적, 또는 문법적인 性을 의미한다.

|  |  | *ghantā* (masc) 'bell' | *ghantī* (fem) 'small bell' |
|---|---|---|---|
| ㄷ. | English | major | majorette |
|  |  | dinner | dinnerette |

(28ㄱ)에서 보면 지소 접미사 '-it'가 첨가되면 첫째 예와 같이 남성명사가 여성명사로 바뀌는 것(nephew→niece)과, 또 둘째 예처럼 gender의 변화, 즉 남성(masculine)이 여성(female)으로 변하는 것을 볼 수 있다. (28ㄷ)에서 영어의 지소 접미사 '-ette'는 단어에 따라 남성을 여성로 바꾸기도 하고(예로 majorette), 또 둘째 예처럼(dinnerette) '작음'도 나타난다.

한국어의 경우 이와 완전히 일치하지는 않지만 파생어에서 보통명사 '아기'가 여성을 의미하는 경우가 발견된다.

(29) ㄱ. 새아기, 새애기
     ㄴ. 새악아(呼格形)

우리는 흔히 새로 시집온 며느리를 平稱으로는 '새아기', 尊稱으로는 '새아기씨'라 부른다. (29ㄴ)에서와 같이 호격 조사 '-아'가 붙으면 '아기'가 줄어서 '악'이 되어 '새악아'가 된다. 일반명사 '아기' 자체는 中性이지만, '새-'와 결합하면 '여성'으로 변한다는 사실은 원시 한국어에서는 gender가 존재했을 가능성을 시사하는 것이 아닌가 한다.

지소화가 여성으로의 gender를 변화시키는 기능을 한다는 것은 지소 접사가 여성과 밀접한 관계에 놓여 있음을 시사해 준다고 볼 수 있다.

| (30) |  | UNMARKED FORM | DIMINUTIVE |
|---|---|---|---|
| ㄱ. | German | *Junge* 'boy' | *Mädchen* 'girl' |
| ㄴ. | Cantonese | *dzai*$^{35}$ 'son' | *nui*$^{35}$ 'daughter'(cf, *nui*$^{25}$ 'woman') |
| ㄷ. | English | boy | girl |

(30)에서 보면, 비대칭인 언어28)에서는 '젊은이'의 경우 여자를 가리키는 어휘에는 지소사가 통합되어 있으나, 반대로 남자의 경우는 그렇지 않다는 것을 알 수 있다. 독일어 '소녀'(Mädchen)에 지소사 '-chen'이 들어 있다. 또한 영어에서도 'girl'에 '-l'이 들어 있는데 이 '-l'은 독일어 지소사 '-l'에서 유래된 것이다. 그러나 남성을 가리키는 Junge나 boy에는 어떤 형태의 지소사도 포함되어 있지 않다(Jurafsky(1996 : 546)).

그러면 왜 지소화가 실현되면 여성으로 性 또는 gender의 변화가 이루어지는가 하는 의문이 발생한다. 이는 '작음'에서 '연약', '미약' 등의 의미가 파생되기 때문이다. 예로 지소화기 실현된 단어 '애순'을 보면 무척 '연약'하다는 것을 알 수 있다. 이 '연약'이 여성과 깊은 관련을 맺고 있다. 일반적으로 '연약한 것'을 강한 '남성'으로 표현하는 경우는 없기 때문이다. 따라서 '연약함/미약함은 여성의 속성이다'라는 공식을 생각해 낼 수 있다. 그러므로 지소화가 性 또는 gender의 교체를 이루는 기능을 하는 것이다.

## 3.5. 작은 類似形(small type)

다음은 지소화가 실현됨으로써 語基와 비교하여 '비슷한 모양의 작은 형태'를 나타내는 기능을 하는 것에 대하여 살펴보자. 이해의 편의를 위해 먼저 Jurafsky(1996 : 536)에서 제시한 예를 보자.

| (31) | UNMARKED FORM | DIMINUTIVE |
|---|---|---|
| ㄱ. Ojibwa | *waasgonechgan* 'lamp' | *waasgonechgaans* 'flashlight' |
| ㄴ. Ewe | *hɛ* 'knife' | *hɛ-vɪ* 'razor' |

---

28) 대칭은 위에서 제시된 Berber어의 aqšiš 'boy' aqšišt 'girl'에서 볼 수 있듯이 지소사를 제외하면 동일한 형태 aqšiš를 지니는 것을 말하며, 비대칭이란 영어나 독일어처럼 동일형이 없이 개별형을 이루는 경우를 말한다.

(31ㄱ)에서는 *a*가 *aa*로 반복(reduplication)되므로 지소화가 실현되고 있다.29) 그리고 의미는 크기가 큰 'lamp'에서 작은 'flashlight'로 변했다. (31ㄴ)은 지소 접미사 '*-vi*'에 의해 지소화가 실현되고 있으며, 의미는 어기인 'knife'와 비슷하지만 형태가 작은 'razor'로 바뀌었다.

그러나 과문한 탓인지는 모르지만, 한국어의 경우는 이런 기능을 발휘하는 지소화는 없는 것으로 보인다.

## 3.6. 모방(imitation)

모방이란 '외형상의 유사성'을 의미하는 것으로, 지소화가 실현되면 외형상 유사한 것을 지칭하게 된다는 것이다. Jurafsky(1996 : 554)에서는 다음과 같은 예를 제시하고 있다.

|      | (32)         | UNMARKED FORM    | DIMINUTIVE                 |
| ---- | ------------ | ---------------- | -------------------------- |
| ㄱ.  | Nez Perce    | *ʔini-t* 'house' | *ʔili-t* 'doll house'30)    |
| ㄴ.  | Dom. Spanish | *boca* 'mouth'   | *boquete*31) 'hole'         |
| ㄷ.  | Hungarian    | *csillag* 'star' | *csillagocska* 'asterisk'  |

(32ㄱ)은 자음 *n*을 *l*로 교체하는 절차를 거치면 지소화가 이루어지는 좋은 예이다. (32ㄴ, ㄷ)은 지소사 '*-ete, -ocska*'에 의해 이루어진 것이다. 이처럼 지소화가 이루어지면 외견상의 모양은 비슷하지만 크기는 작은 것을 나타내고 있다.

---

29) 반복의 다양한 유형에 대하여는 Moravcsik(1978)를 참조하시오.
30) Aoki(1994 : 15-19)는 "The non-diminutive /s, n, k, e/ are paralleled by /c, l, q, a/ in the diminutive grade."라고 진술하고 있다.
   (ㄱ)  s>c  pé·su·yece.  He rocks (a child).
              pé·cu·yece.  He rocks (a small child).
   (ㄴ)  n>l  wnu          huckleberry
             wiwłúwiwlu     small huckleberry
31) 스페인의 지소사로는 -ito, -illo, -ín, -ete, -ote, -ón, -astro, -orro, -ucho 등이 있다.

한국어의 경우 지소화가 실현됨으로써 '모방'을 나타내는 예는 다소 많아 보인다. 그러나 이성하(2001 : 138-9)에서는 이 모방의 예가 드물다고 하며 '손가락, 젓가락, 국수가락' 정도를 예시하고 있다. 그러나 이 '-가락'의 기능은 '모방'보다는 '부분'(partitive)을 가리키는 것으로 이해된다. 또한 이성하(2001)에서는 지소 접미사에만 한정하여 지소화를 다룬 결과가 아닌가 한다. 만약 지소 접두사, 합성어, 구 구성 등의 다양한 지소화 절차를 고려한다면 결과는 달라질 것이다. 먼저 한국어의 지소 접두사에 의한 지소화의 예를 보자.

(33) ㄱ. 옹달-샘, 옹달-시루, 옹달-솥
     ㄴ. 쇠-고래, 쇠-뜸부기, 쇠-보리
     ㄷ. 조롱-박

(33ㄱ)은 '옹달-'에 의한, (33ㄴ)은 '쇠-'에 의한 지소화가 이루어진 파생어들이다. 다시 말하면 지소 접두사에 의하여 지소화가 실현된 것이다. 그런데 우리가 유의해야 할 점은 지소화가 이루어진 단어들을 외형상의 모양이 접두사가 붙기 이전의 명사들이 가리키는 모양과 同形이 아니라 類似形 또는 모방형이라는 것이다. (33ㄱ)의 '옹달샘'을 보면 이는 일반적인 '샘'과는 형태가 다르다. 천연의 것일지라도 크고 물이 많이 솟는다. 그러나 지소화가 이루어진 '옹달샘'은 규모도 작고, 물도 많지 않다. (33ㄴ)의 '쇠고래'의 사전적 뜻풀이는 "참고래와 비슷한데 몸길이는 수컷은 11m, 암컷은 13m 가량임"이다. 이는 '고래'의 다른 종류임을 말하는 것으로 생김새는 비슷하나, 즉 외형상 유사하나 크기가 다소 작음을 말하고 있는 것이다. '쇠뜸부기'도 "뜸부기과의 작은 새로 메추라기 만하다."라고 풀이하고 있다. 메추라기와 뜸부기의 크기를 비교하면 뜸부기는 메추라기의 2-3배는 된다. 외견상 유사형이지만 크기가 다르다는 것을 알 수 있다. 조류학자가 아니라면 크기가 아주 작은 '쇠

뜸부기'를 뜸부기과에 속하는 것으로 보기는 어려울 것이다. '쇠보리'도 "포아풀과에 속하는 다년초. 높이 30~80㎝ 잎의 길이 15~30㎝"라고 사전에서는 풀이하고 있는데 일반적으로 알고 있는 1년생 '보리'와는 전혀 다름을 알 수 있다. 단지 외형상의 형태가 유사할 따름이다. 이 접두사 '쇠-'는 주로 동식물의 이름에 첨가되어 작지만 외형은 유사함을 나타내고 있다.

(33ㄷ)의 '조롱박'은 일반 '박'과는 유사하지만 약간 형태가 다르며, 또 크기도 작기 때문에 이 범주에 든다. 그러나 '작음'의 의미가 더 현저하다는 것에 유의할 필요가 있다.

여기서 우리는 왜 지소화가 '모방'의 의미를 획득하는가 하는 의문을 제기할 수 있다. 이 의문을 풀기 위해 우리는 지소사의 원형을 'child'에서 연유되었음을 상기할 필요가 있다. 부연 설명하면 '엄마'와 '아이'의 관계를 보면 '아이'는 '엄마의 모방형일 수밖에 없는 것이다. 이를 역으로 설명하면 지소화가 실현되면 파생되기 전 語基의 모방형이 탄생하다는 것이다. 따라서 우리는 '아기는 엄마의 모방형이다'라는 공식을 생각할 수 있고, 따라서 지소화의 또 다른 기능으로 우리는 '모방'을 제시할 수 있는 것이다.

### 3.7. 강화/정확(intensity/exactness)

먼저 지소화가 실현되면 강화(intensifying)가 이루어지는 것부터 살펴보자. 일반적으로 강화(intensifying)는 增大辭(augmentative)에 의해 이루어지지만, 때로는 지소사(diminutive)에 의해서도 실현된다. 여기서는 후자의 경우를 살펴보자.

| (34) | | UNMARKED FORM | DIMINUTIVE | |
|---|---|---|---|---|
| ㄱ. | French | *jeunt* 'young' | *jeunet* | 'very young' |
| ㄴ. | Latin | *parvus* 'small' | *parvulus* | 'very small' |

위의 예는 지소화가 실현된 뒤에 것이 더 강화된 것을 보여주고 있
다. (34ㄱ)처럼 '젊음' : '더 젊음'의 관계가 되는 것이다. 한국어에서도 접
사에 의해 이런 강화가 일어나는 것을 발견할 수 있다.

(35) ㄱ. 검다
     ㄴ. 거멓다 : 아주 검다

위 예는 접미사 '-앟/엏-'에 의하여 더 강화된 의미를 나타내고 있다.
그러나 이 접미사 '-앟/엏-'는 지소사가 아니다.

(36) ㄱ. 빨갛다 : 진하고 곱게 붉다
     ㄴ. 새빨갛다 : 아주 짙게 빨갛고 새뜻하다.

위 예는 접두사 '새-'에 의하여 강화가 이루어지고 있음을 말해주고
있다. 그러나 문제가 되는 것은 이 '새-'나 '-앟/엏'은 輕薄系列의 의미를
나타내는 것이 아니라, 반대로 深重系列의 의미를 나타내고 있다. 또한
'-새', '-앟/엏'이 지소사가 아니라는 데 문제가 있다. 따라서 한국어에는
지소사에 의한 지소화가 '강화'를 나타내는 경우는 없다고 보는 것이 옳
을 것이다.
다음은 정확성(exactness)을 나타내는 지소화를 논의해 보자. 먼저 Jurafsky
(1996 : 550)의 일부 예를 보자.

| (37) | | UNMARKED FORM | | DIMINUTIVE | |
|---|---|---|---|---|---|
| ㄱ. | Turkish | *şurada* | 'there' | *şuracikta* | 'just over there' |
| ㄴ. | Mex. Spanish | *ahora* | 'now' | *ahorita* | 'just now, right now' |

(37ㄱ)은 '저기'가 지소화되어 '바로 저기'라고 더 정확한 위치를 나타
내고 있다. 일반적으로 '저기'는 막연하고 광범위한 곳을 가리키지만,

'바로 저기'는 더 명확하고 확실한 어떤 지점을 가리킨다. 이성하(2001 : 139)에서는 "대개의 경우 지소사에 의한 파생의미는 중심에서 주변으로의 이동이 있는 것을 생각해 보면 이처럼 주변에서 중심으로의 이동은 특이한 예로 생각된다. 그러나 일부는 파생형만 현존하고 있어서 파생 전 어기인 語源語는 공시적으로 확인되지 못하고 있다."라고 주장하며 다음과 같은 예를 제시했다.

(38) ㄱ. 줄거리(<줄기)    ㄴ. 수냉이(<순)
     ㄷ. 고갱이(< ? )     ㄹ. 응어리(< ? )

(38ㄱ)의 '줄거리'는 '줄기 +어리'로 분석되어 지소 접미사 '-아리/어리'가 확인할 수 있다. 그리고 '줄거리'는 '식물의 줄기, 또는 사물의 가장 요긴한 골자'를 말하는 것으로 어느 정도 정확성을 나타낸다고 할 수 있다. (38ㄴ)의 '수냉이'는 경기지방의 방언으로 '순' 즉 '싹'을 말하는데, 비록 지소 접미사 '-앙이/앵이'가 발견되지만 그렇다고 '수냉이'가 '순'보다 더 중심 부분을 가리키는 것은 아니기 때문에 정확성을 나타낸다고는 할 수 없다. 그리고 (ㄷ)의 '고갱이'는 이희승 국어대사전에 의하면 "초목의 줄기 한가온데의 연한 심. 사물의 핵심"으로 풀이하고 있어 '정확성'을 나타내는 기능을 한다고 본다. 우리는 흔히 '배추의 중심부의 노란 연한 속'을 '고갱이'라 한다. 그러나 語基 '곡', 또는 '고기'가 '초목'이나 '배추'를 의미하는 단어로 쓰인 예가 발견되어야 하는데 그렇지 못하여 문제가 된다. (ㄹ)의 '응어리'는 '근육이 뭉친 덩어리'를 말하는 것으로 '정확성'보다는 '病名'에 사용되는 지소 접사의 용법에 넣어야 한다. 이에 대하여는 후술할 것이다.

한국어에서 지소화가 정확성을 나타내는 예로는 '알맹이'가 좋은 예가 아닌가 한다.

(39) 알맹이

이는 '알＋ㅁ＋앵이'로 분석되어 지소 접미사 '-앙이/엉이', -앵이/엥이'[32]를 추출할 수 있다. 그런데 문제는 '-ㅁ-'의 정체다. 그러나 이는 이숭녕(1961 : 72)에서 논의한 'ㆁ'과 같은 연결기능을 하는 것으로 보면 문제는 해결된다.[33]

지소화가 실현된 '알맹이'는 '물건의 핵심'으로 일반명사 '알'에서는 찾을 수 없는 '정확성'을 느낄 수 있다.

> (40) ㄱ. 알맹이는 없는 허울 좋은 계획
> ㄴ. ?알이 없는 허울 좋은 계획

그러면 왜 지소화가 실현됨으로써 정확성을 나타내느냐 하는 문제가 야기된다. 이 문제는 '작음'에서 파생되는 의미로 '정확함'을 발견할 수 있기 때문에 해결할 수 있다. 이성하(2001 : 144)에서는 "크기상의 차원에서 중앙에는 핵심성이 위치하고 그 주변으로 갈수록 비례적으로 주변

---

32) '-앵이/엥이'는 '-앙이/엉이'가 'i' 모음 역행동화한 것이다.
33) 이처럼 특별한 의미는 없이 연결의 기능을 하는 형태소는 다른 언어에서도 발견할 수 있다. 먼저 독일어의 경우를 관찰해 보자.
   ㄱ. Sief -*en*-blase  'soap bubble'　　ㄴ. Kalb-*s*-braten  'roast veal'
   ㄷ. Tag-e-buch　　'diary'　　ㄹ. Bild-*er*-buch　'picture book'
   위의 예에서 이태릭체로 표시된 '-en, -s, -e, -er' 등은 일종의 연결요소로서 이들은 Fleischer(1975 : 126)의 주장처럼 아무런 기능도 갖지 않는다(Das Fungenelement hat also nicht die Funcktion eines Flexionszeichens). 이 밖에도 독일어에서는 합성명사를 형성할 때 선행성분(또는 선행어기)이 -heit, -keit, -schaft, -tum, -ung 등으로 끝난 경우 Schonheit-s-pflege 'beauty care'에서처럼 '-s'를 삽입하고 있다.
   다음은 영어의 예를 보자.
   ㄱ. sales manager　　ㄴ. menswear　　ㄷ. boyswear
   위 예에서 우리는 '-s'를 분석해 낼 수 있다. 그러나 이 '-s'는 특별한 의미는 없고 단지 두 명사를 연결하는 기능만 있을 뿐이다. 만약 '-s'가 흔히 말하는 복수 접미사라면 sales manager에 대응되는 단수 *salemanager라는 말이 사용되어야 하는데 이런 말은 찾을 수 없다. 더구나 sales manager는 단수 동사를 받고 있어 이 '-s'는 복수 접미사도 아님을 알 수 있다.

성이 위치한 일종의 구심적 차원으로 전이된 것이다. 이러한 경우 크기 상의 감소는 핵심성으로의 접근과 같은 것이 되며 따라서 작은 것은 정확한 것이 된다.”라고 하며 ‘고갱이’가 핵심적인 속을 가리킴을 설명하고 있다.

그러나 우리는 현대사회에서 nano 기술의 ‘정밀함/정확함’을 상기하면 쉽게 이해할 수 있다. 더 지소화하면 더 정확·정밀해지는 것이다. 따라서 우리는 ‘작은 것이 정확하다’라는 공식을 제시할 수 있다.

### 3.8. 근사치(approximation)

여기서 말하는 ‘근사치’(approximation)은 모방과는 달리 資質의 유사함을 말한다. 따라서 지소 접사에 의해 지소화가 실현되면 자질에 있어 다소 작아진다.

| (41) | | UNMARKED FORM | DIMINUTIVE |
|---|---|---|---|
| ㄱ. | Karok | *-impuka* ‘warm’ | *-impú.k-ač* ‘warmish’ |
| ㄴ. | Greek | *ksinos* ‘sour’ | *ksinutsikos* ‘sourish’ |

위 예에서 보면 지소화가 이루어진 뒷것이 자질에 있어 하강, 또는 강등된 것을 알 수 있다. 다시 말하면 (41ㄱ)에서 보는 바와 같이 ‘따듯함’이 지소화를 거치면 ‘미지근함’으로 된다.

한국어의 경우 지소화의 이런 기능은 주로 형용사에서 나타난다. 일부 예를 들면 다음과 같다.

(42) ㄱ. 짧다 : 짤막하다(길이가 조금 짧은 듯하다)
　　　ㄴ. 얕다 : 야트막하다
　　　ㄷ. 붉다 : 불그스름하다
　　　ㄹ. 파랗다 : 파르스름하다

지소 접미사 '-으막'과 '-으스름'에 의하여 만들어진 말들은 파생되기 전의 어기의 의미보다 다소 약한 경박계열의 의미를 나타내고 있다. 다시 말하면 파생어 '짤막하다'가 '짧다'보다 더 '작음'을 의미한다는 것이다. 우리말에 풍부한 음성상징어의 '큰말-작은말'의 관계도 이 근사치로 설명하는 것이 좋을 것이다.

(43) ㄱ. 빙글 : 뱅글
     ㄴ. 퍼렇다 : 파랗다

이처럼 음성모음을 양성모음으로 교체하면 '작은' 의미가 되는데 이는 음성상징론의 핵심 주제이다. 이에 대하여는 별도의 논의가 필요하다.

그러면 왜 지소화가 '근사치'를 나타내느냐 하는 문제를 살펴보자. 이는 앞에서 설명한 은유 공식 '작음은 미약'으로 설명할 수 있다. 다시 말하면 '작은 것'은 '약하기' 마련이고, 따라서 지소화가 이루어지면 파생되기 전의 어기보다 '약함'을 나타낼 수밖에 없다. 이 '약함'이 '근사치'로 표현되는 것이다.

## 3.9. 개체화/부분(individuation/partitive)

먼저 개체화(개별화)에 대하여 논의해 보자. 개체화란 集合(群集) 名詞(mass noun)에 지소접사를 첨가하면 하나하나 셀 수 있는 개별명사(countable noun)로 바뀐다는 것이다. 즉 집합을 이루고 있는 개별적인 구성원을 가리키게 된다는 것이다. 지소화에 이런 기능이 있음을 Jurafsky (1996 : 555)에서는 많은 예를 들어 증명하고 있다.

| (44) | | UNMARKED FORM | DIMINUTIVE |
|---|---|---|---|
| ㄱ. | Yiddish | *der zamd* 'sand' | *dos zamd* 'grain of sand' |
| ㄴ. | Berber | *azMur* 'olive trees' | *tazMurt* 'an olive tree' |

ㄷ. Ojibwa    *goon*  'snow'           *goonens* 'snowflake'
ㄹ. Ewe       *sukli* 'sugar'          *sukli-ví* 'piece of sugar'

위 예를 보면 (44ㄱ)에서 '모래'를 지소화하면 구성체인 '모래 한 알'의 의미로 변하고, (44ㄹ)에서 집합명사 '설탕'을 지소 접미사를 첨가하여 지소화하면 '설탕 한 알'로 의미가 바뀌고 있다.

그렇다면 한국어의 경우는 어떠한지 살펴보자. 한국어의 경우 지소 접사에 의한 개별화는 아직까지 발견되지 않고 있다. 단지 개체를 의미하는 일반명사 '알'이나 '방울'과의 합성어나 구 구성을 이룸으로써 개별화가 이루어질 따름이다.

> (45) ㄱ. 밥 : 밥알
>     ㄴ. 모래 : 모래알

위 예에서 알 수 있듯이 자립어인 '알'과 합성어를 이루면 개체 하나하나를 지칭하게 된다. (45ㄱ)의 '밥'은 群集을 의미하지만 '밥알'은 한 알 한 알을 가리킨다. (45ㄴ)도 마찬가지이며, 예로 '모래 사장'은 '모래알' 하나하나가 모여서 이루어진다. 그러나 우리가 여기서 주의할 것은 이 '알'이나 '방울'이 지소 접사가 아니라, 자립어라는 것이다. 따라서 한국어에서는 지소 접사에 의한 개별화는 없는 것으로 보아야 한다.

이성하(2001 : 139-140)에서는 "이것은 범어적으로는 집합명사의 개별적인 구성원을 가리키기도 하고 또는 추상적인 동사 또는 명사의 의미가 구체적으로 실현된 지시물을 지칭하는 데 주로 시용되는 지소사 용법으로 예를 들어 '모래-모래알', '친족관계-친척(사람)' 등의 관계를 말하는 것이다."라고 주장한다. 이성하(2001)의 일부 예를 보면 다음과 같다.

> (46) ㄱ. 귀머거리(<귀먹-)        ㄴ. 주먹(<쥐-)

ㄷ. 나머지(<남- )               ㄹ. 부스러기(<부스러지- )
ㅁ. 이파리(<잎)                 ㅂ. 터럭(<털)
ㅅ. 기둥(<긴)                   ㅇ. 꼬라지(<꼴)

위 예에서 우리가 추출할 수 있는 지소사는 '-아리/어리, -아지/어지, -아기/어기, -앙이/엉이, -악/억, -옹/웅' 등이다. 여기서 '-악/억'은 '-아기/어기'에서 /i/가 탈락한 흔히 말하는 축약형이다.

(46ㄱ)의 경우 이성하(2001)에서는 개별화로 보았지만, 그러나 일반적으로 지소화가 실현되면 疾病名을 나타내는 기능이 있는데 이에 해당되는 것이 아닌가 한다. 이 疾病名에 대한 기능에 대하여는 후술할 것이다. (46ㄴ)의 '주먹'은 개별화로 인정할 수 있지만, (46ㄷ)은 개별화가 아니고 '부분'이 아닌가 한다. "10명 중 2명은 남고 나머지는 가라."고 할 때, '나머지'에는 '부분' 의미가 강하다. (46ㄹ, ㅁ, ㅂ)은 개별화로 볼 수 있을 것이다. (46ㅅ)의 '-옹/-웅'은 '-앙이/-엉이'의 변이형으로 볼 수 있지만, 그러나 이것이 지소 접미사인가는 더 깊은 논의가 필요하다. (46ㅇ)의 '꼬라지'는 지소화의 기능 중 하나인 '경멸' 또는 '비하'가 있는데 이 범주에 넣어야 할 것이다.

여기서 마찬가지 왜 지소화가 '개체화'하는 기능을 발휘하느냐 하는 문제를 논의해 보자. 이는 지소사의 원형을 '아기'로 보는 것과 관련이 있다. 즉 '아기'는 '개체'이기 때문에 어휘 '아기'가 문법화된 접미사 '-아기'도 '개체'를 의미하지 않을 수 없기 때문이다. 따라서 우리는 '아기는 개체이다'라는 공식을 만들 수 있다.

다음은 '부분'(partitive)에 대하여 살펴보자. Jurafsky(1996)에서는 개별화와 같은 개념으로 사용한 듯하다. 따라서 제시된 예도 개별화와 구별하지 않고 한데 묶어 놓았다. 그러나 우리는 '부분'을 개별화와 구별하여 사용하고자 한다. '부분'이 개별화와 구별되는 점은, '개별화'는 可讓性(또는 분리성)을 전제로 하는 개념이며 따라서 분리되는 낱개 하나하나를 지칭하지만, '부분'은 不可讓性(비분리성)의 개념으로, 전체의 일부분이지만 모래알이나 밥알처럼 하나하나로 분리될 수 없다는 점이 다르다. 따라서 Jurafsky(1996 : 559)에서 제시된 예 중에서 다음과 같은 것은 '부분'의 예로 보자는 것이다.

(47)　　　　　　　　　　UNMARKED FORM　　DIMINUTIVE
　ㄱ. Shona(Bantu)　*mvura*　'water'　　　　*tumvura*　'a little water'
　ㄴ. Nahuatl　　　*(a)-tl*　'water'　　　　*(a-tzin)-tli*　'water in well/tank'

(47ㄱ)은 지소 접두사 'tu-'에 의해 지소화가 실현된 것인데 '물의 일부분'을 나타낸다. (47ㄴ)도 지소화가 이루어지면 '샘'이나 '탱크'에 담긴 물을 의미한다. 즉 일부분의 물을 나타낸다.

지소화의 실현이 부분을 나타내는 것은 한국어에서는 자주 발견되는 현상이 아닌가 한다. 다음의 예를 보자.

(48) ㄱ. 싸라기(←쌀 +아기)
　　 ㄴ. 발가락(←발 +가락)
　　 ㄷ. 손가락(←손 +가락)

(48ㄱ)의 '싸라기'는 분명히 '쌀'의 일부분을 나타내고, (48ㄴ)의 '발가락'도 발의 일부분을 나타낸다. 그런데 이성하(2001 : 140)에서는 다음과 같은 예를 제시하고 있는데 이것들이 '부분'을 지칭하는지는 의문이다.

(49) ㄱ. 옆댕이(<옆)　　ㄴ. 몸뚱아리(<몸)
　　 ㄷ. 꽁댕이(<꼬리)　ㄹ. 꼭댕이(<꼭대기)

위의 예가 '전체-부분'(whole-part)의 관계인지는 의심스럽다. (49ㄱ)의 '옆'은 신체의 일부분인 '옆구리'(脇)가 아니라, '側面'의 '옆'일 경우 '옆댕이'가 된다. 그러나 신체의 일부분인 '옆'일 경우는 '옆구리'로 된다.[34)] 따라서 '부분'(partitive)과는 관련이 없는 예이다. '몸'은 신체 전체를 의미하는데, 지소화가 실현된 '몸뚱아리'는 몸의 어느 특정 부분을 의미하는지 분명하지 않다. 오히려 위의 예는 지소화 여러 기능 중 하나인 '경멸' 기능으로 설명하는 것 좋을 것이다. 이에 대하여는 후술하겠다.

그러면 지소화가 실현되면 부분을 나타내는 근본 이유는 무엇인가 하는 문제를 살펴보자. 이는 '작음'은 '전체'의 일부분이라는 사실에 기초한다. 다시 말하면 부분 부분이 모여서 전체가 이루어지며, 또 지소화의 핵심의미는 '작음'이기 때문에 지소화가 실현되면 '부분'을 나타내게 된다는 것이다.

## 3.10. 동식물의 명칭

이성하(2001 : 141)에서는 오직 動物의 명칭만 언급하고 있지만, 실제는 여러 植物의 명칭에도 지소사가 첨가되고 있다. 그러나 동물명이 식물명보다 훨씬 많은 예를 보이고 있음은 사실이다. 한국어의 경우 지소화가 실현되어 동식물의 이름을 나타내는 기능은 다른 언어와 비교할 때 특이한 현상이라 할 수 있다. 먼저 지소 接頭辭에 의한 동식물명을 보자.

(50) ㄱ. 갈- : -가마귀, -거미, -고등어, -참나무

ㄴ. 땅(땅딸)- : -강아지, -개

ㄷ. 새앙(생)- : -쥐

ㄹ. 쇠- : -개개비, -고래, -기러기, -뒤쥐, -등에, -딱따구리, -뜸부기, -바더리, -박새, -밭종다리, -부엉이, -보리, -비름[35)]

---

34) 신체의 일부분인 '옆'은 중세국어 자료에 보면 '엽'으로 표기하고 있다. '올흔 녀브로 드르시니'(月印釋譜2 : 22), '엽구레 협(脇)'(訓蒙字會上25)

35) 식물명인데 풀이는 다음과 같다.
쇠보리 : 포아풀과에 속하는 다년초. 높이 30~80cm 잎의 길이 15~30cm.
쇠비름 : 줄기 높이 15~30cm의 일년초.

　　　　ㅁ. 애- : -돝, -벌래
　　　　ㅂ. 조랑- : -말


　‘갈-’과 ‘쇠-’는 동식물명 어기와 결합하여 ‘작은’ 의미를 나타낸다. ‘갈-’
과 결합하는 어기는 매우 제한되어 있어 이미 생산성을 상실한 접두사
로 생각된다.[36] 그러나 ‘쇠-’는 (50ㄹ)에서 보듯이 ‘고래, 고사리’ 등의 동
식물명 어기는 물론 ‘鳥類名’과도 매우 광범위한 결합관계를 가지는 것
으로 보인다. 예로 ‘쇠-박새’는 ‘박새과에 속하는 새로 박새와 비슷하나
박새보다 몸집이 작은 새’를 가리키는 것이다. 이로 볼 때, 접두사 ‘쇠-’
는 ‘작은’의 의미를 가지고 조류나 동식물을 한정 명명할 때 생산적으로
쓰이는 접두사로 생각된다.
　다음은 방언 자료까지 참고한 지소 접미사에 의한 동물명들이다.[37]


　(51)ㄱ. 동물 : 돼지(←돝 +아지), 염생이(←염소 +앙이), 토깽이(←토끼
　　　　　+앙이), 까마귀(←까맣 +아귀), 구렁이/구렝이(←굴 +엉이)
　　　ㄴ. 어류 : 미꾸라지(←미꾸리 +아지)
　　　ㄷ. 조류 : 메추라기(←메추리 +아기)
　　　ㄹ. 곤충 : 버러지(←벌래 +어지)

---

36) ‘갈가마귀’(가마귀와 비슷하나 약간 작고 목에서 가슴, 배까지 희고 나머지는 검음),
　　갈거미(몸은 가늘고 긴데 몸이 15㎜ 가량이며 다리가 긺. 腹部는 긴 柱狀으로 황백색
　　이며 등은 황갈색임) 등에서 ‘작은’ 의미를 찾을 수 있다. 그러나 허웅(1975 : 143)에서
　　는 ‘굴가마귀, 굴거믜’의 공통된 특성은 배가 ‘희다’는데 있으니 ‘굴-’은 ‘희다’와 무슨
　　관련이 있을 것으로 생각된다고 한다. ‘갈고등어’, ‘갈전갱이’도 모두 배 쪽이 흰색을
　　띠고 있으니 가능한 추정이라 할 수 있다. 더구나 식물의 ‘갈참나무’(잎은 토란형 또
　　는 倒卵狀의 긴 타원형이고 뒷면에 흰털이 密布하였음)에서도 ‘갈-’이 흰색과 연관되
　　어 있음을 볼 때 신빙성이 있다고 하겠다.
37) ‘올챙이’와 ‘올갱이’도 있는데 ‘올 +ㅊ +앵이’와 ‘올 +ㄱ +앵이’로 분석되는데 ‘올’의
　　정체가 파악되지 않고 있다. 그러나 두 경우의 ‘올’은 외형적으로 유사성이 있음은
　　주목할 만하다.
　　또한 ‘잠자리’도 공시적으로는 단일어이지만 공시적으로는 ‘잠 +ㅈ +아리’일 가능성
　　이 크다.

이처럼 한국어의 경우 지소 접두사나 접미사에 의해 지소화가 실현되면 이는 동식물명을 나타내는 기능을 하는데 이런 현상은 Jurafsky(1996)에서는 전혀 언급되지 않고 있다. Jurafsky(1996)는 한국어를 포함한 60여 개 이상의 언어를 대상으로 하고 있으면서도 한국어의 이런 특징을 발견하지 못한 것은 이상하지 않을 수 없다.[38)]

그러면 왜 지소화가 실현되면 동식물명을 나타내는지 그 이유를 살펴보자. 앞에서도 언급했듯이 식물을 제외하고 동물명만을 논의한 이성하(2001 : 144)에서는 '작음' > '동물'의 관계를 인간중심 세계관으로 설명하고 있다.

> "실제 세계에서 인간보다 훨씬 큰 동물이 많지만 인간의 세계관은 근본적으로 인간중심이기 때문에 핵심에는 인간이 있고 그 주변에는 중요성상 덜 중요한 기타의 동물들이 자리잡고 있다. 따라서 인간이 가장 큰 것으로 인식되고 동물은 상대적으로 작은 것으로 인식됨으로써 '작음'으로부터 '동물'이라는 새로운 의미기능이 발전된 것이다."

그러나 우리는 지소접사에 의한 지소화를 고려하면 결코 이성하(2001)의 위와 같은 주장에 左袒할 수 없다. 왜냐하면 '갈참나무', '쇠비름'과 같이 식물의 명칭에서도 지소화가 이루어지고 있기 때문이다.

지소화가 동식물명을 나타내는 경우에서 우리가 발견할 수 있는 것은, 지소화가 실현된 동물이나 식물이 모두 작다는 것이다. 지소 접두사에 의한 지소화 중 물리적인 크기가 큰 '쇠고래'가 있지만, 이 '쇠고래'는 일반적인 보통 '고래'보다 상대적으로 '작은 것'을 의미한다. 따라서 이 문제를 설명하기 위해서 우리는 지소사의 원형을 child로 본 것에서

---

38) Jurafsky(1996 : 562)에서는 많은 수의 지소사가 역사적으로 'child'나 'son'에서 발전됐다는 예를 보이면서 "Other examples cited in the literature include **Korean**, Tungus, Arawak, Newari(Hasselrot 1957) and Creek(Jack Martin, p.c.)."라고 언급하고 있다. 즉 한국어도 자료로 이용했음을 밝히고 있는 것이다.

출발해야 한다. 즉 '아기'로부터 '작음'으로의 은유적 전이가 이루어지는 것으로 보아야 한다. 따라서 "'동식물의 지소화'는 '작음'이다"라는 등식이 성립하는 것이다.

### 3.11. 동물의 신체부위

한국어의 지소화 기능 중 특이한 것은, 이성하(2001 : 141)에서 지적했듯이, 지소화가 실현되어 동물의 여러 신체부위를 가리키게 된다는 것이다. Jurafsky(1996 : 546)에서는 다음과 같은 예를 제시하고 있다.

| (52) | UNMARKED FORM | | DIMINUTIVE | |
|---|---|---|---|---|
| ㄱ. Ojibwa | *zid* | 'foot' | *zidens* | 'toe' |
| ㄴ. Ewe | *aft* | 'foot, leg' | *aft-ví* | 'toe' |
| ㄷ. Baule | *sa* | 'hand' | *sa-mma* | 'finger' |
| ㄹ. Tzeltal | *aḱab* | 'your hand' | *yalaḱab* | 'your finger'(yal 'its finger') |

그러나 위의 예는 비록 지소화가 실현되어 신체부위를 지칭하고 있지만 근본적으로 파생되기 전의 語基의 일부분(또는 다른 부위)을 나타내고 있다. 예로 '손'을 지소화하면 '손가락'을 가리키는데 이는 앞에서 논의한 '부분'을 나타내는 기능으로 보는 것이 타당하다고 본다. 그러나 한국어의 경우 지소화가 실현되어도 동일한 신체부위를 지칭한다. 즉 어기와 파생어가 동의관계를 이루고 있다는 것이다. 따라서 Jurafsky(1996)의 분류가 잘못되었다고 생각된다. 한국어의 예를 이성하(2001)에서 인용해 보자.

(53) ㄱ. 새끼 ([人] 애기/아기)　　　　ㄴ. 대가리 ([人] 머리)
　　　ㄷ. 모가지/며가지 ([人] 목)　　　ㄹ. 가죽 ([人] 갖, 살갗)
　　　ㅁ. 볼때기 ([人] 볼)　　　　　　ㅂ. 눈깔 ([人] 눈)
　　　ㅅ. 주둥이/주뎅이/주둥아리 ([人] 입)　ㅇ. 코쭝뱅이 ([人] 코)

ㅈ. 배때기/배때지 ([ㅅ] 배)       ㅊ. 이빨 ([ㅅ] 이)
ㅋ. 턱아지/텍아지 ([ㅅ] 턱)       ㅌ. 등때기 ([ㅅ] 등)

위의 예들이 설득력을 얻으려면 보다 정확한 형태소 분석이 이루어져야 하는데 그렇지 못한 점이 아쉽다. 특히 (53ㄱ)의 경우 '샅 +아기'로 분석될 가능성은 있지만 확신할 수 없다.[39] (53ㄴ)도 '대 +가리, 댁 +아리, 대 +ㄱ +아리'로 분석되는데 '머리'를 의미하는 자립어 '대'가 발견되지 않는 문제점이 있다. 우리는 흔히 '머리'를 속어로 '대갈통'이라고 하는데 '대갈'의 '-알'은 '-아리'의 축약으로 설명할 수 있다. (53ㄹ, ㅂ, ㅊ)에서도 이성하(2001)는 지소사 '-욱', '-깔', '-빨'을 찾아냈지만 이것이 지소사라는 것을 증명하는 절차가 요구된다. 그러나 (53ㄷ)에서 '-아지'를, (53ㅅ)에서 '-아리'를, (53ㅇ)에서 '-앙이'를, (53ㅋ)에서 '-아지'를 추출해 낼 수 있어 지소화가 신체부위를 나타내는 기능을 한다고 볼 수 있다.

우리는 그 밖의 신체 부위명으로는 다음과 같은 것을 발견할 수 있다.

(54) ㄱ. 옆구리(←옆 +ㄱ +우리)[40]       ㄴ. 아가리(←악 +아리)[41]
ㄷ. 궁둥이/궁덩이/궁뎅이(←궁 +ㄷ +웅이/엉이/엥이)
ㄹ. 종아리(←종 +아리)       ㅁ. 가랑이(←갈/갈래 +앙이)
ㅂ. 사타구니(←샅 +아구 +니)[42]       ㅅ. 정수리(←정 +ㅅ +우리)
ㅇ. 소갈머리(←속 +아리/알 +머리)[43]
ㅈ. 몸뚱어리(←몸 +ㄸ +웅 +어리)

---

39) '샅'은 두 다리 사이를 말한다.
40) '옆구리'의 '옆'은 중세국어에서는 '엽'이다. 올흔 녀브로 드르시니(月釋2 : 22), 엽구레 협(脇) (訓蒙上25)
41) 함경도 방언에서는 '아구리'라 한다.
42) '사타구니'는 '샅'의 속된 말이다. 이 '샅'의 풀이는 "1. 아랫배와 두 허벅다리가 이어진 어름. 고간(股間). 서혜(鼠蹊). 2. 두 물건 사이의 틈."이다.
43) '소갈머리'는 '소갈딱지'라고도 하는데 뜻은 '마음속에 지니는 의지(心志)'를 말한다.

(54ㄱ)은 신체 부위를 가리키는 것은 확실한데, 문제는 형태소 분석을 하면 '-ㄱ-'이 발견되는데 이의 정체가 문제가 된다. 그러나 우리는 이숭녕(1961 : 72)에서 논의한 'ㆁ'나, 앞에서 논의한 '알맹이'의 '-ㅁ-'과 같은 기능으로 보면 크게 틀림이 없을 것이다. (54ㄷ)의 '-ㄷ-'의 기능도 마찬가지로 해석할 수 있다. 그러나 파생되기 전의 語基 '궁'이 자립어로 사용되는 예가 발견되지 않고 있다. 그러나 우리는 '엉-덩이' '엉-뎅이', '방-뎅이' 등의 방언에서 '-엉이/-엥이'가 접사임을 확인할 수 있기 때문에 '엉/웅' 등을 어기로 보아야 한다. 그러나 '-덩이'가 '눈-덩이'나 '핏-덩이'에서 발견되는 '덩어리'의 문법화로도 볼 수 있어 주의를 요한다 하겠다. 그런데 (54ㄴ)은 파생되기 전의 어기 '악'이 자립어로서 사용되는 예를 찾을 수 없어 문제가 된다. 그러나 비속어로 '아구통'이라는 말이 있음은 '악'이 어기로서 기능함을 말해 준다. 다만 (54ㄹ)의 어기 '종'은 문제가 된다. 그러나 신체 부위명에 지소 접미사가 자연스럽게 사용된다는 점을 감안하면 '종 +아리'로 분석하는 것은 타당성이 있다. 그러나 자립어로서 사용되는 '종'이 발견되지 않아 어려움이 있지만 곧은 부분을 나타내는 말로 '종'이 있음을 발견할 수 있다. 즉 '마늘종', '파종'등의 '종'이 이와 관련이 있어 보이기 때문이다. 그러나 이 문제는 더 깊이 있는 연구가 요구된다. (54ㅂ)에서 '-아구'를 추출해 낼 수 있어 지소화가 이루어진 것으로 봐야 한다. (54ㅅ)의 '정수리'는 한자로 '頂수리'이다. 그러나 지소사 '-우리'가 발견되는 것에 주목할 필요가 있다. (54ㅇ)의 '소갈머리'는 추상적인 의미를 나타내지만 그러나 '속'은 신체의 일부분이기 때문에 여기에 넣을 수 있다고 본다. '속'을 지소화한 것이 '속알'이라 고 할 수 있다. (54ㅈ)의 '몸 +ㄸ +웅 +어리'는 설명이 필요하다. 우리는 어기가 지소사와 결합할 때 나타나는 'ㆁ'을 연결어미로 보았다. 따라서 'ㄸ'도 연결어미이며 'ㄷ'의 된소리화로 보아야 한다. 그리고 지소접미사로 '-웅'과 '-어리'가 나타나는데 접미사가 겹치어 나타나는 것은 교착어인 한국어에서는 자연스런 형상이다.

아무튼 '-아지, -아기, -아리, -앙이' 등의 지소 접미사가 신체 부위, 즉 '목, 등, 배, 입, 옆' 등 다양한 부위의 이름에 사용되는 점은 한국어의 특징이라 할 수 있다.

그러면 무슨 이유로 지소화가 신체 부위명을 나타내느냐 하는 문제에 접근해 보자. 이 문제는 '작음은 부분이다'라는 등식으로 설명할 수 있다. 즉 지소화가 '부분'은 나타내는 것에서 한 걸음 더 발전하여 그 '부분'의 명칭을 나타낸다고 보자는 것이다. 이 신체 부위명에서 주의할 것은 대부분의 경우 '비하', 경멸'의 의미가 깔려 있다는 점이다. 이에 대하여는 후술할 것이다.

### 3.12. 사회의 원래 구성원(prototypical member of social group)

지소화가 실현되면 파생되기 전의 語基에 속하는 원래의 구성원을 나타내게 된다. '원래 구성원'이라는 말은 뜨내기 또는 임시 구성원이 아니라 원래부터 존재하는 구성원을 뜻한다. 예로 '서울 사람'과 '서울 토박이'를 비교할 때 후자가 원래 구성원이 된다. 이해의 편의를 위해 먼저 Jurafsky(1996 : 548)에서 제시된 예를 보자.

| (55) | | UNMARKED FORM | | DIMINUTIVE | |
|---|---|---|---|---|---|
| ㄱ. E. Kayah | | *klʌ̄* | 'army' | *'klʌ̄phú* | 'soldier' |
| ㄴ. Japanese | | *edo* | 'Tokyo' | *edoko* | 'Tokyoite' |
| ㄷ. Ewe | | *Tógó* | 'Togo' | *Tógó-ví* | 'a native of Togo' |
| ㄹ. Thai | | *thiim* | 'team' | *lûuk-thiim* | 'member of a team' |

이처럼 지소사가 첨가되면 '작음'의 의미가 아니라, 파생되기 전의 語基에 속해 있는 전형적인 구성원을 가리킨다. 한국어의 경우도 비슷한 예가 발견된다.

(56) ㄱ. 시골뜨기[44]        ㄴ. 촌뜨기
     ㄷ. 시골나기/시골내기[45]   ㄹ. 서울뜨기
     ㅁ. 서울나기/서울내기

　그러나 '-뜨기'나 '-나기/내기'가 접미사인 것은 확실하지만 과연 '지소 접미사'인가는 확신할 수 없다. 왜냐하면 이들 접사가 붙어 지소화가 실현되는 여타의 다른 예를 발견할 수 없기 때문이다.[46] 따라서 비록 이들 접미사로 인하여 원래의 구성원을 나타내고는 있지만 그렇다고 한국어가 외국어의 예와 동일한 기능을 한다고는 주장할 수 없다.

　이렇게 지소화가 실현됨으로써 구성원을 지칭하게 되는 원리는 '사회적 그룹은 가족이다'라는 은유에서 연유한다.[47] 그래서 그룹의 구성원은 가족의 '아이' 하나하나에 대응된다는 것이다. 따라서 지소화가 실현되면 자연히 그 구성원을 나타내게 된다.

### 3.13. 疾病名

　흔한 예는 아니지만 일부 언어에서 지소화가 실현되면 병명을, 특히 '동그랗게 부어오른 질병'을 나타내는 경우가 있다. Jurafsky(1996 : 571)에서는 Cantonese어와 Thai어의 지소사는 피부에 동그랗게 부어 오른 질병을 포함한 '조그만 둥근 물체'를 나타낸다고 주장한다.[48] 또한 Matisoff (1991)에서는 태국어의 지소사 lûuk이 'child'로부터 'dependent/derived thing'을 거처 다시 'fruit'와 'round thing'으로 의미가 확장된 예를 제시하고 있다(이성하 2001 : 137, 재인용). 이렇게 지소사의 기능 중의 하나가 '둥근 물

---

44) 사전적 풀이는 '견문이 좁은 시골 사람'이다.
45) '시골에서 나서 자란 사람'을 의미한다.
46) '뜨내기', '새내기' 등이 있지만 지소화인지는 의심스럽다.
47) Jurafsky(1996 : 548)는 이를 'Social groups are families'라는 은유를 제시하고 있다.
48) Jurafsky(1996 : 571)에서 보면 "Cantonese and Thai diminutives mark small round objects, including diseases with small round skin eruptions."이라고 주장하고 있다.

체(형체)'의 표현이라는 것이다. 따라서 지소화의 실현이 둥근 모양을 한 '부스럼'과 같은 가벼운 질병의 이름과도 관련이 있을 것을 예상할 수 있다. 그런데 이런 언어 현상이 한국어에서도 발견되는 것은 흥미롭다. 한국어의 경우 지소사에 의한 지소화가 '작은 둥근 형체의 질병' 이외에도 파생되기 전의 語基(base)가 지시하는 병을 가진 사람을 지칭하는 경우가 있다.

(57) ㄱ. 뾰루지/뾰드락지(←뾸 +우지/뾰들 +악지),
       사마귀/사마구(←삼 +아귀/아구)[49]
     ㄴ. 땀띠
     ㄷ. 귀먹어리(←귀먹- +어리), 벙어리(←벙 +어리),
       사팔뜨기(←사팔 +뜨기)


위 (57ㄱ)의 예는 지소사 '-아지'의 이형태인 '-오지/-우지, -악지/-억지'와, 또 '-아기/-어기'의 이형태인 '-아귀/-어귀, -아리/-어리' 등을 가지고 있어 지소화가 실현된 것이 확실하다. 그런데 (57ㄱ)의 예는 한결같이 '둥근 모양'을 하고 있다는 점에서 Jurafsky(1996)의 설명과 일치하고 있다. 한편 (57ㄴ)은 좀 더 깊은 천착이 필요하다. 중세자료에 보면 '쏨되야기'<훈몽자회 重 : 16>, '쏨도야기'<사성통해 重 상 : 17>, '쏨도약기'<언해두창집요 상 : 15>, '쏨도약이'<물보 기혈> 등이 발견되며, 또한 이 파생어들의 語基로서 '쏨되'<동문유해 하 : 8>, '쏨쐬'<한청문감 8 : 10> 등이 발견된다. 따라서 우리는 지소사 '-아기'를 분석해 낼 수 있고, 따라서 '땀띠'도 '둥글고 부어오른 질병'이라는 점에서 지소화의 기능 중의 하나가 질병명을 나타낸다는 것을 알 수 있다.

---

49) '사마귀'는 피부에 點在하는 흑색 암갈색의 班紋으로 母班의 일종을 말한다. 그런데 訓蒙字會(中 34)에는 '사마괴' 痣(지)로, 新增類合(上 22) '사마괴' 臁(염)으로 표기되어 있어 접미사 '-아귀'와는 달리 '-아괴'로 되어 있어 다소 문제가 된다. 그러나 이형태(변이형)로 처리하면 될 것이다.

(57ㄷ)은 파생되기 전의 語基(base)가 지시하는 질병을 가진 사람을 지칭하는 예이다. '귀먹어리'는 지소사 '-어리'에 의해 지소화가 실현된 것인데 어기 '귀먹-'이 지시하는 질병, 즉 '귀먹음'이라는 질병을 가진 사람을 가리킨다. '사팔뜨기'의 '-뜨기'가 지소사인가는 더 논의해야 하겠지만 앞에서 언급한 '시골뜨기, 촌뜨기, 서울뜨기'에서 지소사의 성격이 강하기 때문에 일단 지소사로 보고자 한다. 이것도 어기의 의미인 눈이 '사팔'인 사람을 지칭하기 때문에 同軌의 언어현상이라 할 수 있다. '벙어리'는 '응어리'와 마찬가지로 지소사 '-어리'를 확인할 수 있지만 어기 '벙'이 문장에서 자립적으로 쓰이는 예가 발견되지 않아 문제가 된다. 다만 '벙어리'의 방언을 보면 '벙추', '벙치'가 발견되는데 '벙-추', '벙-치'로 분석되어 '벙'이 語基임을 확인할 수 있다. 더구나 확실한 지소접미사 '-아리/어리'를 확인할 수 있기 때문에 지소화가 실현된 것으로 보아도 무방할 것이다.

이처럼 한국어의 지소화의 또 다른 기능이 특정 형태의 질병명을 나타낸다는 점에서는 범어적이라 할 수 있지만, 그러나 질병명 이외에 語基가 지시하는 병을 가진 사람을 나타내는 기능까지 있다는 점은 한국어만이 보여주는 특이성이라 할 수 있다.

## 2.4. 지소화의 파생 의미

위에서 설명한 지소화의 핵심의미에서 은유나 환유에 의하여 다른 의미가 파생될 수 있다. Wierzbicka(1984)는 Polish에서 지소사(diminutive)의 '애칭'과 '경멸'의 의미는 'small/child'의 은유에 기초하고 있다고 주장한다.[50] 지소화의 파생 의미란 바로 이처럼 핵심의미에서 파생된 의미를 가리키는 말이다. Jurafsky(1996)에서는 지소사의 핵심의미로부터 화용론적으로(pragmatically) 친애(affection), 애완동물(pets), 동정(sympathy), 친숙함(intimacy),

---

50) Wierzbicka(1984) argues that metaphors from 'small/child' are the basis of affection and contempt senses of Polish diminutive. (Jurafsky 1996 : 537-8, 재인용))

경멸(contempt), 완곡표현(hedges) 등의 기능이 확장되어 나온다고 설명하고 있다. 우리는 이 확장된 기능을 파생의미로 보고자 한다. 이 중에서 서로 상반되는 '親愛'와 '輕蔑'에 대하여 살펴보자.

## 4.1. 親愛(귀여움)의 기능

지소화에 친애의 기능이 있음은 1980년 서울대 동아문화연구소에서 편찬한 ≪국어국문학사전≫의 '指小辭'에 대한 풀이에서 찾을 수 있다.

指小辭 ≪어휘≫diminutive 幼少와 **親愛**의 뜻을 나타내는 접사. 이러한 접사를 연결하여 이루어진 파생어를 지소어(指小語)라 한다. 지소사는 보통 접미사인데, 국어에서는 '-아지, -앙이'가 그러한 예다. 예, 모가지 < 목, 소가지 < 속, 망아지 < 말, 꼬랑이 < 꼬리, 가장이 < 가지, 나방이 < 나비. (국어국문학사전 604쪽)

위의 풀이가 正鵠을 얻었다고는 할 수 없지만, 그러나 지소 표현에 '幼少'의 의미와 함께 '親愛'의 뜻이 있음을 적시한 것은 옳다고 할 수 있다. 이 사전에서 말하는 '친애'와 관련이 있는 '愛稱'의 뜻풀이를 보자.

愛稱 ≪어휘≫hypocorism 본명 대신 친밀감을 가지고 다정하게 부르기 위하여 붙인 이름. 애칭은 한 가정 내에서 가장 많이 쓰이며, 학교나 직장 등과 같이 친하게 사귈 수 있는 소규모의 집단에서 흔히 사용된다. 예컨대 William 대신 Will(ie) · Willy, '영식' 대신 '식이'하는 식이다. 별명과 비슷하나 악의가 없고 호의적이며 또 통용범위가 좁은 것이 특징이다. 일반 어휘에도 모음상징이나 지소사를 이용한 애칭이 사용된다. 예 조동이(주둥이), 매치다(미치다), 모가지(목). (국어국문학사전 398쪽)

위 풀이에서 보면 '모가지, 소가지'에서는 '幼少'나 '親愛'의 뜻을 느낄 수 없기 때문에 위와 같은 뜻풀이는 아직 완전하지 못하다는 것을 알 수 있다. 이들 예에는 오히려 후술할 '경멸', '비하'의 의미가 더 강하다고 본다. 그러나 우리가 위 풀이에서 주목할 것은 "일반 어휘에도 모음 상징이나 지소사를 이용하여 애칭이 사용된다."라는 표현이다. 이는 '지소화의 기능' 중에는 '친애'의 기능이 있음을 말해주는 것으로 주목할 만한 언급이다.51)

여기서 하나 주의할 것은 '친애'와 '애칭'의 관계가 어떠하냐 하는 문제다. 우리는 '친애/애정'(affection)을 더 큰 의미로 보고, 이 '친애'가 여러 가지로 표현되는데 그 중에 하나가 '애칭'이라고 보자는 것이다. '애정'이나 '사랑'이 없으면 '애칭'을 사용하지 않을 것이기 때문이다.

이혜은(2002)에 의하면 "독일어 지소 접미사 '-chen, -lein'은 애칭형으로 발전하여, 친족명칭(Muttilein, Großmamachen), 동물명칭(Spätzchen, Mäuschen), 계급명칭(Majorchen) 등에 사용된다고 한다. 또한 지소화 표현에는 '작은'(klein)이란 뜻의 뉘앙스뿐만 아니라, '알려진'(dekannt), '친밀한'(vertraut)이란 뜻의 입장이나 개인적인 관계 또는 평가 등의 표현이 함축되어 있다."라고 설명하고 있다.52) 이는 지소화가 실현됨으로써 '애칭'을 나타낸다는 말이다. 그러면 먼저 Jurafsky(1996 : 564)에 제시된 지소화가 애칭을 나타내는 기능을 하는 예를 보자.

---

51) Otto Jespersen(1964 : 180)에서는 "어머니와 간호사 등이 어린아이의 작고, 나약하고, 사랑스러운 모습을 표현하기 위한 수단으로서 지소형 접미사가 발생되었다."라고 언급하고 있다. 이 말에서 '사랑스러운 모습'은 바로 '親愛'의 모습이다.

52) 이은혜(2002)는 다음과 같이 축소사(본고의 지소표현)의 기능을 설명하고 있다. "축소는 더 나아가 문학작품 내에서 문어체로 자주 사용되는데, 고풍적인 문체나 감상적, 에로틱한 문체에 사용됨으로써 문학적 분위기를 증폭시켜주는 기능을 띠고 있다. 이와 같은 다양한 의미로 볼 때에 축소접미사의 핵심적인 기능은 화자가 표현하려는 대상 사물에 대하여 갖는 '동정심, 애정, 규모가 작아 사랑스러움을 느끼는 감정, 즉 친애, 연약, 도움이 필요하다고 추측되는 마음가짐'을 표현하는데 사용되고 있다." 여기서 우리는 지소화가 '애정', '친애'와 밀접한 관련이 있음을 알 수 있다.

| (58) | UNMARKED FORM | DIMINUTIVE |
|---|---|---|
| ㄱ. English | *Rebecca* | *Becky* |
| ㄴ. Ojibwa | *mBil* | mBiliins |
| ㄷ. Mid. Breton | *Alan* | *Alanic* |
| ㄹ. Hungarian | *Istvan* | *istvánka* |
| ㅁ. Nahuatl | *Pedro* | *Pedroh-pil* |

위 예에서 뒤의 것이 축약, 모음교체, 지소 접미사 등을 이용하여 지소화가 실현된 것들이다. 이들 지소화 형태를 Jurafsky(1996 : 564)에서는 hypocoristic diminutive라고 하고 있다. 이는 '애칭 지소사' 정도의 의미로 보면 된다. 그런데 이 경우 '작음'이나 '모방' 등의 핵심의미는 나타나지 않고 오직 '애칭'의 의미만 나타난다는 점을 잘 알아야 한다.

그러나 한국어의 지소화 표현에서 '애칭'보다는 대부분 '친애, 귀여움, 사랑스러움'을 나타내고 있다. 앞에서 언급한 바와 같이, 지소 단어와 지소화의 대상이 관형구성(또는 구 구성)을 이루는 경우 '지소'의 의미뿐만 아니라 '친애, 귀여움, 사랑스러움' 등을 함께 나타내고 있다.

(59) ㄱ. 아기 곰
　　 ㄴ. 새끼 사자
　　 ㄷ. 꼬마 신랑

위의 예들은 첫째 기능인 '지소'의 의미도 있지만, 그러나 '친애'의 의미도 나타난다. (59ㄱ)의 '아기 곰'은 물론 못생기고 사나울 수도 있을 것이다. 그러나 일반적으로 보면 우리는 이 '아기 곰'에서 '귀여움, 사랑스러움' 등을 느낀다. (59ㄴ)과 (59ㄷ)에서도 마찬가지로 '친애'를 느낄 수 있다.

또한 지소 접미사에 의한 파생어의 일부에서도 마찬가지로 '친애'의 의미를 발견할 수 있다. 이해의 편의를 위해 앞에서 든 예를 다시 인용해 보자.

  (60) ㄱ. 강아지
     ㄴ. 병아리

 위 (60)의 예에서도 '지소' 즉 '작음'의 의미는 물론 '귀여움, 사랑스러움, 앙징스러움' 등의 親愛의 의미가 나타나고 있다. 할머니가 손주를 내 '강아지'라고 하는 것은 친애를 나타내는 표현이다.
 한국어의 경우는 이런 용도로 지소사를 사용하는 예는 매우 드물다. 하지만 소수의 예가 발견된다.

  (61) ㄱ. 아버지(←압/아비 +어지), 어머니(←엄/어미 +어니)
     ㄴ. 아빠(←압 +아), 엄마(←엄 +아)

 '아버지'를 형태소 분석하면 '압 +어지', 또는 '아비 +어지'가 된다. 중세나 근대국어 자료를 보면, 즉 <訓蒙字會>, <光州本 千字文>, <石蜂 千字文>에는 모두 '아비 父'로 되어 있다. 다시 말하면 지소화가 실현된 '아버지'를 써서 '아버지 父'가 나올 만도 한데, 이런 단어는 발견되지 않는다. 따라서 통시적으로 접근하면 '아비'와 '아버지'는 다른 의미를 나타냈을 것을 추정할 수 있다.[53] 중세국어 시대에는 지소화가 실현된 '아버지'를 애칭의 의미가 포함된 것으로 사용했을 것으로 추정한다. 또한 '母'의 경우 '어머니'인데 이는 '어미 +어니' 또는 '엄 +어니'로 분석되는데 이 '-어니'가 지소 접미사일 가능성은 크다. 왜냐하면 '꼬락서니'(<꼴)에서 우리는 '-어니'를 발견할 수 있기 때문이다.
 공시적으로 보면 '父'와 '母'의 '애칭'은 (61ㄴ)처럼 '아빠', '엄마'이다.

---

53) 북한에서는 '아바이'를 '나이가 지긋한 남자'를 친근하게 부르는 말이라고 풀이하고 있다. 따라서 '압 +아이'로 분석되어 '-아지/-어지'와 관련이 있음을 알 수 있다.

우리는 여기서 형태소 '-아'를 확인할 수는 있지만, 그러나 과연 이것이 우리의 관심 대상인 '지소 접미사'인가는 섣불리 단정할 수 없다. '-아'를 지소사로 보려면 지소사의 원형인 자립어 '아기'나 '아이'에서 이끌어낼 수 있어야 범어적인 언어현상과 일치하게 된다. 그러나 그렇지 못한 것이 현실이다. 즉 '아기'에서 /i/를 탈락시켜 축약하면 '악'이 되는데 이는 방언 '돌막'(←돌＋ㅁ＋악)에서 확인할 수 있다. 그러나 '-아'를 '아이'에서 유도해 낼 수도 없다. 즉 '아이'가 축약되면 '애'가 될 뿐이다. 따라서 '아빠, 엄마'의 '-아'가 어디서 유래한 것인지는 미해결의 문제로 남을 수밖에 없다.

여기서 지소화가 왜 '작음'이라는 의미 이외에 '親愛'의 의미를 나타내게 되는가 하는 물음을 제기할 수 있다. 이 물음에 대한 답은 우리가 체험적으로 '작음'에서 감지할 수 있는 어떤 느낌으로 알 수 있다. 즉, '친애, 귀여움, 사랑스러움' 등의 속성 중에서 가장 특징적인 점은 '작다'는 것이다. 다시 말하면 親愛는 대상의 '작음'을 전제로 한다는 것이다. 따라서 '친애, 귀여움, 사랑스러움, 친근감' 등을 표현하기 위해서는 작은 것, 즉 '지소형'이 가장 적합한 것이다. 이때 대상의 외적인 美醜는 문제가 되지 않는다. 비록 못생겼을지라도 대상이 작으면 그때는 '귀여움, 사랑스러움'을 느끼는 것이다. 예로 아주 어린 '하마 새끼'에서 보면 비록 못생겼지만 '귀여움과 사랑스러움'을 느낄 수 있는 것이다. 그러나 '어미 하마'를 보고 귀엽다거나 사랑스럽다고 하는 사람은 없을 것이다.

지금까지 살펴본 바와 같이, 지소화의 기능은 '작음'을 나타내는 것 외에 '귀여움, 사랑스러움, 앙징스러움' 등을 나타내는 기능을 하고 있음을 알 수 있다.

## 4.2. 경멸

지소화는 위에서 논한 친애와는 상반되는 '경멸' 또는 '비하'(pejorative)

의 의미를 나타내기도 한다. 한국어는 이런 경우가 아주 두드러지게 나타나는 특징을 보인다.[54]

앞에서 우리는 일부 지소 접미사에 의한 지소화 실현이 신체부위를 가리키는 기능을 한다고 했다. 이해를 위해 다시 예를 들어보자.

(62) ㄱ. 아가리/주둥아리/조동아리(<입)
　　 ㄴ. 턱아지/텍아지/턱주가리(<턱)
　　 ㄷ. 볼때기(<볼)
　　 ㄹ. 뺨따구/뺨따귀(<뺨)
　　 ㅁ. 코빼기/코쭝뱅이(<코)
　　 ㅂ. 모가지/며가지/메가지(<목)
　　 ㅅ. 배때기/배때지(<배)
　　 ㅇ. 등어리/등때기(<등)

위 예에서 우리는 지소사로 '-아리/어리, -아기/어기, -아귀/어귀, -앙이/엉이' 등을 확인할 수 있다. 그런데 신체부위가 이들 지소사에 의하여 지소화가 실현되면 한결같이 어기의 의미가 평가절하되어 '경멸, 비하'의 의미를 띠게 된다. 어느 하나 존경의 의미를 가지는 것이 없다. 특히 '주둥아리'의 경우는 음성상징을 이용하여 더 심하게 경멸하는 의미로 '조동아리'로 쓰기도 한다.[55]

(63) ㄱ. 우리 어머니는 과로 때문에 **입**에 병이 났다.
　　 ㄴ. 우리 어머니는 과로 때문에 **주둥아리/조동아리**에 병이 났다.

---

54) 스페인어의 -illo는 기본적으로 긍정적이거나 부정적인 자질(feíllo, picardillo…)과 크기 (escobilla, boquilla…)를 축소하는 기능을 담당한다. 또한 접미사 -illo는 가치절하나 비하, 경멸, 폄하 혹은 동정의 뉘앙스로 사용되기도 한다.
55) 한국어의 경우 음성상징 측면에서 보면 '발길질'을 '밸길질'로, '남편'을 '냄편'으로, '주둥아리'를 '조동아리'로 모음을 교체하면 더 심한 '경멸', '비하'의 의미가 된다. 음성상징에 대하여는 김규철(1997)을 참조하시오.

아무리 인륜을 저버린 불효자라고 할지라도 (63ㄴ)처럼 말하는 사람은 없을 것이다. 여타의 예도 마찬가지이다. 이렇게 지소화가 실현되면 '경멸'의 의미가 나타난다.

그러나 위 예들 중에서 '등어리'는 '경멸'의 의미가 많이 약화된 것으로 보인다. 공시적으로 보면 '등'과 '등어리'를 경어법의 위계상 거의 동등하게 취급하고 있다.

신체부위가 아니면서 지소화가 '경멸'을 나타내는 또 다른 예를 보자.

> (64) ㄱ. 싸가지(←싹 +아지), 꼬라지(←꼴 +아지)
> ㄴ. 꼬랭이(←꼬리 +앙이), 뿌렝이(←뿌리 +엉이),
> 더껑이/더껭이(←더께 +엉이)56)

위의 예에서 우리는 지소 접미사 '-아지/어지, -앙이/엉이'를 추출해 낼 수 있다. 그런데 이 지소사의 의해 지소화가 실현된 위의 예는 모두 파생되기 전의 語基의 의미를 나타내기보다는 '경멸'이나 '비하'의 의미를 더 강하게 나타내고 있다.

> (65) ㄱ. 우리 민족의 **뿌리**는 漢族이 아니라 韓族이다.
> ㄴ. 우리 민족의 **뿌렝이**는 漢族이 아니라 韓族이다.

우리는 위 예문에서 알 수 있듯이 '뿌렝이'에는 '뿌리'에서 느낄 수 없는 '경멸' '비하'의 의미를 느낄 수 있는 것이다.

다음은 지소 접두사에 의한 지소화가 '경멸'을 나타내는 예를 보자.

> (66) ㄱ. 땅꼬마, 땅딸보

---

56) 이희승의 국어대사전에 의하면 '더껑이'는 '걸죽한 액체가 거죽에 엉겨 굳은 꺼풀'을 의미한다. 또한 '더께'는 '덖어서 찌든 물건에 앉은 거친 때'이고, '덖다'는 '때가 올라서 몹시 찌들다. 또는 때가 덕적덕적 묻다.'라는 뜻이다.

　　ㄴ. 모지랑비, 모지랑붓
　　ㄷ. 몽당연필, 몽당치마
　　ㄹ. 애송이
　　ㅁ. 잔재주, 잔소리
　　ㅂ. 좀도둑, 좀생이

　(66ㄱ)에서 우리는 '작음'의 의미도 찾을 수 있지만 이에 부가하여 '경멸'의 의미도 느낄 수 있다. 그러나 어기인 '꼬마'에서는 '작음'의 의미만 나타난다. (66ㅁ)의 '잔재주'도 마찬가지이다. "서커스 단원은 재주를 잘 부린다."는 긍정적인 의미지만, "잔재주를 잘 부린다."라고 하면 부정적인 의미를 나타낸다. 즉 술수를 부리거나 사기를 치는 의미로 받아들인다. (66ㅂ)의 '좀도둑'도 마찬가지이다. 이처럼 일부의 지소화된 어휘에는 경멸의 의미를 나타내고 있다. 이 '경멸'의 의미 획득은 지소화의 기능 중의 하나가 아닐 수 없다.

　다음은 '아이'의 축약형인 '애'가 결합된 합성어의 경우를 보자. 이 '애'는 지소 접두사가 아니라 자립어라는 것을 주의할 필요가 있다. 이 경우에는 '지소'의 의미는 사라지고, 비하나 경멸의 의미가 두드러지게 나타나고 있다. 앞에서 제시된 예를 다시 인용해 보자.

　(67) ㄱ. 애녀석　　　ㄴ. 애놈[57]
　　　 ㄷ. 애늙은이[58]　ㄹ. 애새끼

　위의 예를 보면 이들의 '애'는 '아이'를 말하지만 '幼'의 의미를 사라지고 '卑下, 輕蔑, 貶下'의 의미를 강하게 나타내고 있다. 위에 제시한 합성어의 '애'를 본디말인 '아이'로 대치하여, '아이녀석, 아이놈, 아이늙은이, 아이새끼' 등으로 하면 뜻이 아주 달라진다.

------

57) 이 말은 '아이 놈'의 卑語이다.
58) 이 경우의 '애'는 '아이'의 축약형이지만 卑下의 의미가 강하다.

그런데 '애'와 동의관계에 있는 指小語인 '애기'가 결합한 합성어에서
는 경멸의 의미가 나타나지 않는다.


　(68) ㄱ. 애기가래
　　　 ㄴ. 애기괭이밥


이 '애기'는 '아기'의 움라우트 현상으로(일명 'i' 모음 역행동화) 생성된
단어로, 주로 식물명에 붙어서 '작은'의 의미를 더해주고 있다. 이들 예
에서는 경멸이나 비하의 의미는 찾을 수 없다. 동의어인 '아이'와 '아기'
가 이렇게 지소화에서 기능을 달리하는 이유는 현재로서는 알 수 없지
만, 아마도 '아이'는 '애'로 축약이 되지만, '아기'는 축약될 수 없기 때문
이 아닌가 한다.

　그러면 지소화가 실현됨으로써 왜 이런 '경멸'의 의미가 나타나는지
를 고찰해 보자. 우리는 은유의 과정으로 이를 설명할 수 있다. 앞에서
언급했듯이 '아기'는 통념상 '작음'을 속성으로 하고 있다. 따라서 '아기'
에서 '작음'의 의미가 파생된다. 이 '작음'은 다시 '하찮은 것', '무시해도
되는 것'이라는 의미를 파생하고, 이는 다시 '무시해도 되는 것'에서 '경
멸'의 의미가 파생된다는 것이다. 이는 우리의 실생활에서도 발견할 수
있는 현상이다. '작은 것'은 중요하지 않은 것으로 취급하거나, 주변적인
것으로 취급한다. 이는 언어 현상에서도 감지할 수 있다. 예로 Swahili
어(아프리카 동부)에서 '사람'을 *m-tu*라 하고 '사물'을 *ki-tu*라고 하는데, 말
도 못하는 어린 아이는 사물과 같이 취급하여 *kitu*라 부르고, 말을 할
정도로 자라면 그제야 *mtu* 라고 부른다고 한다. 또한 영어에서도 *he, she*
라는 3인칭 단수 대명사가 있음에도 불구하고 어린 유아는 남녀를 불문
하고 *it*로 부른다(김진우, 1985 : 9). 이처럼 갓난아이는 하찮은 사물과 동
등하게 취급한다. 따라서 이를 보면 지소사의 원형인 '아기'에서 '경멸'
의 의미를 이끌어 내는 것은 지극히 자연스런 현상이라 할 수 있다.

# III. 결 론

지금까지 우리는 한국어 지소화의 의미와 기능에 대하여 논의해 봤다. 이를 요약하여 결론에 대신하고자 한다.

본고에서는 指小辭보다는 指小化란 용어를 사용했다. 전자는 접미사나 접두사에 한정하는 협의의 개념이지만, 후자는 이 지소사 외에 여타의 지소 표현, 즉 구 구성, 합성어, 내적파생어(음성상징어) 등을 모두 포함하는 광의의 개념이기 때문이다. 따라서 '아기 곰'(구 구성), '애기나리'(합성어), '애호박'(접두파생어), '강아지'(접미파생어), '파랗다'(내적파생어) 등을 모두 지소화가 실현된 어휘로 취급했다. 다시 말하면 지소화란 통사론적 절차와 형태론적 절차에 의하여 실현되는데 이 모든 언어형식을 분석대상으로 삼았다.

지소화의 형태론적 절차에 이용되는 지소사(diminutive affix)의 원형을 Jurafsky (1996)에서는 child/son을 제시하고 있다. 한국어의 경우 이성하(2001)에서는 지소사의 원형으로 2가지 즉 '아기'와 '알'(卵)을 제시고, '아기'는 '-아기/-어기, -아지/-어지, -앙이/-엉이' 등으로, '알'은 '-아리/-어리'로 문법화되었다고 주장한다. 그러나 우리는 '알'이 '-아리/어리'로 문법화될 수 없음을 논의했다. 대안으로 우리는 '-아리'를 鷄林類事에 나오는 child에 해당하는 말 '妲'의 再構形인 '*올'일 가능성을 논의했다. 즉 '男兒曰了妲'과 '女兒曰寶妲'의 '了妲'(현대어의 아들)은 '*아 + ㄷ + 올'로, '寶妲'(현대어의 딸)은 '*ㅂ + ㄷ + 올'로 분석할 수 있는데, '아'와 'ㅂ'는 남녀의 性에 해당되고, '올'은 'child'에 해당된다. 이렇게 보는 것이 범어적인 형상과 일치하기 때문이다.

지소화가 실현된 언어형식은 '작음'의 의미만을 나타내는 것으로 알고 있다. 그러나 지소 접미사 '-아지/-어지, -오지/-우지'에 의해 지소화가 이루어진 어휘를 보면, '강아지'에서는 '작음', '새끼', '어리다'의 의미를, '꼬라지'(꼴 + 아지)에서는 '작음'의 의미는 없고 '경멸'의 의미를, '뽀루지'에서는 '작음'의 의미는 없고 '질병' 등 다양한 의미와 기능을 나타내고 있다. 이런 다양한 의미와 기능은 세계 여러 언어를 살펴보면 잘 알 수 있다. Jurafsky(1996)는 60여 언어의 지소 접사만을 대상으로 고찰하여 다양한 의미를 제시하고 있는데 이를 한국어와 대비하여 살펴봤다.

이 원형인 '아기'와 '알'은 문법화를 거치면서 다양한 의미와 여러 변이형을 생성한다. 한국어의 경우 지소화가 실현된 언어형식의 의미를 살펴보고 범어적인(language universal) 것과 한국어만의 독특한(language specific) 것을 고찰해 봤다. 범어적인 의미와 기능으로 볼 수 있는 것은 '새끼'(offspring), '작음'(small), '어리다'(young, 幼), '모방'(imitation), '정확성'(exactness), '근사치'(approximation), '개체화'(individuation), '부분'(partitive), '질병명'(disease), '친애'(affection), '경멸'(pejorative) 등이 있고, 한국어만의 독특한 의미와 기능은 '동식물의 명칭', '인간의 신체부위' 등이다. 지소화가 인간의 신체부위를 지칭하는 경우 대부분 '경멸'의 의미를 나타내는 특징을 보이는 점도 특이하다 하겠다.

그리고 범어적으로 나타나는 의미와 기능이 한국어에는 없는 것으로는 '성 변화'(gender change) 기능, '작은 유사형'(small type), '강화'(intensity) 기능, '토박이 구성원'(prototypical member of social group) 등이 있다.

지소화가 실현됨으로써 이런 다양한 의미와 기능이 생성되는 근본 이유는 은유로 설명했다. 은유는 인간의 인식세계에 있어 가장 기본적인 인식활동이기 때문이다. 따라서 실제 우리의 인식활동을 보면, 원형인 '아기'(child)에서 '작음', '어리다'를 알 수 있고, '아기'는 부모의 닮은꼴이기 때문에 '모방'의 의미가 파생된다. 나아가 '작음'에서 우리는 '미약함'을 느끼고, 작은 것은 전체의 '부분', '개체', '신체부위'로 의미가 발전한다. 또한 '작은 것'은 '귀엽고', '사랑스럽고', '친애'의 대상이 된다. 그러나 한편으로는 '작은 것'은 중요하지 않고 무시해도 되는 것으로 인식되어 '경멸'의 의미로 발전한다.

따라서 한국어의 경우 지소화가 실현되어 나타나는 의미와 기능은 몇몇 특이한 점도 있지만 대부분 범어적이라고 결론지을 수 있다.

# 참고문헌

고영근(1974), 국어접미사의 연구. 서울 : 광문사.

구본관(1988가), 15세기 국어 파생법에 대한 연구. 태학사.

______ (1999), "축소 접미사에 대한 연구." 국어학 34.

국립국어연구원(1999), 『표준국어대사전』. 두산동아.

김규철(1989), "A Study of Iconicity in Korean : With Special Attention to long and short forms." Dissertation, U. of Texas at Arlington.

______(1997), "국어의 음성상징어에 대한 연구." 육군사관학교 화랑대연구소. 연구보고서.

______(1999a), "한국어의 '작은말-큰말'에 나타난 음성상징자질에 대하여." 육사 논문집 55-1.

______(1999b), "'빙글 : 뱅글'에 나타난 도상성에 대하여." 오늘의 문법, 우리를 어디로. 한신문화사. 이홍배 교수 화갑 기념 논총.

김순임(1987), "국어 접두사의 연구." 고려대 교육대학원. 석사논문.

김진우(1988), 언어. 탑출판사.

김형규(1980), 한국방언 연구. 서울대학교 출판부.

남풍현(1965), "15세기 국어의 음성상징 연구." 국어연구 13.

______(1969), "모음의 음성상징과 어사발달에 대한 고찰." 한양대 창립 30주년 기념 논문집. 27-41.

동아문화연구소 편(1980), 국어국문학사전. 신구문화사

동양학연구소(1973), 천자문. 동국대학교.

박홍길(1998), 어휘변화의 원인별 연구. 서울 : 한국문화사.

송재선(1993), 상말 속담 사전. 서울 : 동문선.

송철의(1977), "파생어 형성과 음운현상." 국어연구 38. 서울대 국문과.

______(1992), 국어의 파생어형성 연구. 태학사.

심재기(1982), 국어어휘론. 집문당.

안병희(1977), "초기 한글 표기의 고유어 인명에 대하여." 언어학 2.

안종애(1983), "현대국어 접두사 연구 -특히 국어 의미론적인 면을 중심으로-." 고
　　려대교육대학원.
안효경(1994), "현대국어 접두사 연구." 국어연구 117. 서울대 국어연구회.
옥익환(1984), "국어 접두사 연구-고유어 접두사를 중심으로-." 동아대학교 대학
　　원. 석사학위논문.
유연창(1997), "감정접미사의 파생적 기능." 서어서문연구10-1.
이기동 편저(1986), 언어와 인지. 서울 : 한신문화사.
이기문(1991), 국어 어휘사 연구. 동아출판사.
이규경(1982), "獨逸語縮小接尾辭 -lein과 -chen의 形態變遷에 關한 硏究." 성균관 대
　　학교대학원. 석사학위논문.
이병근(1997), "고양이(猫)의 어휘사." 국어학연구의 새지평. 태학사.
이성하(2001), "한국어 지소사의 문법화." 언어와 언어학 28.
이숭녕(1961), 국어조어론. 을류문화사.
＿＿＿＿(1978) "국어 음성상징론에 대하여." 언어 3-1.
＿＿＿＿(1980) 논문작성과 연구태도. 서울 : 박영사.
이현희(1987), "국어의 어중·어말 'ㄱ'의 성격에 대한 종합적 고찰." 한신논문집 4.
　　한신대학교.
이혜은(2002), "독일어 축소어에 대한 연구." 외국어대 독어독문과. 석사학위논문
이희승(1932), "지명 연구의 필요." 한글 1-2.
＿＿＿＿편(1981), 국어대사전. 서울 : 민중서관.
전상범(1995), 형태론. 한신문화사.
정인승(1938), "모음상대법칙과 자음가세법칙." 한글 6-9. 10-25.
조항범(1998), "동물 명칭의 어휘사." 국어 어휘의 기반과 역사. 탑출판사.
조혜진(2000), "화용론적 관점에서의 감상접미사에 대한 연구." 이베로 아메리카
　　연구 11집. 서울대 스페인 중남미 연구소.
채  완(1987), "국어 음성상징론의 몇 문제." 국어학 16. 277-300.
최학근(1968), 국어방언연구. 서울대학교 출판부.
최현배(1961), 우리말본(세번째 고침). 정음사.
한문희(1979), "실험 음성학적인 면에서 본 현대 한국어의 모음체계." 한글 166.
허  웅(1975), 우리 옛말본. 샘문화사.
홍택규(1993), "러시아어 지소사 의미 및 기능 연구 : 담화 차원을 중심으로." 서

울대 대학원. 석사학위논문.

Aoki, Haruo.(1994), "Symbolism in Nez Perce." in *Sound Symbolism*. eds. Hinton et al. 15-22.

Beard, R.(1998) "Derivation." *The Handbook of Morphology*, eds. A. Spencer and A.M. Zwick, Basil Blackwell.

Childs, G. Tucker.(1994), "African ideophones." in *Sound Symbolism*. eds. Hinton et al. 178-206.

Diffloth, Gerard.(1994), "*i* : big, a : small." in Sound Symbolism. eds. Hinton et al. 107-114.

Fleischer, W.(1975), *Wortbildung der deutschen Gegenwartssptache*(오헤옥 · 이성만 역 (1995), 현대 독일어 조어론. 한국문화사)

Greenberg, Joseph H.(1966), "Some universals of grammar, with particular reference to the order of meaningful elements." in *Universals of Language*, 2nd ed., ed. by Greenberg, 73-113. Cambridge, MA : The MIT Press.

______(ed.)(1978), *Universals of Human Language* 4. Stanford : Stanford University Press.

Gregerson, Kenneth.(1984), "Pharynx Symbolism and Rengao Phonology." Lingua 62. 209-38.

______(1987), "Pharynx Iconism as Figure and Ground." in *The Thirteenth LACUS Fourm 1986*. ed by Ilah Fleming. The Linguistic Association of Canada and The United States.

Haiman, John.(1980), "The Iconicity of Grammar : Isomorphism and Motivation." Language 56. 515-40.

______(1983), "Iconic and economic motivation." Language 59. 781-819.

______(ed.)(1985), Iconicity in Syntax. Amsterdam/Philadelphia : John Benjamins Publishing Company.

Hamano, Shoko.(1994), "Palatalization in Japanese sound symbolism." in *Sound Symbolism*. eds. Hinton et al. 148-60.

Hasselrot, Bengt.(1957), *Etudes sur la formation diminutive dans les langues romanes. V. II*. Uppsala : Uppsala universitet Arsskrift.

Hock, Hans Henrich.(1991), Principle of Historical Linguistics. 2nd ed. Berlin/New York : Mouton de Gruyter.

Hopper, P. J. and E. C. Traugott.(1993), *Grammaticalization*. Cambridge : Cambridge

University Press.

Hinton, Leanne, Johanna Nichols, and John J. Ohala eds.(1994), *Sound Symbolism*. Cambridge Univ. Press.

Jakobson, Roman and Linda R. Waugh.(1979), *The Sound Shape of Language*. Bloomington : Indiana University Press.

Jespersen, Otto.(1922), *Language. London* : Allen & Unwin.

______(1964), *Language : its nature, development and origin*. N.Y. : Norton.

Jurafsky, Daniel.(1996), "Universal Tendencies in the semantics of the diminutive." Language 72-3.533-678.

Lakoff, George & Mark Johnson.(1980), *Metaphor We Live By*. Chicago : The University of Chicago Press.

Lapolla, Randy J.(1994), "An experimental investigation into phonetic symbolism as it relates to Mandarin Chinese." in *Sound Symbolism*. eds. Hinton et al. 130-47.

Matisoff, James A.(1991), "The mother of all morphemes : Augmentative and diminutives in areal and universal perspective." in *Papers from the First Annual Meeting of the Southeast Asian Linguistic Society*, eds. Ratliff, Martha and Eric Schiller, Tempe, AZ. 293-349.

______(1994), "Tone, intonation, and sound symbolism in Lahu : loading the syllable canon." in *Sound Symbolism*. eds. Hinton et al.

Martin, S. E.(1962), "Phonetic Symbolism in Korean." in American Studies in Altaic Linguistics, Uralic and Altai Series vol. 13. Bloomington. 177-189. (이숭녕 1980 에 재수록).

Moravcsik, Edith.(1978), "Reduplicative constructions." In Greenberg, Joseph (ed.) Universals of Human Language 4. Stanford : Stanford University Press.

Sapir, Edward.(1929), "A Study in Phonetic Symbolism." Journal of Experimental Psychology 12. 225-39.

Sapir, J. David.(1975), "Big and Thin; Two Diola-Fogny Meta-linguistic Terms." Language Society 4. 1-15.

Scalise, S.(1984), Generative Morphology. Foris Publications(전상범 역(1987) 생성형태론. 한신문화사).

Sieberer, A.(1950), "Das Wessen des Diminutives," in *Die Sprache 2*.

Stefănescu, Ioana.(1992), "On Diminutive Suffixes." Folia Linguistica 26. 339-356.

Tanz, Christine.(1971), "Sound Symbolism in Words Relating to Proximity and Distance." Language and Speech 14. 266-76.

Taylor, Insup Kim and Maurice M. Taylor.(1962), "Phonetic Symbolism in Four Unrelated Languages." in *Canadian Journal of Psychology* 16.

Trigo, Loren.(1991), "Scales and Diminutivization." Linguistic Inquiry 22-3 : 578-583.

Ultan, R.(1978), "Size-sound symbolism." in *Universals of Human Language*, vol. 2 : *Phonology*. ed. by Joseph Greenberg. Stanford : University Press.

Wierzbicka, Anna.(1984), "Diminutives and depreciatives : Semantic representation for derivational categories." Quaderni di Semantica 5 : 123-130.

Wellmann, H.(1975), *Deutsche Wortbildung : Typen und Tendenzen in der Gegenwartssprache*. Das Substanti. Düsseldorf : Schwann.

# 한글 맞춤법을 위한 또 하나의 제안

김 동 식*

## 1. 머리말

이 글은 한글 맞춤법의 문제를 분석하고 보다 바람직한 맞춤법의 도출을 위한 방안을 모색하는 데 목적이 있다.

맞춤법은 한번 제정되면 그리 쉽게 바뀌지 않는 지속성을 가져야 한다. 너무 자주 바뀌는 맞춤법은 어쩌면 맞춤법으로서의 자격이 없다고 할 수도 있다. 맞춤법의 잦은 변경은 문자 생활의 효율성과 통일성을 도모하고자 하는 맞춤법의 기본 목적과 정면으로 배치되기 때문이다.

현재의 한글 맞춤법은 1988년 '문교부 고시 제88-1호'로 공포되어 이듬해인 1989년부터 전면적으로 시행되었다. 1933년 한글 맞춤법 통일안이 공포된 지 대략 55년이 지나 새롭게 제정된 것을 고려하면, 이제 갓 15년이 넘은 시점에서 맞춤법에 대해 검토를 하는 것은 그야말로 새삼스런 일일 수도 있다. 그러나 나중에 다시 개편 또는 개정이 임박한 시점에서 갑자기 논의하기 보다는, 여유를 갖고 지속적으로 맞춤법의 의

---

* 한신대학교 국어국문학과.

미나 방향을 고려하면서 현행 맞춤법의 보완점이나 개선점에 대한 논의를 축적시키는 것도 의미 있는 일이라고 생각된다.

맞춤법에 대한 논의는 이제까지 주로 이론적인 문제에 집착한 듯하다. 맞춤법에 대한 해설 등에서까지도 실제로 표기를 해야 하는 일반 국민들을 대상으로 하여 구체적 실천 방법을 설명하기보다는 조항의 제정 이유나 이론적 기반에 대한 설명에 더욱 치중하는 쪽이었다. 또한 학자들의 논의도 대부분 특히 이론적인 측면에서의 합리성이나 타당성에 주목하였지, 실제로 문자 생활을 해나가야 하는 일반 국민의 시각에서 바라볼 때의 문제점이나 어려움에는 비교적 소홀한 것으로 보였다.

그러나 필자로서는 맞춤법의 논의에서는 그것의 실천자인 일반 국민의 관점을 중요한 고려 대상으로 삼아야 할 필요가 있다고 생각한다. 맞춤법은 실천적 규범인 만큼, 이론적인 틀을 어떻게 세우고 그에 얼마나 타당하게 맞추느냐보다 어떻게 실수나 오류 없이 정확히 표기할 수 있게 하느냐에 더 중점이 두어져야 한다는 것이다. 따라서 필자는 본고에서 가능한 한 필자의 앞서의 논의와 같이 실용성의 관점을 유지하면서, 그때 미진했던 부분을 중심으로 하여 논의를 진행해 나가고자 한다.[1]

## 2. 맞춤법 논의의 전제

맞춤법에 대한 논의를 하기 위해서는 우선 맞춤법 규정의 목적을 어디에 두느냐를 결정해야 할 듯하다. 필자로서는 크게 두 가지, 곧 이론 충족적인 방향과 문제해결적인 방향이 있을 수 있다고 생각한다. 이론 충족적인 방향은 훈민정음에서와 같이 한글이란 문자에 대한 기본적인

---

1) 필자는 꽤 오래 전에 '맞추기 쉬운 맞춤법'(1993, 주시경학보 12)이란 이름 밑에 한글 맞춤법에 대한 견해를 발표한 적이 있다. 이 글은 그때의 논의 내용을 보완·종합하는 성격을 갖는 것이다. 따라서 이 글에서는 그곳에서 언급되지 않았던 부분들을 위주로 논의해 나가기로 한다.

사항과 맞춤법 규정의 이론을 먼저 세우고 그로부터 구체적인 표기 문제들에 대한 규정을 두는 것이다. 문제해결적인 방향이란 현행 맞춤법과 같이 한글의 구체적 표기를 위한 실용적인 사항들을 위주로 규정하는 것이다. 필자로서는 이론지향적인 것도 필요하기는 하겠지만, 맞춤법이 실용적인 자발적 규범이 되게 하는 데 있어 이론충족적인 것보다는 문제해결적인 방향이 좀 더 바람직하리라고 판단한다. 맞춤법 규정의 기본 목표는 우리나라 사람들이 한글을 도구로 하여 통일되고 바람직한 문자 생활을 영위하기 위한 방향을 제시하는 데 있지, 기본 이론에서부터 철저히 터득하게 해야 할 필요까지는 없다고 생각하기 때문이다.

필자는 앞서 맞춤법의 조항들이 갖추어야 할 성격을 명확성, 충분성, 일관성, 최소 예외성으로 상정한 바 있다.(김동식, 1993) 명확성이란 각 규정들이 불확실하거나 어떤 조항에서 사용한 구절이 다른 조항의 표현과 달라서 그 해석이 문제되지 않아야 한다는 것이다. 충분성이란 어떤 조항의 규정은 적어도 그 조항이 규정하고자 하는 대상의 모두를 포함하고 있어야 한다는 것이다. 일관성이란 어떤 조항이든 그 조항은 다른 조항과 서로 상충되는 표기 방식을 규정하고 있어서는 안 된다는 것이다. 마지막으로 최소 예외성이란 어쩔 수 없이 예외적인 표기를 인정한다 해도 그것은 타당한 근거 밑에 있어야 하고, 그러면서도 또한 될 수 있는 한 그러한 표기가 적어야 한다는 것이다. 맞춤법의 조항들이 이러한 조건을 갖출 때 실질적인 실천자들, 곧 일반 국민들의 부담은 적어질 수 있을 것이다.[2]

필자가 전제한 이러한 성격을 한 마디로 종합한다면, 그것은 아마도 '용이성'이 될 것이다. 필자로서는 맞춤법은 대중성이 강한 자율적 규정

---

2) 임홍빈(1997 : 36-37)은 '논리성의 원리, 자족성의 원리, 완전성의 원칙, 명료성의 원칙, 통일성의 원칙'을 맞춤법의 기본 요건으로 든 바 있다. 이들 가운데에서 '완전성, 명료성, 통일성'은 필자의 '충분성, 명확성, 일관성'과 매우 유사한 것이다. '논리성, 자족성'의 경우 이것은 단순히 맞춤법과만 연관되는 것이라기보다는 규정 일반적인 성격이 매우 강하다.

이기 때문에, 적어도 보통의 지식을 가진 국민이라면 그리 어렵지 않게 지킬 수 있는 가장 보편적인 규정이 되어야 한다고 생각한다. 만일 일반 국민이 지키려고 하는 의도가 충분히 있는데도 그 규정의 내용을 잘 파악하지 못하거나 규정을 지키기가 어려워서 의도하지 않은 잘못을 범할 가능성이 매우 크거나 하다면, 규정이 아무리 완벽하고 논리적, 이론적으로 흠이 없다고 하더라도 그것으로 맞춤법으로서의 임무를 다할 수 있는 것은 아니라고 생각하기 때문이다. 요컨대 맞춤법은, 적어도 대한민국의 일반 국민이라면, 그리고 그가 규정을 지키려는 선한 의도를 가지고 있는 사람이라면, 누구라도 얼마든지 쉽게 규정에 맞추어 문자 생활을 할 수 있는 정도의 용이성을 가지고 있는 것이라야 한다는 것이다.

이를 염두에 두고 먼저, 이제까지의 맞춤법 관련 논의들에서 다룬 논점들을 그 내용에 따라 크게 분류해 보면 대략 다음과 같을 것이다.

> A. 체제 및 규정 완결성의 문제 : 총칙(혹은 총론)의 규정 여부 및 언급 사항, 조항의 분류 체계 등
> B. 규정에 채택된 표기 방법과 관련된 문제 : 조항 내용의 불합리성 및 조항 사이의 상충 등
> C. 용어 및 서술과 관련된 문제 : 규정에 쓰인 용어의 적합성 및 명료성 등

(A)의 문제에 관한 논의에서는 기본 원칙을 총칙이나 서설 등으로 세우는 것, 규정으로서의 기본 개념, 대상·목적·범위 등을 확립하는 것, 한글의 운용 및 성격에 관한 기본 원리를 규정화하는 것 등이 다루어졌다. 구체적으로는 모아쓰기, 본음 등 운용이나 기반 이론, 자모의 수, 순서, 이름, 기본 원리 등에 관한 사항들이 논의되었다. (B)에서는 개별 조항에 규정되어 있는 내용들의 적합성 및 용이성 등과 조항들 사이의 조화 여부 등이 다루어졌다. (C)의 문제에 있어서는 '소리대로, 어법, 자모'

등 총칙이나 기타 조항의 기술에 사용된 용어들의 명료성 여부, 개념에 합치하는 용어의 선정, 규정 내용의 간명성 등이 주로 논의되었다. 이제 위에서 전제한 맞춤법의 기본 성격을 디딤돌로 하여 이들을 순서대로 논의해 나가기로 한다.

## 3. 체제 및 규정 완결성과 관련된 문제

한글 맞춤법은 이른바 철자법과 정서법의 개념이 얽혀 있는 복잡한 상태에 있다. 이는 애초에 한글에 대한 일반인의 인식이 그리 광범위하지 못한 상태에서 한글 자체의 운용법과 한글을 이용한 국어의 표기 방식에 대한 인식을 동시에 제공하고자 했던 결과로 빚어진 것이 아닐까 한다. 한글 맞춤법에서는 옳고 그름의 내용을 분명히 담고 있는 정서법이 주가 되기 때문에, 이를 위한 기초로서의 한글 철자법이 어느 정도의 서술 범위나 분량을 차지하면 되는지에 대한 논란이 불가피한 측면이 있다. 그렇기 때문에 몇몇 학자들은 규정의 완결성을 위해 현행 한글 맞춤법에서 한글과 관련된 기본적인 사항들을 더욱 명백히 규정할 것을 주장하고 있기도 하다.3) 그렇지만 한글 맞춤법은 국어 정서법적인 측면이 매우 강하기 때문에 한글 자체의 운용에 관계된 것들을 맞춤법에서 어느 정도 다루는 것이 합리적일지는 이러한 각도에서 생각해 보아야 할 것 같다.

결론부터 말하자면, 필자로서는 현행 한글 맞춤법에서 규정하고 있는 범위 정도가 무난하지 않을까 생각한다.4) 필자는 우선 한글 맞춤법이

---

3) 이런 점에서 '국어 맞춤법'이란 이름을 생각해 봄직도 하다. '맞춤법'이 아무리 '정서법'을 대신하는 말이라 해도 '한글 맞춤법'이라 하면 아무래도 '한글'이란 테두리를 벗어나기 힘들기 때문에 대상을 다시 규정해야 하는 부담이 생긴다고 볼 수도 있기 때문이다.

4) 물론 규정한 내용까지도 수용하는 것은 아니다. 뒤에서 다루겠지만, 규정된 내용은 그리 타당해 보이지 않는다.

선언적 규범이 아니라 실용적이고 실천적인 규범이 되어야 한다는 생각이다. 곧, 한글의 성격이나 운용 방식 등은 정서법에서 필요한 정도에서 최소한으로 기술하면 되지, 훈민정음 창제 때 등처럼 한글 자체에 대한 설명이 넘칠 만큼 많을 필요는 없다는 생각이다. 예를 들어 보자.

(1) 가. 한글의 자모는 음절 단위로 모아 써야 한다.
　　나. "<u>국어</u>(표기 대상)의 한글 표기는 <u>본음</u>(표기 대상)을 적되, 스물네 개의 문자(표기 수단)를 사용하여 <u>글자 단위로 모아 적음</u>(표기 원리)을 원칙으로 한다."
(2) 가. 자음자는 'ㄱ,ㄴ,ㄷ,ㄹ,ㅁ,ㅂ,ㅅ,ㅇ,……'이고 모음자는 'ㅏ,ㅑ,……'이다.
　　나. 자음자 가운데 'ㄱ,ㄴ,ㄷ,……'은 예사소리 글자이고, 'ㅋ,ㅌ,ㅍ,ㅎ'는 거센소리 글자이며, 'ㄲ,ㄸ,ㅃ,ㅆ,ㅉ'은 된소리 글자이다.
　　다. 모음자 가운데 'ㅏ, ㅐ, ……'등은 자음자의 오른쪽에 부서하고 'ㅗ, ㅘ,……' 등은 자음자의 밑에 부서한다.
　　라. 한글은 자음-모음-자음의 순서로 쓴다.

(1가)는 모아쓰기를 명시하는 경우를 필자가 생각해 본 것이고, (1나)는 현행 '총칙 제1항'에 대한 대안으로 강창석(1995:196)에서 제시된 것이다. 그런데 이렇게 '모아쓰기' 등을 규정화하기로 한다면, 다른 내용들을 몇 가지 모아 본 (2가~라) 등의 것들을 어떻게 해야 할까? 물론 '모아쓰기'가 아주 중요하기는 하지만, 한글의 자모 하나하나가 무엇이고, 그 자모들을 합해서 적을 때 글자의 모양을 어떻게 해야 하는지도 똑같이 매우 중요한 것임에는 틀림이 없을 것이다. 요컨대, 중요한 기본 내용이라고 해서 규정화하기로 말하면, 한글 맞춤법에서 기술해야 할 사항들은 눈덩이처럼 불어나게 될 수도 있을 것이다. 그러나 그러한 일은 기술도 번잡스러울 뿐더러 설혹 손쉬운 방법이 있다 하더라도 꼭 그렇게

할 필요가 있는지는 생각해 봐야 한다. 한글 맞춤법은 한글을 운용하는 방법을 제시하는 데 초점이 있는 것이 아니라, 어디까지나 한글을 이용하여 우리말을 적을 때 어떻게 적어야 하는지를 규정하는 데에 목적이 있기 때문이다.

또한 한글 맞춤법이 한글을 새로 배우는 외국인이나 어린이들을 대상으로 하는 것은 아니란 점을 고려할 필요도 있다. 처음으로 한글을 배우는 어린이나 새롭게 한국어나 한글을 배우는 외국인 등이 아니라면, 한글 맞춤법을 활용하고 그것을 준수하여야 하는 의무(?)를 가진 사람들은 우리나라의 일반 국민이란 것이다. 그들은 태어나서 자라면서 읽기와 쓰기를 배웠으며, 그 과정에서 이미 자연스럽게 어떤 자모가 어떤 음을 가지는지, 한글의 글자는 어떻게 이루어지는지 등을 다 깨치고 있기 때문이다. 그들은 다만, 바람직하고 훌륭한 문자 생활을 위해서 한글 맞춤법이란 규범이 필요한 것이지, 한글 자체가 어떤 성격이라든지 하는 것이 필요한 것은 아니다.5) 한글 맞춤법은 이러한 한국어 토박이 화자들을 대상으로 하였을 때, 그들이 올바르게 따를 수 있는 규범의 역할만 하면 그 임무가 완수되는 것이라 할 수 있다.

마지막으로 생각해 볼 것은 모든 사람이 다 일치하는 부분 등에 대해서까지 규정에 명시해야 할 필요가 있는가 하는 점이다. 앞서 밝혔듯, 한글 맞춤법은 선언적 규정이 아니라 자율을 기반으로 한 실천적이고 구체적인 규범이기 때문에, 그 내용도 실천을 토대로 규정되어야 한다고 생각한다. 이러한 태도에서 보면, 이미 그것을 준수해야 할 모든 사람들이 예외 없이 인식하고 따르고 있는 것이라면 굳이 규정할 필요가 있는지 의문이라는 것이다.

때로, 자모에 관한 규정이 있는 것처럼 다른 내용들도 규정해야 한다

---

5) 그렇다고 한글의 성격에 대해서 전혀 설명이 필요하지 않다는 것은 아니다. 다만, 한글의 성격이나 운용 방식 모두를 한글 맞춤법에서 다룰 것이 아니란 점만을 강조하고자 하는 것이다.

고 말하기도 한다. 그렇지만, 그러한 다른 것들과 한글 맞춤법에서 규정하고 있는 자모에 관한 내용과는 본질은 같을지 모르지만, 역사나 현재의 상황으로 보면 매우 다른 양상을 보이고 있다고 할 것이다.

예를 들어 우리말을 모국어로 하고 있고, 의무 교육을 마친 사람을 상정해 보자. 그가 누가 됐든, 그는 한글은 자음-모음-자음으로 모아서 글자를 적으며, 모음으로 시작할 때는 앞에 'ㅇ'을 먼저 적는 줄 모르리 없으며, 'ㄱ,ㄴ,ㄷ,……', 'ㅊ,ㅋ,ㅌ,ㅍ', 'ㄲ,ㄸ,ㅃ,ㅉ' 등은 순서대로 예사소리, 거센소리, 된소리를 적는 글자임을 알고 있을 것이다. 맞춤법을 실천적이고 실용적인 규범으로 인식하는 한, 누구라도 알고 있을 내용을 규정화할 필요는 없으리라고 생각할 것은 당연하다. 한글 맞춤법 통일안에서 상당한 부분을 할애하여 들어놓았던 한자음에 대한 규정이 한글 맞춤법에서는 '한자어' 또는 '한자음'이란 목차조차 넣지 않고 그저 규정 가운데 한두 조항을 할애하여 규정할 정도로 미미해진 것도 이러한 견해에 대한 방증이다. 우리나라 사람이라면 이미 모두 통일안에서 규정한 대로 똑같이 적고 있는 한자의 음을 굳이 규정할 필요가 없다고 생각한 데서 생긴 일일 것이기 때문이다.

반면, 된소리나 이중모음 등을 포함한 자모의 종류나 이름, 순서에 대한 사항은 이와 매우 다르다. 당장 '큰사전'의 경우에만 해도 요즘의 사전들과 달리 된소리를 예사소리에 포함하여 배열했기 때문에 '까까중'이 '가가호호'보다 앞에 배열되어 있다.6) 또한 북한의 '조선말 규범집'에서는 우리와 상당히 다른 이름과 순서를 규정하고 있다.7) 이처럼 문자생활의 지침이 되어 왔던 대표적인 사전에서조차 현재와 다른 방식

---

6) '큰사전'의 '범례 2. 어휘의 벌린 순서'에 서술된 "1. 모든 어휘는 각 음절(音節) 단위의 자모(字母) 차례를 따라 ㄱ ㄴ ㄷ ㄹ ㅁ ㅂ ㅅ ㅇ ㅈ ㅊ ㅋ ㅌ ㅍ ㅎ ㅏ ㅑ ㅓ ㅕ ㅗ ㅛ ㅜ ㅠ ㅡ ㅣ의 순서로 벌리되, 찾기의 편의를 위하여 홑닿소리(單子音) ㄲ, ㄸ, ㅃ, ㅆ, ㅉ은 각각 ㄱ, ㄷ, ㅂ, ㅅ, ㅈ의 자리에 붙이어 넣고" 참조.

7) 자음만을 예로 들더라도, 북한의 '조선말 규범집'에는 'ㄲ,ㄸ,ㅃ,ㅆ,ㅉ'이 각각 '된기윽, 된디은, 된비읍, 된시읏, 된지읒'으로 되어 있으며, 그 순서도 'ㄱ,ㄴ, ……, ㅎ'까지 벌여놓은 뒤에 두고 있다.

을 취하고 있으며, 미래에 통일된 문자생활을 하게 될 북한과도 상이한 방식이기 때문에 이를 규정에 분명히 명시하지 않는다면 오히려 이상하다 할 정도이다.

요컨대, 임홍빈(1997 : 55)의 언급대로 그야말로 '고의적인 오해'가 없는 한 일치할 수 있는 것들의 경우는 실용을 우선으로 하는 한글 맞춤법 규정으로 제시할 필요는 없다고 생각한다. 규정의 완결성을 기하기 위해 완미하게 규정해 놓는 것도 좋기는 하겠지만, 실천의 면에서 보면 이미 다 실천하고 있는 것들이라서 꼭 그렇게 필요한 규정도 아닌데 굳이 규정에 명시할 것까지는 없을 것이기 때문이다. 반면에 아직 조금이라도 혼란의 여지가 남아 있는 내용들에 대해서는 규정에 분명히 천명하는 것이 오히려 규정의 의무라 할 것이다. 따라서 '우발적'인 오해조차 있을 수 없고 완벽한 일치를 보이는 것들은 제외하고, 기본적인 고려 사항들을 규정한 한글 맞춤법의 태도는 온당하다고 할 것이다.

다음으로 (A)의 문제에 있어서 논의되어야 할 것이 한글 맞춤법의 기본 이론을 밝히고 있는 총칙 제1항, '한글 맞춤법은 표준어를 소리대로 적되 어법에 맞도록 함을 원칙으로 한다.'일 것이다.[8] 우선 이에 대한 국어 연구소의 해설을 보기로 하자.

> (3) '표준어를 소리대로 적는다'라는 근본 원칙에 '어법에 맞도록 한다'는 조건이 붙어 있다. …… 어법에 맞도록 한다는 것은, 결국 뜻을 파악하기 쉽도록 하기 위하여 각 형태소의 본 모양을 밝히어 적는다는 말이다. …… 형식 형태소의 경우는 변이 형태를 인정하여 소리나는 대로 적을 수 있도록 한 것이다. (국어연구소, 1988:5-6)

위의 해설에 의하여 판단하면 이 조항으로 뜻하고자 한 것은 가능한

---

8) 강창석(1995 : 187)은 대략 '표기 대상, 표기 수단, 표기 원리'를, 임홍빈(1997 : 49)는 맞춤법의 '목적, 대상, 제정 원리 및 방법론, 적용 범위' 등을 갖추어야 하는 것으로 보고 있다.

한 모든 형태소들의 '본 모양[원형]'을 밝히어 적되, 음운형태가 현저하게 다른 형식 형태소의 경우는 소리대로 적는 것을 허용하는 것이었다. 그렇지만, 이러한 해설이나 실제로 의도했던 바와는 달리 규정의 내용은 여러 가지 문제를 안고 있다고 할 수 있다.

우선 여기서 표기의 대상을 '표준어'로 한정한 것이 문제라고 할 수 있다. 이 규정의 문면만으로 본다면 표준어를 제외한 다른 국어, 예를 들면 여러 방언 같은 것들은 아무런 규정이 없는 것이 되기 때문에 엄연한 국어인데도 표기 규정이 전혀 없는 것이 된다.9) 이러한 측면에서 이 '표준어를'의 부분은 사족일 뿐이라고 언급한 강창석(1995:173)의 논의는 전적으로 타당한 것이라 판단된다. 표준어는 국어의 한 부분일 뿐이기 때문에 한글 맞춤법에 어떤 부가 조항을 넣든가 하여 다른 방언 등도 이를 원용한다든지 하는 규정을 하지 않는 한, 한글 맞춤법 자체의 적용 범위를 스스로 심각히 축소시키는 것이 된다.

'소리대로'란 구절도 보는 각도에 따라서는 이론을 가질 수 있는 내용이다. 강창석(1995:171)에서처럼 "표음문자를 이용한 표기법은 모두 소리를 적는 것이므로 그 중 일부만을 대상으로 '소리대로'라고 기술할 수는 없는 것"이라고까지 하기는 좀 어려울 수도 있겠지만,10) 표음문자에서 '소리대로'를 앞세우는 규정은 아무래도 자연스럽지는 않다. 그렇지만 한글 맞춤법의 조항들을 살펴보아 '소리대로'로 하여 무엇을 의도했는지를 조금만 상세화하거나 하면 그렇게 문제될 것은 없다고 할 수도 있다.

---

9) 필자는 다른 곳에서 이를 해설하는 차원에서, 여기에는 우선 국민의 문자 생활을 올바른 방향으로 유도하고자 하는 것과 한글 맞춤법이 문자 생활의 표준이 되어야 한다는 것 등의 두 가지 의도가 포함되어 있다고 말한 바 있다.(http://www.hangeulmuseum.org. 역사관-한글의 발전-현대의 한글, p.4 참조) 하지만, 이러한 분석은 한글 맞춤법의 규범으로서의 의미를 호의적으로 해석할 경우 그럴 수 있다는 것이기는 할지언정, 그것으로 규정 자체에 아무런 문제가 없음을 보이려 한 것은 아니다.

10) 강창석(1995 : 171)에서 이러한 기술을 한 것은 물론 '본음'과 '임시의 음'을 염두에 두고 한 말이다. '본음'이나 '임시의 음'이나 '소리'임에는 틀림이 없기 때문이다.

　(4) 가. 한 단어 안에서 뚜렷한 까닭 없이 나는 된소리는 다음 음절
　　　　　의 첫소리를 된소리로 적는다.(제5항)
　　　가´. 다만, 'ㄱ, ㅂ' 받침 뒤에서 나는 된소리는, 같은 음절이나
　　　　　비슷한 음절이 겹쳐 나는 경우가 아니면 된소리로 적지 아
　　　　　니한다.(제5항)
　　　나. 'ㄷ, ㅌ' 받침 뒤에 종속적 관계를 가진 '- 이(-)'나 '- 히 -'가 올
　　　　　적에는, 그 'ㄷ, ㅌ'이 'ㅈ, ㅊ'으로 소리나더라도 'ㄷ, ㅌ'으로
　　　　　적는다.(제6항)
　　　다. '계, 례, 몌, 폐, 혜'의 'ㅖ'는 'ㅔ'로 소리나는 경우가 있더라도
　　　　　'ㅖ'로 적는다.(제8항)

　　우리는 (4가, 가´, 나, 다)로만으로도 한글 맞춤법에서 '소리대로' 속에
담고 있는 의도를 충분히 드러낼 수 있으리라 생각한다. 이들에서 말하
고 있는 것은 가능하면 '소리 그대로 적되'(4가), 그야말로 '소리대로' 표
기하지 않아도 국어의 음운 법칙상 실제의 발음이 나올 수 있는 환경이
라면 굳이 '소리 그대로' 표기하지 않아도 되도록 한다(4가´, 나)는 것이
다. 한편 (4다)는 또한 시대적 변화의 결과로 소리가 바뀌어 나는 경우
가 있다고 하더라도 가능한 한 원래의 음, 곧 원형의 소리 형태를 그대
로 유지하고자 하는 의도를 보여주는 것이다. 이들을 종합하면, '소리대
로'는 '소리 그대로 적는 것'만을 뜻하는 것이 아니라, 표기로부터 실제
의 발음이 도출될 수 있다면 그것까지도 '소리대로' 적는 것으로 간주하
는 것이라 할 수 있다. 나아가, 어느 정도 변화된 소리로 나더라도, 전
부터 쓰이던 본음이 발음되고 있다면 그 본음으로 표기하는 것도 '소리
대로'에 포함시킨다는 것이다.
　　'소리대로'와 깊숙이 연결되어 있는 것이 바로 뒤의 '어법에 맞도록'
부분이다. 이 어법을 어떻게 해석하느냐에 따라 해소하기 힘들 정도의
큰 편차가 생길 수도 있기 때문이다. 해설에서 이를 '본 모양을 밝히어
적는 것'(국어연구소, 1988 : 6)으로 기술하는 데서부터, 강창석(1995 : 170)에

서 이렇게 하면 15세기 표기법의 원리는 '어법에 맞지 않는 것'이 된다
고 할 정도로 이 '어법'은 여러 가지 해석을 가질 수 있다. 극단적으로,
환경에 따라 소리가 바뀌어 나는 것도 크게 보면 '어법'이라고 할 수도
있음을 감안하면, 심지어는 '소리대로' 적는 것이 바로 '어법에 맞는' 것
이 될 수도 있다. 따라서 이 어법을 무작정 앞서의 맞춤법을 존중하는
차원에서 그대로 답습할 것이 아니라, 좀 더 분명하게 내용을 천명하는
쪽으로 개정했어야 했다고 생각한다.

　아무튼, 한글 맞춤법에서 '어법'으로써 의도하고자 했던 내용은 위 예
(3)의 해설로써 비교적 분명히 밝혀졌다고 할 수 있으므로, 여기서는 그
것을 '어법'이란 지극히 추상적인 용어로 답습할 것이 아니라 그 의미를
명백히 할 수 있는 다른 용어로 규정하는 것이 필요하다. (3)의 해설로
판단해 보면, 한글 맞춤법에서 '어법'이라 한 것은 바로 '형태소의 본 모
양을 밝혀 적는 것'이었으므로, 우리에게 남은 문제는 이를 적절히 규정
화하는 것뿐이다. 강창석(1995 : 196)에서의 "본음을 적되"란 구절이나, 임
홍빈(1997 : 48)에서의 "모든 어휘 및 어휘적 요소는 …… 항상 일정한 형
식으로 적는다"는 규정은 이러한 맥락에서 대안을 도출해 본 것이라 생
각된다. 그러나 필자의 견지에서는, 주시경의 '본음'이란 용어를 이렇게
쓸 경우 한글 맞춤법에 등장하는 본음과 섞일 가능성이 있고, 또 '일정
한 형식'이란 상당히 넓은 범위를 포괄하는 것이기 때문에 좀 더 일반
적인 용어로 규정할 필요가 있다고 생각한다. 다음 (5)는 이러한 내용을
담아 필자 나름대로 규정화해 본 것이다.

　　(5) 한글 맞춤법은 국어 단어 및 형태소의 원형을 밝히어 적는 것을
기본으로 하되, 실제 소리에 맞도록 함을 원칙으로 한다.

　(5)의 원칙은 몇 가지 점에서 새로운 대안이 될 수 있으리라 생각한
다. 우선 모아쓰기 같은 내용을 넣지 않아도 된다는 점에서 간결성을

얻을 수 있으며, 강창석(1995 : 196)과 비교해서는 보통 사람들에게는 비교적 생소한 '본음'이란 용어를 채용하지 않아도 된다는 점에서 좀더 일반적일 수 있다. 임홍빈(1997 : 48)의 제안과 비교해서는 '어휘 및 어휘적 요소'로 좁게 한정하지 않는다는 것과, '특별히 예외적인 규정에 의하지 않는 한 항상'이란 부자연스런 구절―맞춤법의 규정들은 많은 경우 '특별히 예외적인' 것이 되어 버릴 것이므로―을 제외시킨다는 점에서 좀더 자연스러울 듯하다. 결국 이 조항의 요체는 의미 단위를 구별하고, 그들의 표기 형태를 가능한 한 유지하고자 하되, 소리와 너무 동떨어지지 않게 하는 데에 한글 맞춤법의 근본 지향점이 있다는 것이다.

  체계와 관련하여 마지막으로 한 가지 덧붙인다면, '한자어'와 '고유어'를 구분하지 않고 통합하여 규정한 것의 문제를 들 수 있을 듯하다. 실제로 '두음법칙'이나 '본음'과 '속음' 등의 문제는 거의 한자어와만 관계가 되고 고유어와는 관련이 적은 것들이다. 예를 들어 고유어의 경우 '년, 녀석, 닢' 등이 두음법칙의 적용을 받는 경우는 없다고 볼 수 있으며, '속음'이라고 따로 규정할 만한 것이 애초부터 있지를 않다. 또한 빈번한 약어의 경우도 한자어들에만 특별히 관련되고 있을 뿐이다.[11] 이러한 점을 고려한다면, 한자어의 경우 따로 장이나 절을 두어 분리시켜야 마땅할 듯하다.[12]

## 4. 규정에 채택된 표기 방법과 관련된 문제

  이곳에서 논의하고자 하는 것은 한글 맞춤법에 규정된 내용이 문자

---

11) 요즘 인터넷 등에서처럼 고유어까지도 활발히 약어를 쓰고 있는 것을 고려한다면, 딱히 한자어들에만 특별하다고 할 수 없을 수도 있다. 그러나 그러한 것들은 미래에 고려할 대상이지, 아직은 분명히 아주 예외적인 현상이라 할 수 있다.
12) 한글 맞춤법 전체 체제와 관련된 보다 상세한 논의는 임홍빈(1997)에 미루기로 하고, 여기에서는 기본적인 사항들에 논의를 국한하기로 한다.

생활을 영위하는 일반 국민의 눈으로 볼 때 지키기가 좀 어렵다든가, 필요 이상으로 이론적인 규정이 되었다든가 하는 부분과, 다른 규정과 상충하거나 갈등을 일으키는 부분 등이 있는 것이다.

먼저 '소리'와 관련하여 몇 가지 예를 살펴보기로 하자.

> (6) 가. '계, 례, 몌, 폐, 혜'의 'ㅖ'는 'ㅔ'로 소리 나는 경우가 있더라
>        도 'ㅖ'로 적는다.(제8항)
>    가′. 계수, 사례, 연몌, 폐품, 혜택
>    가″. 계집, 핑계, 계시다
>    나. 다만, 다음 말은 본음대로 적는다.(제8항)
>    나′. 게송, 게시판, 휴게실

(6가~나′)로 미루어, 여기에서 '계, 례, 몌, 폐, 혜'는 모음이 'ㅖ'로 나는 것이 본음이고, '다음 말'(6나′)에서는 'ㅔ'가 본음이라는 것으로 판단된다.[13] 그렇다면, 현재 상태에서 이들이 '본음'이라는 것은 무엇에 근거한 판단인가? 우리가 흔히 '본음'의 판단 근거로 파악하고 있는 활용이나 곡용에서의 변이 형태라든가, 하다못해 단어형성 등에서라도 항상 'ㅖ'만으로 나타나는 경우가 있다면 또 모르지만, 우리로서는 그런 것도 발견하기 힘들다. 이로 보건대, 이런 경우의 '본음'이란 것은 기실은 '관습적으로 써오던 음' 또는 '변화하기 전의 (사전) 표기음' 정도의 의미 이상의 것은 아닌 듯하다.

여기에서 우리는 (6,가′,가″,나′)의 예들에 쓰인 단어들의 실제 발음에서는 모음 'ㅖ'와 'ㅔ'가 거의 구별이 안 되는 점을 고려해야 한다. 우리로서는 원래의 음이란 것이 '관습'이었던 한, 현재는 서로 혼란되고 있는 소리들을 끝까지 구별하여 적을 만한 근거를 발견하기는 힘들기 때문이다.[14] 사실 이러한 경우 'ㅖ'와 'ㅔ'를 합류시켜서 같이 적는다고 해

---

13) 서술을 액면 그대로 해석하면 'ㅖ'로 적는 것이 본음이 아닌 것으로 적는 것이 될 수
   도 있다. 그러나 여기서는 의도를 중시하여 이렇게 판단하였다.

도 별로 문제될 것은 없으리라 여겨진다.[15]

> (7) ‘의’나, 자음을 첫소리로 가지고 있는 음절의 ‘ㅢ’는 ‘ㅣ’로 소리
>    나는 경우가 있더라도 ‘ㅢ’로 적는다.(제9항)
>    가. 본의 / 의리, 명의 / 의사
>    나. 씌어 / 쓰이어 / 쓰여, 틔어 / 트이어 / 트여
>    다. 무늬, 보늬, 닐리리, 늴큼

우리는 (7)에서도 위와 유사한 논의를 할 수 있다. 우선 (7)에서 본음이 ‘ㅢ’라고 할 때, 이것이 (7가)의 예들처럼 변이음 가운데에서 나타나기도 하는 경우는 표기를 ‘ㅣ’로 바꾸는 것이 분명 무리일 것으로 생각된다. (7나)의 경우도 기본형과 관계되어 뜻을 분명히 하는 데 활용되기 때문에 ‘ㅢ’로 표기할 만한 근거가 있다고 할 수 있다. 반면, (7다)의 경우는 그러한 표기를 유지할 만한 어떤 이유도 발견되지 않는다. 다만, 이제까지 이러한 표기에 익숙해져 왔기 때문에 그것 자체로 시각적 효과는 있을 수 있을 것이다. 그러나 이것은 우리의 습관의 문제이기 때문에 설사 표기가 달라진다고 해도 문제될 것이 없다. 우리는 금방 다시 그 표기에 익숙해져서 새로운 시각적 전달 효과를 생성해 낼 것이기 때문이다.

> (8) 가. ‘ㄷ’소리로 나는 받침 중에서 ‘ㄷ’으로 적을 근거가 없는 것은
>        ‘ㅅ’으로 적는다.(제5항)

---

14) 우리는 이제까지 ‘계시판, 휴계실’ 등으로 잘못 적은 것들을 수없이 보아 왔다. 이를 표기자들의 잘못으로만 돌릴 수는 없으리라 생각한다. 이렇게 구별하는 의미가 무엇인지 확실히 알기가 힘 드는데도 굳이 구별하여 적게 만든 규정에도 어느 정도의 문제가 있다고 할 수 있을 것이다.

15) ‘ㅖ’나 ‘ㅔ’ 어느 한 쪽으로 합칠 경우, 필자로서는 ‘ㅖ’ 쪽으로 합치는 것이 합리적일 것이라 판단한다. 한자음 ‘례’는 두음법칙이 적용된 변이음 ‘예’가 ‘ㅔ’로 소리 나는 일이 없으며, 이른바 본음이 ‘예’인 한자들은 아직도 그 음을 유지하고 있음에서다. 예시(例示)/판례(判例), 예의(禮義)/결례(缺禮), 예상(豫想), 명예(名譽) 등 참조.

　　가´. 돗자리, 옛, 첫, 웃어른
　　나. 끝소리가 ‘ㄹ’인 말과 딴 말이 어울릴 적에 ‘ㄹ’ 소리가 ‘ㄷ’소
　　　　리로 나는 것은 ‘ㄷ’으로 적는다.
　　나´. 반짇고리, 숟가락, 삼짇날


　(8)은 똑같이 소리에 관한 것이긴 하지만, (6,7)과는 좀 다른 면에서 생각하게 한다. 실제로 (8가´,나´)는 똑같이 ‘ㄷ’소리로 나는 것에 대한 표기 규정이다. 그런데도 이들을 ‘소리대로’란 원칙을 어기면서까지 서로 다르게 적는 이유는 표의적 표기의 기능을 유지하려는 데 있다고 판단된다. 곧, ‘ㄷ’을 ‘ㅅ’으로 적는 이유는 결과적으로 실제의 소리와 어긋나지 않게 하면서도 내용적으로는 서로의 표기를 다르게 유지함으로써 그들의 기능이 다름을 보여주기 위한 것, 그 이상도 이하도 아니다.
　이러한 몇 가지 판단에 근거하면, 우리가 표기 방법을 채택할 때 ‘소리’와 관련하여 고려해야 할 기준으로 다음과 같은 것을 생각해 볼 수 있으리라 여겨진다.


　　(9) 표기 방식 결정 원칙1 : 본음(관습적인 표기 포함)은 다음과 같은
　　　　경우에 한해 유지하고, 그 외에는 현재의 음을 반영한다.
　　　　가. 변이음 가운데 본음이 유지되는 것이 있을 때.
　　　　나. 표의적 표기의 기능을 유지하고자 할 때.


　이러한 ‘결정 원칙1’에 의하면 우리는 제8항, 제9항 등과 같은 조항에서 ‘ㅖ’나 ‘ㅢ’ 등 본음을 유지하는 표기와, 이들과 구별하여 ‘ㅔ’나 ‘ㅣ’로 표기해도 문제가 없을 것들을 분리해 낼 수 있을 것이다.
　다음에 검토해 볼 필요가 있는 것은 ‘형태소의 본 모양’을 밝히어 적는 것의 범위 결정과 관련된 것들이다.


　　(10) 가. 굽도리, 무녀리, 코끼리　　가´. 목거리, 거름, 노름

　　나. 귀머거리, 마개, 무덤　　　나´. 비렁뱅이, 쓰레기

　　　　　　　　　　　　　　　　　　('제19항'의 보기에서)

(11) 가. 꼬락서니, 끄트머리, 모가치, 바가지

　　　나. 싸라기. 짜개　　　　　　　　('제20항'의 보기에서)


　　(10,11)은 한글 맞춤법의 보기에서 형태소나 단어의 '원형'을 밝히어 적지 않는 것들을 몇 가지씩 추려 본 것이다. (10가,가´)는 어간에 '-이' 나 '-음'이 붙어서 명사가 된 것이지만, 그 뜻이 어간과 멀어졌기 때문에 원형을 밝히지 않는 것이다. (10가)는 원형을 밝히는 것이 뜻의 파악이 나 유연성의 유지에 별다른 효용이 없거나 소리가 아주 달라지는 것들 이기 때문에, (10가´)는 '목걸이, 걸음, 놀음' 등과 구별할 수 있는 표의 적 표기의 기능을 부여하기 위한 것들이기 때문에 이처럼 원형을 밝히 지 않아도 별 이견이 없을 듯하다. (10나´, 11나)의 예들도 그 어간의 뜻 과 거리가 멀어졌거나, 어간의 원형이 무엇인지 확실치 않은 것이기 때 문에 역시 마찬가지로 원형을 밝히는 것이 별로 의미가 없을 수 있다. 그렇지만, (10나, 11가)의 경우는 이들과 상당한 차이가 있다고 생각한 다. 물론 이들에서도 '-어리, -애, -엄'이나 '-악서니, -으머리, -아치, -아 지' 등 접미사들의 생산성이나 기능 부담량이 문제가 될 수는 있다. 그 러나 더욱 중요한 것은 이들의 경우 각각 '귀먹-, 막-, 묻-' 및 '꼴, 끝, 몫, 박'과 아주 긴밀한 유연성을 유지하고 있다는 점이다. 또한 이들의 경우 어간의 원형과 접미사를 구별하여 적는다고 하여도 결과적인 발음은 한글 맞춤법에서 규정한 표기의 결과와 전혀 다른 점이 없다. 상황이 이렇다면, 이들을 굳이 구별하지 않고 적을 이유는 어디에도 없다고 판 단된다.


　　(12) 표기 방식 결정 원칙2 : 단어나 형태소의 원형을 밝히지 않는
　　　　표기는 다음과 같은 경우에 한한다.

가. 단어나 형태소의 원뜻과의 유연성이 상실되었거나 소리가
　　전혀 다르게 된 경우
나. 원형을 밝히는 표기와 구별하여 표의적 표기의 기능을 갖는
　　경우
다. 원형이 무엇인지 확실치 않은 경우


　이러한 '결정 원칙2'는 우리로 하여금 일반 국민들이 훨씬 준수하기 쉽고, 좀더 규칙적인 규정을 세울 수가 있게 하리라 생각한다. 한 가지 예로 제23항을 들어 보자.


(13) 가. '- 하다'나 '- 거리다'가 붙는 어근에 '- 이'가 붙어서 명사가 된
　　　　것은 그 원형을 밝히어 적는다.(제23항)
　　가´. 꿀꿀이, 눈깜짝이, 배불뚝이, 삐죽이, 홀쭉이
　　나. '- 하다'나 '- 거리다'가 붙을 수 없는 어근에 '- 이'나 또는 다
　　　　른 모음으로 시작되는 접미사가 붙어서 명사가 된 것은 그
　　　　원형을 밝히어 적지 아니한다.(제23항 '붙임')
　　나´. 개구리, 기러기, 깍두기, 누덕이, 뻐꾸기


　(13가)는 제23항의 본 규정이고, (13가´)는 그 적용을 받는 단어들의 예이다. 필자로서 판단해 보면, '꿀꿀-, 삐죽-'은 '-거리다'만, '배불뚝-, 홀쭉-'은 '-하다'만 붙을 수 있고, '눈깜짝-'은 둘 다 가능한 듯하다.[16] 한편, (13나)의 적용을 받는 (13나´)의 예들 가운데, '개굴-, 기럭-, 깍둑-, 뻐꾹-' 은 '-거리다'가 가능한 듯하고, '누덕-'만큼은 '-하다'나 '-거리다'가 모두 붙을 수 없는 것 같은데, 이러한 판단은 필자만이 아니라 아마도 상당히 많은 사람들이 공통적일 듯하다. 그런데도, 규정된 표기형은 (13가´, 나´)처럼 되어 있으니, 일반인들로서 맞춤법을 지켜서 표기하기가 그리

---

16) 좀더 정확히는 '눈깜짝-'이 아니라 '깜짝-'에 붙을 수 있다고 해야 할 것이다. '배불뚝-' 에 대한 내용도 이와 같은 유형이다.

쉽지 않을 것이 명백하다. 그렇지만, 우리의 '결정 원칙2'에 의하면 이들은 '꿀꿀-, 개굴-, 기럭-, 깍둑-, 누덕-, 뻐꾹-' 등 원뜻을 그대로 유지하고 있는 어근들이기 때문에 모두 다 원형을 밝힌 표기가 되어 일관성 있는 판단을 할 수 있다.

## 5. 용어 및 서술과 관련된 문제

용어나 서술의 문제는 문면에서 읽혀지는 의도는 그리 문제가 되지 않는데, 그 기술에 쓰인 용어라든가, 서술의 방식이 명확하지 않아서 면밀히 분석할 경우 의도와 다르게 해석되거나 해석 자체가 곤란해지는 등의 상황에 처하게 될 소지가 있는 것들과 관련된다. 이들은 어찌 보면 사소해 보일 수도 있으나, 명확성이나 용이성의 측면에서는 분명히 언급될 수 있는 것들이다.

여기에서 제일 먼저 눈에 띄는 것이 '제2장 제4항 자모'이다. 이에 대해서는 강창석(1995 : 173-174, 191-195), 임홍빈(1997 : 54-57)에서도 비교적 상세히 논의된 바 있으므로, 여기서는 이를 토대로 몇 가지 사항을 덧붙여 논의하고자 한다.

이 항과 관련하여 제일 먼저 논의되어야 할 것이 '자모'란 용어의 쓰임이다. "[붙임2] 사전에 올릴 적의 자모 순서는 다음과 같이 정한다."로 보면 'ㄲ, ㄸ, ㅃ, ㅆ, ㅉ'이나 'ㅐ, ㅒ, ㅔ,……' 등도 분명히 '자모'에 포함된다. 그러나 제4항의 본 규정에서는 한글 자모의 수를 '스물넉 자'로 못 박고 있다. 또한 '[붙임1]'에서는 '위의 자모로써 적을 수 없는 소리는 두 개 이상의 자모를 어울러서 적되, 그 순서와 이름은 다음과 같이 정한다.'라고만 되어 있어 여기에 속한 것들이 자모에 들어가는지 그렇지 않은지 매우 모호하게 되어 있다.[17]

---

17) 이러한 방식의 서술은 멀리는 훈민정음에서 비롯되었다고 할 수도 있을 것이다. 훈

  사실 오늘날 우리나라 국민이라면 누구나 이 글자들을 24자모와 똑 같은 자격을 가진 자모로 알고 있지, 다른 '자모'들과 구별되는 것으로 생각하지는 않을 것이다. 그런데도 한글 맞춤법에서 이러한 모호한 규 정을 두고 있는 것은 기본적으로 '소리'를 기준으로 하지 않고 그야말로 '자모'를 기준으로 서열을 매겼기 때문인 것으로 보인다. 곧, 소리로 봐 서는 예사소리, 거센소리, 된소리로 '같은' 층위에서 구별되고 있지만, 자모의 구성으로 볼 때는 이것들이 24자모를 적절히 합성한 것들이기 때문에 분명히 다른 층위에 속한 것으로 판단할 수밖에 없을 것이다. 이러한 불합리성을 벗어나기 위한 방법으로 임홍빈(1997 : 55)에서는 24자 모를 '기본 자모'로 하여 구별할 것을 제안하고 있다. 이에 관해서는 필 자도 온전히 같은 견해이지만, 각자병서들을 비롯한 [붙임1]의 것들에 대한 처리 방안에서는 좀 다른 생각을 가지고 있다.[18] 곧, 필자의 생각으 로는 한글 맞춤법에서도 이들을 분명 자모로 인식하고 있는바―[붙임2] 에서 자모라 지칭한 것을 볼 때―, 이들을 '기본 자모'와 구별하여 '복합 자모'란 이름으로 부르는 것이 좋으리라고 판단된다. 그렇게 하여 이 불 합리성을 해결한다면, 제4항의 본 규정은 '한글 기본자모의 수는……' 정도가 되고, [붙임1]은 '기본 자모들을 어우른 복합 자모들은 열여섯 자로 하고, 그 순서는 각 기본자모의 뒤에 둔다.' 정도로 규정될 수 있 을 것이다.[19]

---

민정음에서도 각자병서 글자들은 명확한 언급이 없이 각 자모의 설명 뒤에 '병서하 면……'으로 덧붙였었기 때문이다. 한글 맞춤법 통일안에서는 각자병서를 된소리 표 기로 채용하면서도 '글자'라고 하여 '자모'와는 다른 이름으로 부르고 있다. 이때만 해도 'ㅅ계 병서'가 된소리 표기로 흔히 쓰이고 있었기 때문에 병서들을 어떤 단순 자모로 일컫기가 힘들었기 때문이 아니었을까 한다.

18) 임홍빈(1997 : 55)에서는 [붙임1]에 든 문제의 것들에 대해 따로 명명하지 않고 예외 규정으로 "24자 외에도 다음을 한글 자모에 포함시킨다"와 같은 내용으로 처리하는 방안을 제시하고 있다.

19) 그렇더라도 국어 자모의 순서에서는 문제가 완전히 해소된다고 하기는 힘들 듯하다. 그 짜임새를 기준으로 하여 기본 자모와 복합 자모를 구분한다면, 이들의 순서도 역 시 기본 자모를 먼저 두고 복합 자모를 뒤에 두는 것이어야 논리에 맞는 것이라 하

이 외에 용어 및 서술과 관련되어 문제성이 있는 조항들이 제법 있지만, 첫머리에서 밝혔던 대로 그것들은 '맞추기 쉬운 맞춤법'(김동식, 1993 : 203-206)에서 다룬 내용으로 미루기로 한다.

## 6. 맺음말

이제까지 우리는 한글 맞춤법에 대해서 살펴보았다. 이글에서 다룬 내용을 간략히 요약하면 다음과 같다.

1) 한글의 기본 운용과 관련해서는 총칙 제1항에서 다룬 정도의 범위가 적정하지만, 그 내용은 대략 '한글 맞춤법은 국어 단어 및 형태소의 원형을 밝히어 적는 것을 기본으로 하되, 실제 소리에 맞도록 함을 원칙으로 한다.'가 적절할 것이다.
2) 한글 맞춤법의 조항에서 다음과 같은 표기 방법 결정 원칙이 추출되는데, 이를 적용하면 규정의 일관성과 실천의 용이성을 획득할 수 있을 것이라 생각한다.

   <표기 방식 결정 원칙1> : 본음(관습적인 표기 포함)은 다음과 같은 경우에 한해 유지하고, 그 외에는 현재의 음을 반영한다.
   가. 변이음 가운데 본음이 유지되는 것이 있을 때
   나. 표의적 표기의 기능을 유지하고자 할 때
   <표기 방식 결정 원칙2> : 단어나 형태소의 원형을 밝히지 않는 표기는 다음과 같은 경우에 한한다.
   가. 단어나 형태소의 원뜻과의 유연성이 상실되었거나 소리가 전혀 다르게 된 경우
   나. 원형을 밝히는 표기와 구별하여 표의적 표기의 기능을 갖는 경우

---

겠는데, 사전에서의 자모들의 순서는 두 가지 자모를 한꺼번에 뭉뚱그려서 순서를 매기고 있기 때문이다.

다. 원형이 무엇인지 확실치 않은 경우
3) '기본 자모'와 '복합 자모'를 두어 '제4항'의 불합리성을 극복할 수
있을 것이다.

보는 시각에 따라 상당한 차이가 있을 수 있는 것이 맞춤법이라고 생각하기 때문에, 그 어떤 견해라도 모두가 어느 정도의 타당성은 당연히 지니고 있으리라고 믿는다. 그렇기 때문에 보다 바람직한 맞춤법의 제정을 위해서는 미비점을 보완하고 좀 더 실용성 있는 방식을 찾기 위한 지속적이고 다양한 모색이 필요하다고도 생각한다. 소략한 이글이 그러한 모색에 조금이나마 도움이 되었으면 한다.

# 참고문헌

강신항(1987/2003), 수정증보 훈민정음연구, 7판, 성균관대학교 출판부.
강창석(1995), 한글과 한글 표기법 이론의 체계화에 대하여－기술과 용어의 문제
　　　를 중심으로－,국어학 25.
＿＿＿(1997), 한글 맞춤법의 체제와 이론에 대하여, 선오당 조항근 선생 화갑기
　　　념논총.
국립 국어 연구원(1995), 한국 어문 규정집.
국어 연구소(1988), 한글 맞춤법 해설.
김동식(1993), 맞추기 쉬운 맞춤법, 주시경학보 12, 주시경연구소.
＿＿＿(1994), 한국어 사전 편찬사, 제2회 환태평양 한국학학회 발표 요지.
김하수(1997), 남북한 통합 맞춤법에 대한 구상, 이현복 외 3인, 한글 맞춤법, 무
　　　엇이 문제인가?, 태학사.
이익섭(1992), 국어 표기법 연구, 서울대학교 출판부.
＿＿＿(1994), 모아쓰기와 한글 맞춤법, 연산 도수희 선생 화갑기념논총 우리말
　　　연구의 샘터.
이현복(1997), 한글 맞춤법의 평가와 개선안－자립성 강화를 위한 제언－, 이현
　　　복 외 3인, 한글 맞춤법, 무엇이 문제인가?, 태학사.
이희승(1959/1973), 한글 맞춤법 통일안 강의, 5판, 신구문화사.
임홍빈(1997), 맞춤법 규정의 논리성과 명료성, 이현복 외 3인, 한글 맞춤법, 무엇
　　　이 문제인가?, 태학사.
한글학회(1957), 큰사전, 을유문화사.
간노 히로오미(1993), 한글과 정서법, 국어학 23.

# 소설 『혼불』에서 담화 간
# 추이와 전환의 유형 및 방식들

김 홍 수*

## 1.

담화·텍스트[1]의 구조와 흐름은 일정하고 균일하게 유지되지 않고 변화하고 바뀌어 가게 마련이다. 화자, 화제, 사건 맥락과 장면, 시간·공간적 배경과 정황, 시점과 인물 등이 달라지게 됨에 따라 담화·텍스트의 구조와 흐름은 그러한 변화와 바뀜의 양상을 여러 가지 방식으로 반영하고 드러내는 것이다. 이때 변화와 바뀜의 양상이 여러 층위와 국면에 걸치는 만큼 그를 반영하고 실현하는 방식 또한 미시 구조와 거시 구조, 어휘·문법·화용 등에 걸쳐 다양하게 나타난다. 이러한 담화·

* 국민대학교 국어국문학과.

1) 이 글에서 담화는 한 문장·발화 이상으로 이어져 어떤 의미 맥락과 흐름을 형성하는 언어 연속체, 텍스트는 그러한 언어 연속체가 일정하고 어느 정도 완결된 구조와 의미를 지니게 된 것을 뜻하는 개념이자 용어로 쓴다. 그런데 특히 추이와 전환의 앞뒤 맥락과 그 담화 성격 유형을 주목하는 이 글에서는 담화의 독자성이나 텍스트성이 강한 경우도 담화로 통칭한다.

텍스트 내적 변화와 바뀜에 대해서는, 화자 교대와 추이, 화제·주제 전개와 바뀜, 담화 표지, 텍스트 경계, 그 표지로서의 시간·공간어, 접속어, 시제 추이, 인물 추이, 공백, 그리고 서술자와 시점 추이 등 여러 면에서 관련 논의가 있어 왔다.[2] 그럼에도 담화·텍스트 구조와 형성 과정에서의 그 중요성에 비추어 이들에 대해서는 더 집중력 있고 밀도 있는 논의가 필요하리라 여겨진다.

필자는 일반 담화·텍스트를 염두에 두되 소설을 대상으로 시간 표현, 대화와 인용 화법[3], 서술자와 시점 등을 다루면서, 그들의 일환이자 관련 현상으로 담화·텍스트 내적 변화와 바뀜의 양상을 살피고 생각하게 되었다. 과거·완료의 '-었-'과 현재·미완의 '-느-'의 교대, 지문·대화 및 화법 유형의 분포와 기능, 서술자·인물 시점과 서술·경험 시점의 추이 및 서술자 태도의 개입 등은 담화·텍스트 구조와 흐름이 변화하고 바뀌는 양상에 상응하고 관련되는 것이다. 그리고 이때 소설 텍스트를 구성하는 담화의 성격 유형이 이러한 구조·흐름의 변화와 바뀜에서 주요 요인이자 동기가 된다는 점을 주목하게 되었다, 즉 어떤 담화 맥락 부분이 일반적 상황·배경인가 특정 사건·정황인가, 설명·논평인가 서사·묘사인가, 주사건인가 부수·삽입적인가, 중립적인가 주관 개입인가, 외부적인가 내면·연상적인가, 全局的인가 국부적인가 등이 담화·텍스트 구조와 흐름의 변화, 바뀜에 두드러지고 비중 있게 관여한다는 것이다.

그런데 그 동안 필자의 논의에서는 각 논제의 현상에 주안점을 두어 이 문제를 집중적이고 포괄적으로 다루지 못했다. 따라서 필자는, 담화

---

2) 이들에 대해서는 담화 문법, 담화 분석, 텍스트언어학을 주축으로 다양한 논의가 있었는데, 특히 장면이나 텍스트 경계를 중심으로 관련 현상들이 종합적으로 다뤄진 경우로 한미선(1986), 윤석민(1989), 고영근(1990), 고니시(1992) 등을 들 수 있다.

3) 시간 표현 문법 요소들의 시상·양태 의미와 그 담화·텍스트 기능을 다루면서 추이와 전환을 주목한 필자의 논의로 졸고(1989,2005ㄱ), 대화와 인용 화법의 담화·텍스트 기능 논의에서 추이·전환 관련 내용을 다룬 것으로 졸고(1999,2000) 등이 있다.

맥락 유형에 유의해 소설의 서술자·인물과 시점 문제를 논의한 졸고 (2004ㄱ,ㄴ, 2005ㄴ)의 연장선에서라도 이 문제를 조금은 집중적이고 전반 적으로 점검해 볼 생각을 하게 되었다. 이에 이 글에서는 최명희의 장 편소설 『혼불』 중 제1권을 대상으로 담화·텍스트 구조와 흐름의 변화, 바뀜이 어떻게 나타나고 어떤 다양한 방식들로 실현되는지 살펴본다. 이때 그 변화와 바뀜의 양상을 더 자세히 보기 위해, 변화 과정 면, 동 질적·연속적으로 관련되며 옮겨가는 면은 추이, 바뀐 결과 면, 이질 적·단절적으로 場이 바뀌는 면은 전환이라 하여 구별하기로 한다. 또 추이와 전환의 크기와 정도에 따라 큰 경우와 작은 경우를 나누어 본 다.4) 그렇지만 특정 작가의 작품 일부만을 대상으로 하기 때문에 여기 에서의 관찰과 논의는 매우 불충분할 수밖에 없다. 특히 이 작품의 경 우 텍스트 구성 방식이 특징적이어서 여기에서의 논의 대상과 내용은 특수성과 제한성을 띠기도 한다. 이 작품에서는 삽화나 부분·寄生 텍 스트들의 삽입, 서술자·인물 간 시점 추이와 섞임, 서술자의 적극적 개입 등이 두드러진데, 이들은 현대 소설 서술 관습에 비추어 일반적이 아닌 것이다. 그럼에도 이 작품은 全知的 3인칭 소설로서 일반적인 서 사 관습을 기반으로 주요 서술 방식을 두루 나타내기 때문에 텍스트 구조·흐름상의 추이와 전환 또한 그 전반적 모습을 드러내리라 기대 된다.

논의는, 일반적 상황·배경과 특정 사건·정황, 세부 장면·정황(2장), 서술자·인물과 시점, 회상 맥락(3장), 서술자 개입, 다양한 삽화와 텍스 트 유형 삽입(4장) 등의 순서로 진행된다.

---

4) 이 글에서는 두 측면의 차이에 유의해 의식적으로 '변화·추이'와 '바뀜·전환'을 구별 하고 있으나 이는 일반적 인식도 아니고 그러한 구별이 명확한 것도 아니다. 또 큰 경 우와 작은 경우도 상대적인 것일 뿐 명확히 구별되는 것은 아니다. 이러한 현상에 대 한 인식을 진전시키기 위한 잠정적 조치라 하겠다. 다만 졸고(2004ㄱ : 42)에서 추이 중 크고 급하게 전환되는 경우와 작게 점진적으로 전이되는 경우가 있음을 언급한 데 서 이러한 조치의 실마리를 볼 수 있다.

## 2.

소설의 이야기는 보통, 사건 맥락을 주축으로 진행되면서 배경·상황 서술 부분이 도입, 삽입된다. 이야기는 구성의 여러 단계에 따라 구성되고, 사건 맥락은 발생 사건의 나열적 서사와 특정 장면·사건의 세부 서사·묘사로 이루어진다. 이때 대체로 큰 추이는 배경·상황 서술부와 특정 장면 간에나, 상통하는 두 담화 맥락이 구성의 주요 단계에 관여하는 경우에, 큰 전환은 사건이나 인물 정황이 장면과 맥락을 사뭇 달리하여 전개되는 경우에, 작은 추이는 사건이나 인물 정황이, 상통하는 거시 맥락 속에서 세부 장면·정황을 옮겨가는 경우에, 작은 전환은 사건이나 인물의 세부 장면이 사뭇 달리 바뀌거나 세부 담화의 성격이 이질적으로 바뀌는 경우에 나타난다. 특히 큰 추이나 전환의 경우 고전 소설이나 설화류에서는 그를 표시하는 담화·텍스트 표지로 '그쎄, 이째'류 시간어, '각설,차설'류 이야기 진행어 등이 관용화되기도 했다. 그러나 현대 소설에서는 이같이 정형화된 표현 방식을 찾기 어려우며, 담화 추이와 전환이 잦고 불분명한 이 작품의 경우에는 더욱 그렇다.

『혼불』 1권에서 큰 추이 예로는, 章 텍스트 도입부에서 배경·상황 서술 담화에서 특정 장면으로 옮겨가는 (1), (2), 중간 부분에서 나열적 서사에서 특정 장면으로 옮겨가는 (3), 큰 전환5) 예로, 과거에 대한 全局的·나열적 서사에서 현재의 특정 장면으로 바뀌는 (4), 역으로 현재의 특정 장면에서 과거의 배경·사건 서술로 바뀌는 (5) 등이 나타난다.

> (1) 대실의 사람들은 태어나면서부터 이 대숲에서 일고 있는 바람에 귀가 젖어 그 소리만으로도 날씨를 분별할 수 있을 정도였다.

---

5) 물론 장과 장 사이에서 더 크고 중요한 전환이 나타나고 작품 전체의 구조와 흐름에서는 이들이 더 의미가 있겠으나 여기에서는 논외로 한다.

뿐만 아니라 그것들이 하고 있는 이야기와 몸짓까지라도 얼마든지 눈치챌 수 있기도 하였다.

~

그러나 오늘은 아무도 그 대바람 소리에 마음을 쓰는 사람은 없었다. 마을에 큰일이 있기 때문이었다.

이미 대소가(大小家)의 안팎에서는 이른 아침에 채비를 하여 원뜸으로 올라가고, 호제와 머슴들도 집을 비웠다.

~

벌써 마당에는 넓은 차일을 치고 그 아래 멍석을 깔아 두었으며, 멍석 위에 펼 화문석까지도 깨끗한 행주질을 몇 번이나 하여 대청마루에 내다 놓았다. 그리고 교배상을 챙긴다.(12~13)[6]

(2) 비가 흐뭇하게 온 끝에 볕이 나서, 일기는 더할 나위 없이 맑고 화창하였다. 모내기를 하기에는 짜 맞춘 것 같은 날씨이다.

겨울이 끝나고 해토(解土)가 시작되면서 겨우내 얼어 붙었던 땅은 서서히 녹아내리고 추위에 굳은 흙이 그 살을 풀었다.

~

건듯 바람이 소리와 향기를 싣고 들판으로 불어오건만, 논에 엎드린 사람들은 등이 따갑다. 들판에는 못줄이 색동 헝겊을 달고 금을 긋는다. ~

"올 좀생이보기가 어쨌등고."

맨다리에 닿는 논물 기운이 싱그럽고, 발가락 사이에서 미끈거리는 진흙 감촉이 간지러운 옹구네가 옆에 엎드린 평순네에게 묻는다.(85~86)

(3) 그네는 대청마루에 서서, 서기가 들고 있는 검은 뚜껑의 창씨개명 장부를 가소롭다는 듯 내려다보며 서릿발 같은 호령을 했던 것이다.

~ 그때, 순사가 필요 이상 일본도의 칼집을 철그럭, 소리가 나게 두드린 것도 사실이었다. 집안의 사람들은 그들이 돌아간 다음에도 공연히 가슴이 서늘하고 두근거려 뒤안과 헛간 모퉁이, 장독대 곁에 움줄움줄 모여서서 소리 죽인 채 눈짓만 할 뿐, 일손이 잡히지 않았었다.

---

6) 이 글에서 작품 인용 쪽수는 1996년 한길사 간행본에 따른다.

기표는 밤이 깊어지도록 집으로 내려가지 않고, 기채와 함께 종대(宗垈)의 사랑에 있었다.

"형님, 용단을 내리셔야지 이러고만 계시면 어떻게 합니까? ~"(265~266)

(4) 어찌 되었든, 덩그만 고가(古家)에는 노복과 계집종에 행랑것들을 제하면, 어린아이의 유모와 더불어, 위로는 시부가 단 한 사람의 어른이요, 아래로는 젖먹이 두 아들이 가족의 전부였다.

~

"인력이 지극하면, 천재를 면하나니……."

청암부인이 사무치게 뼈에 새겼던 그 말은, 어찌 보면 사실 인력을 다하지 않았던 시부에 대한 명심(銘心)이었는지도 모른다.

"그런디……."

옹구네가 목에 걸었던 무명 수건 자락으로 이마를 훔치며 평순네를 향하여 말소리를 낮춘다.(100~101)

(5) 안서방은 등을 구부린 채로 대답한다.

그의 손등에서도 은빛 가루가 반짝거린다.

손등만이 아니라, 토방 주변에는 여기저기서 생선 비늘처럼 햇빛이 조각난 채 빛나고 있다.

안서방은 강모의 혼행 때, 청사등롱을 잡았던 하인이다.

~

강모는 안서방의 구부린 뒷등에 업혀서 시오리 바깥의 보통학교를 마친 것이나 다름없었다. 그의 등은 충직하였다.(54)

(1)은 전체 소설의 시작 부분이자 '청사 초롱' 장 도입부의 중간 이후 부분으로, '대실'의 자연 환경과 분위기에 대한 일반적 정황 서술이 접속어 '그러나', 시간어 '오늘(은)' 같은 전이 요소[7]를 거쳐 특정 혼례 정황 서술로 옮겨간다. 그리고 공간이 더 축소되어 '마당' 장면이 서술되는 가운데 시간 표현도 '-았-'에서 현재의 '-ㄴ-'으로 옮겨가 특정 장면의 현

---

7) 전이 요소, 전이부는 주로 점진적 추이의 경우에 앞뒤 담화 경계면에 나타나는 과도적, 중간적, 매개 요소나 부분을 뜻한다.

장성이 도드라지게 된다. (2)는 전체 소설의 전개 단계이자 4. '사월령' 장의 맨 처음 부분으로, 날씨와 계절의 일반적 정황이, 공간이 '논'으로 특정화되고 행위 참여자 '사람들'이 등장하면서 특정 모내기 정황으로 옮겨간다. 그리고 이내 대화로써 모내기 정황은 다시 특정 인물들('옹구네, 평순네') 중심으로 초점화된다. 이때 시간 표현 면에서는 일반적 정황 서술에서의 '-었-'이 특정 정황에서의 '-는-'으로 옮겨가 현재 정황의 진행이 부각, 견지된다. (3)은 갈등과 위기가 심화되는 8. '바람닫이' 장의 중간 부분으로, 조금 지난 과거의 창씨개명 관련 사건과 정황에 대한 나열·압축적 서술에서 '기표'와 '기채'의 특정 대화 정황 서술로 옮겨간다. 이때 이러한 장면 추이와 맞물려, 장면을 달리하는 '-더-'와 사건 자체의 흐름에 서술자의 평가가 개입하는 '-ㄴ 것이다'('했던 것이다'), '이때'에 비해 인지적 거리를 두는 '그때', 진전되는 주정황으로서의 대화 정황과 그 이전 정황과의 시간·장면상 간격을 명시하는 '-았었-'('잡히지 않았었다.'), 주요 인물 '기표'를 제시·도입하는 화제·주제의 '는' 들이 나타난다.

　(4)는 (2)로 시작된 '사월령' 장의 중간 부분으로, 모내기 정황 서술 뒤에 이어지는 '청암부인' 종가와 媤父의 내력 뒤끝에 '옹구네'의 대화로써 다시 모내기 정황으로 바뀐다. 이때 대화 화제를 꺼내는 접속어 '그런디'는 (2)의 '좀생이별' 화제를 다른 화제로 전환시키는 표지로, '청암부인' 관련 내력에 대한 긴 서술 뒤에 뜻밖에 나옴으로써 장면의 큰 전환에 상응한다. 시간 표현도 과거의 '-었-'('전부였다.')에서 서술자의 현재 생각을 반영하는 '-ㄴ-'('모른다')을 거쳐 현재 정황의 '-ㄴ-'('낮춘다.')으로 바뀐다. (5)는 전개 단계인 3. '심정이 연두로 물들은들' 장의 앞부분으로, 연을 만드는 특정 정황에서 '안서방'의 배경 설명을 매개로 하여 '강모' 어린 시절의 나열적 서술로 바뀐다. 이를 따라 시간 표현도 현재 정황의 '-ㄴ-, -고 있-'에서 서술자 설명의 무표지 현재('하인이다.')를 거쳐 과거의 '-었-'으로 바뀐다.

작은 추이 예로는, 일반적 정황에서 그보다 특정화된 관련 정황으로 옮겨가는 (6), 주요 인물의 등장으로 인물들 정황에 변화가 있는 (7), 관련되는 얼마 전 사건으로 거슬러 옮겨가는 (8), 작은 전환 예로, 특정 장면 중에 그보다 全局的인 정황과 서술자의 태도가 개입되는 (9), 특정 정황에서 그 배경 설명으로 바뀌는 (10) 들이 나타난다.

(6) 그럴 때의 아낙들은, 집안에서 바깥쪽으로는 얼굴도 돌리지 않고 왼자락으로 치마를 여며 입는 반가의 부인으로 태어나지 못하였다 할지라도, ~ . 원통하기는커녕 웬일인지 감사하고 까닭 모르게 벅차오르는 것이었다.

그것은 기웅도 마찬가지였다. 그는, 비록 종가의 종손이 된 이기채와 동복의 형제였으나, 그것과는 관계없이 얼마 안되는 두락의 농토를 소중하게 아끼고 경작하였다.(117)

(7) 이기채는, 말은 그렇게 하면서도 노래진 얼굴을 날카롭게 찡그리며 비스듬히 몸을 기울여 막 누우려고 하는데, 마당에서 안서방의 목소리가 터진다.

"서방님 오시능교?"

~

밖에서 몇 마디 주고받던 강모가 마루로 올라와 서는 것 같더니, 목외(木外)로 들어선다.

~

강모는 한참 성장할 나이라서 그런지 지난 봄에보다 훨씬 몸집도 충실해진 것 같고, 거뭇거뭇 수염자리가 잡히는 것도 눈에 띄었다.(298)

(8) 그런 두 부인과는 상관없이 요지부동 앉아 있는 강모에게, 드디어 청암부인은 짤막하게 대답했다.

~

" ~ 부디 이 할미의 당부를 저버리지 말아다오. 내 오늘 밤에는 문 앞에서 지키고 앉았을란다."

청암부인은 이미 효원에게 흡월정(吸月精)까지도 시켜놓았었다.

~

효원은 온몸에 정신을 모아 티끌만치도 달빛이 새어 나가지 못하도록 흡월하여, 아홉 숨통을 마시었다.(254~256)

(9) 마당의 넓은 차일 아래에는 ~ 불로초를 에워싸고 노니는 거북이·학·사슴 들이 온갖 자태와 빛깔로 호화롭게 펼쳐져 있다.

그러나 아직도 구름은 아까만한 빛으로 해를 품은 채, 좀체로 해의 얼굴을 말갛게 씻어 주려 하지 않는다.

추수가 끝나고, 자잘한 가을 일들이 몇 가지 들판에 남아 있기는 하나, 그런대로 큰손 갈 것은 대충 마무리지은 음력 시월 초순, 바람에 벌써 스산함이 끼어 있다.

허나, 오늘 같은 날, 누가 그런 것에 마음을 두겠는가.

그럴 겨를이 없었다.

"부서언재애배애(婦先再拜)."(18)

(10) " ~ 분복대로 산다고 하늘만 쳐다보고 앉아 있었더라면, 진즉에 무슨 일이 났을 것이야. 이 어지러운 세상에."

그렇게 말하는 기표가 큰집을 위하여 여러 모로 힘쓰고 있는 것은 기웅도 알고 있었다.

일본은 최근, 양정 계획으로 일만자족정책(日滿自足政策)을 세우고, 지난 1937년부터 연간 천만 석 이상의 미곡을 조선에서 일본으로 반출하였다.(287~288)


(6)의 '사월령' 장 뒷부분에서는, 두레의 일반적 정황에 대해 서술되다가 그 정황의 연속선상에서 종가 형제들의 정황으로 관심 초점이 옮겨간다. 앞단락의 행위 참여자 '아낙들'은 불특정 다수의 서민층인 데 비해 뒷단락의 '기웅'은 양반층의 특정인이다. 이같이 행위 참여자의 양적·질적 성격이 변화, 대비됨으로써, '그것은 기웅도 마찬가지였다.'에 명시된 앞뒷단락의 동질적 응집성에도 불구하고 어느 정도의 추이가 인지되게 된다. (7)의 '바람닫이' 장 뒷부분에서는, '이기채'와 '기표'의 정황 중에 '강모'가 등장함으로써 셋의 장면으로 확대되면서 형제 정황에

서 부자 정황 쪽으로 축이 옮겨간다. 이를 따라 주어/주제·화제의 흐름도, '이기채'를 주축으로 가끔 '기표'로 교대되다가 '강모'의 등장 이후에는 '강모'가 '이기채'와 대등하거나 더 부각되는 담화 참여자로서 주어나 주제·화자 성분으로 자주 실현되는 양상을 띤다. (8)의 7. '흔들리는 바람' 장 거의 끝 부분에서는, '청암부인'이 '강모'에게 증손자를 얻도록 설득하는 정황에서 그와 관련되는 얼마 전 '청암부인'과 '효원'의 정황으로 옮겨간다. 이때 설득 정황과 흡월정 정황의 시간·장면상 간격이 '-았었-' ('시켜놓았었다.')으로 명시되어 추이가 더 잘 인지되는데, 그러면서도 두 정황은 종가의 손을 잇고자 하는 '청암부인'의 기원을 축으로 응집되어 기원의 절실함도 배가된다.

(9)의 '청사 초롱' 장 중간 부분에서는, 혼례식 준비 정황이 서술되다가 접속어 '그러나'로 걸치면서 서술자의 시야와 지각이 확대되어 날씨와 주위 정황이 점검되고 '허나~두겠는가.'로써 서술자의 평가와 어조가 개입된다. 잠깐이지만 국면의 이동과 서술자의 개입이 맞물려 추이 이상으로 서술 場의 바뀜이 인지되는데, 혼례식 정황이 잠시 끊겼다가 대화에 준하는 의식 진행 구령이 갑자기 나옴으로써 정식으로 다시 시작되는 과정은 그에 상응한다. (10)의 '바람닫이' 장 중간 부분에서는, 인생과 시국에 대한 기표와 기응의 대화 정황에서 그 배경이 되는 당시 정세 서술로 바뀐다. 그런데 앞담화의 화제나 주제어가 뒷담화에로 연속되지 않는 데서 보듯이 앞뒷담화의 관계는 직접적이 아니며, 배경 상황 서술이라고는 하나 국면의 확대나 일반화 정도가 아니고 포괄적 설명의 성격을 띠기 때문에 추이 이상의 전환으로 인지되는 것이다.

이상에서 추이와 전환의 네 유형(큰/작은 추이, 큰/작은 전환)에 따라 그 실현 방식들을 보면, 공통적으로 시간 표현 요소('-었-'과 '-느-','-었었-' 등), 화제·주제어 '는' 성분, 접속어, 대화 인용 등, 그밖에 양태 요소('-던 것이다', '-겠는가' 등), 주어의 성격 등 요인들이 나타난다.

## 3.

  3인칭 소설에서는 서술자가 철저히 관찰자로 머물거나 객관성과 중립성을 견지하지 않을 경우, 서술자는 흔히 인물에게 관점이 이입되어 그 인물의 시점에서 보고 서술하게 된다. 그리고 관점 이입에도 정도나 단계가 있어서 시청각을 비롯한 외부 지각은 상대적으로 이입 정도가 약한 기본 단계인 데 비해 내면의 느낌과 상념은 정도가 강한 심화 단계인 것으로 생각된다. 그런데 관점이 이입되고 다시 본래의 관점으로 돌아올 때, 이입 정도에 변화가 생길 때에는 시선의 폭과 지각·경험의 깊이에 변화가 있기 때문에 어느 정도의 추이가 나타난다. 대체로 큰 추이는 서술자→인물→서술자와 같이 옮겨가면서 인물에의 이입 정도가 강하고 지속적일 경우, 한 인물에게서 다른 인물에게로 옮겨가면서 역시 각 인물에의 이입 정도가 강하고 지속적이며 인물 간 차이나 간격이 현저한 경우, 긴 회상 맥락의 경우들에서, 작은 추이는 서술자와 인물 간, 인물과 인물 간, 인물의 회상 맥락 등에서 인물에의 이입 정도가 약하고 덜 지속될 경우들에서 나타난다.[8] 전환은, 이러한 서술자와 인물 간, 인물 간, 회상 맥락들에서 상정되기 어렵다. 관점 이입은 심리적 전이나 연상 작용과 관련되어 추이의 원리에 부합되는 것이다. 단 담화 간 대비나 극적 효과가 특별할 경우 전환을 고려해봄직하나 예외적 조처라 하겠다.

  이 작품에서는 관점 이입이 잦고 그 정도도 강한 편이기 때문에 이와 관련된 추이도 활발하다. 그런데 서술자와 인물 간에 시점 전이 과정이 모호하고, 간섭하고 섞이는 경향이 있어서 추이를 명확히 짚어내기 어려운 경우가 많다. 또 인물의 시점에서 서술되는 중에 서술자 시점에서의 서술이 한참 지속되기도 한다. 이런 점을 염두에 두고 세부 유형별

---

8) 그러나 이는 경향성일 뿐 그 반대의 경우들도 나타난다.

로 예를 살핀다. 큰 추이의 예로는 우선, 서술자→인물→서술자의 이동을 보이는 (11), 인물→서술자→인물의 이동을 보이는 (12), 인물→인물의 이동에 담화 간 대비가 수반되고 인물과 서술자가 넘나드는 (13) 등의 경우들이 나타난다.

> (11) 신랑 강모(康模)는 미동도 하지 않고 그림처럼 앉아 있기만 한다.
> 얼마 동안이나 지금 이렇게 마주앉아 있는 것일까.
> (크다……)
> 강모는 다만 아까부터 까닭을 알 수 없는 심정에 짓눌리어 몇 번이고 이 말을 삼키는 것이었다.
> 눈이 부시게 찬연한 오색 구슬로 덮인 화관이며 다홍의 활옷, ~ 곱다든지 어여쁘다는 생각은 들지 않았다.
> ~
> 강모는 자기도 모르게 설풋 잠에 빠져들어간다.
> 이불 위로 내놓은 손이 한쪽으로 툭 미끄러진다.
> 신부 효원(曉源)은 캄캄한 어둠 속에 홀로 우두커니 앉아 있다. 마치 만들어 깎아 놓은 사람 같다. 숨소리조차 들리지 않는다.(30~40)
> (12) 인사를 하는 둥 마는 둥 하고, 문밖에 나서서는 바람같이 빠른 걸음으로 정거장을 향하여 내닫던 강모는
> "강태형은?"
> 하고 비로소 강태한테 생각이 미쳤다.
> 강태와 강모는 하숙을 따로 하고 있었다.
> 물론 강태가 강모보다 두 살 위였으므로 전주부(全州府)로 그만큼 먼저 나오게 되었었다.
> ~
> "~ 무릇 사상은 , 제 속에 그런 소양이 있을 때 급진적으로 받아들여지는 것이니까."
> 강태는 입귀를 칼끝같이 다물며 말했었다.
> 강모는 정거장에서 그리 멀지 않은, 학교 부근에 살고 있는 강태가 혹시 전보를 받고 지금 나와 있지 않은가 싶어 두리번거렸다.(144~151)

(13) 그리고 나는 날이 밝으면, 어디로든 떠나 버리리라. 어디로든.

강모는 불을 불어 끄고는 잠시 후에 깊이 잠든 시늉을 하였다.

그때 강모가 잠들지 않은 것을 효원은 알고 있었다.

옛말에 공방살(空房煞)이라는 말이 있다더니, 이것이 바로 그런 것
인가. 효원은 가슴속이 써늘하게 식어 내리는 것을 느꼈다.

~

지나가는 바람에 더르르 풍지가 운다.

효원이 그렇게 건넌방에 홀로 앉아 있을 때, 강모는 소피를 하러 가
는 척하고 슬그머니 사랑채의 작은사랑에서 빠져나온다.

어둠 속에서 보아 그런지, 그의 몸집은 헐렁하게 느껴진다.

~

섬돌 밑에서 울어대던 귀뚜라미와 풀벌레들의 낭랑한 울음 소리조
차도 흔적없이 스러져 버리고, 그 대신 마른 잎사귀 구르는 소리만이
스산하게 발끝에 채인다. ~

물을 못 먹은 가슴의 한쪽 귀퉁이가 부스러지며 그렇게 마른 나뭇
잎 소리를 내는 것은 아닐까.

강모는 깔깔한 혀끝으로 입술을 축여 본다.

혀끝과 입술이 까칠하게 말라 붙는다.

강실아……. (205~206)


(11)의 2. ‘백초를 다 심어도 대는 아니 심으리라’ 장 도입부에서는, 서
술자 시점에서 신랑과 신부의 정황이 서술되다가 서술자의 태도 표출(‘-는
것일까.’)과 인물의 내적 독백(‘(크다…….)’)으로 ‘강모’의 시점으로 옮겨가
길게 이어진 다음 잠이 드는 정황으로 서술자 시점으로 돌아온다. 이때
서술자 시점 맥락에서 주제·화제 보조사 ‘은/는’은(‘신랑 강모는’) 통보 면
의 주제·화제 기능으로 해석되는 데 비해 인물 시점 맥락에서는 (‘강모
는 다만’) ‘는’에 의식·경험의 양태 의미가 수반되어 인지 면의 이입 기
능으로 해석될 수 있다(졸고 2006). 시간 표현 면에서 서술자의 현재 지
각을 반영하는 ‘-ㄴ-’(‘한다.’)에서 인물의 조금 전 정황에 따른 ‘-었-’으로

옮겨가기도 한다.9) (12)의 5. '암담한 일요일' 장에서는, '강모'의 시점에서 서술되다가 '강태'에 대한 생각을 계기로 서술자 시점으로 옮겨가 '강모'와 '강태'의 관계를 둘러싼 내력과 정황이 길게 이어진 뒤 다시 '강모'의 시점으로 돌아와 '강태'를 찾는 정황으로 이어진다. 주사건이 진전 중에 그 과거 배경 서술이 길어진 셈인데, 이러한 시간·장면 추이와 맞물려 주사건 이전 배경 정황을 명시해 주는 '-었었-'('되었었다.''말했었다.')이 나타난다, (13)의 6. '홀로 보는 푸른 등불' 장 거의 끝 부분에서는, '강모'의 시점에서 서술되다가 주제어 '효원은 (알고 있었다.)'으로써 '효원'의 시점으로 옮겨가고 조금 뒤 '효원이 ~ 강모는 ~ 나온다.'에서 서술자의 시점으로 옮겨가면서 '강모'의 시점이 건듯 섞인다. 그 이후 서술자 시점에 '강모'의 시점이 모호하게 간섭하다가 '강모는 (깔깔한)'으로써 다시 '강모' 시점이 분명해진다. 이 과정에서, 앞의 '강모' → '효원'의 추이에서는 두 인물의 처지가 대비되면서, 앞 정황에 거리를 두고 담화의 진행을 점검하는 시간어 '그때' 가 쓰여 전환의 효과가 나타나며, 인물 관련 주제어 '는' 성분의 교대가 시점 추이를 주도한다.

다음으로 역시 큰 추이 예로 회상과 꿈 맥락 (14),(15), 인물의 회상에 서술자의 서술이 모호하게 간섭하는 (16) 등이 나타난다.

> (14) 순간 강모는 암담하였다. 머리 속이 캄캄하여진다.
> 가슴의 갈피 사이로 석탄가루가 점점이 날아 앉는다.
> 할머니.
> 강모의 캄캄한 머리에 청암부인이 허리를 곧추세우고 앉아 있는 모습이 떠오른다.
> ~
> 아아, 할머니.

---

9) 그러나 이는 정황의 시간을 자연스럽게 반영한 것일 뿐 적극적 담화 기능이라 하기 어렵다. 그리고 일반적으로는 서술자 시점에서 '-었-'이, 인물의 시점에서 '-느-'가 선호되는 경향에 비추어 이 경우는 그 반대라 하겠다.

달리는 기차의 차창에 제 얼굴이 비치는 것을 바라보며, 강모는 햇빛을 받는 호면의 물그림자가 청암부인의 얼굴에 어른거리는 것이 그대로 보이는 것 같았다.

정거장에 내렸을 때는 벌써 날이 저물고 있었다. 매안까지는 정거장에서도 한식경이나 걸어 들어가야 한다.(152~167)

(15) 효원이 의아하여 바라보았다. 그러나 그의 손은 허공에 잠시 떠 있다가 힘없이 떨어진다.

무슨 꿈을 꾸고 있는 모양이었다.

강모는 어느덧 매안의 아랫몰 밭둑머리에 서 있었다.

~

찢어지고 깨진 강모의 피투성이가 된 몸을 누가 뒤에서 순식간에 덕석으로 덮으며 두르르 말아버린다.

허억.

강모는 숨이 막혀, 두 손으로 덕석을 밀어내며 벌떡 일어나 앉았다. 꿈에서 깬 그는 비로소 긴 숨을 내뿜었다.(47~51)

(16) 옹구네는, 신부집에서, 신랑상과 상객상에 고였던 음식을 하인 노복들이 끝도 없이 이고 지고 줄을 서서 마을로 들어오던 때를 떠올린다.

입이 벌어지게 긴 행렬이었던 것이다.

~

대실에서부터 매안으로 이고 지고 온 그 혼례의 큰상물림 음식들은 봉숭 돌린다고 하여 온 마을에 돌려졌었다.

~

그리고 그들은, 그러지 않아도 카랑카랑한 이기채의 기침 소리가 혼행 후에 더 쇳소리를 내며 높아진 것을 들었다.

옹구네가 평순네를 보고 막 무엇이라고 입을 열려는데, 못줄이 위아래로 춤을 춘다.(104~108)

(14)의 '암담한 일요일' 장에서는, '강모'의 시점에서 정황이 서술되다

가 '청암부인'에 대한 상념을 계기로 약한 영탄의 부름 제시어 '할머니'
와 상념동사 '떠오르다'로써 과거 일이 길게 이어진 다음, 다시 강한 영
탄의 頓呼 제시어로써 진행 중 정황으로 돌아와 시공간 표현('정거장에 ~
저물고 있었다.')으로 장면을 재설정한다. (15)의 '백초를…' 장에서는 '효
원'의 시점에서 '강모'의 정황이 서술되다가 공백 부분을 경계로 '강모'
의 꿈이 그의 시점에서 서술된 뒤 다시 공백을 두고 현실 정황이 '강모'
시점에서 이어진다. (16)의 '사월령' 장에서는 서술자 시점에서의 모내기
정황 서술 중에 '옹구네'의 회상이 '떠올리다'로써 길게 이어지는데, 그
과정에서 '옹구네' 시점이 약해지면서 서술자의 시점과 어조가 간섭하
여 거의 서술자 시점에 접근하며, 그런 다음 다시 모내기 정황으로 돌
아온다. 이때 진전 중인 주정황과 과거 배경 정황 간의 추이와 맞물려,
현재 정황의 '-ㄴ-'('떠올린다.')뒤에 과거 명시의 '-었었-'을 포함해 과거형
이 主를 이루다가 다시 현재형('춘다.')으로 옮겨온다.

 작은 추이의 예로는, 서술자 → 인물의 이동 (17), 인물 → 서술자 → 인
물의 이동 (18), 인물 → 인물의 이동에 이어지는 인물의 짧은 회상 맥락
(19) 들이 나타난다.

 (17) 기표가 강모에게 손짓으로 바깥쪽을 가리킨다. 나가라는 시늉
이다.
 강모는 망연하게 앉아 부러진 바이올린과 패어나간 장판 자리, 그
리고 아까 바이올린을 내던지는 순간, 그 몸통에 맞아 흩어진 담배통
과 타구를 물끄러미 바라볼 뿐, 반은 넋이 나간 사람 같다.
 "그다지도 지각이 없어서야 어디 그걸 사람이라고 허겠느냐. ~ "
 강모는 망연히 앉아만 있었다.
 바람 한 점 없는 여름나절의 눅진한 햇빛 속에 효원의 얼굴이 떠올
랐다.(306~307)
 (18) 어쩌면, 얼었던 산 비탈의 황토흙이 해토(解土)가 되면서 버슬버
슬 부스러지며 무너져내리듯, 몸뚱이가 그렇게 흐무러지는 것도 같다.

강모는 천장을 바라본다.
그의 눈은 둥그렇게 쌍꺼풀이 졌으면서 큰 편이다.
　～
그래서 그의 얼굴은, 얼른 보기에는 무척 곱고 다감한 인상이었지
만 어쩐지 냉정한 느낌을 주는 것이었다.
강모는 창호에 어리는 햇살의 그림자를 물끄러미 바라보고만 있다.
까닭을 알 수 없는 암담함이 햇살로 하여 더욱 짓눌리어 온다.(133～134)
　(19) 효원은 후욱 얼굴이 달아올랐다. 가슴속도 후끈 치밀며 더워진다.
(그래서요? 그러니 절더러 어찌하란 말씀이시오?)
　～ 시어머니의 앞인데도 그만 얼굴이 벌겋게 상기되어 버리고 만
것이다.
　율촌댁은 율촌댁대로 자기보다 우람하게 커다란 몸집의 며느리가
자기의 말에 차마 대꾸는 못하고, 눈꼬리가 가늘게 좁혀지면서 온 얼
굴이 벌개지는 것을 보며 내심 기가 질렸다.
　며느리의 입술은 활처럼 휘어져 있었다. 신행 오던 날 이 며느리의
곁에, 손아래 동생처럼 서있던 아들 강모의 단아하고 조그만 모습이
떠오른다. 그때 강모는 어쩐지 며느리를 어려워하면서도 눈치를 살피
는 것 같았다. 율촌댁은 그 모습을 지워 버리기라도 하려는 듯 반짇고
리를 효원 앞으로 밀어 놓았다.(244～245)


　(17)의 '바람닫이' 장 거의 끝 부분에서는, 부자('이기채'와 '강모')가 크게
부딪치고 '기표'가 사태를 수습하는 정황이 서술자 시점에서 서술되고
'이기채'의 질책이 따른 뒤 이입의 주제어 '강모는 (망연히)'으로써 '강모'
시점으로 옮겨간다. 부자의 큰 부딪침이 小절정의 성격을 띠어 이 때의
추이를 큰 추이나 전환으로 볼지 모르나, 뚜렷한 대비나 극적 전환보다
는 고비가 가라앉는 과정으로 보아 작은 추이에 넣어 둔다. (18)의 '암담
한 일요일' 장에서는 '강모'의 시점이 지속 중에 서술자 시점에서 '강모'
의 외모와 분위기가 서술되다가 이입의 주제어 '강모는 ( ～ 바라보고만
있다.)'으로써 다시 '강모' 시점이 이어진다. (19)의 '흔들리는 바람' 장에

서는 姑婦간의 갈등을 축으로 '효원'의 시점에서 '율촌댁'의 시점으로 옮겨간 다음 상념동사 '떠오른다.'와 시간어 '그때'로 잠깐 회상을 거쳐 이내 주정황 맥락이 이어진다. 이때 '떠오른다'의 현재 '-ㄴ-'은 바로 앞뒤 맥락이 '-았/었-' 서술임에 비추어 회상에 생생함을 더해 준다.

이상에서 인물 시점 관련 맥락에서의 추이 실현 방식들을 보면, 작은 추이보다 큰 추이에서 그 양상이 더 다양하고 뚜렷하며, 화제·주제어 '는' 성분의 이입 기능과 통보 기능, 시간 표현 요소('-았-'과 '-느-', '-었었-' 등)가 主가 되고, 의미 맥락에 따라 전환에 가까운 경우가 나타난다.


## 4.

소설에서는 사건 맥락과 그 배경이 되거나 그에 직결되는 상황 외에 서술자의 논평과 정서 표출 부분, 삽화나 부분·寄生 텍스트들이 나타나기도 한다. 이들은 서술의 객관성과 총체성을 흐릴 수도 있지만 서술을 보완하고 내용의 폭넓은 이해를 도우며 서술자와 독자 간의 교감과 대화 분위기를 조성하기도 한다. 이 작품에서는 특히 서술자 개입과 부수 담화·텍스트의 쓰임이 잦고 적극적이어서 문학적으로 그 功過가 논의되기도 했다(전라문화연구소 2001). 이러한 서술자 개입과 부수 담화 삽입 때에는 담화·텍스트 흐름이 흔히 다소라도 바뀌기 마련이기 때문에 이 작품에서도 이에 따른 추이와 전환이 자주 나타나게 된다. 그런데 이들 경우에는 서술 場·층위나 담화·텍스트 유형이 이질적으로 바뀐다는 점에서 앞뒤 맥락과 밀착되는 경우가 아니면 추이보다 전환으로 해석됨직하다. 이제 서술자 개입에서 크고 작은 전환, 부수 담화·텍스트 삽입에서 크고 작은 전환 순으로 살핀다.

서술자 개입의 큰 전환 예로는 주사건·정황과 직결되지 않는 배경·일반적 설명과 서술자의 주관적 태도가 길게 삽입, 반영되는 (20),

작은 전환 예로, 내용의 이해를 위한 정보 부연 (21), 서술자의 평가나 정서적 태도가 표출되는 (22), 서술자 시점의 정황과 직결되되 객관적 정보에 서술자의 어조와 태도가 강하게 드러나는 (23), 정황과 직결되는 설명으로 인물 시점에 서술자가 간섭하는 양상을 띠면서 추이에 접근하는 (24) 등이 나타난다.

(20) 평순네의 이마에도 땀이 번질거린다.
　옹구네나 평순네는 모두 매안의 아랫몰 물 건너, 한식경이나 벗어난 골짜기 거멍굴에 살고 있는 아낙네들로, 놉이라 할 것도 없이 궂은 일, 잔일 마다 않고 문중에서 허드렛일이 있을 때면 으레 맡아 하였다.
　～
　거기다가, 어떻게 흰 무명옷으로 떨쳐입을 수 있으리요.
　～
　어느 누구에겐들 대례청의 청·홍이 휘황하게 느껴지지 않으리오만, 이 거멍굴 사람들에게 찍혀 있는 그 찬란한 빛깔은 일생에 한 번이어서 유독 선명하고, 선명한 만큼 소중하였다.
　～
　옹구네의 콧방울이 벌름한다.(101～103)
　(21) 밖에서 몇 마디 주고받던 강모가 마루로 올라와 서는 것 같더니, 목외(木쌰)로 들어선다.
　목외란, 사랑(舍廊)의 가운데를 장지로 막아 아래위칸으로 나눈 위칸을 이른다. ～ 아랫사람이거나 하인, 또는 주인의 허락이 없는 손님들은 대개 목외에 머물다가 간다.
　"강모 오느냐?"
　기표가 먼저 아는 체를 한다.(297)
　(22) 그리고 종가가 번창하는 이 분명한 조짐에 대하여 진심으로 감축하였다, 그것이 어디 비단 문장 한 사람에게만 그러하였으랴.
　어느샌지 모르게 남의 손으로 넘어가 버린 종가의 농토가 ～ 비로소 한숨이 트인 셈이니 문중의 사람들도 덩달아 마음이 놓이는 것이었다.

그러나, 호사(好事)에는 다마(多魔)라고 하였던가.

어찌 그리 선인들이 남긴 말에는 틀림이 없는 것일까.

~ 그네는 병의를 출산한 지 두 달 만에 그만 숨을 거두고 말았다.(96)

(23) 허담은 청홍의 물감을 입은 나무 기러기를 받아 탁자에 놓는다.

"북햐앙궤에(北向跪)."

북쪽, 정청 쪽을 향하여 신랑은 꿇어 앉는다.

기러기는 이 세상의 온갖 깃털 가진 새인 우(羽)와, ~ 유신(有信)을 천성으로 지키는 새라 하던가. ~ 또한 한 번 맺어진 한 쌍은 ~ 다른 새와 다시 만나지 않는다.

참으로 깨끗하고 아름다운 정절(貞節)이 아닌가.

~

이 정절 높은 기러기를 천제(天帝)이신 자미성군에게 바치며 한평생의 해로를 맹세하고, 수복과 자손 만대의 번영을 빌면서 나이 어린 신랑은 꿇어앉아 있는 것이다. 그러나 그 모든 뜻을 새기고 받들기에는 너무나도 앳된 신랑의 조그만 어깨 위로

~

소리가 떨어진다. (38~39)

(24) 수모인 당숙모는 효원의 가슴을 동여매듯이 치마 말기를 힘 주어 묶었다, 무명 말기가 나무판자처럼 가슴을 압박했다.

그 대슘치마 위에, 드디어, 속옷으로는 마지막인 무지기를 입었다.

무지기는 빳빳하게 풀을 먹인 모시 열두 폭을 층층이 폭을 넓혀가며 한 허리에 달아 붙인 것이라, ~ . ~ 그것은 삼층짜리도 있고 오층짜리도 있는데 신부옷이라 효원은 호사스럽게 입곱층짜리를 입는다. '무족'이 치마라서 무지기인가, 무지개같이 물들어서 무지기인가.(42)


(20)에서는 진행 중인 모내기 정황이 현재의 '-ㄴ-'으로 서술되다가 정황 속 인물들의 지역·신분 배경과 일상 생활, 처지가 과거의 '-었-'으로 서술된 뒤 다시 현재 정황으로 돌아온다. 이 삽입 담화에서 특정 인물들('옹구네, 평순네' 등)은 사회적 성격을 같이하는 집단의 일원으로 '아낙네들', '거멍굴 사람들'과 같이 지칭되며, 서술자는 양태 의미와 修辭 의

문('-을 수 있으리요.')으로써 이들의 처지에 공감하는 태도를 드러낸다. (21)에서는 주사건('강모'의 등장)이 현재의 '-ㄴ-'으로 진행 중에 생소한 어휘 표현 '목외'에 대한 설명이 일반적·관습적 현재형으로 삽입되어 사건 진행의 흐름이 잠시 유보된다. (22)에서는 서술자 시점에서 '청암부인' 종가와 시부의 내력 서사 중에 양태 의미와 수사 의문('-었으랴', '-었던가', '-는 것일까')으로써 정황에 대한 서술자의 평가와 정서를 드러내는데, 특히 접속어 '그러나' 뒷부분은 사건·정황 맥락을 크게 짚어 서술 場 전환이 인지된다. (23)에서는 혼례식 정황이 현재의 '-ㄴ-'으로 진행 중에 정황 속 '기러기'에 대한 설명이 일반적·관습적 현재형으로 삽입되며, 아울러 양태 의미와 수사 의문('-던가', '-ㄴ가')으로써 정황의 엄숙한 분위기에 호응하는 서술자의 敎述的 어조와 태도가 표출된다. (24)에서는 '효원'의 시점에서 혼례 준비 정황을 과거형으로 회상 중에 정황 속 服飾의 일종인 '무지기'에 대한 설명이 일반적·관습적 현재형으로 삽입되면서 自問의 '-ㄴ가'로 주관적 태도가 반영되기도 한다. 이 때의 삽입 부분은 '효원'의 정황과 밀착되고 서술자의 태도도 명시적으로 부각되지 않아서 전환으로서는 약하다 하겠다.

부수 담화·텍스트 삽입의 큰 전환 예로는 역사적 일화의 구술과 서술 (25), 작은 전환 예로, 진행 중인 정황과 관련된 책 내용 인용 (26), 인물의 정황에 상응하는 유서 인용으로 인물 시점·정황과 동질적이어서 추이에 접근하는 (27) 등이 나타난다.

(25) "전에 그런 열녀가 있었더란다. 옛날 중국 제나라의 장공(莊公)이 거(莒) 땅을 칠 때의 이야기지. ~ 그분이 어떤 싸움터에서 용맹한 장수 하나를 아깝게 잃고 말았더래. 그 장수 이름은 기량식(杞梁殖)이라. ~ 남편이 남들에게 대접을 받고 못 받는 것이 다 안사람 하기에 달린 것이니라."

청암부인은 손부 효원을 앞에 앉혀 놓고, 기량식의 아내가 지아비를 잃고 통곡한 '식처곡부(殖妻哭夫)'의 행실을 들려 주었다.

그때 기량식의 아내는 자식이 없었다.

~

그리고는 하늘을 우러러 울면서, 마침내 시퍼런 치수(淄水)에 몸을 던져 죽고 말았다.

" ~ 그때 내가 기량식의 아내 못지않은 기구한 형상 중에도 목숨을 버리지 않고 살아 남은 것은, 오로지 종부였기 때문이었느니라. ~ " (270~273)

(26) "읽어 봐라, 좀."

北支事變(북지사변)이 勃發(발발)한 以來(이래) 軍(군)을 爲始(위시)하야 各方面(각방면)에 殺到(쇄도)하는 國防獻金(국방헌금) 恤兵慰問金(휼병위문금)은 莫大(막대)한 金額(금액)에 達(달)하고 잇는데 ~

"어이구, 대단하네."

"그게 말이 좋아 헌금이지 순전히 조선 사람들 기름을 짜 갈취한 것 아니겠냐?"(124~125)

(27) 청암부인은 침중한 손길로 유서의 첫머리를 펼쳐 든다.

고금 천지간 세상에 일 죄인 죄첩은 이 몸의 일천 가지 근심과 일만 가지 한 되는 회포를 가져, 감히 당돌히 시아자바님 두 분 전에 이 한 말삼을 아뢰오니, ~

~

두 아자바님 지체 이 앞 내내 평안하압셔 만세 보중하압소서.

무술 정월 십이일

제수 죄인 시아자바님 두 분 전 올림 유서(遺書)

청암부인은 손에 든 유서를 그대로 움켜쥔 채 체읍을 하고 만다.

~

그러나 ……하고, 청암부인은 이마에 손을 받친다.

그렇게 떠나갈 수 있는 당신은 차차리 복인(福人)이십니다. ~ (234~240)

(25)에서는 '청암부인'과 처지가 비슷한 기량식 아내의 일화가 '청암부인'의 '효원'을 상대로 한 대화로 구술되고 담화상황이 잠깐 점검된('청암부인은 ~ 들려 주었다'.) 다음, 지문의 서술로 계속되어 끝난 뒤에는 '청암부인'의 마무리 논평과 자기의 辨이 따른다. 이때 두 부인의 정황이 동질적이기는 하나, '식처곡부' 일화로 지칭될 만큼 독자적 텍스트성이 강하고 시공간적 차이가 크므로 큰 전환으로 보며, 시간적 간격을 표시하는 '옛날, 그때', 장면의 차이를 반영하는 과거 인용 '-았더래' 등도 이에 상응한다. (26)에서는 '강모'와 '강태'의 대화 정황에 직결되는 「愛國金子塔」이란 책 내용 일부가 공백 경계로써 인용되고 있는데, 독자적 텍스트성, 공백 경계, 표기·표현 문체의 이질성이 두드러지나 현장 정황의 연장선에서 인물들과 밀착되어 있기 때문에 크지 않고 작은 전환으로 본다. 이에 비해 부부사별로 '청암부인'과 처지가 비슷한 영조 때 문씨의 유서 인용 (27)에서는 역시 독자적 텍스트성, 공백 경계, 표현 문체의 이질성이 두드러지나 인물의 정황과 밀착되고 나아가 인물('청암부인') 시점의 서술 어조(문씨를 향한 '합쇼'체 대화체)와 내용에 삼투, 내면화되기 때문에 추이에 가까워진다.

이상 서술자 개입에서의 전환 실현 방식으로는 시간 표현 요소('-었-'과 '-느-'), 양태 의미와 수사 의문이, 부수 담화·텍스트 삽입에서는 독자적 텍스트성, 공백 경계, 삽입 텍스트 문체의 이질성 등이 두드러지며, 담화 맥락에 따라 추이에 접근하는 경우도 나타난다.


## 5.


이 글에서는 글의 구조와 흐름에 나타나는 변화와 바뀜이 글의 구조와 형성 과정을 이해하는 데에 중요함에 유의하여, 그 양상이 어떻게 나타나고 어떤 다양한 방식들로 실현되는지 소설 최명희의 『혼불』을 대상으로 살피고자 했다.

그래서 그 변화와 바뀜의 양상을 동질적·연속적 추이와 이질적·단절적 전환으로 나누고 또 그 추이와 전환의 크기와 정도에 따라 큰 경우와 작은 경우를 나누어 보려고 했다. 특히 이러한 양상에서는 담화의 성격 유형(일반적 상황·배경/특정 사건·정황, 서사/설명/논평, 주사건/부수·삽입 담화, 객관적·중립적/주관적 등)이 주요 요인이 되고, 그 실현 방식에서도 주요 문법·어휘·담화 요인들이 있을 것이라는 점을 중시했다. 이에 따라 추이와 전환의 국면을, 담화·텍스트 맥락에 관여하는 담화 유형으로서 일반적 상황·배경과 특정 사건·정황 및 세부 장면 면, 서술자와 인물의 시점 면, 서술자 개입과 부수 담화·텍스트 삽입 면으로 나누고, 각 측면을 크고 작은 하위 유형과 경우별로 세분해 살폈다. 그 내용을 간추리면 다음과 같다.

맥락에 관여하는 담화 유형 면에서는, 일반적 상황·배경↔특정 사건·정황, 현재 장면↔과거 장면의 이동을 중심으로 크고 작은 추이와 전환이 나타나며, 그 실현 방식들로는 크고 작은 추이·전환 모든 경우에 두루 시간 표현 요소('-었-'과 '-느-', '-었었-' 등), 화제·주제어 '는' 성분, 접속어, 대화 인용 등이, 그밖에 양태 요소, 주어의 성격 등 요인들이 나타난다.

서술자와 인물의 시점 면에서는, 서술자→인물→서술자, 인물→서술자→인물, 인물→인물, 그리고 회상 맥락을 중심으로 크고 작은 추이가 나타나며, 인물 시점에 서술자 시점이 간섭하는 경향이 있고 맥락에 따라 전환에 접근하기도 한다. 그 실현 방식들은 큰 추이에서 더 다양하고 뚜렷하며, 화제·주제어 '는' 성분의 이입 기능과 통보 기능, 시간 표현 요소('-었-'과 '-느-', '-었었-' 등) 등 요인들이 두드러지다.

서술자 개입 면에서는, 배경·일반적 설명, 정보 부연, 서술자의 주관적 평가를 중심으로 크고 작은 전환이 나타나고 맥락에 따라 추이에 접근하기도 하며, 그 실현 방식으로는 시간 표현 요소('-었-'과 '-느-'), 양태

의미와 수사 의문 등이 두드러지다. 부수 담화·텍스트 삽입 면에서는 여러 담화·텍스트 유형의 구술과 인용에 따라 크고 작은 전환이 나타나고 역시 맥락에 따라 추이에 접근하며, 그 실현 방식으로 독자적 텍스트성, 공백 경계 등이 두드러지다.

이상에서 소설의 경우 담화·텍스트의 구조와 흐름상 추이와 전환이 어떤 유형들로 나타나고 어떤 방식들로 실현되는지 윤곽을 개괄해 보았다. 그러나 큰 당면 문제만으로도 소설 장르에서의 양상 중 일반 산문에까지 일반화될 수 있는 면과 소설에서의 특수한 면이 있으리라는 점, 서술 방식의 특이성이 문제가 되는 작가와 작품이고 10권의 장편 중 제1권만을 대상으로 한 점, 문법·어휘·담화 면의 실현 방식들을 포괄적, 나열적으로 다루어 체계적이고 집중적인 정리와 논의가 안 된 점 들이 당장 제기된다. 이 글을 실마리로 풀어 갈 과제라 하겠다.

# 참고문헌

고니시 도시오(1992), <월인석보 제 23·목련전>의 텍스트 언어학적 분석, 국어
　　　연구 107, 국어연구회.
고영근(1990), "문장과 이야기의 관련성에 관한 연구." 관악어문연구 15, 서울대
　　　국어국문학과.
김정남(1993), "현대 소설의 지문에 나타나는 시상의 양상과 기능," 텍스트언어학
　　　1, 텍스트 연구회, 서광학술자료사.
졸 고(1989), "국어 시상과 양태의 담화 기능." 이정정연찬선생회갑기념 국어국문
　　　학논총, 탑출판사.
______(1999), "소설에서 대화의 분포와 그 담화·텍스트 기능." 어문학논총 18,
　　　국민대 어문학연구소.
______(2000), "소설에서 대화 인용의 방식과 양상." 어문학논총 19, 국민대 어문
　　　학연구소.
______(2004ㄱ), "1인칭 소설에서 시점의 세부 유형과 추이에 대한 텍스트론적 접
　　　근." 어문학논총 23, 국민대 어문학연구소.
______(2004ㄴ), "『혼불』의 문체 특성." 혼불기념사업회·전라문화연구소, 혼불의
　　　언어세계, 전북대 출판부.
______(2005ㄱ), "소설에서 현재 시제 관련 양태 의미와 그 텍스트 기능." 임홍빈
　　　외, 우리말 연구 서른아홉 마당, 태학사.
______(2005ㄴ), "소설『혼불』의 서술자와 시점에 대한 어학적 접근." 어문학논총
　　　24, 국민대 어문학연구소.
______(2006), "소설의 시점과 관련 문법 현상." 어문학논총 25, 국민대 어문학연
　　　구소.
윤석민(1989), 국어의 텍스트 언어학적 연구시론, 국어연구 92, 국어연구회.
전라문화연구소(2001), 혼불의 문학세계, 소명출판.
한미선(1986), 문체분석의 구조주의적 연구, 국어연구 74, 국어연구회.

# 정이란 무엇인가?

나 익 주*

## 1. 머리말

정은 한국인에게서 나타나는 많은 감정(또는 정서) 중의 하나로, 한과 더불어 한국인의 대표적 정서라 불린다. 한국인이라면 누구나 정이 자신의 삶 속에 깊숙이 자리 잡고 있으며 많은 영향을 미치고 있다는 것을 인식한다. 그렇지만 '정이란 무엇인가?'라는 질문을 받을 때, 아주 쉽고 명쾌하게 대답할 수 있는 한국인도 별로 없을 것이다. 정은 만져볼 수도 없고 눈으로 볼 수도 없기 때문이다. 정의 실체를 파악하기 어렵다는 것은 1980년대 초반 많은 인기를 누렸던 가수 조용필이 불렀던 '정'이라는 가요의 노랫말에서 쉽게 확인할 수 있다.

정이란 무엇일까 주는 걸까 받는 걸까 받을 땐 꿈속 같고 줄 때는 안타까워 정에 웃고 정에 울며 살아온 살아온 내 가슴에 오늘도 무지개 피네 <정, 조용필 노래, 1979년 발표>

---

* 전남대학교 영미문화연구소

일반적으로 사랑, 미움, 분노, 두려움, 긴장 등의 감정은 그 실체에 직접 접근할 수 있는 방법이 없다. 그렇지만 이러한 추상적인 무형질의 감정이 우리의 일상생활 속에 존재한다는 것은 아무도 부인하지 않는다. 정말로 이러한 감정은 우리의 일상생활 바로 한가운데서 중요한 역할을 수행한다. 따라서 인간의 감정 영역을 탐구하면 인간 본성에 대해 더 깊이 이해할 수 있다. 이 때문에 감정은 오랫동안 인간의 본성과 마음, 삶의 방식이 무엇인가를 밝혀내고자 시도한 철학자와 심리학자, 사회학자의 많은 관심을 받아왔다. 그러한 관심에도 불구하고 감정의 구체적인 모습은 별로 밝혀지지 않았다. 추상적인 감정의 본성을 밝히는 일에 거의 관심을 갖지 않았던 언어학계에서도 1980년대 초부터 인지언어학자들을 중심으로 감정과 관련된 표현의 의미와 은유적 의미 확장에 관한 탐구가 이루어졌다. 이 과정에서 다양한 감정의 양상이 조금씩 밝혀지기 시작했다.

인지언어학에서는 감정의 분석이 "언어사용이 우리의 일상적 경험에 그 토대를 두고 있으며, 이성과 의미가 우리의 신체화된 경험에서 직접 발생한다"는 인지언어학의 한 핵심적 주장을 뒷받침한다고 믿기 때문에 감정을 중요한 탐구 영역으로 간주한다(Casad 1996 : 1 ; Lakoff 1987 : xv). 인지언어학자는 특정한 문화에서 다양한 감정이 은유적으로 어떻게 개념화되는지에 연구의 초점을 맞추었다. 그 결과 수많은 감정 관련 표현의 기저에 반영되어 있는 수많은 개념적 은유의 존재가 드러났다(Kövecses 1987, 1990, 1995 ; Lakoff 1987 ; 나익주 2000, 2003 임지룡 2001, 유수정·이정화 2002).

이러한 인지언어학의 주장에 근거하여, 이 논문에서는 '한'과 더불어 한국인의 대표적인 정서의 하나로 불리는 '정' 개념의 모습이 구체적으로 무엇인지를 밝혀내고자 시도한다. 이를 통하여 인간의 사고와 이해가 우리의 신체적 경험에서 발생한다는 인지언어학의 핵심적 주장이 타당함을 보여주고자 한다.[1)

## 2. 개념적 은유 이론

이 연구에서 사용하는 이론적 틀은 1980년 출간된 인지언어학자 레이코프(G. Lakoff)와 철학자 존슨(M. Johnson)이 공저 『삶으로서의 은유』(*Metaphors We Live By*)에서 내놓은 은유에 대한 새로운 착상을 그들 자신은 물론 수많은 인지언어학자들이 계속 세련되게 다듬고 있는 은유 이론이다. 이 이론은 아리스토텔레스 이후 2천년 이상 동안 주도적인 지위를 누려온 전통적인 은유 이론에 정면으로 도전한다.[2] 이 은유 이론의 주장은 한 마디로 은유의 소재는 언어가 아니라 인간의 사고와 이해이며, 은유는 우리 인간의 개념화의 핵심적인 부분을 차지한다는 것이다. 이러한 측면에서 이 은유 이론은 개념적 은유 이론이라 불린다. 이 이론은 이성과 의미가 우리의 신체화된 경험에서 발생한다는 인지언어학의 중요한 주장과 긴밀하게 맞물려 있다. 즉, 인간의 개념화 과정은 대부분 은유적이며 신체화된 경험에 근거한다. 구체적으로 은유는 ('목표 영역'이라 불리는) 한 개념 영역의 측면에서 ('원천 영역'이라 불리는) 다른 한 개념 영역을 이해하는 우리의 인지 과정이다. 그렇다면 목표 영역이 원천 영역의 측면에서 이해된다는 것은 정확히 무엇을 의미하는가? 그것은 원천 영역의 일부 요소가 목표 영역의 일부 요소에 사상(寫像)한다는

---

1) 이러한 목적을 위해 정과 관련된 70여 개의 표현이 분석될 것이다. 이 논문에서 분석되는 표현은 오천석(1997)의 수필집 『정』과 『연세한국어사전』, 어문각의 『표준국어대사전』 등에서 수집되었다.

2) 이 이론의 핵심은 다음 다섯 가지 주장으로 압축할 수 있다. (가) 은유는 낱말의 문제가 아니라 개념과 관련이 있다. 즉, 은유는 언어 속에 있는 것이 아니라, 우리의 사고 속에 있다. (나) 은유 덕택에 우리는 추상적인 개념을 더 잘 이해할 수 있다. 따라서 은유는 단순히 어떤 미적인 목적을 수행하거나 장식적 효과를 전달하는 수단에 불과한 것이 아니다. (다) 은유는 객관적 유사성이 아니라 체험적 유사성에 근거한다. (라) 은유는 시인이나 능변가와 같은 특별한 사람들의 전유물이 아니라, 보통 사람이 특별한 노력 없이 거의 무의식적으로 자동적으로 사용하는 사고 기제이다. (마) 은유는 없어도 일상생활을 영위하는 데 아무 지장을 주지 않는 비유법이 아니라, 사고와 추론의 필수 불가결한 부분이다.

점에서 두 영역 사이에 체계적인 대응 집합이 있다는 것을 의미한다.

[사랑은 여행]이라는 개념적 은유를 통해 두 영역 사이에 사상이 어떻게 이루어지는지를 구체적으로 살펴보자. 다음은 이 개념적 은유의 발현인 한국어 표현이다.[3]


    (1) 가. 사랑했지만 갈 길이 달랐다.
        나. 당신은 나의 동반자
        다. 사랑의 기로에 서서 슬픔을 짓지 말아요.
        라. 그들의 사랑은 뜻밖의 장애물에 부딪혔다.
        마. 그 신혼부부는 행복의 고속도로를 달리고 있다.


(1가)에서 '갈 길'은 축자적으로 여행의 목적지에 이르는 경로를 나타낸다. (1나)에서 '동반자'는 공통의 목적지를 향해 나아가고 있는 여행자를 의미한다. (1다)에서 '기로에 서서'는 갈림길에 이르렀기 때문에 이제는 두 여행자가 더 이상 같은 길을 따라갈 수 없다는 것을 뜻한다. (1라)의 '뜻밖의 장애물'은 홍수나 범람, 강풍, 추위, 교통 체증 등 여행자의 여정을 가로막는 방해물을 가리킨다. 마지막으로 (1마)에서 '고속도로를 달리다'는 여행자가 따라가는 길과 이동의 종류를 나타낸다.

(1)의 다양한 실례가 축자적으로는 분명히 여행을 묘사하는 표현이지만, 우리는 그러한 표현이 실제로 물리적 여행을 묘사하는 것이 아니라 사랑 관계에 대한 기술이라는 것을 거의 무의식적으로 안다. 이러한 표현을 들으면, 한국인은 즉시 사랑 중인 두 사람, 연인 관계, 사랑할 때 겪는 다양한 경험 등을 떠올린다. 따라서 이 표현은 한국인이 추상적인 사랑 개념을 구체적인 여행 개념의 관점에서 이해한다는 것을 보여준다. 더 구체적으로 말하면, 사랑하는 사람은 여행자에 대응하고, 사랑

---

3) 이 글에서 개념적 은유의 이름은 대괄호에 넣어 제시하고, 은유적 언어 표현에서 개념적 은유와 밀접한 관련이 있는 부분은 고딕으로 표시한다.

관계 그 자체는 여행자가 탑승하는 탈것에 해당한다. 또한 사랑하는 사람이 추구하는 목표는 여행자가 도달하고자 하는 목적지에 대응하고 사랑하면서 겪는 어려움은 여정에서 만나는 장애물에 대응한다.

## 3. 정의 은유적 개념화 양상

한과 더불어 정은 한국인에게 매우 특별한 개념이다.[4] 한국어에서 정은 친밀감, 애정, 좋아함, 따스한 느낌, 배려, 연민, 헌신 등과 긴밀하게 연결되어 있다. 한국인에게 정은 다양한 개념을 포괄하는 복합적인 감정이기 때문에, 정은 한국인의 삶에 다양한 방식으로 스며들어 있으며 영향을 미친다. 예를 들어, 많은 한국인이 참여한 1997년 말 외환위기 때의 금 모으기 운동은 바로 이 '정'의 발현이다(김선희 2000). 또한 한 방송사에서 어렵고 힘든 이웃과 함께 하고 나눔을 실천하도록 장려하기 위한 목적으로 진행하는 프로그램 '사랑의 리퀘스트'도 역시 정 개념에 호소한다고 말할 수 있다.

## 3.1 [정은 물건]

레이코프와 존슨(Lakoff and Johnson 1980 : 25-27)에 따르면, 구체적 물건(특히, 우리 자신의 몸)에 대한 경험 덕택에 우리는 활동과 아이디어, 감정과 같은 추상적인 개념을 다양한 물건이나 물질로 간주할 수 있다. 존재론

---

4) 다른 문화권에 정과 비슷한 어떤 개념도 존재하지 않는다고 주장하는 것은 아니다. 외국 문화권에도 정과 유사한 개념이 존재할 수 있다고 본다. 예를 들어, 영어의 affection이나 warmth가 정과 유사하다고 말할 수 있다. 그러나 영어 토박이가 affection이나 warmth로 나타내는 개념은 한국인의 '정'과 같은 방식으로 독립적인 개념을 이루지 않는다. 정이 한국인 특유의 감정이라는 말은 바로 이러한 측면에서 사용된다. 앞으로 연구해 보아야 확실히 드러나겠지만, 중국인이나 일본인은 정에 대해 한국인과 동일한 방식의 범주화를 사용할 것으로 추정된다. 한국어와 일본어에서 '정'은 중국어의 차용어이기 때문이다.

적 은유라 불리는 이 개념화 방식은 추상적인 어떤 개념을 지시하고 양화하거나 어떤 사건이나 상황의 특별한 국면과 인과관계를 식별하는 등 다양한 역할을 수행한다. 곧 존재하는 은유의 다양성은 충족되는 목적의 종류를 반영한다.

'정'은 한국인 특유의 감정 중의 하나로서 추상적인 복합 개념이다. 따라서 이 감정을 이해하는 가장 쉬운 방법은 존재론적 은유를 통해서 파악하는 것이다. '정'이 구체적인 개체로 간주될 때, 우리는 정과 관련하여 다양한 목적을 충족할 수 있다. 더 구체적으로 말하면, 우리는 정을 지시할 수 있고, 양화할 수 있으며, 정의 특정한 국면을 식별할 수 있고, 정을 어떤 사건의 원인으로 간주할 수 있으며, 정과 관련하여 어떤 활동을 수행할 수 있다. 먼저 정에 대한 존재론적 은유, 곧 [정은 물건]이 지시하기의 목적을 충족시키는 실례를 살펴보자.5)

**지시하기**

(2) 가. 맺은 첫정 때문에 그 사람을 잊지 못했다.
　　나. 부부의 정/ 어머니의 정
　　다. 그 여자에게 정을 둔 사내는 많다.
　　라. 정만을 남겨놓고 어이 홀로 떠나갔느냐?

(2가)에서 서수 '첫'은 뒤따른 명사 '정'이 순서가 정해진 물건들 중의 하나를 가리킨다는 것을 보여준다. 물건들은 무작위로 흩어져 있을 때보다 정렬되어 있을 때 지시하기 더 쉽다. (2나)의 소유격 표지 '-의'는 '정'이 소유자에게 속하는 구체적 물건들 중의 하나로 간주된다는 것을 보여준다. 원형적인 경우에 (2다)의 한국어 처소동사 '두다'는 행위자가 물리적 힘을 어떤 물건에 행하고 그 결과 그 물건이 새로운 장소에 놓

---

5) 이 은유는 정에 대한 다른 은유보다 더 상위 층위에 있다. 물건은 끈적끈적한 물건과 자양분, 액체, 소유물 등을 모두 포괄할 수 있는 일반적인 개념이기 때문이다.

이게 되는 과정을 기술하는 데 사용되고, (2라)의 '남겨놓다'는 행위자가 어떤 물건의 소유자가 그 물건을 원래의 장소에 그대로 두고 다른 어떤 장소로 이동하는 과정을 지시한다. 그렇지만 (2다)와 (2라)에서 '두다'와 '남겨놓다'는 어떤 구체적인 물건이 아니라 추상적인 감정 '정'에 대해 서술하고 있다. 이것은 '정'이 지시될 수 있고 조작될 수 있는 물건으로 이해된다는 것을 보여준다.

추상적인 어떤 개념이 구체적 물건으로 간주되면 그 개념은 양화될 수 있다. 다음 실례에서 알 수 있듯이, 이것은 추상적 감정 '정'의 경우에도 적용된다.

**양화하기**
(3) 가. 철수는 정이 많다.
　　 나. 영희는 남편에게 정이 하나도 없다.
　　 다. 정희는 정이 있는 여자이다.


한국어에서 '많다'와 '하나도 없다' '있다'는 말은 그대로 구체적 물건을 양화하는 데 사용된다. 그런데 (3)에서 이 술어들이 서술하는 것은 구체적인 물건이 아니라 추상적인 감정인 '정'이다. 이것은 '정'이 양화될 수 있는 물건으로 간주된다는 것을 나타낸다.[6]

경계가 애매하거나 추상적인 경험에 물건의 지위를 부여함으로써 얻는 또 다른 이점은 그 경험을 우리의 행동에 대한 원인으로 식별할 수 있다는 점이다. 다음 실례에서 보듯이 '정'의 경우에도 마찬가지이다. '정' 관련 경험은 흔히 우리의 여러 행동의 원인이나 근원으로 간주된다.

---

6) (3)에서 서술어 '있다'와 '없다' '많다'는 추상적인 '정'이 양화될 수 있다는 것만을 나타 내는 것이 아니라, 소유물로 개념화될 수 있다는 것도 암시한다. 이 점에 대해서는 3.5 절에서 더 상세하게 논의한다.

### 원인의 식별

(4) 가. 사사로운 정 때문에 일을 그르치지 말라.

　　나. 정에서 노염이 난다.

### 목적 달성의 수단 식별

(5) 가. 철수는 마음의 평화를 얻기 위해 옛사랑과의 정을 끊으려고
　　애썼다.

　　나. 살 맛 나는 세상을 만들려면 정을 주고받아야 한다.

　　다. 그 부부는 고운 정이 아니라 미운 정으로 산다.

(4가)에서 원인을 지시하는 '-때문에'는 추상적인 감정인 '정'이 바로
사람의 일을 뒤틀리게 하는 것이라는 점을 나타낸다. (4나)에서 처소격
표지 '-에서'는 '정'이 바로 또 다른 감정인 노여움의 근원임을 보여준다.
한편 (5)의 연결표지 '-기 위해'나 '-려면'과 도구격 조사 '-(으)로'는 '정'이
어떤 목적을 달성하기 위한 수단이나 도구의 역할을 한다는 것을 보여
준다. 구체적으로 (5가)에서는 '정'이 마음의 평화를 달성케 해주는 수단
이며, (5나)에서는 살아가기에 더 나은 세상을 만드는 수단이며, 그리고
(5다)에서는 삶을 지탱시켜 주는 도구이다.

추상적인 개념을 물건으로 이해하는 존재론적 은유는 또한 우리에게
해당 개념의 구체적 양상을 식별하도록 해준다. '정'도 구체적 물건으로
간주될 때, 우리는 '정'이 어떤 모양인지, 어떤 속성을 지녔는지, 얼마나
큰지, 무엇으로 만들어졌는지 등 '정'의 여러 속성을 식별할 수 있다. 다
음 실례는 정의 이러한 양상을 예시한다.

### 양상 식별

(6) 가. 오가는 정이 있어야 살 맛 나는 사회이지.

　　나. 신뢰의 정을 쌓다 / 흠모의 정을 품다.

　　다. 두터운 정

　　라. 영희는 잔정이 많다.

(6가)에서 동사 '오가다'는 정이 움직일 수 있는 물건으로 개념화된다는 것을 알려준다. 그리고 (6나)의 소유격 표지 '-의'는 '정'을 구성하는 내용물이 무엇인지, 즉 신뢰와 흠모가 각각 정의 내용물이라는 것을 나타낸다. 또한 (6다)와 (6라)의 형용사 '두텁다'와 '잘다'는 '정'이 모양과 크기를 묘사할 수 있는 물건으로 개념화된다는 것을 암시한다.

지금까지 살펴본 바와 같이, 존재론적 은유 [정은 물건]은 '정'을 지시하거나 양화하고, '정'의 구체적 양상을 식별하며, '정'을 어떤 행동이나 사건에 대한 원인이나 수단으로 식별하는 등의 역할을 한다. 그렇지만 '정'을 단순히 물리적 개체로 간주하는 은유만으로는 '정'에 대해 알 수 있는 것이 그리 많지 않으며, 아주 작은 부분만을 이해할 수 있을 뿐이다. '정'의 구체적인 모습은 '정'이 물리적 개체의 구체적 실례(예를 들어, 끈적끈적한 물체나 액체, 영양소 등)로 간주될 때에야 비로소 드러나기 시작한다. 먼저 '정'이 끈적끈적한 액체로 개념화되는 은유를 살펴보자.

## 3.2 [정은 끈적끈적한 물체]

추상적인 개념이 어떤 특정한 물건으로 개념화되면, 단순히 물건으로만 개념화되는 경우보다 그 개념의 구조나 특성에 대해 훨씬 더 풍부하게 알 수 있다. '정'의 경우에도 마찬가지이다. (7)에서 보듯이 '정'은 접착제와 같은 끈적끈적한 물건의 측면에서 구조화된다.

> (7) 가. 철수는 아무 데도 정을 붙이지 못하고 떠돌았다.
> 나. 정을 떼는 것이 얼마나 힘든데 독한 년이지.
> 다. 그 자식 하는 짓을 보면 정나미가 떨어진다.
> 라. 솔직히 말해서 이 대학에 정 떨어졌어요.
> 마. 성희의 지나친 이기심 때문에 오만 정이 다 떨어졌다.
> 바. 찰거머리 정 / 질긴 정을 모질게 떼다.
> 사. 철수는 정을 끊으려고 필사적으로 애를 썼다.

'붙이다'가 묘사하는 시나리오에서는 접착성 물건에 힘을 가하는 행위자와 접착성 물건, 그 물건이 도달하게 되는 목표로서의 또 다른 물건이 존재한다. 구체적으로 행위자가 접착성을 지닌 어떤 물건에 힘을 가해서 그 물건이 다른 한 물건에 연결된다. (7가)에서는 이 과정을 기술하는 데 사용되는 동사 '붙이다'가 서술하는 것은 구체적인 물건이 아니라 추상적인 개념 '정'이다. 이것은 '정'이 은유적으로 끈적끈적한 물건으로 이해된다는 것을 암시한다. 반면에, (7나-사)에 쓰인 동사 '떼다'와 '떨어지다' '끊다'의 원형적인 의미는 어떤 끈적끈적한 물건이 외적인 힘에 의해서 또는 스스로 원래 달라붙어 있던 또 다른 물건으로부터 분리되는 이탈 과정을 지시한다. 그런데 (7나~사)에서는 이탈 과정을 겪는 것은 구체적인 물건이 아니라 바로 추상적인 감정인 '정'이다. 이것은 역시 '정'이 끈적끈적한 물건으로 개념화된다는 것을 반영한다.

[정은 끈적끈적한 물건] 은유는 원천 영역인 끈적끈적한 물건과 목표 영역인 '정' 사이의 많은 대응에 의해 구체화된다. 다음은 그러한 대응의 일부이다.

| 원천영역 : [끈적끈적한 물건] | 목표영역 : [정] |
|---|---|
| · 끈적끈적한 물건 | · 정 |
| · 끈적끈적한 물건이 달라붙게 되는 또 다른 물건 | · 정이 있는 사람이 감정이입을 하게 되는 물건이나 사람 |
| · 끈적끈적한 물건의 소유자 | · 정이 있는 사람 |
| · 끈적끈적한 물건이 다른 물건에 달라붙는다. | · 정이 있는 사람이 다른 어떤 사람이나 물건에 감정을 이입한다. |
| · 끈적끈적한 물건이 원래 달라붙어 있던 다른 물체로부터 스스로 또는 외적 힘에 의해 분리된다. | · 다른 물건이나 사람에게 감정이입을 한 사람이 스스로의 선택에 의해서 또는 외적인 강요에 의해서 감정이입을 해소한다. |

## 3.3 [정은 그릇 속의 액체]

인지언어학의 은유 이론에 따르면, 감정은 일반적으로 그릇 속의 유체로 개념화되고 인간의 몸은 그러한 감정을 담는 그릇으로 이해된다(Kovecses 1987, 2002; Lakoff 1987). 만일 이 논증이 타당하다면, 한국인 특유의 감정인 '정'에 대해서도 사실이어야 한다. '정'도 역시 감정이라는 일반적인 범주에 속하기 때문이다. 실제로 한국인들은 '정'을 그릇 속의 유체(특히, 액체)로 이해하고 우리의 몸도 '정'을 담는 그릇으로 간주한다는 것으로 드러난다. 다음 예문은 정에 대한 한국인의 이러한 개념화 방식을 보여준다.

> (8) 가. 철수는 봉사 활동을 하는 동안 마을 사람들에게 정이 들었다.
> 　　나. 사람은 정이 깊이 들면 헤어지기 힘들다.
> 　　다. 명희는 딸에게 정을 듬뿍 쏟았다.
> 　　라. 하나뿐인 자식에게 정을 흠뻑 쏟아 부었다.
> 　　마. 우리는 너나없이 정을 쏟고 퍼부으며 살아왔다.
> 　　바. 영아, 솟아나는 정 접어두고 다시 꽃피는 봄을 기다려.
> 　　사. 마음속에 깊이 서리어 잊히지 않는 정.

원형적인 의미로 쓰일 때, (8가)와 (8나)의 동사 '들다'는 물이나 염색약과 같은 액체가 그릇으로 간주되는 또 다른 물건 속으로 들어가게 되는 과정을 참조한다. 이 원형적인 의미는 '옷에 물이 들었다'와 같은 실례에 반영되어 있다. 그렇지만 (8가)와 (8나)에서 동사 '들다'가 참조하는 과정에 참여하는 것은 물리적으로 눈에 보이는 구체적인 액체가 아니라 무형질의 감정인 '정'이다. (8다)~(8사)에 쓰인 표현 '듬뿍 쏟다'와 '쏟아 붓다' '퍼붓다' '솟아나다' '서리다'도 역시 '정'이 액체로서 개념화된다는 것을 암시한다. (8다~마)의 '쏟다'와 '쏟아 붓다' '퍼붓다'는 모두 '정'에 대해 기술하고 있지만, 이들의 원형적인 의미는 모두 어떤 행위

자가 액체를 어떤 그릇 밖으로 흘러나가게 하는 과정을 참조한다. '정'
에 대해 기술하고 있는 (8바)의 '솟아나다'의 원형적인 의미도 액체가 지
면 아래로부터 지면 위로 흘러나오는 과정을 지시한다. (8사)에 쓰인 '서
리다'의 원형적인 의미도 역시 온도의 하강으로 인해 액체가 일종의 이
슬방울을 맺게 되는 과정을 지시한다. (8사)에서는 이 동사가 역시 '정'
에 대해 서술하고 있다. (8다~마)의 '쏟다'와 '쏟아 붓다' '퍼붓다'는 모
두 '정'에 대해 기술하고 있지만, 이들의 원형적인 의미는 모두 어떤 행
위자가 액체를 어떤 그릇 밖으로 흘러나가게 하는 과정을 참조한다.
'정'에 대해 기술하고 있는 (8바)의 '솟아나다'의 원형적인 의미도 액체가
지면 아래로부터 지면 위로 흘러나오는 과정을 지시한다. '서리다'의 원
형적인 의미도 역시 온도의 하강으로 인해 액체가 일종의 이슬방울을
맺게 되는 과정을 지시하는데, (8사)에서는 역시 이 동사가 '정'에 대해
서술하고 있다.

　그런데 '정'은 사람의 소재지는 몸속일 수도 있고 몸 밖일 수도 있다.
몸 밖에 있던 정은 사람의 몸속으로 들어올 수 있다. 일단 어떤 사람의
몸속에 들어온 정은 그 사람의 몸속에 깊이 자리 잡을 수도 있고 그 사
람의 몸속을 가득 채울 수도 있으며, 또한 그 사람의 몸 밖으로 다시 나
가게 될 수도 있다.[7] 몸 밖에 있던 정이 사람(궁극적으로 정의 소유자)의
몸속에 도달하는 과정은 (8가-나)에 예시되어 있다. 구체적으로 (8가-나)
에서 '들다'는 '정'이 (아마도 정이 들어가게 되는 목표 역할을 하는) 사람의 몸
밖(아마도 그 사람의 바로 인근)으로부터 그 사람의 몸속에 도달하는 과정을
지시한다. 일단 어떤 사람의 몸속에 들어온 정이 그 사람의 몸 밖으로

---

7) '정'이 결국 도달하게 되는 목표로서의 사람은 행위자가 아니라 경험자이다. 이것은
　그 사람이 자신의 힘으로 '정'을 자신의 몸속으로 끌어당기는 것이 아니라, 외적인 어
　떤 힘(예를 들어, 그 사람이 감정이입을 하게 되는 사람이나 대상의 매력)에 의해 자
　신의 의지와 상관없이 '정'을 소유하게 된다는 것을 의미한다. '정'의 궁극적인 소유자
　의 비자발성은 "그는 정희에게 정이 들었다"와 대립적으로 ?"그는 정희에게 정을 들
　였다"의 수용 불가능성을 보면 쉽게 알 수 있다. 또한 후자의 수용불가능성과 "그녀는
　손가락에 봉숭아물을 들였다"의 정상적인 사용을 대조해 보라.

다시 나갈 수 있다는 것은 (8다-마)의 동사 '쏟다'나 '붓다'의 의미를 보면
알 수 있다. (8바-사)는 어떤 사람의 몸속에 도달한 정이 계속 그곳에 머
물러 있거나 그 내부에서 어떤 다른 활동을 한다는 것을 예시한다.

　(8가-마)에서 보듯이, '정'이 소유자의 몸 밖에서 그의 몸속에 도달하
도록 힘을 가하는 행위자는 통상적으로 사람이다. 그렇지만 다음 실례
는 무정적인 개체도 추상적인 '정'에 힘을 가하여 어떤 사람의 몸속에
도달하게 할 수 있다는 것을 보여준다. 구체적으로 고향이나 어떤 지역,
편지 등이 그러한 무정적인 행위자 역할을 할 수 있다.

>　(9) 가. 타향도 정이 들면 고향.
>　　　나. 정든 고향을 벌써 잊었다.
>　　　다. 정든 땅 언덕 위에
>　　　라. 선생은 학생의 정감 어린 편지를 받았다.

　일반적으로 존재론적 은유 [감정은 그릇 속의 유체] 은유는 감정의
양이나 강도에 대해 풍부한 정보를 제공한다. 예를 들어, 어떤 감정이
그릇 속의 액체로 개념화될 때, 그릇 속의 액체의 높은 수면은 그 감정
의 더 강한 정도에 대응하고, 액체 압력의 증가는 그 감정이 더 커졌음
을 암시한다. '정'의 경우에는 이것이 부분적으로만 사실이다. 그릇 속
액체의 강도에 대한 경험은 '정'에 대한 경험 영역으로 사상되지 않고,
오직 그릇 속 액체의 수면에 대한 경험만이 사상된다는 점에 주목하
라.8)

---

8) 다른 감정을 은유적으로 개념화하는 데에는 그릇 속의 액체의 다른 측면이 활용될 수
　있다. 예를 들어, 분노가 그릇 속의 액체로 개념화될 때, 그릇 속의 액체의 압력은 분
　노 영역에 사상된다. 이 사상은 영어에서 blow off steam(분기를 내뿜다), bursting with
　anger(화를 폭발하다), blow one's stack(뚜껑이 열리다) 등의 표현에서 찾아볼 수 있다
　(Kövecses 2002 : 93-98). 분노에 대한 한국인의 은유적 개념화에서도 비슷한 양상이 나
　타난다(임지룡 1999).

(10) 가. 연말이면 정이 철철 넘친다.
　　　 나. 이제는 우리 사회에 흥건히 흐르고 있던 정은 찾아보기 어
　　　　　 렵다.
　　　 다. 정이 메마른 사회는 살기 힘들다.
　　　 라. 정희는 정이 완전히 메마른 사람이다.

(10가~다)에서는 의인화된 사회가 애초의 소유자의 몸에서 나온 '정'
이 들어가 있는 그릇의 역할을 하는 반면, (10라)에서는 액체로 개념화
된 '정'이 원소유자의 몸속에서 그대로 말라버려서 더 이상 밖으로 나올
수 없다. 정은 액체로 개념화되기 때문에 (원천으로서의 그릇이든 목적지로
서의 그릇이든) 그릇에 가득 차거나 넘쳐흐를 수도 있고, 그릇의 밑바닥
만을 적실 수도 있으며, 그릇 속에서 건조되어 사라질 수도 있다.
　지금까지 '정'이 그릇 속의 액체로 개념화되는 경우를 살펴보았다. 일
반적으로 액체는 다른 어떤 물건을 담는 그릇의 역할을 할 수 있다. (예
를 들어, 강물 속에는 수많은 물고기와 수생 식물이 살고 있음을 보라.) 다음에서
보듯이, '정'도 역시 다른 감정을 담을 수 있는 그릇 역할을 할 수 있다.

(11) 가. 영희는 정에 흠뻑 빠져 살았다.
　　　 나. 정에서 노염이 난다.

(11가)에서는 액체로 개념화된 '정'은 암시되어 있는 또 하나의 감정
인 '행복'을 담고 있는 그릇의 역할을 한다. 마찬가지로 (11나)에서도
'정'은 다른 감정인 노여움이 흘러나오는 그릇의 역할을 한다.

## 3.4 [정은 자양분]

끈적끈적한 물건이나 그릇 속의 액체에 더하여 '자양분'도 역시 무형
질의 추상적인 감정인 정을 구체화하는 원천 영역으로 사용된다. 이 개

넘적 은유의 존재는 다음의 예문에서 확인할 수 있다.[9]

> (12) 가. 어머니 품을 떠나 외롭게 자라난 그는 정에 주리고 정에 목
>        말라 했다.
>      나. 성희는 계모 밑에서 정을 제대로 받지 못하고 자라서 성격
>        이 비뚤어졌다.
>      다. 정희는 딸에게 정을 듬뿍 쏟아 부었다.
>      라. 순희의 딸은 정을 듬뿍 받고 자랐다.
>      마. 부모의 정은 밥이고 부부의 정은 꿀이다.
>      바. 정이 있어야 살 맛 나는 사회가 되지.

(12가~나)의 동사 '자라다'는 아이가 어른이 되는 과정을 지시한다. 아이나 어린이의 성장 과정에서 부모의 관심과 보살핌이 필수적이라는 데는 아무도 이견을 제기하지 않는다. 따라서 부모의 관심이나 보살핌이 어린이의 성장에 필요한 음식이나 식수와 같은 자양분으로 개념화되는 것은 당연하다. 마찬가지로 정도 역시 일종의 관심이나 보살핌이기 때문에 어린이를 성장시키는 자양분으로 개념화된다. 한편 (12가)의 동사 '주리다'와 '목마르다'는 원형적인 의미로 사용될 때 음식과 관련된 과정을 지시한다. 구체적으로 아이가 자양분의 결여로 인해 자양분을 몹시 원하는 과정을 지시한다. 그런데 이 경우에 아이가 진심으로 원하는 자양분은 물리적인 음식이 아니라 무형질의 추상적인 '정'이다. 이것은 (12나)에서도 마찬가지이다. 부실한 음식 섭취가 신체 발육의 지체를 초래하듯이 관심이나 보살핌의 결여는 건전한 성격 형성에 지장을 준다. 또한 (12다~라)에서도 역시 '정'은 어린 딸이 잘 자라나도록 어머니

---

9) "그 아이는 부모님의 사랑을 듬뿍 받고 자랐다"와 "사랑에 굶주린 아이" 등의 표현에서 볼 수 있듯이, 한국어에서는 사랑도 역시 자양분으로 개념화된다. 영어에서도 사랑이 자양분으로 개념화된다는 것은 I thrive on love(나는 사랑으로 잘 자라고 있다)와 He is sustained by love(그의 삶은 사랑으로 유지된다) 등의 표현에서 쉽게 확인할 수 있다 (Kövecses 2002 : 81-83; Gibbs 1994 : 147).

가 그녀에게 주는 자양분으로 간주된다. (12)에서도 정은 자녀의 성장이
나 배우자의 행복한 삶을 지탱해 주는 자양분으로 인지되고 있다. (12
바)에서 정은 미성숙한 사회를 성숙한 사회로 변화하게 하는 자양분이
다. 즉 의인화된 사회가 정을 받는 수혜자이다.

[정은 자양분] 은유는 구체적으로 자양분 영역과 정 영역 사이의 다
음과 같은 사상으로 구성된다.

| 원천영역 : 자양분 | 목표영역 : 정 |
| --- | --- |
| ·자양분 | ·정 |
| ·자양분의 결여 | ·정의 결핍 |
| ·자양분의 소유자 | ·정의 통제자 |
| ·자양분의 섭취 | ·정을 받음 |
| ·자양분의 필요한 사람 | ·정이 필요한 사람 |
| ·자양분의 충분한 섭취는 건강한 신체를 만든다. | ·정을 충분히 받으면 성품의 균형이 잡힌다. |

## 3.5 [정은 귀중한 소유물]

추상적 감정 개념인 '정'은 또 하나의 은유적 개념화에 의해 더욱 정
교화된다. 이 은유에서는 '정'이 어떤 사람이 소유하고 있는 귀중한 물
건으로 이해된다. 이 개념화의 존재는 다음 실례에서 찾아볼 수 있다.

(13) 가. 영희는 내가 한 때 정을 주었던 여인이다.
　　　나. 정희는 첫사랑에게서 많은 정을 받았다.
　　　다. 정이란 줄 때는 꿈속 같고 받을 때는 안타까운 그런 것이다.
　　　라. 성희는 그 불쌍한 소녀에게 많은 정을 베풀었다.
　　　마. 철수는 정이 헤프다.
　　　바. 동생에게 정을 빼앗긴 아이는 맨 날 울었다.

원형적인 의미로 쓰일 때, 동사 '주다'와 '받다'는 둘 다 어떤 사람(행위자)이 자신의 영향권에 있던 어떤 물건(이동체)에 힘을 가하여 다른 어떤 사람(수령인)의 영향권(가장 전형적인 영향권은 손 안)에 들어가게 하는 과정을 참조한다. 이 두 동사의 의미적 차이는 이 과정에서 어느 부분에 더 현저한 초점이 주어지는가에 있다. '주다'는 이동체가 행위자의 영향권에서 벗어나는 부분에 초점이 더 현저하게 주어지지만, '받다'의 경우에는 수령인의 영향권에 도달하게 되는 부분이 현저한 초점을 받는다는 점에서만 차이가 있다(Langacker 1990 : 226-227 참조). 그런데 (13가~나)에서 이 동사가 지시하는 과정에 참여하는 이동체는 구체적인 물건이 아니라 추상적인 '정'이다. 이것은 '정'이 구체적인 물건으로 개념화된다는 것을 암시한다. 이것은 (13라~마)에 사용된 서술어 '베풀다'와 '헤프다'의 경우에도 마찬가지이다. 동사 '베풀다'는 어떤 사람이 자신의 물건을 아끼지 않고 공짜로 남에게 주는 과정을 가리킨다. 반면 동사 '헤프다'의 원형적인 의미는 자신의 물건을 아끼지 않고 사용하거나 남에게 주는 장면을 참조한다.

동사 '주다'와 '받다' '베풀다' '헤프다'는 정이 단순히 물건으로 개념화된다는 것을 보여주는 데 그치지 않는다. 어떤 사람이 다른 사람에게 어떤 물건을 준다고 해서, 그 물건이 반드시 그 사람의 소유물이라는 것을 보장하지는 않는다. 그렇지만 그 사람이 중간 전달자의 역할만을 하는 경우가 아니라면, 이동되는 물건이 주는 사람의 소유물이라고 간주하는 것이 더 자연스럽다. 또한 하찮은 물건을 주면 보통 받으려고 하지도 않는다. 더욱이 귀한 물건을 받을 때의 느낌과 귀한 물건을 내주었을 느낌을 묘사하는 (13다)의 술어인 '꿈속 같다'와 '안타깝다'는 정이 귀중한 소유물이라는 것을 보여준다. '베풀다'와 '헤프다'도 역시 정이 단순한 물건이 아니라 어떤 사람의 귀한 소유물이라는 것을 보여준다.

## 3.6 [정은 따스함]

한국인들은 사랑이나 분노, 긴장, 두려움 등의 추상적인 감정 개념에 열기의 속성이 내재하는 것으로 이해한다.[10] 예를 들어, 한국인들은 사랑과 분노, 성욕 등의 개념에는 뜨거움의 속성이 내재하는 반면, 두려움이나 긴장 개념에는 차가움의 속성이 담겨있는 것으로 이해한다. 앞에서 살펴본 바와 같이, 정은 한국인들에게 그릇 속의 물건이나 끈적끈적한 물건, 귀중한 소유물, 자양분과 같은 물리적 개체로 이해되었다. 그렇다면 그러한 물건은 어느 정도의 온도를 담고 있는 것으로 이해될까? 한국인들에게 정은 너무 뜨겁지도 너무 차갑지도 않은 물건으로 개념화된다. 한국인의 이러한 개념화 양식은 다음 예문에서 확인할 수 있다.

(14) 가. 따스한 가슴에서 우러나오는 정
　　　 나. 어려운 때일수록 따뜻한 정을 나눕시다.
　　　 다. 세밑의 훈훈한 정이 추위를 녹였다.
　　　 라. 마음을 데우고 녹이는 정

(14가~라)의 형용사 '따스하다' '따뜻하다' '훈훈하다' '데우다'는 축자적인 의미로 쓰일 때 너무 뜨겁지도 차갑지도 않은 온기의 존재를 나타낸다. 이러한 서술어가 '정'에 대해 서술하고 있다는 사실은 그 자체가 정이 따스함으로 이해된다는 것을 반영한다.

---

10) 영어에도 감정이 온도의 측면에서 개념화되는 은유가 있다. 예를 들어, anger(분노)와 love(사랑)는 각각 그릇 속의 뜨거운 유체와 불의 관점에서 흔히 개념화된다(Kövecses 1990, 2002; Lakoff 1987; Emantaion 1995). 일본어에서도 분노가 불의 관점에서 이해되는 은유가 있다 (Masutki 1995). 한국어에서 사랑이나 분노는 불의 측면에서 개념화되지만, 두려움이나 긴장은 차가움의 측면에서 이해된다(임지룡 2000; 나익주 2000).

# 4. 정 은유의 부분적 사상

레이코프와 존슨에 따르면, 개념에 대한 은유적 구조화는 필연적으로 부분적이며 이것은 언어 표현 곳곳에 반영되어 있다(Lakoff & Johnson 1980 : 52). 이것은 한국인 특유의 '정'의 경우에도 마찬가지이다. 예를 들어, 정을 자양분으로 보는 착상은 자양분 개념의 어떤 측면은 활용하지만, 그 개념의 대부분의 측면은 활용하지 않는다. 만일 (12)의 표현이 [정은 자양분] 은유의 대표적 실례라면, 원천영역(자양분)의 요소들 중에서('정에 주리다'와 '정에 목마르다'에서 보듯이) 영양 섭취 열망과,('정을 듬뿍 받고 자라다'에서 보듯이) 충분한 영양 섭취의 긍정적 효과,('정을 제대로 받지 못해 성격이 삐뚤어지다'에서 보듯이) 자양분 결여의 부정적 결과와 같은 측면이 이 은유에 활용되고 있다. 그렇지만 자양분과 관련된 많은 측면은 정을 개념화하는 데 활용되지 않는다. 예를 들어, 자양분이 몸 밖에서 목이나 혈관을 통해 들어온다거나, 그 자양분을 흡수하기 위해 소화를 시키며, 그 자양분 중의 일부가 결국 몸 밖으로 나가고, 자양분은 밖의 상점에서 구할 수 있으며, 그 자양분을 냉장고에 보관할 수 있고, 자양분은 맛이 상하여 우리를 아프게 할 수 있다는 등의 지식은 전혀 이 은유에 사용되지 않는다.

정반대의 관점에서 보면, 어떤 목표 개념은 단지 하나의 원천 개념에 의해서 이해되는 것이 아니라 다수의 원천 개념의 측면에서 이해된다(Lakoff & Johnson 1980 : 52-55). 만일 어떤 개념의 모든 측면이 다른 한 개념에 의해서 모두 이해된다면, 이 두 개념은 완전히 일치하게 된다. 그러면 이 두 개념 사이에 은유적 이해는 존재할 수 없다. 은유는 두 개념 영역 사이의 부분적 사상으로 이루어지기 때문이다. 예를 들어, 정 개념의 모든 측면과 자양분 개념 영역의 모든 측면 사이에 정확히 일대일의 대응이 이루어진다면, 이 두 개념은 완전히 일치할 것이다. 그렇지만, 실제에서 이것은 불가능하다. 어떤 개념이든지 수많은 측면을 지니고

있는데, 이 다양한 측면을 이해하는 데에는 여러 개념이 필요할 수밖에
없다. 따라서 어떤 원천 영역이 다른 한 목표 영역에 사상될 때, 해당
목표 영역의 오직 일부 측면만이 초점을 받게 된다. 예를 들어, [정은
자양분] 은유는 정의 원소유자와 정을 받는 사람 사이의 보살핌 관계를
부각하지만, 정의 다른 측면(정의 소유자의 너그러운 마음이나, 정의 소유자와
수혜자 사이의 친밀한 관계 등)은 드러나지 않도록 숨긴다. 반면, [정은 따
스함] 은유는 정이 정의 소유자나 수혜자 모두에게 주는 평안함을 부각
한다.

## 5. 맺음말

지금까지 한국인들이 자신들 특유의 감정인 '정'을 어떻게 개념화하
는지를 살펴보았다. 다른 감정과 마찬가지로 무형질의 추상적인 감정인
'정'에 직접 접근할 수는 없다. 즉, '정'은 개념적 은유를 통해서만 한국
인에게 어떤 모습으로 다가오는지를 이해할 수 있으며, 일상생활에서
그들이 정을 어떤 목적으로 사용하는지를 포착할 수 있다. 정을 묘사하
는 모든 표현은 아무리 느슨하게 분석하여도 한국인들이 구체적 실체
가 없는 무형질의 정에 물건의 지위를 부여하고 있음을 보여준다. [정
은 물건]이라는 존재론적 은유로 인해 한국인들은 정을 지시하거나 정
에 대한 다양한 경험을 양화할 수 있고, 정을 다른 어떤 사건이나 활동
의 원인으로 식별할 수 있으며, 정의 구체적 속성을 식별할 있다.

그렇지만 [정은 물건] 은유는 정에 대한 한국인의 개념화 방식의 극
히 일부만을 알려준다. 물건 개념이 일반적이어서 수많은 종류의 더 구
체적인 물건을 실례로 포괄하기 때문에, 정은 다른 물건들에 의해 추가
적으로 더 상세하게 이해될 수 있다. 실제로 한국인들은 끈적끈적한 물
건이나 그릇 속의 액체, 귀중한 소유물, 자양분의 측면에서 정을 훨씬

더 정교하게 이해한다. 달리 말하면, [정은 끈적끈적한 물건]과 [정은 그릇 속의 액체], [정은 귀중한 소유물], [정은 자양분] 은유가 정에 대한 한국인의 개념화 방식에 대해 훨씬 더 많은 것을 알려준다. 이것은 [정은 물건] 은유가 일반성의 수준과 관련하여 나머지 네 은유와 차이가 난다는 것을 암시한다. 물건이 수많은 기본 층위의 하위물건을 실례로 포함하기 때문에, [정은 물건] 은유는 실제로 총칭 수준의 개념화이다. 나머지 네 은유는 기본 층위의 개념화 방식을 나타낸다. 그리고 [정은 따스함] 은유는 이 네 개의 기본 층위 은유, 특히 [정은 그릇 속의 액체]에 의존적이다.

한국인들이 정을 은유적으로 개념화하는 방식은 한 개의 총칭 층위 은유와 다섯 개의 기본 층위 은유로 나뉜다는 것을 살펴보았다. 총칭 은유 [정은 물건]은 원천 영역이 각각 끈적끈적한 물건과 그릇 속의 액체, 자양분, 소유물, 따스함인 나머지 다섯 은유에 의해 더욱 구체화된다. 이 사실은 한국 문화에서 추상적 감정 개념 '정'에 대한 이해가 기본 층위의 물건들에 대한 경험에서 직접 발생한다는 것을 암시한다. 이것은 의미가 우리의 일상적인 문화적 경험에 근거한다는 인지언어학의 핵심적 주장과 잘 들어맞는다는 것을 뒷받침한다.

이 글에서는 '정'과 밀접한 관련이 있을 것으로 판단되는 다른 개념은 살펴보지 않았다. 형태적으로 그러한 개념은 '온정'이나 '열정' '색정' '춘정' '연정'과 같이 두 개의 한자로 구성된 복합어로 부호화된다. 이 두 형태소 중의 하나는 '정'이다. 다섯 개의 기본 층위의 은유 중에서 어느 것이 가장 중심적인가와, 어떻게 이 다섯 은유는 서로 연결되어 있는가, 이 은유들 이외에도 정에 대한 어떤 다른 은유가 존재하는가를 밝혀내기 위해서는 이러한 표현을 비롯하여 더 많을 자료를 더 상세하게 분석할 필요가 있다.

# 참고문헌


나익주(2000), 개념적 은유 : [사랑]. 이기동 편저.『인지언어학』. 한국문화사

나익주(2003), 한국어에서의 성욕의 은유적 개념화.「담화와 인지」10-1. 담화 · 인지언어학회.

오천석(1997),『정』. 서울 : 샘터사.

이기동(1999), "관용어, 은유, 그리고 환유".「담화와 인지」4-1. 담화 · 인지언어학회.

임지룡(2001), "'긴장'의 개념화 양상".「담화와 인지」8-2. 담화 · 인지언어학회.

Emanation, Michele.(1995), Metaphor and the expression of emotion : The value of cross-cultural perspectives. *Metaphor and Symbolic Activity* 10-3 : 163-182.

Emanation, Michele.(1995), Congruence by degree : On the relation between metaphor and cultural models. In Raymond Gibbs and Gerard Steen, eds., 205-18, *Metaphor in the Cognitive Linguistics*. Amsterdam : John Benjamins.

Gibbs, Raymond Jr.(1994), *The Poetics of Mind*. Cambridge : Cambridge University Press.

Gibbs, Raymond Jr.(1999), Taking metaphor out of our heads and putting it into the cultural world. In Raymond Gibbs and Gerard Steen, eds., 146-66, *Metaphor in the Cognitive Linguistics*. Amsterdam : John Benjamins.

Johnson, Mark.(1980), *Philosophical Perspective on Metaphor*. Minneapolis, Minnesota : University of Minnesota Press.

Johnson, Mark.(1986), *The Body in the Mind*. Chicago : University of Chicago Press.

Johnson, Mark.(1992), Philosophical implications of cognitive semantics. *Cognitive Linguistics* 3-4 : 345-366.

Kövesces, Zoltan.(1987), *Metaphors of Anger, Pride, and Love*. Amsterdam : John Benjamins.

Kövesces, Zoltan.(1990), *Emotion concepts*. Springer-Verlag : New York.

Kövesces, Zoltan.(1992), Happiness of definitional effort. *Metaphor and Symbolic Activity* 6-1 : 29-46.

Kövesces, Zoltan.(1992), American friendship and the scope of metaphor. *Cognitive Linguistics* 6-4 : 315-346.

Kövesces, Zoltan.(2002), *Metaphor : A practical Introduction*. Clarendon : Oxford University Press.

Lakoff, George.(1987), *Women, Fire, and Dangerous Things*. Chicago : University of Chicago Press.

Lakoff, George.(1990), The Invariance Hypothesis. *Cognitive Linguistics* 1-1 : 39-74.

Lakoff, George.(1993), The Contemporary Theory of Metaphor. In Andrew Ortony, ed., *Metaphor and Thought*, 202-251. Cambridge : Cambridge University Press.

Lakoff, George.(2002), *Moral Politics : How Liberals and Conservatives Think*. Chicago : University of Chicago Press.

Lakoff, George and Mark Johnson.(1980), *Metaphors We Live By*. Chicago : University of Chicago Press.

Lakoff, George and Mark Johnson.(1999), *Philosophy in the Flesh*. New York : Basic Books.

Lakoff, George and Zoltan Kövecses.(1983), The *cognitive model of anger inherent in American English*. Berkeley : University of California. Berkeley Cognitive Science Report No. 10.

Langacker, Ronald W.(1990), *Image, Concept, and Symbol : The Cogntive Basis of Grammar*. Berlin : Mouton de Gruyter.

Matsuki, Keiko.(1995), Metaphors of anger in Japanese. In John R. Taylor and Robert E.MacLaury, eds., 137-51, The *Language and the Cognitive Construal of the World*. Berlin : Mouton de Gruyter.

Norvig, Peter and George Lakoff.(1987), Taking : A lexical network approach. Berekeley Linguistic Society 13 : 195-206.

Taylor, John R.(1995), *Linguistic Categorization : Prototypes in Linguistic Theory*. Clarendo n : Oxford University Press.

Ungerer, Friedrich and Hans-Jörg Schmid.(1996), *An Introduction to Cognitive Linguistics*. London : Longman.

Woo, Soojung & Jeong-Hwa Lee(2002), "Conceptual Metaphors for Happiness in Korean and English : A Cognitive-Cultural Study", *Journal of the Applied Linguistics Association of Korea*, 18-2, 1-27.

# 조사 연속 구성과 복합조사
## − 교착소 '서'를 중심으로 −

박 지 용*

## 1. 서 론

### 1.1. 연구목적

본고에서는 조사 연속 구성[1]을 단일조사 연속구성과 복합조사로 구분하는 기준을 설정하고 나아가 조사의 결합 원칙을 모색해 보고자 한다. 이 목적을 완수하기 위해서는 전형적인 조사와 조사의 특성을 띠는 어미나 의존명사, 부사, 동사 활용형, 그리고 조사 연속 구성 전반에 대해 면밀히 살펴보는 것이 필수적인 과정이겠으나 본고에서는 우선 교

---

* 육군사관학교 국어과.

1) '조사 연속 구성'이라는 술어는 조사구 혹은 명사구에 다시 조사가 결합한 경우, 그 성분의 통사적 구조와는 상관없이, 편의상 결합한 조사들을 하나로 묶어 이르는 명칭이다. 이는 '단일조사 연속 구성'과 '복합조사'의 구별 기준이 설정되기 전에 이들을 통칭하고자 설정한 개념이다. 그런데 국어의 조사는 조사 이외의 교착소와도 결합하기 때문에 '조사 연속 구성'을 보다 정확하게 말한다면 '[교착소+조사] 구성'이 될 것이다. 본고에서는 '조사 연속 구성'이라는 술어를 주로 사용하고 특별히 두 용어의 구분이 필요할 때에만 이 둘을 구별하여 사용하겠다.

착소(agglutinative element) '서'와 관련되는 구성을 중심으로 이 현상의 단면을 고찰하기로 한다.

조사에 대한 연구는 수없이 많이 진행되어 왔고 그만큼의 성과를 낳은 것이 사실이다. 그러나 아직도 각 조사의 통사적·화용적 특성은 물론이고 조사의 목록과 체계마저 뚜렷이 규명되지 않았다는 문제가 남아 있다. 특히 교착어인 국어의 중요한 특성을 나타내는 조사의 목록과 체계가 명확히 규명되지 않았다는 것은 그 자체로 무시할 수 없는 문제이다. 이와 같은 현실은 외국인을 대상으로 하는 한국어 교육을 효과적으로 진행하는 데에도 문제가 될 것이며 자연언어 처리나 기계번역에 있어서도 마찬가지일 것이다. 따라서 먼저 조사의 판별 기준을 명확히 하고 이에 따라 조사와 조사가 아닌 것을 구분하는 작업이 필요하다. 그러나 국어의 조사는 명사구는 물론이고 조사구나 어미와도 결합할 수 있으므로 단일조사 연속 구성과 복합조사의 구분이 필요하고 조사 결합 순서를 밝히는 작업도 필요하다.

조사의 판별 기준을 설정하는 것이 본고의 궁극적인 목적은 아니지만 조사 판별 기준은 조사 연구의 기본이자 복합조사와 단일조사 연속 구성을 구별하는 데 중요한 기준이 되는 것이므로 2장에서는 조사 판별 기준을 살펴본다. 3장에서는 교착소 '서'와 관련된 '조사 연속 구성'을 대상으로 2장에서 설정한 기준을 적용해 본다. 4장에서는 3장의 내용을 바탕으로 조사 결합 원칙을 모색해 본다.

## 1.2. 선행연구

조사에 대한 수많은 연구 중 본고에서 주목하는 논문은 김진형(2000), 남윤진(1997), 임동훈(2003), 임홍빈(1999) 등이다. 김진형(2000)에서는 국어의 조사 결합을 '조사끼리의 상호 통합'으로 파악하거나 면밀한 검증과정 없이 '복합조사'로 판단하는 것을 비판하며 복합조사의 판별 기준을 제시하고 있다. 김진형(2000)에서 복합조사의 판별 기준이 명확하고 세밀하게 제시된 것은 아니지만 '에서'와 '로부터'를 복합조사로 판단할 때 적용된 기준을 정리하면, 조사 연속 구성내의 각 조사의 본래적 의미기능이 사라졌는지 여부와 어느 한 조사가 생략되었을 때 생략되기 전의 의미기능이 사라지는지 여부가 복합조사의 판별 기준임을 알 수 있다. 남윤진(1997)에서는 조사 범주 설정의 필요성을 재확인하였고, 조사의 통사적·의미적 기능에 따른 조사 판별의 기준과 그 기준을 적용한 조사 목록을 제시하였다. 또 코퍼스 자료를 바탕으로 조사의 분포에 대해서도 상술하였다. 국어 조사 전반에 대한 세밀한 연구 결과라 할 수 있다. 임동훈(2003)에서는 조사 결합 순서가 조사의 하위 부류와 연관성이 있다는 가정 아래 조사를 하위분류하고 이 가설을 검증하였다. '문법격 조사, 의미격 조사, 후치사, 첨사'로 조사를 하위분류하여 각각의 문법적 특성과 분포의 상관성을 연구한 접근 방식은 주목할 만하다. 임홍빈(1999)에는 국어의 명사구와 조사구를 연구하는 새로운 통사 이론과 명사구와 조사구의 통사적 특성, 조사의 목록, 보조사의 판별 기준 등이 기술되어 있어, 명사구와 조사구에 대한 광범위한 연구라 할 수 있다. 이 중 조사구와 관련된 부분을 살펴보자면, '보충적 접근 방식'과 '가상 범주'의 개념이 제안되었고 이를 바탕으로 보조사 판별 기준과 지정형용사의 활용형과 조사의 구별 기준, 조사 결합 순서 등이 기술되어 있다.

이처럼 선행 연구에서는 조사의 통사적 특성과 조사 판별 기준, 조사의 결합 순서 등을 밝히는 성과를 낳았다. 하지만 교착소 '서'와 관련된 조사를 살펴보았을 때 단일조사 연속 구성과 복합조사의 구분 기준, 조사 결합 순서 등에 대해서 보다 정밀한 기술이 필요하다는 사실을 알 수 있다. 이제부터 교착소 '서'와 관련된 단일조사 연속 구성, 혹은 복합조사를 살펴보며 선행 연구에서 놓쳤던 부분들을 짚어 나가도록 하겠다.

## 2. 조사와 복합조사의 판별 기준

### 2.1. 조사의 판별 기준

조사의 판별 기준을 제시하기에 앞서 조사 범주의 설정 자체가 타당한 것인가 아닌가의 검증이 필요할 것이다. 그러나 조사 범주에 대한 대부분의 회의는 조사라 분류되는 형태들이 단어의 개념과 품사의 개념에 적합한 것인가를 묻는 질문이지 조사에 해당하는 형태들의 통사적인 공통 특성을 부정하는 질문은 아닐 것이다.[2] 또 조사 범주 설정의 타당성에 대한 논의는 본고의 목적에서 벗어나는 것이므로 이 글에서는 조사 범주의 설정이 타당하다는 전제하에 조사의 판별 기준에 대한 논의부터 시작하겠다.

조사의 판별 기준을 설정하기 위해서는 전형적인 조사의 특성을 살펴보고 그 특성을 조사 판별의 기준으로 설정해야 할 것이다. 남윤진(1997)에 제시된 조사의 특성은 다음과 같다.

> (1) 조사의 특성[3]
> 가. 형태/음운적 특성(1) : 조사는 자립성이 없으며 선행어와 결합하여 음운론적 단어를 이룬다. 따라서 선행어+조사 구성은 자립성을 가진다.
> 나. 형태/음운적 특성(2) : 조사는 자신의 선행어의 음운론적 특성에 따라 이형태의 교체가 이루어진다.
> 다. 형태/음운적 특성(3) : 다른 조사구성과의 결합이 가능하며 조사 결합에는 일정한 순서가 있다.

---

2) 서정수(1994)에서는 문장에서의 기능을 범주 분류의 최우선 기준으로 삼아, '조사' 범주에는 여러 가지 다른 기능을 하는 문법 형태소들이 모여 있으므로 '조사'는 범주로서의 요건을 충족하지 못한다고 주장하며 '조사' 범주를 해체할 것을 제안했다. 그러나 남윤진(1997)에서 이를 반박했듯이, 조사는 분포상 동질성을 지니고, 통사적 기능의 측면에서 역시 동질성을 지니기 때문에 서정수(1994)의 제안은 수용할 수 없다.

3) 남윤진(1997:57-58).

라. 통사/의미적 특성(1) : 조사는 통사적 구성과 관계를 맺는데, 이
   때 통사적 구성의 단위는 형태소, 단어, 구, 절 등으로 다양하다.
마. 통사/의미적 특성(2) : 선행 구성(과 서술어)의 통사적, 의미적 관
   계를 표시한다.
바. 통사/의미적 특성(3) : 조사는 선행어와의 결합에서 선행어의 어
   휘적 의미를 변화시키지 않는다.
사. 분포상의 특성(1) : 조사는 자립성을 가지는 선행어(체언, 용언의
   활용형, 부사, 감탄사 등)의 뒤에 올 수 있다.
아. 분포상의 특성(2) : 조사 결합은 선행어의 어휘적 특수성에 제약
   받지 않는다. 즉, 특정 범주에 속하는 어휘와 조사의 결합 범렬
   표(paradigm table)를 작성할 때, 선행어의 어휘적 특수성에 의한
   빈칸이 발생하지 않는다.

이 중 형태/음운적 특성인 (1가, 나)는 박진호(1994)에서 지적하였다시
피 통사론적 기준과 상관없는 것이므로 본고에서는 조사 판별의 기준
으로 성립하지 않는다. (1다)는 복합조사내의 형태적 특성으로 볼 수 있
는 것인데,[4] 복합조사내의 조사 결합 순서는 통사적 구성에서의 결합
순서와 같으므로 (1다)는 조사의 통사적 특성으로도 볼 수 있다. 국어의
복합조사가 단일조사 연속 구성이 문법화한 결과라고 볼 수 있기 때문
이다. 따라서 본고에서는 (1다~아)의 기술 내용을 수용하여 조사의 판
별 기준으로 삼는다.

조사 범주에서 격조사의 목록은 거의 확정되었다고 볼 수 있다. 따라
서 격조사의 판별 기준은 필요성이 없다고도 볼 수 있다. 문제는 보조
사의 경우이다. 보조사의 경우 관점에 따라 판별 기준이 다양하기 때문
에 학자들마다 보조조사의 목록 설정에서 다소간의 차이가 있다. 따라
서 보조사 판별 기준이 절실하게 요구된다고 할 수 있는데, 본고에서는

---

4) 만약 여기서 말하는 조사 구성이 단일조사의 연속 구성도 포괄하여 지칭하는 것이라
   면 이는 형태/음운적 특성이 아니라 통사적·분포적 특성이라 할 수 있다.

위에서와 마찬가지 방법으로 임동훈(2003)에서 기술한 보조사의 범주적 성격을 보조사 판별의 기준으로 삼아 연구를 진행하기로 한다.

(2) 보조사의 범주적 성격
가. 출현 위치가 고정되어 있지 않다.
나. 선행어의 통사 범주가 명사구로 제한되지 않는다.
다. 선행어와 잠재적 대립 관계에 있는 의미상의 자매 항목들을 배경으로 하여 선행어를 한정한다.
라. 격조사는 어떤 개체와 핵(주로 서술어) 사이의 관계를 표시하지만 특수조사는 관계 의미를 표시하지 않고 어떤 개체를 한정하여 표시한다.

하지만 보조사의 전형적인 특성만을 가지고 보조사 목록을 설정하는 것은 어려운 일이다. 보조사 판별에 있어서는 보다 세밀한 기준이 필요한 것이다. 이는 임홍빈(1999)를 참고할 수 있다.

(3) 보조사의 설정 기준
가. 후보 요소 뒤에 격조사의 쓰임이 비교적 자유스러운 것은 보조사에서 제외한다.
나. 후보 요소가 앞의 단어와 띄어쓰기가 되어 있는 것은 보조사에서 제외한다.
다. 필요한 요소를 보충하여 그 본래의 의미-기능이 유지될 수 있는 것은 보조사에서 제외한다.
라. 어휘-의미론적인 제약이 강한 것은 보조사에서 제외한다.
마. 보조사는 동일 명사구에 대하여 한 조사구 구성에 두 번 이상 쓰이는 일이 제약된다.
바. 조사 구성 속에 쓰일 수 있는 것은 형태적 접사가 아니다.
사. 기원적으로 전형적인 보조사와 함께 이루어진 구성은 보조사에 포함시킨다.

이 기준은 전통적으로 보조사라고 인정된 형태들의 통사적 특성을 바탕으로 설정된 것으로 보인다. 이 기준에 따라 의존명사나 조사의 특성이 없는 통사적 접사 '들(형태접사)', '께', '끼리', '가량, 꼴, 어치, 짜리, 쯤, 째' 등은 보조사 목록에서 제외된다. 하지만 (2나)는 아직 논의의 여지가 남아있는 기준이라 할 수 있다. (2나)는 한글정서법이 보조사 판별의 기준으로 쓰일 수 있다는 것인데, 각 형태의 문법범주와 기능에 대한 전통적인 인식을 수용한다는 의의를 찾을 수 있지만 (2나)가 과연 보조사 설정 기준으로서 적절한 것인가 의문이 남는다.

지금까지 살펴본 조사의 통사적 특성과 조사 판별 기준에 대한 선행 연구는 현재 본고가 의지할 수 있는 가장 확실한 연구 성과라 할 수 있다. 따라서 이 기준들을 바탕으로 3장에서 교착소 '서'와 관련된 구성을 살펴보겠다.

## 2.2. 단일조사 연속 구성과 복합조사의 구분 기준

남윤진(1997)에서는 단일조사 연속 구성을 대부분 복합조사로 명명하였는데 이는 편의상 가능한 개념 설정일지는 몰라도 조사의 통사적 특성을 생각해 보았을 때에는 부적절한 개념이라 할 수 있다. 단일조사 연속 구성에서는 선행조사가 선행 성분과 먼저 결합하여 조사구를 이루고 여기에 다시 후행조사가 결합하는 것이라 보는 것이 타당하기 때문에 조사 연속 구성 자체를 하나의 복합조사로 설정하는 것은 부적절한 것이다.

김진형(2000)에서는 '에서'와 '로부터' 구성을 복합조사로 판정하였는데, 이때 적용한 기준이 단일조사 연속 구성과 복합조사의 구분기준이 될 것이다. 김진형(2000)에서 적용된 기준을 정리하면 다음과 같다.

(4) 복합조사의 판별 기준
가. 조사 연속 구성내의 각 조사의 본래적 의미기능이 사라졌다면 이는 복합조사이다.

> 나. 어느 한 조사가 생략되었을 때 생략되기 전의 의미기능이 사라
> 진다면 이는 복합조사이다.

이와 같은 기준 설정은 복합조사내의 조사를 생략하였을 때 본래 문장이 적격한 문장으로 남아있는가 여부와 의미에 큰 변화가 없는가 여부가 복합조사 판별의 중요한 기준이라는 것이다. 하지만 조사의 의미가 단지 조사 자체가 지닌 의미가 나타나는 것이 아니라 서술어와의 관계 속에서 결정되는 것이라고 보면 단지 이 기준만을 가지고 복합조사를 판별하는 것은 어려운 일이라 할 수 있다. 그러나 마땅히 다른 기준을 찾기가 어려운 지금의 상황에서는 일단 이 기준을 수용하여 실제 언어 현상에 적용해 보도록 하겠다.

## 3. 교착소 '서'와 복합조사내의 형태 '서'

### 3.1. 교착소 '서'의 의미기능

교착소 '서'가 결합하여 쓰이는 구성은 ≪표준국어대사전≫에 두 가지 용법으로 나뉘어 기술되어 있다. 하나는 '둘이서, 셋이서'와 같은 구성에서 쓰이는 격조사 '서'이고 다른 하나는 '서울서 왔다'와 같은 문장에서 확인할 수 있는 '에서'의 축약형 '서'이다. 그러나 '서' 형태는 '-어서', '-고서', '-면서'와 같은 어미에서도 발견되므로 이때의 '서'와 조사 '서'의 동질적인 면을 중요하게 생각할 경우, '서'가 결합하여 쓰이는 구성은 크게 세 가지 부류가 될 것이다. 본고에서는 용법에 따른 세 가지 구성에서의 형태 '서'를 근본적으로 단일한 요소라고 판단하며 그에 따라 세 용법의 '서'를 가장 중립적인 개념인 교착소라는 이름으로 지칭한다.

교착소 '서'가 결합된 구성에서 '서'가 원리적으로 동질적이라는 것은 각 구성에서 '서'의 의미기능이 같다는 점을 중시한 판단이다. 중세어

‘이셔’가 현대국어의 ‘서’로 변화하였다는 것은 잘 알려진 사실이다. 그러나 이와 같은 통시적 고찰을 통하지 않고서도 현대국어 교착소 ‘서’의 의미기능을 확인할 수 있다.

> (5) 가. 아침서부터 왜 그래?
> 나. 그래서 그렇게 되었습니다.5)
> 다. 철수 혼자서 가게 되었습니다.
> 라. 통시적 고찰을 통하지 않고서도 교착소 ‘서’의 의미기능을
>      확인할 수 있다.
> 마. 비 그쳐서 가라.(=비 그치면 가라.)

(5가)는 구어에서 흔히 사용하는 표현이다. 이때 ‘*아침에서부터 왜 그래?’와 같은 문장은 성립하지 않는다.(이에 대해서는 3.3.2.에서 보다 자세히 다루겠다.) (5가)에서는 ‘서’가 시간적인 조건을 나타내는 의미기능이 있음을 확인할 수 있고, (5나)에서는 원인이나 이유를 나타낸다는 것을 알 수 있다. (5다)에서는 ‘서’가 상황이나 조건을 나타낸다고 할 수 있고, (5라)에서는 역시 선행절에 제시된 상황이나 조건을 보다 명확하게 한다고 생각할 수 있으며, (5마)에서는 미래의 사건이나 조건 등을 나타낸다고 볼 수 있다. 이와 같은 의미기능은 결국 교착소 ‘서’가 ‘조건 제시’라는 의미기능을 원형적으로 지니고 있다는 가설을 통해 설명될 수 있다. 즉, 교착소 ‘서’의 의미기능이 (5가)에서는 시간 조건 제시, (5다, 라, 마)에서는 상황 조건 제시라고 설명할 수 있다는 것이다. (5나)와 같이 원인이나 이유를 나타내는 것은 조건이 되는 상황이나 행위가 기준시보다 앞서 발생했을 때 가능한 해석이다. 따라서 교착소 ‘서’의 원형적인 의미기능은 ‘조건 제시’라 할 수 있다.

교착소 ‘서’가 ‘조건 제시’의 의미기능을 갖고 있는 것이 확실하다면

---

5) ‘그래서’는 [그러하-+-어서] 구성이라 다른 예와 어울리지 않는 면이 있으나 본고에서는 이때의 ‘서’ 역시 동일한 원리로 설명할 수 있다는 판단 하에 예로 사용했다.

우리는 이를 바탕으로 선행 연구에서 조사 연속 구성 혹은 복합조사로 분류되었던 것들을 재검토할 수 있다. 즉, '서'의 의미가 조사 연속 구성 내에서 온전하게 유지되고 있는지, '서'나 다른 조사를 생략했을 경우 비문이 되는지 안 되는지 여부에 따라 단일조사 연속 구성과 복합조사 를 구분할 수 있는 것이다.

## 3.2. 교착소 '서'가 결합한 '교착소 + 조사' 구성

### 3.2.1. '이 + 서' 구성

≪표준국어대사전≫에는 '둘이서, 셋이서'와 같은 구성에 쓰인 '서'가 주격 조사로 판정되어 있다. 이때 제시된 용례는 다음과 같다.

> (6) 가. 아이가 혼자서 집을 지키고 있다.
> 가′. 아이가 혼자 집을 지키고 있다.
> 나. 아이 둘과 나, 이렇게 셋이서 길을 나섰다.
> 나′. 아이 둘과 나, 이렇게 셋이 길을 나섰다.

(6)에 제시된 문장에서 '이서'는 선행 체언에 주격을 배당하고 있다고 생각할 수 있다. 하지만 '서' 자체가 주격 조사의 기능을 한다는 것은 인정할 수 없는 것이다. '혼자서'를 제외하면 [수사 +이 +서]의 구성에 서만 '서'가 주격 조사처럼 쓰이는 것인데 이를 주격 조사라 판단할 수 는 없는 것이다. 그렇다고 '이서'를 복합조사라 판단하는 것도 불합리하 기는 마찬가지이다. (6가′, 나′)에서 확인할 수 있듯이 같은 구성에서 '서'가 생략되더라도 문장은 성립하기 때문이다. 따라서 이때의 '서'는 주격 조사로 볼 수 없고, 보조사로 판단할 수 있다. '혼자서'의 경우는 통사적으로 부가어로 볼 수 있기 때문에 주격을 배당받았다는 주장은 처음부터 성립할 수 없는 주장이다.[6)]

### 3.2.2. '-고+서' 구성[7]

 ≪표준국어대사전≫에서는 '-고 +서' 구성을 분석하지 않고 어미의 하나로 보았다. 남윤진(1997)에서도 마찬가지였는데 그 근거는 '-고 +서'의 '-고'가 본래 '나열'이나 '대조'의 의미를 갖는 연결어미 '-고'와 동질적이어야 하는데 '-고 +서' 구성에서는 다음과 같이 이질적인 의미를 갖는다는 것이었다.

> (7)[8] ㄱ. 어제는 비도 왔고 눈도 내렸다.
>   ㄱ′. *어제는 비도 왔고서 눈도 내렸다.
>   ㄴ. 춤을 추고 노래를 불렀다.＝노래를 부르고 춤을 추었다.
>   ㄴ′. 춤을 추고서 노래를 불렀다.≠노래를 부르고서 춤을 추었다.

 남윤진(1997)에서는 이 현상을 '서'의 결합으로 인해 '-고'의 의미가 변하였다고 해석하여 '-고 +서' 구성을 새로운 어미라고 판단한 것이다. 이는 '-고'의 의미가 원래 '나열'이나 '대조'의 뜻만 지니고 있다는 전제로 인해 도출된 결론이다. 하지만 '-고'의 원래 의미가 '나열'이나 '대조'만이었다고 보기는 어렵다. 또 남윤진(1997)에서와 같이 해석한다면 계기적 관계로 해석되는 '-고'나 앞 절의 행동이나 상태의 지속을 나타내는 '-고'는 '-고서'에서 '서'가 탈락된 것이라 해석해야 할 것이다. 하지만 이는 직관에도 맞지 않고 정합적인 설명을 위해 불필요한 과정을 상정해야 하는 어려움이 있다.

> (8) ㄱ. 오빠는 내게 눈짓을 하고(서) 나가버렸다.

---

6) 본고에서는 '둘이서'의 '이'의 문법적 지위에 대한 논의를 따로 진행하지 않았다. '이'의 문법적 지위에 대한 논의는 졸고(2005 : 64-66)를 참조하기 바란다.
7) 본고의 주된 논의와 거리가 있는 이야기지만 '-고+서' 구성과 같이 어미 뒤에 조사가 붙는 경우를 생각해 볼 때, 임홍빈(1997)에서 조사를 '체언구 교착소'로 명명한 것은 제고의 여지가 있다고 할 수 있다.
8) 남윤진(1997 : 90)

ㄴ. 어머니는 나를 업고(서) 병원까지 달려가셨다.

(8)에서와 같이 어미 '-고'는 그 자체만으로도 '계기'와 '상태 지속'의 의미를 충분히 나타낼 수 있고, 이 경우 '서'의 결합에 아무런 문제가 없다. 이를 보았을 때, 어미 '-고'는 여러 용법이 있고 그 중 '계기', '상태 지속'의 의미기능을 나타낼 경우 '서'와 결합하여 쓰일 수 있다고 보는 것이 타당할 것이다. '서'가 '계기'나 '상태 지속'의 '-고'와만 결합하는 이유는 '서'의 의미기능이 '조건 제시'이기 때문이라고 해석할 수 있다.

남윤진(1997)에서는 어미와 조사의 결합 구성이 하나의 어미인지 교착소 연속 구성인지 판별하기 위하여 선어말어미와의 결합관계를 또다른 판별 기준으로 설정하였다. 원래의 어미와 선어말어미와의 결합관계와 교착소 연속 구성과 선어말어미와의 결합관계에서 차이가 드러난다면 이때의 교착소 연속 구성은 또다른 어미라는 것이다. 이 기준은, '-아서/어서' 구성과 같이, '-고 +서'를 하나의 어미로 판단할 수 있는 근거가 된다. 그러나 남윤진(1997)에서는 같은 기준을 적용하더라도 설명할 수 없는 현상이 있음을 간과하였다는 문제가 있다. 그리고 이를 통해 남윤진(1997)의 위의 판단 기준이 선어말어미와 교착소 사이의 의미충돌로 인해 결합 제약이 발생하게 되는 상황을 배제하였다는 것을 알 수 있다.

(9) 가. 언젠가 그것이 쓰일 때가 <u>있겠어서</u> 그것을 감추어 두었지.
　　가´. *언젠가 그것이 쓰일 때가 <u>있겠어</u> 그것을 감추어 두었지.
　　나. 선생님이 직접 송운사에 <u>가셔서</u> 자네 이야기를 했네.
　　나´. *선생님이 직접 송운사에 <u>가셔</u> 자네 이야기를 했네.
　　다. 오빠는 내게 눈짓을 <u>하고</u> 나가버렸다.
　　다´. ?오빠는 내게 눈짓을 <u>하였고</u> 나가버렸다.
　　다″. *오빠는 내게 눈짓을 <u>하였고서</u> 나가버렸다.
　　라. 어머니를 나를 <u>업으시고[서/∅]</u> 병원까지 달려가셨다.

우리는 (9가-나)를 통해 '-아서/어서'가 하나의 어미임을 알 수 있다. (9가, 나)에서 '-아서/어서'의 '서'가 생략될 경우 문장이 성립하지 않게 되어 '-아서/어서'와 '-아/어'의 선어말어미와의 결합관계가 다르다는 것이 드러나므로, '-아서/어서'가 '-아/어'와는 성격이 다른 어미임을 알 수 있기 때문이다. 마찬가지로 (9다´)은 성립하지만 (9다˝)는 성립하지 않으므로 '-고+서'를 하나의 어미인 '-고서'로 판단할 수 있다. 그러나 (9라)에서 알 수 있듯이 선어말어미 '-시-'가 쓰인 경우, '-고'와 '-고 +서' 사이에서 선어말어미와의 결합관계의 차이는 드러나지 않는다. 이를 볼 때, (9다˝)이 성립하지 않는 이유는 다른 곳에서 찾을 수 있다고 생각한다.

앞서 언급했듯이 '서'는 '조건 제시'의 원형적인 의미기능을 지닌다. 이 '조건 제시'의 '조건'이 절일 경우, 선행절은 후행절의 사태 등에 영향을 미치는 지속적인 성격을 지녀야 한다. 그러므로 '서'는 근본적으로 선행절이 '비완료적(imperfective)'일 것을 요구한다고 할 수 있다. 그러나 선어말어미 '-았/었-'은 '완료상(perfective)'을 나타내는 요소이다. 그러므로 선어말어미 '-았/었-'과 교착소 '서'는 상적(aspective) 의미 충돌로 인해 한 절에서 공기될 수 없다. 따라서 선어말어미 '-시-'와의 결합관계에 있어서 어미 '-고'의 결합관계와 차이가 나타나지 않는 '-고 +서'는 상적 의미의 충돌로 인해 선어말어미 '-았/었-'과의 결합에 제약이 따르는 교착소 연속 구성으로 볼 수 있다.9)

## 3.3. 복합조사내의 형태 '서'

### 3.3.1. 복합조사 '에서', '에게서', '한테서', '로서/으로서'

'에서', '에게서', '한테서', '로서/으로서' 등은 복합조사로 판정하는 것이 타당하다고 생각한다. '에서'는 김진형(2000)에서도 지적하였다시피

---

9) '-아서/어서'가 선어말어미 '-았/었-'과 자유롭게 결합하는 것은 '-아서/어서'가 하나의 어미라는 또다른 증거라 할 수 있다.

복합조사로 판단해야 한다. 그러나 김진형(2000)에서 '에서'를 복합조사로 판정한 접근방식이 부적합하다고 볼 수 있다. 김진형(2000)에서는 '에서'의 '에'와 '서'는 독자적인 기능을 상실했기 때문에 복합조사로 판단해야 한다고 했는데 이때 제시된 예문은 다음과 같다.

    (10)[10] 가. 철수는 서울[에/∅]서 산다.
            나. 철수는 서울[에/∅]서 왔다.

김진형(2000)에서는 '에서'가 '출발점'과 '처소'를 나타낼 수 있는데 위의 예문은 어느 한쪽으로의 해석만이 가능하고, '서'만을 사용하여도 문장이 성립되기 때문에 '에'와 '서' 각각의 기능이 상실된 것으로 판단할 수 있다고 설명하였다. 그러나 이와 같은 기술은 본래의 의미기능을 상실한 (10나)의 '서'가 생략될 수 없는 까닭을 설명할 수 없다.

이 문제에 대한 접근은, '에'와 '서' 각 어소의 본래의 의미기능의 상실 여부 이전에, 순차적으로 선행어구와 결합하여 조사구를 형성하는 요소 중 선행조사가 수의적으로 나타나 일반적인 조사 교착법으로 설명할 수 없는 현상, 바로 그 현상 자체를 복합조사의 판정 기준으로 해야 할 것이다. 즉, 이 경우는 각각의 의미기능의 변화보다 '에'의 탈락 가능성과 (10나)에서 '에'의 본래의 의미기능을 발견할 수 없다는 것이 중요한 판별 기준일 것이다. 선행조사가 수의적으로 나타나며 의미적 차이를 유발하지 않는 것은 통사적으로 설명하기 어려운 일이다.

때로는 '다빈치에서 마티스에 이르기까지'처럼 '에'와 '서' 어느 한쪽도 생략되기 어려운 경우도 존재한다. 이 경우에도 각 교착소의 의미상실 여부보다는 선후행조사의 생략 가능성 여부를 기준으로 복합조사 여부를 판단하는 것이 합리적이라 생각한다. 일반적으로 후행조사를 생략하여도 문장의 기본적인 논리적 구조는 변함이 없어야 하는데 '다빈

---

10) 괄호는 원문의 예문을 수정하여 필자가 넣은 것이다.

치에서'의 '서'가 생략된다면 '다빈치에서'는 '출발점(source)'의 의미를 나
타낼 수 없다. 그러므로 '에서'는 복합조사로 판단할 수 있다. 즉, 기본
적인 의미구조의 변화 없이 조사 연속 구성의 선행조사가 수의적으로
나타나거나 후행조사가 생략될 수 없다면 이는 복합조사로 보아야 한
다는 것이다. 우리는 이와 같은 기준을 통해 '에서'를 복합조사로 판단
할 수 있다.[11]

　(10가)에서는 '에'와 '서' 둘 중의 하나가 생략 가능하며 이때의 '에서'
가 복합조사인지 확인하기 어렵다. '에서'가 '존재상황'을 나타내는 서술
어 '있다', '없다'와는 쓰일 수 없고, 어떤 사태가 벌어지는 장소를 나타
낼 때에는(이를테면 동사 '자다'와 함께 쓰일 때) 일반적으로 가장 선호된다
는 점을 생각해 볼 때 '처소'를 나타내는 '에서'라도 서술어에 따라 실현
양상이 다름을 알 수 있다. 그러므로 (10가)는 '살다'라는 동사의 의미적
특성으로 인해 '에'와 '에서' 그리고 '서'가 모두 사용될 수 있는 경우라
고 판단할 수 있다. 하지만 (10가)의 '에서'가 복합조사임을 증명하는 것
은 여전히 어려운 일이다.

　(11가)의 '에게서'와 '한테서'는 선행조사가 '처소'의 의미를 나타내지
만 전체 구성은 '출발점'의 의미기능을 지니고 후행조사가 생략될 수 없
으므로 복합조사로 판단할 수 있다. '로서/으로서'는 (11나')과 같이 '로/
으로'가 '결과'의 의미기능을 나타내는 예문에 '서'가 결합하여 쓰이기
어렵고, '자격'을 나타낼 경우 (11다')에서 '서'가 탈락하면 문장의 적격
성이 많이 떨어지는 현상이 보인다. 이와 같은 현상은 복합조사 판별의

---

11) 근거를 나타내는 '에서'는 다르게 분석할 수 있다.
　　가. '고마운 마음에서 드리는 선물입니다.
　　나. 고마운 마음에 드리는 선물입니다.
　　다. *고마운 마음서 드리는 선물입니다.
　　이렇듯 근거를 나타내는 '에서'는 '에'만으로도 같은 의미기능을 할 수 있으므로 [에+
　　서]로 분석할 수 있다. 물론 이와 같은 접근은 문법기술의 경제성보다는 분석 자체를
　　중시한 접근이다.

어려움을 잘 보여준다고 할 수 있다.


    (11) 가. 철수에게서/한테서 편지가 왔다.≠철수에게/한테 편지가 왔다.
        나. 그는 부잣집의 막내로 태어났다.
        나″. ″그는 부잣집의 막내로서 태어났다.
        다. 그것은 교사로서 할 일이 아니다.
        다″. *그것은 교사로 할 일이 아니다.
        라. 그는 학생으로 공부를 열심히 한다.
        라′. 그는 학생으로서 공부를 열심히 한다.
        마. *학생으로의 공부
        마′. 학생으로서의 공부


   (11라, 라′)는 '로서/으로서' 역시 [로/으로+서]로 분석할 수 있는 가능성을 비춘다. 그러나 (11마, 마′)에서 확인할 수 있듯이 '로/으로'와 '로서/으로서'는 '속격 구성'에서 분포를 달리하므로 '로서/으로서'는 복합조사라 할 수 있다. 즉, 이 경우는 '속격 구성'의 가능성의 변화 여부에 따라 복합조사를 판별할 수 있는 것이다.

### 3.3.2. '에서부터'와 '서부터', '에서야'

   ≪표준국어대사전≫에서 '서'는 '에서'의 축약형이라고 기술되어 있고, 마찬가지로 '서부터'는 '에서부터'의 축약형이라고 기술되어 있다. 그러나 (12가′)에서처럼 시간 명사에는 '에서부터'가 결합하기 어렵다.


    (12) 가. 월요일서부터 비 온대.
        가′. *월요일에서부터 비 온대.
        가″. 월요일부터 비 온대.
        나. 7월서부터 버스 운행 체계가 바뀝니다.
        다. 저녁서부터 몸이 아파서 계속 누워만 있었다.

시간 관련 명사가 보통 비음이나 유음 혹은 모음 'ㅐ'로 끝나는 경우가 많기 때문에 음운론적인 원인으로 시간 관련 명사 뒤에 '에서부터'가 못 오는 것이 아닌가 생각할 수 있다. 그러나 (12다)의 예를 본다면 이 현상이 음운론적 원인에 의한 것은 아님을 알 수 있다. 이는 결국 교착소 '서'의 의미기능으로 인한 현상인 것이다. 이때 '에서부터'가 쓰일 수 없는 이유는 교착소 '서'의 '조건 제시'의 의미기능이 본래적으로 '시간적 조건 제시'의 성격이 강하고 조사 '에'와 교착하면 '공간적 조건 제시'의 성격을 띠게 되기 때문이라고 판단할 수 있다. 즉, 교착소 '서'의 원형적 의미기능은 '조건 제시'이지만 특히 '시간적 조건 제시'의 의미기능이 강하다는 결론을 도출할 수 있다.

(12가″)을 생각해보면 (12가)와 별다른 의미차이가 없다. 이때 '서부터'를 복합조사로 볼 것인가 하는 문제가 발생하게 된다. 이는 앞에서 '에서'를 복합조사로 판정했던 것처럼, 선행조사 '서'는 출현이 수의적인 반면, '부터'의 출현은 필수적이므로 '서부터'를 복합조사로 판정할 수 있을 것이다. 이때 '서부터' 앞에 결합하는 어휘가 시간 명사로 한정되어 조사의 결합관계가 소수의 어휘로 한정되는 문제가 생기는데 시간 명사를 하나의 범주를 이루는 어휘로 본다면 이 제약이 큰 문제가 되는 것은 아닐 것이다.

(13)[12] 가. 월요일에서야 그 사실을 알게 되었다.

---

[12] (13가)의 예문은 'ㄹ 수 있다' 구성으로 서술어를 교체할 경우 문법성에서 다른 결과를 얻을 수 있다.

　　가. 월요일에(야) 그 사실을 알 수 있다.
　　가′. *월요일에서야 그 사실을 알 수 있다.
　　가″. 월요일에서야 그 사실을 알 수 있었다.
　　또 성분을 도치시킬 경우 (13가′)의 문법성이 보다 나아지는 것을 알 수 있다.
　　나. 그 사실은 월요일에(야) 알 수 있다.
　　나′. ?그 사실은 월요일에서야 알 수 있다.
　　본고에서는 이 현상을 해석하지 못 했지만 이는 매우 흥미로운 현상이기에 따로 각

> 나. 월요일에야 그 사실을 알게 되었다.
> 다. ʔ월요일서야 그 사실을 알게 되었다.
> 라. 아침서야 그 사실을 알게 되었다.
> 마. *월요일에서 그 사실을 알게 되었다.
> 바. 월요일에 그 사실을 알게 되었다.
> 사. *월요일서 그 사실을 알게 되었다.
> 아. 미국에서야 그렇게 해도 되지.
> 자. 미국에서 그렇게 해도 되지.

‘서’가 결합한 조사 연속 구성이 시간 명사와 결합할 때 ‘에서야’의 경우 문제가 복잡하다. 이때 ‘야’는 흔히 첨사로 판단되는 것인데 첨사는 그 특성상 생략되어도 문장의 적격성에 영향을 주지 않아야 한다. 그러나 시간 명사에 후행하여 조건을 나타낼 경우, ‘에서야’의 ‘야’는 일반적인 첨사라고 볼 수 없다. ‘야’가 생략되면 (13마)처럼 비문이 되기 때문이다. 이때는 (13바)에서처럼 ‘에’만 남고 ‘서야’가 생략되는 것이 보다 적격한 문장이 되는데 그렇다고 ‘서야’을 복합조사로 판단할 수도 없는 일이다. (13아, 자)의 경우 ‘야’는 수의적인 성분이기 때문이다. 따라서 시간 명사와 결합하는 ‘에서야’는 잠정적으로 복합조사로 판단하기로 한다.

# 4. 조사의 결합 원칙에 대한 모색

## 4.1. 문법관계와 의미기능과 분포

임동훈(2003)에서는 조사를 ‘문법격조사’, ‘의미격조사’, ‘후치사’, ‘첨사’로 하위분류하고 각 하위범주 간의 일정한 결합 순서가 있다는 논의를 했다. 임홍빈(1999)에서는 일단 격조사와 보조사로 조사를 하위분류하고

---

주로나마 기술해둔다.

다시 분포를 중심으로 보조사를 앞보조사, 중간보조사, 뒤보조사로 하위분류하였다. 두 연구 모두 조사의 결합 순서에 관한 인식의 지평을 넓힌 연구이지만 접근방법에 있어 차이가 있다. 임동훈(2003)은 조사가 나타내는 문법관계와 의미기능을 중심으로 분포를 설명한 것이고, 이에 비해 임홍빈(1999)는 격조사와 보조사의 전통적 구분만을 수용한 채 분포를 중심으로 분포에 따라 조사를 하위분류한 것이다. 그런데 두 연구 모두에 있어서 공통적인 전제를 발견할 수 있는데 그것은 조사의 결합 순서는 고정되어 있고 그것은 전체 조사 체계와 관련되어 있다는 것이다. 본고에서는 이를 편의상 '절대적 결합 순서 가설'이라 부르겠다. 하지만 이와 같은 전제는 다음의 예를 설명하기 어렵다는 문제가 있다.

(14) 가. 둘이서만 짐을 들 수 있겠어?
　　 가´. 둘만이서 짐을 들 수 있겠어?
　　 나. 나만이 할 수 있는 일이다.
　　 다. 도끼로만 지은 집
　　 라. 도끼만으로 지은 집

일반적인 관점에서 (14가)의 '이'는 주격 조사이다. (14가)와 (14가´)이 의미상 별 차이가 없다면 (14가´)의 '이' 역시 주격 조사로 볼 수 있고 같은 구조인 (14나)의 '이' 역시 주격 조사라 볼 수 있다. 물론 이 현상을 인식 상 조사구(KP)를 명사구(NP)로 재분석한 결과라 해석할 수도 있고 '나만이'의 '이'를 격조사가 아닌 다른 요소로 해석할 수도 있다. 만약 이때의 '이'를 주격 조사로 본다면 주격 조사 '이'와 보조사 '만'의 결합 순서가 경우에 따라 바뀐다는 문제가 발생한다. (14다, 라)도 마찬가지의 문제가 발생한다. 즉, 절대적 결합 순서 가설로는 해결하기 어려운 문제라는 것이다. 이에 본고에서는 상대적 결합 순서 가설을 제안한다.

## 4.2. 상대적 결합 순서 가설

상대적 결합 순서 가설은, 문맥과 문법관계를 논외로 하였을 때, 조사 연속 구성에서 조사 결합 순서와 그에 대한 제약은 바로 앞에 위치한 조사에 따라 결정된다는 것이다. 즉, 조사 A의 뒤에 조사 B, C가 올 수 있고 조사 D 뒤에 조사 A, B가 올 수 있을 경우, 만약 NP-D-A의 순서로 조사가 결합하였을 때, 원래 D 뒤에는 오지 않던 조사 C가 A 뒤에 나타날 수 있다는 것이다.

상대적 결합 순서 가설이 의미하는 또다른 것은 조사 결합 순서는 동일한 조사 형태라도 의미에 따라 결합 제약이 발생한다는 것이다. '로'와 '만'의 결합관계가 이에 가장 적절한 예가 될 수 있을 것이다.

(15) 가. 그는 작은 소리로 이야기했다.
　　　가′. 그는 작은 소리로만 이야기했다.
　　　가″. *그는 작은 소리만으로 이야기했다.
　　　나. 나무로 집을 짓는다.
　　　나′. 나무만으로 집을 짓는다.
　　　나″. 나무로만 집을 짓는다.
　　　다. 꿀로 단맛을 내다.
　　　다′. 꿀만으로 단맛을 내다.
　　　다″. 꿀로만 단맛을 내다.

보통의 경우 '로' 뒤에 '만'이 결합하는 경우는 많지만 '만' 뒤에 '로'가 결합하는 경우는 드물다. 하지만 '로'가 어떤 물건의 재료나 원료를 나타낼 때나 어떤 일의 수단 도구를 나타낼 때는 '만'이 '로' 앞에 올 수 있다. 이처럼 세부적인 의미기능이나 문법관계에 따라, 또는 각 조사의 작용역 때문에 조사의 결합 순서는 다양하게 나타난다고 할 수 있다.

본고에서 상대적 결합 순서를 설명하며 설득력 있는 예를 많이 들지 못했고 이 가설의 검증 작업을 하지 못했기 때문에 이 가설은 말 그대로 가설의 수준에 머문다는 한계가 있다.

## 5. 결 론

본고에서는 교착소 '서'를 중심으로 단일조사 연속 구성과 복합조사를 변별하는 기준을 모색해 보고 이를 실제 현상에 적용해 보며 궁극적으로 조사 결합의 원칙을 모색해 보고자 하였다. 이를 위해 2장에서는 선행연구를 바탕으로 조사와 복합조사의 판별 기준을 찾아보았다.

본고의 핵심적인 논의는 3장에서부터 시작되었다. 3장에서는 교착소 '서'의 원형적인 의미 기능을 살펴보며 '서'가 '조건 제시', 특히 '시간적 조건 제시'의 의미기능을 지니고 있다는 것을 논증하였다. 그리고 이를 바탕으로 '서'가 결합한 조사 연속 구성을 살펴보며 복합조사와 단일조사 연속 구성을 구분해 보았다. 그 결과 '이 +서' 구성, '-고 +서' 구성은 교착소 연속 구성으로, '에서', '에게서', '한테서', '으로서', '에서부터'와 '서부터', '에서야' 등은 복합조사 구성임을 논증할 수 있었다. 이 과정에서 수정·보완된 복합조사의 판별 기준은 다음과 같다.

    (16) 복합조사의 판별 기준(최종안)
      가. 조사 연속 구성내의 각 조사의 본래적 의미기능이 사라졌다면 이는 복합조사이다.
      나. 어느 한 조사가 생략되었을 때 생략되기 전의 의미기능이 사라진다면 이는 복합조사이다.
      다. 선행조사가 수의적 성분이거나 후행조사가 필수적 성분이라면 이는 복합조사이다.
      라. 조사 연속 구성에서 후행조사가 생략되었을 때, 속격 구성이 불가능한 경우 이는 복합조사이다.

　하지만 아직 복합조사의 판별 기준이 모든 조사 연속 구성에 적용 가능할 만큼 완성된 것이 아니라 '에서야'와 같은 구성을 설득력 있게 설명하지 못한 한계가 있었다.

　4장에서는 '서'가 결합한 조사 연속 구성에서 문제가 되었던 구성을 바탕으로 기존의 '절대적 결합 순서 가설'이 설명하기 어려운 예를 제시하며 '상대적 결합 순서 가설'을 제안했다. 여기에서는 선후행조사의 결합관계에 따라 조사의 결합순서가 정해진다는 가설을 제안하였으나 설득력 있는 예를 제시하지 못 하였고 실제 현상에의 적용을 통한 이론의 검증이 이루어지지 않아 말 그대로 가설의 수준에 그쳤다는 한계가 있다. 앞으로 보다 많은 언어 현상들을 살펴가며 이론을 검증하고 수정·보완해서 더 설득력 있는 이론을 모색해야 할 것이다.

# 참고문헌


김진형(2000), <조사 연속 구성과 합성 조사에 대하여>, ≪형태론≫ 2-1.
남윤진(1997), <현대국어의 조사에 대한 계량언어학적 연구>, 서울대 박사학위
　　　논문.
목정수(2003), ≪한국어 문법론≫, 월인.
박지용(2005), <현대국어 조사 간의 결합관계 연구>, 서울대 석사학위논문.
박진호(1994), <통사적 결합관계와 논항 구조>, 서울대 석사학위논문.
이영재(2994), <특수조사 '들, 요, 좀'의 통사론적 연구>, 고려대 석사학위논문.
이익섭(2002), ≪국어문법론강의≫, 학연사.
임동훈(1991ㄱ), <격조사는 핵인가>, ≪주시경학보≫ 8.
임동훈(2003), <한국어 조사의 하위 부류와 결합 유형>, 2003년 국어학회 동계
　　　학술회 발표문.
임홍빈(1987), <국어의 명사구 확장 규칙에 대하여>, ≪국어학≫ 16.
임홍빈(1997), <국어 굴절의 원리적 성격과 재구조화 −'교착소'와 '교착법'의 설
　　　정을 제안하며>, ≪관악어문연구≫ 22.
임홍빈(1999), <국어 명사구와 조사구의 통사 구조에 대하여>, ≪관악어문연구≫
　　　24.
임홍빈・장소원(2000), ≪국어문법론1≫, 한국방송통신대출판부.
황화상(2002), <조사의 작용역과 조사 중첩>, 한국어 통사론 연구회 발표문.

[참고자료]
국립국어연구원(2001), ≪표준국어대사전≫, 두산동아.

# 후기 중세국어의 부정문 연구
## – '아니' 부정문을 중심으로 –

박 형 우*

## 1. 서 론

　부정이라는 말은 일반적인 예상과는 달리 매우 복잡한 의미 관계를 갖는다. 부정의 의미는 '반의'나 '모순'이라는 의미로 요약이 될 수 있다. 물론 이러한 의미가 다루는 차원이 명제 단위인가 아니면 화행의 수준까지 영향을 주는가에 대해서는 이견이 있으며, '반의'나 '모순'을 같은 위계로 볼 것인가, 아니면 '모순'을 '반의'의 하위 관계로 볼 것인가에도 다소 이견이 존재한다. 또한 '반의'에 대해서도 '반대의 관계'를 포함한 '반의 관계'를 '부정'의 개념으로 파악할 것인가가 문제가 된다. 부정의 문제를 '모순'으로 한정한다면 '부정'이라는 의미 관계는 대단히 축소되며, '반의 관계'로 규정할 경우에는 '부정' 개념의 폭은 상대적으로 대단히 넓어진다. 그리고 '반의 관계'의 하위 개념이라고 할 수 있는 '반대 관계'의 경우 일정한 명제에 부정소를 넣어 부정할 경우, 그와 '반대 관

* 한국교원대학교 국어교육과.

계'의 명제와 그 의미가 반드시 일치하는 것도 아니다.

이러한 부정의 의미를 표현하는 부정문은 변형·생성문법의 유입과 더불어 국어학에서 매우 주목 받는 연구 대상이었다. 소위 단형 부정문과 장형 부정문이라는 두 가지의 부정문 유형이 과연 동일한 의미인가, 아닌가가 그 논의의 초점이었다고 할 수 있다. 이러한 부정문에 대한 논의를 바탕으로 국어사의 입장에서 중세국어에 대한 부정문 연구가 시작되었다. 이러한 중세국어 부정문에 대한 연구로는 안병희(1959), 최세화(1963), 여찬영(1975), 남풍현(1976), 홍종선(1980), 황병순(1980), 류광식(1990), 이태욱(1999) 등이 있다. 이들 연구는 대부분 중세국어 시기의 여러 자료에 나타나는 중세국어의 부정문을 대상으로, 현대국어 부정문의 유형 분류를 통해 그 유형을 분석하고 있다. 특히 이태욱(1999)의 경우는 15세기와 16세기의 한글 문헌 중 현존하는 거의 모든 자료를 대상으로 부정문의 유형을 정리하고 있어서, 이 시기에 대한 부정문의 유형을 보다 정밀하게 밝히고 있다. 또한 우리말 부정문의 변천 양상을 통시적으로 밝힌 연구 가운데 중세국어 부정문에 대해 언급한 것으로는 남풍현(1976), 홍종선(1980), 황병순(1980), 허재영(2002), 박형우(2003ㄷ) 등을 들 수 있다.

본고는 이러한 부정문의 논의를 바탕으로 하여 후기 중세국어의 '아니' 부정문의 특징에 대해서 논의하고자 한다. 일반적으로 국어사의 입장에서 부정문의 변천 양상을 한마디로 정리하면 소위 '장형부정문화'라고 할 수 있는데, 현대국어 부정문의 형성 제약은 이러한 현상과 연계되어 있다. 본고에서는 후기 중세국어의 한글 문헌 자료를 중심으로 부정문의 유형별 특징을 확인하고, 서술어의 형태론적 특징과 관련한 단형 부정문 형성 제약의 문제를 살펴보고자 한다.

## 2. 후기 중세국어의 '아니' 부정문

일반적으로 국어사의 시대구분은 고대, 중세, 근대, 현대 순으로 이루어지는 것이 일반적인 것으로 보인다. 이러한 시대 구분은 언어 내적 요인이나 언어 외적 요인 등을 고려한 것으로, 학자에 따라 이러한 요인에 맞춰 국어사의 시대 구분을 적게는 3분법에서 많게는 7분법까지 분류하여 매우 다양하게 제시하고 있다.[1]

본고에서는 이러한 다양한 국어사의 시대 구분론 중에서 이기문(1961)의 시대 구분에 따라 중세국어의 시기를 규정하고자 한다. 이러한 규정은 어디까지나 논의의 편의를 위한 것이며, 15~16세기의 한글 문헌을 그 연구 대상으로 하므로 정확히 말하자면 중세국어의 시기 중에서도 후기에 해당하는 것으로 볼 수 있다. 본고에서는 후기 중세국어의 한글 문헌 자료를 중심으로 '아니' 부정문의 유형을 분류하고, 장형부정문화의 경향과 관련하여 정리한다.

### 2.1. '아니' 부정문의 유형

일반적인 현대국어 부정문의 유형 분류를 선행 연구에 따라 정리하면 다음과 같다.

<표 1> 부정문 유형 분류

| | 김석득(1992) | 고영근·남기심(1993) | | 서정수(1994) | |
|---|---|---|---|---|---|
| 통어적 구조 형식 | 부정 잡음씨 '아니다' | '안'부정문으로 처리 | | 특수 부정법 | |
| | 부정 그림씨 '없다, 못하다' | '못하다'는 '못'부정문으로 처리 | | '못하다'는 기본부정법으로 처리 | |
| | 부정어찌씨 '아니, 못' | 안, 못 부정문 | 단형 | 기본 부정법 | 선행 부정 |
| | | | | | 후행 부정 |
| | 도움풀이씨 | 안, 못, 말다 부정문 | 장형 | 명령/청유 부정법 | |
| 형태적 구조 형식 | 고유어 부정앞가지 | | | 접두 부정법 | |
| | 한자어 부정앞가지 | | | | |
| 중복 구조 형식 | | | | 겹부정법 | |

---

1) 국어사의 시대 구분을 시도한 여러 학자들의 의견은 김동소(1998)을 참고할 수 있다.

  이 중에서 '아니'를 사용한 부정문의 경우에는 대부분 '아니다' 부정문과 장형, 단형 부정문으로 분류할 수 있다. 중세국어의 '아니' 부정문의 유형도 이와 같이 분류할 수 있다.

  우선 지정사 부정문이라 할 수 있는 '아니다' 부정문이 문헌 자료에 많이 나타나는데 그 유형을 좀더 살펴보면 다음과 같다.

> (1) ㄱ. 이는 우리 허므리라 世尊ㅅ 다시 **아니시다소이다**
>        (法華經諺解 2, 5)
>     ㄴ. 妙法이 둘 **아니며** 세 **아닐쎄** (釋譜詳節 13, 48)
>     ㄷ. 후나 **아닌** 거긔 둘 **아닌** 고돌 불길쎄 (月印釋譜 8, 30)
>     ㄹ. 쏘 諸佛을 보숩게 후샤미 이 져고맛 因緣이 **아니시니**
>        (釋譜詳節 6, 15)
>     ㅁ. 이그티 老 아니며 死 아니며 老死ㅣ 다오미 **아니예** 니르며
>        (楞嚴經諺解 4, 47)

  (1ㄱ)~(1ㄹ)은 모두 단문의 지정사 부정문이다. (1ㄱ)은 부정소 '아니'와 지정사 사이에 주체존대 접미사 '-시-'가 개입되어 있고, (1ㄴ)과 (1ㄷ)은 모두 수사를 부정하고 있는 문장이다. (1ㄹ)의 경우에는 '因緣'이라는 명사 다음에 부정소 '아니'와 지정사가 결합한 것이다. 이러한 유형은 단형 부정문의 대표적인 형태로 중세국어 시기의 문헌에서도 현대국어와 별다른 차이 없이 그대로 나타나고 있다. 또한 (1ㅁ)은 복문의 구조를 갖는 부정문이라 할 수 있다. 이러한 복문의 지정사 부정문은 후기 중세국어의 문헌에서는 그 예가 실제로 많지 않다.[2]

  후기 중세국어의 자료에서 단형 부정문의 예가 상당수 보인다. 부정소 '아니'가 서술어에 선행하는 형태로 문헌 자료에서 많이 나타나고 있다.

---

2) 이러한 지정사 부정문은 후대의 자료에서는 그 수가 많지 않지만 꾸준히는 나타나고 있다.
  人家ㅣ 妾을 취하야 조식을 求홈은 다믄 丈夫를 **爲홈이 아니라** (伍倫全備諺解, 6a)

(2) ㄱ. 불휘 기픈 남ᄀᆞᆫ ᄇᆞᄅᆞ매 **아니 뮐ᄊᆡ** (龍飛御天歌, 2)

   ㄴ. 房을 **아니 받ᄌᆞᄫᅡ** 法으로 막습거늘 (月印千江之曲 上, 100)

   ㄷ. 象이 메더니 발올 바사매 **아니 알ᄑᆞ시리**

      (月印千江之曲 上, 119)

   ㄹ. 商估買人이 **아니 잇ᄂᆞᆫ** ᄯᅡ히 업스며 (法華經諺解 2, 235b)


(2ㄱ)은 '뮈다'라는 자동사가 단형 부정문을 형성한 예이고, (2ㄴ)은 '받다'라는 타동사가 단형 부정문을 형성한 예이다. 또한 (2ㄷ)은 형용사가 단형 부정문을 형성한 예이고, (2ㄹ)은 '잇다'라는 용언에 단형 부정문을 형성하고 있다. 중세국어에서는 이와 같이 자동사나 타동사, 형용사에 관계없이 단형 부정문 형성이 가능했으며, 용언에 따른 제약은 보이지 않고 있다. 다만 (2ㄹ)의 경우 현대국어의 경우에는 '아니 잇ᄂᆞᆫ'보다는 '있지 아니한'의 장형 부정문이나 '없는'과 같이 반의어를 이용한 부정문이 보다 일반적인데 중세국어에서는 지정사의 경우에도 단형 부정문이 그대로 쓰이고 있다.

이러한 단형 부정문 중 한자어 어근을 갖는 서술어의 단형 부정문에서는 다양한 유형의 부정문이 발견된다.


(3) ㄱ. 두 가짓 말 아니ᄒᆞ며 모딘 **말 아니 ᄒᆞ며** 거즛말 아니 ᄒᆞ며

      (楞嚴經諺解 5, 62a)

   ㄴ. 음식 **스랑 아니 ᄒᆞ오니라** (飜譯老乞大 下, 40a)

   ㄷ. 能히 이에 술피면 聖言을 **疑心 아니 ᄒᆞ리니**

      (楞嚴經諺解 2, 108a)

   ㄹ. 對 업스시면 **嗔 아니 ᄒᆞ시리로다** (法華經諺解 7, 61a)


(3ㄱ)과 (3ㄴ)의 예문을 살펴보면 고유어 어근을 가진 '말ᄒᆞ다'와 '스랑ᄒᆞ다'에서 부정소가 고유어 어근과 'ᄒᆞ다' 사이에 위치하여 부정문을 형성하고 있으며, (3ㄷ)과 (3ㄹ)에서도 서술어를 '疑心ᄒᆞ다'와 '嗔ᄒᆞ다'로 볼

수 있다. 이런 경우 부정문의 유형을 어떻게 분류할 것인가가 문제이다. 어미 '-디'의 쓰임 없이 부정소의 위치가 서술어의 앞에 나타나는 부정문을 단형 부정문이라고 규정할 때, 이 경우에는 서술어의 사이에 부정소가 개입한 상황이기 때문이다. 그런데 파생법이나 합성법에 의해 하나의 단어로 굳어진 것이라면, 그 형태소 내부에 다른 형태소가 끼어드는 것은 있을 수 없는 일이므로[3] 이 경우 부정소 '아니'가 이 단어 내부에 개입된 것으로 볼 수 없다.

이러한 경우에 특히 문제가 되는 것인 '嗔ᄒ다'와 같은 경우이다. 이러한 1음절의 한자어 어근을 갖는 용언의 경우에는 그 단어의 유입 과정에서 체언과 용언이라는 2가지 품사로 유입되었음을 증명하기가 쉽지 않다. 현재 '嗔'이란 한자는 '성냄'을 뜻하는 의미로 우리말에서 널리 쓰이고 있으나 그 자체가 독립적으로 쓰이지는 못하고 있다. 다른 한자와 결합할 경우에만 자립적으로 사용이 가능한 것이다. 일종의 의존 형태소가 되는 것이다. 그러므로 이 경우에는 'ᄒ다'와 일정한 격 관계를 설정한다고 볼 수도 없어서, 고유어 어근이나 2음절 한자어 어근과 같이 주성분으로 쓰이면서 여기에 'ᄒ다'라는 서술어가 쓰인 것으로 분석하는 방법으로 설명하기도 어렵다. 결국 이렇게 되면 '嗔ᄒ다'의 경우에는 어쩔 수 없이 파생어로밖에 볼 수 없고, 파생어로 볼 경우 파생어 내부에 부정소 '아니'가 개입하여 부정문을 형성하는 특이한 형식의 부정문으로

---

3) 파생어에서 접미사의 설정 기준에 대해서는 고영근(1972)에서는 1. 의존성을 띨 것, 2. 특수성을 띨 것, 3. 어휘성을 띨 것, 4. 조사나 어미와의 결합에 제약이 없을 것 등의 기준을 제시하였고, 하치근(1993)의 경우에는 1. 조어력이 있어야 하며, 2. 분포, 뜻, 기능 상에서 특수성을 띠어야 하며, 3. 어휘성이 있어야 하는 것으로 보았다. 또한 4. 씨끝이나 토씨와의 통합에 제약이 없어야 하며, 5. 뿌리와 접미사 사이에 분리성이 없어야 하며, 6. 의존성을 띠고, 7. 월 안에서 문법성이 인정되는 것이 굴곡접사이며, 어휘성이 파악되면 파생접사로 본다는 기준을 제시하였다. 서정수(1996)에서는 합성어 분간의 기준에 대하여 1. 비분리성, 2. 외적 분포 관계, 3. 융합 관계, 4. 보조 기준 등으로 나누어 설명하고 있다. 또 김정은(1995)의 경우에는 1. 구조론적 기준(구성성분의 내적 확장 유무, 구성성분의 배열 순서, 외적 분포 관계), 2. 의미론적 기준-의미의 변화 등으로 나누어 제시하였다.

볼 수 있다. 그러나 우리가 '噴'을 일종의 의존 형태소로 파악하는 것은 어디까지나 현재의 언어 직관에 의한 것이다. 현재보다 한자에 대한 의존도가 높고, 식자층에게 한자가 일반적으로 쓰이던 중세국어의 시기에 이러한 한자어가 정말 자립성이 없었는가는 확인해 보아야 할 문제이다.

(4) 혼갓 善이 足히 뻐 **政을 ᄒ디** 몯 ᄒ고 (孟子諺解 7, 2a)

(4)의 예문을 보면 '政'이 'ᄒ다'의 목적어로 쓰이고 있다. 그러나 현대국어에서 '政'은 독립적으로 쓰이는 형태가 아니다. 이 한자는 어디까지나 '政治, 政客, 政論……' 등과 같이 다른 한자와의 결합을 통해 독립적인 단어의 자격을 얻는 의존 형태소라 할 수 있을 것이다. 그러나 중세국어에서는 분명히 독립된 단어의 자격을 가진 목적어로 쓰이고 있다. 이는 현대국어의 언어 의식과 중세국어 시기의 언어 의식에 차이가 있음을 보여 주는 것이며, 이는 그 당시 식자층이 현재의 우리보다도 더 많이 한자에 의존하여 국어 생활을 해 왔기 때문에 발생한 일이라 할 수 있을 것이다. 결국 앞에서 보인 '噴ᄒ다'의 경우, 이 때 '噴'을 현재와 같은 의존 형식으로 보는 데는 신중을 기해야 할 것이다. 만약 이러한 한자가 하나의 단어로 쓰일 수 있었다면 이 예문도 '疑心ᄒ다'와 마찬가지의 분석 방법으로 부정문의 구조를 설명할 수 있을 것이다.

중세국어의 부정문 중에서는 현대국어의 부정문과 전혀 다른 양상을 보이는 새로운 유형의 단형 부정문도 상당수 존재한다.

(5) ㄱ. 이어긔 **도라 아니 오리라** ᄒ야ᄂᆞᆯ
  　(三綱行實圖, 열녀 : 조씨익여)
  ㄴ. 네 도로 머그라 **아니옷** 머그면 네 머리를 버효리라
  　(月印釋譜 10, 25a～26b)
  ㄷ. 그듸내 ᄠᅳ디 **아니 舍利를 뫼셔다가** 供養ᄒᆞᅀᆞᆸ려 ᄒ시ᄂᆞ니
  　(釋譜詳節 23, 46b)

(5ㄱ)과 같이 '어근1 +아/어 +아니 +어근2' 형식의 부정문은 중세국어의 자료 중에서도 그 예가 아주 적으며, 이러한 부정문은 특정 문헌에서도 부분적으로만 드러난다. 또한 (5ㄴ)은 부정소에 다른 형태소가 개입한 것이다. 일반적으로 부정문에서는 단형 부정문의 경우 부정소와 용언 사이에 다른 형태소가 개입할 수 없는 것으로 알려져 있으나, 중세국어에서는 이러한 사실에서 벗어나는 예가 가끔 보인다.[4] (5ㄴ)의 예문에서는 부정소와 용언 사이에 강세 조사 '-옷'이 들어가 있음이 확인된다. 이 경우 부정소와 어간 사이에 '-옷'이 연결되면 용언의 어미에는 '-면'이 반드시 공기한다는 특징이 있다. 이러한 표현은 15세기 문헌 중 「釋譜詳節」, 「月印釋譜」, 「三綱行實圖」에서만 나타난다. 이러한 문헌들은 15세기 문헌 중에서도 초반기의 문헌이라는 특징을 가지고 있으며, 世宗과 관련이 있는 문헌이라는 점도 그 특징이라 할 수 있다. 이는 일종의 강조 표현이라고 할 수 있는데, 현대국어의 '~만 ~하면(라면)'이라는 표현의 부정형으로 볼 수 있으며, 16세기 이후의 자료에서는 전혀 나타나지 않는 것으로 보아 고어의 문체적 특성을 드러낸 표현이 아닌가 생각해 볼 수 있다. (5ㄷ) 또한 부정소의 위치가 현대국어의 경우와 매우 다른데, 모두 '아니 +체언'의 형태로 이루어져 있다. 물론 현대국어의 경우 김소월의 '진달래꽃'에서 '죽어도 아니 눈물 흘리오리다'라는 유명한 구절이나 '아닌 밤중에 홍두깨'라는 속담에서처럼 '아니'가 명사 앞에 놓이는 경우가 전혀 없는 것은 아니다. 그러나 이는 어디까지나 비일상적인 표현에서 쓰인 것으로 일반적인 문장에서는 현대국어의 경우 부정소가 체언 앞에 위치하는 일은 없다.

현대국어의 경우와 마찬가지로 중세국어에서도 장형 부정문의 예가 많이 발견된다. 현대국어의 문어(文語)가 단형 부정문보다는 장형 부정문 위주인 것과 마찬가지로 중세국어의 자료 속에서도 장형 부정문이 단

---

4) 현대국어에서 구어(口語)의 경우 부정소 다음에 '-만'을 붙여 사용하는 경우가 이례적으로 가끔 있기는 하지만 이는 올바른 표현이라고 보기 어렵다.

형 부정문을 압도하고 있다.


(6) ㄱ. 法訓이 <u>굿디 아니ᄒᄂ니라</u> (釋譜詳節 6, 36a)

ㄴ. 物을 여희여 妙롤 <u>보디 아니ᄒ리니</u> (法華經諺解 1, 7b)

ㄷ. 입내 <u>더럽디 아니ᄒ며</u> (月印釋譜 17, 52a)

ㄹ. 性이 ᄒ마 안해 <u>잇디 아니ᄒ며</u> ᄯᅩ 밧긔 <u>잇디 아니ᄒ며</u>
    (楞嚴經諺解 1, 73b)


(6ㄱ)은 '굿다'라는 자동사의 장형 부정문으로 '어근 +디 +아니 ᄒ다'의 전형적인 장형 부정문이다. (6ㄴ)은 '보다'라는 타동사가 장형 부정문을 형성한 예이다. 또한 (6ㄷ)은 형용사 '더럽다'가 장형 부정문을 형성한 것이고, (6ㄹ)은 '잇다'라는 형용사가 장형 부정문을 형성하고 있다. 중세국어에서는 현대국어와 마찬가지로 자동사나, 타동사, 형용사에 관계없이 장형 부정문 형성이 가능했으며, 용언에 따른 제약은 보이지 않고 있다. 이러한 부정문은 「龍飛御天歌」나 「月印千江之曲」 등과 같이 의도적으로 단형 부정문만을 쓴 것으로 보이는 문헌을 제외하고는 거의 모든 자료에서 등장한다. 또한 관용어화하여 단형 부정문 형태로만 쓰이는 몇몇 어휘를 제외하고는 후기 중세국어에서 장형 부정문 형성에 별다른 제약이 없다고 볼 수 있다.

중세국어의 '아니' 장형 부정문에서도 현대국어와는 다른 유형의 부정문이 발견된다.


(7) ㄱ. ᄒ다가 <u>닷디옷 아니ᄒ면</u> (牧牛子修心訣, 44b)

ㄴ. 그 化롤 <u>좃줍디 아니ᄒ숩고</u> (法華經諺解 2, 65b)

ㄷ. 내 너희들흘 ᄀ장 恭敬ᄒ야 <u>업시오ᄃᆞᆯ 아니ᄒ노니</u>
    (月印釋譜 2, 36b)

ㄹ. 킈 격도 <u>크도 아니ᄒ고</u> 술히 <u>지도 여위도 아니ᄒ니라</u>
    (月印釋譜 1, 26b)

(7ㄱ)의 예는 중세국어에서도 그리 많이 보이는 예가 아니다. '어간 +디 +옷 +아니ᄒ'의 형식으로, 어미 '-디' 다음에 강세의 조사 '옷'이 결합한 것이 특징이다. 이러한 형식의 장형 부정문은 단형 부정문에서 나타난 '아니 +옷 +어간' 형태와 관련이 있는 것으로 보이는데, 단형 부정문에서와 마찬가지로 그 예가 많지 않다. 특히 16세기 자료에서는 이러한 예문이 보이지 않는다.5) (7ㄴ)은 객체존대 선어말어미가 쓰인 장형 부정문이며, (7ㄷ)은 어미 '-디' 대신에 '-ᄃᆞᆯ/들'이 쓰인 예이다. 일반적으로 '-디'의 사용 빈도가 '-ᄃᆞᆯ'보다 앞서기는 하지만, 그의 기능에는 별다른 차이나 특징이 발견되지 않는다. 이러한 '-디'와 '-ᄃᆞᆯ'에 대하여 남풍현 (1976 : 60)의 경우에는 의존명사 'ᄃᆞ'에 주격조사 '-이'나 목적격 조사 'ᄅᆞ' 정도가 결합한 것으로 분석하기도 한다.6) 그러나 이러한 분석은 어원적으로는 가능할 수 있으나 중세국어 체계에서는 이 두 형식의 차이점이 발견되지 않기 때문에 굳이 분석할 이유는 없다고 생각한다.7) 다만 '-ᄃᆞᆯ'이 16세기 자료에서는 나타나지 않는 것으로 보아, 중세국어 이전부터 장형 부정문의 어미로 같은 조건에서 함께 쓰이던 '-디'와 '-ᄃᆞᆯ' 중에서, 점차 '-디'가 세력을 얻어가고 있음을 확인할 수 있다.8) (7ㄹ)은 '-디'

---

5) 이러한 강세 조사 '-옷'이 15세기 이후에 쓰이지 않게 된 것은 아니다. 어미 '-디'와 결합한 형태는 아니지만 부정문에서 쓰인 예가 발견된다. 예) 손쳥홀 글워를 내ᄂᆞ니 **그리옷 아니ᄒᆞ여든** (飜譯小學 10, 33a)

6) 현대국어에서 어미 '-지'가 '하다'의 주어나 목적어 역할을 하는 것으로 보아 격조사 '-이/가', '-을/를'과 결합시킬 수 있는 것이 이러한 어미의 분석과 관련이 있는 것으로 보인다.
   예) 학생이 질문에 **답하지(를) 않는다.**      그러한 판단은 **옳지(가) 않다.**

7) 아래의 예문을 살펴보면 두 형식에 별다른 차이가 없음이 분명하게 드러난다. (ㄱ)은 (7ㄹ)과 같은 「釋譜詳節」에서 발견되는 예로 같은 용언을 대상으로 하여 한 쪽은 '-디'를, 다른 한 쪽은 '-ᄃᆞᆯ'을 쓰고 있으나 별다른 차이점을 발견하기 어렵다. 특히 (ㄴ)은 「法華經諺解」에 나오는 예문으로 「釋譜詳節」의 (7ㄹ)과 같은 원문을 언해는 것을 보이는데 「法華經諺解」에서는 같은 조건임에도 불구하고 '-디'를 쓰고 있다. 이로 보아 '-디'와 '-ᄃᆞᆯ'은 기능상 별다른 차이가 없는 성분으로 파악할 수 있다.
   ㄱ. 내 너희ᄃᆞᆯ홀 **업시우디 아니ᄒᆞ노니** (釋譜詳節 19, 30a)
   ㄴ. 내 너흴 기피 恭敬ᄒᆞ야 **업시오디 아니ᄒᆞ노니** (法華經諺解 6, 77b)

8) 이러한 '-ᄃᆞᆯ'의 경우에는 현대국어에서 완전히 사라졌다고는 할 수 없으며, 우리나라

가 나타나지 않고 '-도'만 나타나는 장형 부정문으로 현대국어의 부정문과 차이를 보인다. 이 경우 '-도'를 어떻게 볼 것인가 문제가 된다.[9]

본고에서는 이 '-도'를 보조사로 보고자 한다. 보조사임을 부정하는 이태욱(2002ㄱ)의 견해도 일정 부분 수긍이 가는 부분이 있으나 '-도'의 경우를 '-디'와 '-둘'과 같은 성분으로 보는 데는 문제가 있다. 우선 중세국어의 보조사 체계에 이미 '-도'가 존재하고 있음에도 불구하고, 이러한 '역시'라는 의미를 나타내는 보조사와 이러한 예문들의 의미 관계가 무관하다고 보기가 어렵다. '-도'가 쓰인 예문들은 일반적인 장형 부정문과는 달리 대부분 서술어가 나열되고 있고, 그 나열된 서술어에 따른 문장을 부정하고 있어서 보조사 '-도'의 '역시'라는 의미를 무시할 수 없는 것이다. 즉 '-디'의 기능과 '-도'의 기능은 차이가 있으며, 그 중에서 '-도'의 경우에는 보조사 '-도'의 기능과 별다른 차이가 없다고 보는 것이다.[10] 또한 이태욱(2002ㄱ)에서 남부 방언과 중부 방언이 독립적으로 쓰이다가 나중에 서로 섞이면서 현대국어와 같은 형식이 탄생한 것으로 보면서, 그 근거로 15세기 문헌에서는 나타나지 않던 '어간 + 디 + 도 아니ᄒᆞ-' 형식이 16세기 문헌에 등장함을 밝히고 있다. 그러나 이러한 예가 15세기 문헌에서 전혀 발견되지 않는 것은 아니며[11], 방언끼리 서로 섞이어

---

남부 방언에 '-들' 정도로 그 흔적이 남아 있는 것으로 보인다.
예) 빨리 **먹들 않고** 뭐혀?  아가 **자들 않여**.

9) 여기에서 문제가 되는 것이 과연 이 '-도'가 무엇이며, 이러한 구문의 양식을 어떻게 이해해야 하는가이다. 앞에서 밝힌 남풍현(1976)의 견해와 비교하여 생각해 보면 이 경우에 '-도'를 'ᄃᆞ +오' 정도로 분석할 수 있겠으나, 앞의 경우에서와 마찬가지로 그 특징을 파악하는 데 이러한 분석은 별다른 도움이 되지 않는다. 그리고 허웅(1975 : 375~376)에서와 같이 '어간 +디 +도 아니ᄒᆞ'에서 '디'가 생략된 것으로, 이태욱(2002 ㄱ : 228)의 경우에는 '-디'가 탈락한 것이 아니라 이 '-도'도 '-디'와 마찬가지로 부정을 수반하는 같은 기능을 담당한다고 보고 있다.

10) 중문으로 이어진 문장이 아닌 경우에도 '-도'만으로 형성된 부정문이 존재한다. 그러나 이 경우에도 보조사 '-도'의 의미와 관련이 없는 예문이라고 보기는 어렵다.
진실로 臣ᄃᆞ려 **묻도 아니ᄒᆞ시며** (小學諺解 6, 42b)

11) 이태욱(2002ㄴ : 97)에서는 이러한 예로 '聖觀自在求修六字禪定'에서 '**사디도 아니ᄒᆞ며 죽디도 아니ᄒᆞ** 사ᄅᆞᆷ이 ᄒᆞᆫ 겁 디내오몰 만나사 (18b)'의 예를 들고 있다. 그러나 '몯' 부정문의 경우에는 15세기 후반의 문헌이기는 하지만 '救急簡易方'에서 '-디도'의 예가

새로운 형식의 문장이 형성된다는 것을 쉽게 받아들이기 어려울뿐더러, 아래 예문을 보면 이미 15세기의 문헌에서도 한 문장 내에서 '-디'와 '-도'가 함께 쓰이고 있어서 '어간+디+도 아니ᄒ'의 구문이 방언의 혼합에 의한 것인지 의심스럽다.

(8) ㄱ. 드와리ᄒ야 <u>토티 아니ᄒ며 즈츽도 아니코</u> 비 브러 붑곧고
   (救急簡易方 2, 53a)
 ㄴ. <u>어긔도 아니ᄒ며 順토 아니혼 境에 苦도 아니며 樂도 아니홀</u>
   씨라 (牧牛子修心訣, 37a)
 ㄷ. 이게 <u>크도 작도 않고</u> 딱 제격이로군.
 ㄹ. 저 녀석이 며칠째 <u>먹도 자도 않고</u> 저렇게 지키고만 있네.

(8ㄱ)의 예문을 보면 '토ᄒ다[嘔吐]'라는 한자어근을 가지고 있는 동사가 장형 부정문화하면서 '토ᄒ+디'가 축약을 일으켜 '토티'로 나타난 것으로 보인다. 그런데 그 다음 이어진 문장에서는 '어근+도'의 형식으로 장형 부정문이 형성되어 있다. 이 경우에도 만약 그 순서가 뒤바뀌었다면 모르겠지만, '-디' 다음에 '-도'가 나타나는 것으로 보아 보조사 '-도'의 의미가 이 문장에서도 기능하는 것으로 볼 수 있다. 특히 (8ㄴ)의 예문을 참고하면 이 '-도'가 보조사임을 더욱 확실히 알 수 있다. '-도'만이 결합한 문장은 주로 이어진 문장에서 나타나며 '-지'와 함께 결합한 표준어의 문장과 별다른 의미 차이를 보이지 않는다. 또한 (8ㄷ,ㄹ)과 같이 현대국어에서 '-도'와 결합하여 쓰이는 일부 문장의 경우에도 결합 가능한 어간은 모두 2음절 이하의 짧은 어간들로 중세국어에서의 예와 별다른 차이를 보이지 않는다. 이러한 상황 역시 중세국어의 '-도'를 보조사로 볼 수 있는 근거가 된다.

---

보인다. 이 경우에도 역시 이어진 문장이며, 후행 문장에서 '-도'가 나타나고 있다.
긔운이 져거 <u>토티 몯ᄒ며 츽츽디도 몯ᄒ거든</u> (2, 57a)

## 2.2. 중세국어 '아니' 부정문의 형성 제약

현대국어 부정문의 경우 장형 부정문과 단형 부정문의 형성에서 각각 일정한 제약이 있다. 그리고 그러한 제약은 장형 부정문보다는 주로 단형 부정문에서 더 강하게 나타나는 것으로 알려져 있다.[12] 이러한 부정문의 형성 제약 문제는 실제로는 중세국어와 밀접한 연계성을 갖고 있다. 현대국어와 같다고는 할 수 없으나 중세국어에서도 부정문 형성에서 일정한 제약 현상이 나타난다고 할 수 있기 때문이다.

부정문의 장형화는 15, 16세기 문헌 자료에서 전반적으로 나타나는 현상이라 할 수 있으며, 후기로 갈수록 더욱 심화되는 경향을 보인다. '아니' 부정문의 경우는 15세기 문헌 중에서 초기 한글 문헌 자료라고 할 수 있는 「龍飛御天歌」와 「月印千江之曲」에서는 모두 단형 부정문만 나타난다. 이러한 경향성은 이들이 모두 악장이라는 장르적 특성과 관련이 있는 것으로 보인다. 노래 또는 시가의 형식이 압축과 생략이라는 전형적인 예술미로 형성된다는 점을 고려하면, 중세국어 시기의 초기라 하여 이러한 자료에 나타난 그대로 단형 부정문이 장형 부정문에 비하여 압도적으로 문어(文語)에서 우세하게 쓰였다고 보기는 어렵다.[13] 이러한 경향은 점차 변화를 겪으면서 「佛頂心經」에서는 반대로 장형 부정문만 나타난다. 그 뒤로는 단형 부정문이 완전히 사라졌다고는 할 수 없으나 주로 장형 부정문이 주류를 이루어 자료 속에 나타나고 있다. 이러한 장형 부정문화의 변화를 16세기의 자료를 중심으로 살펴보면 다음과 같다.

---

12) 현대국어 부정문의 형성 제약 문제에 대해서는 김인숙(1985), 구종남(1993), 박형우(2003ㄴ) 등에서 논의된 바를 참고할 수 있다.

13) 이러한 장형 부정문의 우세는 고대국어와 비교하면 보다 확실한 특징이 될 수 있을 것이다. 고대국어 자료로 흔히 쓰이는 향가의 경우 해석상에 문제가 아직 남아 있는 것은 사실이지만 어느 해독자의 경우에도 장형 부정문을 확인한 경우는 없다.

| 연도 | 자료 | 아니 부정문 |
| --- | --- | --- |
|  |  | 단형 : 장형 |
| 1514 | 續三綱行實圖 | 23.9 : 76.1 |
| 1517 이전 | 飜譯老乞大 | 34.0 : 66.0 |
| 1517 이전 | 飜譯朴通事 | 33.3 : 66.7 |
| 1518 | 飜譯小學 | 24.8 : 75.2 |
| 1518? | 二倫行實圖 | 37.9 : 62.1 |
| 1518 | 呂氏鄕約 존경각본 | 27.3 : 72.7 |
| 1518? | 正俗諺解 | 28.9 : 71.1 |
| 1525 | 簡易辟瘟方 | 25.0 : 75.0 |
| 1541 | 牛馬羊猪染疫病治療方 | 0.0 : 100.0 |
| 1542 | 分門瘟疫易解方 | 11.1 : 88.9 |
| 1554 | 救荒撮要 | 25.0 : 75.0 |
| 1569 | 禪家龜鑑諺解 | 12.4 : 87.6 |
| 1569 | 七大萬法 | 21.3 : 78.7 |
| 156? | 呂氏鄕約 화산문고본 | 17.8 : 82.2 |
| 1565~1575 | 順天金氏簡札 | 73.1 : 26.9 |
| 1577 | 誡初心學人文 | 12.7 : 87.3 |
| 1577 | 發心修行章 | 10.5 : 89.5 |
| 1579 | 重刊 警民編 | 26.9 : 73.1 |
| 1588 | 小學諺解 | 14.2 : 85.8 |
| 1590 | 論語諺解 | 5.6 : 94.4 |
| 1590 | 孟子諺解 | 4.1 : 95.9 |
| 1590 | 大學諺解 | 3.0 : 97.0 |
| 1590 | 中庸諺解 | 2.0 : 98.0 |
| 1590 | 孝經諺解 | 18.9 : 81.1 |

　　다만 이러한 경향이 언어생활 전반에서 일어난 경향이라고 보기는 어려울 것 같다. 16세기의 문헌 중에서 「飜譯老乞大」, 「飜譯朴通事」와 같이 회화체로 쓰여진 외역서 관련 자료나 '淸州 北一面 順天 金氏 墓 出土 簡札'과 같이 구어(口語)적 특성이 강한 서간문 자료에서는 부정소 '아니',

'몯'에 관계없이 여전히 단형의 부정문이 다른 문헌에 비하여 상대적으로 많이 쓰이고 있다. 결국 이러한 장형 부정문화의 변화는 중세국어 시기 이전부터 이미 시작된 것이라 할 수 있을 것이며, 이는 언어 생활 전반에 걸친 변화라기보다는 문어(文語)에 한정되어 나타나는 경향이라고 할 수 있다.

또한 이러한 장형 부정문화는 주로 불경 언해서와 「論語諺解」, 「孟子諺解」, 「大學諺解」, 「中庸諺解」 등 사서 언해류의 자료에서 특히 현저하게 나타난다. 반면에 단형 부정문은 후대로 갈수록 점차 그 수가 줄어들고는 있으나 세종 때 시작하여 성종대에 와서 완성된 「三綱行實圖」의 경우에는 단형 부정문이 장형 부정문보다 조금 더 많이 나타나고 있으며, 「月印釋譜」에서는 그 비중이 비슷하다. 이러한 점을 고려하면 문헌마다 약간의 차이는 있으나 장형 부정문화의 경향은 이미 앞에서 밝힌 바와 같이 중세국어 시기의 후대로 올수록 더욱 강화됨은 물론이요, 여기에 추가하여 한문 자료의 언해와 관련된 자료에서 부정문의 장형화가 더욱 현저하게 나타난다는 것을 보여준다. 특히 16세기에 같은 한문 자료에 대해 의역과 직역이 이루어진 「飜譯小學」과 「小學諺解」의 경우를 비교해 보면 이러한 차이점을 보다 분명히 알 수 있다. 전자가 의역 중심의 번역에 치우쳐 있다고 할 수 있다. 그러나 같은 16세기 자료임에도 불구하고 직역의 번역 방식을 취한 후자의 경우에는 '아니' 부정문의 단형 부정문이 현저하게 줄었다. 이는 의역과 직역의 해석 방법 중에서 한문의 운용 방식과 관련이 깊은 직역의 경우에 보다 더 많은 장형 부정문이 등장하고 있음을 알 수 있는 예가 된다고 할 것이다. 또한 이는 한문을 번역하는 과정과 한자를 통한 문자 생활이 부정문의 장형화에 영향을 주었다는 것을 보여 주는 증거라고 할 수 있을 것이다.14)

---

14) 실제로 단형 부정문이 장형 부정문화된 원인에 대해서 밝히고 있는 선행 연구는 거의 없는 실정이다. 다만 허재영(2002 : 153)에서는 "이러한 문장의 증가는 사동문이나 피동문과의 관련성을 추정해 볼 수 있는데, 사동문과 피동문도 파생접사를 붙여 실

이러한 변화의 근거가 될 수 있는 것이 한자어 어근을 가진 용언의 장형 부정문화이다. 부정문의 장형화와 관련이 있는 중요한 요소가 서술어의 형태론적 특징이라 할 수 있다. 특히 '아니' 부정문의 경우에는 서술어가 체언 어근을 가지고 있는 경우, 특히 그 어근이 한자어인 경우 장형화의 경향이 보다 뚜렷하게 나타나고 있다.

(9) ㄱ. 六宮이 **아니 嗟嘆ㅎ리** 업더니라 (內訓 2上, 44b)

　　ㄴ. 能히 이에 술펴면 聖言을 **疑心 아니 ㅎ리니**

　　　　(楞嚴經諺解 2, 108a)

　　ㄷ. 號ㅣ 不輕이시니 오로 **讀誦티 아니ㅎ샤** (法華經諺解 6, 71a)

(9ㄱ)은 전형적인 단형 부정문의 형식이다. 그런데 이러한 단형 부정문이 중세국어 시기의 뒤로 가면서 점차로 (9ㄴ), (9ㄷ)과 같은 부정문 형식으로 바뀌게 된다. 앞에서 한자어가 어근으로 쓰인 서술어의 경우에 '한자어 어근＋아니＋ㅎ다'를 단형 부정문의 유형으로 분류하였다. 그리고 이러한 유형과 달리 전형적인 단형 부정문 '아니＋단음절 한자어 어근 ㅎ다' 형식의 부정문도 존재한다. 그런데 실제 중세국어 자료에서 한자어 어근 앞에 부정소 '아니'가 위치하는 단형 부정문의 예가 많지 않다. 특히 1음절의 한자어 어근을 갖는 서술어가 단형 부정문을 형성한 예는 모든 부정문에서 단형 부정문만 나타나는 「龍飛御天歌」를 비롯하여 「月印釋譜」, 「法華經諺解」, 「牧牛子修心訣」, 그리고 「內訓」 정도에서만 나타날 뿐 「內訓」 이후의 자료에서는 이러한 단형 부정문의 예가 전혀 나타나지 않고 있다.

---

현되던 것이 '-게 ㅎ다/되다'와 같은 통사적 구조로 바뀌어 실현되는 경우가 많아진다. 곧 보조용언을 취한다는 점에서는 사동문, 피동문과 부정문의 통사구조가 유사하기 때문에 유사한 통사구조를 짜맞추려는 유추 현상이 작용한 것으로 추정할 수 있다." 라고 밝히고 있다. 그러나 부정문의 경우에는 접사를 통한 방법이 따로 있었던 것이 아니고, 사동문과 피동문이 보조 용언을 취한 시기와 장형 부정문화의 시기의 선후 관계가 명확하지 않기 때문에 이러한 유추 현상을 그대로 받아들이기가 어렵다.

　　이러한 변화는 지정사 부정문과도 관련이 있는 것으로 보인다. 지정사 '-이다'에 대한 부정문의 경우에는 '-이다' 앞에 오는 체언류의 성분을 부정하기 위하여 부정소 '아니'가 지정사에 선행하여 이루어진다. 이러한 부정문 형식을 흔히 '지정사 부정문'이라고도 하는데 이러한 부정문의 형식은 고대국어 시기에서부터 현대국어 시기에 이르기까지 별다른 변화가 없는 것으로 볼 수 있다. 그런데 (9ㄱ)의 한자어 어근이 명사로도 쓰이고 있는 것이기에 이러한 용언이 단형 부정문 형식으로 쓰이게 되면 '아니＋체언'이라는 형식을 이루게 된다. 그런데 이는 우리의 전통적인 지정사 부정문 형식에 반하는 것이 된다. 그리고 이는 그 어근이 고유어인 경우도 마찬가지이다. 이를 피하기 위해서는 부정소 '아니'의 위치를 바꾸어 '체언＋아니'의 형식이 되어야 하는데 (9ㄴ)의 예가 바로 그 순서가 뒤바뀐 예이고 그 중에서도 (9ㄷ)은 장형 부정문 형식을 취한 것이라 할 수 있다. 그리고 이러한 경향은 고유어의 체언 어근을 갖는 용언에서도 마찬가지로 나타나고 있다. 체언 어근 앞에 부정소가 위치하지 못하는 이러한 단형 부정문의 형성 제약은 현대국어에서도 그대로 나타나고 있으며, 번역 과정에서 이러한 제약이 번역 과정에서의 한문의 영향과 더불어, 단형 부정문의 장형 부정문화를 촉진시킨 것으로 볼 수 있다.

　　부정문의 장형화 양상과 관련하여 16세기의 문헌 자료에서 체언 어근을 고유어와 한자어로 나누어서 확인해 보면 다음과 같다.

| 연도 | 자료 | '아니' 부정문 | | | | | |
| --- | --- | --- | --- | --- | --- | --- | --- |
| | | 단형 부정문의 서술어 | | | 장형 부정문의 서술어 | | |
| | | 고유어 어근 | 한자어 어근 | 합계 (%) | 고유어 어근 | 한자어 어근 | 합계 (%) |
| 1514 | 續三綱行實圖 | 0.0 | 0.0 | 0.0 | 0.0 | 13.0 | 13.0 |
| 1517 이전 | 飜譯老乞大 | 0.0 | 2.9 | 2.9 | 1.5 | 7.4 | 8.8 |

| 1517 이전 | 飜譯朴通事 | 0.0 | 0.0 | 0.0 | 0.0 | 2.9 | 2.9 |
|---|---|---|---|---|---|---|---|
| 1518 | 飜譯小學 | 14.3 | 13.1 | 27.4 | 2.3 | 11.2 | 13.6 |
| 1518? | 二倫行實圖 | 0.0 | 0.0 | 0.0 | 0.0 | 2.8 | 2.8 |
| 1518 | 呂氏鄉約 존경각본 | 16.7 | 41.7 | 58.3 | 3.1 | 31.3 | 34.4 |
| 1518? | 正俗諺解 | 0.0 | 0.0 | 0.0 | 9.3 | 24.1 | 33.3 |
| 1525 | 簡易辟瘟方 | 0.0 | 0.0 | 0.0 | 0.0 | 55.6 | 55.6 |
| 1541 | 牛馬羊猪染疫病治療方 | 0.0 | 0.0 | 0.0 | 0.0 | 50.0 | 50.0 |
| 1542 | 分門瘟疫易解方 | 0.0 | 0.0 | 0.0 | 0.0 | 43.8 | 43.8 |
| 1554 | 救荒撮要 | 0.0 | 0.0 | 0.0 | 0.0 | 0.0 | 0.0 |
| 1569 | 禪家龜鑑諺解 | 0.0 | 0.0 | 0.0 | 0.0 | 23.1 | 23.1 |
| 1569 | 七大萬法 | 0.0 | 0.0 | 0.0 | 0.0 | 2.7 | 2.7 |
| 156? | 呂氏鄉約 화산문고본 | 0.0 | 0.0 | 0.0 | 8.1 | 27.0 | 35.1 |
| 1565-1575 | 順天金氏簡札 | 2.5 | 2.5 | 4.9 | 1.7 | 25.0 | 26.7 |
| 1577 | 誡初心學人文 | 0.0 | 0.0 | 0.0 | 1.8 | 18.2 | 20.0 |
| 1577 | 發心修行章 | 0.0 | 0.0 | 0.0 | 0.0 | 5.9 | 5.9 |
| 1579 | 重刊 警民編 | 0.0 | 0.0 | 0.0 | 0.0 | 52.6 | 52.6 |
| 1588 | 小學諺解 | 0.9 | 0.9 | 1.9 | 0.3 | 19.3 | 19.6 |
| 1590 | 論語諺解 | 0.0 | 4.8 | 4.8 | 0.0 | 80.2 | 80.2 |
| 1590 | 孟子諺解 | 0.0 | 0.0 | 0.0 | 0.7 | 81.6 | 82.4 |
| 1590 | 大學諺解 | 0.0 | 0.0 | 0.0 | 0.0 | 15.6 | 15.6 |
| 1590 | 中庸諺解 | 0.0 | 0.0 | 0.0 | 0.0 | 71.9 | 71.9 |
| 1590 | 孝經諺解 | 0.0 | 0.0 | 0.0 | 4.7 | 23.3 | 27.9 |

　　결국 한자어와 고유어 명사가 어근으로 쓰인 서술어는 단형 부정문을 형성하는 것이 어려워서 대부분 장형 부정문으로 바뀌고 있으며 이러한 변화로 인해 거의 대부분 문헌 자료에서 단형 부정문보다 장형 부정문이 더 많이 쓰이게 된 것이라고 할 수 있을 것이다.

　　이러한 장형 부정문화와 관련된 제약 이외에 부정문과 관련된 다른 제약의 문제를 살펴보면 다음과 같다.

(10) ㄱ. 赤心이시니 뉘 **아니 ᄉ랑ᄒᄉᄫ리** (龍飛御天歌, 78)

　　ㄴ. 光明을 보ᅀᆞᆸ고 몰라 주구려ᄒ니 긔 **아니 어엿브니잇가**

　　　　(月印千江之曲 上 103)

　　ㄷ. 六宮이 **아니 嗟嘆ᄒ리** 업더니라 (內訓 2上, 44b)

　　ㄹ. 사ᄅ미 제 무슴 體性을 삼ᄂ니 **아니 迷惑ᄒ녀**

　　　　(楞嚴經諺解 2, 20b)

　　(10ㄱ)과 (10ㄴ)은 고유어가 단형 부정문을 형성한 것이다. 그 중에서 (10ㄱ)의 경우에는, 일반적으로 서술어 용언 어간이나 용언 자체의 음절이 긴 경우에 단형 부정문을 형성하기 어렵다고 알려진 현대국어의 부정문 형성 제약과 관련이 있는 예문이다. 'ᄉ랑ᄒ다'라는 타동사가 서술어로 쓰이고 있음에도 불구하고 그대로 단형 부정문을 형성하고 있다. (10ㄴ)의 경우에도 마찬가지로 '어엿브다'라는 형용사가 서술어로 쓰이고 있으나, 단형 부정문 형성에는 제약이 없다.[15] 서술어의 어근이 한자어인 경우에도 마찬가지이다. 한자어 어근이 있으며 전체가 4음절인 (10ㄷ)의 동사나 (10ㄹ)의 형용사에서도 단형 부정문 형성의 제약은 나타나지 않는다.[16]

　　이로 볼 때, 중세국어 시기에는 현대국어에서 논의되어 온 서술어의 음절수에 따른 단형 부정문의 형성 제약은 발생하지 않고 있었던 것으로 보인다. 그런데 장형 부정문은 보이지 않고 단형 부정문의 예만 발견되는 어휘가 있다. 부정문을 형성할 때, 장형 부정문보다는 단형 부정

---

[15] 현대국어에서 나타나는 단형 부정문 제약이 과연 서술어의 음절수와 관련된 것인가는 다시 생각해 보아야 할 문제이다. 다음절이 아니면서도 단형 부정문의 형성에 제약이 있는 용언들이 상당수 있으며, 다음절 서술어인 경우에도 긍정과 부정을 함께 묻는 경우에는 단형 부정문 형성에 제약이 나타나지 않는 것으로 보인다.
　　예) *돈이 **안 있다**.
　　　　*월급에서 빚을 **안 갚았다**.
　　　　그녀가 **아름답든 안 아름답든**, 그것은 문제가 아니다.
[16] 다만 앞에서도 이미 언급한 바와 같이 (10ㄱ)~(10ㄷ)과 같이 서술어가 체언 어근을 갖는 경우 단형 부정문의 예는 후기 중세국어 자료에서도 많이 나타나지는 않는다.

문 형성에 더 많은 제약이 있다는 것이 일반적인 사실임에도 불구하고 이러한 양상이 나타나는 것은 매우 특이하다.

> (11) ㄱ. 그 말 듣고 **아니 한** 스시롤 드러도 (釋譜詳節, 19, 6b)
>     ㄴ. 따해 즉자히 다 쓸오 **아니 한** 디 몯 다 쓰랫거늘
>        (釋譜詳節 6, 25b)
>     ㄷ. 이제사 **아니 오라아** 쁴리라 ᄒ거늘 (釋譜詳節 24, 1a)
>     ㄹ. 城 **아니 머리** 뫼히 이쇼디 (釋譜詳節 11, 24b)

이러한 예문은 단형 부정문 형성만이 가능하며, 장형 부정문으로 나타나는 예가 드물어, 오히려 장형 부정문에서 부정문 형성 제약을 보이는 예들이라 할 수 있을 것이다. 그런데 이렇게 주로 단형 부정문으로 나타나는 것들은 일종의 관용적 표현으로 볼 수 있다. (11ㄱ)은 '하다'를 부정하여 '길지 않고 짧은'이라는 뜻을 나타내며, (11ㄴ)은 역시 '하다'를 부정하여 '많지 않은'이라는 의미를 나타낸다. 그리고 (11ㄷ)의 경우에는 '오라다'를 부정하는 것으로 '오래지 않아서, 즉 조만간에'라는 의미로 쓰이고 있다. (11ㄹ)의 경우에도 '멀다'를 부정하는 단형 부정문 형식이 '멀지 않은, 즉 가까이에'라는 의미로 쓰인 것으로 보인다. 이 예문들은 단순히 부정의 의미만으로 쓰인 부정문으로 보기는 어려우며, 별다른 이유 없이 그 형태가 대부분 단형 부정문으로 고정되어 나타난다는 점을 고려하면 이는 단순한 부정문이기보다는 부정의 형식이 이용되어 하나의 단어로 굳어진 합성어로 볼 수 있다.[17]

그리고 이러한 유형에 등장하는 '오라, 멀' 등은 다시 살펴볼 필요가 있다. 이태욱(2002ㄱ : 254)에서는 이를 모두 부사로 파악하여 '아니＋부사' 형의 부정문으로 보고 있으나, 이는 보다 신중한 접근이 필요하다. 중세

---

17) 실제로 고영근(1997 : 195)에서는 '아니한'을 부정부사와 형용사의 관형사형이 결합한 합성관형사로 보고 있다.

국어에서는 용언의 어간이 그대로 부사로 쓰인 경우가 상당수 발견된다. 바꿔 말하자면 용언의 어간이 그대로 부사의 역할을 할 수 있다는 말이다. 이러한 경우 위에서 예를 들고 있는 어간이 부사의 어간인지, 아니면 용언의 어간이 부사의 역할을 하고 있는지를 신중히 살펴보아야 할 것 같다. 특히 '멀-'과 같은 경우는 장형 부정문이 발견되는 것으로 보아도 단순히 부사라고 파악하기 어려우며, 이는 용언의 어근이 부사로 전성해 가는 과정에서 이러한 부정문이 일반 용언의 단형 부정문 형식으로 쓰인 것은 아닌가 생각해 볼 수 있다. 이런 관점에서 살펴보면 (11ㄹ)의 해석은 '城에서 멀지 않은 산이 있으되' 정도가 될 것이다.

특히 '오라다'와 '멀다'는 「釋譜詳節」과 「月印釋譜」에서는 단형 부정문의 형태만으로 나타나나 「法華經諺解」에서는 장형 부정문의 형태가 실현된 예가 보인다.

    (12) ㄱ. 쟝츠 주구미 <u>오라디 아니ᄒᆞ리니</u> (法華經諺解 6, 8a)

        ㄴ. 法座애 벙으로미 <u>머디 아니ᄒᆞᆫᄃᆡ</u> 八萬四天衆寶蓮華롤 지스샤ᄃᆡ (法華經諺解 7, 14a)

「法華經諺解」의 경우에는 전반적으로 단형 부정문에 비하여 장형 부정문이 더 우세하게 나타난다. 이러한 경향을 李浩權(1987)에서는 원문 구결의 영향과 관련하여 해석하는 일도 있다. 그런데 이 경우 각각 단문과 장형 부정문의 형태로 나타나는 두 문장의 의미와 기능에는 차이가 있는 것으로 보인다. 앞에서 살펴본 (11ㄷ), (11ㄹ)의 경우에는 '아니 오라아'와 '아니 머리'가 다음에 오는 서술어인 '쁘다'와 '잇다'를 수식하는 부사어로 쓰이고 있다. 그러나 「法華經諺解」에 장형 부정문의 형태로 나타나는 (12ㄱ)과 (12ㄴ)의 예문의 경우에는 그 의미는 '조만간에'나 '가까이에'와 같은 부사적 의미로 쓰인 것이 아닌 것으로 보인다. 수식하는 성분이 없이 (12ㄱ)에서는 '얼마 남지 않았다'라는 '주구미'의 서술적 기

능을 담당하고, (12ㄴ)에서는 역시 수식하는 서술어가 없이 '멀지 않다'
라는 서술적 기능을 담당하고 있는 것으로 보인다. 이는 단형 부정문의
형태가 나타나는 '아니 오라'와 '아니 머리'의 경우에도 '오라다'나 '멀다'
와 같은 서술적 기능을 담당하는 경우에는 장형 부정문이 쓰였고, 일정
한 관용구처럼 사용되어 부사적 기능을 담당하는 경우에는 단형 부정
문의 형태가 쓰이고 있음을 알 수 있다.

이 외에도 그 예가 많지는 않지만 현대국어와 달리 장형 부정문 형성
에 제약이 있어서 단형 부정문 형태의 예만 발견되는 경우가 몇 가지
더 있다.

(13) ㄱ. **아니 다** 낫거든 다시 머그라 (救急方諺解 下, 43b)

ㄴ. **아니 여러돌** 스시예 가지로니 외로니 (七大萬法, 13a)

ㄷ. 일의 노난 아희 **아니 환히** 누워 안홀 볼와

(分類杜工部詩諺解 初 6, 42b)


(13ㄱ)과 (13ㄴ)은 각각 '다'와 '여러' 앞에 '아니'가 위치하여 단형 부정
문 형태로 쓰이고 있으며, 특히 (13ㄷ)은 '아니'와 '환히'가 결합하여 단
형 부정문 형태로 굳어져서 '나쁘다' 내지는 '사납다'의 의미로 쓰인 예
이다.

판정 의문문의 경우 서술어를 긍정과 부정 순으로 나열할 때는 단형
부정문의 형식이 장형 부정문의 형식보다 더 많이 나타나며, 또 앞에서
나온 서술어를 뒤에서 부정하는 경우에도 단형 부정문이 장형 부정문
보다 더 많이 나타난다.

(14) ㄱ. 尸羅롤 헐머 尸羅롤 **아니 허러도** (釋譜詳節 9, 13a～13b)

ㄴ. 聖人ㅅ 소리 깃븐 소리 **아니 깃븐** 소리 (釋譜詳節 19, 15a)

ㄷ. 네 信ᄒᆞᆫ다 **아니 信ᄒᆞᆫ다** (釋譜詳節 9, 26b)

(14ㄱ)~(14ㄷ)의 예문과 같이 긍정과 부정이 대구(對句)를 이루거나 판정 의문문을 이루는 경우에는 부정하는 용언이 고유어나 한자어 어근을 갖는 용언이든 단형 부정문 형성에 제약이 없는 것으로 보인다. 특히 한자어 어근을 갖는 용언의 경우 일반적으로 단형 부정문의 예가 많지 않음에도 불구하고 이러한 문장 구조에서는 단형 부정문 형성이 활발하다. 이는 현대국어에서도 마찬가지인데, 일반적으로 단형 부정문 형성에 제약이 있는 것으로 판단되는 용언의 경우에도 '안'과 결합하여 대구를 이루거나 판정 의문문 등을 이룰 때는 그 형성에 비교적 제한이 적은 것으로 보인다.

중세국어에서는 이렇게 긍정과 부정이 나열되는 경우, 후행하는 어구에서 반복되어야 할 용언이 생략되어 나타나는 예문도 나타난다.

(15) ㄱ. 이 實이며 實 **아니와** 이 生이며 生 **아니롤** 굴히ᄂᆞ니
        (法華經諺解 5, 30)
   ㄴ. ᄀᆞᄅ치샴 받ᄌᆞ오몰 수이 ᄒᆞᄂᆞ니잇가 **아니잇가**
        (法華經諺解 5, 91b)
   ㄷ. 부텨 이 몰애롤 니ᄅᆞᄂᆞ녀 **아닌ᄂᆞ녀** (金剛經諺解, 119a)
   ㄹ. 弟子ㅣ 죠고맛 知慧 잇눈둘 보시니잇가 **아니잇가**
        (六祖法寶壇經諺解 上, 35a)

(15ㄱ)~(15ㄹ)의 예문은 현대국어라면 '實이며 實이 아닌 것과 이 生이며 生 아닌 것을', '합니까, 안 합니까', '이르냐, 안 이르냐', '보십니까, 안 보십니까' 정도로 해석이 가능하다. 그 중에서 (15ㄱ)의 경우에는 일반적으로 널리 알려져 있는 부정 부사 '아니'의 명사적 용법의 예라 할 수 있는데, 이 경우 지정사 '-이다'가 생략된 것으로 볼 수 있다. 또 (15ㄴ)~(15ㄹ)의 경우에는 부정소 '아니' 다음에도 선행한 용언이 다시 나타나야 할 예들이지만, 이들 예문에서는 선행 용언이 반복되지 않고 부정소 '아니' 다음에 생략된 것으로 보인다. 특히 이들 예문은 후기 중세

국어에서 '아니'가 명사적으로도 쓰인 예가 있다는 점을 고려해 본다면, '아니'의 용언적 용법이라 할 수 있을 것이다. 일반적으로 용언이 반복되는 경우 대동사 '하다'를 사용하는 것이 현대국어의 일반적인 상황이라고 한다면 이러한 경우 부정소 '아니'가 대동사적으로 쓰이고 있음은 중세국어의 특징으로 볼 수 있다.

## 3. 결 론

지금까지의 내용을 간단히 정리하며 결론으로 대신하고자 한다.

후기 중세국어의 '아니' 부정문은 현대국어의 부정문과 비교하여 보면 그 유형이 상당히 다양하게 나타나고 있다. 현대국어에서는 나타나지 않는 여러 유형의 부정문이 후기 중세국어의 문헌 자료에서는 문증된다. 이러한 단형 부정문의 유형에는 우선 (1) 합성용언의 어근 사이에 부정소 '아니'가 끼어든 단형 부정문, (2) 현대국어에서는 사라진 조사 '-옷' 등이 부정소와 결합한 단형 부정문, (3) 현대국어와 달리 부정소의 위치가 특이한 단형 부정문 등이 있다. 그리고 장형 부정문의 경우에는 (1) 보조사 '-옷'이 연결어미 '-디'와 결합한 장형 부정문, (2) 객체존대 선어말어미가 결합한 장형 부정문, (3) 연결어미 '-디' 대신에 '-둘'이 쓰인 장형 부정문, (4) '-디'가 생략되고 보조사 '-도'가 용언의 어간과 결합한 장형부정문 등이 있다.

부정문의 형성 제약과 관련하여 후기 중세국어의 부정문에서도 현대국어와 유사한 형성 제약을 확인할 수 있다. 모든 문장에서 의도적으로 전면적인 단형 부정문 위주로 기록한 「龍飛御天歌」나 「月印千江之曲」의 경우를 제외하면 대부분의 문헌에서 파생어(특히 고유어나 한자어의 체언을 어근으로 하고, 여기에 'ᄒ다'가 결합한 경우)나 합성어의 경우에는 현대국어의 부정문 형성 제약에서 나타나는 바와 같이, 단형 부정문의 예가 장형 부정문에 비하여 상대적으로 적게 나타나고 있어서 일정한 제약이 존재했던 것으로 보인다.

장형 부정문의 경우에는 현대국어에서와 마찬가지로 대부분의 용언에 대해 형성 제약은 없었다. 다만 일부 '아니' 부정문에서 관용화하여 장형 부정문이 나타나지 않는 용언이 존재하기도 했다.

이러한 단형 부정문 형성의 제약은 중세국어에서 나타나는 장형 부정문화와 직접적으로 관련이 있는 것이다. 그래서 부정문의 구문적인 다양성은 15세기 부정문에 비하여 16세기의 부정문이 보다 다양화되었다고 할 수 있을지 몰라도, 서술어의 형태론적 특성에 따른 부정문 형식의 다양성은 16세기에 들어서 오히려 줄어든 것으로 보인다. 그리고 단형 부정문 형성 제약으로 인해서 발생한 장형 부정문화의 경향은 실제로는 부정소가 체언 앞에 오지 않는 우리말 부정문의 특징을 고수하는 과정에서 발생한 것이라 할 수 있을 것이다.

또한 제약이라고까지는 할 수 없겠지만 긍정문과 부정문이 연결된 선택의문문에서는 주로 단형 부정문이 많이 사용되고 있다. 이 경우에는 단형 부정문의 형성에 제약이 있는 서술어라 해도 그대로 단형 부정문이 사용된 예도 있다. 이는 언어의 경제성을 고려한 것으로 보인다. 실제로 일부 예문에서는 부정문의 일부 성분이 생략된 형태로 나타나기도 한다.

# 참고문헌

고영근(1972), "현대국어 접미사에 대한 구조적 연구(Ⅰ)-자립기준을 중심으로,"
　　　「서울대 논문집」 18, 서울 : 서울대학교.
고영근(1997), 「개정판 표준중세국어 문법론」, 서울 : 집문당.
고영근·남기심(1985), 「표준 국어문법론」, 서울 : 탑출판사.
구종남(1992), "국어 부정문 연구", 박사학위 논문, 전주 : 전북대학교 대학원.
구종남(1993), "용언의 단형부정 제약과 형태, 의미, 화용론," 「韓國言語文學」 31,
　　　서울 : 韓國言語文學會.
김동소(1998), 「한국어 변천사」, 서울 : 형설출판사.
김동식(1990), "否定法," 「國語硏究 어디까지 왔나」, 서울 : 동아출판사.
김석득(1992), 「우리말 형태론」, 서울 : 탑출판사.
김인숙(1985), "한국어 부정의 제약에 관한 연구 - '아니'를 중심으로", 석사학위논
　　　문, 서울 : 연세대 교육대학원.
김정은(1995), 「국어 단어형성법 연구」, 서울 : 박이정.
南豊鉉(1976), "國語 否定法의 發達," 「문법 연구」 3, 서울 : 문법연구회.
류광식(1990), "15세기 국어 부정법의 연구", 석사학위논문, 서울 : 건국대 대학원.
박형우(2003ㄱ), "부정문의 유형 분류," 「청람어문교육」 26, 충북 : 청람어문교육
　　　학회.
박형우(2003ㄴ), "'아니' 부정문 형성의 제약," 「한국어문교육」 12, 충북 : 한국교원
　　　대학교 한국어문교육연구소.
박형우(2003ㄷ), "한국어 부정문의 변천 연구," 박사학위논문, 충북 : 한국교원대
　　　학교 대학원.
서정수(1974), "국어 부정법 연구에 관하여," 「문법연구」 1, 서울 : 문법연구회.
서정수(1996), 「수정 증보판 국어문법」, 서울 : 한양대학교 출판원.
안병희(1959), "中期語의 否定語 '아니'에 대하여," 「국어국문학」 20호, 서울 : 국어
　　　국문학회.
여찬영(1975), "중세어 부정법 소고," 「연세어문학」 6, 서울 : 연세대.

李浩權(1987), “華嚴經의 諺解에 對한 比較硏究,”「國語硏究」 78호, 서울 : 國語硏究會.

이태욱(1999), “중세국어의 부정법 연구”, 박사학위논문, 서울 : 성균관대 대학원.

이태욱(2002ㄱ), 「15세기 국어 부정법 연구」, 서울 : 보고사.

이태욱(2002ㄴ), 「16세기 국어 부정법 연구」, 서울 : 보고사.

최세화(1963), “‘아니’어고,”「무애 양주동박사 화탄기념 논문집」, 서울 : 동국대학교.

하치근(1993), 「국어파생형태론(증보판)」, 서울 : 남명문화사.

허  웅(1975), 「우리 옛말본 – 15세기 국어 형태론」, 서울 : 샘 문화사.

허재영(2002), 「부정문의 통시적 연구」, 서울 : 역락.

홍종선(1980), “국어 부정법의 변천 연구”, 석사학위논문, 서울 : 고려대 대학원.

황병순(1980), “국어 부정법의 통시적 고찰,”「어문학」 40, 서울 : 형설출판사.

Dahl, Osten(1979), “Typology of Sentece Negation,” Linguistics 17.

Givon, T.(1978), “Negation in Language : Pragmatics, Function, Ontology,” Syntax and Semantics 9, Academic Press, Inc.

Jespesen(1942), The Philosophy of Grammar, New York : Reprinted by Norton.

Lyons, John(1977), Semantics Ⅰ & Ⅱ, Cambridge University Press.

# 국어의 파생어와 의미*

송 철 의**

## 1. 서 론

파생어 형성에서 파생어의 의미와 관련되는 문제로서는 여러 가지가 있을 수 있다. 우선 파생어의 의미 그 자체와 관련된 문제로서 파생어의 의미는 어떻게 도출되는가 하는 문제, 파생어의 형태적 구조와 의미구조 사이의 대응 문제, 합성성의 원리 문제, 어기의 의미와 파생어의 의미 문제, 파생어의 의미와 파생접사의 의미 문제 등등이 있다. 그밖에 어휘화의 문제, 생산성의 문제, 저지의 문제도 직·간접적으로 파생어의 의미와 관련된다.

파생어의 의미와 관련되는 이러한 여러 가지 문제 중 여기에서는 합성성의 원리와 관련된 문제, 어기의 의미와 관련된 문제, 그리고 저지와 관련된 문제에 대해서만 간략하게 살펴보고자 한다.

---

* 본고는 '2002한국어학회 국제학술대회'(2002.8.3)에서 발표했던 것이다.
** 서울대학교 국어국문학과.

## 2. 파생어의 의미와 합성성의 원리

둘 이상의 형태소로 이루어진 모든 언어형식들의 의미는 기본적으로 그 구성성분들의 의미로부터 도출된다고 할 수 있다. 복합적인 어떤 언어형식의 의미가 이와 같이 그 구성성분들의 의미로부터 도출될 때 우리는 그 언어형식의 의미가 합성성의 원리를 준수하고 있다고 말한다. 또는 의미가 규칙적이라고 말하기도 한다. 합성성의 원리를 잘 준수하는 대표적인 예는 활용형일 것이다. 활용형들의 의미는 거의 예외 없이 규칙적으로 예측될 수 있다.

그러나 파생어의 의미는 규칙적으로 예측되는 경우도 있지만 규칙적으로 예측되지 않는 경우도 많다. 그리하여 파생어의 경우에는 그 구성 형태소들의 의미와 상관없이 각각의 파생어 전체에 대하여 의미가 부여되어야 한다는 극단적인 주장까지 나오게 되었다(Allan 1986 : 224). 사실 파생어의 의미를 다루다 보면 규칙적으로 설명할 수 없는, 즉 합성성의 원리로 설명할 수 없는 예들이 매우 다양하게 나타나기 때문에 이러한 주장도 어느 정도의 일리는 있다고 할 수 있다. 하지만 이러한 주장은 파생어의 의미를 분석의 관점에서만 본 것이 아닌가 여겨진다. 파생어의 의미를 형성의 관점에서 본다면 파생어의 의미가 그렇게 불규칙적이라고만은 할 수 없을 것이다. 파생어의 의미에 규칙성이 전혀 없다면 새로운 파생어의 형성은 불가능할 것이다. 우리는 파생어의 의미도 기본적으로는 구성성분들의 의미로부터 나오는 것이지만 파생어의 특성상 그렇지 않은 경우도 많다고 이해하고서 파생어의 의미가 규칙적으로 예측되지 않는 경우들을 검토해 보고자 한다.

파생어의 의미가 그 구성성분들의 의미로부터 규칙적으로 예측되지 않는 경우로서는 우선 파생어가 어떤 상황적 의미를 가지게 되는 경우를 들 수 있다. 이 상황과 관련된 의미는 일반적으로 구성 요소에 의해서 나타내지지 않는다. 다음과 같은 예들이 이러한 사실을 잘 보여 준다.

1) 구두닦이 : 구두 닦는 일을 직업으로 하는 사람.
   때밀이 : 목욕탕에서 목욕하는 사람의 때를 밀어 주는 일을 직업
          으로 하는 사람.

'구두닦이, 때밀이'와 같은 파생어의 경우 그 구성성분으로부터 우리가 예측할 수 있는 의미는 '구두를 닦는 사람', '때를 미는 사람' 정도일 것이다. 그러나 '구두를 닦는 사람'이라고 해서 다 '구두닦이'가 되는 것은 아니며 '때를 미는 사람'이라고 해서 다 '때밀이'가 되는 것은 아니다. 위의 뜻풀이에서 볼 수 있는 바와 같이 '구두를 닦는 일'이나, '때를 미는 일'을 직업으로 하는 사람이어야 '구두닦이'나 '때밀이'가 되는 것이다. 여기서 '직업으로 하는'과 같은 의미는 어기의 의미로부터도 접미사의 의미로부터도 예측되기 어려운 의미이다. 이러한 의미는 언어 외적인 상황에 의해서 주어지는 의미이기 때문이다. 우리는 이러한 의미를 '상황의미'라 불러 보기로 하겠다. 파생어가 가지는 상황의미는 그 구성성분의 의미로부터 나오는 것이 아니다. 따라서 파생과정에서 상황의미를 가지게 되는 파생어는 그 의미가 구성성분들의 의미로부터 정확하게는 예측되지 못한다.

혹자는 여기서 우리가 상황의미라고 하는 것이 혹시 접미사가 가지고 있는 의미의 일부는 아닐까 하는 의문을 가져 볼 수도 있다. 즉 동사로부터 명사를 파생시키는 접미사 '-이'는 'X하는 행위 또는 사건', 'X하는 물건 또는 도구', 'X하는 사람' 등의 의미를 가지는 다의적인 접미사인바, 이 접미사 '-이'가 앞에서 열거한 의미 이외에 'X하는 일을 직업으로 하는 사람'이라는 의미도 가지고 있다고 보고 '구두닦이, 때밀이'에서는 접미사의 여러 의미 중 바로 이 의미가 선택된 것이라고 할 수 있지 않겠는가 하는 의문을 가져 볼 수 있다. 그러나 비슷한 구조를 갖는 '신문팔이, 넝마주이'는 우리가 앞에서 말한 상황의미를 가지지 않기 때문에 '직업으로 하는'이라는 의미가 접미사가 가지는 의미의 일부라고 보

기는 어렵다.

    2)  신문팔이 : 길에서 신문을 파는 일, 또는 그런 사람.
        넝마주이 : 넝마나 헌종이, 빈병 따위를 주워 모으는 사람, 또는
                  그런 일.


    어떤 파생어가 '직업으로 하는'이라는 의미를 가지게 되느냐 가지지
않게 되느냐 하는 문제는 'X하는 일'이 직업으로 성립하느냐 그렇지 않
느냐에 의해서 결정되는 것이지 접미사의 의미에 의해서 결정되는 것
은 아니라고 여겨진다. 2)에서 볼 수 있는 바와 같이 '신문팔이, 넝마주
이'에서는 '직업으로 하는'이라는 의미가 나타나지 않는데, 이는 '신문을
파는 일'이나 '넝마를 줍는 일'이 직업으로는 성립하지 않기 때문일 것
이다. 따라서 '구두닦이, 때밀이'가 가지는 '직업으로 하는'이라는 의미
는 상황의미라고 보아야 할 것이다.
    일반적으로 단어를 만들 때에 상황의미까지를 반영하여 단어를 만들
지는 않는 것으로 여겨진다. 그러한 의미는 상황에 의해서 주어지는 것
이기 때문이다. 잘 알려져 있는 것처럼 우리가 말을 할 때 발화의 상황
을 일일이 설명하면서 말하지는 않는다. 인간은 말을 들을 때에 발화의
상황까지를 고려하여 의미를 해석할 수 있는 능력이 있기 때문이다. 이
병근(1986ㄴ)에서 인간은 언어규칙체계로서의 문법상의 능력인 언어능력
뿐만 아니라 발화적인 의미나 뉘앙스를 인지할 수 있는 화용능력도 가
진다고 하였는데, 위에서 말한 상황의미는 화용능력과 관련되는 것이라
고 할 수 있다. 인간은 이러한 화용능력도 가지기 때문에 단어를 형성
할 때 상황의미와 같은 주변적인 의미는 형태상으로 반영시키지 않는
다고 할 수 있다.[1]

---

1) 황화상(2001 : 111-2)에서는 이와 관련하여 '단어 의미에 포함된 속성은 단어 형태에 반
   영된다. 단, 부가적인 의미는 형태적으로 반영되지 않을 수 있다'고 하였다.

파생어의 의미가 합성성의 원리로 설명되지 않는 예로서는 다음의 (3ㄴ)과 같은 경우도 있다(김창섭 1995).

(3ㄱ) 민꼬리닭 : 꼬리가 없는 닭.
　　　민등뼈동물 : 등뼈가 없는 동물(무척추동물).

(3ㄴ) 민낚시 : 미늘이 없는 낚시.
　　　민달팽이 : 껍데기가 없는 달팽이

접두사 '민-'은 'X가 없는' 정도의 의미를 가지는데, (3ㄱ)의 예들은 구성성분들의 의미로부터 전체(이 경우에는 합성어)의 의미가 규칙적으로 예측된다. 그러나 (3ㄴ)의 예들은 그렇지 않다. 'X가 없는'에서 'X'에 해당하는 것이 파생어에서 생략되어 있기 때문이다. 따라서 이런 경우의 파생어들도 그 의미를 합성성의 원리로 설명하기는 어렵다. 이러한 현상은 물론 파생어에서만 나타나는 것이 아니고 합성어에서도 나타나는 현상이다(황화상 2001).

그밖에 통시적 변화로 인해서 파생어가 의미론적으로 어휘화를 겪게 되면 파생어의 의미가 합성성의 원리로 설명될 수 없게 된다. '고이 잠드소서'의 '고이'는 '곱-'에 '-이'가 결합되어 형성된 부사이지만 '곱-'과 '-이'의 의미로부터 '고이'의 의미가 도출되지 않는다. 이는 '고이'가 의미의 변화를 겪어 어휘화했기 때문이다.

## 3. 어기의 의미와 파생어의 의미

파생어형성의 기술에서 의미의 문제를 다루려 할 때 우리의 관심이 먼저 쏠리는 쪽은 일반적으로 어기 쪽이 아니라 파생어 쪽일 것이다. 그것은, 우선 파생어의 의미를 분석해 보아야만 어기와 파생어의 의미

관계를 밝힐 수 있고 또 파생접사의 의미도 분석해 낼 수 있기 때문이다. 파생어형성에 대한 기술에서 이와 같이 파생어의 의미와 파생접사의 의미에만 초점을 맞추다 보니 어기의 의미와 파생어의 의미 사이의 관계에 대해서는 깊이 있는 논의가 이루어지지 못하였었다. 그리하여 졸고(1985/1992)에서는 파생어형성에서 어기의 의미에 대한 관심이 부족했었음을 지적하고 어기의 의미가 파생어에 어떤 양상으로 반영되는가 하는 문제를 다루어 본 바 있다. 그리고 그 결과 어기의 의미가 파생어의 의미에 그대로 다 반영되어 나타나는 것은 아니라는 사실을 밝혔다.

우리는 어떤 파생접사에 의해 형성된 파생어들의 의미를 개략적으로 '어기(X) +파생접사의 의미'로 나타낸다. 이때 파생접사의 의미는 물론 해당 파생접사에 의해 형성된 파생어들의 의미를 분석하여 추출한 것이다. 접두사 '짓-'에 의한 파생의 경우를 보기로 하자.

    (3) 짓누르다 : 함부로 마구 누르다.
        짓두드리다 : 함부로 마구 두드리다.
        짓밟다 : 함부로 마구 밟다.
        짓이기다 : 함부로 마구 이기다.
        짓찧다 : 함부로 몹시 찧다.

위에 제시한 '짓-'파생어들의 의미를 분석해 보면 접두사 '짓-'의 의미가 '함부로 마구'라는 것을 알 수 있다.[2] 그리하여 '짓-'파생어들의 의미를 대략 '함부로 마구 X하다'와 같이 나타낸다. 사전에서 파생어의 뜻풀이를 제시할 때에도 대체로 이와 같은 방법이 사용된다. 위의 (3)에 제시된 파생어들의 뜻풀이도 이러한 방식에 의한 것이다. 이러한 정의 방식을 사전학에서는 '형태론적 정의'라고 한다(김현권 1987). 파생어의 의

---

[2] 접두사 '짓-'이 결합된 모든 파생어들이 (3)의 예들과 같이 뜻풀이 되는 것은 아니다. 여기서는 설명의 편의상 규칙적으로 뜻풀이 된 예들만 제시하였다.

미를 이와 같은 '형태론적 정의' 방식으로 나타내게 되면 파생어의 뜻풀이가 일관성이 있게 되고 체계성을 가지게 되며 어기와 파생어 간의 의미관계가 간명하게 표현된다는 이점이 있다(김창섭 1995 : 182).

그러나 이러한 방식은 여러 가지 이점이 있음에도 불구하고 경우에 따라서는 파생어의 의미를 정확하게 나타낸 것이 아닐 수가 있다. '밟다'와 '짓밟다'의 의미를 비교하면서 이 문제를 생각해 보기로 하자.

(4) **밟다** :
　　① 발을 들었다 놓으면서 어떤 대상 위에 대고 누르다.
　　② (비유적으로) 힘센 이가 힘 약한 이를 눌러 못살게 굴다. (약자를 힘으로 밟다.)
　　③ 어떤 대상을 디디거나 디디면서 걷다. (층계를 밟고 오르다.)
　　④ 어떤 일을 위하여 순서나 절차를 거쳐 나가다. (박사과정을 밟다.)
　　⑤ (주로 '뒤'를 목적어로 하여) 어떤 이의 움직임을 살피면서 몰래 뒤를 따라가다. (용의자의 뒤를 밟다.)
　　⑥ 예전 사람이 겪고 행한 일을 되풀이하다. (어머니의 기구한 운명을 똑같이 밟게 되다니)
　　⑦ (비유적으로) 어떤 곳에 도착하다. (그가 다시 조국 땅을 밟게 된 것은 함박눈이 내리던 어느 겨울날이었다.)
　　**짓밟다** :
　　① 함부로 마구 밟다.(담배꽁초를 구둣발로 짓밟다.)
　　② 남의 인격이나 권리 따위를 침해 하다. (순결을 짓밟다. 인권을 짓밟다. 자존심을 짓밟다.)

위에 제시된 '밟다'와 '짓밟다'의 의미를 비교해 보면 어기 '밟다'의 의미가 파생어 '짓밟다'의 의미에 그대로 다 반영되는 것은 아니라는 것을 알 수 있다. 어기의 여러 의미 중 ①과 ②의 의미만이 파생어의 의미에 반영되었다고 할 수 있다. 어기가 다의성을 띨 경우, 그 어기의 의미들이 파생어에 다 반영되어 나타나지 못하는 이러한 현상을 졸고(1985/1992)에서는 '파생어에서의 어기의 의미제약'이라고 한 바 있다. 그리고 어기의 의미 중 일부만이 파생어의 의미에 반영된다고 했을 때, 파생어의 의미에 반영되는 의미는 대체로 어기의 의미 중 기본의미(혹은 중심의미)에 해당하는 것들이라는 사실도 지적하였다. 파생어형성이 주로 어기의 기본의미를 바탕으로 이루어지는 이유는 다음과 같이 설명될 수 있을 것이다. 즉, 새로이 만들어지는 파생어는 가능한 한 의미가 쉽게 예측될 수 있어야 할 것인데, 그렇게 하기 위해서는 모든 언중들이 공통적으로 쉽게 인식할 수 있는(떠올릴 수 있는) 의미를 바탕으로 파생어를 형성하는 것이 바람직할 것이기 때문이다. 모든 언중들이 공통적으로 쉽게 떠올릴 수 있는 의미는 해당 어기의 기본의미일 수밖에 없다. 어기의 의미 중 기본의미를 제외한 나머지 의미들은 대체로 문맥의미나 상황의미에 해당하는 것들인데, 이러한 의미가 파생어형성에 참여하는 일은 거의 없는 것으로 여겨진다(구본관 2002 : 109). 이는 앞에서 언급했던 사실, 즉 파생어를 형성할 때 상황의미는 형태상에 반영시키지 않는다는 사실과도 일맥상통하는 듯해서 흥미롭다.

그런데 어기의 의미가 파생어에서 제약되는 양상은 접미사의 특성에 따라서 다르게 나타난다. 어휘적 의미와 문법적 의미(통사범주를 바꾸어 주는 문법적 기능)를 기준으로 파생 접미사를 분류해 본다면 '어휘적 의미만 가지는 것, 어휘적 의미와 문법적 의미를 모두 가지는 것, 문법적 의미만 가지는 것'으로 분류할 수 있겠는데, 일반적으로 어휘적 의미를 가지는 파생 접미사에 의한 파생어형성에서는 어기의 의미가 극히 제약되고 문법적 의미만 가지는 접미사에 의한 파생에서는 어기의 의미가 덜 제약되는 경향이 있다. 형용사로부터 다시 형사를 파생시키는 '-다랗-'과 형용사로부터 부사를 파생시키는 '-이'의 경우를 비교해 보면 이러한 경향을 쉽게 확인할 수 있다.

(5)

| 높다 | 높다랗다 | 높이 |
|---|---|---|
| 빌딩이 높다 | 빌딩이 높다랗다 | 높이 솟은 빌딩 |
| 해가 높게 떠 있다 | 해가 높다랗게 남아 있다 | 해가 높이 떠 있다 |
| 지위가 높다 | *지위가 높다랗다 | 지위가 높이 올라 가다 |
| 기온이 높다 | *기온이 높다랗다 | 오늘 기온이 높이 오르다 |
| 가격이 높다 | *가격이 높다랗다 | 가격이 높이 책정되다 |
| 사기가 높다 | *사기가 높다랗다 | 사기가 높이 오르다 |

접미사 '-다랗-'은 어기의 통사범주를 바꾸는 기능은 가지지 않는다. 어기에 의미만 첨가시켜 줄 뿐이다. '-다랗-'은 '썩' 정도의 의미를 갖는다. 이는 어휘적 의미에 가까운 것이다. 이에 비해 부사파생 접미사 '-이'는 어휘적 의미를 가진다고 보기 어렵다. 어기를 형용사에서 부사로 바꾸어 주는 문법적 기능만 가질 뿐이다. 그런데 위의 예문들을 통해서 알 수 있는 것처럼 '-다랗-' 파생어에서는 어기의 의미가 극히 제약되는 데 반해 '-이'파생어에서는 어기의 의미가 거의 제약되지 않는다. 여기서 더 많은 예들을 검토할 여유는 없지만, 더 많은 예들을 검토해 보아도 사정이 크게 달라지지는 않는다. 따라서 어휘적 의미를 가지는 접미사에 의한 파생어형성에서는 어기의 의미가 극히 제약되고 문법적 의미만 가지는 접미사에 의한 파생어형성에서는 어기의 의미가 덜 제약된다는 사실은 파생어 형성에서의 일반적인 경향, 즉 파생어의 의미와 관련된 일반적인 경향으로 받아들여도 무방할 것이다.

그리고 이러한 현상은 문법적 의미만 갖는다고 볼 수 있는 활용어미들이 어간의 의미를 제약하는 기능이 거의 없다는 사실과 관련시켜 보면 더욱 흥미롭다. 예컨대 활용형 '먹으니'에서 어간 '먹-'의 의미가 어미 '-으니'에 의해서 제약되거나 하지는 않는 것으로 생각된다. 따라서 순수하게 의미의 관점에서만 본다면 문법적 의미만 가지는 파생접미사에 의한 파생어들은 활용형과 유사한 특징을 가진다고 할 수 있겠다. 이에 비해 어휘적 의미를 가지는 파생 접미사에 의한 파생어들은 어휘적 의미를 가지는 두 요소의 결합이라는 점에서 합성어와 비슷한 성격을 띤다고 할 수 있겠다.

그런데 여기서 제기되는 한 가지 의문은 왜 어휘적 의미를 가지는 접사가 결합될 때에는 어기의 의미가 극히 제약되고 문법적 의미만 가지는 접사가 결합될 때에는 어기의 의미가 덜 제약되는가 하는 것이다. 이 문제를 해명하기 위하여 우리는 공기(共起)관계와 공생(共生)관계라는 개념을 도입해 보면 어떨까 하는 생각을 가지고 있다. 즉 어휘적 의미를 가지는 두 요소 사이의 관계는 공기관계이고 어휘적 의미를 가지는 요소와 문법적 의미를 가지는 요소 사이의 관계는 공생관계라고 할 수 있지 않을까 하는 것이다.

어떤 두 요소가 공기관계를 가지기 위해서는 어느 한 쪽이 요구하는 특질을 다른 한 쪽이 가지고 있지 않으면 안 된다. 이를 바꾸어 말한다면 공기관계에서는 어느 한 쪽이 다른 한 쪽을 제약한다고도 할 수가 있다. 파생어에서는 접사 쪽이 제약을 가하는 쪽이고 어기 쪽이 제약을 받는 쪽이다. 따라서 어휘적 의미를 가지는 접사는 자기와 공기할 어기에 대하여 의미를 제약할 수밖에 없다. 어휘적 의미를 가지는 두 요소가 공기할 수 있기 위해서는 어느 한 쪽이 다른 한 쪽에 대하여 공기의 조건을 갖추도록 요구하지 않으면 안되기 때문이다. 앞에서 '-다랗-'은 '썩'이라는 의미를 가진다고 하였는데, '-다랗-'이 가지는 이 의미는 좀더 구체적으로 말하자면 [+구체성]이라는 특질을 가지는 의미라고 할 수 있다. '-다랗-'이 이러한 의미특질을 가진다는 사실은 '-다랗-'에 의한 파생어들의 의미를 검토해 보면 쉽게 알 수 있다. [+구체성]의 의미특질을 가지는 '-다랗-'은 자기와 결합할(공기할) 어기에 대해서도 동일한 의미특질을 가질 것을 요구하는 것으로 보인다. 일종의 공기제약인 셈이다. 그리하여 어기가 가지는 의미 중 [+구체성]의 특질을 가지는 의미만 파생어의 의미에 반영되고 그렇지 않은 의미들은 제약되는 것이다.

공기관계와는 달리 공생관계는 서로 돕는 관계이므로 어느 한 쪽이 다른 한 쪽을 제약할 필요가 없다. 물론 여기에도 공생의 조건 같은 것이 있기는 하겠지만 그것이 서로를 제약하기 위한 것은 아닐 것이다. 어휘적 의미를 가지는 요소와 문법적 의미를 가지는 요소 사이의 관계는 서로 제약하는 관계가 아니라 서로 돕는 관계라고 보는 것이 타당할 것이다. 따라서 문법적 의미만 가지는 접미사가 어기와 결합할 때에는 어기의 의미를 제약할 필요가 없는 셈이다.

## 4. 파생어의 의미와 저지

저지(blocking)란 원래 어떤 파생어의 형성이 기존의 어떤 단어의 존재 때문에 저지되는 현상을 설명하기 위하여 제안된 개념이다(Aronoff 1976). 즉 파생어형성에서 어떤 파생규칙이 적용될 수 있는 조건을 갖추고 있음에도 불구하고 규칙이 적용되지 않는 예외들을 관찰하는 과정에서 발견된 현상이라고 할 수 있다. 따라서 이 개념은 원래는 파생어형성과 관련하여 제안된 개념이었다. 그런데 저지란 결국 동의어의 출현을 회피하려는 현상이라고 이해되면서(Kiparsky 1982) 저지 현상은 파생에서만 나타날 수 있는 현상이 아니라 활용에서도 나타날 수 있고 합성에서도 나타날 수 있는 현상이라고 보게 되었다.

그런데 저지에는 두 가지 유형이 있을 수 있다. token-blocking과 type-blocking이 그것이다(Rainer 1988). token-blocking이란 위에서 설명한 바와 같이 동의성을 가지는 기존의 단어에 의해서 새로운 단어의 형성이 저지되는 경우를 말하고, type-blocking이란 경쟁접사들 사이의 저지 현상을 말한다. 일반적으로 저지라고 할 때는 대개 token-blocking을 말한다. 따라서 일반적인 저지 현상은 파생어의 의미 문제와 밀접한 관련을 가진다.

국어에서 어떤 동사가 의미하는 동작을 수행하는 데에 특별한 도구가 필요한 경우 그 동사 어간에 접미사 '-개(-게)'를 결합하여 도구명사를 파생시킨다. '가리개, 깔개, 베개, 지우개, 지게, 집게' 등이 그러한 예들이다. 그런데 '재다'의 경우에는 '재개'와 같은 파생어가 존재하지 않는다. 이는 '재다'라는 동사와 관련된 도구명사 '자'가 이미 존재하기 때문이다. '빗다'에 대하여 '빗개'가 존재하지 않는 이유도 '빗'이라는 도구명사가 이미 존재하기 때문이라고 할 수 있다. 말하자면 '자, 빗'과 같은 기존의 단어가 '재개, 빗개'와 같은 파생어의 형성을 저지한다고 할 수 있는 것이다.

token-blocking과 관련하여서는 다음과 같은 세 가지 문제가 논란의 대상이 되기도 하였다. 동의성 문제, 생산성 문제, 어휘사용빈도 문제가 그것이다(Rainer 1988).

동의성 문제란 동의성 조건에 의하여 형성이 저지된 파생어라 하더라도 그것이 기존의 단어와 다른 의미로 쓰일 때는 저지되지 않는다는 것이다. 예컨대 영어에서 'stealer'(steal + -er)와 같은 파생어의 형성은 'thief'에 의해서 저지되는데 'base stealer'와 같은 경우는 저지되지 않는 경우가 여기에 해당한다. 국어의 경우에는 형용사로부터 척도명사를 파생시킬 경우, '-이'에 의한 파생어가 존재하면 '-기'에 의한 파생이 저지되는데(높이/*높기, 깊이/*깊기, cf. *밝이/밝기, *굵이/굵기), '크다'의 경우에는 '키'라는 척도명사가 존재하는데도 다시 '크기'라는 척도명사가 형성되었다. 이는 '크기'의 의미가 '키'와는 다르기 때문에 가능했던 일이라고 할 수 있다.

그러나 '동의어 회피 원칙'에 의한 저지의 경우에도 순수한 예외가 없는 것은 아니다. 즉 기존의 단어와 완전히 동의어인데도 파생어가 형성되는 경우가 없지는 않은 것이다. 국어의 '가뭄'과 같은 예가 이에 해당한다. 완전 동의라고 할 수 있는 '가물'이라는 단어가 존재하는데도 파생어가 형성되었기 때문이다. '키/ 크기'의 경우와는 달리 '가물/가뭄'의 경우는 의미차이를 인식할 수 없다.

　저지와 관련된 생산성의 문제란 생산적인 파생어형성 규칙에 의해서 형성되는 파생어는 기존의 단어에 의해서 저지되지 않는다는 것이다. 이 문제는 파생어의 어휘부 등재 문제와도 관련되는 것이어서 여기서 간단히 다루기는 어려운 문제이다. 생산적인 파생어형성 규칙에 의해서 형성되는 파생어들은 어휘부에 등재되지 않기 때문에 어휘부에 존재하는(등재되어 있는) 기존의 단어에 의해서 그 형성이 저지 받지 않는 다는 것인데, 파생어의 어휘부 등재 여부의 기준에 대해서는 아직 나름대로의 견해를 가지고 있지 못하다.

　저지와 관련된 어휘사용빈도의 문제란 어떤 단어가 가지는 저지의 힘은 그 단어의 사용빈도와 관련이 있다는 것이다. 어휘부에 등재된 기존의 단어라고 하더라도 저지의 힘이 모두 동일한 것은 아니라고 한다. 대체로 사용빈도가 높은 단어일수록 저지의 힘도 강하다고 한다. 이는 사용빈도가 높은 단어일수록 어휘부(mental lexicon) 내에서 특권적인 위치를 차지하고 있기 때문이라고 한다.

　이 token-blocking과 관련하여 제기되는 한 가지 문제는 실제의 언어 세계에서는 동의어가 많이 존재하는데 왜 파생어형성(또는 단어형성)에서는 동의어의 형성을 저지하는가 하는 것이다. 물론 이와 관련하여 저지 현상은 한 언어체계 내에서 불필요한 동의어의 생성을 저지하여 언어의 경제성 원리를 추구하려는 언어현상 중의 하나라는 설명이 제시된 바는 있다. 그리고 이러한 설명이 분명히 일면의 타당성을 가진다는 사실을 부인하기는 어렵다. 그러나 그럼에도 불구하고 동의어와 관련된 언어의 경제성이 왜 파생어형성에서만 추구되어야 하느냐는 의문은 여전히 남는다. 언어의 경제성 원리가 일반적으로 적용되는 것이라면 파생어형성이 아닌 다른 방식에 의한(형태 변화나 의미 변화 등에 의한) 동의어의 출현도 저지되어야 하는 것 아닌가 하는 의문이 제기되기 때문이다.

　type-blocking은 경쟁 관계에 있는 접사들이 서로 파생어형성을 저지하는 현상을 말한다. type-blocking에 관여하는 경쟁접사들은 동일한 문법적 기능을 가져야 하고 생산적이어야 하며 어휘적 의미를 강하게 가지지 않아야 한다. 여기서도 물론 동의성은 중요한 전제 조건이다. 즉 경쟁 접사들에 의해 형성되는 파생어들이 어느 정도는 동의적이라는 전제가 충족되어야 한다. 이런 점에서 볼 때 국어의 명사파생 접미사 '-이, -음, -기'에 의한 파생어형성의 양상은 type-blocking의 한 예가 될 수 있을 듯하다.

| (6) | -이 | -음 | -기 |
|---|---|---|---|
| 몰- | 몰이 | * | * |
| 벌- | 벌이 | * | * |
| 울- | * | 울음 | * |
| 죽- | * | 죽음 | * |
| 달리- | * | * | 달리기 |
| 던지- | * | * | 던지기 |

위에서 볼 수 있는 것처럼 '-이, -음, -기'에 의한 파생어들은 상호 배타적인 관계를 가진다. 그런데 이들이 이와 같이 배타적인 관계를 보이는 이유가 분명하게 밝혀지지 않는다. 그리하여 이들을 졸저(1992)에서는 저지 현상의 일종으로 보고자 하였던 것이다. '-이, -음, -기'는 문법적 기능이 같으면서 아직은 모두 생산적이고 어휘적 의미를 강하게 가지지 않기 때문이었다.

그러나 이들이 보여주는 양상이 과연 저지 현상에 해당하는 것이냐에 대하여 의문의 여지가 없지는 않다. '-이, -음, -기'는 미세하기는 하지만 의미특성상의 차이가 있는 것으로 생각되는바, 그러한 의미특성상의 차이에 따라 각각 필요한 명사를 파생시키는 것이라고 한다면 그것은 저지 현상과는 거리가 멀기 때문이다. 그런데 이렇게 되면 다시 설명하기 어려운 문제가 제기된다. 즉 '-이, -음, -기'가 각기 의미특성이 달라서 그 의미특성에 따라 독자적으로 명사를 파생시키는 것이라면 왜 하나의 어기에 대하여 예외 없이 하나의 파생명사만이 허용되는가 하는 의문이 제기되는 것이다. 각기 의미특성이 달라서 각각 독자적으로 파생어형성이 이루어진다면 하나의 어기에 대해서 하나의 파생어만 나타나야 할 이유가 없기 때문이다. 따라서 현재로서는 '-이, -음, -기'가 보여주는 파생어형성의 양상은 type-blocking에 해당한다고 보는 것이 가장 타당할 듯하다.

## 5. 결 론

본고에서는 파생어의 의미와 관련된 문제 중에서 세 가지 문제를 다루어 보았다. 파생어의 의미와 합성성의 원리 문제, 어기의 의미와 파생어의 의미관계 문제, 파생어의 의미와 저지의 문제가 그것이었다. 본론에서 논의한 내용을 요약하여 결론에 대신하고자 한다.

파생어의 의미는 일반적으로 어기의 의미와 접사의 의미로부터 합성성의 원리에 의하여 도출되지만 그렇지 않은 경우도 있다. 파생어의 의미가 그 구성성분들의 의미로부터 규칙적으로 예측되지 않는 경우로서는 두 가지가 있을 수 있다. 하나는 파생어가 어떤 상황적 의미를 가지게 되는 경우이고 다른 하나는 파생어나 그 어기가 독자적인 의미의 변화를 입은 경우이다. 일반적으로 단어를 만들 때에 상황의미까지를 반영하여 만들지는 않으므로 파생어가 가지는 상황의미는 규칙적으로 도출될 수 없다. 그렇지만 인간은 문법능력만 아니라 화용능력도 가지고 있기 때문에 파생어가 가지는 상황의미까지도 이해할 수 있는 능력이 있다.

파생어의 의미는 어기의 의미를 핵심으로 하여 이루어진다고 할 수 있다. 그러나 어기의 의미가 파생어의 의미에 다 반영되는 것은 아니다. 대체로 어기의 의미 중에서 중심의미만이 파생어의 의미에 반영된다. 이는 새로이 만들어지는 파생어는 그 의미가 쉽게 예측될 수 있어야 할 것인데 그러기 위해서는 모든 언중들이 공통적으로 쉽게 인식할 수 있는 의미를 바탕으로 파생어를 만드는 것이 바람직하기 때문이 아닌가 여겨진다. 어기의 의미 중 일부만이 파생어의 의미에 반영되는 현상을 '파생어에서의 어기의 의미제약'이라고 할 수 있을 것인데 어기의 의미제약은 접사의 특성에 따라 다르게 나타난다. 즉 어휘적 의미를 강하게 가지는 접사와 결합하는 경우에는 어기의 의미가 더 많이 제약되고 문법적 의미(기능)만 가지는 접사와 결합하는 경우에는 어기의 의미가 덜 제약된다.

파생어형성과 관련하여 저지(biocking)라는 현상이 있는데 파생어형성이 저지되는 현상에는 두 가지 유형이 있다. token-blocking과 type-blocking이 그것이다. token-blocking은 동일한 의미를 가지는 기존의 단어 때문에 새로운 파생어의 형성이 저지되는 것이다. '빗, 띠'의 존재 때문에 '빗개, 띠개'가 형성되지 않는 것이 이에 해당한다고 할 수 있다. 그런데 여기에는 예외가 있을 수도 있다. '가물'이라는 단어가 이미 존재하는데도 '가뭄'이라는 파생어가 새로이 형성된 경우가 이에 해당한다. type-blocking은 경쟁 관계에 있는 접사들이 서로 파생어형성을 저지하는 현상이다. 국어에서 '-이, -음, -기'에 의한 파생어들은 상호 배타적인 관계를 가지는데 이들 접미사의 의미특성이 달라서 그런 것이 아니라면 이것은 type-blocking이라고 볼 수밖에 없다.

# 참고문헌

구본관(2002), 파생어 형성과 의미, 國語學 39.
金光海(1990), 어휘소간의 의미 관계에 대한 재검토, 國語學 20.
김창섭(1992), 파생접사의 뜻풀이, 새국어생활 2-1.
______(1995), 국어 파생접사와 파생어의 사전적 기술, 애산학보 16.
______(1996), 국어의 단어형성과 단어구조, 태학사.
김현권(1987), 언어사전 정의의 유형과 문법 문제, 한글 196.
송철의(1985), 파생어형성에 있어서의 어기의 의미와 파생어의 의미, 震檀學報 60.
______(1988), 파생어형성에 있어서의 제약현상에 대하여, 국어국문학 99.
______(1992), 國語의 派生語形成 硏究, 太學社.
______(2001), 어휘 자료 처리를 위한 파생접사 연구, 국립국어연구원 연구보고서.
신수송(1998), 조어형성에 관한 의미론적 고찰, 語學硏究 34-1.
이경우(1981), 파생어형성에 있어서의 의미변화, 국어교육 39·40합병호.
이병근(1986ㄱ), 국어사전과 파생어, 어학연구 22-3.
______(1986ㄴ), 發話에 있어서의 音長, 國語學 15.
전상범(1995), 형태론, 한신문화사.
황화상(2001), 국어 형태 단위의 의미와 단어형성, 고려대학교 대학원 박사학위
       논문.

Allan, K.(1986), *Linguistic Meaning*, London and New York : Routledge & Kegan Paul.
Aronoff, M.(1976), *Word Formation in Generative Grammar*, Cambridge(Mass) : MIT Press.
Bauer, L.(1983), *English Word-formation*, Cambridge : Cambridge University Press.
______(2001), *Morphological Productivity*, Cambridge : Cambridge University Press.
Bybee, J.(1985), *Morphology : a Study of the Relation between Meaning and Form*, Amsterdam
       : Benjamins.
Carstairs-McCarthy(1992), *Current Morphology*, London : Routledge.
Corbin,S.(1989), 'Form, structure and meaning of constructed words in an associative and
       stratified lexical component', in *Yearbook of Morphology 2* (Booij and van Marle

eds.), Dordrecht : Foris.

Kiparsky, P.(1982), Word-formation and the lexicon, F.Ingemann ed., *Proceedings of the 1982 Mid-American Linguistics Conference*, University of kansas, Lawrence.

Rainer, Franz(1988), Twords a theory of blocking : the case of Italian and German quality nouns, *Yearbook of Morphology1988*.

# '것으로' 구문의 형성에 대한 관견

윤 용 선*

## 1. 서 론

최근 들어 신문이나 방송에서 어떤 사실이나 정보를 전달하는 문장으로 '[관형절]+것으로+V'의 구문형식이 빈번하게 사용되고 있다. 이 구문형식은 방송뿐만 아니라 논문과 같은 정보 전달의 글에서는 이전부터 훨씬 높은 빈도로 사용되어 왔던 것이다.

이 구문형식에서 관형절로는 관계절과 명사구보문이 모두 쓰일 수 있다. 관계절이 쓰인 구문은 그 성격이 명사구보문이 쓰인 구문과 다르다. 관계절은 '것'과 의미적으로 동격관계를 지니는 명사가 표면에 반드시 실현되는 데 반해, 명사구보문은 동격관계의 명사가 표면에 실현되지 않는다.[1] 본고는 논의의 편의를 위해 앞으로 명사구보문이 쓰인 구

---

* 명지대학교 국어국문학과.

[1] ㄱ. 작전계획 5029는 여러 상황에 대비한 내용을 담은 것으로 알려졌습니다.
　　ㄴ. 오늘 언급은 평소의 학문적 견해를 강조한 것으로 해석됩니다.
　　ㄷ. 이 군이 자신의 방 창문에서 뛰어내린 것으로 추정되고 있습니다.
　　ㄹ. 김 회장도 한국으로 돌아가고 싶어 하는 것으로 알고 있다.

문형식만을 '것으로'구문으로 부르기로 한다.

이 구문형식은 인용구문[2]과 관련되는 듯하다. 대부분의 인용구문은 모두 '것으로'구문으로 바뀔 수 있기 때문이다. 다만 '것으로'구문이 인용구문에 비해 중립적인 전달 태도나 행위적 의미가 상대적으로 강하게 느껴진다. '것으로'구문의 예들 중에는 엄격한 잣대를 적용하면 비문법적이거나 부자연스러운 예도 없지 않다. 그러나 이를 단순히 오용으로 볼 수는 없다. 국어 사용자라면 누구나 그 의미를 이해할 수 있고, 또 의미적 차이를 동반하며 생산적으로 쓰이는 것이기 때문이다. '것으로'구문은 우리말의 문법체계 내에서 허용되는 구조이므로, 그것이 어떤 과정과 절차를 통해 발생한 것인지 설명할 필요가 있다. 문법학은 처방이 아닌 기술과 설명의 과학이기 때문이다.

그런데 빈번한 사용에도 불구하고 '것으로'구문의 통사구조나 사용 조건 등에 대해 구체적으로 검토된 적이 없다. 이에 본고는 이 구문의 구조를 분석함으로써 인용구문과의 구조적 상관성에 대해 검토해 보고자 한다. 이는 나아가 무주어 계사구문의 구조적 특성을 검토하는 의의도 가질 수 있을 것이다.

## 2. 인용구문과 '것으로' 구문

국어에서 인용절을 논항으로 요구하는 전형적인 동사는 "사유"와 "발

---

위에서 (ㄱ,ㄴ)은 관계절의 예이고 (ㄷ,ㄹ)은 명사구보문의 예이다. (ㄱ,ㄴ)에서는 '것'과 동격관계인 '작전계획 5029', '언급'이 표면에 실현되어 있으나 (1ㄷ,ㄹ)에서는 '것'과 동격관계의 명사가 보이지 않는다. '것' 앞에는 '뉴욕 연방 검찰이 박동선 씨 등 4명을 기소했습니다. 불법로비 활동을 벌였다는 <u>것입니다</u>.'와 같이 완형보문이 쓰일 때도 있으나, '것으로'의 앞에 완형보문이 쓰인 예는 보이지 않는다.

2) 일반적으로 인용절은 '-고'보문 중에서 화법동사의 논항으로 쓰인 것만을 가리키고 이런 인용절이 포함된 구문을 인용구문이라 한다. 그러나 본고에서는 구문 형식의 상관성을 강조하기 위해 조사 '-고'가 이끄는 보문을 모두 인용절이라 부르기로 한다. 사유동사의 구문도 본고에서는 인용구문에 포함된다.

화"의 의미를 지니는 동사들이다. 구체적으로는 '생각하다, 추측하다, 예상하다, 판단하다, 분석하다, 해석하다, 느끼다, 믿다'와 '말하다, 설명하다, 보고하다, 전하다, 신고하다, 외치다, 떠들다, 증언하다, 예언하다, 제안하다, 쓰다, 기록하다, 적다, 묻다, 명령하다' 등이 이에 해당한다. 본고에서는 각각을 '사유동사', '화법동사'라 부르기로 한다.3)

일단 인용절이 쓰인 구문은 '것으로'구문으로 전환될 수 있다. 단 인용절이 설명법이어야 한다는 제약이 있다. 때문에 의문법이나 명령법을 요구하는 '묻다, 명령하다'의 동사는 '것으로'구문으로 잘 변형되지 못한다. 이들 동사의 '것으로'구문의 예는 [+의심], [+명령]의 유표적 의미가 중화되고 [+발화]의 의미만이 부각되어 일반 화법 동사로 전환된 것으로, 특정 환경에서만 실현되는 특수한 용법에 불과하다.

'것으로'구문의 사용 조건을 동사별로 정리하면 (1)과 같다.

> (1)4) ㄱ. 불가능한 동사
>   ○ "의지"를 나타내는 동사(약속하다, 맹세하다, 결심하다, 각오하다).
>   ○ "소원"을 나타내는 동사(바라다, 원하다, 소망하다, 희망하다)
> ㄴ. 피동형으로만 가능한 동사
>   ○ "심리 상태"를 나타내는 동사(우려되다, 걱정되다, 염려되다, 기대되다)
>   ○ "조사 활동"을 나타내는 동사 (조사되다, 연구되다, 검증되다)
> ㄷ. 능동형도 가능하나 피동형이 더 자연스러운 동사
>   ○ "발화"를 나타내는 동사(전하다, 언급하다, 진술하다, 보도하다, 주장하다)

---

3) 남기심(2001 : 274)에서는 "사유"의 동사가 이끄는 인용절을 '내용동격절', "발화"의 동사가 이끄는 인용절을 '이야기동격절'로 구분하고 있다.

4) 동사의 의미는 문장의 구조나 단어와의 연합에 의해 전용되거나 확대되기도 하기 때문에 의미에 의한 분류는 엄격한 경계를 가지는 것이 아니다. 여기서의 분류는 본질적이라고 판단되는 의미로 쓰일 때의 구문형식을 중심으로 분류한 것일 뿐이다.

ㄹ. 가능한 동사
  ㅇ “판단”을 나타내는 동사(생각하다, 알다, 판단하다, 분석하
    다, 해석하다, 풀이하다, 규정하다, 읽다, 보다, 의심하다)
  ㅇ “추정”을 나타내는 동사(추정하다, 추측하다, 예상하다, 예
    측하다)
ㅁ. 자동사로만 가능한 동사
  ㅇ “상황 제시”의 동사(드러나다, 나타나다)

(1ㄱ)은 명사절을 논항으로 요구하는 동사들이다. 이들은 인용구문을 형성할 수 없으며 ‘것으로’구문으로도 바뀌지 않는다.

(1ㄴ)의 동사들도 능동형으로는 인용절이 쓰일 수 없는 동사들이다. 그러나 실제로는 이들 동사들도 인용절을 가질 때가 있다. 특히 인용절에 “추량”이나 “개연성”의 의미를 나타내는 ‘-을 것이다, -을 수 있다’와 같은 표현이 쓰일 때나, 행위자가 명확하지 않은 발화를 피동형으로 표현할 때 인용절을 가진다. ‘것으로’구문으로의 변환도 이런 상황에서만 가능할 뿐이다.

(1ㄷ)은 화법동사로 인용절을 요구하는 전형적인 동사이다. ‘말하다’와 ‘이르다, 하다’와 같이 순수한 화법동사를 제외하면 모두 ‘것으로’구문으로 바꿀 수 있다. 다만 피동형의 예가 능동형의 예에 비해 절대적으로 많다.

(1ㄹ)은 ‘것으로’구문이 가장 활발하게 사용되는 동사들이다. “판정”과 “추정”과 같은 사고 행위가 ‘것으로’구문과 가장 잘 어울린다고 할 수 있다. 이런 사유동사의 보문은 (1ㄷ)과 마찬가지로 인용절 형식을 취하지만 의미적으로 차이가 있다. (1ㄷ)의 보문은 발화된 것으로 원 발화자에 의해 명제에 대한 진위판단이 이루어진 것인 데 반해, (1ㄹ)의 보문은 명제에 대한 진위판단이 이루어지지 않은 상태이다. 문장 전체로는 진위판단의 행위를 표현하고 있지만 보문만을 놓고 보면 진위판단이 이루어진 것이 아니다. 이 점은 ‘철수가 집에 갔다’와 ‘철수가 집에 갔다

고 생각한다’를 비교하면 쉽게 알 수 있다. 후자는 전자에 비해 명제의 진위에 대한 책임을 지지 않는다. ‘것으로’구문이 사태에 대한 중립적인 태도를 나타내는 것도 이런 의미특성과 밀접히 관련되는 것일 것이다.

(1ㅁ)은 인용절이 올 수 없는 동사들이다. 따라서 이 동사들이 쓰인 ‘것으로’구문은 인용구문과 다른 각도에서 검토할 필요가 있다. 이에 대해서는 4장에서 다루고자 한다.

이상의 결과를 요약하면 (1ㅁ)을 제외하고는 인용절의 사용과 ‘것으로’구문의 사용이 비례한다는 것이다. 인용구문이 성립하는 동사는 ‘것으로’구문을 형성할 수 있고, 인용구문이 성립하지 않는 동사나 용법에서는 ‘것으로’구문도 성립하지 않는다.

‘것으로’구문의 성격은 ‘-으로’의 용법과 연관시켜 생각해 볼 수 있다. [표준국어대사전]에서는 ‘-으로’의 용법을 “(1) 움직임의 방향을 나타내는 격조사 (2) 움직임의 경로를 나타내는 격조사 (3) 변화의 방향을 나타내는 격조사 (4) 어떤 물건의 재료나 원료를 나타내는 격조사 (5) 어떤 일의 수단이나 도구를 나타내는 격조사 (6) 어떤 일의 방법이나 방식을 나타내는 격조사 (7) 어떤 일의 원인이나 이유를 나타내는 격조사 (8) 지위나 신분 또는 자격을 나타내는 격조사 (9) 시간을 나타내는 격조사 (10) 시간을 셈할 때 셈에 넣는 한계를 나타내는 격조사 (11) 특정한 동사와 같이 쓰여 대상을 나타내는 격조사”[5])와 같이 규정하고 있다. 이중 ‘것으로’구문과 관련될 만한 기능은 (4)와 (8) 정도이다. 그러나 이 역시 부가어적 용법으로 쓰인 예일 뿐 필수논항으로서의 기능이 아니다. ‘것으로’구문에서 ‘것으로’는 필수적 성분이므로 부가어적인 ‘-으로’의 기능만으로는 설명되지 않는다.

‘-으로’가 통합된 성분이 필수적 부사어[6])로 쓰인 예로는 (2)와 같은

---

5) 이익섭, 채완(2000)에서는 위의 기능을 “구격”(재료/도구/수단/방법/이유), “자격격”, “항격”(방향/경로/시간)으로 분류하고 있다.
6) 고영근, 남기심(1985 : 274) 참조.

구문이 있다. 우리는 이 문장구조에서 '것으로'구문의 구조에 대한 실마리를 찾을 수 있다.

   (2) ㄱ. 나는 영철이를 동생으로 삼았다.
       ㄴ. 노무현 씨를 대통령으로 뽑았다.
       ㄷ. 자식을 훌륭한 사람으로 키웠다.
       ㄹ. 그렇게 얌전하던 학생이 말썽꾼으로 변했다.

(2)의 예들은 인용구조로 바꿀 수 없기 때문에 '것으로'구문과 성격이 다르다. 그러나 구조가 [[A]를 [B]로 V]의 형식으로, 아래 (3)과 동일하다.

   (3) ㄱ. 한나라당은 철도청 유전 사업을 대통령 측근 비리로 규정하고
       ㄴ. 일부 비판적 목소리를 일본의 대외정책 기류변화로 읽기는
          어렵다.

(3)에서 '-으로'가 통합된 명사구는 '한나라당은 철도청 유전 사업을 대통령 측근 비리라고 규정하고', '일부 비판적 목소리를 일본의 대외정책 기류변화라고 읽기는 어렵다'와 같이 계사구문의 인용절로 바꿀 수 있다. 이렇게 바꾸면 아래 (4)와 같은 모습이 된다.

   (4) ㄱ. 저는 (이름을) 에미코라고 합니다.
       ㄴ. 한국에서는 스시를 초밥이라고 한다.

(4)는 이른바 지칭문이라 부르는 것이다. 이 구문 역시 인용구문으로 바뀌지 않지만 인용문과 (2)의 구문형식과의 연결고리적 성격을 갖는다.7)

---

7) 앞으로는 [[A]를 [B]로 V]와 [[A]를 [B]라고 V]의 형식을 아울러 '지칭문적구조'라고 부른다.

이와 같은 구조적 연관성은 이들 구문이 서로 영향을 주고 받는 관계에 있음을 시사하는 것일 것이다. 이런 연관성을 중시한다면 지칭문적 구조에서는 ‘이라고’가 ‘-으로’로 대치될 수 있다고 정리할 수 있다.

## 3. 계사구문과 ‘것으로’ 구문

국어에서 인용절이 계사구문이거나 형용사구문일 때는 지칭문적 구조로 바뀔 수 있다.

> (5) ㄱ. 나는 철수가 우리학교 학생이라고 생각했다.
>     ㄴ. 나는 철수를 우리학교 학생이라고 생각했다.
>     ㄷ. 철수는 우리학교 학생이라고 생각됐다.
>
> (6) ㄱ. 나는 김태희가 여배우 중에서 제일 예쁘다고 생각한다.
>     ㄴ. 나는 김태희를 여배우 중에서 제일 예쁘다고 생각한다.
>     ㄷ. 김태희가 여배우 중에서 제일 예쁘다고 생각된다.

(5)는 계사구문, (6)은 형용사구문의 예이다. (5ㄴ, 6ㄴ)은 인용절의 최상위명사구 ‘철수가’와 ‘김태희가’가 상위문의 대격어로 인상된 예이다. 흔히 이런 변형을 ‘대격주제화’라고 부른다. 인용구문에서 대격주제화가 일어나면 지칭문적 구조가 된다. (5ㄷ, 6ㄷ)은 (5ㄴ, 5ㄷ)이 피동화한 구문이다. 피동화는 (5ㄱ)에서 바로 일어나는 것이 아니고 대격주제화가 일어난 후에 적용되는 것으로 볼 수 있다. (5)와 (6)은 모두 상태 표현이고 ‘A=B’라는 의미관계를 가지고 있음을 알 수 있는데, 대격주제화는 이런 조건 하에서만 일어날 수 있다.[8]

---

8) ㄱ. 김회장의 베트남 방문은 한국 기업이 참여하는 방안을 찾기 위해서로 전해지고 있습니다.
   ㄴ. 멀고도 험하다는 정도가 적절한 상황설명으로 보입니다.

지칭문적 구조에서 'NP이라고'는 'NP으로'로 바뀔 수 있다. (7)이 그러
한 예이다.9)


(7) ㄱ. 나는 철수를 우리학교 학생으로 생각했다.
    ㄴ. 철수는 우리학교 학생으로 생각됐다.
    ㄷ. *나는 철수가 우리학교 학생으로 생각했다.


(7ㄱ)은 (5ㄴ)에서 '으로'변환이 일어난 예이다. (7ㄷ)에서 보듯이 (5ㄱ)
에서 '학생이라고'가 바로 '학생으로'로는 바뀌지 않는다. 대격주제화가
일어난 연후에야 '으로'변환이 가능하기 때문이다.

그런데 사유동사에 비해 화법동사는 '으로'변환이 자연스럽지 않을
때가 있다. 특히 '말하다, 이르다'와 같은 순수한 화법동사나 대동사 '하
다'가 쓰인 경우에는 더욱 그러하다.


(8) ㄱ. 철수는 이번 복권 당첨자가 고등학생이라고 말했다.
    ㄴ. 철수는 이번 복권 당첨자를 고등학생이라고 말했다.
    ㄷ. *?철수는 이번 복권 당첨자를 고등학생으로 말했다.
(9) ㄱ. 철수는 이번 복권 당첨자가 고등학생이라고 했다.
    ㄴ. 철수는 이번 복권 당첨자를 고등학생이라고 했다.

---

위의 예도 동격관계를 나타내는 계사구문이 변형된 것이다. 모두 분열문이거나 분열
문적 구문에 해당되는데 분열문도 동격관계의 계사구문의 하나이다. 그러나 분열문
적 구문이 화용론적 기제에 의해 변화한 '나는 여의도다, 철수는 라면이다'와 같은 구
문은 주제문 구성이어서 내포문으로 실현되기 어렵기 때문에 대격주제화나 '으로'변
형이 일어나지 않는다.
이밖에도 "상태"나 "동작"의 의미로 해석되는 '그 사람은 부정적이다', '그 사람은 오
늘도 결근이다.' '그 사람은 또 엄살이다'와 같은 계사구문도 '으로'변환이 일어나지 않
는다. 이들 계사구문에서는 관련되는 명사구(주제어와 '이다'통합 명사구)들이 은 동
격관계를 형성하지 못하기 때문이다. 계사구문의 구조와 의미해석에 대한 자세한 논
의는 졸고(2005) 참조하기 바란다.
9) 이런 '-으로'의 예는 명사문에 해당한다. "자격격"의 '-으로'가 확대 적용된 것으로 이해
  할 수 있으나, 역으로 "자격격"의 기능이 이러한 명사문적 성격에서 형성된 것이라고
  할 수도 있다.

ㄷ. *?철수는 이번 복권 당첨자를 고등학생으로 했다.

그러나 (10)에서와 같이 '보도하다, 설명하다, 주장하다, 보고하다, 제안하다'와 같이 화법동사라도 일부 사유적 행위(판단 행위)가 전제된 동사는 대격주제화나 '으로'변환이 쉽게 일어난다. 특히 (11)과 같이 피동화가 되면 '으로'가 쓰이는 것이 더 자연스럽게 느껴지기도 한다.

    (10) ㄱ. A신문은 이번 복권 당첨자가 고등학생이라고 보도했다.
        ㄴ. A신문은 이번 복권 당첨자를 고등학생이라고 보도했다.
        ㄷ. A신문은 이번 복권 당첨자를 고등학생으로 보도했다.

    (11) ㄱ. 이번 복권 당첨자는 고등학생이라고 보도됐다.
        ㄴ. 이번 복권 당첨자는 고등학생으로 보도됐다.

이로 보건대 대격주제화나 '으로'변환은 '[A=B]'라는 명제(사태)를 있는 그대로 전달하는 구문이 아니라 A를 B와 연결시키는 혹은 동일시하는 사고 행위를 나타내는 표현이라 할 수 있다. 따라서 사유 행위가 전혀 포함되지 않는 순수 화법동사와는 잘 어울리지 못하는 결과가 나타난 것이다. 관련되는 구조인 (2)의 구문 역시 유사한 의미해석을 보인다. 이는 '으로'변형이 (2)의 구조에 견인되었다는 설명을 뒷받침한다.

반면 동사구문의 인용절은 (12ㄴ)에서와 같이 대격주제화가 불가능하다, '으로'변환의 경우도 반드시 '것'이 포함되어 '것으로'의 형식으로만 나타난다.

    (12) ㄱ. 경찰은 김군이 성적을 비관하여 자살했다고 생각하고 있습니다.
        ㄴ. *경찰은 김군을 성적을 비관하여 자살했다고 생각하고 있습니다.

ㄷ. 경찰은 김군이 성적을 비관하여 자살한 것으로 생각하고 있
   습니다.

우리는 앞서 계사구문의 경우 대격주제화가 가능하며, 그 이후에 'NP
이라고'가 'NP으로'로 변환될 수 있음을 확인했다. 그럼 결국 동사구문
이 '것으로'구문으로 바뀌는 현상도 계사구문이 개재한 것으로 보아야
할 것이다.

(13) ㄱ. 경찰은 김군이 성적을 비관하여 자살한 것이라고 생각하고
      있습니다.
   ㄴ. 경찰은 [φ]을 김군이 성적을 비관하여 자살한 것이라고 생
      각하고 있습니다.
   ㄷ. 경찰은 [φ]을 김군이 성적을 비관하여 자살한 것으로 생각
      하고 있습니다.
   ㄹ. *경찰은 김군을 성적을 비관하여 자살한 것이라고 생각하고
      있습니다.
   ㅁ. *경찰은 김군을 성적을 비관하여 자살한 것으로 생각하고
      있습니다.

동사구문의 '것으로'구문은 (13ㄱ)과 같이 계사구문 '것이다'로의 변화
를 거쳐 형성된 것으로 이해된다. '것이다'구문은 [[상황/사태]topic
[[[S]comp 것]이다]vp]의 구조를 가진다. 이때 주제어 [상황/사태]는 공범
주로 실현된다. 이 구조에서 계사 '이다'가 통합된 명사구와 동격관계에
있는 것은 공범주주제이며 그것만이 대격주제화할 수 있다. (13ㄴ)이 이
에 해당된다. 그러나 공범주이기 때문에 표면적 모습은 (13ㄱ)과 변화가
없다. 대격주제화한 (13ㄴ)에서 '으로'변환이 일어난 모습이 (13ㄷ)이며,
이것이 일반적인 동사구문의 '것으로'구문의 형식이다. 하위문 'S'의 주
어 '김군이'는 두 층위를 넘어 인상될 수 없기 때문에 이를 대격주제화

하면 (13ㄹ)과 같이 비문이 된다.

(14) ㄱ. [φ]은 김군이 성적을 비관하여 자살한 것이라고 생각되고
　　　　있습니다.
　　ㄴ. [φ]은 김군이 성적을 비관하여 자살한 것으로 생각되고 있
　　　　습니다.
　　ㄷ. 김군은 성적을 비관하여 자살한 것이라고 생각되고 있습니다.
　　ㄹ. 김군은 성적을 비관하여 자살한 것으로 생각되고 있습니다.

　(14)는 대격주제화한 후에 피동변형이 일어난 예이다. (14ㄱ,ㄴ)은 공
범주주제가 주제어 위치에 존재하는 예이며, (14ㄷ,ㄹ)은 하위문의 주어
성분이 주제어 위치로 인상된 예이다. 피동화한 후에는 주제어 위치가
공범주이기 때문에 하위문의 최상위 명사구가 주제어 위치로 상승할
수 있으며, 이때는 한 층위만의 이동이기 때문에 가능하다. (14ㄷ,ㄹ)의
'김군은'은 (13ㄹ)에서 대격어가 피동변형에 의해 자리 이동한 것이 아
닌 것이다.
　'것으로'구문이 '것이다'구문을 바탕으로 한다는 점은 '것이다' 구문이
성립되기 어려운 구문은 '것으로'변형이 잘 일어나지 않는다는 사실에
서도 지지된다.

(15) ㄱ. 경찰은 학위를 위조해 교사로 취업한 외국인이 더 있을 수
　　　　있다고 추정하고 있습니다.
　　ㄴ. ?경찰은 학위를 위조해 교사로 취업한 외국인이 더 있을 수
　　　　있는 것으로 추정하고 있습니다.
　　ㄷ. 그런 이유에서 허 씨가 사업에 참여했을 수도 있다고 생각
　　　　한다.
　　ㄹ. ?그런 이유에서 허 씨가 사업에 참여했을 수도 있는 것으로
　　　　생각한다.

‘-을 수 있다’와 같이 “개연성”을 나타내는 표현은 ‘것이다’와 잘 어울리지 않는다. “상황 제시”의 ‘것이다’와 ‘-을 수 있다’가 의미적으로 중복되는 부분이 많기 때문이다. (15ㄴ)과 (15ㄹ)에서 보듯이 ‘-을 수 있다’구문을 ‘것으로’구문으로 고치면 어색한 문장이 된다. ‘것으로’구문이 ‘것이다’구문의 변형이기 때문에 ‘것이다’구문이 성립하기 어려운 표현은 원천적으로 변형이 일어나기 어려운 것이다.[10]

이 점은 “추측” 표현인 ‘-을 것이다’가 쓰인 구문에서도 확인된다.

> (16) ㄱ. 경찰은 학위를 위조해 교사로 취업한 외국인이 더 있을 것으로 추정하고 있습니다.
> ㄴ. 도로공사는 10시쯤이 돼서야 고속도로가 제 흐름을 찾을 것으로 보고 있습니다.
> ㄷ. 기상청은 벚꽃은 이달 말이 가장 아름다울 것으로 예상하고 있습니다.
> ㄹ. *경찰은 학위를 위조해 교사로 취업한 외국인을 더 있을 것으로 추정하고 있습니다.
> ㅁ. *도로공사는 10시쯤이 돼서야 고속도로를 제 흐름을 찾을 것으로 보고 있습니다.
> ㅂ. *기상청은 벚꽃을 이달 말이 가장 아름다울 것으로 예상하고 있습니다.

‘추정하다, 예상하다’와 같은 동사들은 하위문으로 추측의 명제가 요구한다.[11] ‘-을 것이다’는 추측의 형식으로 굳어져 조동사처럼 쓰이는

---

10) 일반적으로 형용사구문과 계사구문도 ‘것이다’구문이 되는 일이 별로 없다. 때문에 이들도 ‘것으로’구문으로 잘 나타나지 않는다, [+상태성]이라는 기능의 중복 때문이다. 그러나 기능의 중복은 어색할 뿐이지 비문법적인 것은 아니다, 따라서 특정 문맥 상황에서는 ‘것이다’구문이 성립하며, 이런 문장은 ‘것으로’구문으로 변형될 수 있다.
11) 피동형은 ‘것으로’가 더 자연스럽고 많이 사용된다. 이에 대해서는 후술한다.

것이지만 그 구조는 ‘것이다’구문과 다르지 않다. (16ㄹ~ㅁ)에서 보듯이 ‘-을 것이다’가 쓰인 구문에서는 하위문(관형절)의 주어가 대격주제로 실현되지 못한다. (13)에서 ‘것으로’구문이 보이는 현상과 일치한다. ‘것으로’구문이 ‘것이다’구문의 변화임을 재삼 확인할 수 있다.

계사구문의 추측 표현에서도 마찬가지이다.

> (17) ㄱ. 철수는 김태희가 우리나라에서 제일 예쁜 여배우일 거라고 생각한다.
> ㄴ. 철수는 김태희가 우리나라에서 제일 예쁜 여배우일 걸로 생각한다.
> ㄷ. *?철수는 김태희를 우리나라에서 제일 예쁜 여배우일 거라고 생각한다.
> ㄹ. *?철수는 김태희를 우리나라에서 제일 예쁜 여배우일 걸로 생각한다.

(17)은 ‘김태희가 우리나라에서 제일 예쁜 여배우일 것이다’가 인용 보문으로 실현된 예이다. (17ㄱ)과 같이 ‘고’인용절이나 (17ㄴ)과 같이 ‘것으로’구문이 모두 자연스럽다. 그런데 (17ㄷ,ㄹ)에서 보듯 하위문의 주어 ‘김태희가’는 대격주제가 될 수 없다. ‘-을 것이다’라는 구조가 내포문에 쓰임으로서 ‘김태희’는 ‘것’을 꾸미는 관형절의 주어일 뿐, ‘것이다’의 주어가 아니게 되었기 때문이다. 이와 같은 현상은 ‘것이다’구문의 주어는 상황주제어이며 이는 공범주로 실현된다는 우리의 통사구조를 지지한다.[12]

‘상태이다, 계획이다’와 같은 상태 표현의 계사구문의 변형 과정도 우리의 설명을 지지해 준다.[13]

---

12) 이와 같이 변화 이전의 구문이 ‘것이다’구문이면 대격주제가 공범주로 나타나는 ‘것으로’구문으로만 바뀔 뿐이다. 아래 예와 같이 동격관계를 형성하고 있다 해도 ‘NP으로’로 바꾸면 의미가 달라진다.
ㅇ 철수는 김태희를 우리나라에서 제일 예쁜 여배우로 생각한다.

(19) ㄱ. 우리들은 김 씨가 생명에는 지장이 없는 상태라고 알고 있
　　　습니다.
　　ㄴ. 모두들 일본은 지금 매우 곤란한 처지라고 생각하고 있다.
　　ㄷ. 국민들은 정부가 내년부터 건강검진을 추진할 계획이라고
　　　알고 있습니다
　　ㄹ. 검찰은 범인들이 기회가 되면 중국으로 도피할 계획이라고
　　　생각하고 있습니다.

　'상태, 입장, 분위기, 표정, 모습, 계획, 예정'과 같이 "상황"이나 "양상"
의 의미를 나타내는 명사들은 '이다'와 통합하여 상태 표현으로 쓰일 수
있다. 이들 구문에서 표면에 실현된 주어(혹은 주제어)는 '이다'가 통합된
명사와 의미적으로 [A=B]의 동격관계를 이루지 못한다. 따라서 계사구
문이라도 (20)과 같이 'NP으로'의 변형은 불가능하며 (21)과 같이 대격주
제화도 일어나지 못한다.

(20) ㄱ. *우리들은 김 씨를 생명에는 지장이 없는 상태라고 알고 있
　　　습니다.
　　ㄴ. *모두들 일본을 지금 매우 곤란한 처지라고 생각하고 있다.
　　ㄷ. *국민들은 정부를 내년부터 건강검진을 추진할 계획이라고
　　　알고 있습니다
　　ㄹ. *검찰은 범인들을 기회가 되면 중국으로 도피할 계획이라고
　　　생각하고 있습니다.

(21) ㄱ. *우리들은 김 씨를 생명에는 지장이 없는 상태로 알고 있습
　　　니다.
　　ㄴ. *모두들 일본을 지금 매우 곤란한 처지로 생각하고 있다.

---

13) '참이다, 길이다, 따름이다, 뿐이다'와 같이 형식명사가 '이다'와 통합된 구문도 동일
한 구조를 가진 것으로 보인다. '상태이다'의 구문과 통사적 현상이 일치하기 때문이
다. 다만 같은 구조라도 '때문이다'와 같은 예는 분열문 구성을 만들기도 하기 때문
에 '으로'변환이 일어날 때도 있다.

    ㄷ. *국민들은 정부를 내년부터 건강검진을 추진할 계획으로 알
       고 있습니다
    ㄹ. *검찰은 범인들을 기회가 되면 중국으로 도피할 계획으로
       생각하고 있습니다.

그러나 'NP인 것으로'의 형식으로는 바뀔 수 있다, 계사구문이 중복
되는 구조이긴 하나 상황의 공범주주제가 공통되기 때문이라고 해석할
수 있다.

  (22) ㄱ. 우리들은 김 씨가 생명에는 지장이 없는 상태인 걸로 알고
       있습니다.
    ㄴ. 모두들 일본이 지금 매우 곤란한 처지인 걸로 생각하고 있다.
    ㄷ. 국민들은 정부가 내년부터 건강검진을 추진할 계획인 걸로
       알고 있습니다
    ㄹ. 검찰은 범인들이 기회가 되면 중국으로 도피할 계획인 걸로
       생각하고 있습니다.

'것이다'구문과 같이 공범주주제를 가진 통사구조는 하위문의 주어나
주제어가 대격주제어로 실현되는 일이 없다.

  (23) ㄱ. *경찰은 학위를 위조해 교사로 취업한 외국인을 더 있을 수
       있다고 추정하고 있습니다.
    ㄴ. *그런 이유에서 허 씨를 사업에 참여했을 수도 있다고 생각
       한다.
    ㄷ. *경찰은 학위를 위조해 교사로 취업한 외국인을 더 있을지
       모른다고 추정하고 있습니다.
    ㄹ. *그런 이유에서 허 씨를 사업에 참여했을지도 모른다고 생
       각한다.

(23ㄱ,ㄴ)은 '-을 수 있다'구문의 예이고, (23ㄷ,ㄹ)은 '-을지 모른다'구

문의 예이다. (23)에서 보듯이 내포문(관형절) 안의 주어 '외국인'과 '허씨'
는 대격주제로 실현될 수 없다. '-을 수 있다'구문에서 전체 문장의 주어
는 '수'이며, '-을지 모른다'구문에서 전체 문장의 주어는 표면에 실현되
지 않는다. 대격 주제로 실현될 수 있는 것은 인용절 안의 주어나 주제
어 성분이다. 따라서 '수'와 '지'를 꾸미는 관형절(하위문) 속의 '외국인'이
나 '허씨"는 대격주제로 실현될 수 없다. 두 층위를 건너뛰는 인상(引上)
이기 때문이다.

계사구문의 인용절은 'NP으로', 'NP인 것으로'의 변화가 모두 가능하
나, 의미가 다르다.

(24) ㄱ. 철수는 김태희가 우리나라에서 제일 예쁜 여배우라고 생각
　　　　한다.
　　ㄴ. 철수는 김태희를 우리나라에서 제일 예쁜 여배우라고 생각
　　　　한다.
　　ㄷ. 철수는 김태희를 우리나라에서 제일 예쁜 여배우로 생각한다.
　　ㄹ. 철수는 그래서 김태희가 우리나라에서 제일 예쁜 여배우인
　　　　거라고 생각한다.
　　ㅁ. 철수는 그래서 김태희가 우리나라에서 제일 예쁜 여배우인
　　　　것으로 생각한다.
　　ㅂ. *철수는 그래서 김태희를 우리나라에서 제일 예쁜 여배우인
　　　　거라고 생각한다.
　　ㅅ. *철수는 그래서 김태희를 우리나라에서 제일 예쁜 여배우인
　　　　것으로 생각한다.

(24ㄱ)의 구문이 대격주제화되면 (24ㄴ)이 된다. 여기서 다시 '으로'변
환이 일어나면 (24ㄷ)의 모습이 된다. (24ㄹ)은 계사구문이 '것으로'형식
으로 바뀐 예이다. 계사구문의 경우 이런 형식은 많이 쓰이지 않는다.
계사구문은 자체로 상태의 표현이기 때문에 '것이다'형식과 기능이 중

복되고 계사구문이 중복되는 구조가 되기 때문이다. 그러나 “강조” 등의 기능이 부각되는 특정 환경에서는 ‘것이다’가 계사구문과 통합될 수 있다. (24ㄹ)이 그 예이다. 이 구문은 (24ㅁ)과 같이 ‘으로’변형이 적용될 수 있다. 그러나 (24ㄷ)과 (24ㅁ)은 동일한 의미가 아니다. (24ㅁ)이(24ㄷ)에 비해 문장적 성격이 두드러진다. 이와 같은 의미차이는 변화 이전의 구문이 다르기 때문이라고 설명하는 것이 가장 합리적이다.

‘것이다’가 쓰이면 전체 문장의 구조가 바뀐다. ‘김태희가 제일 예쁜 여배우이다’라는 명제는 는 하위문으로 들어가기 때문에 이 하위문의 주어 ‘김태희’는 (24ㅂ,ㅅ)에서와 같이 대격주제로 실현될 수 없다. 같은 계사구문임에도 불구하고 이 같이 통사적 현상이 달라지는 것은 바탕이 되는 구조가 다르기 때문이라고밖에 설명할 수 없다.

이상에서 우리는 동사구문의 ‘것으로’구문은 동사구문이 ‘것이다’구문으로 바뀐 연후에 그 구조가 변화되어 나온 것이며, ‘으로’변환은 지칭문적 구조에 견인된 것이라는 점을 살펴보았다. 이와 같이 보는 것이 인용절의 대격주제화나 ‘으로’변환을 국어의 문법체계 안에서 일관되게 설명할 수 있다. 형식화하면 (25)와 같다.

> (25) ㄱ. [[~V]s-고] V
> ㄴ. [[[ϕ]topic [[~V]s-comp 것]이다]vp-고] V (‘것이다’구문 치환)
> ㄷ. [ϕ]topic을 [[[~V]s-comp 것]이다]vp-고] V (대격주제화)
> ㄹ. [ϕ]topic을 [[[~V]s-comp 것]으로] V (‘으로’변환)
> ㅁ. [ϕ]topic은 [[[~V]s-comp 것]으로] V (피동화 변형)

## 4. 피동화와 ‘것으로’구문

우리는 앞 장에서 ‘것으로’구문은 ‘것이다’구문의 인용절이 대격주제화과 ‘으로’변환의 절차를 거쳐 형성된 것임을 검토하였다.

그런데 동사에 따라서는 능동형에서는 '것으로'구문이 성립되지 않지만, 피동형으로는 '것으로'구문이 쉽게 성립되는 것이 있다. '기대되다, 우려되다, 걱정되다' 등이 그런 예이다. 이들의 능동형은 일반적으로 명사절을 보문으로 요구한다. 이들 동사는 원칙적으로 능동문이 인용구문이 될 수 없기 때문에 대격주제화와 '으로'변환의 절차가 적용될 수 없는 듯이 보인다.

그러나 이들 동사들에서도 '-을 것이다, -을 수 있다'와 같은 추측의 표현이 포함된 문장은 인용절로 실현될 수 있다.

> (26) ㄱ. 이번 상품이 환경 오염을 상당 부분 개선할 것이라고 기대
>     하고 있습니다.
>   ㄴ. 이번 파업으로 수출이 큰 타격을 입을 것이라고 우려하고
>     있습니다.
>   ㄷ. 정부는 이번 폭설로 농민들이 많은 피해를 입을 것이라고
>     걱정하고 있습니다.

> (27) ㄱ. 이번 상품이 환경 오염을 상당 부분 개선할 수 있다고 기대
>     하고 있습니다.
>   ㄴ. 이번 파업으로 수출이 큰 타격을 입을 수 있다고 우려하고
>     있습니다.
>   ㄷ. 정부는 이번 폭설로 농민들이 많은 피해를 입을 수 있다고
>     걱정하고 있습니다.

(26)은 '-을 것이다', (27)은 '-을 수 있다'가 인용절에 쓰인 예이다. (27)보다는 (26)의 형식이 더 많이 쓰인다. 이런 현상은 이들 동사가 [사고+심리]의 복합적 의미구조를 가지고 있기 때문에 나타난 것으로 보인다. 즉 이들 동사들의 인용구문은 사유동사가 보문동사로 참여한 구조로 이해될 수 있다. '[S]-고 생각하여 (결과 상태나 사태를) V'로 볼 수 있다

는 것이다. 이에 따라 (26ㄱ)의 경우 '이번 상품이 환경 오염을 상당 부분 개선할 <u>것이라고 판단하여 그 효과(결과)를 기대하고 있습니다.</u>'와 같이 바꿔볼 수 있다. 이런 구조에서 인용절 S 안의 추측 표현에 의해 충분히 예측 가능함으로써 의미적으로 잉여적으로 된 보문동사 '생각하다, 추정하다'가 생략되어, '기대하다, 우려하다, 걱정하다'가 인용절에 바로 연결된 구문이 (26)의 예라 할 수 있다.

이런 환경에서는 능동문도 (28)에서와 같이 '것으로'구문으로 바뀔 수 있다.

(28) ㄱ. 연구자들은 이번 상품이 환경 오염을 상당 부분 개선할 것으로 기대하고 있습니다.
ㄴ. 회사는 이번 파업으로 수출이 큰 타격을 입을 것으로 우려하고 있습니다.
ㄷ. 정부는 이번 폭설로 농민들이 많은 피해를 입을 것으로 걱정하고 있습니다.

(28)의 '것으로'구문이 피동화한 것이 (29)의 예이다.

(29) ㄱ. 이번 상품은 환경 오염을 상당 부분 개선할 것으로 기대되고 있습니다.
ㄴ. 이번 파업으로 수출이 큰 타격을 입을 것으로 우려되고 있습니다.
ㄷ. 이번 폭설로 농민들이 많은 피해를 입을 것으로 걱정되고 있습니다.

결국 '기대하다, 우려하다, 걱정하다'류의 '것으로'구문은 특정 의미 환경이라는 조건하에 형성된 인용구문이 대격주제화, '으로'변형을 거쳐 형성된 것으로 3장의 설명에서 벗어나지 않는다. 다만 이 동사들이 피

동형으로 쓰이는 일이 많은 것은 피동구문에서 '결과 상태나 사태'의 생
략이 보다 쉽게 일어날 수 있기 때문인 것으로 보인다. 이는 피동화에
의해 상위명사구로 이동한 공범주주제(상황주제)와 피동화에 의해 이동
한 '결과 상태나 사태'가 동질적인 의미이기 때문에 후자가 생략된 것으
로 이해할 수 있다.

  자동사 '드러나다, 나타나다'[14) 등은 타동사는 물론 자동사도 인용구
문이 성립되지 않는다. '기대하다'류가 특정 조건을 충족하면 인용구문
이 성립될 수 있는 데 반해 '나타나다, 드러나다'는 어떠한 경우도 인용
구문으로 실현될 수 없다는 점이 다르다. 따라서 이들 동사의 '것으로'
구문은 인용구문의 대격주제화와 '으로'변환으로는 설명될 수 없다.

  '나타나다'류의 '것으로'구문은 '으로'가 지니는 명사문 형성의 기능과
관계된 것으로 보인다. 이런 '으로'는 동사에 직접 지배를 받지 않으며
연결어미로 바뀔 수도 있다.[15)


   (30) ㄱ. <u>범인은 호주계 미국 시민으로</u> 대통령의 면담을 요구하고 있
        습니다.
     ㄴ. <u>김 씨는 만취한 채로</u> 1시간이나 운전한 셈입니다.
     ㄷ. <u>한일관계는 긴장관계 상태로</u> 현재까지 왔습니다.


  (30)은 '으로'에 의해 명사문이 된 예이다. 이 명사문은 동격적 계사구
문에서 조사중복으로 인해 '이다'가 생략됨으로써 형성된다.[16) (30ㄱ)은

---

14) 이들의 타동사형은 '드러내다, 나타내다'이다. 피동사도 [타동사-자동사]의 관계이므
   로 이들도 넓은 의미에서는 피동사의 범주에 들 수 있다. 그러나 형태론적 기제와
   구조가 다르기 때문에 본고에서는 달리 다룬다.
15) 종속절적인 성격을 갖는다는 뜻이다. 종속절을 부사절로 본다면 용언에 지배되는 것
   이지만 종속절은 온전한 부사어와는 성격이 다르고, 부사어(절)로 본다 하여도 필수
   논항으로서 용언과 관계되는 것이 아니므로 인용절과 같은 통사적 관계를 갖는 것은
   아니다.
16) '<u>하지만 인권위의 의견 표명으로</u> 상황은 달라졌습니다.'에서와 같이 '으로'가 서술성
   명사구에 통합되어 동사구를 대신하여 쓰이는 일도 있다. 이도 일종의 명사문의 예

'범인은 호주계 미국시민이다'의 구문이 변형된 것이다. 흔히 '자격격'으로 불리는 '으로'의 기능은 이런 명사문 형성 기능과 관련되는 것으로 보인다. (30ㄴ)과 (30ㄷ)도 '김씨는 만취한 채이다', '한일관계는 긴장관계 상태이다'의 계사구문이 변형된 것이다. 그런데 (30ㄱ)과 달리 '김씨'와 '한일관계'는 '채'와 '상태'와 동격관계가 아니다. 형식명사나 "상태"의 명사가 '이다'와 통합된 계사구문은 상황주제를 공범주로 가지는 구조이다. 이 구문에서는 일반적으로 하위문의 주어가 공범주주제의 위치로 인상된다. (30ㄴ)과 (30ㄷ)의 변형 이전의 구조는 각각 '[[상황]topic[[[김씨가 만취한]채]이다]vp]', '[[상황]topic[[[한일 관계가 긴장관계인]상태]이다]vp]'의 구조에서 공범주주제 위치에 하위문의 '김씨'와 '한일관계'가 인상된 것이다. 이런 계사구문은 "어떤 상태/상황에 있다"의 의미로 해석된다. 이 계사구문에서 '이다'가 생략되고 최상위문의 주제어와 동일지시적이어서 하위문의 '김씨'와 '한일관계'가 생략된 모습이 (30ㄴ)과 (30ㄷ)이다. 결국 (30ㄴ,ㄷ)도 동격적 계사구문을 바탕으로 형성된 것이다.

> (31) ㄱ. 검사 결과 알레르기 질환이 급증한 것으로 나타났습니다.
>     ㄴ. 김씨는 일부 부동산을 위장 전입을 통해 사들인 것으로 드러났습니다.
>     ㄷ. 김태희가 우리나라 예배우 중에서 가장 예쁜 것으로 나타났습니다.

(31)은 '나타나다'류의 '것으로'구문의 예이다. 이 구문에서 '으로'가 통합된 명사구는 문장의 필수논항이 아니다. '나타나다. 드러나다'는 자동

---

이다. 이런 구문은 한자어 명사가 지니는 서술성 때문에 '하다'가 생략되어 발생한 것으로 보인다. 중세국어에서는 이와 같이 '하다'가 생략되어 동작적 의미를 나타내는 명사문이 현대국어에 비해 현저히 많았으며, 통합되는 조사도 '으로'에만 국한되지 않았다. 그러나 이런 구문은 한문 언해 과정에서 나타난 특수한 구조로 자연스러운 우리말로 보기 어렵다. '으로'의 이런 예도 이런 문어적 성격의 잔재가 아닌가 생각된다.

사로 주어만을 요구할 뿐 필수적 부사어를 요구하는 동사들이 아니다. 이 점은 여타 '것으로'구문과 다르며, (30)과 일치한다. 또 이 구문에서는 일반적으로 '나타나다'의 주어가 실현되지 않는다. (31)에서 '알레르기 질환. 김씨, 김태희'는 '나타나다, 드러나다'의 주어가 될 수 없다. 생략된 주어를 복원한다면 '결과 '나 '사실' 정도로 모두 "상황"의 의미범주에 포함될 수 있는 것들이다.17) 이 주어(주제어) 성분을 보충하면 (32)와 같이 바꿔 볼 수 있다.

> (32) ㄱ. 검사 결과는 알레르기 질환이 급증한 것으로 나타났습니다.
> ㄴ. 사실은 김씨가 일부 부동산을 위장 전입을 통해 사들인 것으로 드러났습니다.
> ㄷ. 조사 결과는 김태희가 우리나라 예배우 중에서 가장 예쁜 것으로 나타났습니다.

(32)와 같이 바꾸면 구조적 모습이 (30)과 같아진다. 또 이때 복원된 주어와 '것'명사절의 내용은 의미적으로 동격관계를 갖는다. 따라서 (32)의 구문은 (30)과 같은 변화 과정을 밟은 것임을 알 수 있다. 즉 (32ㄱ)의 경우 '검사결과는 [[검사결과가 알레르기 질환이 급증한 것이다]-으로] 나타났다.'의 계사구문에서 '이다'가 생략되고, 동일지시적인 하위문의 '검사결과가'가 생략된 것이다. 또 (32ㄱ)은 '결과는 알레르기 질환이 <u>급증한 것이며</u> 그 사실이 이번 검사에서 나타났다.' 와 같이 연결어미로 바꿔 표현될 수 있는데, 이 점도 (30)의 현상과 일치한다.

---

17) 이런 의미가 아닌 명사는 반드시 표면에 실현된다. 이런 구문에서 주어 성분이 잘 나타나지 않는 것은 주어 생략이 필수적으로 이루어지기 때문이라고 생각한다. 계사구문의 주제어 생략은 수의적일 때도 필수적일 때도 있다. 수의적인 생략은 문맥 상황에 의한 일반적인 생략이고, 필수적인 생략은 구조에 의한 것이다. 졸고(2005) 참고. 임동훈(2004)에서는 이런 구조를 원래부터 주어(주제어)가 실현되지 않는 '제시문'이라 하고 있는데, 제시문은 상황의 공범주주제가 화용론적 기제에 따라 필수적으로 생략된 것으로 보는 것이 본고의 입장이다.

(31)의 구문은 (32)에서 주제어 성분이 구조적 이유에 의해 공범주로
실현된 것이다. 주제어가 상위에 실현되면 하위문의 주어는 주제어로
실현될 수 없다. 하위문의 주어에 '-는'을 통합시켜도 "대조"의 기능만
나타낼 뿐이다. 그러나 상위의 주제어가 공범주로 실현되면 하위문의
주어 성분이 상승할 수 있다. (31ㄴ)의 '김씨는'은 주제어가 공범주로 실
현된 후 하위문의 주어가 상승하여 나타난 것이다.

(31)의 구문이 동격적 계사구문을 바탕으로 형성되었음은 (33)의 예에
서도 확인된다.

> (33) ㄱ. 김태희가 우리나라에서 가장 예쁜 여배우인 것으로 나타났
>   습니다.
>   ㄴ. *김태희가 우리나라에서 가장 예쁜 여배우로 나타났습니다.
>   ㄷ. 운전자의 부주의가 이번 사고의 원인인 것으로 나타났습니다.
>   ㄹ. *운전자의 부주의가 이번 사고의 원인으로 나타났습니다.
>   ㅁ. 이번 수상자는 현재 대학 재학생인 것으로 드러났습니다.
>   ㅂ. *이번 수상자는 현재 대학 재학생으로 드러났습니다.

(33ㄱ)의 '김태희'와 '가장 예쁜 여배우', (33ㄷ)의 '부주의'와 '원인' (33
ㅁ)의 '수상자'와 '대학 재학생'은 동격 관계를 가진다. 그러나 이들 구문
은 '것으로'구문으로만 실현될 뿐 (33ㄴ,ㄹ,ㅁ)과 같이 'NP으로'로는 실현
되지 못한다. 상위문의 서술어 '나타나다'의 주어(주제어)와 동격관계를
이루는 것은 '것'으로 표현되는 명제 전체이지 하위문의 명사가 아니기
때문이다. (30)의 구문에서는 상위문의 주어(주제어)와 '으로'가 통합된 명
사와 동격관계를 갖는 명사가 동일지시적이어야 한다는 제약조건이 있
었다. 이 조건은 '것으로'구문에도 그대로 적용됨을 알 수 있다. 따라서
(33)의 예는 (31)의 구문이 (30)의 구조에 해당함을 보여주는 것이다.

결국 '나타나다'류의 '것으로'구문은 명사문을 형성하는 '으로'의 기능
에 의한 것으로, 인용구문을 바탕으로 형성된 것이 아니다. 따라서 '나

타나다'류가 인용구문으로 실현되는 일이 없는 것이다. 그러나 형성과
정과 구조는 다르지만 '것으로'구문이 계사구문을 바탕으로 하고 있음
은 공통되므로 모든 '것으로'구문은 동격적 계사구문을 바탕으로 형성
된 것이라 결론지을 수 있다.

　'조사하다, 연구하다, 검증하다' 등도 원칙적으로는 인용절을 가지는
동사가 아니다. 그런데 이들 동사의 피동형 '조사되다, 연구되다, 검증
되다'는 '것으로'구문을 잘 형성한다.

(34) ㄱ. 10명 중 한 명이 음식 알레르기 질환을 갖고 있는 것으로
　　　　 조사됐습니다.
　　 ㄴ. 과도한 스트레스가 성인병을 유발하는 것으로 연구되었습
　　　　 니다.
　　 ㄷ. 이번 논문에서는 문학 속의 세계관도 현실에 근거하여 이루
　　　　 어지는 것으로 검증되었습니다.


　이들 동사의 피동사의 과거형은 사태의 완결을 함축하게 된다. '조사
했다'는 조사 결과가 완결된 것이 아니라 행위가 완결된 것인데 비해,
'조사됐다'는 조사가 완결되어 그 결과가 이미 나왔음(완결되었음)을 의미
하게 된다. 이런 의미적 특성으로 인해 피동형 '조사됐다'는 '조사 결과
가 나타났다'의 의미로 파악되어 (31)의 구조와 같은 의미 해석을 받게
됨으로써 '것으로'구문이 형성된 것으로 보인다. (34)의 '것으로'구문은
이와 같은 의미의 전용에 의해 형성된 것이다.

　우리말에 있어 피동화는 동사에 따라서는 결과성이 강조되는 일이
있다. 이런 피동화의 구문적 특성은 피동사의 '것으로'구문이 많이 쓰이
는 것과 관련되는 듯하다. 발화동사들이 피동형에서 더 자연스럽고 생
산적으로 쓰이는 이유도 같은 맥락으로 보인다. 능동형의 '것으로'구문
은 판단이나 규정 행위에 적합한 것이지만 피동구문으로 변형되면 결

과성이 강조된다. 특히 동사구문의 '것으로'구문은 '것이다'구문의 변화이고 '것이다'구문은 "상황"의 공범주주제를 가지고 있는 구문이므로 [상태성]이 강하게 드러난다. 이 의미적 특성이 우리말의 피동문이 지니는 [+결과성], [+상태성]의 특성과 잘 어울림으로써 피동사의 '것으로'구문이 더 생산적으로 쓰이며, 조건도 완화되는 것이 아닌가 생각된다. 또 '나타나다, 드러나다'와 같은 자동사가 보이는 명사문적 '것으로' 구문의 형식도 영향을 주었을 것으로 짐작된다.

## 5. 결 론

본고는 인용구문과의 구조적 상관성를 중심으로 '것으로'구문의 형성 절차와 구조에 대해 검토하였다. 그 결과 '것으로'구문은 (1) 계사구문 '것이다'구문이 대격주제화한 후 '으로'변환을 거쳐 형성된 것과 (2) '-으로'의 명사문 형성 기능에 의해 형성된 것의 두 구조가 있음을 알았고, 무주어 계사구문은 "상황"의 공범주주제를 가지는 구조임을 재확인하였다. 밝힌 내용보다 미비점과 문제점만 더 늘어난 감이 없지 않지만, 차후 더 깊은 논의를 통해 보완하기로 하고 여기서는 본론에서 논의된 내용을 요약하고 문제점을 피력하는 것으로 결론을 대신하고자 한다.

(1) 국어의 지칭문이나 지칭문적 구조에서 '-으로'가 통합된 명사구는 필수 논항이며, 인용구문의 대격주제화와 '으로'변환은 지칭문적 구조에 이끌려 발생하는 것으로 이해할 수 있다.

(2) 인용절 내의 최상위명사구(주어)가 상위문으로 인상되는 대격주제화는 동격이나 그에 준하는 의미관계를 지닌 상태성 구문에서만 일어날 수 있다. 따라서 계사구문이나 형용사구문에서만 가능하며 동사구문은 불가능하다. 또 대격주제화는 두 층위를 넘어서는 일어날 수 없다.

(3) 인용구문의 '으로'변환은 대격주제화가 일어난 후에 적용되는 규

칙으로, '이다'가 '으로'로 대치되는 절차이다. 이 구조로 변화하면 행위적 의미가 보다 부각된다.

(4) 사유동사나 화법동사가 형성하는 '것으로'구문은 인용구문에서 동사구문의 인용절이 계사구문('것이다'구문)으로 바뀐 연후에 (2)와 (3)의 절차를 거쳐 형성된 것이다. 이와 같이 보는 것이 인용절의 대격주제화나 '으로'변환을 국어의 문법체계 안에서 일관되게 설명할 수 있다. 이 과정을 형식화하면 아래와 같다.

ㄱ.  [[~V]s-고] V
ㄴ.  [[[ɸ]topic [[~V]s-comp 것]이다]vp-고] V ('것이다'구문 치환)
ㄷ.  [ɸ]topic을 [[[~V]s-comp 것]이다]vp-고] V (대격주제화)
ㄹ.  [ɸ]topic을 [[[~V]s-comp 것]으로] V ('으로'변환)
ㅁ.  [ɸ]topic은 [[[~V]s-comp 것]으로] V (피동화 변형)

(5) '것이다'구문은 (4ㄴ)과 같이 "상황"의 공범주주제를 지니는 구조로 '이다'와 통합된 '것'과 공범주주제가 동격관계를 지닌다.

(6) '나타나다, 드러나다'와 같은 "상황 제시"의 동사가 쓰인 '것으로'구문은 계사구문을 명사문으로 바꾸는 '-으로'의 기능에 의해 형성된 것이다. 이때는 '것'을 수식하는 관형절(명사구보문)의 주어와 상위문의 주어는 동일지시적이어야 하며 하위문의 주어는 필수적으로 생략된다. 또 이 구문에서 '-으로'통합 성분은 종속절적인 성격을 지닌 것으로 필수 논항이아니다. '나타나다'류는 본래 '결과 상태나 사태'의 주어(주제어)를 가지나 문맥 상황에 의해 생략되기 때문에 보통은 표면에 실현되지 않는다. 그러나 공범주로서 실현된 것이기 때문에 '것으로'의 '것'과 동격 관계를 가진다.

(7) '기대되다'나 '조사되다'의 '것으로'구문은 의미적 특수성과 의미 전용에 의해 형성된 것이다.

(8) ‘것으로’구문은 피동사가 더 생산적인데, 이는 국어의 피동구문의 특성 때문이 아닐 까 추측된다. 그러나 본고에서는 ‘것으로’구문의 특성과 피동구문의 특성의 상관관계에 대해서는 구체적으로 검토하지 못했고, 명확한 답을 제시하지 못했다. 차후의 과제로 남겨 둔다.

# 참고문헌

고영근·남기심(1985), 표준국어문법론, 탑출판사.
김광해(1983), 계사론, 이응백박사회갑기념논문집, 寶晋齋.
남기심(1986), '-이다'구문의 통사적 분석, 한불연구7.
남기심(2001), 현대국어통사론, 태학사.
서정목(1993), 계사구문과 그 부정문의 통사구조에 대하여, 국어사자료와 국어학
        의 연구, 문학과 지성사.
시정곤(1993), '-이다'의 '-이-'가 접사인 몇가지 이유, 주시경학보11.
안병희(1959), 중기어의 부정어 '아니'에 대하여, 국어국문학 20.
엄정호(1989), 소위 지정사구문의 통사구조, 국어학18.
윤용선(2005), 계사 '이다'의 구문과 기능, 역사적전환기와 한국문학, 월인.
임동훈(1997), 이중주어문의 통사구조, 한국문화 19.
임동훈(2005), '이다'구문의 제시문적 성격, 국어학45.
이승재(1994), '-이-'의 삭제와 생략, 주시경학보13.
이익섭.채완(2000), 국어문법론강의, 재판, 학연사.
이현희(1994), 중세국어구문연구, 신구문화사.
이희자(1994), '-이다'와 발화문, 구시경학보13.
임홍빈(1985), 국어의 '통사적인' 공범주에 대하여, 어학연구 21-3.

高橋太郞(1984), 名詞述語文における主語と述語の意味的な關係, 日本語學 3-21.
浜之上幸(1994), 기능문법의 관점에서 본 '-이다', 주시경학보13.

# 한국어의 통사적 특성과 확대투사원리*

윤 종 열**

## 1. 들어가는 말

　보편문법(Universal Grammar)을 추구하는 언어이론은 모든 자연언어를 성공적으로 설명할 수 있어야 한다. 그리고 바람직한 언어이론을 개발하기 위해서는 이 이론이 가정하는 기본 철학과 방법론에 대한 충실한 이해와 함께 이 이론의 바탕이 되고 이 이론을 적용하여 분석, 규명하게 될 개별 언어의 언어자료에 대한 올바른 분석이 필수적이다. 이론이란 어떤 이론이든 가설이며, 이 가설을 증명하는 것은 바로 언어자료의


---

　* 이 글은 2005년 10월 22일 서울대학교에서 개최된 국제한국언어학회 창립 30주년 기념학술대회에서 필자가 발표한 내용과 윤종열(2006)에 발표된 내용의 일부를 부분적으로 발췌하여 수정 보완한 것이다. 이 학술대회에 참가하여 좋은 평을 하여 주신 여러 토론자 및 참석자들께 감사드린다. 아울러 이 글은 최소주의이론에 대한 일반적인 소개를 겸하고 있으므로 이론과 관련하여 이미 학계에서 일반적으로 널리 이용되고 있는 예문이나 이론 설명시 일반적으로 받아들여지고 있어 이미 공인되었다고 할 수 있는 내용에 대하여는 관련된 내용을 특정한 저서나 논문에서 인용하였거나 재구성을 하였더라도 각각의 참고자료를 일일이 밝히지 않은 경우도 있음을 널리 양해하여 주시기 바란다.

　** 국민대학교 영어영문학과.

설명력 여부라고 할 것이기 때문이다. 따라서 어떤 문법이론을 특정 개별언어의 통사현상에 적용한다는 것은 이 이론이 제시하고 있는 방법론을 통하여 그 개별언어의 언어자료를 얼마나 적절히 설명하는가 그리고 설명할 수 있는가를 검증한다는 것이라고 말할 수 있을 것이다.

한국어는 다른 언어와 비교하여 볼 때 통사적으로 특이한 현상이 많이 발견되어 우리가 추구하는 언어이론이 보편문법적으로 얼마나 적절하며 타당한가를 검증할 수 있게 함으로써 언어연구와 이론의 발전에 크게 기여할 수 있는 언어라고 할 수 있다.[1] 이 글에서는 최소주의 이론이 근간으로 삼고 있는 보편문법적 언어 원리와 이의 매개변항화를 통하여 개별언어의 특성을 규명하고자 하는 이론적 가설을 바탕으로 다음 예문에서 한국어가 보여주는 중주어/중목적어의 출현,[2] 어순의 자유로움, 의문사구가 이동하지 않음, 예외적 격표시 구문에서의 다양한 격조사 출현, 부정극어주어의 가능성 등과 같은 흥미로운 통사적 특성들이 최소주의 이론 하에서 어떻게 규명될 수 있을까를 시험적으로 제안해 보고자 한다. 최소주의 이론의 관점에서 볼 때 이와 같은 한국어 특유의 통사현상들은 보편문법원리와 이의 매개변항 값 설정을 통해 반드시 규명될 수 있어야 하는 문법현상이라고 할 수 있기 때문이다.

    (1) a. 철수가 손이 크다.

       b. 철수가 영희를 손을 잡았다.

    (2) a. 철수가 **영희를** 사랑한다.

---

[1] Yoon J. Y.(1999)에서 제시된 바와 같이 한국어는 일본어와 함께 다른 언어에서 찾기 어려운 특이한 통사적 현상을 가지고 있다. 그러나 이 글의 목적이 한국어의 통사현상을 논하고 있으므로 일본어의 자료제시와 분석은 시도하지 않기로 한다. 우리는 이 글에서 제안하는 내용이 일본어에도 일반적으로 적용될 수 있을 가능성이 있을 것으로 생각한다.

[2] 중주어와 중목적어가 출현되는 문장의 원천은 많은 선행연구에서 이미 밝혀진 바와 같이 다양하다. 그러나 이 글에서는 이 구문의 출현과정에 대한 상세한 논의는 배제하고 이 구문의 대표적인 예라고 생각되는 (1a,b) 예문의 도출에 대해서만 논의하기로 한다.

    b. **영희를** 철수가 사랑한다.

(3) a. **What** did John buy?

    b. 영수가 **무엇을** 샀니?

(4) a. 철수는 영희가 틀렸다고 생각했다.

    b. 철수는 영희를 틀렸다고 생각했다.

    c. 철수는 영희가 성격이 차갑다고 생각했다.

    d. 철수는 영희를 성격이 차갑다고 생각했다.

(5) a. **아무도** 오지 **않았다.**

    b. ***Anyone** didn't come.


이런 취지에서, 이 글은 최소주의 이론에 대해 올바른 이해를 할 수 있도록 함께 노력하고, 한국어가 보여주는 통사, 형태론적 특성을 어떻게 소화해 낼 수 있을 것인가, 그리고 한국어의 통사현상이 이 이론을 발전시키는 데 어떤 기여를 할 것인가 하는 점 등에 대하여 함께 생각해 보는 토론의 장이 되도록 하는 데 그 목적을 둔다. 그러나 제한된 지면에서 최소주의 이론의 방법론을 상세하게 논의할 수는 없으므로 이 이론에 대한 배경지식은 독자들이 이미 충분히 갖춘 것으로 간주하거나 차후 다른 자료를 통하여 취득할 수 있을 것으로 양해를 구하고자 하며 이 이론을 논하는 데 꼭 필요한 개념을 소개하는 것으로 최소화하기로 하고 이 이론의 방법론과 개념들이 한국어 분석에도 적용된다면 그대로 수용할 수 있을 것인지 아니면 그대로 수용될 수 없다면 어떻게 보완 또는 수정되어 수용될 수 있을 것인지 그 가능성을 타진해 보는 것으로 논의를 제한할 것이다.[3]

---

3) 최소주의 이론을 한국어에 적용하기 위하여 최소이론의 기본 가정인 개념적 필연성에 어긋나는 이론을 위한 이론적 기제를 도입해야 한다거나 한국어 특유의 원리나 제약 조건을 설정해야 한다면 이 이론이 한국어에 적용가능한 이론이 될 수 없을 것이다. 그러나 한국어 통사현상을 규명하는 데 문법항목의 매개변항화를 도입하는 것은 바람 직하다고 생각한다. 매개변항의 설정은 개념적으로 필요하고 자연스러운 것이기 때문 이다. 매개변항의 설정이 몇 개의 선택가능한 것 중 어느 하나를 선택하도록 하는 것 을 의미한다면 언어보편적인 것일 수 있기 때문이다. 가령, 각 언어가 서로 다른 음소

# 2. 최소주의 이론의 기본 가정 및 연산체계

## 2.1 기본 가정 및 철학

종래의 변형생성문법이론이 언어현상을 근원적으로 설명하기보다는 이론적 기제를 도입하여 언어현상을 기술하는 데 그치고 있다는 비판으로부터 최소주의는 잉태가 되었다. 따라서 최소주의에서는 언어를 설명하는 데 개념적으로 꼭 필요한 것 이외에는 모두 불필요하다는 가정을 하게 된다. 이 가정에 따르면 이론적으로 필요한 기제는 꼭 필요한 최소한의 기제로 한정하여야 한다. 최소주의 이론적 개념에 충실하게 되면 개념적으로 불필요한 기제를 사용하는 문법에 대하여는 이의 삭제를 요구할 수 있는 치료적 효과(therapeutic value)를 구할 수 있는 장점이 있다고 하겠다. 이 결과 언어현상을 이론의 틀 속에서 규명해 나가면서 항상 개념적으로 불필요한 요소가 없는지 성찰하며 이론을 발전시켜나갈 수 있게 되었다.

최소주의 이론이 택하는 또 다른 중요한 가정은 언어현상을 언어내적 요인에 의한 것으로만 치부하지 않고 언어외적 요인과 연관을 지어야 완벽한 언어이론에 도달할 수 있다는 가정이다. 언어외적 요인이라 함은 수행체계를 의미하고 있어 언어능력(competence)과 언어수행(performance)을 구분하여 주로 언어능력을 규명하는 데 전력을 경주하던 종래의 이론에서 획기적 변모를 하게 된다. 이러한 가정은 최소주의 이론의 기술적 목표가 언어능력 밖에 접해 있는 소리와 관련된 조음 청취 체계(Articulatory-Perceptual System)와 개념 의도 체계(Conceptual-Intensional System)의 속성에 의해 결정되는 필수 출력조건(Bare Output Conditions)에 의해서만 조건 지워지는 이론이 되어야 한다는 가정으로 이어지게 된다. 조음청취 체계와 개념의도체계에서 적절히 해독될 수 있도록 통사적 연산 작용

---

체계를 보이는 것이 한 예가 될 수 있을 것이다.

(syntactic computation)이 이루어져야만 적법한 도출이 되고(converge) 그렇지 못하면 부적절한 도출로 퇴출이 되게 된다(crash). 언어내적 연산체계에서 적용이 되던 제약조건들은 일반적인 경제성의 원리로 통합되게 된다.

필수출력조건은 한마디로 수행체계가 언어능력에 요구하는 최소한의 조건이라 할 수 있는데 이 조건의 설정은 촘스키 교수의 언어관이나 언어철학을 잘 반영하고 있다고 할 수 있다. 단정적으로 말하고 있지는 않는 것 같지만 여러 논문과 책을 통하여 촘스키 교수는, 물론 언어가 진화의 산물이라는 것을 전적으로 부정하는 것 같지는 않으나, 인간의 언어능력을 단순히 natural selection에 의한 것으로 볼 수는 없다고 한다. 인간언어의 소리와 의미와의 연계를 natural selection의 결과로 볼 수만은 없다는 것이다.(McGilvray 2005 참조) 오히려 언어란 접합면 관련 인간의 다른 능력에 적절히 부합할 수 있도록 정교하게 설계되어 인간에게 부여된 능력일 것이라고 촘스키 교수는 제안을 하며 이것이 바로 언어의 통사적 연산체계가 접합면 조건인 필수출력조건을 만족시켜야 하는 이유라고 설명한다.(Chomsky 2000 참조) 만약 언어능력만 가지고 있지 못하고 모든 다른 인지, 사고 능력을 가지고 있는 인간에게 언어능력을 부여한다고 가정해 보면, 당연히 그 언어능력은 다른 인지, 사고 능력과 적절히 융화할 수 있는 능력이 되어야 할 것이다. 이를 좀 더 확대해석해 본다면 언어능력은 돌연변이적으로 인간이 갖게 되었거나 아니면 고도의 능력을 가진 존재의 지적 설계(intelligent design)에 의해 인간에게 부여된 것이라고 할 수 있을 것이다. 이러한 해석은 진화론만으로 규명이 되지 않는 현상을 설명하기 위한 대안으로 제시되어 오늘날 미국에서 논란이 되고 있다는 지적 설계론(Intelligent Design)과 연계가 있지 않을까 하는 생각을 하게 해 준다.(중앙일보 2005년 9월 9일 32면 참조) 더욱이 최근 생체언어학(biolinguistics)이 활발하게 연구되고 있는데 이 이론 속에서는 인간의 언어능력이란 인간의 지성(mind)을 구성하는 하나의 구성소로서 존재한다고 보며(김영화2005 참조), 인지체계에서 언어원리들이 유일한 것인지 아니면 다른 인지영역에도 이와 같은 원리들이 존재하는지 혹은 역량을 발휘하고 있는지 등을 관심사로 하고 있어 인간의 진화, 신경언어학, 언어병리학 등의 연구에 기여할 것으로 기대되고 있다.(박순혁 2005 참조) 최소주의 이론에서 가정하고 있는 개념이나 기제들은 실제로 생체언어학적인 측면에서 볼 때 실재하는 현상들이라고 하며, 연산작용에 적용되는 제약조건이나 이론적 기제들 또한 언어외적인 인지, 사고체계에서 요구되는 조건들이라고 하는 연구 보고가 있음을 볼 때(박순혁 2005 참조), 최소주의 이론은 위에서 언급한 바와 같은 촘스키 교수의 언어관과 인접학문분야의 연구 성과 등이 복합적으로 영향을 끼쳐 다듬어져 가고 있다고 하겠다.

## 2.2 최소주의 이론의 연산체계

최소주의 이론은 문법기제를 간결화하여 최소의 노력으로 최대의 효과를 얻으려는 경제성 중심의 언어이론이다(Lasnik(2005)참조). 따라서 종래의 하향식으로 문장구조를 생성하는 도출/연산 방법을 지양하고 상향식으로 도출을 진행한다. 도출과정의 시작은 배번집합(numeration)인데 이는 어휘부에서 선택된 일련의 어휘범주(lexical categories)와 기능범주(functional categories)를 모두 포함한 어휘항목의 집합이다. 어휘 항목은 통사적 도출 과정에 온라인식으로 삽입이 된다. 어휘항목은 자질의 합으로서 통사적 도출과정은 형식자질에 대한 적절한 점검(checking)과정이라 할 수 있다. 특히 기능범주와 관련된 형식자질(formal features)들이 통사적 도출과정을 주도하게 되는데 최소주의 초기에는 자질의 강약을 설정하여 강자질을 점검하기 위한 이동을 설정하였으나, 최근에는 자질의 해석성(interpretability) 여부에 따라 해석이 가능한 자질과 해석이 불가능한 자질로 구분하여 해석 불가능한 자질을 접합면에서 문제를 일으키는 자질로 가정하고 이를 제거하는 연산작업을 가정하고 있다. 통사적 연

산작업을 마친 구조는 문자화(Spell Out)를 거쳐 PF와 LF로 전이가 되게
된다. 최근의 연구에서는 문자화가 통사적 도출이 모두 끝난 뒤에 단
한 번에 이루어지는 것이 아니라 통사적 도출의 단위영역이라 할 수 있
는 국면(Phase)[4]의 도출이 완료되면 그때 그때 이루어지는 것(multiple spell
out)으로 제안되고 있다. 여기서 국면이란 대체로 종래이론에서 주기
(cycle)라고 하던 것이라고 보면 될 것이다. 국면 단위로 전이가 이루어져
야 한다는 것 또한 언어내적인 이유보다는 언어외적인 조건에 의한 것
이라고 할 수 있을 것이다. 연산의 국지성 등이 국면단위의 도출을 정
당화해 줄 수 있는데 이는 제한된 언어처리(parsing) 능력 등을 감안하기
위함이라 할 수 있을 것이다.

병합은 최소이론의 가장 중요한 개념이며 중요한 연산 작용 중의 하
나이다. 이미 언급한 바와 같이 병합은 어휘부에서 선택된 어휘항목의
집합으로부터 어휘항목을 연산체계에 도입하는 과정이며 통사적 연산
작용은 이 어휘항목들을 병합을 통하여 하나의 완성된 적법한 문장단
위로 확대하여 가는 과정이다.[5] 어휘 항목들 간의 합체는 하향식 방법
이 아니라 상향식 방법으로 이루어지므로 병합은 두 어휘항목이 보다
큰 덩어리로 합체가 되는 과정이다. 병합은 두 어휘항목 사이의 합체를
기본으로 하고 있는데 이 또한 개념적 필요성에 따른 것이라고 할 것이

---

4) phase를 어떻게 우리말로 표현할 것인가에 대하여는 '국면', '명제구' 등 여러 견해가 있
  으나(윤만근 2006 참조) 이 글에서는 '국면'을 phase의 번역용어로 사용하기로 한다.
5) 병합작용의 동인은 어휘항목의 의미역 자질이나 하위범주화 자질에 의해 병합할 항목
  이 정해지고 병합을 이루어 나가게 된다. 따라서 의미역 자질에 기인하는 하위범주화
  자질이 병합을 주도하게 되므로 종래의 생성이론에서 문장을 생성하는데 큰 역할을
  하였던 구절구조 규칙이나 엑스바 이론은 고유의 역할을 잃게 되어 최소주의 이론에
  서는 이론을 위한 이론적 기제였던 엑스바 이론을 배제할 수 있게 된다. 한편 병합은
  두 어휘항목이 합체가 되면 상호간에 성분통어관계에 놓이게 된다. 그러나 만약 이미
  병합과정을 한번 이상 거친 요소가 병합을 통해 합체가 된다면 배번집합에서 처음으
  로 연산에 도입된 어휘 항목은 병합상대의 구구조 전체를 성분 통어 영역(C-command
  domain)으로 자동적으로 갖게 된다. 병합의 자연스런 결과로 성분통어관계를 얻게 되
  므로 최소주의 이론에서 성분통어관계는 병합의 부산물로서 추가비용이 전혀 들지 않
  는 이론적 기제가 된다는 장점이 있다.

다. 병합의 결과 얻게 되는 구구조에서는 모든 마디는 이분지(binary branching)를 이루게 되어 언어습득을 설명하는 데도 이바지하게 되며 병합을 운용하는 이론은 그 만큼 설명적 타당성이 있는 이론이 될 것이다. 즉, 이분지 구조화는 언어보편적인 것으로 언어의 구구조는 반드시 이분지 구조를 가져야 하며 이분지 구조가 아닌 구구조는 언어의 구조가 될 수 없다는 강력한 가정을 할 수 있게 되기 때문이다.

병합은 단순한 어휘항목의 합체만이 아니다. 이미 병합과정을 거친 구구조도 다른 어휘항목이나 구구조와 합체를 하게 되는데 이는 초기 생성이론에서 제안되었던 일반화된 변형(generalized transformations)과 같은 개념이다. 병합은 크게 외부병합(external merge)과 내부병합(internal merge)으로 구분할 수 있는데 외부병합은 배번집합에 있는 요소를 연산체계로 도입하는 합체과정을 의미하며 내부 병합은 이미 병합과정을 거쳐 도출과정이 진행되고 있는 구구조 속에서 하부에 있는 어떤 요소가 이동하여 자기가 속해 있는 구구조와 병합을 하는 것이다. 간단히 말해서 이동이다. 다음 예문에서 동사의 보충어 자리에 병합되었던 *he*가 복사(종전의 흔적)를 남기고 be동사의 주어 자리로 이동하는 것(He)이 한 예가 될 것이다.

(6) **He** is arrested *he*.

그러나 이동은 개념적 필요성이 전제될 경우에만 허용되어야 한다. 외부병합으로 가능한 경우에 이동을 시도하는 것은 이론의 비용을 더 들이는 것으로 경제성 원리를 최고의 제약조건으로 삼는 최소주의 이론에서는 지양해야 할 것이다.

어휘부의 어휘항목은 각종 자질들의 뭉치라고 할 수 있는데, 음운자질, 의미자질, 그리고 형식자질로 구성되며 통사적 도출에 관련되는 형식자질은 범주자질, 인칭, 수, 성을 나타내는 파이자질, 격자질, EPP자질

등이 있다. 초기 최소주의 이론에서는 Pollock(1989)등에서 제안된 기능범
주핵의 강/약자질의 개념을 발전시켜 강자질을 점검(checking)하는 이론으
로 발전되었으나 이후 형식자질을 해석성 자질과 비해석성 자질로 구
분하여 해석성 자질은 접합면에서 해독이 될 수 있으나 비해석성 자질
은 해독이 되지 않으므로 접합면에 비해석성 자질이 있으면 도출을 파
탄에 이르게 한다는 해독성 조건(legibility condition)을 통해 도출과정에서
점검, 삭제되는 것으로 설정하고 있다. 삭제(deletion)와 관련하여 자질의
속성에 따라 차이점을 보이는데 비해석성 자질은 점검이 되면 삭제가
되어 접합면에서 문제를 야기시키지 않게 되지만, 해석성 자질은 점검
이 되어도 의미보존을 위하여 삭제되지 않고 그대로 남아 있게 된다.
형식자질의 속성에 대한 차별화를 바탕으로 점검이론을 운용하는 최소
주의 이론은 종래의 생성문법이론에서 기능범주에 대한 연구가 깊이
이루어지며 이들의 속성을 매개변항화하여 개별언어의 차이를 설명하
려 하였던 것과 맥을 같이 한다고 하겠다.6)

---

6) 기능핵이 가지는 형식자질의 비해석성은 최소주의 이론의 연산작용을 움직이는 근원
중의 하나이다. 결국 일치나 이동이나 비해석성 자질의 점검을 위한 것이고 일치와
이동에 관여하기 위하여는 비해석성 자질이 있어서 활성화가 이루어져야 한다. 그런
데 개념적인 문제라고 생각할 수 있겠으나 해석성/비해석성을 구분하는 것은 의미해
석과 관련된 것이므로 언어 보편적이어야 할 터인데 과연 언어보편적일까 하는 의문
을 가질 수 있다. 대표적으로 격자질은 비해석성 자질로 여겨진다.
  (i) a. It is said [they were arrested].
     b. He expected [them to be arrested].
     c. He was shocked at [their being arrested]. (Radford 2004 : 288)
위의 예문에서 이탤릭체로 처리된 대명사는 각기 격이 다르게 구현되었다. 그러나 이
격의 차이가 의미해석의 차이를 유발하지는 않는다. 따라서 격자질은 의미해석에 기
여하지 못하므로 논리형태에 적합한 요소가 못되며 논리형태로 전이가 될 필요가 없
다. 그러므로 이 자질은 비해석성 자질로서 점검 후 삭제되어야 한다. 그러나 한국어
처럼 격조사가 발달하고 격조사에 따라서 의미차이가 감지될 때 이 자질을 과연 비
해석성 자질이라고 해도 될 것인지 자문해 볼 필요가 있다. 물론, 형태가 격조사와 같
다고 해서 반드시 격조사가 아닐 수도 있다. 격조사와 다른 의미나 기능을 가지는 형
태소가 동일한 어형을 띨 수도 있기 때문이다. 가령 주격조사와 강조의 형태소가 모
두 '가/이'로 구현된다고 볼 수 있을 것이다. 여하튼 (ii)에 예시된 예외적 격표시 구문
의 경우 한국어에서는 주격과 목적격조사가 교체적으로 사용될 수 있는데, 이 때 두
명사구의 의미가 동일하지 않다면 그 의미의 차이는 '가'와 '를'의 차이라고 할 수 있

　최근의 최소주의 이론에서 자질점검과 삭제는 탐침(probe)과 목표(goal) 간의 일치(Agree)를 통하거나 이동(Move)에 의하여 이루어지는데, 일치란 초기 최소주의 이론에서의 비현시적인 자질이동에 상응하며, 이동은 범주이동 또는 수반이동에 상응한다. 일치이론은 초기 최소주의 이론에서 사용되었던 유인(Attract)이론이 가지는 문제점을 보완하기 위하여 제안된 이론인데7) 일치는 현시적인 이동뿐만 아니라 비현시적인 자질이동까지도 개념적으로 불필요하다면 배제하려는 노력의 산물이라고 하겠다. 유인이라는 문법운용이 개념적으로 자연스럽고 꼭 필요한 것인가에 대한 답을 구할 수 없다면 이는 언어이론에 존재할 필요가 없다고 하겠다. 이동이란 이에 대한 꼭 필요한 이유가 없다면 언어이론에서 부담이 될 수 밖에 없는 문법적 기제이며, 그러한 부담스런 문법운용을 포함하는 이론은 완벽한 이론이 될 수 없을 것이다. 그러나 어떤 이동이 만약 필수출력 조건이 요구하는 이동이라면 이는 마땅히 언어이론에 포함되어야 할 것이다.

　일치의 과정은 기능범주가 가지고 있는 비해석성 자질이 탐침 역할을 하게 되어 자신과 부합하는 자질을 가진 목표를 찾아 일치를 이루게 된다. 일치는 국부적으로만 이루어지게 규제되어 역시 접합면에서 요구

---

　을 것이다.
　(ii) 영수는 [영희가/를 착한 아이라고] 생각했다.
(ii)의 '가'와 '를'이 모두 격자질이며 이 격자질 때문에 의미가 다르게 해석된다면 한국어에서 격자질은 해석성 자질이어야 할 것이라고 생각한다. 예외적 격표시 구문이외에도 중주어, 중목적어 구문에서 처음 나오는 주격조사 또는 목적격조사와 다음에 나오는 주격조사 또는 목적격조사는 초점, 강조 등과 같은 면에서 의미차이를 보인다는 것이 일반적인 관찰이다. 그렇다면 자질의 해석성여부도 매개변인화가 되어야 하는가하는 의문이 생기게 되는데 이에 대한 논의는 이 글의 범위를 벗어나므로 추후 연구과제로 삼기로 한다.
7) 자질의 이동은 형태, 음운론적으로 적절히 확인되지 않고 설정된 이론적 기제이므로 개념적 필연성의 측면에서 문제가 있으며, 단순히 자질 점검을 위한 이동이라면 문법에서 그 존재가치가 약하게 될 것이다. 이에 대한 대안으로는 비해석성 자질의 점검을 위한 연산과정은 이동하지 않고 병합된 자리에서 그대로 이루어지는 방안이 필요하게 되는데 이것이 바로 일치작용이다. 일치는 이런 의미에서 가장 경제적인 통사작용이라 할 수 있을 것이다.

하는 조건을 충족시켜야 함은 물론이다. 비해석성 자질은 자질의 값이 정해지지 않은 상태로 연산과정에 도입된다. 다음 예를 통해 간단히 일치과정을 살펴보기로 하자.

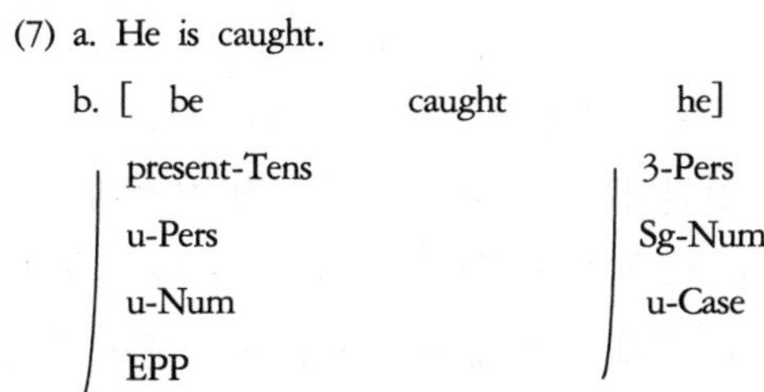


(7b)는 수동문의 주어 he가 주어 자리로 이동하기 전의 단계로서 be동사가 caught he와 병합을 이룬 단계이다. he는 해석성 자질로 3인칭자질과 단수 자질이 있고 비해석성 자질인 격자질은 값이 아직 정해지지 않았다. 반면 be는 현재시제를 나타내는 해석성 자질이 있는 반면 기능범주에게 인칭과 수의 자질은 의미가 없는 비해석성 자질이므로 값이 정해지지 않은 상태로 병합이 되었다. 이 도출이 파탄이 되지 않기 위해서는 he와 be가 가지고 있는 비해석성 자질이 삭제되어야 하는데 비해석성 자질을 가지고 있는 be가 탐침이 되어 역시 비해석성 자질을 가지고 있는 he를 목표로 하여 일치가 이루어진다. 일치가 이루어지기 위하여는 탐침과 목표가 모두 활성화(activization)가 이루어져야 하는데 비해석성 자질을 가지고 있을 때 탐침과 목표는 각각 활성화가 된다고 가정한다. 이제 이 둘 사이에는 자질이 부합(matching)하여 일치가 이루어지게 되고, be의 인칭과 수 자질은 3인칭과 복수로 값이 정해지게 되며 they의 격자질은 be가 시제가 있으므로 주격으로 값이 정해지고 자질 삭제(feature deletion)에 의해 비해석성 자질들이 삭제가 되게 되면 이 도출은 접합면 조건을 충족하게 된다. 그러나 아직 마지막으로 남은 또 하나의

비해석성 자질 EPP를 점검하여야 하는데 정의상 EPP자질은 목표자질을 포함한 구 전체를 T의 지정어 자리로 수반이동시키며(=내부 병합) T가 가지고 있는 EPP자질은 점검된 후 삭제된다. 이 결과 (7a)에는 점검되어 삭제되지 않은 비해석성 자질이 하나도 남지 않게 되어 접합면 조건을 충실히 만족시켜 도출이 적격으로 판정된다. T의 EPP자질은 다른 비해석성 자질과는 달리 이동에 의해 점검된다. 좀더 기술적으로 말하자면 EPP자질이 지정어 자리를 인허하고 이 자리는 현시적 이동에 의해 채워져야 한다. 최소주의 이론에서는 논항이동(A-Movement)과 비논항이동 (A'-Movement)이 모두 EPP자질 점검을 위해 이루어진다. 의문사구이동과 같은 비논항이동은 C의 비해석성 EPP자질과 함께 WH자질을 점검한다. 핵이동(Head Movement)은 비해석성 자질의 점검과는 달리 접사적 속성을 위한 이동으로 형태론적, 음운론적 성격이 짙다.

일치는 국부성 조건을 지키며 이루어지는데 이 조건은 국면(phase)을 단위로 일치가 이루어지며 국면은 절대로 침투되어서는 안된다는 국면 침투불가 조건(Phase Impenetrability Condition)을 준수하는 것이다. 국면은 CP 와 $v$*P와 같이 명제적인 문법성분이며 원거리 일치(Long Distance Agree)나 원거리 이동(Long Distance Movement) 등을 설명하기 위하여 국면의 변방 (edge)은 상위국면의 연산작업에 관여할 수 있도록 허용하고 있다. 일치 의 국부성 조건을 준수하면서도 다중일치(Multiple Agree)에[8] 의해 원거리 일치가 이루어 질 수 있다. 다중일치는 하나의 탐침과 두 개 이상의 목표가 일치를 이루는 것인데 탐침과 목표사이에 활성화가 되지 않은 또 다른 목표가 있으면 일치가 이루어질 수 없으나 중간에 있는 목표가 활성화가 되어 있다면 탐침은 두 개의 목표와 동시에 일치를 이루어 이들이 가지고 있는 비해석성 자질을 점검할 수 있다. 다음 (8a)는 인상구문

---

[8] 다중 일치는 목표인 기능범주핵이 다중 지정어를 가지고 있을 때 이 기능범주의 지정어 자리들은 탐침으로부터 등거리에 위치한다고 가정함으로써 국부성 조건을 개념적으로 어기지 않고 일치가 이루어질 수 있는 현상을 포함한다.

인데 T-be는 there와 a man과 일치를 이루고, (8b)는 예외적 격표시 구문
으로 *v*-expect*가 *there* 와 *a man*과 일치를 이루어 비해석성 자질을 점검
한다. 이 절에 제시된 다중일치와 관련된 논의는 이홍배(2003 : 165-170)에
제시된 내용을 부분 발췌한 것이다.

    (8) a. **T-be** likely there to arrive a man
        b. We ***v*-expect*** there to arrive a man

    이상에서 간단히 일치이론에 따른 자질 점검을 살펴보았는데 복잡한
통사 현상을 설명하는 데는 사실 이보다는 도출과정이 훨씬 복잡하고
고려해야 할 조건들이 더 많이 있을 것이지만 이 글에서 상세한 논의는
하지 않기로 한다. 그러나 점검이론이 최소주의 이론에서 갑자기 제시
된 새로운 이론적 기제가 아니라는 점을 첨언하고자 한다.9)
    최소주의 이론에서 이동은 흔적(trace)을 남기는 대신 이동하는 문법성
분과 똑같은 것을 복사하여 남기게 된다. 이를 복사이론이라 하는데 이
역시 흔적이론을 보완하는 이론이다. 흔적이론에 의하면 이동하는 문법
성분은 이동한 자리에 자신과 동일한 지표를 가진 흔적을 남기게 되는
데 이 흔적은 종래의 이론에서 문법현상을 설명하는 데 큰 역할을 한

---

9) 점검에 대한 개념은 전혀 새로운 것이 아니고 기존의 생성이론에서 항상 염두에 두었
   던 개념이라 할 수 있다. 대명사나 재귀대명사 등을 변형규칙을 통해 얻고 어휘부를
   단순화 시켰던 초기 생성문법이론에서 진보되어 어휘부에 대명사나 재귀대명사를 두
   고 이를 도출 과정에 삽입하여 적절하게 해석 받을 수 있는 위치에 자리하고 있는지
   를 점검하는 이론이 결속이론(Binding Theory)이었다고 할 것이며, 격이론(Case Theory)에
   서도 구조격의 경우 명사구가 격의 값이 주어진 상태로 삽입이 되어 올바른 격형태를
   띄고 있는지를 점검받는지 아니면 격이 분화되지 않은 대표형으로 삽입되어 형상구조
   상의 위치에 따라 격부여자에 의해 주격 혹은 목적격, 속격 등을 부여 받는 것인지 분
   명하게 논의되지 않은 채 이론이 전개되었다는 것을 기억할 필요가 있다. 또한 Lasnik
   & Saito(1984)에서 제안된 감마 자질 부여이론도 형상구조 속에서 어떤 조건을 만족시
   키고 있는 어휘 항목에 감마자질을 부여한다거나 혹은 자질을 점검한다거나 하는 것
   으로 동시에 해석될 수 있는 방법이었다는 것도 함께 생각해 볼 필요가 있다. 이런 관
   점에서 최소주의 이론은 전혀 새로운 기제를 도입하는 이론이 아니라 기존 이론이 가
   지고 있던 이론적 기제를 발전적으로 활용하는 이론이라고 하겠다.

것이 사실이다. 그러나 다음과 같은 문장의 문법성의 차이를 흔적만으
로 설명하기는 쉽지 않다. 이 글에서 복사이론과 관련하여 사용하고 있
는 예문 및 논의 내용 또한 이홍배(2003 : 62-64)에 제시된 내용을 바탕으
로 하고 있다.

> (9) a.  [Which picture of himself$_j$]$_i$ does John$_j$ like t$_i$?
>
> b. *[Which claim that John$j$ is a traitor]$_i$ did he$_j$ believe t$_i$?

(9a)의 경우 재귀대명사가 선행사 보다 앞에 나오고 성분통어관계가
형성이 되지 않지만 문법적이다. 그러나 (9b)의 경우 John이 대명사보다
앞에 나오고 대명사로부터 성분통어가 되지 않지만 비문법적이다. 이
문법성의 차이는 흔적에 의존하여서는 설명이 불가능하다. 흔적은 이동
해 간 전체 의문사구에 대한 흔적이므로 이 흔적을 통해서는 의문사구
의 내부 구성요소인 himself, John에 대해서는 접근이 불가능하다. 물론
흔적의 내부를 들여다 볼 수 있는 장치가 있다면 설명이 될 수 있겠지
만 그러한 장치가 개념적으로 필요한 것인지 분명하지 않다.[10] 그러나
다음 (10)에 제시된 바와 같이 이동시 동일한 문법성분을 복사하여 남
겨 둔다면 두 문장이 보여주는 문법성의 차이를 설명할 수 있게 된다.

> (10) a.  [Which picture of himself$_j$]$_i$ does John$_j$ like [which picture of
> himself$_j$]$_i$?
>
> b. *[Which claim that John$_j$ is a traitor]$_i$ did he$_j$ believe [which claim
> that John$j$ is a traitor]$_i$?

(10a)에서는 뒤에 남겨진 복사 속의 재귀대명사가 선행사에 의해 성
분통어 되어 결속이 이루어진다. 그러나 (10b)에서는 뒤에 남겨진 복사

---

10) 결속이론의 적용층위를 D-구조 혹은 재구(Reconstruction) 이후로 설정하면 해결이 될
수도 있으나 이제 이런 층위를 최소주의 이론에서는 수용하지 않는다.

속의 John이 대명사에 의해 성분통어 되어 결속되므로 비문법적이다.

복사이론의 정당성에 대하여는 (9)와 (10)에서 논의한 통사적 근거뿐만 아니라 의미적 관점에서 근거를 찾을 수 있다(Radford(2004)참조). 다음 예문 (11)의 중의성이 복사이론의 정당성을 더해 준다. (11)의 한 가지 의미는 전칭양화사 everyone과 부정소 not의 의미영역에서 양화사가 광의의 의미영역을 갖게 될 것이며, 또 다른 의미로는 부정소의 의미영역이 더 넓은 해석이 가능하다. 이러한 의미의 중의성은 동사구내 주어가설(the VP Internal Subject Hypothesis)과 복사이론을 따를 때 잘 설명이 된다. 즉, 주어 everyone이 동사구의 지정어 자리에 있다가 복사를 남기고 TP의 지정어 자리로 이동해 왔다면 복사와 not의 관계에서 두 번째 의미가 해석될 것이고, 이동해 온 요소와 not의 관계에서 첫 번째 의미가 해석될 것이다.

(11) *Everyone* has*n't* finished the assignment yet.  (Radford 2004 : 244)

Radford(2004)에 의하면 복사이론은 이동한 요소와 복사로 남은 요소 중 어떤 것이 PF에서 소리나게 되는지에 대한 문제가 대두되기는 하지만 관련 문법현상을 설명하는 데 타당한 이론이라고 하겠다. 다음 (12)에 제시된 예문은 바로 이동한 요소와 남겨진 복사 중 어느 것이 소리나게 되는가 하는 문제와 직결되는 자료가 될 수 있다고 사료되는 것으로 복사이론의 타당성에 대한 근거를 제공해 주고 있다. (12b)에서 이동해 간 부분과 남겨진 복사의 일부인 굵은 글씨로 표시된 부분이 소리가 나고 이탤릭체로 쓰인 부분은 소리가 나지 않게 된 것이 (12a)이다.

(12) a. *What hope* could there be *of finding survivors?*

b. **What hope** *of finding survivors* could there be *what hope* **of finding survivors?** (Radford 2004 : 194)

## 2.3 EPP자질의 설정과 이동

앞서 언급한 바와 같이 최소주의 이론에서 이동은 EPP자질의 점검을 위한 것이며 이 자질은 다른 자질과는 달리 이 자질을 가진 기능범주의 지정어 자리로의 이동을 요구한다. 이 자질은 기능범주 T, C, $v*$ 등이 갖는 자질이며 이 자질은 내부병합과 외부병합에 의해서 점검되게 된다. T의 경우, 배번집합에 it나 there와 같은 허사가 선택되어 있지 않다면 이 T가 탐침이 되어 활성화된 목표를 찾아 일치를 이루고 이 일치에 의해 T의 EPP자질이 점검이 된다. 이 이동은 소위 모든 절은 주어가 있어야 한다는 확대투사원리를 만족시키는 방편이 되며, 확대투사원리는 이동에 의해서 뿐만 아니라 배번집합에 있는 어휘항목과의 병합에 의해서도 만족될 수 있다. 이동과 병합이 경합을 벌이는 경우 병합이 더 경제적 운용이므로 병합을 우선해야 한다는 MOM(Merge over Move)원리가 적용된다.

최소주의 이론에서도 EPP자질 점검에 관한 한 종래의 생성이론에서 확대투사원리 충족을 위하여 사용하던 이동과 병합이라는 동일한 기제를 그대로 사용하고 있다고 할 수 있다. 더 나아가 최소주의 이론에서는 핵이동 이외의 모든 이동을 비해석성인 EPP자질 점검과 연계시킨다. 즉, EPP자질은 문장의 주어 자리뿐만 아니라 모든 기능범주핵의 지정어 자리를 인허해 주는 기능을 하는 것으로 가정하고, 기능범주핵의 지정어 자리는 반드시 내부병합 또는 외부병합에 의해 채워져야 한다는 원리를 설정하여 자연언어의 특성인 이동의 문제를 해결하려하고 있다. T의 지정어 자리뿐만 아니라 C나 $v*$의 지정어 자리도 이 기능핵들의 EPP자질이 인허하며 이것이 의문사구 이동이나 VP의 지정어 자리에 병합된 주어를 $v*$P의 지정어 자리로 이동시키는 역할을 하게하고 있다.

그러나 EPP자질을 설정하여 이동을 설명하는 것이 궁극적으로 이동 현상을 규명하는 것인지는 분명하지 않다. 언어현상이 주어 자리가 하다못해 허사에 의해서라도 채워져야 하고 의문사구가 CP의 지정어 자리로 현시적 이동을 하고 있기 때문에 이 EPP자질을 문법이론에 사용하는 것이라고 할 수밖에 없는 것은 아닌가 하는 의문을 지울 수가 없기 때문이다. 오래전부터 EPP의 효과와 기능은 연구의 대상이 되어왔다. 과연 EPP는 무엇인가? 박연미(2005)에 의하면 의미론적, 화용론적 관찰을 통해 모든 술어(predicate)는 술어의 논점의 대상으로 삼는 주어가 있어야 한다는 주장도 있었고 주제화(thematization)라는 주장도 있었다. 그러나 이러한 제안은 허사 주어의 경우 설득력이 크게 떨어지게 된다. 역시 무엇인가를 위하여 모든 T는 EPP자질을 갖고 이를 점검하기 위하여 경제성이 떨어지는 이동을 하여야 한다. EPP가 최소주의 이론에서 해결해야 할 큰 짐이 될 수밖에 없는 이유이다. 아울러 EPP가 이동의 동인이며 허사의 존재이유라면 한국어와 같이 허사가 없거나 주어가 T의 지정어 자리에 이동해 가는 것 같지 않은 언어는 어떻게 되는가? 비해석성 자질 EPP가 없는 것인지 아니면 EPP의 존재여부를 매개변항화할 수 있는 것인지? 이러한 의문이 이어지지 않을 수 없다.

최소주의 이론에서는 T의 EPP자질과 C나 $v^*$의 EPP 자질을 다르게 구분한다. T의 EPP 자질은 필수적 자질이나 C나 $v^*$의 EPP 자질은 수의적 자질이며 수의적 자질은 도출의 결과에 (의미적)영향을 미칠 때만 부여된다고 한다. 좀더 상술하면 $v^*$의 경우 목적어 전이에 의해 INT(Interpretive Complex)를 부여 받게 되는데 그러면 기능핵 $v^*$는 수의적 자질인 EPP자질을 부여받는다고 한다. INT는 새로운 정보, 한정성이나 특정성, 초점 등과 같은 의미해석을 가리키는 표현이며 이들은 일반적으로 본래의 위치를 탈피하여 자리 잡을 때 나타나는 의미 해석들이다. 즉, 수의적 EPP 자질을 INT와 연관하여 허용함으로써 전형적인 확대투사원리에 의한 이동이 아닌 또 다른 이동을 설명하려는 시도라고 할 수 있다. 이에 대한 옳고 그름을 여기서 논의하기는 어렵지만, 이제 최소주의 이론에서는 두 가지의 EPP 자질이 있다는 것을 알 수 있다. 하나는 순수한

EPP이며 다른 하나는 EPP(INT)라고 하겠다. 결국은 이동현상의 동인이 두 가지임을 의미한다.[11]

## 3. 보편문법 원리와 매개변항[12]

변형생성문법 이론 하에서 언어 습득과 개별언어 간의 차이에 대한 설명은 생득적인 능력에 해당하는 보편문법원리의 설정을 바탕으로 가능하게 되었다고 할 수 있다. 보편 문법원리란 인간의 소리언어에 공통적으로 존재하는 언어적 현상들을 한마디로 아우르는 말이라고 할 것이다. 일반적으로 보편문법이라 할 때에는 문법이라는 말이 의미하듯이 좀더 작은 의미를 의미해 온 것이 사실이지만 넓은 의미의 문법이란 소리와 의미까지 언어적인 것 모두를 포함하는 것이 옳을 것이다. 여기서 우리는 보편 문법원리는 다음과 같은 것들을 포함한다고 제안한다.

첫 번째 범주는 언어학적으로 가치 있는 소리에 대한 분별력이라고 할 것이다. 이 능력은 사람에게 공통적이며 모든 언어에 공통적으로 적용될 것이다.(생성문법이론의 언어습득이론(또는 가설)에 따르면 사람은 태어날 때 이미 인간언어의 기본적인 사항을 알고 태어나 바로 이 기본이 있어서 인간의 언어를 습득할 수 있다는 것이다.) 인간의 언어는 어느 언어이든 소리라는 기호와 그 기호가 갖는 자의적인 의미의 관계로 맺어져 있다. 그렇다면 우선 사람이 언어를 배우면서 처음으로 해야 하는 일은 어쩌면 언어적

---

11) EPP자질과 관련하여 순수한 EPP자질은 과연 무엇인가를 밝혀야 하는 과제가 여전히 남아 있으며, EPP자질과 관련하여 언어간의 차이가 있다면 어떻게 설명이 될 것인가 하는 문제를 생각해 보아야 할 필요가 있다. 가령 영어를 비롯하여 허사가 있는 언어에서는 허사주어가 병합 또는 병합 후 이동에 의하여 순수한 EPP 자질을 점검해 주는데 허사는 언어 보편적인가? 만약 그렇지 않다면 허사의 기능으로 볼 때 허사가 운용되지 않는 언어는 EPP 자질이 없는 것인지? 이런 언어에서는 현시적인 이동 현상이 전혀 없는 것인지? 최소주의 이론에서 EPP자질이 차지하는 비중으로 볼 때 이 문제는 심각하게 고려해 보아야 할 것으로 생각한다.
12) 이 부분은 윤종열(2006)에서 논의된 내용을 발췌하였다.

으로 가치가 있는 소리와 그렇지 않은 자연의 소리 혹은 비언어적인 잡
음이라고 할 수 있는 소리를 구분하는 일이며, 언어적으로 가치가 있는
소리들이 어떻게 조합을 이루어 의미를 가지는 소리의 연결체인 형태
소로 구성이 되는가를 파악하는 일이다. 사실, 이 일이야말로 사람의 언
어능력의 신비 중의 하나가 아닐까 한다. 어쩌면 사람은 태어날 때부터
어떤 소리의 부류들이 언어학적으로 가치가 있을 것이라는 생득적인
지식이 있다고 해야 할지 모른다. 적어도 인간의 발성기관을 통해서 낼
수 있는 소리들이 언어적으로 가치가 있다는 것을 생득적으로 알고 태
어나거나 후천적으로라도 인간의 발성기관에 의해 내어지는 소리를 다
른 소리와 다르게 취급할 수 있는 훈련을 받게 되는지도 모른다. 그러
나 여기서도 문제는 한 언어가 사용하는 소리는 사람이 낼 수 있는 소
리 중에서 극히 일부에 불과하며 자신이 경험하는 언어에서 언어학적
인 가치가 있는 소리와 그렇지 않은 소리를 구분하는 일이 역시 필요하
다는 것이며 이 일은 전혀 만만치가 않다는 것이다. 모국어 습득자는
이 어려울 것같이 여겨지는 작업을 큰 어려움 없이 빠른 시간 내에 해
낸다. 그리고 누구나 큰 개인차를 보이지 않으며 해 낸다. 우리가 외국
어를 배울 때 소리를 식별하는 능력을 갖게 되기까지 얼마나 어려운 과
정을 거치는가를 생각해 보면 이는 정말 대단한 능력이라고 할 것이다.
그렇다면 이러한 소리에 대한 식별 능력을 생득적인 능력 중의 하나라
고 하지 않는다면 설명하기가 쉽지 않을 것임은 자명하다. 앞서 잠시
언급한 바와 같이 언어학적으로 가치가 있는 소리의 범위를 미리 알고
있다고 가정하면 이 작업의 난이도는 훨씬 감소될 것이다. 마치, 이 세
상의 동물들은 종에 따라서 청력의 범위가 서로 다르다고 하는 것과 유
사할 것이다.13) 그렇다면 사람의 생득적인 능력 중 소리와 관련된 것으

---

13) 가령, 인간보다 청력이 발달한 동물들의 예가 학계에 많이 보고되고 있는데 실제로
    개는 사람보다 더 폭이 넓은 가청음이 있다고 한다. 즉, 사람이 들을 수 없는 주파수
    대의 소리를 듣는 능력이 있다는 것이다.

로 언어학적으로 가치가 있는 소리의 식별 능력이 있다고 가정해 보는 것은 전혀 엉뚱한 것은 아닐 것이다. 우리는 사람이 생득적으로 가지고 태어난 언어 능력 또는 보편문법을 완전히 규명하지는 못하고 있으나 언어습득의 신비를 탐구하려는 노력에 이는 필수적이라고 할 것이다.

언어학적으로 가치가 있는 소리와 관련하여 한 가지 더 논할 필요가 있는 것은 우리가 언어학적으로 가치가 있는 것으로 삼고 있는 소리 즉, 음소가 가지는 추상성이다. 실제로 발화가 되는 소리는 말하는 사람에 따른 발성기관의 차이, 소리가 발화되는 상황 등에 따라 동일한 음소라 하더라도 그 소리가 음향학적으로 보아 각기 다르기 마련이다. 그러나 우리는 이 다양한 차이를 보이는 소리들을 하나의 의미있는 소리 즉, 음소로 받아들이며 이해를 한다는 것이다. 다시 말해 여러 가지 다양한 소리를 분별하여 하나의 음소로 이해하는 것 또한 신비로운 일 중의 하나이다. 이러한 추상화의 능력 또한 사람이 타고난 능력 중의 하나라고 할 수 있을 것이다.

두 번째 범주는 인지능력과 관련된 분석력이라고 할 수 있다. 언어능력이 어떻게 사람에게 주어지게 되었는가를 탐구하는 것 또한 엄청난 연구과제가 될 것인데 최근 촘스키 교수의 일련의 논문에서 제안하는 바와 같이 자연선택적인 진화 방법만으로 설명이 불가능하고 지적 설계론적인 입장을 따를 필요가 있다고 하면 모든 언어에 사람의 인지 능력을 반영하는 요소가 전제되어야 함은 당연한 일이 될 것이다. 우리가 세상을 바라보고 이해하는 방식은 모든 인류에게 큰 차이 없이 공통적이라고 한다면[14] 이것이 반영된 언어적 측면은 보편 문법적이라고 할 수 있을 것이다. 이러한 인지적 과정이 언어적으로 반영이 된 것으로

---

14) 물론 이데올로기적 차원에서는 사람들이 세상을 바라보는 시각이 서로 다를 수 있을 것이다. 그러나 그보다 더 높고 근본적인 차원에서는 모든 사람은 세상을 이해하는 방식이 다른 동물류와 다르며 인간 고유의 방식을 가지고 있다고 할 것이며 이런 점에서 인류 공통적, 보편적이라고 할 수 있을 것이다.

예를 든다면 어휘 항목의 의미나 의미역할 등을 생각해 볼 수 있을 것이다. '주다'라는 어휘를 한국어와 영어에서 비교하여 보자. 두 언어에서 모두 이 어휘가 제 역할을 하려면 이 어휘가 주는자, 받는자, 그리고 주어지는 물건/대상과 함께 쓰일 때에만 가능하다. 이를 달리 말하면 '주다'라는 메타언어적 의미는 언어마다 다른 소리 기호를 통하여 표현이 되지만 그 의미는 동일하다. 이는 어떤 언어를 사용하는 사람이든 '주다'라는 의미를 동일한 시각으로 인지하고 있다는 것이며 이것이 바로 모든 사람이 세상을 이해하는 방법이 동일하다는 것을 의미한다. 물론, 언어에 따라서 일부 어휘 항목은 그 의미나 의미역할 면에서 차이가 있을 수가 있는데 이것은 언어가 사람의 사회와 문화를 반영하여 변화하며 이 변화는 문법화 과정을 통하여 굳어지게 되기 때문일 것이다. 그러나 이러한 것은 극히 일부에 지나지 않음을 우리는 주목해야 할 것이다. 이러한 사람의 인지 능력과 관련된 언어 보편성은 소리 분별력처럼 모든 언어를 사용하는 사람들에게 공통적인 것일 것이다.15) 이와 관련하여 생각해 볼 수 있는 보편문법원리 중의 하나로 의미선택(s-selection)에 따른 범주선택(c-selection)을 들 수 있을 것이다. 가령, '생각하다'는 의미의 술어는 보충어를 가져야 하며 그 내용은 명제적 성격을 띠게 된다. 이것은 어휘항목 '생각하다'가 가지는 의미선택이며 이것은 언어보편적이다. 또한 명제적 성격을 띠는 보충어는 어느 언어에서든 절의 형태로 구현되어야 한다. 즉, 이것도 언어 보편적이라 할 수 있을 것이며 이를 매개변항 값으로 설명하기는 어렵다. 이와 함께 병합을 통해 얻어지는 2분지적 통사구조도 보편문법원리의 하나라고 할 수 있을 것이며 이 또한 모든 언어에 공통적인 것이라고 할 것이다.

---

15) 가령, 어휘 항목이 취하는 의미역할에 따른 의미는 언어 보편적일 수 있으나 언어에 따라 이들이 반드시 문장구조상에 구현되어야 하는가 여부는 다를 수 있다. 즉, 동일한 어휘에 대하여 언어마다 하위범주화 구분은 다를 수 있을 것이며 이것은 문법화의 결과일 수 있을 것이다.

세번째 범주로 생각해 볼 수 있는 보편 문법에 해당하는 것으로는 언어의 문법을 구성하는 여러 원리들이 이에 해당할 것이다. 그런데 이 원리들은 모든 언어에 공히 적용되고 존재하지만 개별언어에 따라서 적용된 방식이나 존재하는 양상이 다를 수 있다. 그렇다고 이것이 개별언어의 서로 다른 어휘처럼 개별언어에 특유한 것이라고 할 수는 없을 것이다. 그렇다면 이러한 언어 보편적인 원리는 위의 두 가지 언어 보편적인 것과는 달리 언어마다 다른 방식으로 존재하는 원리라고 하여야 할 것이다. 이는 보편문법원리를 크게 모든 언어에 똑같이 존재하고 적용되는 것과 개별 언어에 따라 존재양상과 적용양상의 면에서 차이를 보이는 것으로 이분을 하여야 할 것이다. 바로 이 두 번째에 해당하는 보편문법이 개별언어에 구현되는 것은 이 원리에 대한 매개변항이 그 값을 부여 받으므로 가능하게 된다고 할 수 있을 것이다. 예를 들자면 위에서 논의한 EPP, Wh-이동, 명사구를 포함한 최대투사범주의 이동, 핵이동, 생략현상, 기능범주의 속성, 종래의 엑스바 이론, 최소거리이동의 원리, 결속이론 등등이 보편문법원리에 해당할 것이며 이것이 어떻게 값이 매겨지느냐에 따라 개별언어의 특성이 결정될 것이다.

## 4. 한국어의 통사적 특성과 확대투사원리(EPP)의 매개변항화

### 4.1 한국어의 통사적 특성 몇 가지

한국어는 현대 언어이론이 대부분의 기본적 탐구자료로 활용하고 있는 많은 언어들에 비해[16] 아래 예문이 보여주는 것처럼 어순의 자유로

---

16) 현재 최소주의 이론은 다양한 언어를 그 분석 및 탐구자료로 삼아 이론을 발전시키고 있는 것이 사실이다. 그러나 여전히 이론의 대부분이 인구어를 분석대상으로 하여 제시되고 있는 것 또한 사실이므로 향후 연구대상으로 하는 언어를 보다 다양화할 필요가 있으며, 이 것은 각 개별언어를 연구하는 학자들의 몫이라고 생각한다.

움, 의문사구가 이동하지 않음, 예외적 격표시 구문에서의 다양한 격 출현 등을 비롯하여 상당히 다양한 통사현상의 차이를 찾아 볼 수 있는 언어이다. 제1장에서 제시된 바 있는 예문들을 다시 보기로 하자.

(13) a. 철수가 영희를 사랑한다.
     b. 영희를 철수가 사랑한다.
(14) a. What did John buy?
     b. 영수가 무엇을 샀니?
(15) a. 철수는 영희가 틀렸다고 생각했다.
     b. 철수는 영희를 틀렸다고 생각했다.
     c. 철수는 영희가 성격이 차갑다고 생각했다.
     d. 철수는 영희를 성격이 차갑다고 생각했다.

한국어는 조사와 어미가 풍부하며 초점과 주제가 현저한 언어이다. (이정훈 2004 참조) 또한 Yoon(1999)에서 제시된 바와 같이 한국어는 일본어와 통사적으로 상당한 유사성을 보이는데[17] 두 언어에서 공히 중주어 또는 중목적어 구문이 가능하고 격중첩 현상도 보이며 명사의 다중지정어도 가능하며 속격 관계사구문이 가능하다. 이러한 한국어의 통사적 특성은 최소주의 이론의 보편성을 검증하는 데 좋은 실증적 자료가 될 수 있을 것이며 이 현상들을 적절히 수용할 수 있도록 최소주의 이론은 변화를 꾀해야 할 것이다. 물론 한국어의 통사적 특성이 최소주의 이론에 기여하기 위해서는 다양하면서도 정통한 언어 자료의 수집과 올바른 자료의 분석이 이루어질 것을 전제로 한다. 중언하건대 최소주의 이론이 보편문법원리에 의거 모든 언어를 설명하는 이론을 추구한다면 한국어가 보여주는 특이한 언어현상을 제대로 설명할 수 있어야

---

17) 두 언어의 통사적 형태론적 공통점을 관찰하고 다른 언어들과 상당히 다른 양상을 보이는 것에 착안하여 Pinker(1994)는 언어계보상 이 두 언어는 고아적인 존재가 아닐까하는 제안을 하기도 한다.

할 것이며 한국어의 특이한 통사현상을 수용할 수 있도록 이론을 수정
보완할 필요가 있다.

　이 글에서는 한국어 통사현상에 대한 구체적인 자료를 논하며 최소
주의 이론의 적용을 논하기 보다는 한국어의 몇 가지 통사적 특성에 대
하여 최소주의 이론을 어떻게 적용하는 방안이 가능한가를 개념적으로
생각해 보기로 하겠다. 그러나 최소주의 이론을 한국어에 적용할 때 앞
서 언급한 바와 같이 한국어의 특성을 위한 새로운 이론적 기제를 도입
한다거나 제약 조건 등을 상정하는 것은 지양해야 한다. 이는 최소주의
이론의 기본 철학에 어긋나기 때문이다. 반면에 자질이나 이론적 기제
들의 적용 등을 매개변항적 관점에서 접근하는 것은 올바른 방향이라
고 생각한다. 왜냐하면 매개변항화라는 것은 최소주의 이론의 가정인
개념적필연성과 자연성을 따르는 것이기 때문이다. 따라서 앞으로 남은
부분에서 우리는 한국어의 통사적 특성을 확대투사원리의 매개변항화
를 설정하여 설명할 수 있는 가능성을 살펴보기로 한다.

## 4.2 EPP(INT)와 한국어의 통사현상

　EPP자질은 최소주의 이론에서 논항 및 비논항의 이동을 주도한다.
이 자질은 필수적인 자질과 INT에 의하여 부여되는 수의적인 자질의
두 가지 양태를 보이는데 한국어에서 이 자질은 과연 어떤 역할을 하는
지 검토해 보아야 할 필요가 있다. 우선 한국어에는 T가 가지는 필수적
인 EPP자질이 과연 있는지 분명하지 않다. 영어의 경우 이 자질이 허사
에 의해 점검이 되기도 하는데 이 사실은 이 자질이 필수적 자질이며
다른 의미적, 화용론적 이유에 의하여 인허되는 것이 아님을 보여 준
다.[18] 반면에 한국어는 허사가 존재하지 않는다. 허사가 존재하지 않는

---

18) EPP의 존재를 음성/음운론적 입장에서 주부와 술부의 음성학적 균형을 유지하기 위
　　한 한 방안이라고 생각해 볼 수 있을지도 모르며, 화용론적 측면에서 신/구정보의 균
　　형적 배열을 위한 노력으로 생각해 볼 수 있을지도 모른다. 가능성이 전혀 없다고

이유는 허사에 의존하지 않더라도 EPP자질이 모두 점검되기 때문인지 아니면 EPP자질이 없기 때문인지 역시 불분명하다.

허사 없이 모든 EPP가 점검된다면 한국어에서 현시적 이동은 더 활발하여야 할 것으로 예상되는데 오히려 그 반대가 아닌가 한다. 한국어의 경우 의문사구의 현시적 이동이 이루어지지 않는다. 만약 한국어에도 C에 EPP자질이 주어지고 영어와 마찬가지로 이 C의 EPP자질이 지정어 자리를 인허하며 이 자리로 의문사구가 이동하여 EPP자질을 점검하여야 한다면 현시적 의문사구이동이 이루어져야 한다. 그러나 언어자료는 그 반대를 보여준다. C의 EPP자질 여부와 관련하여, 이정훈(2004)은 한국어의 경우 문말어미 '-다'가 C이며 이것은 의미역을 가지고 있지 않아서 지정어를 인허받지 못하므로 주어가 C, 즉 문말어미의 지정어 자리로 이동하기 위해서는 EPP자질이 있어야 하는데 이는 한국어의 C가 외현적으로 지정어를 가지게 된다는 것을 의미하게 되고 이는 다시 현시적 의문사구 이동을 유발해야 하는데 언어현상은 그렇지 않으므로 한국어의 경우 C의 EPP자질을 가정할 필요가 없으며 주어는 동사구의 지정어 자리에 병합된 상태로 그대로 남아 있어야 한다고 분석한다. 우리도 여기서 한국어에서 주어가 C의 지정어 자리로 이동해야 하는지 T의 지정어 자리로 가야 하는지는 논외로 하지만 T의 지정어 자리로의 이동여부 또한 불분명하다고 생각하며 한국어의 주어는 EPP자질 점검을 위해 현시적으로 이동하지 않는다고 제안한다. 왜냐하면 다음 예문 (16)이 보여주는 바와 같이 주어가 부정극어(Negative Polarity Items)가 될 수 있기 때문이다. 이 예문 또한 제1장에 이미 제시된 바 있는 것이다.

(16) a. 아무도 오지 않았다.
    b. *Anyone didn't come.

---

생각하지는 않지만 얼마만큼 이론으로 소화할 수 있을까 하는 의문이 든다.

한국어와 영어의 부정소를 통사적으로 동일하게 분석할 수 있는가 하는 것은 또 다른 좋은 연구소재가 되겠으나 일단 두 언어에서 부정소는 VP보다 상위에 병합이 된다고 하자. 이제 왜 한국어에는 부정극어가 주어가 될 수 있는데 영어는 불가능한가를 생각해 볼 때, 동사구의 지정어 자리에 병합된 주어가 영어에서는 T의 지정어 자리로 일치 후 이동한다고 보고 한국어에서는 병합된 자리에서 이동을 하지 않는다고 보면 논리형태구조라든지 이동 후의 복사와의 관계 등에 의존하지 않고도 설명이 가능하다. (16)에 제시된 예문에서 한국어의 '아무도'는 부정소 '아니'에 의해 성분통어 되지만, 영어의 'anyone'은 'not'에 의해 성분통어 되지 않는다. 부정극어 인허의 예 하나만으로 주어의 T(또는 C)로의 이동이 한국어에는 없다고 단정하기는 좀 서두르는 듯한 감이 들지만 이는 한국어의 T(또는 C)의 EPP자질 부여 여부에 대하여 '아니다'라는 쪽에 지지를 표하는 자료가 될 것이다. 한편 한국어가 영어와 달리 주어-목적어-동사의 어순을 가지는 탓인지 수동구문에서 조차도 목적어가 주어 자리로 이동한 것인지 아닌지 불분명하다는 것과 허사가 없기 때문에 영어의 인상구문과 유사한 이동을 찾기 어렵다는 것도 EPP자질이 없다는 쪽에 무게를 얹어 주고 있다고 하겠다.[19]

그렇다고 한국어는 EPP자질이 전혀 없고 따라서 이동도 없다고 할 수는 없을 것 같다. 왜냐하면 주어의 이동은 아니지만 뒤섞이기 등에 의한 현시적 이동을 쉽게 찾아볼 수 있기 때문이다. 이동이 최소주의

---

19) 그러나 다른 한편으로는 T와 C의 지정어 자리로 주어가 이동해야 한다는 주장을 뒷받침하는 듯한 현상도 찾아 볼 수 있을 것이다. 가령, 한국어의 다양한 생략관련구문에 대하여 최근 활발히 논의가 이루어지고 있는데 어색하기는 하지만 다음 예문의 경우 주어가 T와 C의 지정어 자리로 이동했다고 보아야 할 것 같다.
　ⅰ) 철수가 로또에 당첨되었는데 영수도다.
'영수도다'는 '영수도 로또에 담첨되었다'의 생략형으로 볼 수 있어 '로또에 당첨되었'이 생략된 결과라고 할 수 있을 것이다. 이것이 가능하다면 주어의 이동이 필요한 것이 아닐까 한다. 그러나 이 생략현상이 통사적 현상이 아니므로 PF현상으로 볼 수 있다면 통사부에서의 이동과 음운부에서의 이동의 차이로 볼 수 있을 가능성이 있다.

이론이 가정하는 것처럼 EPP자질 점검을 위한 것이라면 한국어에서 관찰되는 이 이동들은 EPP 자질을 가진 기능핵을 탐침으로 하는 일치의 결과라고 할 수 있을 것이다. 다시 말해 한국어에 EPP자질은 없다고 단정할 수는 없다. 한 가지 여기서 짚어보아야 할 것은 한국어의 이동은 모두 초점, 강조 등과 같은 의미효과를 창출하는 기능을 한다는 것이다. 이는 허사가 부재하는 이유와 밀접한 연관이 있을지도 모른다. 여하튼 이동이 의미적 효과를 유발한다면 최소주의 이론에서 가정하는 INT에 의한 EPP효과가 아닌가? 그렇다면 최소주의 이론의 큰 가정을 무너뜨리지 않으며 한국어에서 주어의 이동이 없다는 통사적 특성에 대한 최소주의 이론적 해결책을 찾아 볼 수 있을 텐데 가령 '한국어에는 필수적인 EPP자질은 없으나 INT관련 EPP자질은 있다'라고 제안하는 것이다. 즉, EPP자질을 매개변인화하는 방안을 택해보는 것이다.[20] 필수적인 EPP자질을 표기 목적상 EPP(REG)라고 부르기로 하고 의미효과를 수반하는 수의적 EPP자질을 EPP(INT)로 부르기로 하자. 이제 이에 따라 언어를 EPP자질의 유무를 기준으로 분류하면 다음과 같이 될 것이다 :

 i) EPP(REG)언어, ii) EPP(INT)언어 , iii) EPP(INT/REG)언어 , 그리고 iv) EPP가 전혀 없는 언어 등이다. 이 분류에 따르면 한국어는 두 번째 유형에 속하는 언어가 될 것이다.

한국어를 EPP(INT)언어라고 가정하면 한국어에 주어의 현시적 이동이 없는 현상, 허사가 없는 현상, 그리고 의문사구의 현시적 이동이 없는 현상을 설명할 수 있을 것이다. 한국어에는 필수적 EPP자질이 없으므로 의미효과를 수반하지 않는 일치 후 이동은 필요가 없고 일치에 의해 자질 점검과 삭제만 이루어지면 된다. 따라서 주어는 이동하지 않는다. 허사는 의미효과를 수반하지 않고 필수적 EPP자질을 점검하는 기능만을 하기 때문에 당연히 한국어에는 필요가 없을 것이다. 의문사구 이동의

---

20) Yoon(2003)은 중주어/중목적어 구문에 대한 제안으로 AgrS/O의 EPP자질에 대한 매개변항화를 시도하고 있다.

경우도 의문사구가 가지는 특정한 문법성분에 대한 정보를 묻는다는 의미효과는 의문사구를 사용하는 자체에서 이미 달성이 되었고 또한 문장 말미에 '까', '냐', '니' 등과 같은 의문형 종결어미가 있어 의문문으로서의 효과를 거두고 있으므로 필수적 EPP가 C에 부여되지 않으므로 의문사구의 이동은 필요가 없을 것이다.[21] 추가적인 의미효과를 위하여 어떤 기능핵에 INT에 의한 EPP(INT)가 부여되고 이를 점검하기 위하여 의문사구가 이 기능핵의 지정어 자리로 이동하지 않는 한, 한국어의 의문사구는 현시적으로 이동할 필요가 없다.

또한 한국어는 격조사가 풍요로운 언어이다. 중주어/중목적어의 출현이 가능한 것은 한국어가 보여 주는 특이한 통사현상이다.

    (17) a. 철수가 키가 크다.
        b. 철수가 영희를 손을 잡았다.

이 글에서 중주어구문이나 중목적어구문의 구체적인 통사적 분석을 시도하지는 못하지만, 우리는 이 구문에서 동일한 형태의 격조사가 복수 출현한다는 것에 주목을 하고자 한다. 비해석성 자질인 격자질의 점검을 일치작용에 의존하는 최소주의 이론에서 중출된 격을 일치에 의해 점검한다는 것이 가능한가? 우리는 중출되는 격의 점검은 최소주의 이론에서 사용되고 있는 다중일치(Multiple Agree)에 의해 점검이 가능하다고 생각한다. (17a)의 경우 T가 탐침이 되어 $v$의 지정어 자리에 있는 두 목표와 다중일치를 이루어 격자질을 점검한다고 보며 중주어 구문은 기능핵이 다중지정어를 가진 경우라고 할 것이다. 이때 다중지정어는

---



21) 물론 의문사구가 통사부에서 이동을 하지 않더라도 의미영역을 비롯한 논리형태 해석을 위하여 LF에서 이동을 하여야 할 것이다. 이를 위하여는 EPP와는 다른 맥락에서 이동의 동인을 찾아야 할 것이다. 한편, Miyagawa(2001)는 일본어의 경우 의문사구가 현시적으로 이동하는 대신 의문소 '-no'가 C로 이동하여 EPP를 만족시킨다고 제안한다.

바로 EPP(INT)에 의해 인허된다고 가정하면[22] 중주어 구문에서 보이는 초점이나 강조 효과를 설명할 수 있는 기틀이 될 것이다. (17b)의 경우도 마찬가지로 목적어가 다중지정어를 가진 범주의 지정어 자리에 위치하고 있어 하나의 탐침과 복수의 목표가 일치를 이루어 격을 점검하는 다중일치가 이루어지고 이 역시 EPP(INT)에 의한 것이므로 의미효과가 수반되며 한국어가 EPP(INT) 언어이기 때문이라고 제안한다.

앞서 격자질이 비해석성 자질인가 아닌가에 대한 의문을 각주 6)에서 제기해 보았는데 한국어의 격조사가 나름대로의 의미를 가진다면[23] 이것은 아마도 EPP(INT)에 의한 것이 아닐까 한다. 우리의 생각이 올바른 방향으로 가고 있다면, 순수한 격자질은 한국어에서도 의미가 없는 비해석성 자질이라고 일반화할 수 있을 것이며 형식자질의 해석성/비해석성 구분은 언어 보편적이라고 할 수 있을 것이다.[24]

다음으로 한국어의 어순 특성에 대해 간략히 논해 보기로 하자. 앞서 언급한 바와 같이 뒤섞이기 규칙은 한국어의 어순을 자유롭게 해 준다. 이것은 일찍이 한국어를 비형상구조라고 분류하게 한 주 원인이기도 하다. 뒤섞이기는 분명 이동현상이다. 모든 이동을 비해석성 자질인 EPP자질의 점검을 위한 운용으로 설정하는 최소주의 이론이 이 현상을 어떻게 설명해야 하는가? 더구나 한국어는 EPP자질이 없는 언어라고 가정한다면 정말 어려운 문제가 될 것이다. 그러나 뒤섞이기 규칙이 의미효과를 수반한다는 데 우리가 주목한다면 해결책이 있을 듯하다. 의미효과와 관련이 있다면 EPP(INT)자질이 어느 기능핵에 부여된다고 가

---

22) 다중지정어의 경우 특히 외부지정어는 EPP(INT)에 의해 인허된다고 할 수 있을 것이다.

23) 이 때의 의미는 다른 격으로 쓰였을 때와의 의미, 어감의 차이를 말하는 것이다. 특히 강조, 초점화, 대조, 특정성 등과 연관된 의미인 것으로 보아 INT효과라고 보는 것이 타당할 것이다.

24) 그러나 모든 언어가 동일한 형식자질을 동일한 값으로 가져야 된다는 의미는 아니다. 파이 자질 중에서도 자질에 따라서 어떤 언어에는 있고 어떤 언어는 없는 경우가 있을 수 있을 것이다. 가령, (일반명사의 경우) 영어는 성자질이 필요 없을 것이나 독일어, 불어 등에는 비해석성 자질로 존재한다고 해야 할 것이다.

정할 수 있을 것이고 뒤섞이기에 의한 이동의 착지점은 바로 이 기능핵의 지정어 자리라고 할 수 있을 것이다. 구체적으로 뒤섞이기 규칙의 착지점이 어느 기능범주인지는 후속 연구대상이지만 적어도 $v$ 또는 T 보다 상위에 병합된 기능범주일 것이 분명하며 그렇다면 Radford(2004)에서 소개되고 있는 Rizzi(1997)와 Haegeman(2000) 등의 분리된 CP 가설(Split CP Hypothesis)을 활용할 수 있을 것으로 사료된다. 분리된 CP 가설은 한마디로 CP를 Force Phrase, Focus Phrase, Topic Phrase, Finiteness Phrase등으로 분리하여 의미효과를 보이는 여러 가지 이동을 설명하는 방안이다. 이 기능범주들의 핵은 의미효과를 가지는 기능핵이며 따라서 INT를 부여받게 될 것이고 수의적 EPP(INT)자질을 갖게 되어 자신이 탐침이 되어 이동대상인 항목을 목표로 삼아 일치를 이루고 비해석성 자질을 점검하고 이동을 유도하게 된다. 뒤섞이기 현상이 제공하는 의미효과를 세밀히 검토하고 이에 걸맞는 기능범주 설정의 타당성을 논증할 수 있다면 충분히 시도해 볼 만하다고 생각한다. 앞서 제안한 바와 같이 한국어가 EPP(INT) 언어라면 바로 뒤섞이기는 이 EPP(INT)자질의 점검을 위한 이동현상이라고 할 수 있을 것이다. 따라서 뒤섞이기에 따른 어순의 다양함, 자유로움은 최소주의 이론을 한국어에 적용하는 데 장애요인이 되지 않을 것이다.

이제 끝으로 예외적 격표시 구문에서의 격교체 현상에 대해 보기로 하자.[25] 영어의 예외적 격표시 구문과 유사한 다음 한국어 예문을 보면 종속절 주어의 경우 한국어는 영어와 달리 주격과 목적격이 교체되어 사용될 수 있다.

(18) 철수는 영희가/를 어렸다고 생각했다.

---

[25] 예외적 격표시구문의 격출현을 EPP(INT)효과로 전적으로 설명이 가능한 것 같지는 않다. 다만 자질의 매개변항화를 통해 설명이 가능할 수 있다는 의미에서 이 글에서 함께 다루기로 한다.

　　(18)에서 '영희가'와 '영희를'이 모두 허용되는 것은 어떻게 설명이 될 것인가? 종속절이 시제가 있으므로 주격이 점검될 수 있는 것은 설명이 어렵지 않겠지만, '영희를'로 목적격이 가능한 것은 주절 동사 '생각하-'에 의해 점검된다고 하지 않을 수 없다. 이 자료는 종속절의 주어가 주절 동사와 원거리 일치를 이루고 있다고 볼 수 있는데, 이 원거리 일치는 Hiraiwa(2001)가 일본어를 분석하며 제시한 바와 같이 일치의 수의성(optionality)을 인정하면 적절히 해결이 될 수 있을 것이다.(이숙희 2005 참조) 물론 '영희를'의 경우 종속절 T보다 상위에 병합된 기능범주가 있고 이 기능범주의 수의적 EPP자질 점검을 위해 이 기능범주의 지정어 자리로 이동해 가서 주절 동사와 일치를 이룰 수 밖에 없다는 분석도 가능할 것이다.[26] 이숙희(2005)는 Hiraiwa(2001)가 일본어의 중주어 출현구문에서 보여주는 원거리 일치현상을 상세히 소개하고 있는데, 다음과 같은 중주어가 출현하는 한국어 예외적 격표시 문장에서도 주격과 목적격조사가 교체되어 나타나는 것을 Hiraiwa의 원거리 일치이론으로 적절히 설명이 될 것으로 생각한다. 아래 예문과 설명은 이숙희(2005)에 제시

---

26) 원거리 뒤섞이기를 고려한다면 이 분석이 바람직할 수도 있다.
　　i) a. 영희를 철수는 어렸다고 생각했다.
　　　b. ?*영희가 철수는 어렸다고 생각했다.
　위의 예문은 종속절의 주어인 '영희가/를'이 주절 주어(주제어) 앞으로 뒤섞이기 규칙에 의해 이동해 왔다. 문법성의 판단이 쉽지는 않지만 a에 비해 b는 문법성이 분명히 떨어진다. 이 차이는 아마도 '영희를'과 '영희가'의 이동의 차이에서 비롯될 것이다. '영희를'의 경우 종속절의 VP 또는 TP에 병합되어 있던 주어가 종속절의 TP 상위에 새로 병합된 어느 기능범주의 수의적 EPP자질을 점검하기 위해 그 기능범주의 지정어 자리로 이동하고 난 뒤 다시 뒤섞이기에 의해 앞으로 또 한번 이동한 경우라고 볼 수 있을 것이다. 뒤섞이기를 위하여는 상위절의 TP(또는 CP)보다 상위에 병합된 기능범주핵이 있고 이 기능핵이 INT를 부여 받고 이에 EPP(INT)자질이 부여되어 지정어 자리로의 이동을 유도했다고 가정할 수 있을 것이다. 반면 b는 종속절의 VP 또는 TP에 병합되어 있던 주어가 곧바로 상위절의 TP(또는 CP)보다 상위에 병합된 기능범주핵의 지정어 자리로 이동한 결과라 할 것이다. 이 두 경우의 차이는 전자는 주어가 일단 종속절의 명제적 형상구조를 벗어났다가 다시 이동한 반면, 후자는 종속절의 명제적 형상구조 속에 있는 주어를 일치에 의해 한번에 이동시켰다는 것이 아닌가 한다. 우리의 분석이 가능하다면, 후자는 국면침투불가 조건(PIC)을 어겼을 가능성이 다분하다.

된 일본어 예문을 활용한 것이다.

> (19) a. 철수는 영희가 눈이 매섭다고 생각했다.
> b. 철수는 영희를 눈이 매섭다고 생각했다.
> c. *철수는 영희가 눈을 매섭다고 생각했다.

(19a,b)는 문법적이나 (19c)는 비문법적이다. 이 경우 종속절의 중주어는 소위 소유자 인상에 의한 결과인데 인상이 된 소유자 '영희가'와 '눈이'는 (19a)에서 종속절의 탐침 T와 다중일치를 하여 점검된다. (19b)에서는 종속절의 T와 '눈이'가 일치를 이루어 주격자질이 점검되고 종속절의 소유주 명사구와 주절 동사 간에 일치를 이루어 목적격 자질을 점검한다.27) 그러나 (19c)에서는 중간에 위치한 '영희가'가 주절동사와 '눈을' 사이의 일치에 간섭작용을 하여 목적격 점검이 이루어지지 못해 비문법적 문장이 된다. 이상 간단히 살펴보았지만 최소주의 이론의 기본 틀 속에서도 한국어(또는 일본어)의 다양한 격조사의 출현은 이론의 세부적인 사항을 약간 보완하거나 매개변항화 할 수 있다면 설명될 수 있을 것이다.

## 5. 맺는 말

개별언어의 통사적 특성을 보편문법원리의 매개변항화를 통하여 설명하려는 노력은 1980년대의 지배와 결속이론 혹은 원리와 매개변항이

---

27) 목적격을 점검받는 종속절의 소유자 주어 '영희를'은 '눈이' 와 동일한 핵의 지정어 자리에 있다고 보기는 어려울 것이다. 같은 기능핵의 다중 지정어로 병합되어 있다면 (19a)처럼 다중 일치에 의해 같은 격자질을 점검받을 수밖에 없다. 격자질이 다르게 구현되는 것으로 보아 일치를 이루는 위치가 '눈이'는 종속절 내부일 것이고, '영희를'은 종속절을 벗어난 위치일 것이다. 따라서 '영희를'이 어떤 다른 추가적 의미를 가진다면 이는 격조사 '를' 때문이 아니라 격점검을 위한 일치작용이 이루어지는 위치가 INT에 의해 인허된 자리이기 때문일 것이라고 생각한다.

론으로 불리던 통사이론으로부터 지금의 최소주의 이론에 이르기까지 그 맥을 같이 하고 있다. 이 글에서는 이러한 관점에서 한국어의 통사적 특성이라 할 수 있는 몇 가지 현상들이 생성문법이론에서 가정하고 있는 확대투사원리라는 보편문법원리의 매개변항 값을 달리함으로써 설명이 가능함을 보여 최소주의 이론의 방법론이 한국어에도 적절하게 적용될 수 있음을 제안하는 동시에 최소주의 이론의 설명력을 검증하는 자료로 활용될 수 있음을 밝히고자 하였다. 물론 이 글에서 다룬 한국어의 통사현상은 이 글에서 제시한 분석방법 이외에도 다양한 분석이 가능하므로 이 글에서 시도된 것만이 유일한 설명 방법은 아닐 수 있으므로 관련 통사구문에 대한 보다 깊은 연구가 수행되어야 할 것이며, 이를 바탕으로 다시 한번 보편문법원리의 매개변항화가 가능한지 검토하여 보아야 할 것이다. 아울러 한국어의 다른 통사현상들도 최소주의 이론의 시각에서 재검토하여 이 문법이론의 발전에 기여할 수 있도록 노력할 필요가 있다고 생각하며, 이런 점에서 이 글의 소기의 목적이 달성되었기를 바라며 글을 마치기로 한다.

## 참고문헌

김영화(2005), "Chomsky(2004)를 중심으로 한 언어관의 소개," 최기용편저, *최소주의의 최근흐름*, 한국문화사.

문귀선, 박갑용, 손근원, 양동휘, 이정식, 장영준(1999), *최소주의의 새로운 이해*. 한신문화사.

박순혁(2005), "생물언어학에서의 국면과 일치," 최기용 편저, *최소주의의 최근흐름*, 한국문화사.

박승혁(1997), *최소주의 문법론*, 한국문화사.

박연미(2005), "논항이동-EPP를 중심으로", 최기용편저, *최소주의의 최근흐름*, 한국문화사.

양동휘(1994), *문법론*, 한국문화사.

_____(1996), *최소이론의 전망*, 한국문화사.

양동휘, 이홍배, 이선우, 박승혁, 윤종열(1998), *최소주의 이론*, 한신문화사.

윤만근(2001), *최소주의 이론의 변천*, 경진문화사.

_____(2006), "Chomsky(2005)의 On Phases", 2006년 한국촘스키학회 겨울 학술대회 프로시딩스.

윤종열(2005), "최소주의 이론이 한국어에 적용되면 어떻게 될까?", 국제한국언어학회 창립 30주년 기념 학술대회 발표 논문집.

_____(2006), "UG, 매개변항과 언어교육", 국민대학교 *어문학* 논총 25집.

이숙희(2005), "일치와 결여성분 간섭조건," 최기용편저, *최소주의의 최근흐름*, 한국문화사.

이정훈(2004), 국어의 문법형식과 통사구조 연구, 서강대학교 대학원 박사학위논문.

이홍배(2001), *최소주의 통사론 강의*, 한신문화사.

이홍배(2003), *최소주의 통사론*, 한국문화사.

중앙일보 2005년 9월 9일 pp 32-3.

최기용 편저(2005), *최소주의의 최근흐름*, 한국문화사.

Chomsky, N.(1970), "Remarks on Nominalization," in Jacobs and Rosenbaum eds. *Readings in English Transformational Grammar.*

___________(1981), *Lectures on Government and Binding*, Foris.

___________(1986), *Knowledge of Language : its Nature, Origin, and Use*, Praeger.

___________(1995), *The Minimalsit Program*, MIT Press.

___________(1999), *Derivation by Phase*, MIT Occasional Papers in Linguistics.

___________(2000), "Minimalist Inquiries," in Martin et al eds. *Step by Step*, The MIT Press.

___________(2001), "Beyond Explanatory Adequacy," Ms.

___________(2004), "Three factors in language design" Ms.

___________(2005), "On Phases" Ms.

Haegeman, L.(2000), "Inversion, non-adjacent inversion and adjunction in CP," *Transactions of the Philosophical Society* 98.

Hiraiwa, K.(2001), "Multiple Agree and Defective Intervention Constraint in Japanese" in *MIT Working Papers in Linguistics* 40.

Lasnik, H.(2005), "Grammar, levels and biology," in James McGilvray ed. *The Cambridge Companion to Chomsky*. Cambridge University Press.

Lasnik, H. and M. Saito,(1984), "On the Proper Nature of Proper Government," *Linguistic Inquiry*, vol 15-2.

McGilvray, J.(2005), *The Cambridge Companion to Chomsky*. Cambridge University Press.

Miyagawa, S. (2001), "The EPP, Scrambling, and WH-in-Situ," in M. Kenstowicz ed., *Ken Hale: A Life in Language*, MIT Press.

Pinker, S.(1994), *The Language Instinct : how the mind creates language*, Harper Perennial.

Pollock(1989), "Verb Movement, UG, and the Structure of IP," *Linguistic Inquiry 20*.

Radford, A.(2004), *Minimalist Syntax*, Cambridge University Press.

Rizzi, L.(1997), "The fine structure of the left periphery," in L. Haegeman ed. *Elements of Grammar*, Kluwer.

Seuren, P. A.(2004), *Chomsky's Minimalism*, Oxford University Press.

Yoon, J.Y.(1999), "A perspective on Comparative Studies between Korean and Japanese with special reference to functional categories," *Proceedings of TACL summer institute of Linguistics 1999*, Tokyo Area Circle of Linguistics.

Yoon, J.Y.(2003), "The Focalization Effects in Multiple Subject/Object Constructions," in G.

Iverson and S. C. Ahn eds. *Explorations in Korean Language and Linguistics*, Hankook Pub. Co.

# 조사 '는'의 의미와 출현 조건

이 필 영*

## 1. 서 론

국어의 조사 '는'은 일반적으로 선행 명사구가 주제임을 표시하거나 주제가 아닐 경우에는 다른 요소와 대조됨을 나타내는 기능을 한다고 알려져 있다. 특히 주제 조사로서의 '는'은 주제가 국어 문법에서 중요한 위치를 차지하는 개념으로 등장하면서 아주 큰 관심거리가 되어 왔다. 본고는 이러한 '는'의 기본 의미를 찾아서 그러한 의미 자질로부터 두 가지 상이한 기능이 파생하였음을 설명하는 동시에 주제 조사 '는'이 출현할 수 있는 담화/의미론적 조건이 무엇인가를 밝히는 것을 목적으로 한다.

주제와 대조는 엄밀히 말해서 동일한 차원에서 비교될 수 있는 것이 아니다. 대조는 의미적 특성인 데 비하여 주제는 의미적 특성이 아니라 담화적 차원의 기능이기 때문이다.[1] 동일한 차원에서 '는'의 기능을 나

---

* 한양대학교 국어국문학과.
1) '주제'라는 용어는 통사적 차원과 담화적 차원에서 사용되는데 본고에서 논의하는 주

눈다면 담화적 차원과 의미적 차원에서 각각 나눠 볼 수 있을 것이다. 담화적 차원에서 '는'은 주제적 기능과 비주제적 기능으로 나뉠 것이고, 의미적 차원에서는 '언급 대상성(aboutness)'(임홍빈, 1987:22-24)과 '대조성'으로 나뉠 것이다. 본고는 이러한 상이한 두 가지 의미 특성이 본래 '는'이 지닌 어떤 공통적 의미로부터 파생되어 나왔을 것이라는 가정에서 출발하여 그 공통 의미를 밝히는 동시에 '는'의 두 가지 의미 특성이 그러한 공통 의미와 어떻게 연관되는지를 밝히고자 한다.

한편 주제 조사 '는'에 관하여는 지금까지 그것이 어떠한 담화/의미론적 자질을 지닌 명사구와 결합할 수 있는가에 많은 관심을 보여 왔다. 그런데 주제 조사 '는'의 출현 여부는 선행 명사구의 자질만으로는 충분히 설명되기 어렵다. 즉 문장의 주된 관심이 어디에 있는가를 살펴야만 '는'의 출현 가능성 여부를 올바로 설명할 수가 있다. 이에 본고에서는 주제 조사 '는'에 선행하는 명사구가 지닌 담화/의미론적 자질과 더불어 그것이 나타나는 문장의 문맥(내지는 발화 상황), 그리고 문장의 의미론적 특성 등을 통해서 주제 조사 '는'의 출현 조건이 무엇인지를 밝혀 보고자 한다.

## 2. '는'의 의미

일반적으로 조사 '는'은 주제를 나타내는 것과 주제가 아닌 대조를 나타내는 것으로 구분하는데, 여기서는 이 두 가지 조사가 본래 동일한 것으로서 일정한 기본 의미를 공유한다고 보고, 그 기본 의미를 찾는 동시에 그로부터 양자가 상이한 의미를 갖게 된 이유를 밝혀 보고자 한다.

일반적인 주제의 기능은 문장(또는 절)이나 서술어가 나타내는 사태가 적용되는 영역이나 사물을 제한하고 한정해 주는 것이다.(채완, 1977:21)[2]

---

제는 담화적 차원의 것이다.

이에 비해서 대조란 서술어의 내용이 적용되는 대상을 적용되지 않는 대상으로부터 구별하여 나타내는 것이다. 가령, (1가)의 '(철수)는'은 주제 조사로서, (1나)의 '(철수)는'은 대조 조사로서 각각 쓰인 것인데, (1가)는 '오늘 학교에 안 간' 행위가 '철수'라는 인물로 한정되어 이루어짐을 나타낸 것이고, (1나)는 선생님께서 다른 학생은 안 만나셨는데 '철수'는 만났음을 나타낸 것이다. 다시 말해서 (1나)의 '철수'는 선생님께서 만난 학생이므로 (선생님께서) 안 만난 다른 학생들과는 대조되는 인물인 셈이다.


    (1) 가. 철수는 오늘 학교에 안 갔어.
        나. 선생님께서 철수는 만나셨어.


그렇다면 주제 조사 '는'과 비주제 조사 '는'의 의미는 어떻게 묶일 수 있을까? 결론부터 말하자면 우리는 양자가 'X-로 한정하여 말하면(보면)'이라는 의미를 공유한다고 본다.3) 그런데 'X-로 한정하여 말하면(보면)'은 'X-로 한정함'과는 다른 것임을 유의하여야 할 것이다. 즉 'X-로 한정함'은 X 이외의 사물은 사태의 적용 대상이 아님을 나타낸다. 다시 말해서 X에 적용되는 사태와 X 이외의 것에 적용되는 사태가 상이한 것임을 의미한다. 이에 비해서 'X-로 한정하여 말하면(보면)'은 'X에 대해서만 말하면(보면) X는 사태의 적용 대상이 되지만 그러나 X 이외의 사물에 관하여는 모르겠음'이라는 뜻이 포함되어 있다. 따라서 (1가)는 (2가)가 아닌 (2나)로, (1나)는 (3가)가 아닌 (3나)로 각각 바꿔 쓸 수가 있다.4)

---

2) 여기서 주제의 기능을 서술어만이 아닌 문장(또는 절)이 적용되는 영역이나 개체의 범위를 한정하는 것이라고 한 것은 다음의 '철수는'처럼 주제가 주어-서술어로 된 절 전체가 지시하는 사태의 적용 대상이 될 수도 있기 때문이다.
  (예) 철수는 아까 선생님께서 교무실로 데리고 가셨다.
3) 이춘숙(1999)에서는 이를 '영역 설정'이라는 용어로 설명하였는데 우리의 'X-로 한정하여 말함(봄)'은 내용상 이와 거의 일치한다.
4) 얼핏 보면 (1나)에 대한 해석으로 (3나)가 알맞지 않을 수도 있다. 그런데 만약에 (1나)가 다음과 같은 문맥에서 사용된다면 그것은 얼마든지 (3나)의 해석을 가질 수도 있다.
  (예) <갑> : 선생님께서 오늘 어떤 애들을 만나셨니?

(2) 가. 철수만 오늘 학교에 안 갔어. (철수 이외의 학생은 안 갔어)

나. 철수에 대해서만 말한다면 걔는 오늘 학교에 안 갔어.

(3) 가. 선생님께서 철수만 만나셨어. (철수 이외의 학생은 안 만나

셨어.)

나. 선생님께서 철수를 만나셨는데, 다른 학생을 만나셨는지는

모르겠어. (어쩌면 다른 학생도 만나셨을지 몰라.)

주제의 '는'과 비주제의 '는'이 위와 같은 의미를 공유하지만 전자에 비해서 후자에 대조의 의미가 상대적으로 더 잘 드러나는 것도 사실이다.5) 가령, 다음 (4가)의 '새우는'이 (4나)의 '새우는'에 비해서 다른 음식과 대조하여 나타내는 성격이 더 강하다.

(4) 가. 사람들이 대개 새우는 좋아해요.

나. 새우는 사람들이 대개 좋아해요

그렇다면 그 이유는 무엇일까? 'X로 한정하여 말함(봄)'이란 어떤 사물 X와 대립할 수 있는 항들이 잠재적으로 존재한다는 것을 의미한다. 다시 말해서 X에 한정하여 볼 때 Y가 X에 적용된다고 하는 것은 전술했듯이 Y가 X 이외의 것(잠재적 대립항)에도 적용될 가능성이 있음을 의미하기도 하지만 다른 한편으로는 X 이외의 것에는 적용되지 않을 가능성이 있음도 의미한다. 대조의 의미는 바로 후자의 의미와 통하는데 후자의 가능성이 강하게 부각될수록 대조성은 더 강해진다.

이러한 일이 '는'의 일반적인 경우라고 할 때, 그것은 주제의 '는'보다는 비주제의 '는'의 것이라고 보아야 한다. 왜냐 하면 주제의 '는'은 비주제의 '는'에 비해 특정한 위치(문두)에서만 그 기능을 발휘하는 것이기

---

<을> : 글쎄, 잘 모르겠어. 그런데 <u>선생님께서 철수는 만나셨어.</u>

5) 주제의 '는'이든 비주제의 '는'이든 강세가 주어지면 그 강세의 정도만큼 대조성이 더 도드라진다.

때문이다. 주제란 문장의 그 나머지 부분에 의하여 언급되는 대상이므로 주제적 사물 X는 사태 Y의 적용 범위를 한정해 준다고 할 수 있다. 이는 X가 사태 Y의 성립 이전에 전제되어야 함을 의미한다. 즉 Y의 성립 이전에 이미 X가 선정되어 있음을 의미한다. 그러니까 이때의 X에는 잠재적 대립항의 존재가 중요하지가 않고, 따라서 대조성이 잘 부각되지 않는다. 가령, 비주제의 '는'이 쓰인 (4가)에서는 '사람들이 대개 좋아하는' 사태(Y)가 '게, 멸치, 꽁치 등등'의 잠재적 대립항을 가진 '새우'(X)에 적용된 것인 데 반하여 주제의 '는'이 쓰인 (4나)에서는 '새우'(X)가 이미 선정되어 있는 상태에서 '사람들이 대개 좋아함'이라는 사태(Y)가 적용된 것이므로 '새우'의 대립항들이 별로 문제가 되지 않는다. 결국 주제의 '는'은 비주제의 '는'에 비해 대조성이 약할 수밖에 없다.

주제의 '는'이 곧잘 제로형(조사가 실현되지 않은 것)과 대치될 수 있는 데 비해 비주제의 '는'은 제로형과 대치되기 어렵다는 사실도 전자가 후자에 비해 '대조(한정)'의 기능이 상대적으로 약하다는 것을 보여 주는 것으로 이해된다. 가령, (5가)의 주제 조사 '는'은 제로형과 대치가 가능한 데 비해서 (5나)의 비주제 조사 '는'은 제로형과 대치되기 어렵다.

> (5) 가. <갑> : 철수 집에 있어요?
> <을> : 응, 철수{는, ∅, *가} 자기 방에 있다.
> 나. 선생님이 철수{는, ∅, 를} 데리고 가셨다.

(5가)의 <을>의 발화문 주어는 '철수는'이나 '철수∅'로 나타날 수 있는데,[6] 양자는 '철수는'이 '철수∅'에 비해서 다소 '철수'라는 인물을 좀 더 강하게 지정하여 말한다는 정도의 느낌 정도의 차이 외에는 다른 차

---

6) 지금까지는 주어에 조사가 나타나지 않은 것은 모두 주격 표지 '가'가 실현되지 않은 것으로만 간주하여 왔으나 (5가)의 <을>의 발화문에서 보듯이 주어에 조사가 나타나지 않은 것이 '는'과 연관될 수도 있다.

이가 없다. 이에 비해서 (5나)의 목적어는 '철수는, 철수∅, 철수를' 그 어느 것으로도 쓰일 수 있는데, 이때 제로형 '철수∅'는 '철수를'과 그 의미가 거의 같고 '철수는'과는 사뭇 다르다.[7] 즉 (5나)의 '철수는'은 앞에서도 설명했듯이 '선생님이 데리고 가신' 행위가 '철수'로 한정하여 볼 때는 일어난 것이 사실임을 나타내는 데 비해서 '철수∅'나 '철수를'은 단지 그러한 행위가 '철수'에게 일어났음을 나타낸 것이다.

## 3. 주제 조사 '는'의 출현 조건

한국어의 조사 '는'이 주제 조사로서 한정적 또는 총칭적 명사구에 결합한다는 것은 잘 알려진 사실이다.[8] 한정적이란 화자와 청자가 알고 있는 것, 적어도 청자가 알고 있으리라고 화자가 믿는 것을 말한다. 가령 (6가)의 '그 애'처럼 앞서 언급된 것이거나 (6나)의 '해'처럼 유일한 존재이거나 (6다)의 '철수'처럼 고유명사이거나 (6라)의 '너'처럼 대명사 등이 한정적이다.(채완, 1979)[9] 이에 비해서 (7가)의 '어떤 사람'이나 (7나)의 '누구'와 같은 비한정적 명사구는 '는'과 결합하기 어렵다.

>     (6) 가. 그 애{는, 가} 어제 여기에 있었다.
>         나. 해{는, 가} 동쪽에서 뜬다.

---

7) 물론 이때는 '철수를'이 '철수∅'에 비해서 '철수'라는 인물을 좀 더 강하게 지정하여 말한다는 느낌 정도의 차이는 있다.

8) 지시(reference)를 나타내는 표현은 단칭적 지시표현(singular referring expression) 총칭적 지시표현(general referring expression)으로 대별되며, 단칭적 지시표현은 다시 한정적 (definite) 표현과 비한정적(indefinite) 표현으로 구분된다. (조성식, 1990:317)

9) 영어에서 한정적 표현이란 한정적 명사구와 고유명사, 그리고 대명사가 대표적인 경우이며, 특히 한정적 명사구를 Russell(1965)은 한정기술이라 했다. 한정기술이라는 말은 어떤 대상을 부르지 않고 주어진 특정한 발화의 맥락(context of utterance) 속에서 그것을 담화 영역(universe of discourse) 내의 다른 개체들과 구별시키기 위하여 청자에게 충분하고 자세하게 그것을 기술함으로써 그 대상을 지적할 수 있다는 관점에서 나온 것이다. (조성식, 1990:317)

　　다. 철수{는, 가} 학생이다.
　　라. 너{는, 가} 착한 아이다.
(7) 가. 어떤 사람{이, *은} 아까 전화로 아버지를 찾았어요.
　　나. 누구{가, *는} 시를 잘 쓰냐?


그런데 임홍빈(1987 : 21-24)에서는 다음의 (8)에서 보듯이 비한정적 명사구라 하더라도 화자가 말하려고 하는 것이 무엇인지 알고 있으면 주제가 될 수 있다고 보고, 이러한 특성을 '특정성(specificity)'이라고 하였다. 그러니까 주제 명사구의 최소 조건을 특정성이라고 본 것이다.


(8) 가. 어떤 사람은 그런 이야기를 한다.
　　나. 누구는 그런 일을 떡 먹듯이 한다.


(8)에서 보듯이 주제 조사 '는'이 비한정적 명사구에도 결합할 수 있다고 한 것은 주제 명사구의 성격을 이해하는 데에 진전을 가져오게 하였다. 그러나 주제 조사 '는'이 과연 그 대상이 무엇인지를 화자가 알고 있는 명사구에만 결합하는가, 그리고 그러한 특성을 특정성이라고 할 것인가에 대해서는 다음과 같은 두 가지 점에서 의문이 생긴다.
　첫째, 다음의 (9)에서 보듯이 그 지시대상이 무엇인지를 화자가 알고 있는 명사구임에도 불구하고 '는'이 결합할 수 없는 경우가 있다.


(9) 옛날에 <u>사냥을 무척 좋아한 어떤 사람</u>{이, *은} 있었습니다.


(9)의 '사냥을 무척 좋아한 어떤 사람'은 그것이 지시하는 대상이 무엇인지 화자가 알고 있다고 보아야 할 것이다. 그럼에도 불구하고 이 명사구에는 주제의 '는'이 결합하기 어렵다. 따라서 그 지시대상이 무엇인지를 화자가 알고 있다는 것이 주제의 최소 조건이 된다고 보기는 어렵다.
　둘째, 다음의 (10)에서 보듯이 불특정적 명사구에도 '는'이 결합할 수가 있다.

> (10) 철수는 <u>마음이 착한 여자</u>와 결혼하고 싶어한다. 그러나 <u>그런 여자</u>는 아마도 흔치 않을 것이다.

(10)의 '철수가 결혼하고 싶어하는 여자, 즉 마음이 착한 여자'는 특정한 인물이 아니다. 따라서 이를 되받아 지시한 둘째 문장의 '그런 여자' 역시 불특정적 명사구일 수밖에 없다. 그럼에도 불구하고 이 명사구는 주제 조사 '는'과 결합하고 있다. 따라서 특정성을 주제의 최소 조건으로 보는 것은 곤란하다고 보인다.

그렇다면 주제 명사구의 적절한 조건은 과연 어떤 것일까? 이에 대한 올바른 답을 찾기 위해서는 먼저 주제의 개념에 대하여 다시 살펴볼 필요가 있다. 주지하듯이 주제란 문장의 나머지 부분이 언술하는 대상이다. 다시 말해서 주제는 언술부(comment)에 앞서 미리 전제되는 것이다. 그리고 문장이 지시하는 바를 사태(행위, 상태, 사건 등을 포괄하는 개념)라고 할 때, 주제 명사구는 그 사태 속의 한 사물을 가리키는 것이다. 그러니까 주제 명사구가 지시하는 사물은 그것이 참여하는 사태가 성립하기 이전에 전제되어 있어야 한다.[10] (9)의 주어에 주제 조사 '는'이 결합하기 어려운 것은 이 문장이 주어 명사구 '사냥을 무척 좋아한 어떤 사람'이 존재하였다는 사태를 가리키고 있기 때문이다. 다시 말해서 주어 명사구가 지시하는 사물은 이 문장이 지시하는 사태가 성립해야만 비로소 등장하는(존재하게 되는) 것이기 때문에 그러한 사태가 성립하기 이전에 그 존재가 전제될 것을 요구하는 '는'이 쓰일 수가 없는 것이다.[11]

---

[10] 이렇게 전제되는 사물은 특정적이거나 불특정적이거나에 상관이 없다.

[11] 따라서 어떤 사물이 존재하게 됨을 나타내는 사태에서는 주제 조사 '는'이 거의 쓰이지 않는다. 이러한 사태는 주로 '(언제) --이 있었다/살고 있었다'와 같은 형태로 표현된다.

그런데 이러한 전제는 화자와 청자 중 누가 갖는 것인가? 앞선 임홍빈(1987 : 22)의 지적대로 주제는 화자가 그것에 대하여 말하려고 하는 것이므로 우리는 이러한 전제가 화자에게 해당하는 것이라고 본다. 따라서 주제 조사 '는'과 결합하는 명사구는 화자가 (문장이 나타내는) 사태 성립 이전에 전제하고 있는 것이어야 한다. 논의의 편의상 앞으로는 이를 [+화자 전제적]이라는 자질로 나타내기로 한다.

[+한정적] 또는 [+총칭적] 명사구들은 그 지시대상의 존재성이 화자에게뿐 아니라 청자에게도 그것이 무엇을 지시하는 것인지 알려져 있으므로 언제든지 [+화자 전제적]일 수 있지만, '어떤 사람'과 같은 비한정적 명사구들은 (11)이나 (12)에서처럼 문맥에 따라 그 전제성 여부가 달라진다.

(11) 옛날 어느 마을에 <u>사냥을 무척 좋아한 사람들</u>{이, *은} 있었습니다. 그들 중 <u>어떤 사람</u>{이, 은} 늘 혼자서 말을 타고 숲으로 사냥을 나갔습니다.

(12) 답안지는 종이 울리는 즉시 제출해야 돼요. 그런데도 <u>어떤 사람</u>{이, 은} 종이 울려도 계속 답안지를 작성하고 있었어요.

(11)의 첫째 문장의 '사냥을 무척 좋아한 사람들'에 '은'이 결합하기 어려운 것은 (9)의 예를 통해서 설명했듯이 그 문장이 지시하는 사태가 성립하기 이전에 전제되기 어렵기 때문이다. 그런데 둘째 문장의 '어떤 사람'은 그 지시대상이 무엇인지 청자는 모르지만 이미 선행 문장에서 언급된 무리('사냥을 좋아한 사람들')에 속하는 사람이므로 그러한 사람의 존재는 이미 전제되어 있는 상태라고 할 수 있다. 그리고 (12)의 '어떤 사람'은 문맥상 그것이 속할 집단이 선행 문장에서 언급되지 않았지만 (12)의 사태가 여러 사람들이 답안지를 작성하는 상황을 나타낸 것이므로 이때의 '어떤 사람'은 그 사람들 중에서 다른 사람과 대비되는 존재

로서 이미 전제되어 있는 상태이다.

그런데 선행 명사구가 [+화자 전제적] 자질을 지녔다고 해서 반드시 주제 조사 '는'이 결합할 수 있는 것은 아니다. 주제 조사 '는'은 위와 같은 조건을 갖춘 명사구에 화자의 주된 관심이 집중되어 있어야만 쓰일 수가 있다. 만약에 어떤 명사구가 위와 같은 조건을 갖추었더라도 화자의 관심이 그 명사구에 집중되어 있지 않고 사태 전체에 놓여 있다면 주제의 '는'은 쓰이기 어렵다. 가령, 다음의 (13가)는 화자의 관심이 사태의 전개 과정에 쏠려 있기 때문에 주절의 주어('철수')가 한정적 명사구임에도 불구하고 '는'이 결합하기 어렵다. 이에 비해서 화자의 관심이 사태의 전개 과정에 놓일 수도 있고, 주어가 지시하는 사물('철수')에 놓일 수도 있는 (13나)의 둘째 문장에서는 '는'이 결합할 수 있다.

> (13) 가. 우리가 기차를 기다리고 있을 때, 어디선가 철수{가, ??는}
> 갑자기 나타났다.
> 나. 우리는 기차역에서 친구들을 기다리고 있었다. 약속 시간이
> 가까워질 무렵 철수{가, 는} 배낭을 메고 나타났다.

(13가)의 후행절은 '어디선지, 갑자기'와 같은 상황 관련 부사어들로 인하여 서사적 성격이 매우 강해졌다. 다시 말해서 이러한 상황 부사어들로 인하여 이 절의 관심은 '철수'라는 인물보다는 '철수가 불쑥 나타났음'이라는 사태에 쏠려 있고, 따라서 '철수'를 중심으로(주제로) 하여 말하는 것이 부자연스럽다. 이에 비해 (13나)의 둘째 문장 역시 서사적 성격을 갖기는 하지만 등장인물에도 어느 정도 관심이 놓여 있는 편이다. 즉 둘째 문장의 '철수'는 첫째 문장의 '친구들'과 결속되어 있어서 화자의 관심 대상이 될 가능성이 있다. 따라서 둘째 문장은 사태의 전개 과정에 중점을 둘 수도 있고 등장인물에 중점을 둘 수도 있다. '는'이 안 쓰인 것(즉 '가'가 쓰인 것)은 전자의 경우를, '는'이 쓰인 것은 후자

의 경우를 각각 나타낸 것이다.[12]

　이와 같은 주제 명사구의 조건, 즉 화자의 주된 관심 대상이 될 수 있는 동시에 [+화자 전제적] 자질을 지녀야 한다는 조건은 문장의 의미론적 특성과 밀접하게 관련되어 있다. 즉 (14)와 같이 어떤 부류 전체 혹은 어떤 개체의 일반적이고 지속적인 특성, 지위, 상태 등을 진술하는 문장에서는 일반적으로 그러한 부류/개체가 화자의 주된 관심 대상이 되고 따라서 그것이 주제로 나타나는 것이 보통이다. 이에 비해 (15)과 같이 특정한 상황에서 어떤 개체의 일시적인 상태, 행동, 사건 등을 진술하는 문장에서는 그러한 개체가 화자의 주된 관심 대상이 될 수도 있지만 주된 관심 대상이 안 될 수도 있으므로 그것이 주제로 나타날 수도 있고 주제로 나타나지 않을 수도 있다.[13] 논의의 편의상 (14)와 같은 문장을 '총칭문(generic sentence)', (15)과 같은 문장을 '특칭문(specific sentence)'이라고 부르기로 한다.

　　　(14) 가. 철수는 영수하고 아주 친해.
　　　　　나. 영희는 노래를 아주 잘 해.
　　　　　다. 하늘은 원래 파래.
　　　(15) 가. 철수{는, 가} 오늘 영수하고 극장에 갔었어.
　　　　　나. 영희{는, 가} 지금 저기서 노래 연습하고 있어.
　　　　　다. 하늘{??은[14], 이} 참 푸르구나.

　물론 총칭문 (14)의 '철수, 영희, 하늘'이 주제 조사 '는'이 아닌 주격의

---

12) 만약에 (13나)의 둘째 문장에 '드디어'와 같은 시간적 상황을 나타내는 부사어가 첨가되면 '는'보다는 '가'를 쓰는 것이 더 자연스러워질 것이다.
13) Kuroda(1992:14)는 일본어의 특칭문에서는 'wa'와 'ga'가 대립하지만, 총칭문에서는 'wa'만이 문법적인 문장이 된다.
14) 특별한 경우를 제외하고는 일반적으로는 (15다)의 문장은 '는'보다는 '가'를 사용한다. 그것은 (15다)의 문장이 발화 상황 당시에 전개된 어떤 사태를 기술하는 것으로서 이럴 경우에는 화자의 주된 관심이 사물보다는 대개 사태 그 자체에 집중되기 때문이다.

'가'를 취할 수도 있다. 이러한 것은 대개 다음의 (16)과 같은 질문이 미리 주어질 경우에 일어난다.[15] 이때 해당 명사구는 여러 잠재적 대립항 가운데서 해당 사물을 선택하여 말한 것으로서 그것이 초점(focus)을 받게 된다.

    (16) 가. 누가 영수하고 친하니?
         나. 누가 노래를 아주 잘 하니?
         다. 무엇이 원래 파랗니?

## 4. 결 론

지금까지 우리는 국어의 조사 '는'의 의미와 그것이 결합될 수 있는 명사구의 조건을 살펴보았다. 이상에서 논의한 내용을 요약하면 다음과 같다.

1) 주제 조사 '는'과 비주제 조사 '는'은 'X-로 한정하여 말함(봄)'이라는 기본 의미를 바탕으로 하고 있다. 이러한 의미는 X의 잠재적 대립항을 전제로 하게 마련이므로 대조성과 밀접하게 관련된다. 따라서 대조성은 '는'의 본래적인 것은 아니지만 '는'이 일반적으로 지니기 쉬운 속성이다. 그런데 주제의 '는'이 비주제의 '는'에 비해 대조성이 약한 것은 주제가 지시하는 사물과의 잠재적 대립항의 존재가 중요하지 않기 때문이다. 다시 말해서 주제는 그것의 특성상 그것이 지시하는 사물이 문장의 사태가 성립하기 이전에 전제되어 있어야 하기 때문에 잠재적 대립항의 존재가 잘 부각되지 않는 것이다. 주제 조사 '는'이 종종 나타나지 않는 것도 주제의 위치에서는 '는'의 위와 같은 기능이 발현되기 어려운 때문으로 보인다.

---

15) 그리고 이러한 것은 특칭문 (15)의 경우에도 마찬가지이다.

2) 주제 조사 ‘는’의 출현 조건은 그것에 선행하는 명사구가 지닌 담화/의미론적 자질과 문장의 의미론적 특성에 의해 결정된다. ‘는’의 선행 명사구 조건이란 그 명사구가 지시하는 사물의 존재가 화자에게 전제되어 있어야 한다는 것이다. 그러니까 주제 명사구가 지시하는 사물은 그러한 언술 이전에 먼저 존재하여야 하는 것이다. 이를 본고에서는 [+화자 전제적]이라고 나타내었다. 그리고 해당 명사구가 위와 같은 조건을 갖춘 동시에 그 문장의 주된 관심이 그것에 집중되어 있어야만 주제가 될 수 있다. 즉 화자의 관심이 어떤 사물에 집중되어 있는 문맥에서는 그 사물 명사구가 ‘는’과 결합할 수 있지만 화자의 관심이 사물이 아닌 사태의 전개 과정에 집중되어 있는 문맥에서는 ‘는’이 쓰이기 어렵다.

# 참고문헌

목정수(1998), 한국어 격조사와 특수조사의 지위와 그 의미, 언어학 23호.

신창순(1975), 국어의 '주제문제' 연구, 문법연구 2.

안병희(1966), 부정격의 정립을 위하여, (남기심 외 편(1983), ≪현대문법연구≫,
　　　　계명출판사).

유동석(1984), 양태 조사의 통보 기능에 대한 연구, 국어연구 60.

이남순(1988), 국어의 부정격과 격표지 생략, 국어학총서 14.

이정민(1992), (비)한정성/(불)특정성 대 화제/초점, 국어학 22.

이춘숙(1999), 토씨 {가}와 {는}의 의미 기능, 한글 243.

임동훈(2004), 한국어 조사의 하위 부류와 결합 유형, 국어학 43.

임홍빈(1987), 국어의 재귀사 연구, 신구출판사.

조성식 편(1990), 영어학사전, 신아사.

채완(1976), 조사 '-는'의 의미, 국어학 4.

채완(1977), 현대국어 특수조사의 연구, 국어연구 39호.

채완(1979), 화제의 의미, 관악어문연구 4집.

최재희(1999), 국어의 격표지 비실현 현상과 의미 해석, 한글 245.

Kuroda, S.Y.(1992), Japanese Syntax and Semantics, Kluwer Academic Publishers.

# 정체 밝힘의 형용사 '이다' 문제와 연어*

임 홍 빈**

## 1. 서 론

　본고는 학교 문법에서 흔히 서술격 조사라 불리는 '이다'의 어휘-문법적 범주와 그 통사 의미적 성격을 밝히는 것을 목적으로 한다. '이다' 문제는 그동안 엄청난 논란을 거듭해 왔다. 그 상징적인 사건의 하나를 1956년 '한글' 120호에서 찾아볼 수 있다. 한글 120호에는 '지정사 특집'이 마련되어 있다. 최현배(1956)이 '잡음씨의 세움'이란 글을 싣고 장하일(1956)이 "임자자리 말끝(Nominative Case Ending) '-이',"란 글을 싣고, 강길운(1956)은 "지정사는 설정되어야 할 것인가"라는 글을 싣고 있다. 최현배(1956)은 지정사설, 장하일(1956)은 주격 조사설, 강길운(1956)은 활용 어미설을 주장한 것이다. 하나의 요소에 대하여 이같이 극과 극을 달리는

---

　* 본고는 2005년 5월 6일 서울대 문화관 국제회의실에서 개최된, "한국어 계사 '이다'의 쟁점 워크숍"에서 발표한 것을 큰 폭으로 수정한 것이다. 내용의 큰 줄거리도 그대로 있는 것이라고 하기 어렵다. 원고의 분량이 많은 것을 고려하여 발표 당시의 원고에서 제2장은 전부 삭제하였다.
** 서울대학교 국어국문학과.

다양한 견해가 피력되는 일은 그렇게 흔한 일이 아니다.

1985년 학교 문법에서는 '서술격 조사설'이 채택되어 보급됨으로써 학교 문법에 관한 한, '이다'의 범주 문제는 적어도 표면적으로는 잠잠해지게 되었다. 그러나 논쟁의 불씨가 소멸된 것은 아니다. '서술격 조사설'은 많은 문제를 가진 것임이 분명하기 때문이다.

70여 년 전과 같이 최근에도 '이다'에 대해서는 매우 다양한 견해가 피력되고 있다. 우순조(2000, 2001, 2005a, 2005b), 최기용(2001) 등은 '이다'를 주격 조사로 보고 있고, 고창수(1986, 1992), 시정곤(1993, 1994) 등은 통사적 접사설을 내세우고 있고, 황화상(1996, 2001, 2005) 등은 '어휘부 결합 통사적 접사'란 가설을 내세우고 있다. 엄정호(1989, 1993), Oh(1991) 등은 동사나 접어로 보는 입장이다. 안명철(1995)도 접사설에 포함된다. 현대에 올수록 용언설이 줄어드는 느낌을 준다. 형용사로 보는 입장은 강복수(1964), 서병국(1967), 임홍빈(1993, 1995, 2001), 김창섭(1994) 혹은 이광정(1994), 김정아(2000) 등에서 부분적으로 매우 소략하게 또는 다소 본격적으로 제시되고 있다.[1]

본고는 '이다'에 대한 기왕의 논의가 온전한 것이 아님을 분명히 하고, '이다'가 정체 밝힘의 의미론적인 기능을 가지는 독립된 품사 대상임을 분명히 하고자 하며, 그 범주가 형용사임을 다시 한번 주장하고자 한다. '이다'가 선행 성분에 대하여 어떠한 논항적 요구를 가지는 항목인가에 대해서도 주의를 기울이고자 한다. '이다'와 관련하여 그 문법적 지위가 문제되는 '-답다'의 성격에 관한 문제도 부분적으로 다루어 보기로 한다. 다른 논항의 출현과 관련하여 '이다'가 연어적 단위에 참여하는 방식에 대해서도 살펴보기로 한다.

---

1) '이다'를 형용사로 언급한 것이 단 한 줄에 그치는 것도 있다. '이다'를 편의상 '계사'로 부르는 관습이 꽤 오래되었다. 그러나 인구어 문법에서 '계사'는 동사이므로, 한국어의 '이다'를 계사라 하는 것은 온당한 것으로 보기 어렵다.

# 2. '이다'의 성격에 대한 기존의 논의

## 2.1. '이다'론의 다양성

'이다'론이 그동안 어떠한 양상으로 전개되어 왔는가에 대해서는 황화상(2005)에 다음과 같이 정리되고 있다. 비교적 최근의 논의까지를 포괄하고 있어 이를 보기로 한다.

(1) 황화상(2005)에 정리된 '이다'론의 양상
    가. 단어설(용언설)
    ㄱ. 잡음씨(지정사)설 : 최현배(1930), 박승빈(1935) 등.
    ㄴ. 동사설 : 김규식(1909), 엄정호(1989) 등.
    ㄷ. 의존 형용사설 : 서병국(1967), 김창섭(1994) 등.
    ㅁ. 계사설 : 성광수(1976), 김광해(1983) 등.
    ㅂ. 접어설 : 오희라(1991), 엄정호(1993) 등.
    나. 접사설(넓은 의미에서의 접사)
    ㄱ. 조사설
      a. 서술격 조사설 : 장하일(1947), 김민수(1964) 등.
      b. 주격 조사설 : 우순조(2000, 2001, 2005a, 2005b), 최기용
        (2001) 등.
    ㄴ. 어미설 : 김규식(1909), 엄정호(1989) 등.
      a. 격어미설 : 이숭녕(1956) 등.
      b. 체언의 활용어미설 : 이희승 (1949), 이남덕(1954) 등.
    ㄷ. 접사설(좁은 의미사의 접사)
      a. 접요사설 : 이길록(1969), 정해천(1978) 등.
      b. 통사적 접사설
       ① 통사부 결합설 : 고창수(1986, 1992), 시정곤(1993, 1994) 등.
       ② 어휘부 결합설 : 황화상(1996, 2001).

(1)은 가능한 한 '이다'론의 여러 양상을 부각시키고 있다. (1가)의 제

목이 용언설이 되지 못하고 단어설이 된 것은 '접어'라는 것을 이에 포함시키기 위한 것이다. 그러나 '접어'라는 것이 품사 체계 바깥에 있는 것이라면, 그것은 '품사 분류의 소진성의 원리'를 어긴다. 단어는 반드시 어떤 하나의 품사에 속하지 않으면 안되는 것이다.[2] 계사설의 '계사'가 품사의 한 종류로서 주장된 일은 극히 드물다. 그것이 편의상 '이다'를 가리키는 것이 아니라, 품사로서의 엄정한 자격을 가진 이름으로 쓰려는 것이라면, 그것 또한 '품사 분류의 소진성의 원리'를 어기는 것이 아닐 수 없다. 국어 품사에 계사라는 것은 없기 때문이다.

'의존 형용사설'은 형용사설을 전제로 한 것이다. '이다'는 형용사인데, 그 기능을 더 세분하면, '의존 형용사'가 된다는 것으로 이해된다. 그러나 형용사설은 적극적으로 주장된 일이 드물기 때문에, 이를 이렇게 세분하는 것은 문제의 성격을 왜곡시킬 위험이 있다. 우선은 형용사인지 아닌지가 분명해져야 한다. 따라서 용언설은 지정사설, 동사설, 형용사설로 압축된다. (1나)의 '접사설'은 "넓은 의미의 접사"라는 단서가 달려 있는 것이기는 하지만, '조사'를 접사라 부르는 일은 그렇게 흔한 것이 아니기 때문에, 용언설 외에는 조사설과 접사설과 어미설로 나누는 것이 좋을 것으로 생각된다.

## 2.2. '이다'론의 분류

'이다'설에 대한 황화상(2005)의 분류를 다시 다음과 같이 나누기로 한다. 주장자나 논의도 다시 보이기로 한다.

> (2) '이다'의 범주 소속에 관한 제설
> 　　가. 용언설
> 　　ㄱ. 잡음씨(지정사)설 : 최현배(1930) 등.

---

2) 이에 대해서는 임홍빈(2001)을 참조하기 바란다.

ㄴ. 동사설/기능 동사설 : 엄정호(1989), 송석중(1990), 목정수
(2003, 2005) 등.

ㄷ. 형용사설 : 강복수(1964), 서병국(1967), 임홍빈(1993, 1998,
2001), 김창섭(1994, 1996), 이광정(1994), 김정아(2001), 양정
호(2002, 2003), 박재연(2005) 등.

나. 조사설

ㄱ. 서술격 조사설 : 김민수(1964) 등.

ㄴ. 주격 조사설 : 장하일(1956), 우순조(2000, 2001, 2005a, 2005b),
최기용(2001) 등.

다. 어미설

ㄱ. 격어미설 : 이숭녕(1956) 등.

ㄴ. 체언의 활용 어미설 : 이희승(1949), 강길운(1956), 이남덕(1954a,
b) 등.

라. 접사설

ㄱ. 접요사설 : 이길록(1967) 등.

ㄴ. 통사적 접사설 : 고창수(1986, 1992), 시정곤(1993), 황화상(1996,
2001, 2005) 등.


성광수(1976), 김광해(1983), 송석중(1990), 이현희(1994), 양정석(1996a, b),
이남순(1999), 김의수(2000, 2002), 남길임(2004) 등은 용언설에 귀속시킬 수
있을 것이다.

여기서 우리의 관심은 용언설, 그 중에서도 형용사설에 있다. 주격 조
사설 및 통사적 접사설에 대해서도 부분적으로 문제점을 지적하고자 한
다. 따라서 지정사 논의를 하면서도 최현배(1930) 등에서 왜 '이다'를 형용
사로 보지 못하였는지에 초점을 맞춰 그 원인을 추적해 보기로 한다. '이
다' 형용사설이 어떻게 발단된 것인지에 대해서도 살펴보기로 한다.

# 3. 지정사설과 '이다' 형용사설의 대두

## 3.1. '이다' 지정사설의 근거

'이다'를 처음 지정사로 설정한 것은 최현배(1930)에서라고 생각된다.

(3) 최현배(1930 : 83-5)의 지정사 설정에 대한 주장
    가. 지정사(잡음씨)는 자신[최현배]가 처음 주장하는 것이다.
    나. 동사(움직씨)와 형용사(어떻씨)는 보편적인 범주이지만, 지정사를 따로 세우는 데에는 많은 놀람과 의심을 가질 것이다.
    다. 자신의 연구에 의하면, 동사와 형용사의 차이보다는 지정사와 이 두 가지의 차이가 더 큰 것이다.
    라. 동사와 형용사와 지정사는 서양 문법에서는 모두 동사에 속한 것이지만, 이는 풀이힘을 주장으로 보고 이름하는 것이다. 동사, 형용사, 지정사를 나누는 것은 풀이힘의 공동 기반 위에서 뜻과 쓰임의 다름을 보아 가른 것이다.
    마. '이다'는 아무 실질의 생각은 없지마는 단지 풀이하는 힘을 가진 형식 술어로서, 이름씨 아래에 붙어서 그 이름씨와 함께 월의 풀이가 된다.
    바. '이다'의 '이'는 모음으로 끝난 말 뒤에서 주는 일이 있지만, '신라의 장수인 김유신'과 같은 예에서는 줄지 않는다.
    사. '이다'는 다른 풀이씨와 같이 시제를 가진다. 이때의 시제는 그 풀이씨 '이다'의 때를 가리킨다. 즉 그 문장의 풀이에 든 명사가 그 문장의 주어와 그러한 관계에 서는 일의 때를 나타낸다.
    아. '이다'를 토와 같은 보는 입장에서는 '이다'에 붙는 시제에 대하여 무엇의 시제인지를 나타내는 것이라고 설명할 것인가? 명사라는 것은 본래 시제와는 무관한 것이다.

(3나)는 지정사 설정이 보편적인 품사 설정의 관례 바깥에 있음을 최

현배(1930)은 명확하게 인식하고 있었음을 보인다. 그럼에도 (3다)에서는 동사, 형용사의 차이보다 지정사와 이들의 차이가 더 크기 때문에 지정사를 설정해야 한다고 본다. 그 이유가 자신의 연구에 의하면 그렇다는 것인데, 이는 자신의 연구가 따로 있는 것과 같은 느낌을 준다. 그러나 (3)에 제시된 것 이상의 논의가 주어진 것은 아니다. (3마)는 그 차이를 드러낸 진술이다. '이다'가 다른 용언과 공유하는 것은 '풀이힘'이다. 이는 서술성이나 서술 기능을 말하는 것으로 여겨진다. 다른 것은 뜻과 쓰임이다. 뜻은 '이다'가 아무 실질 생각을 나타내지 않는다는 것이다. 쓰임은 명확하게 지적된 것 같지 않다. '이다'는 명사 아래에 붙어 풀이가 되는 것을 가리킨 것인지 확실치 않다. (3바)는 모음 뒤에서도 '이'가 줄지 않는 예를 든 것이고, (3사)는 '이다'가 시제를 가짐을 지적한 것이다. 동사와 형용사의 구별에 대한 다음 말을 보면, 최현배(1930)에서의 품사 분류의 원리를 파악할 수 있다.

> (4) 최현배(1930 : 81)에서의 동사와 형용사의 구별
> 　　가. 우리말에서 동사와 형용사는 풀이힘에서나 시제에서나(즉
> 　　　　활용에서) 별로 다름이 없으므로, 이를 두 가지로 나눌 필요
> 　　　　가 거의 없다고 할 만하다.
> 　　나. 동사와 형용사의 차이는 그 뜻의 차이를 주장으로 한다.

동사와 형용사의 활용상의 특징으로 동사는 '먹는다'와 같은 현재 진행형을 많이 쓰나 형용사는 '*아름답는다'와 같이 그렇지 않다는 사실을 지적하고 있으면서도, 최현배(1930)은 (4가)에서와 같이 동사와 형용사는 활용에서 별로 차이를 보이지 않는다고 한다. 동사와 형용사를 가르는 주요 기준은 (4나)에서와 같이 그 뜻이다. 동사와 형용사는 실질적인 뜻을 가지는 실질 용언이지만, 지정사는 실질적인 뜻을 가지지 않는다는 것이다. 지정사는 형식 용언이므로, 동사와 형용사와는 별개로 지정사라는 품사

를 설정하게 된 것이다. 이를 다음과 같이 정리하기로 한다.

> (5) 최현배 (1930)에서의 지정사 설정의 이유
> 지정사를 따로 설정한 것은 그것이 실질적 의미를 가지지 않는
> 형식 용언이기 때문이다.

'실질적인 의미'란 무엇인가? 모든 동사와 형용사에 실질적 의미가 있다고 판단할 수 있는가? 적어도 최근 경동사라고 하는 '하다'에는 실질적인 의미라고 할만한 적극적인 특성이 있다고 할 수 없다. 따라서 (5)를 기준으로 '이다'만을 지정사로 설정하는 것은 근거가 없다. 보조 용언에도 실질적인 의미를 찾기 어려운 것이 있으므로, '이다'를 지정사로 설정할 근거를 잃게 된다. '이다'에 대해서는 '*책인다'와 같은 활용형조차 상정해 보지 않고 있다.

최현배(1957)에서는 논의가 매우 정밀해지지만, 내용은 위의 범위를 넘어서지 않는다. 여기서 내세운 근거 세 가지는 다음과 같은 것이다.

> (6) 최현배(1957)에서의 지정서 설정 근거
> 가. '이다'는 풀이힘을 가지고 있다.
> 나. '이다'는 끝바꿈(활용)을 가지고 있다.
> 다. '이다'는 시간적 표현을 가지고 있다.

그러나 이 세 가지 근거만 가지고는 지정사를 세울 수 없다고 보아야 한다. (6)은 동사나 형용사에도 해당하는 것이기 때문이다. 최현배(1957)은 '이다'가 용언이라는 것을 보이는 데는 성공하였지만, '이다'를 지정사로 세워야 하는 적극적인 근거를 제시하지 못한 것이라 할 수 있다. 최현배(1957)에서 '이다'를 다른 용언과 구별시키는 것으로 본 것은 의미이다. 그 의미는 지정(指定)이다.

(7) 최현배(1930 : 85)에서 '지정사'의 의미
    '이다'를 바탕(實質)이 없는 그러나 한 독립한 풀이씨로 보고, 그
    이름을 잡음씨(指定詞)라 하노니, 이는 대개 <u>무엇이 무엇이라고
    잡는(指定하는) 뜻</u>을 나타내기 때문이다. (밑줄 필자)

(7)은 최현배(1930)에서의 '지정사'의 정의 부분이다. 왜 '지정사'인가?
'무엇이 무엇이라고 잡는 뜻'을 나타내기 때문이다. 이 정의 자체가 '이
다'에 의존하고 있다. 순환론의 성격을 띤다. 이는 품사 분류 기준의 하
나인 의미 범주 기준을 엄격하게 적용할 수 없는 것임을 의미한다. 동
사, 형용사나 지정사를 순수히 의미 범주 기준으로만 구분할 수는 없는
일이다. 가령 다음과 같은 예를 보기로 하자.

(8) 가. 이 장면에서는 철수가 사장이다.
    나. 이 장면에서는 철수가 사장이 된다.
    다. 철수가 이 회사의 사장이 됩니다.
(9) 가. 회사일이 걱정이다.
    나. 회사일이 걱정된다.
(10) 가. 아이들이 꽃이다.
     나. 아이들이 꽃 같다.

(8가)에서는 '이다'가 '철수'의 지위를 지정하는 것으로 보인다. 그러나
거의 같은 의미 관련이 (8나)의 '되다' 구문에서도 성립한다. 어떤 경우
에나 (8나)와 (8가)를 교체하여 쓸 수 있다는 것은 아니나, 장소나 시간
적인 조건이 주어질 때 '이다' 구문은 '되다' 구문으로 바꿔 쓸 수 있다.
이 때 (8가)의 '이다'를 지정의 의미 기능을 수행하는 것으로 본다면, 동
일한 상황에서 (8나)의 '되다'도 같은 기능을 수행하는 것으로 보아야 한
다. (9가, 나)에 대해서도 같은 이야기를 할 수 있다. (9가)에서도 '회사
일'이 '걱정'의 대상이 됨을 표현하고 있으며, (9나)에서도 '회사일'이 '걱

정’의 대상이 됨을 표현하고 있다. 그런데도 (9가)의 ‘이다’는 지정사가 되고, (9나)의 ‘되다’는 지정사가 되지 못한다면 논리가 일관성을 띤 것이라 할 수 없다. 의미에 의한 품사 매김이 순조롭지 않음을 보이는 예이다. (10가, 나)에서도 유사한 관계가 성립한다. 따라서 지정의 의미에 의하여 지정사를 설정하는 것은 정확한 것이 되지 못하며, 논리적인 결함을 감내하지 않으면 안 된다.

실제로 ‘이다’에만 지정의 의미가 배타적으로 존재한다고 하여 보자. 그렇다고 하여도 그것이 ‘이다’를 지정사란 별도의 품사로 설정할 수 있는 근거가 되기 어렵다. 가령 ‘긇다’란 동사의 의미 관계를 다른 동사에서는 찾아보기 어렵다고 하여 보자. 그렇다고, ‘긇다’를 독립된 품사로 설정해야 할 것인가? 그렇지 않다. 이를 다음과 같이 정리하여 보기로 한다.

(11) 품사 분류의 의미 범주 기준의 문제
품사 분류에서 의미 범주 기준은 품사 분류의 제1차적인 기준으로 매우 손쉬운 출발점을 제공하는 것이기는 하지만, 그것만을 기준으로 품사 설정이 정당화되는 것은 아니다.

## 3.2. ‘이다’ 형용사설의 대두

‘이다’ 형용사설은 ‘이다’의 문법적 범주에 대한 논쟁이 가열되는 가운데서도 거의 주목을 받지 못하고 있으나, 필자는 ‘이다’의 범주 문제에 대해서는 형용사설만큼 중요한 것이 없다고 생각한다. ‘이다’를 형용사로 언급한 예를 보기로 한다. 형용사로 언급한 처음 예를 강복수(1964 : 10)에서 볼 수 있다.

(12) 강복수(1964)에서의 ‘이다’
가. ‘이다’는 어의상으로 실질적인 내용이 없는 용언이다.

나. '이다'는 반드시 체언을 부사어로 동반하고 나타난다.

다. 어휘 변천상으로도 '이다'는 완전한 자립어 '이시다(有), 겨다 (在)'에서 변하여 어의나 형태상으로 약화된 것이다.

라. '이다'는 [...] 자립어 내에서 다만 어의상 문법상의 그 기능이 약화된 것으로 보며, 용언으로서의 ① <u>품사상 위치를 형용사에 두어야 한다고 생각한다.</u> 그렇다면 '이다'는 형용사로서의 준자립어에 속하는 ② <u>의존 형용사</u>로 되어야 하겠거니와, ③ <u>여기서는 '이다'가 용언으로서 준자립어에 속하는 것을 밝힘에 그친다.</u> (밑줄, 번호 필자)

(12가)는 최현배(1930)의 (3마)나 (5)를 상기시킨다. (12나)는 특이하다. '철수가 학생이다'와 같은 예의 '학생'을 부사어로 보고 있다. (13다)는 최현배(1963)을 참조한 것으로 되어 있으나 이해하기 어렵다. (12라)의 밑줄 친 부분 중 ①은 논문에서 아무런 뒷받침 없이 불쑥 튀어나온 말이다. 왜 형용사로 보아야 한다는 근거가 없다. ③의 언급은 '형용사'로 주장하고 싶지만, 단지 '이다'를 용언으로 준자립어에 속한다고만 주장한다는 뜻을 가진다. 더욱 ②에서는 아무런 준비 없이 '의존 형용사'라고 해야 한다고 한다. '의존 형용사'라는 것으로 무엇을 의미하는지도 분명치 않다. 강복수(1964)는 명사에 대해서는 의존 명사를, 용언에 대해서는 보조 용언을 준자립어로 다루는 것이기 때문에, 이 '의존 형용사'라는 것으로 보조 용언을 뜻하는 것은 아닌가 의심해 볼 수 있다. 이러한 의심은 강복수(1964)의 논의를 계승하고 있는 서병국(1967)에서 현실로 나타난다. 서병국(1967 : 253-4)의 논의를 다음과 같이 보이기로 한다.

(13) 서병국(1967) : '이다'는 준자립어로 다루어야 한다.

가. '이다'의 시제는 지정사(용언)를 인정하여야만 다룰 수 있다. "서술 조사"로 잡아 토씨에 시제를 인정함은 곤란하다.

나. '이다'는 어미가 아니다. 서술격조사로 잡아도 조사는 활용하

　　　　지 않는데, '이다'만이 용언처럼 활용한다는 것은 어색하다.

　　다. '사람이다'를 체언의 활용으로 보면, '사람만이다'에서 어간
　　　　과 어미 사이에 조사가 끼이게 되어 곤란하다.

　　라. 지정사 '이다'의 반대어 '아니다'의 문법 기능이 '이다'와 동
　　　　일하지 않다.

　　　(그이는) 선생 + 이다 : 직결되나

　　　(그이는) 선생 + 이 + 아니다 : 보충격 '이' 또는 '가'가 들어간다.

　　마. '이다'를 어미로 잡으면 '이'는 어간처럼 활용하지 않고, '다'
　　　　만이 활용한다.

　　바. 긍정·지정의 뜻을 가진 '이다'를 준자립어로 잡아 <u>의존 형
　　　　용사</u>로 다루면 '아니다'는 '아니이다 > 안이다 > 아니다'로서
　　　　부사어 '아니'를 앞에 받아서 부정의 뜻을 표현하는 형용사
　　　　에 불과하다.

　　사. <u>의존 형용사는 용언에 붙는데 '이다'는 체언에 붙었으니</u> 약
　　　　간의 무리는 있다. (밑줄 필자)


　(13나, 다, 라, 마)와 같은 지적도 있으나, 서병국(1967)은 기본적으로 강복수(1964)를 계승하고 있다. (13바)의 '준자립어'라는 용어의 사용이 강복수(1964)와 같은 것이며, '의존 형용사'란 술어도 강복수(1964)를 따르는 것이다. '의존 형용사'를 보조 용언과 같이 보고 있는 (13사)는 강복수(1964)의 모호한 점을 분명히 하는 것이다. 이러한 언급이나 지적이 아무런 준비 없이 제시되고 있는 것 또한 강복수(1964)와 흡사하다. (13가)에서만도 지정사라고 하던 것이 몇 줄이 지나지 않아 '의존 형용사'로 바꾸고 있다. 용언으로 보면 좋다는 생각을 하고 있는 것은 확실한데, 적극적으로 그것을 형용사로 보아야 한다는 데까지는 이르지 못한 것이란 느낌을 준다.

　서병국(1971/1977 : 168)에서의 언급은 다음과 같다.


　　(13´) 가. 이것이 실상은 준자립어의 성격을 가진 것이 사실이므로

준자립 용언으로 보아 용언으로 처리하는 것이 좋으나,
나. 허구 많은 단어 중에서 단 하나의 단어로 품사를 설정하기
   도 곤란한 것이므로
다. 편의상 조사에 넣어 성격만 확연히 규명해 주는 것이 좋을
   듯하다.

(13′가)는 (12바)의 앞부분과 다르지 않으나, (13′나)에서는 '이다'가
형용사라는 견해가 표명되어 있지 않다. (13′)에서는 형용사론을 찾아볼
수 없는 것이다. (13′나)는 지정사설을 염두에 두고 있는 것으로 여겨진
다. 형용사가 단 하나라는 것은 있을 수 없기 때문이다. '이다'만을 지정
사라고 한다면, 하나만으로 된 품사가 있게 된다. (13′다)는 일종의 타
협안으로 보인다. 서병국(1977 : 54)의 처리에서도 형용사에 대한 언급은
자취를 감춘다.

(13″) 서병국(1977 : 54)에서의 입장
   가. 직능, 형태, 어의의 삼범주를 기준으로 하여 제2유형(절충
      적) 체계를 정립한다.
   나. 소위 지정사의 '아니다'는 형용사로,
   다. '이다'는 준용언(형식 용언, 불완전용언)으로 다루기로 하고,
   라. 지정사는 이를 설정하지 않으며, '이다'를 서술격 조사로
      처리하는 데 대하여는 무리를 느끼고 있다.

여기서 '이다'와 관련되는 것은 (13″다, 라)이다. '아니다'를 분명히 형
용사라고 하면서도, '이다'에 대해서는 '준용언'이라 하고 있다. (13″라)
에서와 같이 '이다'를 지정사도 아니고 서술격 조사도 아닌 것으로 본다
면, 그것은 품사 분류 원리의 하나인 '품사 분류의 소진성의 원리'를 어
기게 된다. 품사적인 어떤 존재를 품사 체계 바깥에 두는 결과를 빚게
되는 것이다.

엄정호(1989)는 '이다'의 선행 요소가 명사가 아니라 명사구임을 강조
한다. '이다'는 동사 교점에 의하여 관할을 받는다. 나타난 그대로라면,
엄정호(1989)는 황화상(2005)의 분류인 (1)에 보인 바와 같이 동사설을 주
장한 것이 된다. '이다'를 동사로 보았다는 것이 된다. 그러나 엄정호
(1989)는 '이다'의 품사를 적극적으로 무엇이라고 언급한 것이 없다. 그
논의의 핵심은 '이다'가 용언이고, 두 자리 서술어이며, '이다'와 선행 요
소는 하나의 '구성 성분'을 이룬다는 것이다. 그 구조를 나무그림으로
그리는 과정 가운데, '이다'의 '이'를 동사(V) 교점 아래에 놓고 그것이
독립된 투사를 이루는 것으로 상정한 것이다. 이 나무그림의 V 교점은
아마도 용언을 나타내는 것으로 이해해야 온당한 것으로 여겨진다. '이'
아래에는 [+상태성]이라는 자질 표시가 있기 때문에, 이 자질로써 상태
동사와 같은 것을 의미하려고 한 것으로도 볼 수 있다. 그러나 범주 기
호는 여전히 V로 되어 있기 때문에 동사로 파악한 것이라는 오해를 불
러일으킨다. '이다'를 형용사로 입증하려는 노력을 보이고 있는 것도 아
니기 때문에, 엄정호(1989)는 단지 '이다'를 용언으로 파악하였다고 할 수
있다. 그러나 이는 품사 분류의 체계 바깥에 '이다'를 놓는 것이기 때문
에, 역시 '품사 분류의 소진성의 원리'를 어긴다.

목정수(2003)에서는 '이다'를 '기능 동사'로 언급하고 있다. '아니다'를
형용사로 보는 데 반대하고 있으므로(122쪽), '이다'를 형용사로 본 것이
라 하기 어렵다. '기능 동사'라는 것이 품사 체계의 바깥에 있는 것이라
면, 이 역시 '소진성'의 원리를 어기게 된다.

김창섭(1994 : 140-142, 1996 : 170-173)은 '-이(다), -같(다), -답(다)'에 대하여
다음과 같은 입론을 세우고 있다.


    (14) 가. '-이(다), -같(다)'를 용언의 일종으로 보며 '-답(다)'도 같은 부
           류에 속하는 것으로 보고자 한다.
       나. 이들을 파생과는 분리하여 의존 형용사로 본다.

다. 이들 '-이(다), -같(다), -답(다)'는 격표지가 실현되지 않는 논
    항을 가지는 형용사이며, 그 논항에 형태론적으로 접미한다
    고 할 수 있을 것이다.

김창섭(1994, 1996)은 '이다'가 독립된 용언이라는 것을 밝히는 데 주력
한 논의라기보다는, '-답다'가 독립된 용언임을 밝히는 데 주력한 논문
이다. (14가)는 바로 이러한 의도의 표명이다. 논의는 주로 '-답다'를 '이
다, 같다'와 대비하는 작업에 집중된다. (14나)에서는 이들을 모두 '의존
형용사'란 이름으로 부른다. 특이한 것은 이들을 '형용사'라 하지 않고
'의존 형용사'라 하고 있는 점이다. '의존 형용사'가 되기 위해서는 먼저
'형용사'가 되어 있어야 한다. 그러나 이들이 형용사라는 것은 자명한
것인가? 이보다 전에 그것이 단어가 될 수 있는지가 검토되었어야 한다
고 할 수 있다. 그렇지 않으면 이는 '품사 분류의 단어 단위성 원리'를
어기게 된다.3) '-이(다), -같(다), -답(다)' 앞에 모두 하이픈을 한 것은 이들
이 단어로서 결함을 가짐을 나타낸 것으로 여겨진다. (14다)가 말하고자
하는 것은 바로 이것일 것이다. '-이(다), -같(다), -답(다)' 등을 격표지가
실현되지 않은 논항에 형태론적으로 접미된 것으로 본다. 단어이기는
하지만, 단어의 자격을 잃었다는 것인가? 이 마지막 언급이 정확하게
무엇을 의미하는지 확실치 않다. '-이(다), -같(다), -답(다)'가 어느 때 단어
가 되고, 어느 때 접사가 되는지 분명히 밝히지 않고 있기 때문이다. 김
창섭(1994, 1996)에는 '이다, 같다, -답다'에 대한 매우 중요한 사실들이 검
토되고 있으나, 이들이 드러내는 차이를 궁극적으로 의미 차이에서 연
유하는 것으로 봄으로써 그 차이를 중시하지 않고 있다.

'이다' 문제에 대한 임홍빈(1993 : 530)의 입장은 다음과 같다.

---

3) 이는 품사 분류의 대상이 되기 위해서는 무엇보다도 먼저 단어의 자격을 갖추어야 함
   을 말한 것이다.

(15) 가. '이다'를 학교 문법에서는 '서술격 조사'라는 이름으로 부른
　　　 다. 그러나 '이다'는 '이니, 이면, 이고, 이지, 이며, 일수록,
　　　 일지라도, 이어,…' 등과 같이 활용을 한다. 따라서 만약 학
　　　 교 문법대로라면, '조사'가 활용을 한다는 이상한 문법 체계
　　　 를 받아들이지 않으면 안 된다. 이러한 문제는 '이다'를 형
　　　 용사의 하나로 보면 해소된다.
　　 나. 활용상의 특징이 형용사와 일치하므로 형용사의 하나로 취
　　　 급하는 것이 합리적이다. 이는 '아니다'를 형용사로 취급하
　　　 는 것과 그 궤를 같이하는 것이다. '아니다'는 '아니 + 이다'
　　　 의 구성으로, 하나의 단어라기보다는 문법적인 구성을 이룬
　　　 것으로 보아야 한다. '아니다'를 통사적인 합성어의 하나로
　　　 설정할 수는 있을 것이다.

(15가)는 '이다'를 서술격 조사로 보아서는 활용을 한다는 사실을 받
아들일수 없음을 말한 것이고, 이를 극복하는 방안으로 '이다'를 형용사
로 보는 방안을 제시한 것이다. (15나)는 '이다'와 '아니다'의 활용이 대부
분의 경우 일치한다는 사실을 부각시킨 것이다. 그 경우, '아니다'를 형
용사라고 한다면, '이다'도 형용사라고 해야 마땅하다. 임홍빈·장소원
(1995)에서는 '이다' 형용사론을 본격화한 것이고, 임홍빈(2001)은 품사 분
류의 원리 속에서 '이다'의 품사 문제와 재구조화의 문제를 논한 것이다.

# 4. 독립된 품사 대상으로서의 '이다'와 그 성격 문제

## 4.1. '이다'의 선행 성분

'이다' 문제에 대한 최근의 쟁점 가운데 하나는 '이다'가 단어인가 아
닌가 하는 문제이다. '이다'를 지정사로 보는 견해는 이를 단어로 보는
것이며, 조사로 보는 견해도 이와 다름이 없다. 이에 대해서 '이다'를 접

미사로 보는 견해는 '이다'에 대하여 단어의 지위를 부여하지 않는 것이
다. 본고는 기본적으로 '이다'를 형용사로 보고 있으므로, '이다'는 당연
히 단어가 된다. 단어의 정의적 속성을 우선 다음과 같이 보이기로 한다.

(16) 가. 단어는 최소 자립 형식이다.
　　　나. 단어와 단어는 분리성을 가진다.

　모든 단어가 (16가, 나)의 조건을 충족시켜야 한다면, '이다' 역시 홀
로 자립하여 쓸 수 있어야 하고, 선행 요소와 '이다' 사이에는 다른 요
소가 끼일 수 있어야 한다. 그러나 (16가, 나)의 두 조건은 쉽사리 충족
되지 않는다.

(17) 가. 이게 책상이냐? *그럼 <u>이지</u>.
　　　나. ?그것이 문제이기는 이다.
　　　다. ??처녀가 억척스럽기는 스럽다.
　　　라. ??그 사람이 주인답기는 답다.
　　　마. *그것이 새롭기는 롭다.
　　　바. 사람들이 그 문제에 대하여 '<u>이다</u>'와 '아니다'로 갈려 싸움을
　　　　　벌였다.(2005년 4월30일 CTS 김성수 특강 중에서)

　'이다'가 (17가)의 밑줄 친 부분과 같은 쓰임을 가지지 않는 것은 분명
하다. (17나, 다, 라)와 같은 쓰임은 어느 정도 허용된다. 이러한 사실을
기초로 '이다'가 자립성을 가진다고 말할 수는 없다. (17마)는 완전히 비
문법적이나, (17나)는 그보다는 낫다. 이에는 (17다, 라)와 같은 예도 있
기 때문에, (17나)의 성립성을 강조하기 어렵다. 그러나 (17바)는 주의를
요한다. (17바)의 밑줄 친 '이다'는 독립적인 의미의 단위가 될 수 있음
을 보이는 예라고 해야 한다. 품사 분류의 기준 가운데, 자립성의 기준
이 강력한 것일 수 없음은 이미 강복수(1964)에 지적된 바와 같다. 의존

명사나 보조 용언도 대부분 자립성에 결함을 가지는 것이며, 전형적인 관형사도 (18나)에 보인 바와 같이 독립적인 쓰임을 가지지 못하는 것이다. 그렇다고 이들이 품사 분류의 대상에서 제외되는 것은 아니다.

(18) 가. 너 어떤 차를 살래?
　　나. *새. ('새 차'의 의미로)

(18가)에 대하여 (18나)와 같이 대답할 수는 없다. '새'가 독립적인 쓰임을 가지지 못하기 때문이다. 그러나 '새'는 관형사로 품사 분류의 대상이 된다. 이에 대해서는 '분리성'과 같은 다른 기준이 적용될 수 있다. '새 큰 차'와 같은 구성을 이룰 수 있는 것을 부각시킬 수 있다.

분리성이 '이다'에 어떻게 적용될 수 있는가를 보기로 하자. 분리성은 (19)에서 보듯이 '이다'와 선행 요소가 분리되는 듯한 예가 나타난다. 먼저 예를 보기로 하자.

(19) 가. 철수의 요구는 [정부 당국의 국민에 대한 성의 있는 답변]이다.
　　나. 철수의 요구는 [[좋은 책의 출판]만]이다.
　　다. 철수의 요구는 [[좋은 책의 출판]부터]이다.
　　라. 철수의 선물은 [[영희]에게]이다.
　　마. *철수의 연구는 [[문법]의]이다.
　　바. *그의 집은 [새]이다.
　　사. *철수의 계획은 [집에 올]이다.

(19가)는 '이다' 앞에 오는 성분이 NP 성분임을 보인다. 괄호 속에는 술어 명사 '답변'의 관련 논항 모두가 나타나 있다. (19나)는 '이다' 앞 명사구에 보조사 '만'이 쓰일 수 있음을 보인 것이며, (19다)는 같은 위치에 '부터'가 쓰일 수 있음을 보인 것이며, (19라)는 같은 위치에 부사격 조사 '에게'가 쓰일 수 있음을 보인 것이다. 반면 '이다' 앞에 속격 조사구나

관형사 혹은 관형사절이 온, (19마-사)와 같은 예는 성립하지 않는다.

(19나-라)와 같이 사실을 토대로, '이다' 앞에는 명사구, 보조사구나 격조사구가 올 수 있다고 할 가능성이 있다. 그러나 이는 문자 그대로 보조사구나 격조사구가 오는 것이 아니다. 보조사구나 격조사구는 의미론적인 명사화의 과정을 거쳐 명사구의 자격을 획득한 것으로 볼 수 있기 때문이다. 의미론적인 명사화란 의미론적인 인용화와 같은 절차를 말한다. 문제의 구성에 따옴표가 찍힌 것과 같은 효과가 발생하는 것을 말한다. 문제의 구성은 그 내용이 어떠한 것이든 따옴표에 의해서 명사적 대상으로 탈바꿈할 수 있다. (19나-라)는 이러한 현상에 의하여 성립하게 된 예이다. 실제로 따옴표가 찍힌 것은 아니나, 동일한 효과가 생기는 것이기 때문에 의미론적인 명사화란 이름을 붙인 것이다. 이러한 효과를 촉발시키고 있는 것은 분명 '이다'이다. 의미론적인 명사화가 아무 데서나 발생하는 것은 아니다. 그렇다면 왜 (19마-사)는 성립하지 않는가 물을 수 있다. (19마-사)가 성립하지 않는 것은 '문법의'나 '새' 및 '집에 올'과 같은 성분이 지나치게 자립성을 결하고 있는 데 원인이 있는 것으로 보인다. 그것 자체로 독립적인 쓰임을 가질 수 없는 형식인 것이다.

'아니다'를 '아니 + 이다'의 형성이나 발달로 볼 경우,[4] '이다'의 선행 성분과 '이다' 사이에는 '아니'가 놓일 수 있었다는 것이, '이다'와 선행 성분의 분리성에 대한 역사적인 방증이 될 수 있다.

(20) 가. 철수의 요구는 [출판계의 좋은 책의 출판]이 아니다.
     나. 철수의 요구는 [출판계의 좋은 책의 출판]이 아니 + 이다.

(20가)를 (20나)와 같은 구조에서 발달하였다고 볼 경우, '이다'와 선행 성분 사이에는 '아니'가 놓일 수 있었고, 다시 보격 조사 '이/가'가 놓일

---

4) '아니다'를 '아니+이다'로 보는 것이나 '안+이다'로 보는 것을 우리는 구별하지 않는다.

수 있었다.

황화상(2005)에는 '이다'와 '아니다'의 차이를 보이기 위해 '아니다' 앞에 '정말'과 같은 부사가 쓰이는 (21가)와 같은 예가 제시되고 있다. 여기에 '이다' 관련 예를 추가하기로 한다.

    (21) 가. 철수가 학생이 정말 아니니?
         나. 철수가 학생이 정말이니?
         다. 철수가 학생이 아직이니?

(21가)의 '정말'은 중의성을 가진다. 하나는 '정말'이 '아니다'의 부정의 범위 속에 있는 것이고, 다른 하나는 '정말'이 부정의 범위 바깥에 있는 것이다. 이 두 의미를 정확하게 변별하는 것은 쉽지 않다. '정말'이 양태성 부사이기 때문이다. (21나, 다)에는 '정말'과 '아직'이 '이다' 앞에 쓰이고 있다. 성립에 이상이 없다. 문제는 이들 부사를 '이다' 구성의 선행 성분과 '이다' 사이에 놓이는 것으로 판단할 수 있는가 하는 것이다. (21나, 다)에서는 부사의 범위에 관한 중의성이 생기지 않는다. 이 이유가 '이다'의 분리 불가능성에 있다고 쉽게 단정하기는 어렵다. 부정과 관련되지 않기 때문에 그 차이가 쉽게 드러나지 않는 것이다. 다른 한편으로는 '이다'가 어휘적 의미를 거의 가지지 않기 때문에 그것을 부사로 수식하는 해석이 어렵다고도 할 수 있다. 즉, (21나)에서 '정말'이 부사로서 '이다'의 범위 바깥에 오는 것인지, '정말이-'가 서술어의 역할을 하는 것인지, '정말'이 '이다'의 보어인지가 명확히 구별되지 않는 것이다. '정말'이 '이다'와 그 선행 성분 사이에 놓일 수 있는 것이라는 판단에 이르기 어렵다. '이다'문에서는 선행 성분과 '이다'가 불가 분리성을 가진다는 문법적 인식이 깊이 작용한다.

'이다'의 선행 성분에는 (19마, 바)에 보인 바와 같은 몇 가지 제약 외에도 다른 제약이 더 있다. 우선 '이다'는 선행 명사구에 대한 제약을 거의 가지지 않는다. 그 분포가 매우 자유롭다. 이는 '이다'가 적어도 통사적인 존재임을 의미하는 것으로 볼 수 있게 한다. 여기서는 이보다 더 나아가 '이다'가 독립적인 형용사의 자격을 가지는 것임에 주목하려고 한다. 몇 가지 예를 더 들어 보기로 한다.

(22) 가. 그가 성공한 것은 노력함으로써이다.
　　　나. 그가 온 것은 서울에서이다.
　　　다. 그가 의자를 만든 것은 강철로이다.
　　　라. 그가 자기를 반성한 것은 시골에 가서이다.

(22)는 '이다'가 (22가)와 같은 보조사구나, (22나, 다)와 같은 부사격 조사구, (22라)와 같은 연결 어미구 뒤에도 쓰일 수 있음을 보인 것이다. '이다'의 분포는 매우 광범하나, 명사구, 보조사구를 제외하면, 대부분은 부사적 성분 뒤에 잘 쓰인다고 할 수 있다. (19마-사)에 보인 것과 같은 예 외에 '이다'가 가지는 제약은 의존 명사 '수'나 '줄' 뒤에 쓰이지 않는다는 것이다.

(23) 가. *우리가 걱정하는 것은 그가 오늘 올 수이다.
　　　나. *우리가 모른 것은 그가 오늘 올 줄이다.

(23가, 나)와 같은 쓰임이 없는 것은 의존 명사 '수'나 '줄'이 가지는 특이성으로 이해되며,5) 그렇게 기술하는 것이 품사 분류 기준의 하나인 '체계의 동질성'이나 또 다른 기준인 '기술의 경제성'을 도모할 수 있다.

'이다'를 통사적 접사로 처리해도 무방하다고 할지 모른다. 그러나 그 분포에는 상당한 제약이 있다. '이다'는 통사적 대상일 뿐만 아니라 독립적인 품사 대상이기도 하다는 것은 가령 '-답다'와 같은 통사적 접사

---

5) '수'는 주격 조사만이 뒤따를 수 있고, '줄'은 목적격 조사만이 뒤따를 수 있다.

와 비교해 보면 그 차이가 분명히 드러난다.6) '정답다, 꽃답다, 참답다, 아름답다, 아릿답다, 어른답다, 귀동자답다, 남자답다, 여자답다, 사나이답다, 미심답다, 시답다[실답다]' 등의 '-답다'와 달리, 통사적 접사로서의 '-답다'는 비교적 광범한 분포를 보이는 것이지만, 그 분포가 그래도 상당히 제약된다.

(24) 가. 나는 집에 갈 생각이다.

나. "그것은 정말로 집에 갈 생각답다.

(25) 가. 그는 과연 졸장부, 바보, 천치, 머저리}이다.

나. "그는 과연 [졸장부, 바보, 천치, 머저리]답다.

(26) 가. 그것은 [염치, 수치, 감사, 욕망, 근면]이다.

나. *그것은 [염치, 수치, 감사, 욕망, 근면]답다.

(27) 가. 우리가 좋아하는 수는 셋이다.

나. *우리가 좋아하는 수는 셋답다.

(28) 가. 그가 성공한 것은 노력함으로써이다.

나. *그가 그것에 성공한 것은 노력함으로써답다.

(29) 가. 내가 돈을 준 것은 그 사람에게이다.

나. *내가 그에게 돈을 준 것은 그 사람에게답다.

(26)-(29)의 (나)는 거의 절대적인 비문이다. (24), (25)의 (나)도 성립에 이상을 가진다. '-답다'와 달리 '이다'는 같은 성격의 예문에서 아무런 제약을 보이지 않는다. 이는 '이다'가 '-답다'와 같은 통사적인 접사 차원에 속하는 존재가 아니라, 그 이상의 통사적 독립성을 강하게 가지는 단어임을 말해 준다. '끼리'나 '쯤'의 경우에도 제약을 가진다.

(30) 가. 우리들끼리 그 문제를 해결하자.

나. ??여기에 있는 돌은 같은 색깔의 돌끼리 어울린다.

---

6) 이는 임홍빈·장소원(1995)의 예를 가져온 것이다.

(31) 가. 여기쯤 앉아라.
　　 나. 한 보름쯤 여기에 머물거라.
　　 다. *생각쯤 있어라.


　(30나)는 '끼리'가 유정성 제약을 가짐을 보인 것이다.[7] (31)의 '쯤'은 (31다)와 같은 예에 쓰이기 어렵다. 문맥이 '정도'의 의미론을 충족시키지 못하는 데서 빚어지는 현상으로 보인다. 그러나 '이다'에 대해서는 이러한 제약을 찾아볼 수 없다. '-답다'는 '이다'보다는 접미사성이 더 크다고 할 수 있다. '이다'에 약간의 접미사성이 있다고 하더라도, '이다'를 접미사로 설정하는 것은 문법의 전반적인 기술을 위하여 특별히 이득될 것이 없다. 이를 다음과 같이 정리하기로 한다.


　　(32) '이다'의 선행 성분과 '이다'의 독립성
　　　　 '이다'는 선행 성분에 대하여 특별한 제약을 가지지 않는다. 관형 성분이나 속격 조사구와 같은 의존적 성분들이 '이다' 앞에 올 수 없는 것은 문제의 요소들이 가지는 의미적 결함이나 어휘적 특수성으로 설명 가능하다. 이 외에는 대부분의 분포가 규칙성을 보이므로, '이다'를 독립적인 품사 대상으로 보면 체계의 동질성을 유지할 수 있고, 기술의 경제성을 도모할 수 있다.

## 4.2. '이다'의 후행 요소

　'이다'의 후행 요소는 형용사 어간 '이-' 뒤에 연결되는 용언 교착소로서의 어미 형식들을 가리킨다. '이-'에 연결되는 어미 형식 중 가장 주목되는 것은 선어말 어미 '-느-'이다.[8] 이를 다음과 같이 보이기로 한다.

---

7) 무정물에 대해서는 의인화나 활유법 같은 것이 작용하는 것으로 여겨진다.
8) 필자는 이를 실현성을 나타내는 형태소로 본다. 이에 대해서는 임홍빈 (1984)를 참조하기 바란다.

(33) 가. 아기가 오늘 잘 논다. ('-느-' 포함, 현재 평서)
    나. 아기가 예쁘다. ('-느-' 없음, 현재 평서)
    다. 아기가 집안의 꽃이다.('-느-' 없음 현재 평서)
(34) 가. 아기가 오늘 잘 노는구나. ('-느-' 포함, 현재 감탄)
    나. 아기가 예쁘구나. ('-느-' 없음, 현재 감탄)
    다. 아기가 집안의 꽃이다.('-느-' 없음, 현재 감탄)
(35) 가. 아기가 이렇게 잘 <u>노는데</u>, 괜히 걱정이다. ('-느-' 포함, 연결 어미)
    나. 아기가 이렇게 <u>예쁜데</u>, 아니라고 한다. ('-느-' 없음, 연결 어미)
    다. 아기가 집안의 <u>꽃인데</u> 아니라고 그런다.('-느-' 없음, 연결 어미)

  (33)-(35)에서 (가)는 서술어가 동사일 때를 보인 것이며, (나)는 형용사
일 때, (다)는 서술어가 '이다'일 때를 보인 것이다. '-느-'의 쓰임에 관한
한, '이다'의 활용은 형용사와 완전히 일치한다. 이는 '이다'를 형용사로
보아 아무런 문제가 없음을 의미한다. 그렇게 기술하는 것이 형용사 체
계의 동질성을 유지하는 길이며, 기술의 경제성을 도모하는 길이라고
할 수 있다. 동일한 활용에 대해서 한번은 형용사에서 기술하고 다른
한번은 '이다'에서 기술하는 비경제성을 피할 수 있다.

  '이다'의 활용이 일반 형용사와 완전히 일치하는 것은 아니다. 다른
것도 있다.9)

(36) 가. 나는 아이가 예쁘다고 생각한다.
    나. 나는 아이가 집안의 꽃이라고 생각한다. ('*꽃이다고 생각한
        다'는 완전 비문)
(37) 가. 꽃이 예쁘구나.
    나. 아기가 집안의 꽃이구나.
    다. 아기가 집안의 <u>꽃이로구나/꽃이로다</u>.
(38) 가. 꽃이 예쁘되, 난하지 않다.

---

9) 활용 어미 전반에 대한 체계적인 고찰은 배주채(2001)를 참조하기 바란다. 여기서는
  전형적인 예만을 보이기로 한다.

　　나. 아기가 집안의 꽃이되, 엄격히 키워야 한다.

　　다. 아기가 집안의 꽃이로되, 엄격히 키워야 한다.

(39) 가. 꽃은 예뻐야 사랑을 받는다.

　　나. 아기가 집안의 꽃이어야 웃음이 핀다.

　　다. 아기가 집안의 꽃이라야 웃음이 핀다.

(40) 가. 아기가 예쁘더라.

　　나. 아기가 집안의 꽃이더라.

　　다. 아기가 집안의 꽃이러라.

(41) 가 아기가 예쁘오이다.

　　나. 나는 왕이로소이다.

　　다. 내가 왕일시다.

(42) 가. 꽃이 예뻐.

　　나. 아기가 집안의 꽃이야./꽃이여.

(43) 가. 이 꽃은 희고 저 꽃은 붉다.

　　나. 이것이 먹이고, 저것이 붓이다.

　　다. 이것이 먹이요, 저것이 붓이다.

　　(36나)는 '이다' 문장이 사유 동사에 내포되거나 인용될 때는 그 어미
가 반드시 '-라'가 되어야 함을 보인 것이다. 일반 형용사의 경우에는 이
렇게 되는 일이 없다. (37)은 '이다'의 감탄형 어미가 형용사와 일치할
수도 있고, 형용사와 달리 '이로구나'와 같은 형식이 될 수도 있음을 보
인 것이다. (38)은 주절의 사건이 이루어질 것으로 전제하는 연결 어미
'-되'가 일반 형용사의 경우와 같은 형식으로 쓰일 수도 있고, 그와는 달
리 '-로되'와 같이 쓰일 수도 있음을 보인 것이다. (39)는 필연의 연결 어
미 '-어야'가 형용사와 일치할 수도 있고, '-라야'와 같은 형식이 될 수도
있음을 보인다. (40)에서와 같이 이른바 회상의 '-더-'가 '-러-'로 나타날
수도 있고, '-오이다' 어미가 (41)에서와 같이 '-로소이다'형이 쓰일 수도
있다. '-ㄹ시다'는 '-로소이다'의 축약형이다. (42)에서는 반말의 어말 어
미가 '-야'로 나타남을 보인다. '-여'에는 방언적인 색채가 있다. (43)은

열거 접속에 '-요'형 어미가 쓰이는 일이 있음을 보인 것이다.

'이다'에 이러한 특이한 어미가 쓰인다는 사실이 '이다'를 형용사에 귀속시키는 데 장애 요인이 되는가? 그렇지 않다. 특이한 어미의 쓰임은 '이다'의 어간이 '*일-'이었다는 데서 비롯하는 것으로 설명할 수 있기 때문에, 이는 적어도 그 어간의 품사 소속 문제와는 무관하다. 기원적으로 '*일-'이라는 독립된 어간을 가정할 수 있다는 것은 오히려 '이다'의 독립 품사설을 뒷받침하는 자료가 될 수 있다. 그 불규칙성의 근원이 독립적인 데 있기 때문이다.

어미의 불규칙성을 기술하는 측면에서 볼 때, '이다' 접사설은 '이다'가 접사로서 선행 성분과 함께 하나의 단위를 이룬 뒤에 그것이 불규칙적인 어미를 취하는 것으로 설명해야 한다. 그것은 기술의 경제성을 크게 해친다. '이다'를 가지는 모든 명사에 대해서뿐만 아니라, '이다'를 가지는 모든 명사구 등에 대해서도 같은 기술을 해야 할 것이기 때문이다. 명사구는 개방 집합으로 일정한 부류로 수렴될 수 있는 대상이 되지 못한다. 그것으로써는 원리적으로 '이다'가 불규칙적인 어미를 취하는 사실을 기술할 수 없다.

또 원리적으로 접사는 접사가 결합한 통합체 바깥에 대하여 형태론적인 요구를 가지는 것은 아니므로, '이-'가 특이한 어미를 가진다는 사실은 오히려 '이다'의 '이-'가 독립된 품사의 자격을 가지는 대상임을 말해 준다. 이를 다음과 같이 제시해 보기로 한다.

> (44) '이다'와 불규칙적인 어미
>
> '이다'가 불규칙적인 어미를 취하는 것은 어간이 '이-'이기 때문에 그러한 어미를 취한다고 설명하는 것이 가장 합리적이고 경제적이다. '이다'가 선행 성분과 결합한 뒤에 특이한 어미를 취한다고 하여서는 문법이 불필요하게 복잡하게 된다. '이다'를 가지는 모든 명사뿐만 아니라, '이다'를 가지는 모든 명사구에 대해서도 같은 기술을 해야 하기 때문이다. 그것은 원리적으로 사

전 기술의 대상을 개방 집합으로 만든다. 원리적으로 사전 기술
을 불가능하게 한다. 접사가 결합한 통합체가 고도(孤島)를 이룬
다고 할 때, 불규칙 어미에 대한 요구는 접사의 기능을 초월하
는 것이라고 할 수 있다.

　'이다'를 형용사에 포함시켜야 할 다른 이유 가운데 하나는 '아니다'
가 형용사에 포함된다는 것이다. '아니다'와 '이다'가 모든 면에서 완전
히 동일한가 하는 질문을 제기하고, 어느 일부에서 일치하지 않는 면을
찾아낼 수 있을지 모른다. 그러나 '이다'와 '아니다'는 선행 성분이나 후
행 요소와의 관계에서 지배적인 속성의 일치를 보인다. 따라서 '아니다'
를 형용사에 귀속시키고, '이다'를 서술격 조사나 통사적 접사로 보는
것은 체계의 동질성을 크게 훼손시키는 일이다.
　'이다'와 '아니다'의 가장 특징적인 차이는 '아니다'는 선행 성분에 보
격 조사라고 하는 '이/가'가 나타날 수 있는데, '이다'의 경우에는 그렇지
않다는 것이다. 이에 대해서는 여러 가지 가설적인 논의가 가능할 것이
다. 그러나 '이다'와 '아니다'가 모든 면에서 완전히 같기를 기대하기는
어려운 일이다. '아니다'에는 부정의 '아니'가 포함되어 있기 때문이다.
그럼에도 불구하고, '아니다'와 '이다'는 (36)-(43)에 보인 바와 같은 불규
칙적인 어미를 취한다는 점에서 완전한 일치를 보이고 있는 것이다. 이
는 '이다'와 '아니다'를 품사 대상에서 별도로 처리해야 할 이유가 없음
을 의미한다.

　　(45) '이다'와 '아니다'
　　　　선행 성분과의 결합이나 활용에 있어서 '이다'와 '아니다'는 지
　　　　배적인 속성을 공유한다. 이는 '이다'를 '아니다'와 같이 형용사
　　　　에 포함시켜야 함을 의미한다. 특히 불규칙적인 어미를 취하는
　　　　점에 있어서 '이다'와 '아니다'는 완전한 일치를 보인다. 이 또한
　　　　'아니다'와 같이 '이다'도 형용사에 포함되는 어휘적인 대상임을

의미한다.

따라서 '이다'를 부를 때에는 지정 형용사라 부를 수 있을 것이다.[10] '이다'의 '이-'를 용언 어간으로 보기 어려웠던 것은 그 의미 기능이 파악되기 어려웠던 데 있다고 할 수 있다. 이는 절을 달리하여 살펴보기로 한다.

## 4.3. '이다'의 의미 기능과 공주어(空主語)

'이다'의 전형적인 기능은 두 명사구를 정체 밝힘의 관계로 이어 주는 것이라 할 수 있다. 선행 명사구는 정체가 밝혀지는 대상이 되고 후행 명사구는 정체를 밝히는 대상이 된다. 다음 예를 보기로 한다.

(46) 가. 철수가 학생이다.
　　 나. 학생이 철수이다.
(47) 가. 철수 ∈학생
　　 나. 학생 ≡ 철수
　　 다. 철수 ≡ 학생
　　 라. *학생 ∈철수

(46가)에서 '철수가'가 주어라는 데는 거의 이견이 없는 것으로 보인다. 그러나 '학생'에 대해서는 사정이 다르다. (46가)에서 '학생'을 서술어로 보는 견해도 널리 퍼져 있다. (46가)의 '학생'은 여기서 보어이다. 서술어는 정확하게 '이다'이다. '학생이다'를 서술어라고 하는 것은 (46가)의 '학생'이 지시 표현이 아니라는 사실과 관련된다. '학생'이라는 유개념을 그 내용으로 하기 때문에, 주어 대상에 대하여 어떤 성격을 부여하는 기능을 하는 것으로 볼 수 있게 한다. (46나)에도 동일한 서술 기능

---

10) 이러한 명칭은 이미 임홍빈(1998)에서 많이 사용하였던 것이다.

이 개재하는지는 의문이다. (46나)의 '철수이다'가 (46가)의 '학생이다'와 동일한 서술적인 기능을 수행한다고 말할 수 있는가? 그렇다고 보기 어렵다. '철수'는 지시 대상으로 개념 내용을 가진다고 보기 어렵기 때문이다. (46가, 나)의 주어 대상과 보어 대상의 의미 관련을 보기로 하자.

(46가)의 '철수가'에 강세가 걸리지 않을 경우, 그 의미 관계는 대략 (47가)와 같이 나타낼 수 있다. 이를 '귀속 관계(歸屬 關係, attributive relation)'라 부르기로 한다. '철수'라는 개체가 '학생'이라는 신분에 포함되는 대상임을 나타낸다. 이러한 관계 속에서 '철수'의 정체가 밝혀지고 있다. '이다'가 하는 기능이다. 여기서 '이다'는 '정체 밝힘'의 기능을 한다고 할 수 있다.

(46가)의 '철수'에 강세가 걸리는 경우, 그 의미는 (47다)와 같이 총기(總記) 혹은 소진적 열거(exhaustive listing)의 의미를 나타낸다.[11] (46나)의 의미를 (47나)와 같이 나타낸다면, (47나)와 (47다)의 의미는 명제적으로 동일하다고 할 수 있다. 그러나 어순적 의미의 차이까지 같아지는 것은 아니다. (46가)의 '철수'에 강세가 걸리는 의미, 즉 (47다)와 같이 표상된 의미 관계를 '등치 관계(等値 關係, equivalent relation)'라 부를 수 있다. 어떤 대상이 어떤 유개념 속에 포함되는 귀속 관계나, 어떤 대상이 다른 대상과 논리적으로 같은 가치를 가진다는 등치 관계는 모두 '정체 밝힘(identification)'의 관계를 이루는 것이라 할 수 있다.

(46가)와 달리, (46나)는 논리적으로 주어 대상인 '학생'이 '철수'에 귀속되는 (47라)와 같은 관계를 나타내는 것으로는 볼 수 없다. 논리상 '학생'은 '철수'의 성원(成員, member)이 되지 못한다. (46나)에서는 '학생'에 강세가 오는 것이 자연스럽다. 그 의미는 (47나)와 같이 나타낼 수 있다. (46나)에서 '학생'에 강세가 오지 않는 경우는 '학생'이 한정성을 가질 때이다. '그 학생이 철수이다'와 같은 의미를 나타낸다. 이 경우에도 '그

---

11) 이 술어는 Kuno(1973)의 것이다.

학생'과 '철수'는 등치 관계를 이룬다. 따라서 어느 경우이든 '이다'는 '정체 밝힘'의 기능을 발휘하는 것으로 볼 수 있다.

'이다' 구성에서 (46가)의 '철수'와 같이 주어로 나타나는 대상을 '문제 항', (46가)의 '학생'과 같이 보어로 나타나는 대상을 '해답항'이라 부르기로 한다. 이 때, '이다'의 기능은 문제항의 정체가 해답항에 의하여 밝혀지는 관계를 나타내게 된다고 할 수 있다. 여기서 '정체'라는 것은 누구냐, 무엇이냐, 어떠냐와 같은 의문으로 표시할 수 있는 성격이나 대상에 해당된다. 문제항을 CHD(=CHracterizeD), 해답항을 CHR(=CHracteRizing)라고 한다면, '이다'는 CHD와 CHR의 두 논항을 가지는 형용사라 할 수 있다. (46가)에서는 '철수'가 CHD 논항이며, '학생'이 CHR 논항이고, (46나)에서는 '학생'이 CHD 논항이며, '철수'이 CHR 논항이 된다. 이를 우선 다음과 같이 제시하기로 한다.

> (48) 지정 형용사 '이다' 구문의 의미론적 특성
> 지정 형용사 '이다' 구문에서 주어 위치에 나타나는 대상을 문제항이라 하고, 보어의 위치에 나타나는 대상을 해답항이라 할 때, '이다' 구문은 문제항의 정체가 해답항에 의하여 밝혀지는 관계를 나타낸다고 할 수 있다. 문제항을 CHD, 해답항을 CHR 이라 할 때, 지정 형용사문은 CHD가 CHR에 의하여 그 성격이나 대상이 밝혀지는 관계를 나타낸다.

(46가)와 (46나)의 문제항과 해답항의 의미론적인 관련을 더 세밀하게 살펴볼 필요가 있다. (46가)는 '철수'가 무엇이냐 하는 질문에 대하여 보어로 '학생'이라는 해답을 제공하는 구성이며, (46나)는 '학생'이 누구냐는 질문에 대하여 '철수'라는 대답을 제공하는 관계이다. 여기서 예의 주시해야 할 것은 문제항의 제시에 포함되는 질문이 해답항의 성격과 관련된다는 것이다. (46가)에서는 '무엇이냐'는 질문이 제기되었고, (46나)에서는 '누구냐'는 질문이 제기되었다. 이러한 질문이 의미의 핵심적

인 관련항이라는 것은 주목을 요한다. 이는 더 직접적인 주어를 상정할 수 있음을 의미하기 때문이다. (46가, 나)를 다음과 같이 바꾸어 보기로 한다.


    (49) 가. 철수가 신분이 학생이다.
         나. 학생이 이름이 철수이다.


    (49가)는 '학생이다'의 주어로 '신분이'를 상정한 것이며, (49나)는 '철수이다'의 주어로 '이름이'를 상정한 것이다. 그 의미 관련이 (46가, 나)와 정확하게 일치한다고 할 수 있다. 주어와 서술어의 의미 관계도 (47가)와 같은 귀속 관계와 (47나, 다)와 같은 등치 관계의 둘로 나뉘지도 않게 된다. (49가)의 '신분'과 '학생'의 관계도 등치 관계로 표상될 수 있고, (49나)의 '이름'과 '철수'의 관계도 등치 관계로 표상될 수 있다.

    다만 문제가 되는 것은 (46)에서는 분명히 '주어'로 인식되었던 것이 (49)와 같은 구조에서는 주어로 분석되기 어렵다는 것이다. (49)과 같은 구조를 문자 그대로 이중 주어문로 보고, (49가)에서의 '철수가'도 진정한 주어라는 입장이라면, (46가)를 (49가)와 같이 분석한다고 하여 큰 충격은 받지 않을 것이다. 그러나 (49가, 나)는 문자 그대로 '이/가'를 가진 선행 성분이나 후행 성분이 모두 주어로 분석되는 이중 주어문이 아니다. (49가, 나)는 주제-언급(topic-comment) 구성으로 문두의 '철수가'와 '학생이'는 주어가 아니라 주제라는 것이 된다.[12] 동일한 성분이 (46)에서는 주어, (49)에서는 주제라는 것이 된다.

---

12) 필자는 임홍빈(1972, 1974, 1987) 이후 및 임홍빈·이홍식 외(2002) 등에서도 이른바 주격 중출문의 제1 '이/가' 성분은 주어가 아니라 주제임을 여러 차례 주장해 왔다. 여기서도 같은 입장을 유지하는 것이지만, 그 입장이 온전히 같은 것은 아니다. 문장의 모든 주요 성분이 화용적 주제가 될 수 있다는 가정을 도입하고 있기 때문이다. 따라서 우리가 주격 중출문에서 제1 성분을 주제라고 하는 것은 문법적 주제 혹은 통사적 주제라는 것을 가리킨다. 여기서 말하는 주제 개념은 후자의 것이다. 전자의 개념이 문제되는 경우에는 화용적 주제임을 명시하기로 한다.

이 문제에 대한 해결을 위해서 여기서 제안하려고 하는 것은 재구조
화(再構造化, restructuring)의 방법이다. 이는 (46가, 나)가 다음과 같은 구조
를 가지는 것임을 의미한다.

(50) 가. 철수가 [e] 학생이다.
　　　나. 학생이 [e] 철수이다.

(50가)의 [e]는 (49가)의 '신분'에 해당하는 공범주이며, (50나)의 [e]는
(49나)의 '이름'에 해당하는 공범주이다. 이들은 각 예에서 주어의 자격
을 가진다. 공범주 주어이다. 주어가 매우 중요한 기능을 하는 문법 범
주라고 할 때, 왜 이들은 (46)과 같은 예에 나타나지 않고 있는가 물을
수 있다. '철수'와 관련하여 '학생'이란 보어가 생략된 주어를 충분히 찾
을 수 있게 하기 때문이라고 할 수 있다. (49가, 나)와 같이 나타날 수도
있고, (46가, 나)와 같이 나타나지 않을 수도 있는 것이다. (46가, 나)와
같은 구조에서 '철수가'와 '학생이'를 주어라고 한다면, 그것은 재구조화
에 의하여 주제가 주어로 인식되게 된 것이다.13) 이를 다음과 같이 나
타낼 수 있을 것이다.

(51) 가. [주제][주어-[보어-서술어]]
　　　나. [주제][ e [보어-서술어]]
　　　다. [주어-[보어-서술어]]

(51)은 (50)과 같이 주제와 함께 온전한 주어를 가진 구조를 보인 것
이며, (51나)는 주어가 공범주로 상정된 구조이며, (51다)는 그러한 공범
주 주어조차 상정되지 않은 구조이다. 주어가 나타나지 않은 경우라도
통사 구조를 정밀하게 분석하기 위해서는 (51나)와 같은 구조를 상정해

---

13) 재구조화는 문장 구조에 대한 모어 화자의 직관이나 인식을 반영한다.

야 한다. 그러나 이러한 분석이 번거로운 것일 때 편의상 (46가, 나)에 대하여 (51다)와 같은 구조를 상정하는 것도 가능한 것이라 할 수 있다.

이제 다음 예를 보기로 하자.

(52) 가. 철수가 작업을 한 것이 <u>어제부터</u>이다.
　　나. 철수가 온 것이 <u>서울에서</u>이다.
　　다. 그가 책상을 만든 것은 <u>나무로</u>이다.
　　라. 그가 돌아온 것은 <u>성공을 해서</u>이다.
　　마. 철수가 편지를 보낸 것은 <u>영희에게</u>이다.
　　바. ?그 제안을 한 것은 <u>철수가</u>이다.
　　사. 그가 공부를 하는 것은 <u>열심히</u>이다.
(53) 가. 철수의 작업이 <u>어제부터</u>이다.
　　나. 철수의 출발이 <u>서울에서</u>이다.
　　다. 그의 책상 제작은 <u>나무로</u>이다.
　　라. 그의 귀향은 <u>성공을 해서</u>이다.
　　마. 철수의 편지 발송은 <u>영희에게</u>이다.
　　바. ?그 제안은 <u>철수가</u>이다.
　　사. ?그의 공부는 <u>열심히</u>이다.

(52)는[14] 분열문의 예를 보인 것이며, (53)은 분열문과 유사한 의미를 가지는 명사구가 주제로 쓰인 예들이다. (52가, 나)는 '것' 구성을 조사 '이/가'로 도입한 것인 데 대하여, (52다-사)는 '은/는'으로 '것' 구성을 도입한 것이다. (53)에서도 (53가, 나)는 주어를 '이/가'로 도입한 것이나, (52다-사)는 문제항을 '은/는'으로 도입한 것이다. (52다-사) 및 (53다-사)는 문제항을 '은/는'으로 도입하는 것이 자연스럽다. '이/가'로 도입하면 비문으로 느껴지는 것도 있다.

---

14) (52)와 같은 예의 해답항에 있는 명사구를 명제 형식을 띤 구조 속에서 이동시켜 온 것이 Jo(2004)이다. 그러나 이는 (53)과 같은 예들이 있기 때문에 온당한 것으로 보기 어렵다.

(52가)를 중심으로 '이다'의 의미 기능을 보기로 하자. '철수가 작업을 한 것'과 '어제부터'의 관계를 (47가-다)와 같은 귀속 관계나 등치 관계로 나타낼 수 있는 것인가? '철수가 작업을 한 것'이 '어제부터'의 성원(member)이 되어 그 관계를 (47가)와 같이 나타낼 수 있는가? 그렇다고 생각하기 어렵다. '철수가 작업을 한 것'은 명제의 성격을 가지는 데 대하여 '어제부터'는 시점(時點)의 성격을 가지기 때문이다. 명제가 시점의 성원이 된다고 보기 어렵다. 그렇다면, '철수가 작업을 한 것'과 '어제부터'의 관계를 (47나, 다)와 같은 등치 관계로 나타낼 수 있는가? 이에 대해서도 긍정하기 어렵다. 명제와 시점이 등치 관계에 놓일 수 있다고 보기 어렵기 때문이다.

(52)와 (53) 각 예의 주어나 주제와 보어와의 관계를 문제항과 해답항의 관계로 보는 것은 가능할 것으로 보인다. (52가)와 같으면 '철수가 작업을 한 것'이 전제된 사실로서의 문제를 제시하는 문제항이고 그에 대한 대답으로서의 해답항이 '어제부터'라는 것과 같이 보는 것이다. '철수가 작업을 한 것'에서 무엇이 문제인가? 그 시점이 밝혀지지 않은 것이다. 그 시점을 밝히고 있는 것이 해답항이다. '철수가 작업을 한 것'을 문제항이 되게 하고, '어제부터'를 해답항이 되게 하는 것은 '이다'라고 할 수 있다. 여기서 면밀히 검토해 보아야 할 것은 '이다' 구문에서 문제항과 해답항은 정체 밝힘의 의미 관계를 두 항목으로 구분한 것에 지나지 않는다는 것이다. 그 관계를 충족시키기 위해서는 문제항과 해답항이 귀속 관계나 등치 관계를 이루어야 한다. 그런데, 문제가 되는 것은 (52)와 (53)에서 문제항과 해답항을 이루는 대상이 범주상의 차이를 가지는 것이다. 문제항은 명제인데, 해답항은 명제가 아닌 것이다.

이러한 대상 범주상의 불일치 현상을 해소하기 위해서는 숨은 주어를 다시 찾을 필요가 있다. 대상 범주상의 불일치는 '이다' 구문에서 문제항이 정확하게 제시되지 않은 데서 연유할 가능성이 많기 때문이다. (46)의 예들에 대해서와 마찬가지로 (52)나 (53)과 같은 예에 대해서도 해답항의 범주와 대상 범주가 일치하는 공범주 주어의 상정이 필요하다고 할 수 있다. (52가-사)의 예들에 가능한 주어를 다음과 같이 상정해 보기로 한다.

> (54) 가. 철수가 작업을 한 것이 <u>시점이/출발점</u>이 어제부터이다.
> 나. 철수가 온 것이 <u>출발지</u>가 서울에서이다.
> 다. 그가 책상을 만든 것은 <u>재료</u>가 나무로이다.
> 라. 그가 돌아온 것은 <u>시점</u>이 성공을 해서이다.
> 마. 철수가 편지를 보낸 것은 <u>대상</u>이 영희에게이다.
> 바. [?]그 제안을 한 것은 <u>주체</u>가 철수가이다.
> 사. 그가 공부를 하는 것은 <u>양태</u>가 열심히이다.

(54가-사)의 의미 관련과 (52가-사)의 의미 관련은 거의 완전히 평행적이다. (54가-사)와 같은 해석이 정확하게 (52가-사)가 표현하려는 것과 완전히 일치하는가에 대해서는 의문이 전혀 없을 수 없다. 그러나, (54가-사)가 (52가-사)의 표현 의도를 거의 완전하게 반영한다는 것을 인정하는 것은 그렇게 어려운 일이 아니다.

(54가-사)와 같은 해석이 가지는 장점은, (54가-사)와 같은 구조에서는 문제항인 주어와 해답항이 되는 보어와의 사이에 대상 범주상의 불일치가 대부분 해소되고, 주어와 보어 사이의 논리적인 관계도 등치 관계로 정립될 수 있다는 것이다. 다만 문제가 되는 것은 문제항인 주어는 명사인데 그에 대한 해답항에 조사가 연결되어 있거나 부사가 등장한다는 점이다. 가령, (54가)에서 주어는 '시점/출발점'과 같은 것인데 그 해답항이 '어제부터'와 같이 되는 것이다.

엄정한 논리적 견지에서 보면, '시점/출발점'은 '어제부터'가 아니라 '어제'라고 해야 한다. '어제부터'가 시점의 성격을 갖추기 위해서는 적어도 명사적인 성분이 되어야 한다. 이러한 기능을 수행할 수 있는 것이 '이다'이다. '어제부터'에 '이다'에서 비롯하는 의미론적인 명사화의 기능이 적용될 수 있다. 그것은 '어제부터'에 의미상 따옴표를 하는 것과 같은 효과를 가진다. (54나)에서도 '출발지'와 '서울에서'가 등치 관계를 형성하기 위해서는 적어도 '서울에서'가 명사적인 성분이 되어야 한다. 여기서도 의미론적인 명사화의 기능이 작용한다. 그러나 정확하게 등치 관계가 성립하기 위해서는 '출발지≡서울'과 같은 표시가 가능해야 한다. '에서'를 문법 표지로만 보면 '출발지≡서울에서'와 같은 표시는 역시 완전한 표시가 되지 못한다. 그러나 '에서'가 의미론적인 명사화를 거치면서 문법적인 처격 표지의 성격을 떠나 의미론적인 장소 표지의 성격을 갖추게 된다고 보면 이 문제는 해결될 수 있다. '출발지≡서울에서'에서는 "출발지≡서울'에서'('에서'=장소 표지)"와 같은 관계가 된다는 것이다. 이는 '출발지≡서울이란 장소'와 같은 의미 표현이 되는 것으로 볼 수 있다.

다시 다음 예를 보기로 하자.

(55) 가. 학생들이 등교 거부를 하니, 학교가 <u>큰일</u>이다/<u>난리다</u>/<u>야단</u>
이다.
나. 수업을 안 한다고 하니, 학생들이 <u>야단법석</u>이다.
다. 선생님이 이 일을 아시면, 우리들이 <u>끝장</u>이다.
라. 창수가 이번 학기에 <u>낙제</u>다.
마. 이번 선거에서는 김 후보가 <u>당선</u>이다.
바. 할머니가 <u>노망</u>이다.
사. 아저씨가 <u>병</u>이다.
아. 휴대폰은 <u>금강</u>이다.('금강'은 상표 이름이다)

(55가-아)의 예들에 대해서도 주어와 보어 사이에 귀속 관계나 등치 관계를 쉽게 상정해 보기 어렵다.[15] 주어진 대로는 각 예의 주어와 보

---

15) '커피는 금물이다.'와 같은 예도 '커피는 마시는 것이 금물이다'와 같이 해석될 수 있다. '상황이 끝이다'도 '상황이 전개되는 것이 끝이다'와 같이 해석될 수 있고, '영희가

어를 문제항과 해답항으로 하는 해석도 정밀성에 결함을 가진다. '이다' 구문이 요구하는 관계를 성립시키기 위해서는 숨은 주어를 찾을 필요가 있다. 가능한 주어를 다음과 같이 상정해 볼 수 있다.

> (55´) 가. 학생들이 등교 거부를 하니, 학교가 <u>당한 일이</u> 큰 일이다/
>        난리다/야단이다.
>    나. 수업을 안 한다고 하니, 학생들이 <u>하는 행동</u>이 야단법석이다.
>    다. 선생님이 이 일을 아시면, 우리들이 <u>당할 일</u>이 끝장이다.
>    라. 창수가 이번 학기에 <u>당한 일</u>이 낙제다.
>    마. 이번 선거에서는 김 후보가 <u>당한 일</u>이 당선이다.
>    바. 할머니가 <u>문제가</u> 노망이다.
>    사. 아저씨가 <u>문제가</u> 병이다.
>    아. 휴대폰은 <u>훌륭한 것이/살 만한 것이</u> 금강이다.('금강'은 상
>        표 이름이다)

(55´가-아)에 각각 밑줄 친 부분에 보인 바와 같은 '당한 일이, 당할 일이, 문제가, 하는 행동이, 훌륭한 것이/살 만한 것이' 등과 같은 주어를 상정하여 보았다. (55´가-아)에 보인 의미 해석이 (55가-아)의 의미 해석과 완전히 동일한 것이라고 하기는 어렵다. 상황에 따른 차이가 생겨날 수 있기 때문이다. 그러나 (55가-아)의 의미 관련을 거의 그대로 유지하는 것으로 보아도 큰 무리는 없을 것으로 생각된다. 이 경우 문제항과 해답항의 관계는 대상 범주상의 불일치에서 벗어나 등치 관계를 이룰 수 있는 것으로 생각된다. 이로써 '이다'가 문제항과 해답항의 등치 관계를 표상한다는 본고의 명제는 그대로 유지된다. 특히 (55´바, 사)에 '문제가'를 주어로 상정할 수 있는 것은 '이다'가 문제항을 드러내는 기능을 하는 것과 관련하여 주목된다. 중요한 인식상의 변화는 종래 주

---

또 거짓말이다'도 '영희가 하는 말이 또 거짓말이다'와 같이 해석될 수 있다. 상황이나 행동과 관련되는 보어가 상정될 경우, 이러한 구문이 잘 형성된다.

어로만 알고 있었던 것이 주제의 자리에 있게 된다는 것이다. 그것을 주어로 인식하는 것은 위에서도 제기한 바와 같은 재구조화 결과이다.

남기심(1986) 및 남길임(2004 : 195)에서 문제된 다음 예들을 보기로 한다.

> (56) 가. 넌 아직도 그 고민/걱정/자랑…이구나
> 나. 여기는 또 공사야?
> 다. 오늘 수업도 발표야?
> 라. 아빠는 또 그 소리야?
> 마. 창수가 낙제다.
> 바. 숙희가 또 거짓말이다.
> 사. 부장이 오늘 결근이다.

남길임(2004 : 195)에서 (56가-라)와 같은 예는 '상황 의존적 구문'으로 분류된 예들이다. (56가)의 '너'와 '그 고민'이 동일한 개체를 지시하는 것도 아니고, '나'의 속성이 '그 고민'인 것도 아니며, (56라)의 '아빠', '그 소리' 역시 그러한 관계로 설명할 수 없다는 것이다. 남기심(1986)에서도 상황 의존성이 강한 예들로 본 것이다. 주어와 보어가 쉽게 귀속 관계나 등치 관계를 형성하는 것으로 보기 어려운 예인 것은 사실이다. (56)에서 문제항은 주어가 아니라 주제 표지를 가지고 있으므로,[16] (56)의 예에 주어는 아직 찾아지지 않은 상태라 할 수 있다. 가능한 주어를 다음과 같이 상정해 보기로 한다.[17]

> (56′) 가. 넌 아직도 <u>하는 일이</u> 그 고민/걱정/자랑…이구나
> 나. 여기는 <u>벌인 일이</u> 또 공사야?
> 다. 오늘 수업도 <u>진행 방식이</u> 발표야?

---

16) 역동의 '도'도 주제 표지의 하나인 것으로 본다.
17) '철수가 오늘 결근이다, 영희가 또 거짓말이다, 창수가 낙제이다' 등의 예도 이들 범주에 속한다.

라. 아빠는 <u>하는 말씀이</u> 또 그 소리야?
마. 창수가 <u>성적이/당한 일이/한 것이</u> 낙제다.
바. 숙희가 <u>한 것이/한 말이</u> 또 거짓말이다.
사. 부장이 오늘 <u>한 것이</u> 결근이다.

(56가-사)에 대해서도 (56′가-사)의 밑줄 친 부분과 같이 문맥에 어울리는 주어를 찾아낼 수 있다. 그 의미 관련도 (56)의 각 예와 그렇게 큰 차이를 가지지 않는다. 이들 주어의 설정이 상황과 무관한 것이라고 할 수는 없으나, 상황 의존성의 크고 작음으로 따질 때, 상황 의존성이 그렇게 큰 것은 아니라고 할 수 있다. 그 정도가 (55)의 예와 비슷하다. (55)나 (56)의 예들에서 주목되는 것은 그 보어가 일정한 행동이나 사태를 나타내고 있는 것이다. 따라서 행동이나 사태의 어떤 양태를 주어로 상정하는 일이 가능하다. 주어가 보어의 의미론과 밀접하게 관련된다. '이다'에 의하여 상정되는 문제항과 해답항 사이에 성립하는 의미론적인 관련이라고 할 수 있다.

다시 다음 예를 보기로 하자.

(57) 가. 나는 자장면이다/갈비탕이다.
나. 나는 통영이다.
다. 내일은 국회다.
라. 나는 학생이다.('나'의 신분을 이야기하는 것이 아님)

(57가, 나)와 같은 예는 임홍빈(1985)에서도 이미 지적된 것이고, 남기심(1986)에서도 그 특이성이 주목된 것이다. (57가)는 음식점에서 음식을 주문할 때 흔히 쓰이는 말이다. (57나)는 여러 사람이 각기 지역을 선택하거나 지정받아 떠날 때, "너는 어디로 가니?"와 같은 질문에 대하여 (57나)와 같이 대답할 수 있다. (57다)는 시위대에게 "내일은 어디서 시위를 할 것이냐?"는 질문을 하였을 때 들을 수 있는 말의 하나일 수 있

다. 일정이 바쁜 사람에게 내일 일정을 물었을 때도 (57다)와 같은 답변을 들을 수 있다. (57라)도 평범한 문장으로는 '나'의 신분을 진술하는 문장일 가능성이 많으나, 특정한 상황에서는 '학생'쪽을 선택하는 진술일 수 있다. "빨리 대답해, 학생을 할 거야? 선생을 할 거야?"와 같은 질문에 (57라)와 같이 답할 때, 그것은 '나'의 선택을 뜻하는 문장이 된다.

이러한 예들에 대하여 문제항과 해답항 사이에 귀속 관계나 등치 관계를 상정할 때, 대상 범주상의 불일치가 가장 크게 된다. (57가)에서는 '나'와 '자장면, 갈비탕' 사이에 귀속 관계나 등치 관계가 성립하는 것일 수 없고, (57나)에서는 '나'와 '통영' 사이에 귀속 관계나 등치 관계가 성립하는 것일 수 없고, (57다)에서는 '내일'과 '국회' 사이에 귀속 관계나 등치 관계가 성립하는 것일 수 없고, (57다)의 의도된 의미에서는 '나'와 '학생' 사이에 귀속 관계나 등치 관계가 성립하는 것일 수 없다. 이러한 불일치가 생긴 것은 문제항을 주어가 아닌 주제에 대하여 상정하였기 때문이다. (57가-라)에 대해서는 담화 문맥에 적합한 주어를 상정할 필요가 있다.

(57′) 가. 나는 <u>먹을 것이/주문할 것이/선택이/주문이</u> 자장면이다/갈비탕이다.

나. 나는 <u>갈 곳이</u> 통영이다.

다. 내일은 <u>시위할 곳이</u> 국회다.

라. 나는 <u>하고 싶은 것이</u> 학생이다. ('나'의 신분을 이야기하는 것이 아님)

(57′가-라)의 밑줄 친 부분은 담화 문맥에서 추출된 주어의 성격을 강하게 가진다. 담화 문맥을 떠나서는 적합한 의미를 가지기 어렵다. 이런 점에서 보어의 의미론에 영향을 받는 (55)나 (56)의 예들과는 미묘한 차이를 가진다. 그러나 적합한 주어가 상정될 때 문제항과 해답항 사이에 등치 관계가 성립한다는 점에서는 어느 예나 다름이 없다.

다음은 주어가 찾아지기 어려운 예로 흔히 지적되는 예이다.


   (58) 가. 불이야!
       나. 도둑이야, 도둑!
       다. 여기 짐이요, 짐!
       라. 배추요, 배추!


  특히 (58가, 나)는 위급한 상황에서 외마디 말로 튀어나가는 것이 보통이다. 따라서 이들을 분석이 불가능한 관용구와 같이 취급하려는 경향도 있다. 그러나 이러한 외마디 말이 (58가, 나)와 같은 위급한 상황에서만 쓰이는 것이 아니라, (58다, 라)와 같은 양보 요청문이나 물건을 파는 호객 선전문에도 나타나기 때문에, 외마디 문장으로만 취급하는 것은 지나치게 특이성을 인정하는 것이다. 우선은 (58나, 다, 라)의 뒷부분에 주목할 필요가 있다. '도둑, 짐, 배추'가 명사 그대로 쓰이고 있다. 그것 자체로도 경계나 요청의 뜻을 전달할 수 있음을 의미한다. 이는 '(이)야, (이)요'가 경계나 요청을 뜻하는 특별한 용언일 수 없음을 뜻한다. 이것이 '이다'의 활용형이라는 것은 의심의 여지가 없다. (58가)에 대하여 '불이긴 한데, 금방 꺼졌다.'와 같이 대구할 수 있다. (58나)에 대해서도 '도둑이긴 뭐가 도둑이냐?'와 같이 대구할 수 있다. 그렇다면, 문제항이 찾아져야 한다. 상황과 관련되는 주어를 다음과 같이 상정해 보기로 한다.


   (58′) 가. <sup>?</sup><u>위급한 상황이</u> 불이야!
       나. <sup>?</sup><u>내가 당한 것이</u> 도둑이야, 도둑!
       다. <u>여기 가는 것이</u> 짐이요, 짐!
       라. <u>여기서 파는 것이</u> 배추요, 배추!


  (58가-라)와 (58′가-라)는 동일한 발화 수반력을 가지지는 못한다. 구체적인 주어를 상정하자마자 문장의 성격에 상당한 변화가 초래된다.

(58가-라)에 비하여 (58´가-라)는 서술문의 성격을 강하게 가지게 된다. 경계나 요청의 뜻을 가지기 어렵다. (58가-라)는 (58´가-라)와 같은 예에서 주어가 공범주로 나타나는 것과 동시에 특이한 억양이 경계나 요청의 발화 수반력을 동반하게 된 것으로 해석할 수 있다. (58가-라)에 대하여 (58´가-라)와 같은 구조와 의미를 전제로 할 때, 여기서도 문제항과 해답항의 등치 관계를 유지될 수 있게 된다.

다시 이승재(1994) 및 배주채(2001)에서 지적된 다음과 같은 예를 보기로 하자. 필요한 예를 더 부가하기로 한다.

> (59) 가. 수학자인/*수학잔 아인쉬타인은 물리학자이기도 하다.
>      나. 그는 바보인/*바본 반면 정직하다.
>      다. 이것은 소이나/*소나 저것은 말이다.
>      라. 그것이 소임이/*솜이 밝혀졌다.
>      마. 내년부터 새로운 수도일/*수돌 타쉬켄트에서는 이런 일이
>          있었다.
>      바. 저것이 새임을/*샘을 누가 모르겠느냐?
>      사. 그것은 철수가 와서인/*와선 일이 아니다.
> (60) 가. 그가 수학자인들/수학잔들 누가 알아주기나 하느냐?
>      나. 그가 바보인/바본 줄 미처 몰랐다.

(59)의 예는 '이다'의 선행 성분이 모음으로 끝나더라도, '이'가 꼭 혹은 거의 절대적으로 쓰여야 하는 예이다. 이러한 현상이 지적된 것은 이미 최현배(1930)에서이지만, 그 이유가 천착된 것은 이승재(1994)에 와서이고, 그것이 다시 검토된 것은 배주채(2001)에 와서이다. 이승재(1994 : 23-7)에서는 동명사형 어미에 관심을 모으고 있다. 이 부분에 대한 해석을 부분적으로 여기 가져와 보기로 한다.

> (61) 가. '-이-'에 동명사 어미가 통합된다는 것은 명사류에 서술성을

부여했다가 다시 명사적 자격을 부여한다는 것을 뜻한다.
이 '-이-' 생략 거부 현상은 바로 여기에서 발생한다.
나. 명사류에 직접 동명사 어미를 통합함으로써 명사류를 다시
명사화한다는 점에서 통사론적 파격을 초래한다.

(61가, 나)에 의하여 가장 잘 설명될 수 있는 예는 (59라) 및 (59바)이다. '-ㅁ'이 분명히 동명사이고, 그 구성에서 '이'의 생략이 일어나고 있기 때문이다. '-ㄴ, -ㄹ'도 역사적으로 동명사였기 때문에 이들에 대해서도 유사한 해석을 가하고 있다. 이에서 잘 설명되지 않은 것은 (59가, 나)에서는 생략형에 대한 거부가 완강한 데 대하여, (60가, 나)에서는 그렇지 않다는 사실이다. 이승재(1994 : 24)의 관찰은 '이'의 생략이 혹 '-ㄴ'이 실질 명사를 수식하느냐 형식 명사를 수식하느냐에 따라 발생하는 것으로 볼 수도 있지 않을까 하는 것이다.

이에 대해서 배주채(2001 : 42-3)의 해석은 정보 부담량에 초점을 맞춘 것이다.

(62) 가. 지정사의 서술 기능에 가해지는 기능 변화의 힘이 약할수록
'이' 탈락이 잘 일어난다.
나. '-음' 명사형은 '명사 말음절＋지정사＋명사형 어미'가 한 음
절로 실현되어 한 음절이 복잡한 문법적 구성을 담고 있다
는 점에서 정보 부담량이 무척 크다.
다. '저것이 샘을 누가 모르겠니?'와 같은 문장에서 '주어(저것)＋
보어(새)＋서술어(지정사)'의 절에 '-음'을 붙여 명사절을 만들
때 보어 '새'의 말음절, 서술어, 절에 붙은 명사형 어미까지 세
요소가 한 음절로 실현된다는 것은 아주 큰 부담인 것이다.

(62)는 거의 문제의 본질에 육박한 진술임에 틀림이 없다. 그러나 (62)만 가지고는 (59가, 나)의 '수학잔' 및 '바본'과 (60가, 나)의 '수학잔' 및 '바본'의 차이가 설명되지 않는다. 주변 환경을 고려하지 않는다면, '수

학잔'과 '바본'의 정보 부담량에 차이가 있다고 보기 어렵다.

여기서 우리가 이 현상에서 주목하고자 하는 것은 '이다'의 '이-'가 있는 것으로 판단될 수 있는 환경인가 어떤가 하는 것이 이 문제의 관건이 된다는 것이다. 가령 '이것이 잠이 확실하다.'와 같은 문장이 있다고 하여 보자. 선행 문맥이나 담화나 상황이 주어지지 않을 경우, 이 문장을 처음 대하는 사람은 이 문장이 무슨 뜻인지 알기 어렵다. '잠'을 수면(睡眠)으로 해석할 가능성이 가장 클 것이다. '잠'에 용언이 있다는 암시를 받을 만한 흔적이 별로 없다. '이것이 자임이 확실하다.'고 하면 그 뜻에 근접할 수 있게 된다. 이를 다음과 같이 정리하기로 한다.

> (63) 모음 뒤 '이다'의 어간 '이'의 생략 조건
>   '이다'의 어간 '이'가 생략되었다는 암시를 받을 수 있는 환경에서는 '이'의 생략이 가능하다.

(63)을 (60가, 나)에 적용해 보기로 하자. (60가)에서는 '-ㄴ들' 어미가 문제되고, (60나)에서는 '-ㄴ 줄' 형식이 문제된다. 이들은 언제나 용언 뒤에 연결되는 형식들이다. 이들이 쓰인 곳에는 반드시 그 앞에 용언이 오게 된다. 이에 대해서 (59가)의 '수학잔 아인쉬타인'에서 '-ㄴ 아인쉬타인' 형식 앞에는 반드시 용언이 오는 것이 아니다. 이것이 그 성립에 이상이 생기는 이유이다. 배주채(2001)의 해석은 한 음절에 너무 많은 정보가 쌓이게 된다는 것이지만, 거기에 '이'가 있다는 것을 알 수 없게 된다는 것이 문제의 핵심이다. (59)의 대부분의 예들이 이러한 논리로 설명될 수 있을 것으로 보인다. (59다)의 '소나'에서도 거기에 '이다'의 '이'가 있다는 암시를 얻기 어렵다.[18]

---

18) 배주채(2001)에서 지적된 '소이지/*소지 않다'에서 '소지'가 되지 않는 이유는 '-지 않다'에 앞에는 반드시 용언이 오는 것이므로, (63)를 쉽게 적용하기 어렵다. 여기서는 '-지 않다'가 명사에 잘 적용되지 않는 부정 형식이라는 것이 해결의 실마리를 가지는 것이라고 할 수 있다.

이러한 논의가 궁극적으로 의미하는 바는 '이다'의 '이-'가 정확하게 용언의 어간으로서 통사 의미론적인 기능을 수행하고 있다는 것이다. '이' 자체에 아무런 기능도 없는 것이라면, 그것이 없어서 비문이 되는 구성이 있다는 것은 이해할 수 없는 일에 속한다. 이를 다음과 같이 정리하기로 한다.

> (64) '이다'의 어간 '이'의 필수적 출현 위치의 의미
> 모음 뒤의 위치이면서도 '이다'의 어간 '이'가 필수적으로 출현해야 하는 위치가 존재한다는 것은 '이다'가 용언의 어간으로서 일정한 의미 통사적인 기능을 수행하고 있음을 말해 준다.

'이다'는 문제항에 대하여 해답항을 제시하는 기능을 한다. 이러한 기능은 분명, '아름답다, 착하다, 넓다, 좁다, 좋다, 나쁘다' 등과 같은 의미와는 구별된다. 이들은 어떤 대상의 속성이나 상태를 나타낸다. 그러나 '이다'는 그러한 의미를 나타내는 것이 아니다. '이다'는 전형적인 일부의 형용사가 가지는 실질적 어휘적 의미를 가지지 않는다. 그러나 '실질적인 어휘적 의미'를 거의 가지지 않는다고 할 때, 우리가 '이다'가 가지고 있어야 할 것으로 기대하는 의미는 어떤 것인가? 그것으로 우리가 기대하는 것이 '책상'과 같은 것도 아니고, '먹다'와 같은 것도 아니고, '바느질'의 '-질'과 같은 것도 아니고, '넓이'의 '-이'와 같은 것도 아니다. 그것은 아마도 적어도 '아니다'와 반대가 되는 의미일 것이다. '아니다'도 속성의 의미를 가지는 것은 아니다. '아니다'는 문제항에 대하여 해답항을 제시하고 문제항과 해답항이 관계가 없음을 나타낸다. '아니다'에서 부정의 의미를 제거한 것이 '이다'의 의미라고 할 수 있다.

그것은 문제항과 해답항이 등치 관계에 있음을 나타낸다. 주제와 보어가 등치 관계에 있는 것이 아니라, 정확하게 주어와 보어가 등치 관계에 있게 된다. 여기서는 흔히 주어라고 알고 있는 성분이 주어가 아

니라 사실은 주제의 성격을 가지는 것임을 주장하였다. '철수가 학생이
다.'와 같은 문장은 '철수'가 '학생'이라는 부류에 속하는 관계를 나타내
는 것으로 보아도 무방할 것으로 보인다. 그러나 '철수가 학생이다'라는
문장이 '나는 자장면이다'라는 문장과 전혀 문장 유형을 달리하는 것이
아니라면, '철수가 학생이다'라는 문장에 대해서도 다른 접근을 시도해
야 한다. 여기서는 이 문장의 주어를 '신분이'와 같은 것으로 상정함으
로써 '철수가'는 재구조화된 주어라는 가설을 제기하였다. 따라서 '이다'
문장의 주어와 보어는 어느 경우에나 등치 관계를 이루는 것으로 결론
지을 수 있다. 문제항이 해답항과 등치 관계를 이룸으로써 그 정체가
밝혀지게 된다. 이를 정체 밝힘의 기능이라 부를 수 있을 것이다.

## 5. '이다'의 논항 구조와 통사 현상

'이다'의 의미 기능을 검토하는 자리에서도 '이다'가 이루는 구성의
통사 구조에 대해서는 상당 부분 언급하였다. 여기서는 구체적인 구조
의 문제와 논항 구조의 문제와 함께 연어 구성을 이루는 문제에 대해서
도 살펴보기로 한다.

### 5.1. '이다'의 실체를 놓치기 쉬운 이유

역사적으로 '이다'를 독립적인 품사의 하나로 또 용언의 하나로 보기
어려웠던 이유는 다음과 같은 것이라고 생각된다.

(65) '이다'의 특징
　　가. '이다'의 '이'는 잘 생략된다. '이다'를 쓰지 않는 언어도 있다.
　　나. '이다'의 의미 기능이 무엇인지 잘 드러나지 않는다.
　　다. '이다'가 선행 성분에 붙어 쓰인다.
　　라. '이다'의 선행 성분이 격을 가지지 않는다.

(65가)는 특히 매우 속기 쉬운 특성이다. 자음과 모음 뒤에서 '이다'와 '다'가 교체를 하는 듯이 보이기도 한다. 실제로 이렇게 본 논의도 적지 않다.[19] 이를 관찰법의 문제로 본다면, '이다'의 '이'가 나타나는 일도 있고, 안 나타나는 일도 있는데, 안 나타나는 것을 기본으로 하고 나타난 형태를 없는 것으로 본 것이다. 다른 한 편으로는 '이다'가 잘 생략되기 때문에, 그 의미를 중시하지 않은 경향도 생긴 것으로 보인다. 다른 언어 특히 러시아어에서 현재 시제 명사문에 '이다'를 쓰지 않는 것이 한국어에서 '이다'의 존재를 무시하게 되는 결과를 빚기도 하였다. 그러나 단순히 관찰법의 차원에서 보더라도. 나타나는 일도 있고, 안 나타나는 일도 있을 경우에는 나타나는 것을 기준으로 안 나타나는 것에 접근하는 것이 온당한 것이다. 안 나타나는 것을 기준으로 접근하면 있는 것을 없앨 위험이 있다. 현재 시제 명사문에 '이다'를 쓰지 않는 러시아어의 예도 한국어 '이다'의 특성을 밝히는 데는 매우 해로운 역할을 한 것으로 볼 수 있다. 러시아어에서 현재 시제 명사문에, '이다'를 쓰지 않는다고 하여 그 언어에 '이다'가 없는 것은 아니기 때문이다.

(65나)는 '이다'의 의미 기능이 무엇인가에 대한 것이다. 체언과 체언이 이어져도 온전히 '이다'가 있는 듯한 의미가 된다고 주장하는 일이 있다. 그러나 다음과 같은 예를 보기로 하자.

   (66) 가. [?]일은 철수가 서울에서
        나. [?]서울이 철수의 슬픔
        다. [?]천수답의 황폐화는 비료

(66가-다)만으로 온전한 의미를 가진다고 말할 수 없다. 원리적으로 '이다'가 아무런 기능도 하지 못한다면, (66가-다)는 '이다' 없이 온전한 의미를 가질 수 있어야 한다. 그러나 (66)보다는 '이다'를 더한 (67)이 더

---

19) 강길운(1956)의 입장이 이러한 예에 속한다.

온전한 의미를 가진다.

    (67) 가. 일은 철수가 서울에서이다
        나. 서울이 철수의 슬픔이다
        다. 천수답의 황폐화는 비료이다

(67가-다)는 의미가 명확해진다. '이다'가 아무런 기능을 하지 못한다면, (66)과 (67) 사이에 이러한 차이가 생겨나서는 안 된다. '이다'는 엄정한 의미의 기능적인 단위임이 인정되어야 한다.

(65다)는 표기법상의 규정에 따른 관행에 지나지 않는 것이다. 띄어쓰기가 처음 도입되었을 때는 '이다'를 띄어 쓰는 일도 많았다. 1933년 '맞춤법 통일안' 이후 '이다'의 붙여 쓰기가 정립된 것으로 볼 수 있다. 이러한 관행을 그 본질에 대한 암시로 보려는 시도도 생겨났다. 체언의 어미설이 그러한 영향의 하나이다. '이다'를 '접어'로 해석하는 것은 '이다'의 단어적 독립성을 인정하기는 하지만, 단어 자격을 온전히 인정하지 않는 것이므로, 어떠한 측면에서든 '이다'의 가치에 손상을 입히게 된다.

최근에 와서 특히 문제로 부각되는 것이 (65라)와 같은 특성이다. 그러나 이는 GB 이론의 이론 내적인 문제의 성격이 짙다. 모든 명사가 격을 가져야 한다는 것이 '격 여과'이지만, 국어의 경우에는 실제로 모든 명사 혹은 명사구가 격을 가지는 것은 아니다. 절대로 그런 것이 아니다. 간단한 예로, '영희, 그가 왔다.'와 같은 제시어 구문에서 '영희'가 격을 가지는 것은 아니다.

'이다'가 독립적인 품사 단위로서의 용언, 나아가 형용사의 자격을 가지는 것이라면, 논항 구조를 가져야 한다. 이에 대해서는 다른 절에서 살펴보기로 한다.

## 5.2. '이다'를 지지 동사로 보기 어려운 이유

지정 형용사 '이다'를 독립적인 용언으로 인정하지 않고 지지 동사의 하나로 보는 태도를 하마노우에[濱之上](1994)에서 볼 수 있다. 이 논문에서 '이다'는 실질적 의미를 가지지 않으며,[20] 소위 시제, 상, 서법 등을 표현하기 위한 '지지 장치(supportive device)'에 지나지 않는 것으로 보고 있다. 기저의 서술어는 '이다' 앞에 나타나는 명사가 담당하는 것으로 본다. 다음은 하마노우에[濱之上](1994 : 33)에 제시된 서술 구조 둘을 여기에 가져온 것이다.

    (68) 가. 이다(철수)(학생)
         나. {(학생)}(철수)

(68가)는 '이다'를 서술어로 하는 서술 구조이며, (68나)는 '이다'를 다만 지지 장치에 지나지 않는 것으로 본 구조이다. (68나)에서는 '학생'이 서술어가 된다. '이다'의 '이'가 나타나지 않는 일이 많은 것, '이다'가 전체적으로 생략되는 일이 많은 것이 이러한 서술 구조를 상정하는 이유가 된다. 현재 시제 명사문에서, 계사를 실현시키지 않는 러시아어, 중국어와 같은 언어의 예도 뒷받침 예가 된다. 이러한 일련의 사실을 토대로 하마노우에(1994)에서는 '이다'를 서술어가 동사나 형용사가 아닐 경우에 나타나는 '지지 장치'에 지나지 않는 것으로 본다. 이렇게 되면, 명사문의 논항 관계는 온전히 서술 명사에 의존하게 된다. 그러나 그 결과가 어떤 것인가를 다음 예에서 보기로 하자.

---

20) 양정석(1996)에서는 '이다'가 어휘적 의미를 가지는 것으로 보고 있다. 양정석(1995)에서 이는 'BE/+ident'와 같이 표시된다. 동일성의 의미라고 생각된다. 정체 밝힘이나 부류의 의미를 가지는 것으로도 볼 수 있을 것이다. 한국어의 '이다'는 동사가 아닌데 그것을 영어의 BE 동사로 의미 표상을 하는 문제를 제기한다.

(69) 가. 철수가 학생이다.
　　나. 학생이 철수이다.
(70) 가. 학생 : N, <NKP, __ >[21]
　　나. 철수 : N, <NKP, __ >


　(69가)를 위해서는 그 명사 서술어인 '학생'에 대하여 적어도 (70가)와 같은 어휘부 정보를 상정해야 한다. 또 (69나)를 위해서는 (70나)와 같은 어휘부 정보가 필요하다. 그러나 '학생'이나 '철수'라는 명사가 명사문에만 쓰이고 다른 어떠한 구성에도 참가하는 일이 없다고 하면, (70)은 아마도 해롭지 않은 정보라고 할지 모른다. 그러나 (70)의 정보는 정확한 것도 아니며, 유용한 정보도 되지 못한다. 그것은 명사의 성격을 크게 왜곡시키는 것이다. 이를 '저것이 철수의 수학 공부이다'와 같은 예에 적용해 보기로 하자. 이를 위해 우선 '공부'의 사전 정보를 (71가)와 같이 상정해 보기로 한다.


　(71) 가. 공부 : N, <GKP, GKP/NP, __ >
　　　나. 철수의 수학 공부
　　　다. 철수의 수학의 공부
　　　라. 철수의 수학에 대한 공부


　(71가)는 '공부'라는 명사(N)가 속격 조사구(GKP)와, 속격 조사구(GKP) 또는 명사구(NP)의 두 논항을 가질 수 있음을 나타낸 것이다. 첫 논항은 행동주(Agent) 의미역을 가진 것으로, 두 번째 논항은 정신적 대상(Mental Object)의 의미역을 가진 것으로 상정할 수 있다.[22] (71가)의 격틀로서는

---

21) 여기서 NKP (=Nominative Case Phrase)는 주격 조사구를 나타낸다.
22) 우리는 의미역이 논항으로 실현되는 과정을 상정하지 않는다. 그것은 문법을 한없이 추상화하는 결함을 가진다. 우리에게는 논항 구조가 우선이며, 그 의미론적인 기능은 해석에 의하여 얻어지는 것으로 파악한다. 이에 대해서는 임홍빈(2000) 및 임홍빈·이홍식 외(2002)를 참조하기 바란다.

(71나) 및 (71다)의 구성을 분석할 수 있다. (71라)에 대해서는 '~에 대한'을 준조사로 인정하고, 그에 해당하는 약호를 도입할 수 있을 것이다. 이를 MOP(Mental Object Phrase)와 같이 상정한다면, (71가)는 다음과 같이 확대될 수 있다.

(71) 가´. 공부 : N, <GKP, GKP/NP/MOP, __ >

(71가´)로써는 (71나, 다, 라)의 모든 예를 분석할 수 있다. 이 외에 명사로서의 '공부'가 통사 구조 분석에서 할 수 있는 역할은 더 찾아지기 어렵다. 이제 문제의 구성을 다음과 같이 제시해 보기로 한다.

(72) 가. 저것이 철수의 수학 공부이다.
　　 나. [철수의 [수학 [공부]]]
　　 다. 저것이 [철수의 [수학 [공부]]]이다.
　　 라. [[저것이] [철수의 수학 공부]][이]다.

(72가)는 분석 대상문이다. 생성 문법은 원리적으로 이 문장을 어떤 다른 구조에서 도출하는 방식을 취한다. 도출주의이다. 그러나 우리는 이러한 방식을 취하지 않는다.[23] (71가´)에 주어진 것과 같은 어휘 정보로만 주어진 구성을 분석한다. (71가´)의 정보로 '철수의 수학 공부'라는 구성을 분석하면 (72나)와 같이 된다. 이를 (72가)에 반영하면, (72다)와 같이 된다. 그 다음 단계는 (72가)의 주어를 분석할 수 있어야 한다. 그 분석의 결과는 (72라)와 같은 것이 될 것이다. 그러나 (71가´)의 정보로써는 (72라)와 같은 분석이 불가능하다. 명사구가 주어를 가지는 것은 아니다. '이다'의 논항 정보가 없이는 (72다)이상의 분석을 할 수 없다.

---

23) 필자는 여러 곳에서 도출주의에 반대하는 논의를 펴 왔다. 이에 대해서는 임홍빈 (2000, 2004) 및 임홍빈·이홍식(2002) 등을 참조하기 바란다.

'저것이 공부다'와 같은 예에 대해서는 '공부'가 '저것이'를 필요로 하는 것이라고 할지 모른다. 그러나 이는 어휘 정보에서는 얻어질 수 없는 것이다. '공부'는 (72나)에 주어진 바와 같이 '철수의'와 같은 명사구의 주어 성분을 요구할 뿐이다. 더 이상의 주어를 요구하지 않는다. '공부'가 단독으로 쓰였다고 해도 이러한 사정에는 변화가 생기지 않는다. (72라)와 같이 문제항과 해답항을 관계짓는 것은 '이다'이다. '이다'는 독자적으로 논항 구조를 가지는 용언, 그 중에서도 형용사라는 것을 인정하지 않으면 안 된다.

'이다'를 '기능 동사'로 보는 입장(목정수2003, 남길임2004, 등)도 있다. '이다'를 순수히 '지지 동사'로 보는 입장과 '이다'를 '기능 동사'로 보는 입장이 완전히 동일한 것은 아니다. 지지 동사로 보는 입장에서는 '이다'에 대하여 논항 구조를 상정하지 않는다. 이에 대하여 '기능 동사'론에서는 술어 명사의 논항이 술어 명사 밖의 논항으로 실현되는 것으로 본다(홍재성 1999 참조).

이러한 논의에서 제기되는 가장 큰 문제는, 술어 명사구 속의 논항을 명사구 밖에 상정하는 것이 그동안의 문법 연구에서 밝혀진 유효한 제약들을 어기게 된다는 것이다. 가령 기능 동사론은 '철수가 수학 공부이다'나 '철수가 수학을 공부이다'와 같은 구조에서 '철수가'나 '수학' 또는 '수학을'과 같은 성분을 술어 명사 '공부'가 가진 논항이 실현된 것으로 본다.

'공부'가 (72나)와 같은 논항 구조를 가진다고 하여 보자. 기능 동사 가설에 의하면, 명사구 속의 속격 논항이 명사구를 떠나 전체 문장의 주어 자리로 이동을 하거나 주어 자리에 실현되어 주격을 가지는 것으로 보아야 한다. '수학'이나 '수학을'도 명사구 속의 대상 논항이 전체 문장의 목적어로 이동되거나 실현되어야 한다. 이를 다음과 같이 보이기로 한다. 편의상 (71가)를 (73가)로 다시 가져오고 이동이나 실현 과정을 (73나)와 같이 보이기로 한다.

(73) 가. 공부 : N, <GKP, GKP/NP, __ >
    나. [e1 ]가 [e2 ]을 [철수의 수학의 공부]이다.

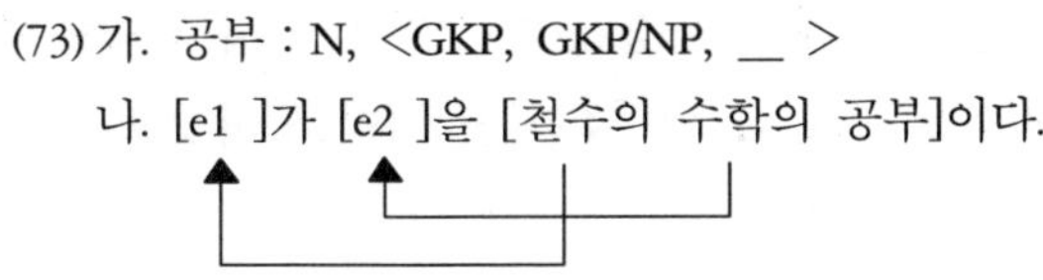

(73나)는 명사구 속의 논항이 어떻게 주어가 되고, 목적어가 되는지를 보인 것이다. 기능 동사론이 정확하게 이와 같은 이동을 상정한 것인지는 확실치 않다. 홍재성(1997)에는 "술어 명사가 주어 위치에 분포되지 않는 한, 주어 위치를 채우기 위해 술어 명사의 한 논항이 통합 술어 명사구로부터 분리되어 주어 기능을 수행해야 한다."와 같은 언급이 있다. 주어만 이동하는 것이라고 하여서는 목적어가 비어 있게 되므로, 명사구 내의 '수학의'도 [e2]의 위치로 이동해야 한다. 그러나 이에는 다음과 같은 문제가 있다.

첫째, 명사구 속에서 '철수의'나 '수학의'와 같이 격을 가진 성분이 왜 명사구 바깥으로 이동하여 주격을 가지게 되는지가 해명되지 않는다. 격을 둘을 가지는 것이라면, 그것은 격 여과에 대한 위배가 된다. 이미 받은 격을 버리고 주어가 주격을 받는 것이라면, 이동의 동기가 해명되지 않게 된다. 격 이론적인 이동은 격을 받지 못한 위치에서 격을 받는 위치로 이동하는 것이기 때문이다.

둘째, '이다'를 기능 동사라고 할 경우, '이다'는 주어를 요구하는 기능을 가지지 못한다. 그럼에도 불구하고, (73나)에서 [e1]은 주격 조사 '이/가'를 가지지 않으면 안 된다. 주어가 없이는 문장이 성립하지 않는 것이다. 그러나 어떻게 주어에 대한 요구를 가지지 못하는 기능 동사가 주어를 가질 수 있는가 하는 문제가 대두된다.

셋째, 이중 주어문과 같이 주어뿐만 아니라 주제를 가지는 문장에 대하여 주제는 어떻게 설정될 것인지가 전혀 밝혀져 있지 않다. '통합 술어 명사구'라는 것 속에 주제 성분도 이미 준비되어 있다는 것인가? 그럴 수 있는 것으로는 생각되지 않는다. 그렇다면, 주어와 밀접히 관련되

는 주제가 상정되는 경우 주제는 문장에서, 주어는 명사구 속에서 가져
와야 하는데, 그 통사적인 거리나 의미론적인 거리를 어떻게 극복할 수
있는지도 문제이다.

넷째, (72다)와 같은 구성은 지지 동사설에서와 마찬가지로 기능 동사적
인 접근에서도 문제를 제기하는 것이 아닐 수 없다. '저것이 철수의 수학 공
부이다'라고 할 때, '저것이'란 주어는 명사구의 논항이 될 수 없는 것이다.

다섯째, '철수가 이 일에 적극적이다'와 같은 예를 보기로 하자. 이 예
에서는 '적극적'을 술어 명사라고 해야 하는 부담이 있다. 그것이 명사
로서 '철수의 이 일에의 적극적'이란 명사구를 이룬다고 가정해야 한다.
그러나 이는 결코 자연스런 구성이 되지 못한다. 무리한 구조를 상정하
여 문장을 생성하는 방식인 것이 분명하다.

여섯째, '이다' 구문 속에도 '철수가 오늘부터 수학 공부다'의 '오늘부
터'와 같이 여러 가지 부가어가 상정될 수 있다. 이러한 요소도 명사구
내부의 부가어가 명사구 밖에 실현된 것으로 보아야 하는가 하는 문제
가 있다. 만약 그렇게 한다면 기능 동사론은 크나큰 무리를 감수하는
것이 아닐 수 없다.

일곱째, '철수가 영희와 부부이다'와 같은 예에 대해서는 '부부'를 술
어 명사라고 해야 하는 부담이 있다. 술어 명사의 부류가 한없이 늘어
날 가능성이 있다.

여덟째, 기능 동사론은 술어 명사에 관형 성분이 부가되는 것을 효과
적으로 설명할 수 없다. '친척이다'와 같으면 '친한 친척이다'와 같이 '친
한'의 수식을 받을 수 있는데, '친한 친척'이 논항 구조를 가지는 것으로
상정해야 하는 부담이 있다.

기능 동사론이 일정한 구성 사이의 의미와 구조의 평행성이나 대응 관
계에만 주목할 때, 그 관찰은 예리한 것이지만, 그것을 두 구성 사이의
생성 관계에 대한 원리라고 한다면, 그것은 받아들일 수 있는 것이라고
할 수 없다. 한선혜(1990)에서 중시되고 있는 것은 명사구에서 문장을 형

성하는 방법이라기보다는 오히려 문장에서 명사구로 가는 방법이다.

이홍식(2000) 및 이호승(2003)에서는 술어 명사와 '이다'의 결합을 '복합 서술어'와 같은 것으로 보나, 명사구 바깥의 성분을 명사의 논항으로 보고 있는 점이 기능 동사론과 흡사하다. 이보다는 술어 명사와 '이다'의 결합을 연어로 보는 것이 더 설명력이 크다는 것이 본고의 입장이다.

우순조(2000, 2001, 2005a, 2005b)나 최기용(2001)에서는 '이다'의 '이'를 주격 조사로 본다. 주격 조사를 가진 것은 주격 조사구가 된다. '저것이 철수의 수학 공부이다'에 이를 적용하면, '저것이 [철수의 수학 공부이]다'와 같이 분석되게 된다. 괄호 친 부분이 주격 조사구이다. 괄호 친 부분의 주격 조사구가 '저것이'와 같은 주어를 가지기 위해서는 주격 조사구가 다시 주격 조사구를 가진다고 해야 한다. 우리로서는 그것이 어휘부 정보로 주어져야 한다. 그러나 그러한 정보가 어휘부에는 주어질 수 없다. 주격 조사구는 어휘적 단위가 아니라, 통사적 구성이기 때문이다. '이다'의 '이'를 주격 조사라고 하는 것은 문법 정보와 어휘 정보를 근원적으로 구별하지 않는 것이며, 품사 분류의 기준인 체계의 동질성이나 기술의 경제성이란 기준도 완전히 도외시하는 것이다.

## 5.3. '이다'의 논항 구조와 단형 부정

(72라)와 같은 예에서 '이다'의 논항 구조는 확연히 드러난다. 이를 다음과 같이 표상해 보기로 한다. (70)이나 (71가)에서와 달리, 여기서는 품사와 논항 구조를 분리하기로 한다.

(74) 지정 형용사 '이-'의 어휘부 정보
    가. 품사(POS=Part of Speech) : A
    나. 논항 구조 (Argument Structure) : <NKP, NP, __ >[24]

---

24) '이다'가 격조사를 가지지 않는 논항과 결합한다는 것은 김창섭 (1994, 1996 : 169)에서 "명사구에 접미하여 형용사구를 형성한다"와 같이 표현되어 있다. '형용사구'는 선

(74가)는 '이다'의 품사가 형용사(Adjective)임을 명시한 것이며, (74나)는 '이다'가 주격 조사구(NKP=Nominative Case Phrase)와 명사구(NP)를 논항으로 가짐을 보인 것이다. 논항 구조를 가진다는 것은 문제의 요소가 적어도 독립적인 핵의 성격을 가짐을 의미한다. 그것은 '이다'가 독립적인 품사의 자격을 가짐을 말하는 것이다.

'가변 중간 투사론'에[25] 따라 (69가)의 '철수가 학생이다'의 구조를 분석해 보이면 아래의 (75)와 같다. 어미 부분을 제외한, AP(Adjective Phrase), 즉 형용사구의 구조만을 보이기로 한다. 분석의 대상이 되는 해당 부분은 '철수가 학생이-'이며 그 어휘 통사 범주는 (75가)와 같이 주어지는 것으로 가정한다. 이를 토대로 (69가)의 통사 구조를 분석해 보이면 (75나)와 같이 된다.[26]

(75나)의 구조가 이루어지는 과정은 다음과 같다. 먼저 A 즉 형용사 '이-'가 명사 '학생'의 최대 투사인 NP를 가지고 AB를 형성한다. AB는 표기상의 변이일 뿐 A′ 범주를 표시한 것이다. (74나)의 논항 구조로는 가장 오른쪽 논항인 NP와 먼저 결합한 것이다. 이 순서는 엄격하게 지켜진다.

(75) 가. 철수=NP, 이/가=H, 학생=N, 이-=A

나. 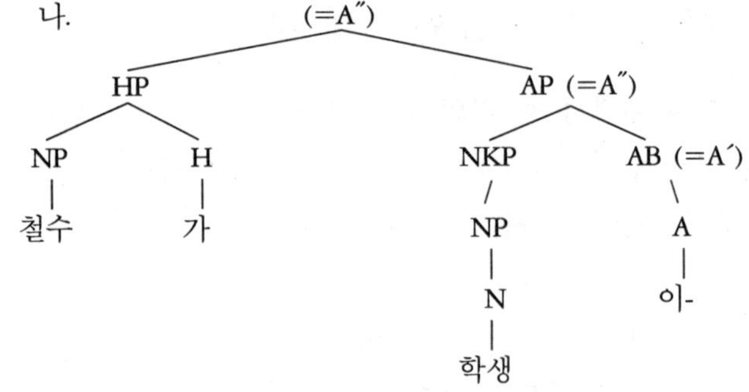

---



25) '가변 중간 투사론'은 핵 계층 이론에서 중간 층위를 가변적인 것으로 상정하는 이론 체계를 가리키다. 이에 대해서는 임홍빈(2000) 및 임홍빈·이홍식 외(2002)를 참조하기 바란다.
26) 여기서 H는 보조사, HP는 보조사구를 의미한다.

그 다음에는 이 AB가 NKP(주격 조사구)를 가지고 VP를 형성하게 된다. 그런데 '철수가 학생이다'라는 문장에서 정확하게 주어 NKP에 해당하는 성분은 위에서의 분석과 같이 '신분이'와 같은 성분이다. (69가)에서 그러한 성분은 찾아지지 않는다. 따라서 (75나)는 NKP에 해당하는 성분을 가지지 못하고 AP를 이루게 된다. (75나)의 NKP는 어휘 정보의 성분을 편의상 놓은 것이다. 분석 대상문인 (69가)에서 '철수가'는 주격 조사구가 아니라 비정규 논항으로 분석되는 보조사구이다. 이 성분은 AP의 부가 위치에 상정된다. '철수가 학생이-'에 해당하는 통사 구조는 (75나)와 같이 완성된다.

(74나)에서 '이다' 구성의 해답항을 보격 조사구로 설정할 수도 있다. 그 경우에는 보격 조사가 항상 탈락한다는 규칙을 적용해야 한다. 해답항을 단순한 NP로 상정하는 것과 크게 다르지 않으나, 두 가지 해결안이 문법의 모든 영역에서 동일한 가치를 가지는 것은 아니다.

보격 조사구를 상정하는 안은 우선 보격 조사를[27) 상정하는 이유가 찾아져야 한다. 왜 있지도 않은 보격 조사를 상정하는가에 대하여 납득할 만한 근거를 제시해야 하고, 그것을 삭제한다면 왜 그것을 삭제하는지에 대하여 납득할 만한 근거를 제시해야 한다. 논항 구조를 (74나)와 같이 상정하면, 이와 같은 문제에 대답할 필요가 없어진다. 그러나 (74나)에도 답해야 할 문제가 있다. 하나는 왜 '이다' 선행 명사구는 격을 가지지 않는가 하는 것이며, 다른 하나는 '이다'와 필연적인 관련이 있는 것으로 여겨지는 '아니다'의 논항 구조가 왜 '이다' 구조와는 차이를 가지는가 하는 것이다. '아니다'의 논항 구조를 (76다)와 같이 상정하고, 관련 문제를 (76가, 나)와 같이 제시해 보기로 한다.

---

27) 이를 주격 조사라고 할 수도 있으나, 학교 문법에 따라서 보격 조사로 부르기로 한다. 주격 조사로 볼 경우, 보어는 주격 보어의 지위를 가지게 된다.

> (76) 가. '이다'의 선행 성분은 왜 격 혹은 격조사를 가지지 않는가?
>      나. 논항 구조에서 '이다'와 '아니다'의 관계는 어떻게 되는가?
>      다. 아니- : A, <NKP, BKP, __ >

(76가)의 문제를 가장 심각하게 제기한 것은 시정곤(1993, 1995)이다. 이러한 질문에 전제가 되는 것은 모든 명사는 격을 가져야 한다는 지배 결속 이론적인 전제이다. 이를 다음과 같이 보이기로 한다.

> (77) Chomsky(1981)의 '격 여과'[28]
>      음성 자질을 가진 모든 명사는 격을 가져야 한다.

우선은 (77)의 명제가 경험적으로 검증된 명제가 아니라는 점이 지적되어 한다. (77)은 아무런 검증 없이 선험적으로 주어진 것과 같은 성격을 가진다. 모든 명사가 격을 가지는지 어떻게 아는가? 알 수 없다. (77)이 유일한 근거이다. 한국어에 나타나는 현상으로는 모든 명사가 격을 가진다고 말할 수 없다. 한국어에서는 주제가 격을 가지지 않는 일이 많으므로, 주제 성분이 무엇보다도 먼저 격 여과에 대한 예외를 이루게 된다.

(75나)에 주어 성분으로 '신분이'를 상정한 구조는 (78나)와 같이 표상될 수 있다. '철수가'의 '가'는 주격 조사와 혹사하게 보이나, 그것은 어휘부 정보 속에 포함된 격 정보와는 관련되지 않는다.[29]

---

28) Chomsky (1981 : 46)에서 격 여과는 명사구에 대하여 이루어지고 있다.
29) 서정목 (1998 : 272f)에서는 NP 형 그대로 보충어가 되는 것으로 파악하였다.

(78) 가. 철수가 신분이 학생이다.

　　나.

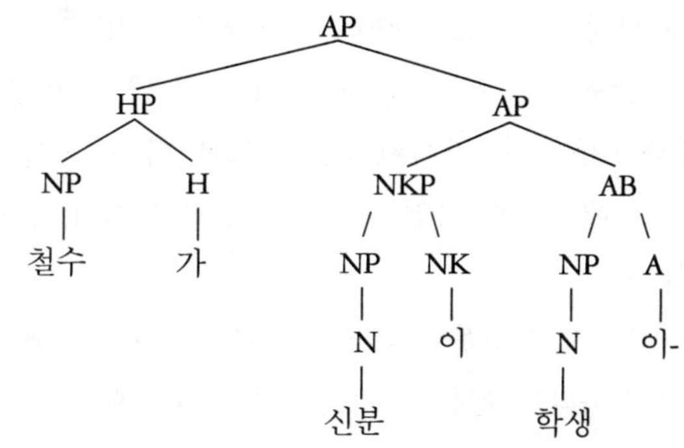

(78)에서 '이-'의 보어는 '학생'이며, '신분이'는 그 주어에 해당된다. '철수가'는 논항 구조 바깥에 있다. 따라서 격-어휘론자(Case Lexicalist)[30] 가설에 의하면, '철수가'의 '철수'가 가질 격은 없다. 어휘부에 주어진 (74나)와 같은 논항 정보로는 주격 조사구 하나만을 분석할 수 있기 때문이다.

양정석(2001)에 제시된 '시작하다, 같다, 비슷하다, (백 원) 가다' 구성도 (77)이 어느 경우에나 성립하는 것은 아니라는 것을 말해 준다. 다른 예들을 더 보이기로 한다.

(79) 가. <u>철수</u>, 그가 오늘 우리 집을 방문하였다.
　　나. <u>장마</u> 때문에 학교에 가지 못하였다.
　　다. <u>비가 오기</u> 전에 빨래를 걷었다.
　　라. 여름에는 <u>비가 오기</u> 마련이다.
　　마. 그러면 <u>아기가 울기</u> 십상이다.
　　바. 홍길동 저, 경주 산(産), 20 킬로, 30 드럼 등.

(79가)는 제시어의 예를 보인 것이다. 그것이 무슨 격을 가지는지 알

---

30) 이는 임홍빈(2000)의 '가변 중간 투사론'을 격의 측면에서 강조한 것으로, 통사적인 격에 관한 한, 어휘 정보에 주어진 격 정보에 의해서만 격이 분석될 수 있음을 의미한다.

수 없다. 격을 가지지 않는다고 보아야 한다. (79나)의 '장마'에 대해서도 아무런 격을 상정할 수 없다. (79다-마)에서는 '-기' 명사절에 대하여 마땅한 격을 상정해 보기 어렵다. (79바)에 보인 많은 의존 명사에 대해서도 선행 명사구가 격을 가지지 않고 나타난다. 속격을 가정해 보기도 어렵다. 어떤 것에는 '의' 삽입이 가능한 듯이 보이나, 전반적으로 '의'의 삽입이 어렵다.

따라서 '이다' 선행 성분이 격을 가지지 않는다고 하여 '이다'가 독립적인 용언이 아니라는 결론에 이를 수는 없다. 이를 다음과 같이 정리하기로 한다.

> (80) '이다'의 선행 성분과 격 여과
> '이다'의 선행 성분에는 격이 나타나지 않는다. 이는 '이다'에 관한 어휘부의 논항 정보로 선행 성분이 격을 가지지 않는 단순 명사구임을 명시함으로써 포착될 수 있다.

(80)을 나타난 현상만을 포착한 것이라고 비판할 가능성이 있다. '이다'의 부정인 '아니다' 구문에 대하여 '이다'의 선행 성분에 보격 조사가 숨어 있다가 '아니'에 의하여 부정이 될 때 격조사 '이/가'가 실현되는 것이란 해석이 가능하기 때문이다.31) '이다'문의 단형 부정이 다음과 같이 이루어진다고 가정해 보기로 한다. '철수는 학생이 아니다' 혹은 '철수는 학생 아니다'와 같은 예의 AB(=A-bar) 부분만을 다음과 같이 보이기로 한다.

---

31) 역사적으로는 주격 조사(혹은 보격 조사) '가' 형태가 후대에 발달한 것이므로, '학생이다, 소이다'에 예의 격이 나타났다고 하더라도, '이다'의 어간과 구별되기가 아주 어려웠을 것이다. '학생이이다, 소이이다'와 같은 형식이 되었을 것이다. 이들이 축약으로 보격 조사는 나타나지 않게 되었다는 추측이 가능하다.

(81) 가. 철수는 학생 아니 이다.
　　 나. 철수는 학생이 아니다.
　　 다.

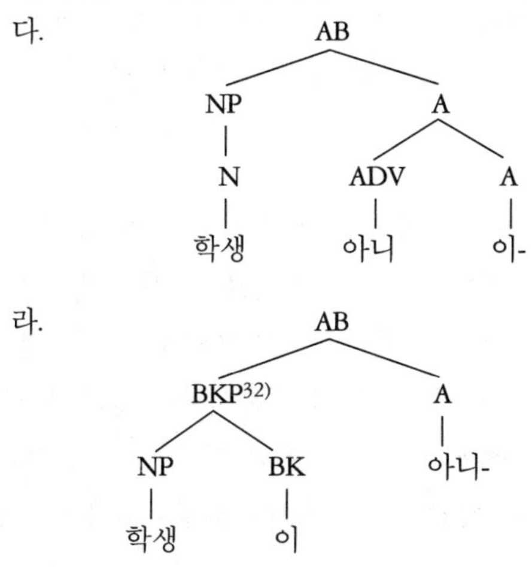

　　 라.

(81다)는 (81가)와 같은 예의 부정문을 보인 것이다. 부정 부사 '아니'
가 형용사 '이-'를 부정하는 위치에 나타난 구조이다. '아니'에 의한 단형
부정이 '이다' 문장에 적용될 수 없다고 할 수는 없다. '아니+이-'가 '아
니-'와 같이 축약되는 과정을 상정해 볼 수 있다. 이에 대해서 (81라)는
'아니다'를 이미 어휘화한 형용사로 보아, 보격 조사구(BKP)로 설정한 것
이다. 결과적으로 '철수는 학생 아니다'라고 하면, '이다'의 단형 부정이
되고, '철수는 학생이 아니다'라고 하면, '아니다'에 의한 부정이 된다.
보격 조사가 생략되는 일도 있기 때문에 이 둘을 구별하는 일은 거의
불가능한 일에 가깝게 된다. '아니다'가 이미 어휘부에 등록된 어휘 항
목이고, 그것이 보격 조사 '이/가'를 가진 보격 조사구를 논항으로 요구
한다면, '이다' 문장은 '아니다'를 이용하여 단형 부정을 표현한다고 기
술할 수 있을 것이다. 이를 다음과 같이 정리할 수 있을 것이다.

---

32) 여기서 **BKP**는 보격 조사구를 의미한다.

(82) '이다'의 단형 부정

'이다'의 단형 부정이 '이다' 앞에 부정 부사 '아니'가 놓여 형성된
다는 원리적인 설명이 가능하다. 그러나 '아니다'가 이미 어휘부의
독립된 어휘 항목으로 등록되어 있을 때, '이다'문은 '아니다'에 의
하여 단형 부정이 이루어진다고 기술하는 것도 허용될 수 있다.

이것은 어디까지나 허용 규정에 지나지 않는다. '이다'와 관련되는 많은
현상들이 '아니다'에도 일어나고 있으므로, 공유 현상을 경제적으로 기술
하기 위해서는 이 둘의 관련성을 유기적으로 파악하는 것이 필요하다.
'이다'가 논항 구조를 가지는 독립적인 품사로서 형용사라는 사실과
관련하여, 우순조(2000 : 135)에 제시된 다음과 같은 구조를 보기로 하자.
편의상 $\emptyset$에 대하여 $\emptyset_1$B-이/$\emptyset_1$, $\emptyset_2$와 같이 하첨자를 붙이기로 한다.

(83) 가. [A-이/가 B-이/$\emptyset_1$   $\emptyset_2$]-다
     나. [A-이/가 B-이/가 아니]-다

우순조(2000)에서는 '이다'의 '이'를 주격 조사로 파악한다. (83가)에서
'B-이/$\emptyset_1$'의 '이'는 '이다'의 어간에 해당하는 것인데 주격 조사로 본 것
이고, $\emptyset_1$은 '가'로 나타날 것이 나타나지 않은 것을 가리킨다. $\emptyset_2$는 용
언이 없는 것을 가리킨다. (83나)는 '아니다' 구성의 구조를 보인 것으로,
'아니'가 용언의 위치에 놓인다. 그러나 (83가)와 같이 용언이 없이는 그
것이 두 개의 논항을 요구한다는 정보를 아무 데서도 얻을 수 없는 것
이다.33) 그러한 정보가 없이는 (74나)와 같은 분석에서 분석의 제1단계
에도 들어설 수 없다. 또 (83나)에서는 '아니'가 두 개의 논항을 요구하

---

33) 양정석(2002)에서도 이러한 관점에서 문제를 지적하고 있다. 그러나 소절과 같은 것
   을 인정하는 입장 때문에 이 구조의 유지 및 성립에 대하여 '지켜본다'는 입장을 취
   하고 있다. 그러나 소절과 같은 것은 존재하지 않는다. 소절은 논항 구조에 관한 어
   휘적 정보를 소홀히 하고 무시한 데서 생겨난 가상적 존재에 지나지 않는다. 소절에
   대해서는 임홍빈(2004, 2005)를 참조하기 바란다.

는 것으로 되어 있다. 그러나 '아니'는 부정 부사에 불과한 것으로, 논항
에 대한 요구를 가지는 것으로 볼 수 없다.

## 5.4. '이다'와 간격화(Gapping)

김창섭(1996 : 172)에서 '대등 접속문'의 예로 제시된 다음 예를 보기로
하자.

> (84) 가. 철수는 국문과 학생 (∅←이고), 영희는 수학과 학생이다.
>     나. *철수는 국문과 학생 (∅←같고), 영희는 수학과 학생 같다.
>        (문법성 판단은 김창섭(1996)에 주어진 대로임, 띄어쓰기 원문
>        대로)
>     다. *철수는 국문과 학생 (∅←답고), 영희는 수학과 학생답다.

김창섭(1996)에서는 (84가)는 이상을 가지지 않으나, (84나, 다)는 이상
을 가지는 것으로 판단되고 있다. (84나, 다)가 성립하지 않는 이유를
(85)와 같이 해석한다.

> (85) 김창섭 (1996)의 (84)에 대한 해석
>    '-이(다)'는 명사구를 서술어로 쓰이게 하기 위한 문법적 장치일
>    뿐 어휘적 의미는 가지지 않는다. (84나, 다)와 같이 '-답(다)'와
>    '-같(다)'가 생략되지 않는 것은 그들이 독자적 어휘적 의미를
>    가지고 있다는 의미론적인 사실과 관계된 것이다. 그들의 범주
>    적 차이와 관련된 것은 아니다.[34]

김창섭(1996)에서 (84)는 대등 접속으로 본 것이지만, 현상 자체는 간격
화(Gapping)[35] 현상인 것으로 여겨진다. 예문을 달리 제시해 보기로 한다.

---

[34] 김창섭(1996 : 192)에는 "적극적인 문법적 기능이나 고유한 어휘적 의미를 가지기 때
문"인 것으로 설명되고 있다.

(86) 가. 철수는 학생, 그리고 영희는 선생이다.
　　나. ?*철수는 학생, 그리고 영희는 선생답다. ('철수는 학생답다'
　　　의 의미로)
　　다. 철수는 학생, 그리고 영희는 선생 같다.

(86가)는 이상을 가지지 않는다. '철수는 학생이다'의 의미가 유지된다. 그러나 (86나)는 의도된 의미로 성립할 수 없다. '철수는 학생답다'로 해석되지 않는 것이다. (86다)는 '철수는 학생 같다'의 의미를 가질 수 있는 것으로 보인다. 이는 '이다'나 '같다'가 독립적인 용언의 자격을 가지고 있음을 말해 준다. 이에 대해서 (86나)의 비성립성은 '-답-'이 그러한 능력을 온전히 가지지 못했음을 말해 준다.

(86)은 간격화 현상을 보이는 것이기 때문에, (85)적인 해석이 적용되기 어렵다. 다른 예를 보기로 하자.

(88) 가. 철수는 학교에, 그리고 영희는 도서관에 갔다.
　　나. 철수는 밥을, 그리고 영희는 죽을 먹는다.

(85가)에서 선행절에는 '갔다'가 나타나지 않은 것이고, (85나)의 선행절에서는 '먹는다'가 나타나지 않은 것이다. '갔고, 갔으며' 형식이나 '먹고, 먹으며' 같은 형식도 가능하다. (85)에 의하면, 이들이 '독자적인 어휘적 의미'를 가지지 않기 때문에 생략되는 것으로 보아야 한다. 그러나 간격화에서 생략된 요소는 분명히 어휘적인 독립성을 가지는 존재이다. 이를 다음과 같이 정리해 보기로 한다.

(89) '이다'의 간격화 현상의 의미
　　'이다'는 간격화될 수 있다. 그것은 '이다'가 어휘적 독립성을 가
　　지는 품사적인 대상임을 의미한다.

---

35) 이는 흔히 공소화(空所化)나 공백화(空白化)와 같은 이름으로 불린다.

이에 대해서 통사적 접사나 형태적 접사는 생략될 수 없으므로, 간격화 현상을 보일 수 없다.

## 5.5. '이다'와 연어(連語)

위에서는 주로 '이다' 바로 앞에 단일 명사구가 나타나는 경우만을 보았다. '이다' 구문에 이들 외의 다른 논항이 나타나는 일이 있다. 다음 예를 보기로 하자.

> (90) 가. 철수는 영희와 친구이다.
> 나. 철수는 영희와 부부이다.
> 다. 철수는 영희와 동료이다.

(90가-다)에는 각각 '영희와'란 성분이 나타나고 있다. 이 성분은 '이다'의 논항이 아니다.36) '이다'의 논항 정보는 (74나)에 주어진 것과 같은 것인데, (74나)에는 (90가-다)의 '영희와' 성분을 분석할 수 있는 정보가 들어 있지 않다. (90가-다)의 '와' 성분은 (90가-다)에서 '이다'의 보어라고 할 수 있는 '친구, 부부, 동료'란 명사와 관련된 성분임이 분명하다. 그러나 '친구'나 '부부' 혹은 '동료'가 직접 '와' 논항을 요구한다고 보는 것은 '명사구 고도 제약'을 어긴다. '명사구 고도 제약(NP island constraint)'은 명사구에서는 어떠한 성분도 그 밖으로 나갈 수 없다는 제약으로, 적어도 국어에서는 매우 강력한 제약이다.37)

(90가-다)의 각 예에 나타나는 '영희와'란 논항을 해결하기 위한 가능한 방법으로 여기서 제안하려는 것은 '연어(連語, collocation)'적 해결안이다.

---

36) 논항을 필수 논항에만 한정시켜 부르지 않고 넓은 의미로 쓰기로 한다. 필요한 성분이라는 정도의 의미로 쓰기로 한다.

37) 인구어의 경우에는 혹 NP 속의 WH-요소가 밖으로 나가는 것과 같은 이동을 상정하는 일이 있다. 그러나 적어도 한국어에서는 그러한 이동을 찾기 어렵고, 그러한 이동을 상정한다고 하더라도 정당화하기도 어렵다.

이는 (90가)의 '친구'와 '이다', (90나)의 '부부'와 '이다' (90다)의 '동료'와 '이다'가 연어 단위를 이루는 것으로 보는 것이다. 이들이 연어라면, 연어의 개념을 충족시켜야 한다.

Wanner(1996 : 15)에 의하면, 연어는 어휘소와 어휘소 사이의 관계이며, 그것도 하나의 어휘소가 다른 어휘소에 우연적 의존 관계를 보이는 관계이다. 따라서 무엇보다 먼저 '친구+이다'가 연어가 되기 위해서는 '친구'도 어휘소이고, '이다'도 어휘소이어야 한다. '이다'의 의미를 비어 있는 것으로 보는 것이 기능 동사론이지만, 위에서 본 바와 같이 '이다'는 문제항과 해답항의 등치 관계에 의하여 정체 밝힘의 의미론적인 기능을 수행하는 어휘소적인 존재로 성격지을 수 있다. '친구+이다'와 같은 구성은, 연어가 어휘소와 어휘소 사이에서 성립하는 것이라는 연어의 기본적인 정의적 속성을 만족시킨다. 둘째, 문제는 '친구'가 '이다'를 어휘소적으로 선택하는가 하는 것이다. '친구'도 너무 흔한 단어이고, '이다'도 명사에는 두루 쓰일 수 있기 때문에 '친구'라는 연어핵(base)이 우연적으로 '이다'를 연어변(collocate)으로 선택한다고 보는 데에는 다소의 저항이 예상된다. 그러나 '친구'가 가진 논항 정보를 드러낼 수 있는 어휘소로 선택되는 용언의 하나가 '이다'라는 것은 인정된다. 논항 정보가 드러날 수 있는 어휘소적인 결합으로는 '친구가 되다, 친구를 삼다, 친구를 하다, 친구가 아니다'와 같은 결합이 가능하다. '친구이다'도 이러한 결합의 하나이며, '친구'가 보어로 나타나 선택할 수 있는 용언은 '이다, 되다, 아니다'에 국한되는 것이다. 따라서 (90가-다)와 같은 '친구+이다' 등의 결합을 연어로 보는 데는 큰 무리가 없다. 셋째, 연어 판별 기준에 어휘소와 어휘소의 결합이 '친구+이다'와 같이 새로운 논항적 요구를 가지는 경우는 연어로 판별되는 것이기 때문에, '친구이다' 등이 '와' 논항에 대한 새로운 요구를 가지는 것으로 볼 수 있으므로 그것은 연어적 성격을 드러내는 것으로 볼 수 있다.

연어는 느슨한 결합 관계이기 때문에 '친구이다'와 같은 결합을 완전한 서술어의 하나로 보는 것과는 구별된다. 연어핵이 관형 성분에 의하여 수식될 수도 있는데, '친구이다'를 완전한 서술어로 보면 다양한 관형 성분을 어휘부에 어떻게 반영할 것인지가 문제된다.

이에 대해서 엄정호(1989 : 127) 및 양정석(1996a : 110) 등에서는 재구조화를 제안하였고, 안명철(1995)에서는 통사적 기능 전환에 초점을 맞추어 접사로 보고 있다. 임홍빈(2001)에서는 '친구이다, 부부이다, 동료이다' 등을 재분석된 단위로 보았던 것이다. J.-S. Nam(1996)에서는 '정성이다, 성심이다, 소동이다, 지성이다, 찬성이다' 등을 완전한 형용사로 분류하였다. 그러나 이들을 양정석(1996a : 110)과 같이 완전히 '동사'와 같은 것으로 재분석하는 경우에는 '이다'에 선행하는 명사가 아직 명사로서의 부분적인 성격을 유지하고 있다는 것을 설명하기 어렵다. 양정석(1996a)의 도식을 여기 보이기로 한다.

(91) [N][이다v]→[N이다v] 단, N은 속성적(attributive) 명사.

위의 도식은 명사와 '이다'가 합쳐서 동사가 되는 과정을 보인 것으로 생각된다. 여기서 V는 아마도 용언이라는 의미일 것으로 추측된다. (90)과 같은 예에 이러한 절차가 적용되었다고 하여 보자. 그 경우에도 '친구'나 '부부'에 대한 관형 수식이 가능한 것이다.

(92) 가. 철수는 영희와 <u>둘도 없는</u> 친구이다.
   나. 철수는 영희와 <u>다정한</u> 부부이다.
   다. 철수는 영희와 <u>같은 회사</u> 동료이다.

(92)에서 '친구이다, 부부이다, 동료이다' 등을 완전한 용언이 되는 것으로 보아서는 (89)의 밑줄 친 것과 같은 관형 수식이 가능한 것을 설명할 수 없게 된다. '친구' 등이 속성적 명사가 아니라고 할 가능성이 있

다. 그러나 '정성이다, 최고이다'와 같은 예에도 이러한 수식이 가능하다.

    (93) 가. 철수가 오늘 특히 학교 일에 <u>더없는</u> 정성이다.
         나. 철수가 그 일에는 <u>더할 수 없는</u> 최고이다.

  (93)의 밑줄 친 부분은 가능하다고 생각된다. 자유롭게 관형 수식이 가능하다고 말할 수는 없어도, 완전한 용언의 경우와는 다르다.

  이와 같은 연어 구성의 경우, '이다'의 정체 밝힘의 기능은 어떻게 되는가 물을 수 있다. '이다'가 선행 명사와 함께 서술어적인 단위가 되는 것인 만큼 '이다'의 기본적인 기능은 상실되는 것이 아닌가 의심이 될 수도 있다. 그러나 연어에서 '이다'의 고유한 기능이 상실되는 것이라면, 원리적으로 '이다' 구성은 연어적 성격을 상실한다고 해야 한다. 왜냐하면, 연어는 하나의 어휘소가 다른 어휘소를 선택하는 관계이기 때문이다. 연어적 구성에 참여하는 단위는 그 어느 것도 본래의 어휘소적인 성격을 유지하고 있어야 한다. '이다'의 본래적인 기능이 상실되는 것이라면, 재구조화나 복합 서술어 분석이 더 적합한 것일 수 있다. '이다'의 본래적인 기능은 문제항과 해답항의 등치 관계에 의하여 정체 밝힘의 기능을 한다는 것이다. 이를 확인하기 위해서는 숨은 주어를 찾아야 한다. (90)의 예를 보기로 하자. 숨은 주어를 '관계가'로 상정해 보기로 한다.

    (90′) 가. 철수는 <u>관계가</u> 영희와 친구이다.
         나. 철수는 <u>관계가</u> 영희와 부부이다.
         다. 철수는 <u>관계가</u> 영희와 동료이다.

  (90′가)에서 '(철수와 관련된) 관계'와 '영희와의 친구'는 등치 관계를 이루는 것으로 볼 수 있고, 이러한 관계는 (90′나)나 (90′다)에서도 마찬가지로 성립한다고 말할 수 있다. '이다'의 음운론적인 속성이나 형태론

적인 속성 혹은 통사적인 속성에도 변화가 없는 것이지만, 적합한 주어
와 관련된 의미론적인 관련도 '이다'의 어휘소적인 동일성을 유지하는
것이라고 할 수 있다.

　연어 해석에서도 모든 문제가 선명한 것은 아니다. '이다' 앞 성분이
다른 위치로 이동하는 것처럼 보이는 현상이 있는 것이다. 예를 보기로
하자.

> (94) 가. 친구는 철수가 <u>영희와</u>이다.
> 　　　나. 철수가 친구는 <u>영희와</u>이다.

　(94가, 나)에서 '영희와이다'가 하나의 단어로 재구조화된 것으로 보기
는 어렵다. 본래 '친구이다'가 재구조화된 단어인데 그 속에서 '친구'가
밖으로 이동되었다고 하는 것은 '어휘 고도(lexical island)' 제약을 어기는
것이다. 어휘적 통합성(lexical integrity)을 파괴한다. 본고의 해석으로는 (94)
와 같은 예에서 '영희와이다'가 연어가 되는 것은 아니다. (94가, 나)는
다음과 같은 구성과 그 성격을 같이 하는 것으로 해석된다.

> (95) 가. 친구가 되는 것은 철수가 <u>영희와</u>이다.
> 　　　나. 철수가 친구가 되는 것은 <u>영희와</u>이다.

　(95가)에서 '친구가 되는 것은'은 주제 성분이고, 외견상 '철수가'는 주
어이지만, 문제항이 정확하게 드러나지 않고 있다. '철수가' 뒤에 '그 대
상자가/그 대상이'와 같은 주어를 다시 상정해 볼 수 있다. '그 대상자가
/그 대상이'를 주어 문제항으로 하여 '영희와'가 해답항이 된다. '영희와'
의 '와'는 '친구'라는 관계 명사와 의미론적으로 관련된다.[38] 문제항은

---

38) '와'가 '친구이다'의 논항이 될 때에는 어휘-문법격이라 할 수 있는 것이지만, (95가,
　　나)와 같은 예에서는 의미격의 역할을 하는 격 조사라 할 수 있다.

대상인데, 해답항은 '와'를 가진 기능 명사구이므로 이 두 대상이 논리적으로 완전한 등치 관계를 이루는 것인가 의심할 수도 있다. 그러나 (95가, 나)에서 문제항이 되는 것은 주어 단독으로 되는 것이 아니라 주제와 더불어 되는 것이기 때문에, 그 관계적 의미는 이미 주어진 것으로 볼 수 있다. '영희와'도 '영희와인 것'과 같이 해석할 수 있다. 문제는 통사적인 것이 아니라 의미론적인 것이기 때문이다. 따라서 이에서도 문제항과 해답항은 등치 관계를 이루어 정체 밝힘의 기능을 하는 것으로 특징지을 수 있다.

　다시 다음 예를 보기로 하자.

　　(96) 가. 우리는 그들과 <u>회담 전이</u>라도 계책을 강구하겠다.
　　　　나. 명자가 선배와 <u>밀애 중이</u>다.
　　　　다. 부장이 사원들과 <u>술이</u>다.

　(96가-다)는 대칭 명사 뒤에 상적 명사가 후행하는 예를 보인 것이다. 상적 명사가 후행하더라도, '와/과' 논항에 대한 요구는 그대로 유지된다. '회담 전이라도'의 '회담 전이-'와 같은 결합을 재구조화로 용언적 단위로 정립하거나 복합 서술어와 같이 해석하는 것은 상당한 부담을 각오해야 한다. 이들을 해석하기 위해서는 강한 어휘적 단위성보다는 더 느슨한 관계가 요구된다. 이러한 요구를 충족시킬 수 있는 것이 연어 관계이다. '회담 + 전/후/중'과 같은 것이 1차적으로 연어를 이루고 다시 그것이 '이다'와 함께 연어를 이루게 된다. '밀애 + 전/후/중'도 마찬가지이다. 재구조화나 복합서술어라면, (96다)에서는 '술이다'가 어휘적 단위의 자격을 가지게 된다. 그러나 (96다)에서 문제가 되는 것은 '술'이 가진 화용적인 성격이다. '술'은 대체로 다른 사람과 먹는 것이라는 함축이 작용하게 된다. 따라서 '와/과' 논항이 상정될 수 있다. '*사원들과 물이다, <sup>??</sup>사원들과 콜라다'가 되지 않는 것과 대조된다.

(97) 가. 민구가 <u>공부에</u> 열심이다.
　　　나. 사장은 <u>그런 일에</u> 질색이다.
　　　다. 철수가 <u>우리들 일에</u> 간섭이다.
　　　라. 철수는 <u>학교 일에</u> 열성적이다.
　　　마. 철수는 <u>우리들에게</u> 우호적이다.

(97가-마)의 각 예는 '에'나 '에게' 논항을 필요로 한다. 이들이 '이다'에 선행하는 명사나 '적' 파생어인 '열심, 질색, 간섭, 열성적, 우호적' 등과 의미적으로 관련되는 것이 분명하지만, 이들이 직접 이러한 격을 요구한다기보다는 '이다'와 연어 구성을 이루어 그러한 논항을 요구한다고 보는 것이 설명력이 크다. '*공부에 열심이 밝혀졌다'와 같은 구성은 불가능한 것이기 때문이다. 그러나 '공부에 열심인 것이 밝혀졌다'는 이상을 가지지 않는다. 같은 논리가 (97나-마)에도 적용될 수 있다.

이러한 예들에서 '이다'의 정체 밝힘의 기능은 어떻게 되는가? 역시 숨은 주어를 찾아야 한다. (97)의 각 예에 숨은 주어라고 생각되는 성분을 다음과 같이 상정해 보기로 한다.

(97′) 가. 민구가 <u>태도가</u> 공부에 열심이다.
　　　나. 사장은 <u>성질이</u> 그런 일에 질색이다.
　　　다. 철수가 <u>행동이</u> 우리 일에 간섭이다.
　　　라. 철수는 <u>태도가</u> 학교 일에 열성적이다.
　　　마. 철수는 <u>태도가</u> 우리들에게 우호적이다.

(97′가-마)는 (97가-마)와 거의 완전히 근접한 의미를 가질 수 있는 것으로 보인다. 문제항과 해답항의 의미론적인 등치 관계는 (97′가)와 같으면, '민구의 태도'와 '공부에 열심인 것' 사이에 성립한다. 이는 (97′나-마)에 대해서도 마찬가지로 성립한다.

가장 심각한 문제는 다음 예와 같이 '이다'문에 '을/를' 성분이 나타나는 것이다.

    (98) 가. 민구가 <u>공부를</u> 열심이다.
        나. 사장은 <u>그런 일을</u> 질색이다.
        다. 철수가 <u>우리 일을</u> 간섭이다.

  (98)은 '열심이다, 질색이다, 간섭이다' 등이 '을/를' 성분도 가질 수 있음을 보인다. 이에 거부 반응을 보이는 이도 있으나, 문법성에 큰 흠이 있는 것으로는 생각되지 않는다. '간섭이다' 등을 완전한 서술어로 보기 쉽다. 이러한 구성에 대하여 임홍빈·이홍식 외(2002)에서는 (98나, 다)와 같은 예에 '하-'를 보충하여 해석하는 방법을 제안하였다. 이러한 해석이 아직도 유효한 것으로 보인다. 이 해석은 (98나)의 '질색이다'를 '질색(하)-이다'와 같이 해석하는 것이다. 이 경우 (98나)의 '그런 일을'은 타동사 '질색하-'의 목적어가 된다. '하-'는 목적어 분석을 위하여 보입된 것일 뿐이므로, '질색' 뒤에는 여전히 '이다'가 쓰일 수 있다. 이러한 방법은 (98다)에도 적용된다. '간섭(하)-이다'의 '간섭하-'가 목적어를 요구하고, '간섭'은 명사로서 '이다'를 가진다. (98가)에는 좀 더 많은 보충이 필요하다. '열심이다'를 '열심(히 하)-이다'와 같이 보아야 한다. 최소 보충의 원칙에 흠이 갈 수 있으나, '열심인 것'이 '열심히 하는 것'과 의미론적으로 등가라는 사실이 고려된다. 여기서 '공부를'은 '열심히 하-'가 요구하는 목적어이다.

  (98)과 같은 예에서 정체 밝힘의 기능은 어떻게 되는가? 역시 숨은 주어를 찾아야 한다.

    (98′) 가. 민구가 <u>행동의</u> 공부를 열심이다.
        나. 사장은 <u>반응이</u> 그런 일을 질색이다.
        다. 철수가 <u>행동이</u> 우리 일을 간섭이다.

여기서도 (98′가-다)는 (98가-다)와 거의 완전히 근접한 의미를 가질 수 있다. 문제항과 해답항의 의미론적인 등치 관계는 (98′가)와 같으면, '민구의 행동'과 '공부를 열심히 하는 것' 사이에 성립한다. (98′나, 다)에 대해서도 같은 해석을 할 수 있다. (98′)의 예들에 대하여 숨은 주어로 '행동이'와 같이 행동성을 많이 가지는 요소를 상정한 것은 그것이 '이다'의 해답항 명사에 대하여 행동성을 부여하게 되는 동기가 되는 것으로 생각될 수 있기 때문이다.

해답항 명사가 속성적 성격보다는 행동성을 많이 가지는 경우, 논항 관련성은 더 다양해질 수 있다. '열심'이 상태성을 가질 경우, '에' 논항이 요구되는 것으로 볼 수 있고, '열심히 하다'와 같은 동태성을 가질 경우, '을/를' 성분을 요구하는 것이란 해석이 개연성을 얻기 쉽다.

다시 다음 예를 보기로 하자.

> (99) 가. 할머니는 <u>그 일에 대하여/그 일을 우리에게</u> 탄식이다.
> 나. 아주머니는 <u>생활비에 대하여/생활비를</u> 형부에게 짜증이다.
> 다. 아내가 <u>외국에 가는 남편을</u> 걱정이다.
> 라. 그 친구가 <u>우리 일을</u> 시비이다.

(99)는 해답항의 명사들이 행동성을 강하게 가지는 예들이다. (99가)의 '탄식이다'의 '탄식'은 '탄식(하-)'와 같은 타동사의 성격을 가진다. (99나)의 '짜증이다'에 대해서는 '짜증(내-)'와 같은 요소를 상정해 볼 수 있다. (99다)에는 '걱정(하-)', (99라)에는 '시비(하-)'와 같은 요소의 보충이 가능하다. '을/를'이나 '~에 대하여' 논항은 이렇게 보입된 요소들을 가지는 용언의 논항으로 해석된다. 숨은 주어로는 (98)의 예들에 대해서와 같이 '태도가'나 '행동이' 등과 같은 성분을 상정해 볼 수 있다. 문제항과 해답항은 이들 사이에서 정체 밝힘의 의미 기능으로 묶이게 된다.

해답항 명사에 대하여 동사구 보문이 상정될 수도 있다. 다음 예를 보기로 하자.

(100) 가. 동생이 <u>구경가자고 나에게</u> 성화이다/안달이다.
　　　나. 빚쟁이가 <u>돈을 빨리 갚으라고</u> 독촉이다.
　　　다. 돌이가 <u>친구들에게 지지 않으려고</u> 발악이다/발버둥이다.

　(100)의 각 예에 밑줄 친 부분은 말할 것도 없이 '이다'가 요구하는 것도 아니며, 해답항 명사가 단독으로 요구하는 것도 아니다. 필요한 요소를 보입할 필요가 있다. (100가-다)의 해답항 명사에 '성화(하-)/성화(를 하-), 안달(하-)/안달(을 하-), 독촉(하-), 발악(하-), 발버둥(하/치-)'와 같은 요소를 보충할 필요가 있다. 이러한 요소가 동사구 보문이나 여격 성분을 요구하게 된다. 이들 예에 대해서도 숨은 주어로 '태도가'나 '행동이'를 상정할 수 있다. 여기서도 문제항과 해답항은 이들 사이에서 정체 밝힘의 의미 기능으로 묶이게 된다.

(101) 가. 철수가 <u>집에 갈</u> 생각이다/심산이다/셈이다.
　　　나. 내일은 <u>비가 올</u> 것이다/모양이다/낌새이다.
　　　다. 경기가 <u>곧 풀릴</u> 전망이다/예정이다.
　　　라. 사장은 <u>주식 매수가 회사에 해롭다는</u> 주장이다.
　　　마. <u>백 대마가 죽을</u> 판국이다/형국이다/형세다.

　위의 예들은 해답항의 명사에 관형사형 어미구가 선행되는 특이성을 보인다. 밑줄 친 부분이 없이는 온전한 의미도 이룰 수 없다. 밑줄 친 부분은 해답항 명사에 대하여 관형절 보문의 성격 가진다. 이러한 예들에 대하여 기능 동사론이나 복합 서술어론이 어떻게 대처할 것인지 궁금한 것이지만, 연어적 접근에서는 크게 문제될 것이 없다. 해답항의 명사는 명사로서의 성격도 어느 정도는 유지하고 있는 것이기 때문에, 관형절이 올 수 있다. 이러한 유형의 문장에서 가장 큰 문제는 숨은 주어를 찾는 것이라고 할 수 있다. 박재연(2005)에서도 이 점에 대한 고심을 볼 수 있다. 그러나 숨은 주어는 그렇게 멀리 있는 것이 아니다. '이다' 구문에서 주어와 보어는 등치 관계를 이루는 것이기 때문에, 상황이나 사태를 표현하는 예 및 의존성이 강한 보어가 있는 경우를 제외하면, 특히 보어에 관형절이 있을 때에는 보어의 핵 명사가 주어가 될 가능성이 가장 많은 것이다. (101가, 다, 라)등이 그러한 예들이다. 각 예에 숨은 주어 및 주제를 다음과 같이 상정해 보기로 한다.

> (101′) 가. 철수가 <u>의도가/예정이/속마음이/생각이</u> 집에 갈 생각이다/
>           심산이다/셈이다.
>     나. 내일은 <u>날씨가 예상이</u> 비가 올 것이다/모양이다/낌새이다.
>     다. 경기가 <u>전망이/예상이</u> 곧 풀릴 전망이다/예정이다.
>     라. 사장은 <u>주장이</u> 주식 매수가 회사에 해롭다는 주장이다.
>     마. <u>바둑이 사태가</u> 백 대마가 죽을 판국이다/형국이다/형세다.

(101′가)에는 예에서와 같이 '의도가/예정이/속마음이/생각이'와 같은 주어를 상정해 볼 수 있다. 해답항의 보어 명사인 '심산'도 주어 명사가 될 수 있는 것으로 보인다. '셈' 자체로 주어 명사가 되는 것은 부자연스러우나, '속셈'은 가능하다. '셈'이 주어 명사가 되기 어려운 것은 통사적 의존성을 강하게 가져 관형절 뒤에 그것도 '이다' 앞에 쓰이는 제약 때문이다. 문제항과 해답항은 '생각이 ~할 생각이다'와 같은 의미 구조 속에 놓인다. '이다'는 문제항과 해답항이 등치 관계를 이루어, '철수의 생각'의 내용이 밝혀지게 한다.

(101′나)에서는 '비가 올 것' 등이 해답항이다. '비가 올 것'은 '날씨'에 대한 것이므로, '날씨가'를 숨은 주어로 볼 가능성이 있다. 그러나 '~-을 /ㄹ것이다/모양이다/낌새이다'가 양태적 의미를 가지는 것과 주어 명사가 정확하게 어울리지 않는다. '날씨'와 양태는 대상 범주를 같이하는

것으로 보기 어렵다. (101´나)에 '예상이'란 숨은 주어를 상정한 것은 이 때문이다. 이렇게 되면, (101´나)에서는 '내일 날씨에 대한 예상'이 문제항이 되고, '비가 올 것/모양/낌새'와 같은 것이 해답항이 된다. '이다'는 이 두 항을 등치 관계 속에 놓음으로써, 정체 밝힘의 기능을 하게 된다. 즉, '내일 날씨에 대한 예상'이 내용을 가지게 된다.

(101´다)에서는 '곧 풀릴 전망'이 해답항이다. 문제항을 '경기'로 보면, 대상 범주가 일치하지 않게 된다. '전망이'나 '예상이'와 같은 숨은 주어를 상정해 볼 수 있다. 이 경우 대상 범주가 일치하게 된다. '전망'과 같은 문제항에 대하여 '~을/ㄹ 전망'이 해답항이 되므로, '이다'는 이 두 항을 등치 관계 속에 놓음으로써 그 정체 밝힘의 기능을 수행한다고 할 수 있다. 즉, '전망'의 내용을 밝히게 된다.

(101´라)는 해답항이 완형 보문을 가지는 예이다. '주장'이 언어 행위를 나타내는 명사이기 때문이다. '판단, 생각' 등과 같은 사유 판단 행위를 나타내는 명사도 완형 보문을 가질 수 있고 '내용'과 같은 명사도 완형 보문을 가질 수 있다. '내용'이 완형 보문을 취하는 것은 '내용'이 의미론적으로 언어 행위나 사유 판단 행위의 성격을 가지기 때문이다. (101´라)에서는 '주장'이 문제항, '~다는 주장'이 해답항이 된다. '이다'는 이 두 항을 등치 관계 속에 놓음으로써 정체 밝힘의 기능을 수행한다. '주장'의 내용을 밝히게 된다.

(101´마)에는 '사태가'란 주어 외에도 '바둑이'란 주제를 더 상정하였다. 문제항은 '바둑의 사태'이며, 해답항은 '백 대마가 죽을 판국/형국/형세'이다. '사태'와 '판국/형국/형세'의 대상 범주가 일치하게 된다. '이다'는 문제항과 해답항을 등치 관계 속에 놓음으로써 정체 밝힘의 기능을 하게 된다. 즉 '사태'의 내용을 밝히게 된다.

(101가-마)에 대한 (101´가-마)의 해석이 가능한 한에 있어, (101)의 예에 등장하는 '이다'가 다른 '이다'와 이질적이거나 특이한 존재가 아니라는 사실을 확인할 수 있다. '이다'는 문제항과 해답항을 등치 관계 속에

놓음으로써 정체 밝힘의 기능을 하는 어휘적인 존재에 지나지 않는다.

## 5.6. '이다'와 관용적 용법의 보어

'이다' 구문에는 몇몇 명사 및 대명사가 보어의 위치에서 특이한 의미로 쓰이는 일이 많다. 몇 가지 예만을 보기로 한다.

> (102) 가. 제주도는 이맘 때쯤이면 유채꽃 <u>천지</u>다.
> 　　　 나. 그놈은 영 <u>밥맛</u>이다.

(102가, 나)와 같은 예는 남길임(2004)에서 '이다' 관용 구문으로 분류된 것이다.[39] (102)의 문장 전체가 관용 구문이라는 것은 아닐 것이다. (102)의 앞부분은 일반적인 문장이기 때문이다. '유채꽃 천지'가 관용 구문이 되는가? '연꽃 천지, 물 천지, 종이 천지' 등과 같은 표현이 얼마든지 가능하므로, '유채꽃 천지'만 관용 표현이라 하기 어렵다. 그렇다면, '천지다'가 관용 표현인가? 그렇다고 보기도 어렵다. '유채꽃 천지가 아니다'와 같이 부정문이 가능하다. '유채꽃 천지가 되었다'와 같은 표현도 가능하다. 설령 '천지다'가 관용 표현이라 하더라도, 그것이 왜 관용 표현이 되는지가 밝혀져야 한다.

여기서는 '천지'라는 말이 '하늘과 땅'을 뜻하는 것이 아니라, '거의 전부인 상태, 온통 가득한 상태'를 뜻한다는 것이 문제의 핵심이다. '유채꽃 천지'는 유채꽃이 가득한 상태를 뜻한다. 따라서 (102가)에 상정될 수 있는 숨은 주어는 '상태가'와 같은 것이 된다. 문제항이 '제주도의 상태'가 되고 그에 대한 해답항은 '유채꽃이 가득한 상태'가 된다. '이다'는 이들을 등치 관계에 놓음으로써 제주도의 상태에 대한 정체 밝힘의 기능을 하게 된다. (102가)가 관용적 의미를 가지는 것같이 느껴지는 것은

---

39) 예문이 정확하게 일치하는 것은 아니다. 유형이 동일한 것일 뿐이다.

'천지'라는 단어가 특수한 의미로 쓰이기 때문이다. 그것을 관용적 용법이라 할 수는 있을 것이다.

(102나)에서도 '밥맛'만이 문제된다. 여기서 쓰이는 '밥맛'의 의미는 별로 맛이 없는 것을 뜻한다. 매일 먹는 것이기 때문에 유래된 맛이다. '그놈'을 문제항으로 보면, '맛이 없는 것'과의 사이에는 대상 범주의 불일치가 생기게 된다. 숨은 주어로는 '맛이'를 상정해 볼 수 있다. '그놈은 맛이 밥맛이야'가 되니까 적어도 대상 범주상의 불일치는 해소된다. 그 의미가 무엇인가만이 문제로 남는다. '그놈에 대하여 내가 가지는 느낌' 혹은 '그놈이 나에게 주는 느낌' 등과 같은 해석이 가능하다.

다시 다음 예를 보기로 하자.

> (103) 가. 돈 가뭄에 만 원이 <u>어디</u>냐?[40)
> 　　　 나. 이 그림은 그래도 <u>양반</u>이다.
> 　　　 다. 이게 <u>웬 떡</u>이냐?

(103가, 나)도 남길임(2004)에선 관용 구문으로 본 것이다. 여기서도 (103가)나 (103나) 전체가 관용 구문이 되는 것은 아니다. '돈 가뭄에 만 원'이나 '그 그림은 그래도'는 일상적인 표현이기 때문이다. 문제는 '이다' 앞에 보어로 쓰인 (103가)의 '어디'가 장소를 묻는 말이 아니며, (103나)의 '양반'이 신분을 가리키는 말이 아니라는 것과 관련된다. (103가)의 '어디'는 가치상의 위치를 나타내는 것으로 보인다. 돈 가뭄에 '만 원'을 가치로 보아 그 가치를 어느 위치에 정해 줄 수 있다는 의미를 가진다. 이러한 관련에서 돈 가뭄에 '만 원'이 상당한 가치를 가졌음을 의미하게 된다. 숨은 주어로는 '가치가'를 찾아낼 수 있다. (103나)의 '양반'도

---

40) (가) '손님들이 계신데 네 행동이 뭐냐?, (나) 그를 기다린 것이 얼마냐?' 등과 같은 표현에서도 '뭐, 얼마' 등과 문제항의 대상 범주 불일치가 개재된다. (가)에는 '양태가'와 같은 숨은 주어를 상정해 볼 수 있고, (나)에는 '기간이'와 같은 숨은 주어를 상정해 볼 수 있다.

가치가 어느 정도 됨을 뜻한다. 양반의 가치가 높은 것이기 때문이다. 따라서 (103나)에도 '가치가'라는 숨은 주어를 상정해 볼 수 있다.

(103다)의 '웬 떡'에서 '떡'은 실제로 '쌀로 만든 음식'을 뜻하지 않는다. '떡'은 맛있는 것, 시장기를 해결해 주는 것이기 때문에, '나에게 들어오는 것, 좋은 것'을 뜻한다. 더 나아가면 '행운'을 뜻하게 된다. (103다)의 '웬 떡'에서 '웬'은 문자 글대로 의문사가 아니라, 뜻하지 않은 것에 대한 놀라움을 뜻한다. '웬 떡'은 따라서 뜻하지 않은 행운을 뜻한다. (103다)의 문제항 '이거'가 '물건'을 가리킬 때는 해답항이 '뜻하지 않게 들어온 행운과 같은 물건'과 같이 해석되고, '이거'가 '일'을 가리킬 때는 해답항이 '뜻하지 않게 들어온 행운'과 같이 해석된다. 숨은 주어는 더 찾아지지 않으나, '나에게 이게 웬 떡이냐?'와 같이 '에게' 성분을 더 설정할 수 있다. (103가-다)에 숨은 주어와 관련 성분을 회복하면 다음과 같이 된다.

(103′) 가. 돈 가뭄에 만 원이 <u>가치가</u> 어디냐?
나. 이 그림은 그래도 <u>가치가</u> 양반이다.
다. <u>나에게</u> 이게 웬 떡이냐?

(103′가)에서는 문제항이 '가뭄에 만 원의 가치'와 같이 되고, 해답항이 '어디'가 된다. '어디'가 정직한 의문사가 아니고 '어딘가 있는 위치'를 뜻한다는 것이 특이하나, 그것이 해답항이 되고, 그래서 '이다'는 이들을 등치 관계에 놓게 되고, '만 원'의 가치를 정해 주게 된다. (103′나)에서도 문제항인 '그림의 가치'를 '상당한 가치를 가지는 대상을 뜻하는 양반'이 등치 관계를 이루게 된다. '이다'의 기능은 관용적인 보어를 가지는 구성에서도 그대로 유지된다.

## 5.7. '이다'와 음운 현상

이제 남은 마지막 질문은 Oh(1991)이나 시정곤(1993)에서 제기된 것이다. '이다'와 선행 성분 사이에서는 왜 구개음화가 일어나는가 하는 문제이다. 이는 '이것이 끝이다'의 '끝이다'가 [끄치다]와 같이 발음되는 것을 말한다. 이것은 '맛있다, 멋있다'가 [마시따], [머시따]와 같이 발음되는 것과 흡사한 현상일 것이다. '맛없다, 멋없다'는 [마덥따], [머덥따]와 같이 발음되어 대조를 보인다. 이전에는 '것이다'를 [거디다]로 발음하는 사람들이 많았던 사실과도 관련된다. 음운론적인 단어 경계가 없어진 데 그 원인이 있는 것으로 볼 수 있을 것이다. 음운론적인 단어 경계가 반드시 형태론적인 단어 경계와 일치하는 것은 아니다. 따라서 이러한 현상이 '이다'의 독립성을 의심하는 동기를 제공하는 것은 아니다. 이에 대해서는 이미 엄정호(2000) 및 양정석(2001) 등에서 대답이 된 것으로 생각된다.

# 6. 결 론

'이다'는 한국어 문법에서 암초와 같은 존재이다. 그 품사가 무엇인가라는 물음이 무색할 정도로 그동안 한국어 문법에서 '이다'는 제대로 된 단어 취급을 받지 못하였다. '이다'의 '이'는 모음 어간 뒤에서 잘 생략된다. 반면, 자음 어간 뒤에서는 반드시 나타난다. 이를 토대로 '이다'의 어간 '이-'는 없는 것으로 취급된 일도 있었다. 그러나 '이다'는 분명히 형용사이다. 그 활용의 지배적인 양상이 다른 형용사와 완전히 동일하다. 때로 불규칙적인 어미를 취하는 일이 있기는 하나, 지배적인 활용의 양상이 형용사와 동일하다. 이 한 가지 이유만으로도 '이다'는 형용사라 할 수 있다. 활용 범주가 제한되거나 하는 일도 없으므로, 독립된 품사 대상인 형용사로 다루어 그 활용의 양상을 기술하는 것이 체계의 동질성이나 기술의 경제성을 도모할 수 있는 가장 효과적인 방법이라고 할 수 있다.

'이다'가 다른 형용사가 취하지 않는 '-로라, -러라, -로소이다, -르시다, -로되, -로소니' 등과 같은 불규칙적인 어미를 취하거나 취할 수 있다는 사실은 거꾸로 '이다'가 독립적인 단어임을 말해 주는 적극적인 증거가 된다고 할 수 있다. 통사적이거나 어휘적인 접사가 자기 특유의 활용 어미를 요구하는 일은 없기 때문이다.

'이다'의 선행 성분으로는 그 자체 어휘적 특이성을 가지는 특수한 몇 가지 예들을 제외하면, 거의 모든 명사가 올 수 있다. 분포에 거의 아무런 제약이 없다. '이다'의 선행 위치에는 명사구만이 올 수 있는 것은 아니다. 격조사구, 보조사구도 올 수 있고, 부사도 올 수 있고, 연결 어미구도 올 수 있다. '이다'가 접사와 같은 것이라면, 보조사구나 연결 어미구가 다시 파생이 된다고 해야 한다. 그러나, '하면서이다'와 같은 예에서 '하면서'가 어떻게 파생이 될 수 있다는 것인지 알 수 없다. 명사 외의 성분이 앞에 올 때 '이다'는 의미론적인 명사화의 기능을 한다. '하면서이다'는 '하면서'에 따옴표가 쓰인 것과 같은 효과가 발생한다.

'이다'를 독립적인 품사 단위의 대상으로 보기를 꺼려한 근본적인 이유의 하나는 '이다'에서 어휘적인 의미라는 것을 찾아보기 어려웠기 때문이라 할 수 있다. 그러나 모든 단어가 어휘적 실질적 의미를 가지는 것은 아니다. 이른바 경동사라고 하는 '하다'도 실질적 의미를 가진다고 할 수 없으며, '되다'도 그 성격이 비슷하다. 따라서 어휘적인 실질적 의미에 다소 결함을 가진다고 하여 독립적인 품사 대상의 단어가 될 수 없는 것은 아니다. 다른 측면에서 보면, '이다'에도 의미 기능이 부여될 수 있다.

그 기능은 '정체 밝힘'의 기능으로 부를 수 있다. '이다' 구성의 주어를 문제항이라 하고, 보어를 해답항이라 할 때, '이다'는 문제항에 대하여 해답항을 제시함으로써 문제항의 정체를 밝히는 기능을 수행하는 것이 분명하다. 이것을 우리는 '정체 밝힘'의 기능이라 불렀다. 문제항의 외연이 해답항의 외연보다 작을 때, 일반적인 경우 '이다'는 귀속 관계를 나타내게 되고, 그 역일 때 '이다'는 등치 관계를 나타내게 된다고 하는 것이 일반적인 의미 해석이다. 본고에서 특히 힘을 기울여 주장한 것은 '이다' 구성에 숨은 주어를 찾아냄으로써 귀속 관계도 등치 관계로 볼 수 있다는 것이다. 따라서, 모든 '이다'는 문제항과 해답항을 등치 관계에 놓음으로써 문제항의 성격을 밝히게 되는 정체 밝힘의 기능을 하는 것으로 일률화할 수 있다.

또 '*수학잔 아인쉬타인'과 같은 구성에 '이-'가 꼭 쓰여야 한다는 사실을 중시하였다. 이는 모음 뒤에서도 '이다'의 어간 '이'가 필수적으로 나타나야 하는 위치가 있음을 의미한다. 이것은 '이다'가 일정한 의미 기능을 수행하고 있다는 사실을 부정할 수 없게 한다.

일반적인 경우 '이다'는 두 논항을 요구한다. 하나는 주격 조사구이며, 다른 하나는 명사구이다. 주격 조사구는 주어가 되고 명사구는 보어의 역할을 한다. 명사문에서는 명사가 서술어 역할을 하는 것으로 보는 입장도 있다. '이다'를 지지 동사로 보는 입장이 그 하나이다. 그러나 분명히 명사가 요구하는 논항은 명사구 내에 존재한다. 명사의 논항이 그 명사구 바깥에 있다고 할 수는 없다. 핵 명사가 명사구 밖의 다른 논항과 관계를 맺기 위해서는 서술어를 필요로 한다. 이것은 아주 평범한 사실이지만, 명사문에서는 명사가 서술어 역할을 한다는 견해가 상당히 보편화되었다고 할 수 있다. 이를 무시하면, 아무 것도 없는 것이 통사 작용을 한다는 이상한 문법을 받아들이게 된다. 러시아 어에서 현재 시제 명사문에 '이다'가 쓰이지 않는 것을 중시하는 일이 있다. 그러나 시제가 과거일 때는 '이다'가 반드시 출현해야 한다. '이다'가 쓰이지 않더라도 그 기능이 없어지는 것은 아니다. 러시아 어에는 명사의 격변화도 있다는 것을 잊어서는 안 되고, 또 있는 것과 없는 것을 비교하여 있는 것을 없다고 결론을 내려서는 안 된다.

'이다'의 논항을 주격 조사구와 보격 조사구의 둘로 상정할 수도 있다. '이다'의 보어로 보격 조사구를 상정하는 것은 전혀 나타나지도 않는 보격 조사 '이/가'를 상정하였다가 삭제하는 절차를 가정해야 하는 부담을 가진다. 그러나 '아니다'와의 관계를 쉽게 설명할 수 있는 장점이 있다. 반면 그것을 명사구로 상정하는 입장은 불필요한 상정과 삭제를 가정할 필요가 없는 대신, '아니다'와의 관계를 완전히 끊어 버려야 하는 부담을 가진다. 그러나 '이다'와 '아니다'는 활용의 거의 모든 양상을 같이한다. '아니다'가 가지는 의미론적인 명사화의 기능도 '이다'와 같다.

'이다' 구성에 논항이 둘만 나타나는 것은 아니다. 해답항의 명사가 가지는 성격에 따라, 논항은 셋이 될 수도 있고, 그 이상이 될 수도 있다. '나는 철수와 친구이다'와 같은 예에서 '철수와'는 '이다'가 요구하는 논항이 아니다. 그것은 해답항의 명사의 의미론적인 요인이나 화용적인 요인의 작용과 관련되는 것이다. '친구이다'와 같으면, '친구'가 둘 이상의 개체를 요구하므로, '나와'와 같은 '와/과' 논항을 필요로 하게 된다. '친구이다'를 재구조화나 재분석 또는 복합 서술어와 같이 보기도 한다. 그러나 '친구이다'를 완전한 서술어와 같이 보는 것은 '친구'와 '이다'가 각기 독립적인 기능도 가진다는 사실을 설명하기 어렵다. '친구'는 '친한'과 같은 관형 성분을 가질 수도 있다. 재구조화된 용언이나 복합 서술어와 같이 보면, 용언을 관형 성분이 수식한다고 해야 한다. 그러나 이는 한국어 용언의 일반적인 성격과는 다른 것이다. 용언은 일반적인 경우, 관형 성분에 의한 수식을 허용하지 않는다.

'이다'를 기능 동사로 보고, 선행 명사의 논항이 명사구 바깥으로 실현되는 절차를 상정하는 입장도 있다. 이 경우에도 '이다'에 선행하는 명사가 관형 성분을 가지는 일을 설명하기 어렵다. '저것이 친구와의 우정이다'와 같은 예에서 '저것이'와 같은 주어는 명사구 안의 논항이 밖에 실현된 것이 아니다. 명사구 내에서 모든 격을 부여받은 성분이 왜 명사구 밖으로 이동해야 하는지에 대해서도 납득할 수 있는 해석을 하기 어렵다. 한국어에서는 명사구를 고도(island)하고 할 수 있는데, 기능

동사론은 명사구의 모든 논항이 명사구 밖으로 마음대로 이동하는 것
으로 상정해야 하는 부담을 진다.

'친구이다'와 같은 구성을 여기서는 연어(連語)로 보았다. '내가 철수와
친구이다'와 같은 예에서 '철수와'는 '이다'가 요구하는 논항이 아니라
연어인 '친구이다'가 요구하는 논항으로 해석된다. 문제는 '친구이다'가
연어의 정의적 속성을 만족시키는가 하는 것이다. 연어 관계는 한 어휘
소가 다른 어휘소를 우연적으로 요구하는 관계가 인정될 때 성립한다.
'친구이다'에서 '친구'도 흔한 명사이고, '이다'도 특별한 단어가 아니기
때문에 이들이 우연적인 의존관계를 가진 것이라 보기 어렵다. 그러나
'친구'가 가진 논항 정보를 드러낼 수 있는 어휘소로 선택되는 용언의
하나가 '이다'라는 것은 인정된다. 논항 정보가 드러날 수 있는 어휘소
적인 결합으로는 '친구가 되다, 친구를 삼다, 친구를 하다, 친구가 아니
다'와 같은 결합이 있을 뿐이다. '친구이다'도 이러한 결합의 하나이며,
'친구'가 보어로 나타나 선택할 수 있는 용언은 '이다, 되다, 아니다'에
국한되는 것이다. 따라서 '친구 + 이다' 등의 결합을 연어로 보는 데는
큰 무리가 없다. 연어 판별 기준에 어휘소와 어휘소의 결합이 새로운
논항적 요구를 가지는 경우는 연어로 판별되는 것이기 때문에, '친구이
다' 등이 '와' 논항에 대한 새로운 요구를 가지는 것은 연어적 성격을 드
러내는 것으로 볼 수 있다. 연어는 동사구 보문을 필요로 하기도 하고,
목적어를 요구하는 일도 있고 완형 보문이나 불구 보문을 요구하기도
한다.

이러한 관계에서도 본고는 숨은 주어의 존재를 중시하였다. 가령 '내
가 철수와 친구이다'에서 '친구이다'를 용언적인 단위로 인정하면, '이다'
의 정체 밝힘의 기능은 의심스러운 것이 되고, 그 기능이 의심스러운
것이 된다면, 연어 관계의 성립도 어려운 것이기 때문이다. 연어는 어휘
소가 어휘소를 선택하는 관계이기 때문에, '이다'가 어휘소가 되지 못한
다면, 연어 관계의 성립을 위협하게 된다. '내가 철수와 친구이다'에서는

'관계가'와 같은 숨은 주어를 찾아낼 수 있다. 따라서 여기서 성립하는 것은 문제항인 '(나의) 관계'와 해답항 '철수와(의) 친구'의 등치 관계이다. 연어에서도 '이다'는 문제항과 해답항을 등치 관계에 놓음으로써 정체 밝힘의 기능을 한다는 것을 확인할 수 있다.

숨은 주어를 찾는 작업은 '이 그림은 그래도 양반이다, 만 원이 어디냐?' 등과 같은 예에까지 확대되었다. 이들에는 '가치가'와 같은 주어를 상정하여, 그 의미론적인 관계를 명확히 할 수 있었고, 여기서도 '이다'는 문제항과 해답항을 등치 관계 속에 놓음으로써 정체 밝힘의 기능을 하는 것으로 보았다. 이들 구성에서 문제가 되는 것은 보어의 의미가 특수화되는 것일 뿐이다.

# 참고문헌

강길운(1956), "지정사는 설정되어야 할 것인가?," 한글 120, 한글학회, 72-86.

강복수(1964), "국어에 있어서의 준자립어에 대하여," 청구대학논문집 7, 1-10.

고창수(1986), "어간 형성 접미사의 설정에 대하여," 고려대 석사학위논문.

고창수(1992), "국어의 통사적 어형성," 국어학 22, 국어학회, 259-269.

김민수(1994), "'이다' 처리의 논쟁사," 주시경학보 13, 탑출판사, 3-13.

김성규(2001), "'이-'의 음운론적 특성," 국어학 37, 국어학회, 285-307.

김의수(2000), "'이다' 논의 재검토," 솔미 정광교수 회갑기념논문집, 월인, 661-690.

김의수(2002), "'이다' 재론," 형태론 4 : 2, 박이정, 349-356.

김의수(2004), 국어의 격과 의미역 연구, 고려대 박사학위논문.

김정아(2001), "'이-'의 문법적 특성에 대한 통시적 고찰," 국어학 37, 국어학회, 309-336.

김주원(1994), "알타이 제어의 계사," 주시경학보 13, 탑출판사, 102-115.

김창섭(1992), "국어 파생어에 대한 통사론적 해석," 국어학회 제19회 공동연구회 발표요지.

김창섭(1994), 국어의 단어 형상과 단어 구조 연구, 서울대 박사학위논문.

김창섭(1996), 국어의 단어 형상과 단어 구조 연구, 태학사.

김창섭(1997), "'하다' 동사 형성의 몇 문제," 관악어문연구 22, 서울대학교 국어국문학과, 246-267.

김창섭(2001), "'X하다'와 'X를 하다'의 관계에 대하여," 어학연구 37-1, 서울대 어학연구소, 63-85.

남기심·고영근(1991), 표준 국어 문법론, 탑출판사.

남기심(1986), "'이다' 구문의 통사적 분석," 한불연구 7. 연세대 한불연구소. 남기심 (1996), 재록, 36-51.

남기심(1996), 국어 문법의 탐구 I : 국어 통사론의 문제, 태학사.

남길임(2004), 현대국어 '이다' 구문 연구, 한국문화사.

남지순[Nam, Jee-Sun](1996), "Classification syntaxique des constructions adjectivales en

Coréen," Linguisticae Investigationes Supplementa 21, John Benjamins Publishing Company.

목정수(2003), 한국어 문법론 : 비교론적 관점에서 본 조사와 어미의 형태·통사론, 월인.

목정수(2005), "'이다'의 정체성과 한국어 문법의 체계 : 용언설에 지지를 보내며 제기하는 몇 가지 문제," 한국어 계사 '이다'의 쟁점 워크숍, 서울대언어교육원/세종전자사전개발연구단.

박재연(2005), "한국어 계사문의 한 유형," 한국언어학회 겨울학술발표대회 발표요지/임홍빈 외(2005), 231-249.

배주채(2000), "'있다'와 '계시다'의 품사에 대한 사전 기술," 성심어문논집 22, 가톨릭대 국문과.

배주채(2001), "지정사 활용의 형태음운론," 국어학 37, 국어학회, 33-59.

서병국(1967), "수관형사와 '이다'의 품사 처리에 대한 이견," 국어국문학 34·35, 250-254.

서병국(1971), "학교 문법의 문제점 분석 연구 (2)," 국어교육연구 2 : 3, 경북대사대 국어교육연구회. 서병국(1977) 재록, 101-177.

서병국(1977 : 재판), 국어문법론고, 학문사.

서정목(1993), "계사 구문과 그 부정문의 통사 구조에 대하여," 국어사 자료와 국어학의 연구, 문학과 지성사, 488-506.

서정목(1998), 문법의 모델과 핵 계층 이론, 태학사.

서태룡(1994), "최현배의 품사 분류," 주시경학보 14, 보고사, 3-14.

성광수(1976), "불완전 명사+{하(다), 이(다)}에 대한 생성론적 분석, 어문논집 17, 고려대, 71-90.

송석중(1990). "'이다' 논쟁의 반성," 애산학보 20, 애산학회, 3-47.

시정곤(1993), "'이다'의 '-이'가 접사인 몇 가지 이유," 주시경학보 11, 탑출판사, 143-149.

시정곤(2005), "'이다' 구문과 통사적 접사," 한국어 계사 '이다'의 쟁점 워크숍, 서울대언어교육원/세종전자사전개발연구단.

안명철(1995), "'이'의 문법적 성격 재고찰," 국어학 25, 국어학회, 29-49.

양정석(1995), 국어 동사의 의미 분석과 연결 이론, 도서출판 박이정.

양정석(1996a), "'이다' 구문과 재구조화," 한글 232, 한글학회, 99-122.

양정석(1996b), "'이다' 구문의 의미 해석," 동방학지 91, 연세대 동방학연구소, 99-134.
양정석(2001), "'이다'의 문법 범주와 의미," 국어학 37, 국어학회, 337-366.
양정석(2003), "'이-' 주격 조사설에 대한 반론," 형태론 5 : 1, 박이정, 99-110.
엄정호(1989), "소위 지정사 구문의 통사 구조," 국어학 18, 국어학회, 337-366.
엄정호(2000), "'-이다'의 '이'는 조사인가," 형태론 2 : 2, 박이정, 333-343.
우순조(2000), "'이다'와 '아니다'의 상관성," 형태론 2 : 1, 박이정, 129-137.
우순조(2001), "'이다'의 '이'가 조사인 새로운 증거들," 형태론 3 : 1, 박이정, 345-359.
우순조(2005a), "'이다' 구문에서의 어순 뒤섞기 증거들," 이정민 외 5인 편(2005), 443-469.
우순조(2005b), "활용 개념과 소위 '이다'와 관련된 오해," 한국어 계사 '이다'의 쟁점 워크숍, 서울대언어교육원/세종전자사전개발연구단.
이광정(1994), "'이다' 연구의 사적 고찰," 주시경학보 13, 탑출판사, 45-62.
이길록(1969), "체언의 용언적 기능에 대하여 : '이다'의 형태론적 분석," 국어교육 15, 24-44.
이남덕(1954a), "지정사 '이다'에 대하여 (상)," 국어국문학 11, 국어국문학회, 20-25.
이남덕(1954b), "지정사 '이다'에 대하여 (하)," 국어국문학 12, 국어국문학회, 10-15.
이남순(1999), "'이다'론," 한국문화 24. 서울대학교 한국문화연구소, 35-59.
이선희(1993), "복합 술어 구문 연구," 연세대학교 대학원 석사학위논문. 남기심 편(1998), '복합 술어 구문'으로 재록, 77-122.
이선희(1998), "복합 술어 구문 : 서술 명사와 기능 동사 결합을 중심으로," 남기심 편(1998), 서울 : 태학사. 77-122.
이숭녕(1956), 고등국어문법, 을유문화사.
이승재(1994), "'이-'의 삭제와 생략," 주시경학보 13, 주시경연구소, 14-28.
이정민 외 5인 편(2005), 의미 구조와 통사 구조 그리고 그 너머, 한국문화사.
이현희(1994), "계사 '(-)이-'에 대한 통시적 고찰," 주시경학보 13, 탑출판사, 88-101.
이호승(2003), 국어 복합 서술어 연구 : [명사+조사+동사] 구성의 경우, 서울대학교 대학원 박사학위논문.
이홍식(1996), 국어 문장의 주성분 연구, 태학사.

이희승(1949), 초급국어문법, 박문출판사.

이희자(1994), "'~이다'와 발화문," 주시경학보 13, 탑출판사, 63-87.

임홍빈(1972), 국어의 주제화 연구, 국어연구 28, 국어연구회. 임홍빈(1998b)에 재록.

임홍빈(1974), "주격 중출론을 찾아서," 문법연구 1, 문법연구회, 111-148. 임홍빈(1998b)에 재록.

임홍빈(1985), "국어의 '통사적인' 공범주에 대하여," 어학연구 31 : 3, 서울대학교 어학연구소, ㅋ331-384.

임홍빈(1987), 국어의 재귀사 연구, 신구문화사.

임홍빈(1993), 뉘앙스 풀이를 겸한 우리말 사전, 아카데미하우스.

임홍빈(1997a), "국어 굴절의 원리적 성격과 재구조화," 관악어문연구 22, 93-163, 서울대학교 국어국문학과.

임홍빈(1997b), 북한의 문법론 연구, 한국문화사.

임홍빈(1998a), 국어 문법의 심층 1, 태학사.

임홍빈(1998b), 국어 문법의 심층 2, 태학사.

임홍빈(1998c), 국어 문법의 심층 3, 태학사.

임홍빈(1999a), "국어 명사구와 조사구의 통사 구조에 대하여," 관악어문연구 24, 1-62, 서울대학교 국어국문학과.

임홍빈(1999b), "국어의 여·대격 구성에 대하여," 이홍배교수 화갑기념논총 발간위원회 편 (1999), 577-623.

임홍빈(2000), "가변 중간투사론 : 표면구조 통사론을 위한 제언," 간행위원회 (2000), 1279-1320.

임홍빈(2001), "국어 품사 분류의 몇 가지 문제에 대하여," 국어 연구의 이론과 실제 : 이광호교수회갑기념논총 간행위원회, 태학사, 705-761.

임홍빈(2002), "한국어 연어의 개념과 그 통사 의미적 특성," 국어학 39, 국어학회.

임홍빈(2004), "Jespersen의 연계와 소절 분석의 문제," 한국영어학학회 편저(2004), 오토 예스퍼슨, 229-293.

임홍빈(2005), "On Small Clause Hypothesis and Restructuring," 임홍빈 외(2005), 419-432.

임홍빈·이홍식(2002), 한국어의 구문 분석 방법론, 한국문화사.

임홍빈·장소원(1995), 국어 문법론 1, 한국방송통신대학.

임홍빈 외(2005), 우리말 연구 서른아홉 마당, 태학사.

장하일(1956), "임자자리 말끝 '-이'," 한글 120 : 56-71.

정덕교(2004), "'이다'에 대한 통합적 견해" 용언설=(서술)조사설," 한국언어학회 겨울학술발표대회 발표논문.

정해천(1978), "'이다'의 형태적 고찰," 국어국문학연구 4, 원광대, 47-64.

최기용(2001), "'이다'의 '이'는 주격 조사이다," 형태론 3 : 1, 박이정, 102-112.

최기용(2003), "시정곤(2002) 및 김의수(2002)에서 지적된 몇 가지 의문에 대하여," 형태론 5 : 1, 박이정, 111-121.

최정순(1991), "국어의 'NP+-이-' 구성과 '-이-'의 형태/통사론적 특성," 석정 이승욱선생 화갑기념논총, 403-424.

최현배(1930), 조선어의 품사 분류론, [참고] 역대국어문법대계 제1부 제17책.

최현배(1956), "잡음씨의 세움 : 이론적, 사실적 및 비교언어학적 논증," 한글 120 : 21-55.

최현배(1963), "잡음씨에 대하여," 연세논총 2, 3-65.

하마노우에[濱之上幸](1994), "기능 문법의 관점에서 본 '-이다'," 주시경학보 13, 탑출판사, 29-44.

한선혜(1990), 불어 기능 동사 구문 연구, 서울대대학원 석사학위논문.

홍재성(1997), "이동 동사문과 기능 동사문," 말 22, 121-140, 연세대 한국어학당.

홍재성(1999), "기능 동사 구문 연구의 한 시각 : 어휘적 접근," 인문논총 41, 135-172, 서울대학교 인문학연구소.

홍재성(2005), "한국어 계사 연구의 쟁점," 한국어 계사 '이다'의 쟁점 워크숍, 서울대언어교육원/세종전자사전개발연구단.

황화상(2001), "국어 형태 단위의 의미와 단어 형성," 월인.

황화상(2005), "'이다'의 문법 범주 재검토," 형태론 7 : 1, 박이정, 135-153.

Choi, K.(1993), "On the so-called Copular Constructions in Korean," 언어학 15, 한국언어학회, 397-413.

Chomsky, N.(1981), *Lectures on Government and Binding*, Foris Publications.

Chomsky, N.(1995), *Minimalist Program*, The Mit Press.

Jo, Jung-min(2004), *Grammatical Effects of Topic and Focus Information*, 경진문화사.

Oh, Mira(1991), "The Korean Copula and Palatalization," *Language Research* 27 : 4, Seoul National University, 701-724.

# 휘모리 잡가에 나타난 20세기 초의 생활상

채 완*

## 1. 서 론

잡가(雜歌)는 일본식 유행가가 들어오기 전까지 서민들의 애창가요로
서, 특히 1910년대에 널리 불렸다고 한다.[1] 1930년대 이후 잡가는 일본
식 유행가에 밀려나게 되었고, 오늘날에 와서는 TV의 국악 프로그램에
이따금 소개되는 경우가 아니면 좀처럼 접하기 어렵게 되어 버렸다. 잡
가는 요즘 식으로 말하면 '랩송'이라고 할 만하다. 매우 빠른 사설을 운
을 맞추어 엮어가는 형식이 그러하고, 노랫말 속에 당시의 사회상이 녹
아 있는 점도 사회성이 짙은 랩송과 비슷하다. 본고에서는 휘모리 잡
가[2]의 노랫말을 통해 당시의 생활상을 들여다보고자 한다.

서울에서 잡가란 '유산가(遊山歌)', '적벽가(赤壁歌)', '제비가(또는 燕子歌)', '달
거리', '평양가(平壤歌)', '소춘향가(小春香歌)', '집장가(執杖歌)', '형장가(刑杖歌)',

---

* 동덕여자대학교 국어국문학과.
1) 잡가에 대한 소개는 채완(1996) 참조.
2) 채완(1996)에서는 '휘몰이'로 표기하였으나 현행 규범으로는 '휘모리'가 맞는다.

‘십장가(十杖歌)’, ‘선유가(船遊歌)’, ‘출인가(出引歌)’, ‘방물가(房物歌)’의 12잡가를 지칭하며, 이를 ‘긴 잡가’라고도 부른다(장사훈 1962 : 120-3). 잡가라 하면 으레 이들 12잡가를 가리키며 그에 비해 휘모리 잡가는 비교적 덜 알려진 편이다. 휘모리 잡가는 ‘곰보 타령, 생매 잡어, 만학천봉, 육칠월, 병정 타령, 맹꽁이 타령, 기생 타령, 바위 타령, 비단 타령, 한잔 부어라’ 등이 있는데, 12잡가가 정격의 노래라면 휘모리 잡가는 변격이다. 위의 노래 제목들만 비교해 보아도 12잡가는 거의가 딱딱한 한자어로 되어 있는데, 휘모리 잡가는 ‘만학천봉’ 같은 예외는 있지만 대체로 쉬운 우리말 제목이 붙어 있어서, 그 향유 계층을 짐작하게 한다.

휘모리 잡가에 대한 연구는 음악적 관점에서 다룬 장사훈(1962)이 있고, 이규호(1986)에서 잡가의 장르를 논하는 과정에서 휘모리 잡가가 잠깐 언급되었다. 휘모리 잡가에 대한 국어학적 고찰로는 채완(1996)이 있다. 채완(1996)에서는 휘모리 잡가들 중 ‘곰보 타령, 생매 잡어, 만학천봉, 육칠월, 병정 타령, 맹꽁이 타령, 기생 타령’에 어휘 해독 혹은 해석을 붙이고, 그 담화 구조와 어휘적 특성을 분석하였다.

휘모리 잡가는 다른 가곡들에 비해 상당히 후대에 형성된 것이 아닌가 추정된다. 노랫말에 1910년대, 즉 개화기에서 일제 초기까지의 세태를 나타내는 내용이 많이 표현되어 있는 점으로 미루어 보아, 그 무렵에 형성되었거나 아니면 이전부터 내려오던 사설시조를 바탕으로 개사(改詞)되었음을 추측할 수 있다. 예컨대 ‘병정 타령’에 나타나는 머리 깎은 신식 군대의 모습은 적어도 단발령이 선포된 뒤라야 가능하고, ‘기생 타령’에 묘사된 ‘권번’은 일제 강점기에 생긴 것이다. 여러 가집(歌集)에 수록된 비슷한 계통의 노래와 비교해 볼 때 휘모리 잡가의 형성 연대는 그리 오래지 않은 것으로 추정된다. 그 중 5~6곡은 1900년대 초기에 서울 풀무골(冶洞)3)에 살았던 소리꾼 이현익(李鉉翼)이 지었다는 설도 있으

---

3) 서울 중구 묵정동에 풀무고개(冶峴)가 있다.

므로(장사훈, 1962 : 133), 휘모리 잡가는 대략 20세기 초의 10년대 이전에 형성된, 문자 그대로 유행가였음을 알 수 있다.

휘모리 잡가는 공장이(工匠)들을 중심으로 즐겨 불렸다고 한다. 공장이들이 하루의 일을 끝내고 피로를 푸는 자리에서 가사나 시조를 한 마디씩 돌리고, 파장에는 휘모리 잡가로써 웃음을 터뜨리며 자리를 털고 일어섰다는 것이다. 그같은 상황에서 불리는 노래라서 그런지 휘모리 잡가에는 애정을 주제로 하거나 서정적인 내용이 거의 없는 점이 하나의 특징이기도 하다. 대신 휘모리 잡가에는 세태를 드러내는 내용이 많이 등장한다. 그리하여 본고에서는 휘모리 잡가의 노랫말에 반영된 20세기 초, 즉 구한말에서 일제 강점기 초기의 세태의 한끝을 스케치하듯 살펴보고자 한다.

노랫말은 이창배 편(1958)에서 가져왔는데, 표기법이 현행 규범과 다른 경우에도 이창배 선생이 표기한 대로 인용한다. 어석(語釋)은 채완(1996)을 따른다.


## 2. 생활 어휘 자료

휘모리 잡가에는 다양한 생활 어휘 자료가 들어 있다. '바위 타령'은 '배고파 지여 논 밥에 뉘도 많고 돌도 많다 뉘 많고 돌 많기는 임이 안 계신 탓이로다 그 밥에 어떤 돌이 들었드냐 초벌로 새문안 거지바위 문턱바위 둥글바위 너럭바위 치마바위…'로 시작해서 '도로 올라 한양(漢陽)서울 경툇(景退)절4) 법당(法堂) 앞에 개대바위 서강(西江)의 농바위 같은 돌맹이가 하얀 흰밥에 청대콩 많이 까 둔 듯이 드믄 듬성이 박혔드라 그 밥을 건목을 치고5) 이를 쑤시고 자세(仔細) 보니 연주문 돌기둥 한쌍

---

4) 정토사(淨土寺). 역구개음화와 움라우트에 의해 '정토'가 '경퇴'로 되었다. '景退'는 취음자.
5) '건목을 치다'는 거칠게 대강 만든다는 뜻인데, 여기서는 "대강 먹고" 정도의 뜻으로 해석된다.

이 금니 박이둔6) 박혔더라 그 밥을 다 먹고 나서 누른밥을 훌트랴고 솥 뚜껑 열고 보니 해태 한쌍이 엉금엉금’으로 끝난다. 처음에는 바위 이름도 참 다양하구나 하고 듣다 보면 내용인즉 밥에 돌이 많이 들어 있다는 이야기이다. 밥에 그렇게 많은 바위가 들었다는 말이니 과장도 이런 과장이 없다. 이처럼 휘모리 잡가는 그 내용이 매우 해학적이다. ‘바위 타령’에는 바위 이름이 모두 81가지나 등장하는데 상당수는 지금까지도 그대로 사용된다. 바위 이름이면서 지명을 겸하고 있는 경우가 많아서 지리학적으로도 좋은 자료가 된다.

다른 노래들에도 다음 (1)과 같이 지명이나 사찰 이름, 산 이름 따위가 풍부하게 나타난다.

> (1) 부소산, 송악산, 방장, 봉래, 영주, 삼신산 (만)7)/ 냉동, 새절(봉원사), 삼막사, 삼개, 염불암 (곰)/ 남산공원, 신흥사, 약사사, 청암사, 청량사, 경툇절, 새절, 화계사 (기)/ 동수구문, 오간수 다리, 훈련원, 광천교 다리, 삼청동, 장안사 다리, 경모궁, 모화관, 숭례문, 썪내다리, 칠패, 이문동 도적굴, 쪽다리, 배다리, 돌모루, 종로 한마루 (맹)”

‘비단 타령’도 ‘바위 타령’과 비슷하게 전개되는 노래로서 ‘청색홍색(靑色紅色) 오화잡색(五化雜色) 당물당(唐物唐)천 거래시(去來時)에 동경(東京)천이며 남경(南京)천 동양(東洋)천이며 서양(西洋)천이라 동서양거래시(東西洋去來時)에 진속목속포속(眞屬木屬布屬)천 고물신물(古物新物) 비단천…’으로 시작되어 비단 이름이 수십 가지가 이어진다.

휘모리 잡가에는 서민들의 생활상을 알려 주는 구체적인 어휘 자료가 풍부하다. ‘곰보 타령’에서 얽은 모습을 비유하는 ‘장기판, 바둑판, 고

---

6) ‘금니 박이듯’의 誤字.
7) 이하 본고에서 인용할 노래들은 각각 다음과 같은 약칭으로 부르기로 한다.
   (만)-만학천봉,  (곰)-곰보 타령,  (병)-병정 타령,  (기)-기생 타령,  (육)-육칠월,
   (생)-생매 잡어,  (맹)-맹꽁이 타령,  (비)-비단 타령

누판, 멍석, 덕석, 방석, 어레미, 시루밑, 분틀밑,8) 청동 적철,9) 고석매,10) 땜쟁이 발등감투, 대장쟁이 손등고이, 진사전 산기동,11) 연죽전12) 좌판, 신전13) 마루, 미전14)의 방석, 구타정장 소지, 근정전 철망, 사포 관역,15) 꿀병, 촉궤, 격자바탕, 싸전가개 내림틀’ 등의 사물 이름, ‘콩엿, 깨엿, 진고개 왜떡’과 같은 음식 이름, 심지어는 당시의 실존 인물들로 추정되는 ‘경무청 차관, 변굼보, 태굼보,16) 성주패두 염만흥, 냉동의 박수범, 새절 중 낙도, 염불암 중 포운이, 삼막 중 덕은이, 삼개 무동 박태부’까지 등장하여 유행가로서의 시사성을 유감없이 드러내고 있다.

‘곰보 타령’에는 ‘고래, 숭어, 민어, 점복, 병어, 은어, 자가사리, 송사리, 곤쟁이, 준치, 갈치, 되미,17) 방어, 대구, 메기, 병어, 조기, 고등어, 문어, 새우, 금붕어, 오징어, 농어’ 등 물고기의 이름도 다양하게 나타난다. 물고기를 잡기 위한 장비도 ‘구절죽 멧둑18) 깸묵 파리 밥풀 왼갖 미끼를 가추 차려 조그만 주머니 넣어 차고(만)’, ‘그물 닥대 파리 밥풀 지렝이 쌈지 조리 종다래기 깸묵 주머니 앉을방석 대깨칼(생)’과 아예 ‘초 친 고치장(생)’까지 갖추었다. 그렇게 잡은 물고기를 ‘끓이고 복고 삶고 지저(만)’ 먹거나, 또는 ‘청파 애호박에 후추 생 겻드려서 매움삼삼달콤하게 지저 달라고(육)’ 하여 먹는다.

---

8) ‘분틀’은 ‘국수틀’. 국수를 뽑아내기 위해 구멍이 많이 뚫린 부분.

9) 炙鐵 석쇠.

10) 고석(蠱石)으로 만든 맷돌. ‘고석’은 화산의 용암이 갑자기 식어서 생긴, 구멍이 많고 가벼운 돌.

11) 진사전(眞絲廛)은 조선 시대 서울의 백각전(百各廛) 가운데 명주실, 끈목 따위만을 전문으로 팔던 가게. ‘산기둥’(<산기동)은 벽 따위에 붙어 있지 않고 따로 서 있는 기둥. 산기둥에 못을 박아 각종 실을 걸어 놓고 팔았으므로 기둥에 무수한 못 자국이 나 있었다.

12) 煙竹廛. 담뱃대를 파는 가게.

13) 신발 가게.

14) 쌀 가게.

15) 射砲 과녁.

16) ‘굼보’는 곰보. 변 씨 성 가진 곰보, 태 씨 성 가진 곰보. 아마 별명이었던 듯하다.

17) 도미.

18) 메뚜기.

휘모리 잡가의 노랫말에는 상투적이고 관념적인 묘사 부분과, 생생한 생활상을 나타내는 부분이 뒤섞여서 나타난다. 예를 들면, '만학천봉'은 첫머리에 어느 신선을 모시는 동자가 등장하는데 다음 (2)에서 보듯이 그 차림새가 중국의 산수화 속에나 나올 법한 비현실적인 모습이다. 그런 한편으로는 마치 사진을 보듯이 생생한 사실적 묘사도 나타난다. (3)은 낚시로 물고기를 잡는 장면인데, 버들가지를 꺾어 끝에 서너 잎만 남기고 버들잎을 훑어 내어 물고기가 빠져 나가지 못하게 만든 후 물고기의 아가미를 꿰어 간수하는 장면이 매우 구체적이고 사실적으로 묘사되어 있다. 물고기를 잡아 임에게 전해 달라고 부탁하는 이 장면은 사설시조에 바탕을 두고 있고, 휘모리 잡가 '육칠월'에도 나타나는 정형화된 묘사이기는 하지만 당시 생활상의 한 단면을 묘사하는 데는 모자람이 없다고 할 수 있다.

(2) 만학천봉(萬壑千峯) 운심처(雲深處)에 석벽(石壁) 굽은 길로 미록(麋鹿)[19] 타고 호로병(胡蘆瓶)[20] 차고 저(笛) 불고 불로초(不老草) 메고 쌍(雙)상투 짱고 색(色)등거리 입고[21] 가는 저 아희(兒嬉)야 (만)

(3) 점심(點心) 보습을 등에다 지고 세백사(細白絲) 가는 그물 삼절오죽(三節烏竹)에 벗을 삼어 구절죽(九節竹) 멧둑 깸묵 파리 밥풀 왼갓 미끼를 가추 차려 조그만 주머니 넣어 차고 앞내여울 오르는 고기 뒷내여울 내리는 고기 자나 굴그나 굴그나 자나 함부로 휘모라 옥가 낚아

---

19) 미록 : 고라니와 사슴

20) '胡蘆瓶'의 잘못. 예전에 중국 광둥의 뱃사람들은 아이들이 배를 타다 표류할 경우를 대비하여 어린아이들의 등에 호로병을 매달아 주었다. 호로병은 신비와 요술의 상징으로, 중국 도가(道家)의 여덟 신선(八仙) 중 하나인 이철괴(李鐵拐)가 들고 다녔다. 이때 호로병은 정신을 육체로부터 자유롭게 하는 능력을 상징한다.

21) 쌍상투는 옛날 관례 때에 머리를 갈라 두 개로 틀어 올린 상투를 가리키고, 색등거리는 색동 마고자를 가리키지만, 여기서는 그보다는 신선도 따위에 등장하는 동자의 상투적 차림새를 묘사한 것으로 해석된다. 「동창 춘향가」에 묘사된 신선도 속의 동자도 같은 차림새이다.
"쌍산토 식등거리 죠고만흔 션동 흔나 풍로의 츠관 연고 불부치난 그 거동을" (이병기 외 편, 1971 : 126).

낚아 옥가 내여 다래끼22)에 넣고 종다리에 담어 시내 강변 능수버들
동으로 벋은 음버들가지23) 에화 직근 우직근 뚝딱 장단(長短) 마처 꺾
어 내려 거꾸로 잡고 끝으로 서너닙 남겨 조로록 홀터 아개미를 남보
기 좋게 느슬느슬 꿰여 들고 가는 길에 (만)


이처럼 휘모리 잡가는 이름 그대로 잡다한 여러 장면들을 담고 있으
며 현실과 비현실이 섞여 있다. 또 사설시조 등을 통해 전통적으로 내
려오는 정형화된 묘사도 상당 부분을 차지한다. 즉 노래들에 묘사된 생
활상이 당시에 새로 생긴 신문물일 수도 있지만 이전부터 전해오는 것
일 수도 있다. 예컨대 '기생 타령'에 나오는 기생은 양산을 쓰고 자동차
를 타고 하는 것을 보아 신문물을 보여 주지만, 낚시로 고기를 잡아 애
호박을 넣고 지져 먹는 것은 이전부터 전해온 풍습일 것이다.


## 3. 세태의 묘사

### 3.1. 직업에 따른 옷차림

휘모리 잡가에는 옷차림과 용모를 묘사하는 부분이 자주 등장하는데,
그 중에서도 앞의 (2)처럼 비현실적으로 정형화된 모습은 제외하고 실
제의 옷차림으로 볼 수 있는 내용을 인용해 보면 다음과 같다.

　　(4) 땜쟁이 발등감투 대장쟁이 손등고이24)(곰)
　　(5) 남의 손 빌어 잘 짠 상투 영문(營門)에 드러 단발(斷髮)할 제 상
투는 비혀 협랑(夾囊)에 넣고 망건(網巾)아 풍잠(風簪)아 너 잘 있거라
병정(兵丁) 복장(服裝) 차릴 적에 모자(帽子) 쓰고 양혜(洋鞋) 신고 마구

---

22) 아가리가 좁고 바닥이 넓은 바구니. 대, 싸리, 칡덩굴 따위로 만든다.
23) '움버들가지'의 誤記로 추측됨. 움버들가지는 새로이 움이 돋아난 버들가지.
24) 뜨거운 불똥으로부터 손등을 보호하기 위한 장갑 같은 것으로 짐작된다. 군데군데
　　불똥이 튀어서 탄 자국이 있는 모양을 곰보에 비유함.

자 실갑25) 각반(脚絆) 치고 혁대(革帶) 군랑(軍囊) 창(金倉 )집 탄자(彈子)
겻드려 차고26) (병)

　(6) 양산(洋傘) 받은 하이카라 금비녀(金釵) 보석(寶石) 반지(指環) 손
가방 겻드려 들고 (기)

　(7) 삿갓 쓰고 도롱이 입고 곰뱅이27) 물고 잠뱅이 입고 낫 가라 차
고 큰 가래 메고 호미 들고 채쭉 들고 수수땅닢 뚝 제체 머리를 질끈
동이고 (육)

(4)는 곰보의 얽은 모습을 해학적으로 표현하기 위해 구멍이 숭숭 뚫
린 것이면 모두 동원하여 나열하는 노랫말의 일부이다. 땜장이가 발등
에 뜨거운 납물을 흘리더라도 데지 않도록 발등을 두툼하게 감싸는 '발
등감투', 대장장이가 불똥에 손을 데지 않기 위해 끼었던 두툼한 장갑이
'손등고이'다.

(5)에는 신식 병정의 옷차림이 묘사되어 있다. 철릭에 털벙거지를 쓴
조선시대 군사의 모습이 아니라 상투를 잘라 단발을 하고, 망건과 풍잠
대신 모자를 쓰고 구두 신고 각반에 슬갑 치고 총을 찬 병사의 모습이
사진이라도 찍듯 세세하게 그려져 있다.

(6)은 '하이카라' 기생의 차림새이다. 금비녀와 보석 반지는 전부터 있
었겠지만 '손가방'은 일본을 통해 들어온 신식 차림새라 할 것이다. 당
시 기생이 자동차까지 타고 다닌 것을 보면(아래의 (11) 참조) 경제적으로
상당한 지위를 누렸던 것을 짐작할 수 있다.

(7)에는 머슴의 차림새가 묘사되어 있다. 육칠월 장마철이라 비옷인 삿
갓과 도롱이를 갖추었지만, 맑은 날이면 더벅머리를 수숫잎으로 질끈 동이
고 소를 몰고 일하러 나갔을 머슴의 유쾌한 발걸음이 눈에 보이는 듯하다.

---

25) 슬갑(膝甲). 병정들이 겨울에 추위를 막기 위하여 무릎에 감던 짧은 옷.
26) 노래를 직접 들어 보면 " ~ 겻드려 차고 <u>글화총 메고</u> 구보로 하여 가는 ~ "이라고
　　부른다. 휘모리 잡가가 가사가 엄격히 고정된 것이 아니므로 가집에 따라 이 정도의
　　차이는 있다. '글화총(銃)'의 뜻은 확인하지 못함.
27) 곰방대.

## 3.2. 직업과 일과

휘모리 잡가의 노랫말에는 당시 있었던 직업들이 나타나고, 몇 개의 직업에 대해서는 고유의 일과(日課)까지 묘사되어 있다.

(8) 경무청(警務廳)[28] 차관(次官) … 변(邊)꿈보 태(太)꿈보 성주패두 염만흥(城主牌頭廉萬興)[29] 같고 감영(監營) 뒷골의 앙괭이[30] 같고 냉동(冷洞)[31]의 박수범(朴秀範) 같고 새절 중의 낙도(樂道) 같고 염불암(念佛庵) 중의 포운(浦雲)이 같고 삼막(三幕) 중의 덕은(德隱)이 같고 시위일대하사(侍衛一隊下士) 마대삼등(馬隊三等) 포대일등병(砲隊一等兵) 같고 삼개(麻浦) 무동(舞童)의 박태부(朴泰富) 같이 (곰)

(9) 이 내몸이 병정(兵丁) 되어 나라에는 본이 되고 일가(一家)엔 남이 되고 일신(一身)이 수족(手足) 되여 매일(每日) 사홉이사(四合二勺) 한 달이면 육원오각(六圓五角)[32] 일년(一年)이면 칠십팔원(七十八圓)에 몸이 매여 장령(將令)이면 수화(水火)를 불피(不避)하고 사차불피(死且不避)로다 아침이면 체조(體操)하고 낮이며는 충의(忠義) 두자(二字) 정심(正心)하고 저녁이면 군가(軍歌)하고 한달 육차(六次) 입직(入直) 들고 새새틈틈이 육군예식내모사(陸軍禮式內謀事)며 보병조전(步兵操典) 국어(國語) 산술(算術) 나팔(喇叭)까지 졸업(卒業)하는 몸둥이라 (병)

(10) 귀권번(貴券番)에 가거들랑 가무선생(歌舞先生) 계신 곳에 얼른 냉큼 수이 빨리 찾어가서 이 내몸이 기생(妓生) 되기 평생(平生)의 원(願)이라고 부디 한 말 잊지 말고 전(傳)하여 주오

(11) 유두분면(油頭粉面) 일미인(一美人)이 자동차(自動車) 타고 가는 모양(貌樣) 정녕 기생(妓生)이라 … 나도 상당(相當)한 허가(許可) 맡은

---

28) 구한말에, 한성부(漢城府) 안에서 경찰과 감옥의 일을 맡아보던 관청.

29) '패두'는 조선 시대에, 형조에 속하여 죄인의 볼기 치는 일을 맡아 하던 사령.

30) 정월 초하룻날 밤에 하늘에서 내려와 자는 아이의 신을 신고 간다는 야광귀(夜光鬼). 또는 얼굴에 먹이나 검정 따위를 함부로 칠해 놓은 모양.

31) 지금의 냉천동. 냉동 또는 냉정동(冷井洞)으로 불리던 것이 1936년에 日帝에 의해 冷泉町으로 고쳐졌다고 한다(박경룡, 1986 : 299).

32) 圓은 1954년 화폐 개혁 이전의 화폐 단위로서 錢의 100배임. 角은 중국의 화폐 단위이므로(10角이 1元), 錢이 쓰여야 옳다.

기생(妓生)의 몸이 되여 밤이면 요리점(料理店)에 가 노래(歌曲) 가사(歌詞) 시조(時調) 풍류(風流) 손님의 수의(隨意)대로 흥치(興致) 있게 놀아주고 낮이면 동서사방문밖(東西四方門外)노리 한강(漢江)의 뱃노리(船遊)요 경치(景致) 따라 산(山)노리라 신흥 약사(新興藥師) 청암사(淸庵寺)며 영도사(永道寺) 청량사(淸凉寺)와 경퇴(景退) 새절(奉元) 화계사(華溪寺)에 쉴 새 없이 불려가고 집에 돌아와 의복개착(衣服改着)한 연후(然後) 백년낭군목적(百年郞君目的)으로 침선 공부(針選工夫) 물려놓고 오는 손님 희담(喜談)으로 접객(接客)하고 주화(廚火)로 나려가 취반갱탕(炊飯羹湯) 가추어서 정(情)든 낭군 공경(郞君恭敬)하는 몸둥이라 (기)

(12) 우리도 사주팔자(四柱八字) 기박(奇薄)하여 남의 집 멈(머슴) 사는 고로 새벽이면 쇠물을 하고[33] 아침이면 먼 산 나무 두세 번 하고 날이면[34] 농사(農事)하고 초저녁이면 새끼를 꼬고 정밤중이면 국문자나 뜨더보고 한달에 술담배 겼드려 수백 번 먹는 몸둥이라 (육)

(13) 행순(行巡)하는 순라군(巡羅軍)에 들켰구나 … 마전군[35]의 점심(點心) 몰래 훔처먹다 빨래방치[36]로 어더맞고 (맹)


(8)은 '곰보타령'의 일부로서, 아마도 당시 장안에 알려진 유명한 '곰보'들의 이름을 나열한 것으로 보인다. '중, 패두, 시위일대 하사, 기마대 삼등(병), 포대 일등병' 등 직업 혹은 군인의 직급을 나타내는 말들이 나온다. '무동'도 농악대나 걸립패 따위에서 재주를 부리는 아이이므로 직업이라고 할 수 있을 것이다.

(9)에서는 '병정'의 바쁜 일상이 소재가 되었다. 나라에는 본보기가 되지만(군역에 매여) 일가친척과는 담을 쌓게 되고, 상사의 수족이 되어 명령을 따라야 하고 장군의 명령이면 물불을 가리지 않고 목숨을 걸고 수행해야 하는 병정의 처지, 그뿐 아니라 체조, 정신 교육, 군가 연습, 학

---

33) 쇠죽을 끓이고.
34) 낮이면.
35) 빨래하는 사람. 빨래를 직업으로 하는 사람.
36) 빨랫방망이.

과 공부, 숙직 등으로 눈 코 뜰 새 없이 바쁜 하루 일과가 해학적으로 그려져 있다. 그 대가로 받는 보수 액수까지 나와 있다.

(10)에는 권번의 '가무선생'이 당시의 직업으로 소개되어 있다. 권번은 일제 강점기 기생들의 조합으로, 노래와 춤을 가르쳐 기생을 양성하고, 기생이 요정에 나가는 것을 감독하고, 화대(花代)를 받아 주는 따위의 중간 구실을 하는, 요즘으로 말하면 연예기획사 비슷한 일을 하던 조직이었다. 노래에는 한 젊은 여성이 자동차를 타고 가는(잘 나가는 듯이 보이는) 기생에게 자기도 기생이 되는 것이 소원이니 매니저 혹은 기획사 사장 격인 가무선생에게 자기를 소개해 달라고 청을 넣고 있는 장면이 나온다.

(11)에는 기생의 일상이 나타나 있다. 기생 노릇을 하기 위해 '허가'가 필요하다는 것을 알 수 있고, 밤이면 요리점에서 가무로 손님의 흥취를 돋워 주고, 낮에는 뱃놀이, 산놀이, 온갖 잔치에 불려 다니고, 집에 돌아와서는 집으로 찾아오는 손님을 응대하고, 정든 낭군을 위해서는 부엌에 가 직접 요리를 해서 공경하는 바쁜 일상을 묘사하고 있다. 그런 가운데서도 백년해로할 낭군을 만날 꿈은 버리지 않는다. 노래에는 기생이 여러 절에 불려 다녔다는 내용이 나오는데, 예전에는 여러 사람이 모여서 회갑 잔치 같은 행사를 할 만한 큰 식당이 거의 없었기 때문에 많은 사람의 식사를 준비할 시설을 갖춘 절에서 그러한 잔치를 했음을 알 수 있다.[37]

(12)는 머슴의 일상을 보여준다. 쇠죽 쑤고, 나무하고, 농사일 하고, 새끼 꼬는 일은 으레 어느 머슴이나 하는 일이지만, 노래 속의 머슴은 모든 일과가 끝나는 한밤중에 '국문자나 뜨더보고' 나서야 잠자리에 든다. 바야흐로 외국의 문물이 들어오고 개화 바람이 불어 머슴조차도 한글을 배워 책을 읽는 모습이 보인다.

---

[37] 60년대 무렵까지도 노래에도 나오는 돈암동 신흥사가 회갑 잔치의 단골 장소였던 것으로 기억한다.

(13)에는 '순라군'과 '마전군'이라는 직업이 나온다. 순라군은 특별할 것이 없지만, 남의 집 빨래를 해 줌으로써 생계를 잇는 마전군이라는 직업이 있었던 것이 눈에 띈다.

## 3.3. 여가 생활과 오락

휘모리 잡가에는 당시 사람들이 여가에 즐기던 유흥과 오락이 묘사되어 있다.

   (14) ㄱ. 세백사(細白絲) 가는 그물 삼절오죽(三節烏竹)에 벗을 삼어 구절죽(九節竹) 멧둑 깸묵 파리 밥풀 왼갓 미끼를 가추 차려 조그만 주머니 넣어 차고 앞내여울 오르는 고기 뒷내여울 내리는 고기 자나 굴그나 굴그나 자나 함부로 휘모라 옥가 낚아 낚아 옥가 내여 (만)

   ㄴ. 고기가 숨북[38] 많이 몰렸으니 네 종기[39] 종다래끼 자나 굴그나 굴그나 자나 함부로 주엄주섬 얼른 냉큼 수이 빨리 잡아내여 (육)

   ㄷ. 앞내여울 고기 뒷내여울 고기 오르는 고기 내리는 고기 자나 굴그나 굴그나 자나 주엄주섬 얼른냉큼 수이 빨리 잡어내여 … 그물 닥대[40] 파리 밥풀 지렁이 쌈지 조리[41] 종다래기 깸묵 주머니 앉을방석 대깨칼[42] 초친 고치장 가지고 뒷여울로 (생)

   (15) 직홍 준오 줄육 사오(四五)[43] 같고 (곰)

   (16) ㄱ. 기생(妓生)의 몸이 되여 밤이면 요리점(料理店)에 가 노래(歌曲) 가사(歌詞) 시조(時調) 풍류(風流) 손님의 수의(隨意)대로 흥치(興致)

---

38) 수북.

39) '종다래끼'와 관련된 의미 없음. '종다래끼'와 두음의 반복을 위해 첨가된 말로 보임.

40) 달궁이. 달강어. 바닷물고기의 한 종류. 문맥상 의미는 불분명.

41) '조리'는 '종다래기'와 용도가 다르고 문맥상으로도 불필요. '종다래기'와 두운을 맞추기 위하여 첨가된 것으로 해석됨. '육칠월'에는 '종기 종다래끼'로 나타남.

42) 대까칼. 대칼(竹刀). 대로 만든 작은 칼.

43) '직홍, 준오, 줄육(→준륙), 사오'는 골패(骨牌)쪽의 이름. 뚫린 구멍의 갯수에 따라 각각 이름이 다르다. 흰 바탕에 검은 구멍이 여러 개 뚫린 모양을 곰보에 비유한 것임. 송파산대놀이 제2마당 먹중의 대사에도(탈춤대사집 : 196) "우박 맞은 잿더미 같구 줄오 줄육 같구"가 나오는데, 그로 미루어 보아 하나의 관용적 표현이었던 것 같다.

있게 놀아 주고 낮이면 동서사방문밖(東西四方門外)노리 한강(漢江)의
뱃노리(船遊)요 경치(景致) 따라 산(山)노리라 신흥 약사(新興藥師) 청암
사(淸庵寺)며 영도사(永道寺) 청량사(淸凉寺)와 경퇴(景退) 새절(奉元) 화
계사(華溪寺)에 쉴 새 없이 불려가고 (기)

　　ㄴ. 장마에 떠나려오는 헌 나막신짝을 선유(船遊)배만 역여 순풍(順
風)에 돛을 달고 명기명창가객(名妓名唱歌客)이며 가진 풍류(風流) 질탕
(迭蕩)[44]하고 배반(盃盤)이 낭자(狼藉)하아 선유(船遊)하는 (맹)

　　(17) 생매[45] 잡어 길 잘 드려 두메로 꿩 산양 보내고 (생)

　　(18) ㄱ. 넙적 실죽 네모진 큰 청석(靑石) 바둑돌[46]을 마침 가젔다 …
날 찾는 손 오거든 네 먼저 나가 통속 보아[47] 딸 손님이건 떡메로 후
리고 아니 딸 손님이면 (생)

　　ㄴ. 장기판, 바둑판, 고누판 (곰)


휘모리 잡가에 나오는 유흥과 오락에 대한 묘사로는 (14)와 같이 물
고기를 잡아서 '매움삼삼달콤하게(육)' 지져 먹거나 회를 쳐서 '초친 고
치장(생)'에 찍어 먹는 '천렵(川獵)'이 자주 나온다.

(15)는 골패, (18)은 바둑 이야기인데 '딸 손님이건' 쫓고 '아니 딸 손님
이면' 들여보내라는 내용으로 미루어보아 내기 바둑임을 알 수 있다. 골
패나 바둑이나 놀이를 넘어 도박이 될 수도 있다. (18ㄴ)은 바둑뿐 아니
라 장기, 고누도 당시에 즐기던 놀이임을 짐작하게 한다.

(16)에는 뱃놀이(船遊)가 묘사되어 있는데, 배 위에 '명기 명창 가객(맹)'
들을 불러 노래를 들으며 술을 마시며 노는 것이다. 요즘으로 말하면
유람선 투어인 셈이다. 각종 모임에 기생을 부르는 풍습도 나타난다.

(17)은 길들인 매를 이용해 꿩을 사냥하는 내용이다.

---

44) 신이 나서 정도가 지나치도록 흥겨움. 또는 그렇게 노는 짓. '跌宕'으로도 쓴다.
45) 生매. 꿩을 잡을 수 있도록 길을 들이지 않은 매.
46) '바둑돌'은 바둑을 둘 때 쓰는 희고 검은 돌이므로, 문맥상 '바둑판'이 적합함.
47) 눈치 보아. '한 통속'인가를 본다는 뜻인지?

## 3.4. 새로운 문물과 생활 방식

1900년대 초기에 유행한 말로 '개화'가 있었다. 서양식 단장(短杖)은 '개화장'이고, 안경은 '개화경' 식으로 새로운 물건이 들어오면 그 앞에 '개화'를 붙여 불렀다. '개화~'로 치장한 사람을 '개화꾼'이라고 부르기도 했다. 휘모리 잡가에도 외국에서 전래된 신문물이 나타난다. (19)의 '양산, 손가방', (20)의 '자동차'가 신문물에 속하며, (21)에서 아이를 낳으러 병원에 가는 일도 전에는 없었던 일일 터이다. (22)도 일본을 통해 외국산 상품들이 물밀듯 들어오기 시작하던 당시의 상황을 짐작하게 한다. (23)은 일본에서 들어온 일본 떡의 존재를 보여 준다. 진고개는 현재의 충무로 고갯길로 당시 일본인이 많이 살았다.

> (19) = (6) 양산(洋傘) 받은 하이카라 금비녀(金釵) 보석(寶石) 반지(指環) 손가방 겻드려 들고 (기)
> (20) 유두분면(油頭粉面) 일미인(一美人)이 자동차(自動車) 타고 가는 모양(貌樣) 정녕 기생(妓生)이라 (기)
> (21) 해산(解産) 선머리(先頭)[48]를 질끈 동이고 가차운 병원(病院)으로 입원(入院)하러 가는 (맹)
> (22) 동경(東京)천이며 남경(南京)천 동양(東洋)천이며 서양(西洋)천이라 동서양거래시(東西洋去來時)에 진속목속포속(眞屬木屬布屬)천 고물신물(古物新物) 비단천 (비)
> (23) 진고개 왜떡 (곰)

## 4. 결 론

지금까지 살펴본 바와 같이 휘모리 잡가는 1900년대 초기 민중의 생활상을 여과 없이 보여 준다. '패두, 병정, 무동, 권번의 가무선생, 기생,

---

48) '先머리'는 일의 처음, 또는 행렬의 처음 부분이라는 뜻인데, 문맥상 의미는 불분명함.

머슴, 순라군, 마전군' 등과 같은 여러 가지 직업 명칭이 나타나며, 병정, 기생, 머슴 등 당시 사회적 지위가 그리 높지 않던 사람들의 일과(日課), 그들이 여가를 보내는 놀이와 유흥, 옷차림 같은 세태의 묘사가 상당히 사실적으로 되어 있어, 마치 오래된 사진첩을 들추는 듯한 느낌을 준다. 또 당시 일본을 거쳐 선보이기 시작한 외국의 문물이 얼핏얼핏 등장하고 있고, 죽도록 일만 하다 마는 줄 알았던 머슴이 책을 읽는 모습에서 자신의 신분을 뛰어넘을 수 있는 자각이 싹트는 것을 감지할 수 있다.

　그동안 시조나 가사, 잡가 같은 보다 정제되고 세련된 장르에만 주로 관심을 집중해 왔으나, 일본식 유행가가 들어오기 전에 활발히 불리던 유행가로서 세태를 비추는 거울과도 같은 휘모리 잡가에도 보다 많은 관심을 기울여야 할 것이다.

# 참고문헌

국립국어연구원 편(1999), 표준국어대사전, 두산동아.

문세영(1938), 原本 朝鮮語辭典<初刊本> 上 下, 박문서관.

박경룡(1986), 서울 史話, 정음문화사.

서울대 동아문화연구소 편(1974), 국어국문학 사전, 신구문화사.

서재극(1970), "개화기 외래어와 신용어", 동서문화 4, 계명대.

이규호(1986), "잡가의 정체", 장덕순선생 정년퇴임기념논총 한국문학사의 쟁점,
    집문당.

이병기 외 편(1971), 신재효 판소리 사설집(전), 민중서관.

이창배 편(1958), 增補 歌謠集成, 문예사.

장사훈(1962), "엇시조와 사설시조의 형태론", 중대논문집 7, 국어국문학회 편(1985),
    時調文學硏究(정음 문화사)에 재수록.

정병욱(1988), 증보판 한국고전시가론, 신구문화사.

조동일(1984), 한국문학통사 3, 지식산업사.

조동일(1986), 한국문학통사 4, 지식산업사.

채 완(1996), "휘몰이 잡가의 언어", 김완진 외 지음, 문학과 언어의 만남, 신구문
    화사.

한국문화재보호협회 편(1981), 탈춤 대사집.

한글학회 지음(1991), 우리말 큰사전, 어문각.

# 활용어간의 공시형태론
## - 평북 운전지역어를 중심으로 -


최 명 옥*


## 1. 서 론

이 글은 평안북도 운전지역어(앞으로 '이 지역어'라고 부른다.)의 활용어간에 대한 공시형태론을 목적으로 작성된다.[1] 활용어간의 공시형태론은 활용어미와 통합하는 어간의 기저형 즉 어간의 형태소 설정에 대한 논의를 기본으로 한다.

음운론, 통사론, 의미론을 포함하여, 한 언어에 대한 전반적인 연구가 이루어지기 위해서는 먼저 그 언어의 형태론적 연구가 이루어져야 한다. 형태소는 실체로서의 언어 연구를 위한 기본 대상이기 때문이다. 변형문법이론을 배경으로 국어를 연구한다고 하면서도, 음운론자들과 문법론자들이, 존대표시어미를 각각 '-으시-'와 '-시-'로, 모음소로 끝나는 동사어간과 통합하는 해라체 현재표시 종결어미를 각각 '-은다'와 '-ㄴ다'로

---

* 서울대학교 국어국문학과.
[1] '공시형태론'의 정의에 대해서는 최명옥(2006)을 참조하기 바람.

달리 표시하는데, 이러한 차이는 존대표시어미에 대한 변형문법이론적 관점과 구조주의 언어학이론적 관점의 차이에 비롯하는 것으로 보아야 할 것이다. 지난 30여년 동안 국어음운론자들과 국어문법론자들은 국어의 공시형태소를 독자적으로 다루어 왔다. 그 결과 오늘날 어간과 어미에 대한 형태소에 대한 인식에는 상당한 차이가 생기게 되었다. 이러한 사실은 두 분야에 종사하는 연구자들이 변형문법이론에 의한 국어의 공시형태론적 연구를 공동으로 해야할 필요성을 잘 말해준다.

그러한 사실을 고려하여, 이 글은 변형문법이론의 틀 속에서 활용어간에 대한 형태론을 체계적으로 논의하려는 것이다. 국어 또는 국어의 한 방언에 존재하는 어간과 어미의 공시형태론이 체계적으로 이루어지면, 그것을 바탕으로, 국어 또는 해당 방언에 대한 공시음운론이 체계적으로 이루어질 수 있다. 그리고 어간과 어미는 문(文)의 근간성분을 이루는 것이기 때문에, 그것들은 공시통사론을 위한 핵심 정보를 제공한다.

그런데 국어 또는 국어의 한 방언을 대상으로 그러한 작업을 동시에 하기는 매우 어렵다. 어간을 다시 활용어간과 곡용어간으로 구분하고 어미를 다시 활용어미와 곡용어미로 구분한다면, 각각의 어간과 어미를 구성하는 형태소의 수는 굉장히 많아진다. 더욱이 우리가 연구대상으로 삼는 것이 자연발화인 경우에, 먼저 어간과 어미의 형태소가 통합한 음성형을 수집해야 하고 다음으로 그 음성형을 형태로 분석하여 어간과 어미의 이형태의 집합을 찾아야 하며 끝으로 이형태의 집합을 대상으로 그들 이형태의 도출을 합당하게 설명할 수 있는 형태소를 설정해야 한다. 그렇게 되면 다루어야 할 자료의 수는 훨씬 더 많아진다. 이 글에서 논의대상을 활용어간으로 그 범위를 제한하는 것은 그러한 이유 때문이다.

활용어간에 대한 형태론의 결과가 타당성을 얻기 위해서는 수집된 음성형으로부터 형태분석이 합당하게 이루어져야 하며 설정된 형태소로부터 그 형태소의 모든 이형태의 도출을 합당하게 설명할 수 있어야 한다. 그러기 위해서는 형태분석과 형태소설정을 위한 객관적인 기준이 있어야 한다. 그런데 이 글의 대상이 되는 활용어간의 형태분석은 명확하고 한정된 어미가 통합된 음성형에서 이루어지는 것이므로 어미형태소에 대해서는 특별한 설정기준이 필요하지 않다. 그러나 어간의 형태소는 방언에 따라 차이가 나기 때문에 형태소 설정을 위한 기준이 필요하다.

이 글에 적용될 형태소설정 기준은 다음과 같다.[2]

기준 ① : 어떤 음운론적 환경에서도 변화가 없는 형태는 그 자체가 형태소가 된다.

기준 ② : 음성형에서 분석된 어간이 둘 이상의 이형태를 가질 때, ⓐ 이형태 상호간에 동일한 부분은 해당하는 형태소의 일부가 된다. 형태소의 일부로 표시할 때에는 이음들은 대당하는 형태음소로 바꾸어야 한다. ⓑ 차이를 보이는 음성들 즉, 교체음들에 대한 형태음소는 ㉠ 해당 교체음들 중의 어느 하나이거나 대상 언어의 음소목록에 있는 음소라야 하며 ㉡ 잠정 형태음소로부터 다른 교체음을 공시적 음운규칙으로써 설명할 수 없는 경우에는 그 교체음들 모두를 형태음소로 인정해야 한다.

기준 ③ : ⓐ 어간말이 자음소(유음소 포함)로 끝날 때에는, 어미 /-ʌtu/와 통합한 음성형에서 분석된 어간형을 잠정 형태소로 가정하고 그 합당성을 검증한다. 단, 그 경우에 활용어간의 잠정 형태소가 1음절로 구성되고 그 음절이 단모음소를 가지고 있다면, 그리고 어미 /-CY/와 통합하는 어간의 이형태가 장모음소를 가지고 있다면, 잠정 형태소의 모음소를 장모음소로 표시해야 한다. ⓑ 어간말이 모음소로 끝날 때에는, 어미 /-CY/와 통합한 음성형에서 분석된 어간형을 잠정 형태소로 가정하고 그 합당성을 검증한다. ⓒ ⓐ에서 분석된 활용어간이 모음으로 끝나는데도 어미초의 평음소가 유기음이나 경음으로 실현되면 ⓐ에서 분석된 활용어간말에 각각 /h/나 /ʔ/를 첨가하여 잠정 형태소로 가정

---

2) 이 기준은 최명옥(2006)에 제시된 것이다.

하고 그 합당성을 검증한다. 이 경우에 잠정 형태소의 어간말 모음소
는 어미 /-CY/와 통합된 형태의 어간말 모음과 동일한 것으로 한다.

   기준 ④ : 기준 ③으로 잠정 형태소를 정할 수 없는 경우, ⓐ자음으
로 끝나는 어간의 어휘화된 이형태는, ㉠어미 /-ɯY/와 통합된 것이
있으면 그것으로 하고 ㉡어미 /-ɯY/와 통합된 것이 없으면 어미 /-{t,
c(또는 ð)Y/와 통합한 것으로 한다. 그리고 ⓑ어미 /-CY/와 통합한 어
간이 자음으로 끝나고 어미 /-VY/와 통합한 어간이 유음으로 끝나는데
도 유음 뒤에 어미초의 [ɯ]가 실현되어 있으면, 어미 /-VY/와 통합한
어간의 어휘화된 이형태는, 국어의 다른 방언에 해당 어간이 단일화된
것이 있을 경우, 그것과 동일한 것으로 한다. ⓒ어미 /-CY/와 통합한
어간이 모음으로 끝나는데도 어미 /-ʌY/와 통합한 어간이 자음이나 유
음으로 끝나면, 어미 /-ʌY/와 통합하는 어휘화된 이형태는 모음소로
끝나는 것으로 해야 한다. 그 때의 어휘화된 이형태는 ㉠해당 어간이
국어의 다른 방언에 단일화된 것이 있으면 그것과 동일한 것이라고
가정하고, ㉡해당 어간이 단일화된 것이 없다면, 그리고 그 어간이 변
화를 겪은 것이라면, 해당 어간보다 앞 시기의 어간형과 동일한 것이
라고 가정하여 그 합당성을 검증한다.

이 연구에 사용된 자료는 2004년 7월 30일에서 8월 15일까지 중국 길
림성 반석시(磐石市)의 집선촌(集鮮村)에서 필자가 조사한 것이다.3) 이 조
사에서 자료를 제공한 분은 윤신찬(74세, 무학) 노인이다. 윤 노인은 평안
북도 운전군 송학리에서 출생하여 11세까지 살다가 현주소지로 왔다.
현주소지는 서북방언화자들이 사는 집성촌으로 몇 세대의 동남방언화
자나 서남방언화자들은 자신의 방언보다는 서북방언을 사용했다고 한
다. 윤 노인은 28세 때에 다시 운전군의 고향으로 가서 1여 년간 살다

---

3) 이 조사는 국립국어원에서 진행하고 있는 남북 공동 지역어조사의 일환으로 이루어졌
   으며 중국에서 서울대학교 인문대학 대학원으로 유학 온 이금화(박사과정 국어학 전
   공)와 김춘자(박사과정 국어학 전공) 두 선생이 조사보조원으로 참여했다. 특히 이금
   화 선생은 제보자 선정과 현지에서의 숙박 문제를 포함한 모든 일정을 준비하고 진행
   했다. 이에 국립국어원과 두 선생에게 깊이 감사드린다.

가 다시 현주소지로 왔다. 그리고 30세 때에 다시 운전군의 고향으로 가서 2년간 살다가 또 다시 현주소지로 와서 지금까지 살고 있다. 이 조사를 할 시기에 윤 노인은 건강이 좋지 않아 집에서 소일하고 있었는데 건강할 때까지의 직업은 목수였다. 내성적이고 차분한 성격을 가지고 있는 것으로 보였지만, 본인의 말에 의하면, 의지가 강하고 고집이 세다고 했다. 그러한 성격 때문인지는 몰라도, 현주소지에서 가장 고향말을 잘 간직하고 있는 분으로 알려져 있다.[4)]

## 2. 활용형의 분석과 어간 형태소의 설정

이 장의 논의 목적은 이 지역어의 활용형을 분석하여 어간 이형태의 집합을 찾고 그 집합을 대상으로 해당 어간의 형태소를 설정하는 것이다. 논의될 활용어간의 형태소는 크게 둘로 구분된다. 단일형태소와 복합형태소가 그것이다. 단일형태소란 표면의 모든 이형태를 도출시키는 형태소가 하나인 것이며 복합형태소란 표면의 모든 이형태를 도출시키는 형태소가 둘 이상의 어휘화된 이형태로 구성된 것이다.

이 글에서 논의 대상이 되는 활용어간은 모두 280개인데, 이것은 대상 언어에 존재하는 활용어간의 종성 체계와 모든 공시적 음운과정을 파악할 수 있도록 작성된 284개의 활용어간 중 이 지역어에서 사용되지

---

4) ㉮ 조사 기간 동안 물심 양면으로 온갖 친절을 베풀어주신 윤신찬 노인과 그 부인 그리고 조사에 협조해준 여러분께 이 자리를 빌어 감사드린다.
　㉯ 이 글에서 '음소'와 '음성' 표시에 사용된 기호와 그에 해당하는 국어자모는 다음과 같다. ① 자음소와 자음 : /p(ㅂ)/ : [p], [b], /p'(ㅃ)/ : [p'], /p$^{h}$(ㅍ)/ : [p$^{h}$], /m(ㅁ)/ : [m], /t(ㄷ)/ : [t], [d], /t'(ㄸ)/ : [t'], /t$^{h}$(ㅌ)/ : [t$^{h}$], /n(ㄴ)/ : [n], /s(ㅅ)/ : [s], /s'(ㅆ)/ : [s'], /c(ㅈ)/ : [ts],[dz], /c'(ㅉ)/ : [ts'], /c$^{h}$(ㅊ)/ : [ts$^{h}$], /k(ㄱ)/ : [k], [g], /k'(ㄲ)/ : [k'], /k$^{h}$(ㅋ)/ : [k$^{h}$], /ŋ(ㅇ)/ : [ŋ], /ʔ(ㅎ)/ : [ʔ], /h(ㅎ)/ : [h] ② 유음소와 유음 : /l(ㄹ)/ : [ɾ], [l] ③ 활음소와 활음 : /w, j / : [w,j] ④ 모음소 : ㉠단모음소 : /i(이), e(에), ɛ(애), ɯ(으), ʌ(어), u(우), ɔ(오), a(아)/ : ㉡ 이중모음소 : /jʌ(여), ja(야); wi(위), we(웨), wɛ(왜), wʌ(워), wa(와)/ [단모음소와 이중모음소에는 같은 수의 장(長)모음소가 있음]. 모음소에 대한 모음은 동일함.

않는 4개를 제외한 숫자이다. 여기서는 먼저 활용어간의 단일형태소에 대해서 논하고 다음으로 활용어간의 복합형태소에 대해서 논한다. 여기에 제시되는 자료 즉 활용형은 ( ) 속에 제시된 표준어의 활용어간이 표준어의 활용어미 '-({는, 은})다, -고, -더라, -으니까, -어도'와 통합할 때에 실현되는 이 지역어의 음성형이다.

활용형을 분석하기 위해서는 어간과 통합되는 이 지역어의 어미에 대한 형태소의 설정에 대해 먼저 논의할 필요가 있다. 어미의 형태소를 알면 음성형으로부터 어간의 형태를 쉽게 추출할 수 있기 때문이다.

① maŋ-nɯnda    mak-k'u    mak-t'ʌɾa    mag-ɯmun    mag-adu(막-,防)
② t'ɯn-nɯnda    t'ɯk-k'u    t'ɯt-t'ʌɾa    t'ɯd-ɯmun    t'ɯd-ʌdu(뜯-,摘)
③ na-nda    nal-gu    nal-dʌɾa    nal-mun    naɾ-adu(날-,飛)
④ tsak-t'a    tsak-k'u    tsak-t'ʌɾa    tsag-ɯmun    tsag-adu(작-,小)
⑤ kʰɯ-da    kʰɯ-gu    kʰɯ-dʌɾa    kʰɯ-mun    kʰ-ʌdu(크-,大)

위의 자료는 표준어의 활용어간 /mak(막)-/, /t'ɯt(뜯)-/, /nal(날)-/, /cak(작)-/과 표준어의 활용어미 /-({nɯn, ɯn})ta/, /-ko/, /-tʌla/, /-ɯnik'a/, /-ʌto/가 통합하는 경우에 해당하는 이 지역어의 음성형을 어간과 어미로 분석한 것이다. 이 자료에서 우리가 결정할 것은 이 지역어의 활용어미의 형태소이다. 활용어미의 형태소는 활용어간의 형태소와 동일한 절차에 의해서 결정할 수 있다. 먼저 제시된 자료에서 각 항을 수직으로 정리하면, 그것이 이 지역어에 사용되는 해당 활용어미의 형태소에 대한 이형태가 된다. 즉 표준어 어미 각각에 대한 이 지역어 어미 형태소의 이형태는 [-nɯnda, -nda, -t'a, -da], [-k'u, -gu], [-t'ʌɾa, -dʌɾa], [-ɯmun, -mun], [-adu, -ʌdu]가 된다. 이들 각 어미의 이형태를 정리하면, 각각 [-{n, ø }ɯnda, -{t', d}a, -{k', g}u, -{t', d}ʌɾa, -{ɯ, ø}mun, -{a, ʌ}du]가 된다.

1장에 제시된 형태소설정 기준 ②ⓐ를 적용하면, 각 어미에서 공통되는 부분 즉, { } 밖의 부분은 어미 형태소의 일부가 되며 이형태에서 차이를 보이는 { } 안에 있는 부분들 간의 논의를 통해서 형태소의 나머지 부분을 결정할 수 있다. 구체적으로 서술하면, [-{kʼ, g}ɯ]의 경우, 공통 부분인 [ɯ]는 형태음소가 되어 /-{ }ɯ/로 표시된다. 그리고 { } 속의 교체음 중 [kʼ]를 형태음소로 할 경우에는 그것이 모음소나 /l/로 끝나는 어간 뒤에서 [g]로 실현되는 사실을 설명할 수 없다. 국어에서 경음소나 유기음소는 유성음소 사이에서도 유성음화하지 않기 때문이다. 그러나 [g]의 무성음 [k]를 형태음소로 하는 경우에는 그것이 어간말의 평파열음소 뒤에서는 경음소화하여 [kʼ]로 실현되고 어간말의 모음소나 /l/ 뒤에서는 유성음화하여 [g]로 되는 사실을 설명할 수 있다. 따라서 표준어 어미 /-ko/에 대한 이 지역어의 어미 형태소는 /-kɯ/가 된다.

　동일한 논의에 의해서, [-{tʼ, d}ʌra]의 형태소는 /-tʌla/가 된다.⁵⁾ 그리고 [-{ɯ, ø}mun]과 [-{a, ʌ}du]의 형태소는 각각 /-ɯmun/과 /-ʌtu/가 된다. 앞의 것에서 [ɯ]를 형태음소로 삼은 것은 국어에서 어간말 자음소 뒤에서 /ɯ/가 삽입되지 않는 것이 일반적인데 반하여 어간말 모음소나 /l/ 뒤에서 어미초의 /ɯ/가 탈락하는 것이 일반적이기 때문이다. 그리고 뒤의 것에서 [ʌ]를 형태음소로 삼은 것은 8개의 어간말 모음소 중에서 어미초의 /ʌ/와 통합하는 것은 5개(/i, e, ɯ, ʌ, u/)인데 반하여 어미초 /a/와 통합하는 것은 3개(/ɛ, o, a/)이기 때문이다.

　끝으로 [-{n, ø}ɯnda, -{tʼ, d}a]의 경우, [-{tʼ, d}a]의 형태소는 /-ta/가 된다. 그러나 [-{n, ø}ɯnda]는 { } 속의 어느 하나를 형태음소로 하여 다른 것의 도출을 설명할 수 없다. 그러므로 형태소 설정기준 ②ⓑ의 ㉡에 의해 교체음들 모두가 형태음소로 인정되어야 한다. 그 결과 복합형태소 /-{n-ø}ɯnta/가 된다. 여기서 복합형태소 /-{n-ø}ɯnta/는 동작동사의 어간 뒤에 선택되는데 어휘화된 이형태 /-nɯnta/는 자음소로 끝나는 동작동사의 어간 뒤에 선택되고 /-ɯnta/는 모음소나 /l/로 끝나는 동작동

---

5) 유음 ɾ의 형태음소를 /l/로 한 것은 형태음소 /l/이 어두에서 [ɾ]로 실현되는 것이 형태음소 /ɾ/가 음절말에서 [l]로 실현되는 것보다 더 일반적이라는 사실에 말미암은 것이다.

사의 어간 뒤에 선택된다. 그리고 형태소 /-ta/는 상태동사의 어간이나 선어말어미 뒤에 선택된다. 그것들은 복합형태소 /-{{n-ø}ɯn-ø}ta/로 통합하여 나타낼 수 있다.

이상의 논의 결과, 이 글에서 형태분석의 대상인 활용형에 사용된 어미의 형태소와 이형태는 다음과 같이 정리된다. 형태소를 /  /로, 이형태를 [ ]로 표시한다.

- /-{{n-ø}ɯn-ø}ta/ : [-nɯnda, -nda, -da]
- /-ku/ : [-kʼu, -gu]
- /-tʌla/ : [-tʼʌɾa, -dʌɾa]
- /-ɯmun/ : [-ɯmun, -mun]
- /-ʌtu/ : [-adu, -ʌdu]

## 2.1 단일형태소

활용어간이 단일형태소인 것은 어간말이 자음소로 끝나는 것과 모음소로 끝나는 것으로 구분한다. 먼저 어간이 자음소로 끝나는 형태소에 대해 논하고 다음에 모음소로 끝나는 형태소에 대해서 논한다.

### 2.1.1 자음소로 끝나는 형태소

자음소로 끝나는 활용어간의 형태소는 단일자음소로 끝나는 것과 자음소군으로 끝나는 것으로 구분한다. 먼저 단일자음소로 끝나는 어간 형태소에 대해 논하고 다음에 자음소군으로 끝나는 형태소에 대해 논한다.

### [1] 단일자음소(유음소 포함)로 끝나는 형태소

여기서는 조음점을 기준으로 어간말이 양순음소로 끝나는 형태소로부터 시작하여 성문음소로 끝나는 형태소까지에 대해 논한다. 이 경우의 형태소설정은 앞에 제시된 기준 ①~③을 적용한다. 그러면 먼저 어

간말이 양순음소로 끝나는 형태소의 설정으로부터 시작한다. /p'/로 끝
나는 활용어간은 이 지역어에 존재하지 않으므로, 나머지 양순음소로
끝나는 활용형과 1장에 제시된 어미의 이형태를 고려하여 그들 활용형
을 형태분석하면 각각 (1a), (1b)와 같다.


(1a)

㉮ /Xp-/류 : [imnɯnda, ikk'u, ipt'ʌɾa, ibumun, ibʌdu](입-,着衣)

㉯ /Xpʰ-/류 : [tʌmnɯnda, tʌkk'u, tʌpt'ʌɾa, tʌpʰumun, tʌpʰʌdu](덮-,覆)

㉰ /Xm-/류 : [ka : mnɯnda, ka : ŋk'u, ka : mt'ʌɾa, kamumun, kamadu]
              (감-,瞑)

(1b)

㉮ /Xp-/류 : im-nɯnda, ik-k'u, ip-t'ʌɾa, ib-umun, ib-ʌdu

㉯ /Xpʰ-/류 : tʌm-nɯnda, tʌk-k'u, tʌp-t'ʌɾa, tʌpʰ-umun, tʌpʰ-ʌdu

㉰ /Xm-/류 : ka : m-nɯnda, ka : ŋ-k'u, ka : m-t'ʌɾa, kam-umun, kam-adu


(1b)의 어간은 모두 자음소로 끝나므로 잠정 형태소는 각각 /ʌ/로 시
작하는 어미와 통합하는 이형태라고 가정한다. 그러면 잠정 형태소는
㉮ /ip-/, ㉯ /tʌpʰ-/, ㉰ /ka : m-/이[6] 된다. 이들 형태소에 어미 /-nɯnta/가
통합하면, 어간말의 자음소는 어미초의 /n/ 앞에서 평파열음소화와 비음
소화를 거치게 된다. 그러면 어간말의 /p/와 /pʰ/는 모두 /m/로 되며 어간
말의 /m/는 아무런 음운과정을 거치지 않는다. 그 결과 실현되는 어간
의 음성형은 (1a)㉮~㉰의 첫번째 것과 일치한다. 다음으로 잠정 형태소
와 어미 /-ku/가 통합하면, 어간말 자음소는 어미초의 /k/ 앞에서 평파열
음소화와 연구개음소화를 거치게 된다. 그러면 어간말의 /p/와 /pʰ/는 /k/
로 되고 어간말의 /m/는 /ŋ/로 된다. 그 결과 실현되는 어간의 음성형은
(1a)㉮~㉰의 두번째 것과 일치한다.

---

6) (1a)㉰의 잠정 형태소의 모음소를 /a : /라고 한 것은, 어미 /-CY/와 통합한 어간말이 장
   모음을 가지고 있으므로, 형태소 설정기준 ③ⓐ를 적용한 결과이다.

이번에는 잠정 형태소와 어미 /-tʌla/가 통합한 경우를 보기로 한다. 이 경우에 어간말의 /pʰ/는 어미초의 /t/ 앞에서 평파열음소화하여 /p/로 된다. 그 결과 실현되는 어간의 음성형은 (1a)㉮~㉰의 세번째 것과 일치한다. 끝으로 잠정 형태소에 어미 /-ɯmun/이나 /-ʌtu/가 통합하면, 어간말 자음소는 아무런 음운과정을 거치지 않지만, ㉰의 어간 모음소는 단모음소화한 다음 음성으로 실현된다. 그 경우에 평음소 /p/는 유성자음 b로 된다. 그 결과 실현되는 어간의 음성형은 (1a)㉮~㉰의 네번째나 다섯번째 것과 일치한다.

이상과 같은 검증 결과, 잠정 형태소 ㉮ /ip-/, ㉯ /tʌpʰ-/, ㉰ /ka：m-/은 (1a)㉮~㉰에 제시된 활용형의 어간 형태소로서 합당하다는 것을 알 수 있다. 조사 자료에서 어간말 형태음소로 /p, pʰ, m/를 가지는 활용어간으로는 (1c)와 같은 것이 있다.

(1c)

㉮ /Xp-/류 : cap-(잡-,執), s'ip-(씹-,咀), p'op-(뽑-,選), cʌp-(접-,摺) 등 소 위 'ㅂ-정칙동사'들이 모두 여기에 포함된다.

㉯ /Xpʰ-/류 : kapʰ-(갚-,報), ʌpʰ-(엎-,覆), nopʰ-(높-,高), kipʰ-(깊-,深) 등이 있다.

㉰ /Xm-/류 : nʌm-(넘-,越), sum-(숨-,隱), kam-(감-,捲), tʌtɯm-(더듬-, 摸), tam-(담-,盛), sim-(심-,植), s'ɯtatɯm-(쓰다듬-,撫)

다음으로 어간말이 치음소와 치조음소로 끝나는 형태소의 설정에 대해 논의하기로 한다. 치음소 중에 /t'/와 /s'/로 끝나는 활용어간과 치조음소 중에 /c'/로 끝나는 활용어간은 이 지역어에 존재하지 않는다. 그러므로 나머지 치음소와 치조음소로 끝나는 활용형과 1장에 제시된 어미의 이형태를 고려하여 그들 활용형을 형태분석하면 각각 (2a), (2b)와 같다.

(2a)

㉮ /Xt-/류 : [t'ɯnnɯnda, t'ɯkk'u, t'ɯtt'ʌɾa, t'ɯdɯmun, t'ɯdʌdu](뜯-,摘)

㉯ /Xtʰ-/류 : [mannɯnda, makk'u, matt'ʌɾa, matʰɯmun, matʰadu](맡-,任)

㉰ /Xs-/류 : [pinnɯnda, pikk'u, pitt'ʌɾa, pisɯmun, pisʌdu](빗-,梳)

㉱ /Xn-/류 : [a ː nnɯnda, a ː ŋk'u, a ː nt'ʌɾa, anɯmun, anadu](안-,抱)

㉲ /Xl-/류 : [a ː nda, a ː lgu, a ː ldʌɾa, a ː lmun, aɾadu](알-,知)

㉳ /Xc-/류 : [ʦinnɯnda, ʦikk'u, ʦitt'ʌɾa, ʦidʑɯmun, ʦidʑʌdu](짖-,吠)

㉴ /Xcʰ-/류 : [ʦ'onnɯnda, ʦ'okk'u, ʦ'ott'ʌɾa, ʦ'oʦʰumun, ʦ'oʦʰadu](쫓-,追)

(2b)

㉮ /Xt-/류 : t'ɯn-nɯnda, t'ɯk-k'u, t'ɯt-t'ʌɾa, t'ɯd-ɯmun, t'ɯd-ʌdu

㉯ /Xtʰ-/류 : man-nɯnda, mak-k'u, mat-t'ʌɾa, matʰ-ɯmun, matʰ-adu

㉰ /Xs-/류 : pin-nɯnda, pik-k'u, pit-t'ʌɾa, pis-ɯmun, pis-ʌdu

㉱ /Xn-/류 : a ː n-nɯnda, a ː ŋ-k'u, a ː n-t'ʌɾa, an-ɯmun, an-adu

㉲ /Xl-/류 : a ː -nda, a ː l-gu, a ː l-dʌɾa, a ː l-mun, aɾ-adu

㉳ /Xc-/류 : ʦin-nɯnda, ʦik-k'u, ʦit-t'ʌɾa, ʦidʑ-ɯmun, ʦidʑ-ʌdu

㉴ /Xch-/류 : ʦ'on-nɯnda, ʦ'ok-k'u, ʦ'ot-t'ʌɾa, ʦ'oʦʰ-umun, ʦ'oʦʰ-adu

(2b)는 활용어간이 모두 자음소(유음소 포함)로 끝나고 있음을 보여준다. 그러므로 각 활용어간의 잠정 형태소는 /ʌ/로 시작하는 어미와 통합하는 이형태라고 가정한다. 그렇게 되면 각 어간의 잠정 형태소는 ㉮ /t'ɯt-/, ㉯ /matʰ-/, ㉰ /pis-/, ㉱ /a ː n-/, ㉲ /a ː l-/, ㉳ /cic-/, ㉴ /c'ocʰ-/이 된다.

이들 어간의 잠정 형태소에 어미 /-nɯnta/(어간말 /l/ 뒤에는 /-ɯnta/)가 통합하면, 어미초의 /n/ 앞에서 어간말의 /tʰ, s, c, cʰ/는 평파열음소화하여 /t/로 되며 어간말 /l/ 뒤에서 어미초의 /ɯ/가 탈락하고 다시 어미초의 /n/(/ɯ/가 탈락된 다음의) 앞에서 어간말의 /l/가 탈락한다. 그리고 어간말의 /t/와 평파열음소화에 의한 /t/는 비음소화하여 /n/로 된다. 그 다음에는 음운과정을 거칠 것이 없으므로 음성으로 실현되는데, 그때의 어간 음성형은 (2a)㉮~㉴의 첫번째 것과 동일하다.

다음으로 어간의 잠정 형태소에 어미 /-ku/가 통합하면, 어미초의 /k/

앞에서 어간말의 자음소는 평파열음소화하여 /t/로 되고 다시 어간말의 /t/와 평파열음소화에 의한 /t/ 그리고 어간말의 /n/는 어미초의 /k/ 앞에서 연구개음소화하여 /k/와 /ŋ/로 된다. 그 뒤에는 음운과정을 거칠 것이 없으므로, 음성으로 실현되는데, 그 때의 어간 음성형은 (2a)㉮~㉯의 두 번째 것과 동일하다.

이번에는 어간의 잠정 형태소에 어미 /-tʌla/가 통합하는 경우를 보기로 한다. 그 경우에도 역시 어간말의 자음소는 어미초의 /t/ 앞에서 평파열음소화하여 /t/로 되며 그 뒤에는 음운과정을 거칠 것이 없으므로 음성으로 실현된다. 그 때의 어간 음성형은 (2a)㉮~㉯의 세번째 것과 동일하다.

끝으로 어간의 잠정 형태소에 어미 /-ɯmun/나 /-ʌtu/가 통합하면, 어간의 잠정 형태소 ㉱와 ㉲에만 음운과정이 일어난다. 먼저 잠정 형태소 ㉱의 경우, 어미초의 모음소 앞에서 어간의 모음소는 단(短)모음소화하여 /a/로 되며, 잠정 형태소 ㉲의 경우, 어미 /-ɯmun/과 통합할 때에는 어간말의 /l/ 뒤에서 어미초의 /ɯ/가 탈락하므로 어간은 더 이상 음운과정을 거치지 않으며, 어미 /-ʌtu/와 통합할 때에는 어간의 모음소는 단(短)모음소화하여 /a/로 된다. 그 다음에는 모든 어간은 더 이상 음운과정을 거치지 않으므로 음성으로 실현되는데, 그 때의 어간 음성형은 (2a)㉮~㉯의 네번째나 다섯번째 것과 동일하다.

이상과 같은 검증 결과, 잠정 형태소 ㉮/t'ɯt-/, ㉯/matʰ-/, ㉰/pis-/, ㉱/a:n-/, ㉲/a:l-/, ㉳/cic-/, ㉴/c'ocʰ-/는 (2a)㉮~㉴에 제시된 활용형의 어간 형태소로서 합당하다는 것을 알 수 있다. 조사 자료에서 어간말 형태음소로 /t, tʰ, t, s, n, l, c, cʰ/를 가지는 활용어간으로는 (2c)와 같은 것이 있다.

(2c)

㉮ /Xt-/류 : p'ʌt-(뻗-,伸), tɯt-(듣-,聞),[7] tat-(닫-,閉), mut-(묻-,埋), ʌ:t-(얻-,得) 등 소위 모든 'ㄷ-정칙동사'들이 여기에 속한다.

㉯ /Xtʰ-/류 : jatʰ-(얕-,淺), putʰ-(붙-,着)

㉰ /Xs-/류 : cus-(줍-,拾), is-(있-,有), us-(웃-,笑), pʌs-(벗-,脫) 등.8)

㉱ /Xn-/류 : a：n-(抱)

㉲ /Xl-/류 : nal-(飛), u：l-(泣), ʌ：l-(凍), mal-(捲), pu：l-(吹), p'al-(洗,
吮), co：l-(睡), s'ɯl-(掃), c'ul-(脧), pʰal-(賣), cɯl-(질-,泥), kiul-(傾),
tɯmul-(稀), pitʰɯl-(捻), mɛntɯl-(만들-,造) kamɯl-(旱), sʌtʰul-(未熟),
mʌmul-(踐)

㉳ /Xc-/류 : k'oc-(꽂-,揷), nac-(낮-,低), nɯc-(늦-,晚), cʌc-(젖-,潤) 등.

㉴ /Xcʰ-/류 : sicʰ -(씻-,洗) 등.


다음으로 어간말이 연구개음소로 끝나는 형태소의 설정에 대해 논의
하기로 한다. 연구개음소 중에 /kʰ/나 /ŋ/로 끝나는 활용어간은 이 지역
어에 존재하지 않는다. 그러므로 나머지 연구개음소로 끝나는 활용형과
1장에 제시된 어미의 이형태를 고려하여 그들 활용형을 형태분석하면
각각 (3a), (3b)와 같다.


(3a)

㉮ /Xk-/류 : [maŋnɯnda, makk'u, makt'ʌɾa, magɯmun, magadu](막-,防)

㉯ /Xk'-/류 : [k'ʌŋnɯnda, k'ʌkk'u, k'ʌkt'ʌɾa, k'ʌk'ɯmun, k'ʌk'ʌdu](꺾-,折)

(3b)

㉮ /Xk-/류 : maŋ-nɯnda, mak-k'u, mak-t'ʌɾa, mag-ɯmun, mag-adu

㉯ /Xk'-/류 : k'ʌŋ-nɯnda, k'ʌk-k'u, k'ʌk-t'ʌɾa, k'ʌk'-ɯmun, k'ʌk'-ʌdu


(3b)에서 분석된 활용어간이 자음소로 끝나고 있으므로, 어간의 잠정
형태소는 /ʌ/로 시작하는 어미와 통합하는 이형태라고 가정한다. 그러면
각 어간의 잠정 형태소는 각각 ㉮ /mak-/과 ㉯ /k'ʌk'-/이 된다. 이들 잠정

---

7) 국어의 방언에서 어간말 형태음소 {t-l?}를 가지는 것 중 이 활용어간만은 서북방언에
   서 어간말 형태음소로 /t/ 를 가진다.

8) 이 지역어에는 어간말에 /s'/를 가지는 활용어간은 없다.

형태소에 어미 /-nɯnta/가 통합하면, 먼저 어간말의 /k'/는 어미초의 /n/ 앞에서 평파열음소화하여 /k/로 되며, 다음으로 어간말의 /k/는, 평파열음소화에 의한 /k/와 함께, 어미초의 /n/ 앞에서 비음소화하여 /ŋ/로 된다. 그 다음에는 더 이상 음운과정을 거칠 것이 없으므로 음성으로 실현되는데, 그 때의 어간 음성형은 (3a)㉮,㉯의 첫번째 것과 동일하다.

다음으로 어간의 잠정 형태소에 어미 /-ku/와 /-tʌla/가 통합하면, 어간말의 /k'/는 어미초의 자음소 앞에서 평파열음소화하여 /k/로 된다. 그 뒤에 더 이상 음운과정을 거칠 것이 없으므로 음성으로 실현된다. 그 때의 어간 음성형은 (3a)㉮,㉯의 두번째와 세번째 것과 동일하다.

끝으로 어간의 잠정 형태소에 어미 /-ɯmun/나 /-ʌtu/가 통합하면, 어간말 자음소는 아무런 음운과정을 거치지 않기 때문에 음성으로 실현된다. 그 경우에 어간말의 /k/는 두 모음소 사이에서 유성자음 [g]로 실현된다. 그 때의 어간 음성형은 (3a)㉮,㉯의 네번째와 다섯번째 것과 동일하다.

이상과 같은 검증 결과, 잠정 형태소 ㉮ /mak-/과 ㉯ /k'ʌk'-/은 (3a)㉮,㉯에 제시된 활용형의 어간 형태소로서 합당하다는 것을 알 수 있다. 조사 자료에서 어간말 형태음소로 /k/나 /k'/를 가지는 활용어간으로는 (3c)와 같은 것이 있다.

(3c)
㉮ /Xk-/류 : mʌk-(먹-,食 ), cuk-(죽-,死), s'ʌk-(썩-,腐) 등.
㉯ /Xk'-/류 : muk'-(묶-,束), tak'-(닦-,修), k'ak'-(깎-,削) 등.


끝으로 어간말이 성문음소로 끝나는 형태소의 설정을 보기로 한다. 이 지역어의 활용어간말이 가지는 성문음소에는 /h/와 /ʔ/가 있다. 어간말에 이들 성문음소를 가지는 활용형과 1장에 제시된 어미의 이형태를 고려하여 그들 활용형을 형태분석하면 각각 (4a), (4b)와 같다.

(4a)

㉮ /Xh-/류 : [t'annɯnda, t'akʰu, t'atʰʌɾa, t'aamun, t'aadu](땋-,辮)

㉯ /X?-/류 : [nannɯnda, nak'u, nat'ʌɾa, naamun, naadu](낫-,癒)

(4b)

㉮ /Xh-/류 : t'an-nɯnda, t'ah-ku, t'ah-tʌɾa, t'a-amun, t'a-adu

㉯ /X?-/류 : nan-nɯnda, naC-ku, naC-tʌɾa, na-amun, na-adu

(4b)㉮, ㉯에서 /ʌ/로 시작하는 어미와 통합한 활용형을 보면, 어간형이 모음으로 끝난다. 그러나 어미 /-CY/와 통합한 활용형을 보면, 어미초의 평자음소가 유기음이나 경음으로 실현된다. 이 경우에는 기준 ③ ⓑ를 적용하여 그들의 잠정 형태소를 각각 ㉮ /t'ah-/, ㉯ /na?-/라고 가정하고 그것이 합당한가를 검증해 보기로 한다.

먼저 어간의 잠정 형태소에 어미 /-nɯnta/가 통합하면, 어간말의 /h/와 /?/는 어미초의 /n/ 앞에서 평파열음소하여 모두 /t/로 되고 다시 /t/는 어미초의 /n/에 동화되어 /n/로 된다. 그 다음에는 다른 음운과정을 거치지 않으므로 음성으로 실현되는데, 그 때의 음성형은 (4a)㉮, ㉯의 첫번째 것과 동일하다.

다음으로 어간의 잠정 형태소에 어미 /-ku/나 /-tʌla/와 통합하면, 어간말의 /h/와 /?/는 어미초의 /k/나 /t/와 통합하여 각각 /kʰ, tʰ/와 /k', t'/로 된다. 그 다음에는 다른 음운과정을 거치지 않으므로 음성으로 실현되는데, 그 때의 음성형은 (4a)㉮, ㉯의 두번째와 세번째 것과 동일하다.

끝으로 어간의 잠정 형태소에 어미/-ɯmun/이나 /-ʌtu/가 통합하면, 어간말의 /h/와 /?/는 두 모음소 사이에서 탈락한다. 그 다음에는 더 이상 음운과정을 거치지 않으므로 음성으로 실현되는데, 그 때의 음성형은 (4a)㉮, ㉯의 네번째와 다섯번째 것과 동일하다.

이상과 같은 검증 결과, 어간의 잠정 형태소 ㉮ /t'ah-/와 ㉯ /na?-/는 각각 (4a)㉮와 ㉯에 제시된 활용형의 어간 형태소로서 합당하다는 것을

알 수 있다. 조사 자료에서 어간말 형태음소로 /h/나 /ʔ/를 가지는 활용
어간으로는 (4c)와 같은 것이 있다.

(4c)
㉮ /Xh-/류 : nah-(낳-,産), nih-(넣-,入), nih-(이-,盖), t'ih-(찧-,搗), noh-(놓
-,放) 등.
㉯ /Xʔ-/류 :  nuʔ-(눕-,臥), ciʔ-(짓-,作), pu：ʔ-(붓-,腫), kuʔ-(굽-,炙), niʔ-
(잇-,連), puʔ-(붓-,注), katuʔ-(가두-,囚), po：ʔ-(빻-,粉), cʌʔ-(젓-,榜),
c'oʔ-(쪼-,啄), taʔ-(닿-,觸), cuʔ-(줍-,拾) 등 소위 'ㅅ-변칙동사'에 해
당하는 것들이 대부분 여기에 속한다.

## [2] 자음소군으로 끝나는 형태소

이 지역어에서 존재하는 활용어간말 자음소군으로는 /ps, nc, lt$^h$, lp,
lm, lk; nh, lh, lʔ/가 있다. 여기서는 먼저 어간말 자음소군 /ps, nc, lt$^h$, lp,
lm, lk/를 가지는 어간의 형태소 설정에 대해서 논하고 다음에 어간말
자음소군 /nh, lh, lʔ/를 가지는 어간의 형태소 설정에 대해서 논하기로
한다. 먼저 어간말 자음소군 /ps, nc, lt$^h$, lp, lm, lk/를 가지는 어간의 활용
형과 그에 대한 형태분석 결과를 제시하면 (5a), (5b)와 같다.

(5a)
㉮ /Xps-/류 : [ʌpt'a, ʌkk'u, ʌpt'ʌɾa, ʌpsɯmun, ʌpsʌdu](없-,無)
㉯ /Xnc-/류 : [annɯnda, aŋk'u, ant'ʌɾa, andʑɯmun, andʑadu](앉-,坐)
㉰ /Xlt$^h$-/류 : [hullɯnda, hulk'u, hult'ʌɾa, hult$^h$ɯmun, hult$^h$ʌdu](훑-,扱)
㉱ /Xlp-/류 : [pallɯnda, palk'u, palt'ʌɾa, palbumun, palbadu](밟-,踏)
㉲ /Xlm-/류 : [kumnɯnda, kuŋk'u, kumt'ʌɾa, kulmumun, kulmʌdu](굶-,飢)
㉳ /Xlk-/류 : [malt'a, malk'u, malt'ʌɾa, malgɯmun, malgadu](맑-,淸)
(5b)
㉮ /Xps-/류 : ʌp-t'a, ʌk-k'u, ʌp-t'ʌɾa, ʌps-ɯmun, ʌps-ʌdu
㉯ /Xnc-/류 : an-nɯnda, aŋ-k'u, an-t'ʌɾa, andʑ-ɯmun, andʑ-adu

㉓ /Xlt$^h$-/류 : hul-lɯnda, hul-k'u, hul-t'ʌɾa, hult$^h$-ɯmun, hult$^h$-ʌdu

㉕ /Xlp-/류 : pal-lɯnda, pal-k'u, pal-t'ʌɾa, palb-umun, palb-adu

㉖ /Xlm-/류 : kum-nɯnda, kuŋ-k'u, kum-t'ʌɾa, kulm-umun, kulm-ʌdu

㉗ /Xlk-/류 : mal-t'a, mal-k'u, mal-t'ʌɾa, malg-ɯmun, malg-adu


  (5b)의 형태분석에서 어간이 자음소로 끝난다는 것을 알 수 있다. 그러므로 잠정 형태소는 /ʌ/로 시작하는 어미와 통합한 어간 형태로 하고 거기에 기준 ③ⓑ를 적용하면 ㉮~㉯의 잠정 형태소는 ㉮ /ʌps-/, ㉯ /anc-/, ㉰ /hult$^h$-/, ㉱ /palp-/, ㉲ /kulm-/, ㉳ /malk-/이 된다.

  이들 잠정 형태소에 어미 /-CY/가 통합하면, 어간말 자음소군은 단순화된다. 즉 어간말 자음소군 /ps, nc, lt$^h$, lp, lm, lk/는 /p, n, l, l, m, l/로 된다. 다음에 어미초의 /t/나 /n/ 앞에서 어간말 자음소는 더 이상의 음운과정을 거치지 않으므로 음성으로 실현된다. 실현되는 어간의 음성형은 (5a)㉮~㉯의 첫번째 것과 같다. 그리고 어미초의 /k/ 앞에서 자음소군단순화에 의해 남게 된 /p, n, m/은 연구개음소화에 각각 /k, ŋ, ŋ/로 된다. 그 다음에 어간말 자음소는 더 이상의 음운과정을 거치지 않으므로 음성으로 실현된다. 그 때의 어간 음성형은 (5a)㉮~㉯의 두번째 것과 같다. 그리고 어미초의 /t/ 앞에서 자음소군단순화에 의해 남게 된 /p, n, l, l, m, l/는 더 이상의 음운과정을 거치지 않고 음성으로 실현된다. 그 때 실현되는 어간의 음성형은 (5a)㉮~㉯의 세 번째 것과 같다.

  다음으로 어미 /-VY/와 통합하면, 어간말 자음소군은 아무런 음운과정을 거치지 않으므로 음성으로 실현된다. 음성으로 실현될 때에 어간말의 평음소 /c, p, k/는 이음 [ʥ, b, g]로 된다. 그러므로 실현되는 어간의 음성형은 (5a)㉮~㉯의 네 번째와 다섯 번째 것과 같다.

  이상의 검증 결과, 어간의 잠정 형태소 ㉮ /ʌps-/, ㉯ /anc-/, ㉰ /hult$^h$-/, ㉱ /palp-/, ㉲ /kulm-/, ㉳ /malk-/은 각각 (5a)㉮~㉯에 제시된 활용형의 어간 형태소로서 합당하다는 것을 알 수 있다. 조사 자료에서 어간말 형

태음소로 /ps, nc, lt$^h$, lp, lm, lk/를 가지는 활용어간으로는 (5c)와 같은 것
이 있다.

(5c)

㉮ /Xps-/류 : 조사된 자료에는 없음.

㉯ /Xnc-/류 : ʌnc-(얹-,載) 등.

㉰ /Xlt$^h$-/류 : 조사된 자료에는 없음. 표준어에서 이 자음소군을 가
진 'halt$^h$-(舐)'은 이 지역어에서 /halh-/로 사용됨.

㉱ /Xlp-/류 : 조사된 자료에는 없음. 표준어에서 이 자음소군을 가
진 'jalp-(薄)', 'c'alp-(短)'은 이 지역어에서 /jalk-/과 /c'alk-/로 사용됨.

㉲ /Xlm-/류 : salm-(烹), talm-(似)

㉳ /Xlk-/류 : palk-(明), ku：lk-(太), jalk-(얇-,薄), t'alk-(짧-,短), kɯlk-(갉
-,搔), mulk-(무르-,軟), nɯlk-(老)


다음으로 어간말 자음소군 /nh, lh, lʔ/을 가지는 어간의 활용형과 그에
대한 형태분석 결과를 제시하면 (6a), (6b)와 같다.

(6a)

㉮ /Xnh-/류 : [k'ɯnnɯnda, k'ɯŋk$^h$u, k'ɯnt$^h$ʌɾa, k'ɯnɯmun, k'ɯnʌdu]
(끊-,切)

㉯ /Xlh-/류 : [allɯnda, alk$^h$u, alt$^h$ʌɾa, aɾɯmun, aɾadu](앓-,痛)

㉰ /Xlʔ-/류 : [k'ɛdallɯnda, k'ɛdalk'u, k'ɛdalt'ʌɾa, k'ɛdaɾɯmun, k'ɛdaɾ
adu](깨닫-,覺)

(6b)

㉮ /Xnh-/류 : k'ɯn-nɯnda, k'ɯŋh-ku, k'ɯnh-tʌɾa, k'ɯn-ɯmun, k'ɯn-ʌdu

㉯ /Xlh-/류 : al-lɯnda, alh-ku, alh-tʌɾa, aɾ-ɯmun, aɾ-adu

㉰ /Xlʔ-/류 : k'ɛdal-lɯnda, k'ɛdalC-ku, k'ɛdalC-tʌɾa, k'ɛdaɾ-ɯmun, k'ɛdaɾ
-adu


(6b)의 형태분석에 의하면, 어간이 자음소로 끝나는 것임을 알 수 있

다. 따라서 각 어간의 잠정 형태소는 /ʌ/로 시작하는 어미와 통합하는 형태 즉, ㉮ /k'ɯn-/, ㉯ /al-/, ㉰ /k'ɛtal-/이 된다. 그런데 (6a)에서 어미 /-CY/와 통합할 때에 C가 유기음이나 경음으로 실현되므로, 형태소 설정기준 ③ⓑ를 적용하면 잠정 형태소는 ㉮ /k'ɯnh-/, ㉯ /alh-/, ㉰ /k'ɛtalʔ-/이 된다. 이제 이들 잠정 형태소가 (6a)의 활용형을 보이는 어간의 형태소로서 합당한 것인가를 검증해보아야 한다.

먼저 잠정 형태소에 어미 /-nɯnta/가 통합하면, 어미초의 /n/ 앞에서 어간말의 자음소군 /nh, lh, lʔ/은 /n, l, l/로 단순화한다. 다음에 자음소군 단순화에 의한 어간말의 /l/는 어미초의 /n/ 앞에서 탈락되어야 하지만, 그렇게 되면 어간의 의미를 알 수 없게 된다. 그 때문에 예상과는 달리 그 경우에는 어간말의 /l/은 그대로 있고 어미초 /n/이 유음소화한다. 이제 더 이상 어간말 자음소는 음운과정을 거치지 않으므로 음성으로 실현된다. 그 때의 어간 음성형은 (6a)의 첫번째 것과 같다.

다음으로 잠정 형태소에 어미 /-ku/나 /-tʌla/가 통합하면, 어간말의 /h/, /ʔ/와 어미초의 /k/, /t/는 축약하여 각각 /kʰ, tʰ/와 /k', t'/로 된다. 그 다음에 ㉮의 어간말자음소 /n/는 /kʰ/ 앞에서 연구개음소화하여 /ŋ/로 된다. 여기까지의 음운과정이 끝나면 어간은 더 이상의 음운과정을 거치지 않으므로 음성으로 실현된다. 이 때의 어간 음성형은 (6a)의 두번째와 세번째 것과 같다.

끝으로 잠정 형태소에 어미 /-ɯmun/이나 /-ʌtu/가 통합하면, 두 모음소 사이에서 어간말의 /h/나 /ʔ/는 탈락한다. 그 다음에 어간은 더 이상의 음운과정을 거치지 않으므로 음성으로 실현되는데, 그 때에 어간말의 /l/는 이음 [ɾ]로 된다. 그 결과 실현되는 어간 음성형은 (6a)의 네번째와 다섯번째 것과 같다.

이상의 검증 결과, 잠정 형태소 ㉮ /k'ɯnh-/, ㉯ /alh-/, ㉰ /k'ɛtalʔ-/은 각각 (6a)㉮~㉰에 제시된 활용형의 어간 형태소로서 합당하다는 것을 알 수 있다. 조사 자료에서 어간말 형태음소로 /nh, lh, lʔ/를 가지는 활용어간으로는 (6c)와 같은 것이 있다.


(6c)

㉮ /Xnh-/류 : ma：nh-(多), kwɛnc$^h$anh-(無妨), kwit$^h$ianh-(귀찮-,嘲) 등.

㉯ /Xlh-/류 : k'u：lh-(跪), talh-(磨滅), hilh-(잃-,失), halh-(핥-,舐), silh-
(厭), kolh-(皺), olh-(可), t'alh-(따르-,隨)

㉰ /Xlʔ-/류 : 조사된 자료에는 없음.


## 2.1.2 모음소로 끝나는 형태소

모음소로 끝나는 형태소는 단모음소로 끝나는 것과 이중모음소로 끝
나는 것으로 나눌 수 있다. 이 지역어에서 모음소로 끝나는 활용어간의
경우, 어간말 모음소 중 단모음소로는 /i, e, ɛ, ɯ, ʌ, u, o, a/이 있고 이중
모음소로는 /wi, wɛ/가 있다. 그러나 어간이 모음소로 끝나는 경우에 어
간이 거치는 음운과정은 어간말의 모음소에 한정되므로, 어간말 이중모
음소 /wi, wɛ/가 거치는 음운과정은 어간말 단모음소 /i, ɛ/가 거치는 음운
과정과 동일하다. 그러므로 여기서는 이중모음소 /wi/와 /wɛ/로 끝나는 형
태소는 각각 단모음소 /i/나 /ɛ/로 끝나는 형태소와 함께 다루기로 한다.

이 지역어에서 모음소로 끝나는 활용어간의 활용형과 그에 대한 형
태분석을 제시하면 (7a), (7b)와 같다.


(7a)

㉮ /Xi-/류 : [kinda, kigu, kidʌɾa, kimun, ke：du](匍匐)

㉯ /Xe-/류 : [p$^h$enda, p$^h$egu, p$^h$edʌɾa, p$^h$emun, p$^h$e：du](펴-,伸)

㉰ /Xɛ-/류 : [p'ɛnda, p'ɛgu, p'ɛdʌɾa, p'ɛmun, p'ɛ：du](奪)

㉱ /Xɯ-/류 : [k'ɯnda, k'ɯgu, k'ɯdʌɾa, k'ɯmun, k'ʌdu](消)

㉲ /Xʌ-/류 : [sʌnda, sʌgu, sʌdʌɾa, sʌmun, sʌdu](立)

㉳ /Xu-/류 : [ts$^h$unda, ts$^h$ugu, ts$^h$udʌɾa, ts$^h$umun, ts$^h$uʌdu/ts$^h$wʌ：du](舞)

㉴ /Xo-/류 : [ponda, pogu, podʌɾa, poadu/pwa：du](視)

㉵ /Xa-/류 : [kanda, kagu, kadʌɾa, kamun, kadu](去)

(7b)

㉮ /Xi-/류 : ki-nda, ki-gu, ki-dʌɾa, ki-mun, k-e ː -du

㉯ /Xe-/류 : pʰe-nda, pʰe-gu, pʰe-dʌɾa, pʰe-mun, pʰ-e ː -du

㉰ /Xɛ-/류 : p'ɛ-nda, p'ɛ-gu, p'ɛ-dʌɾa, p'ɛ-mun, p'-ɛ ː -du

㉱ /Xɯ-/류 : k'ɯ-nda, k'ɯ-gu, k'ɯ-dʌɾa, k'ɯ-mun, k'-ʌdu

㉲ /Xʌ-/류 : sʌ-nda, sʌ-gu, sʌ-dʌɾa, sʌ-mun, s-ʌdu

㉳ /Xu-/류 : ʦʰu-nda, ʦʰu-gu, ʦʰu-dʌɾa, ʦʰu-mun, ʦʰu-ʌdu/ʦʰw-ʌ ː du

㉴ /Xo-/류 : po-nda, po-gu, po-dʌɾa, po-mun, po-adu/pw-a ː du

㉵ /Xa-/류 : ka-nda, ka-gu, ka-dʌɾa, ka-mun, ka-du

 

(7b)의 형태분석에 의하면 어간은 모두 모음으로 끝난다. 이 경우에는 1장에 제시된 형태소 설정기준 ④를 적용하여 어미 /-CY/와 통합한 어간형을 잠정 형태소로 가정한다. 그렇게 되면 (7a)㉮~㉵의 잠정 형태소는 ㉮ / ki-/, ㉯ /pʰe-/, ㉰ /p'ɛ-/, ㉱ /k'ɯ-/, ㉲ /sʌ-/, ㉳ /cʰu-/, ㉴ /po-/, ㉵ /ka-/가 된다.

이들 잠정 형태소가 합당한가를 검증해보기로 한다. 먼저 ㉮~㉵의 잠정 형태소에 어미 /-ɯnta/나 /-ɯmun/이 통합하면, 어간말의 모음소 뒤에서 어미초의 /ɯ/가 탈락한다. 이 뒤에는 어떠한 음운과정도 거치지 않으므로 음성으로 실현된다. 그 때에 실현되는 어간의 음성형은 (7a) ㉮~㉵의 첫번째나 네번째 것과 동일하다.

다음에 잠정 형태소에 어미 /-ku/나 /-tʌla/라 통합하면, 어간은 아무런 음운과정을 거치지 않으므로 음성으로 실현된다. 그 때에 실현되는 어간의 음성형은 (7a)㉮~㉵의 두번째나 세번째 것과 동일하다.

끝으로 잠정 형태소에 어미 /-ʌtɯ/가 통합하면, 먼저 어미초의 /ʌ/는 잠정 형태소 ㉴와 ㉵의 어간말 모음소 /o/와 /a/ 뒤에서 /a/로 된다. 다음에 잠정 형태소 ㉮의 어간말 모음소 /i/는 활음소화하여 /j/로 되며 그와 함께 어미초의 /ʌ/는 장모음소 /ʌ ː /로 된다. 그리고 활음소화에 의한 /j/와 어미초의 /ʌ ː /가 통합한 이중모음소 /jʌ ː /는 축약하여 /e ː /로 된다.

그리고 잠정 형태소 ㉯와 ㉰의 어간말 모음소 /e/와 /ɛ/ 뒤에서 어미초의 /ʌ/는 완전순행동화하여 /e/와 /ɛ/로 된다. 그리고 잠정 형태소 ㉱와 ㉲의 어간말 모음소 /ɯ/와 /ʌ/는 어미초의 /ʌ/ 앞에서 탈락한다.

한편 잠정 형태소 ㉳와 ㉴의 어간말 모음소 /u/와 /o/는 더 이상의 음운과정을 거치지 않거나 어미초의 /ʌ/와 /a(<ʌ)/ 앞에서 활음소화하여 /w/로 된다. 어간말 모음소 /u/와 /o/가 활음소화하는 경우에는 어미초의 /ʌ/는 장모음소 /ʌ ː /로 된다. 그리고 잠정 형태소 ㉵의 어간말의 /a/는 어미초의 /a(<ʌ)/ 앞에서 탈락한다. 그 뒤에 어간은 더 이상 거쳐야 할 음운과정이 없으므로 음성으로 실현된다. 그 때의 어간 음성형은 (7a)㉮~㉵의 다섯번째 것과 동일하다.

이상의 검증 결과, 잠정 형태소 ㉮ / ki-/, ㉯ /pʰe-/, ㉰ /p'ɛ-/, ㉱ /k'ɯ-/, ㉲ /sʌ-/, ㉳ /cʰu-/, ㉴ /po-/, ㉵ /ka-/는 각각 (7a)㉮~㉵에 제시된 활용형의 어간 형태소로서 합당하다는 것을 알 수 있다. 조사 자료에서 어간말 형태음소로 /i, e, ɛ, ɯ, ʌ, u, o, a/를 가지는 활용어간으로는 (7c)와 같은 것이 있다.

(7c)

㉮ /Xi-/류 : si-(酸), ci-(負), i-(戴), kjʌnti-(忍), malli-(仲裁), k'i-(霧散), masi-(飲), hi-(희-,白), koŋki-(곪-,膿), kalki-(打), kitɛli-(기다리-,待), haŋoltʰi-(할퀴-,搔), pusi-(부수-,碎), s'wɛki-(속이-,欺), koi-(괴-,淳), kotʰi-(고치-,改), kenti-(이기-,勝), cap'ati-(자빠지-,後倒), taŋki-(引), nɛtʰi-(버리-,捨), oi-(외-,暗誦), k'ali-(까불-,箕), pulkʌtʰi-(분지르-,折), tɛli-(다리-,熨), swisi-(후비-,空), ali-(痛), kɯli-(畵), cʌli-(痲), t'ɯsi-(溫), k'ukc'i-(구기-,皺), pi ː -(空), sikʰi-(使冷), t'ɛli-(打), siki-(시키-,使), cili-(尿), t'ʌnci-(던지-,投), moi-(集), mɛnci-(만지-,捛), c'wɛi-(쬐-,曬), nɛli-(降), tatʰi-(傷), nɯli-(緩), twici-(索), macʰi-(終), t'i-(찌-,蒸); swi ː -(饐,休), tʰwi-(跳), k'wi-(屁), t'wi-(走), hwi-(曲) 등.

㉯ /Xe-/류 : he ː -(세-,算), pe ː -(枕), he-(켜-,發火) 등.

㉠ /Xɛ-/류 : nollɛ-(놀라-,驚), k'ɛ：-(破), cʰɛ-(훔치-,盜), mɛ-(結), mocɯlɛ
-(모자라-,不足); s'wɛ：-(쐬-,曬), swɛ：-(쇠-,衰), twɛ：-(硬), twɛ-(化,
升) 등.

㉡ /Xɯ-/류 : s'ɯ-(書,用,冠,苦), kʰɯ-(大), t'alɯ-(注), pʰulɯ-(靑) 등.

㉢ /Xʌ-/류 : 조사된 자료에는 없음.

㉣ /Xu-/류 : tu-(置),  nu-(尿),  pʰu-(吸煙),  cu-(與),  pak'u-(換),  macʰu-(組
合),  teu-(悟),  kʰiu-(飼育),  nonu-(나누-,分),  nɯlkʰu-(일으키-,使起),  pɛ
u-(學),  pulkʰu-(불리-,增),  meu-(塡),  cʰiu-(除),  cʌlkʰu-(절이-,鹽漬) 등.

㉤ /Xo-/류 : o-(來), s'o-(射,針), k'o-(索) 등.

㉥ /Xa-/류 : sa-(買), c'a-(鹹), ca-(宿), tʰa-(乘), cʰa-(蹴) 등.

## 2.2 복합형태소

현대국어의 활용에서 소위 '변칙'이라고 하는 현상은 복합기저형 즉
복합형태소를 가지는 활용어간이, 통사부와 음운부를 거치는 과정에서,
통합하는 어미와 함께 실현한 결과라는 것이 처음으로 논의된 것은 최
명옥(1982)였고 그 뒤 최명옥(1985, 1988, 1993)에서 복합형태소 전반에 대
한 논의를 진행하였다. 논의의 주요 내용을 간단히 정리하면 다음과 같
다. 국어에서 어간이나 어미는, 음운변화가 이루어지는 동안에, 통합하
는 어미초나 어간말 형태음소가 자음소이냐 모음소이냐에 따라서 재구
조화가 달리 일어날 수 있다는 것이다.

예를 들어, 음운목록에서 /β/(ㅸ)가 소멸되면서 어간말에 /β/를 가지고
있던 /tʌβ-/(暑)은 어미 /-CY/와 통합하는 과정에서 /tʌp-/으로 재구조화되
고 어미 /-VY/와 통합하는 과정에서 /tʌu-/로 재구조화되었다. 이들 이형
태는 둘 중 어느 하나를 형태소로 하여 다른 하나의 이형태의 도출을
규칙에 의해서 설명할 수 없다. 그러므로 그들 이형태는 어휘화된 것으
로 인정해야 하며, 그 경우에 이 어간의 형태소는 /tʌ{p-u}-/로 표시되어
야 한다. 이렇게 둘 이상의 어휘화된 이형태로 구성된 어간 형태소를
복합형태소라고 한다. 복합형태소를 이루는 /tʌp-/과 /tʌu-/는 통사부에

서, /tʌp ] CY/와 /tʌu ] VY/와 같이, 어휘선택규칙에 의해 어미 /-CY/와는 /tʌp-/이, 어미 /-VY/와는 /tʌu-/가 통합한다. 그것이 음운부로 넘어가서 일정한 음운과정을 거친 다음에 음성으로 실현되는 것이다. 그러므로 어간을 단일형태소로 가정할 때에는 그 어간의 활용은 '변칙'이라고 하겠지만, 어간을 복합형태소로 보면, 그 어간의 활용은 '변칙'이 아니다.

여기서 논의될 것은 이러한 복합형태소의 설정에 대한 것이다. 그러면 먼저 어간말 복합형태음소(군) {ø-la}를 가지는 형태소의 설정에 대한 논의로부터 시작한다. 그러한 활용어간의 예로서 표준어 '아니-'(否)에 대한 이 지역어의 활용형과 그에 대한 형태분석을 제시한다. 그것은 (8a), (8b)와 같다.

  (8a)  /X{ø-la}-/류 : [anida, anigu, anidʌɾa, animun, aniɾadu](否)
  (8b)  /X{ø-la}-/류 : ani-da, ani-gu, ani-dʌɾa, ani-mun, ani-ɾa-du[9]

(8b)의 형태분석에 의하면, 어미 /-(ɯ)CY/ 앞에서는 어간형이 'ani-'라는 것이 분명하지만, /ʌ/로 시작하는 어미 앞에서는 어간형을 어떻게 분석해야할 것인지를 쉽게 결정할 수 없다. 다만 다음과 같은 세 가지 분석을 가정할 수 있다. 'aniɾ-adu'와 'ani-ɾadu'와 'aniɾa-du'가 그것이다. 그런데 어미 /-(ɯ)CY/ 앞에서 실현하는 어간형과 /ʌ/로 시작하는 어미 앞에서 실현하는 어간형 중 어느 것도 어간의 형태소가 모음소나 자음소 중 어느 하나로 끝난다고 할 수 없다. 그러므로 이 경우에는 두 개의 이형태(어간형) 중 어느 하나를 형태소로 하여 다른 하나의 이형태를 합당하게 도출할 수 있는지를 검토해보아야 한다.

먼저 어미 /-(ɯ)CY/ 앞에서 실현되는 이형태 [ani-]를 형태소라고 가정해보자. 그러면 그것이 /ʌ/로 시작하는 어미와 통합할 때에 /l/가 첨가되어 [ɾ]로 실현되는 사실을 설명할 수 없으며 아울러 어간말의 /i/ 뒤에서

---

9) 'xy-'는 어간말음과 어미초음이 구별되지 않음을 나타낸다.

어미초의 /ʌ/가 /a/로 되는 사실도 설명할 수 없다. 여기서 활용형 [aniɾ adu]를 'aniɾ-adu'로 분석해야 할 것인가 'ani-ɾadu'로 분석해야 할 것인가 아니면 'aniɾa-du'로 분석해야 할 것인가 하는 문제가 제기된다.

제일 앞과 제일 뒤의 분석에 의하면 어간이 복합형태소가 되고 가운데의 분석에 의하면 어미가 복합형태소가 된다. 그런데 어간이 복합형태소가 되는 경우에는 제일 앞 분석의 경우, 어미초의 /ʌ/가 /a/로 되는 것을 설명하기 어려우나 제일 뒤 분석의 경우, 어미초의 /ʌ/가 /a/로 되는 것은 완전순행동화에 의해서 설명할 수 있다. 그렇지만 그 경우에는 어간에 ɾa가 덧붙는 사실을 설명하기가 어렵다. 반대로 어미가 복합형태소가 되는 경우에는, 어미 앞에 /l/가 덧붙는 사실을 설명하기가 어렵다.

어미 /-ʌtu/와 통합하는 3개의 이형태 중에서 가장 적합한 이형태는 'aniɾa-'라고 생각된다. 어간 /ani-/는 원래 부정 부사 /ani/와 계사 /i-/가 통합하여 형성된 것으로서 계사 /i-/'의 활용 방식을 그대로 따른다. 예를 들면, /cʰɛk ] i-/(冊)나 /so ] i-/(牛)는 /ʌ/ 이외의 음소로 시작하는 어미와 통합하면, [tsʰɛgida, tsʰɛgigu, tsʰɛgidʌɾa, tsʰɛgimun]이나 [so(i)da, so(i)gu, so(i)dʌɾ a, so(i)mun]과 같이 활용한다. 이것은, 다음에서 보듯이, 계사와 동일한 동사 /i-/(戴)가 같은 어미와 통합할 때의 활용과 일치한다. [inda, igu, idʌɾ a, imun].

그런데 문제는 어미 /-ʌtu/와 통합할 때의 활용이다. 그 경우에 동사 /i-/는 의무적으로 활음소화하여 [jʌdu]로 실현된다. 그러나 /cʰɛk ] i-/나 /so ] i-/는 [cʰɛkjʌdu]나 [sojʌdu]로 되지 않는다. 그렇게 되면 어간이 '명사 ] 계사'라는 것이 분명하지 않게 되기 때문인 것으로 보인다. 특히 명사가 자음소나 유음소로 끝나는 경우가 그러하다. 어간이 '명사 ] 계사'라는 것을 분명하게 하는 방안은 계사 /i-/가 음성형에서 분명히 드러나게 하는 것이다. 그것을 가능하게 하는 것이 계사의 서술형 /i ] ta/에 해당하는 [iɾa]이다. 국어에서 거의 모든 활용어간에 통합되는 서술 종결 어미는 /-ta/이다.

그러나 전 시기에는 특이하게도 계사 /i-/와 회상어미 /-tʌ-/에는 /-ta/보다는 /-la/가 통합되었다. 그리하여 /-la/는 그 특이성으로 인하여 어간의 일부로 인식되어 /-tʌla/로 재구조화되었다. 그와 동일하게 어미 /-ʌtu/와 통합하는 계사 /i-/에도 la가 통합하여 /ila-/로 된 것으로 생각한다. 그리하여 /ʌ/로 시작하는 어미, 예를 들어 /-ʌtu/와 통합하는 계사의 어간은 /ila-/가 선택되어 /cʰɛkila ] ʌtu/와 같이 되고 다음과 같은 일련의 음운과정을 거친 뒤에 음성으로 실현되는 것이라 하겠다. /cʰɛkila ] ʌtu/ -(어미초 /ʌ/의 /a/화) → /cʰɛkilaatu/ -(동일 모음소탈락)→ /cʰɛkilatu/ → [{tʃʰ, tsʰ}ɛgiɾadu]. 그러므로 (8a)의 활용을 보이는 어간의 형태소는 어휘화된 이형태 /ani-/와 /anila-/를 가지며 그것은 복합형태소 /ani{ø-la}-/로 표시된다. 이 지역어에서 어간말 형태음소로 {ø-la}를 가지는 것으로는 (8c)의 것이 있다.

(8c) /X{ø-la}-/류 : i{ø-la}-(이-,繫).

이어서 어간말 복합형태음소 {p-u}를 가지는 어간 형태소의 설정을 보기로 한다. 먼저 표준어 '깁-'(縫)에 대한 이 지역어의 활용형과 그에 대한 형태분석을 제시하면 (9a), (9b)와 같다.

(9a) /X{p-u}-/류 : [kimnɯnda, kikk'u, kipt'ʌɾa, kiumun, kiwʌdu](깁-,縫)
(9b) /X{p-u}-/류 : kim-nɯnda, kik-k'u, kip-t'ʌɾa, kiu-mun, kiw-ʌdu

(9b)의 형태분석 결과를 보면, 어미 /-VY/와 통합한 어간형은 모음이나 활음으로 끝나고 어미 /-CY/와 통합한 어간형은 모두 자음으로 끝난다. 그런데 어간말이 모음이나 활음으로 끝나는 어간형을 잠정 형태소라고 하면, 어미 /-CY/와 통합할 때에 어간말의 /u/나 /w/가 자음소로 되고 그 자음소가 어미초의 자음소에 따라 /m/나 /k/나 /p/로 된 다음에 음성으로 실현된다고 보아야 한다. 그런데 그러한 음운과정을 공시적 음

운규칙에 의해 합당하게 설명할 수 없다. 한편 어간말이 자음으로 끝나는 어간형을 잠정 형태소라고 하면, 어미 /-VY/와 통합할 때에 그 어간말 자음소가 /u/나 /w/로 된 다음에 음성으로 실현된다고 보아야 한다. 이 경우에도 그러한 음운과정을 공시적 음운규칙에 의해 합당하게 설명할 수 없다.

그러므로 형태소 설정기준 ②ⓑ의 ㉡을 적용하여 교체음들을 모두 형태음소로 인정해야 한다. 그런데 교체음 {m, k, p}는 형태소 설정기준 ④ⓐ의 ㉡에 의해서 [p]를 형태음소로하여 다른 두 교체음의 도출을 설명할 수 있다. 즉 어간말의 /p/는 어미초의 /n/ 앞에서 비음소화하여 /m/로 되고 어미초의 /k/ 앞에서 연구개음소화하여 /k/로 된 다음에 음성으로 실현된다는 것이다. 그리고 교체음 {u, w}의 경우, /w/는 어간말에 분포될 수 없다는 국어에서의 분포제약에 의해 어간말 형태음소가 될 수 없으므로 [u]만 형태음소가 될 수 있다. 그렇게 되면 최종적으로 남는 교체음은 [p]와 [u]가 된다. 이 두 교체음은 어느 하나를 형태음소로 하여서 다른 하나의 도출을 합당하게 설명할 수 없는 관계에 있다. 그러므로 (9a)의 활용형을 보이는 어간은 두 개의 어휘화된 이형태 /kip-/과 /kiu-/를 가진다고 해야 한다. 그러면 (9a)의 활용형을 보이는 어간의 형태소는 /ki{p-u}-/로 표시된다.

이제 잠정 형태소 /ki{p-u}-/의 합당 여부를 검증하기로 한다. 먼저 어휘화된 잠정 이형태 /kip-/에 어미 /-nɯnta/, /-ku/, /-tʌla/가 통합하면, 어미초의 /n/와 /k/ 앞에서 어간말의 /p/는 각각 비음소화와 연구개음화하여 /m/와 /k/로 된다. 그리고 어미초의 /t/ 앞에서는 아무런 음운과정을 거치지 않는다. 그 다음에는 더 이상 음운과정을 거치지 않으므로 음성으로 실현된다. 다음에 어휘화된 잠정 이형태 /kiu-/에 어미 /-ɯmun/이나 /-ʌtu/가 통합하면, 어간말의 모음소 뒤에서 어미초의 /ɯ/는 탈락하며, 어미초의 /ʌ/ 앞에서 어간말의 /u/는 활음소화하여 /w/로 된다. 그 다음에는 더 이상 음운과정을 거치지 않으므로 음성으로 실현된다. 그 때의 어간 음성형은 (9a)에 제시된 활용형의 어간형과 동일하다. 따라서 잠정 형태소 /ki{p-u}-/는 (9a)의 활용형을 보이는 어간의 형태소로서 합당하다는 것을 알 수 있다. 이 지역어에서 어간말 형태음소로 {p-u}를 가지는 활용 어간으로는 (9c)에 제시된 것들이 있다.

> (9c)  /X{p-u}-/류 : swi{p-u}-(쉽-,易), ko{p-u}-(곱-,麗), mi{p-u}-(밉-,憎), mɛ{p-u}-(맵-,辛), cʰu{p-u}-(춥-,寒), mukʌ{p-u}-(무겁-,重), maljʌ{p-u}-(마렵-,催), kak'a{p-u}- (가깝-,近), tʌ : lʌ{p-u}-(더럽-,汚), kʌtu{p-u}-(거두-,收), sikɯlʌ{p-u}-(부시-,眩), sa : na{p-u}-(사납-,猛), kapi{p-u}-(가볍-,輕), tuk'ʌ{p-u}-(두껍-,厚), kɛlʌ{p-u}-(가렵-,癢), ʌtu{p-u}-(어둡-,暗), to{p-u}-(돕-,助), mik'ɯlʌ{p-u}-(미끄럽-,滑), ak'a{p-u}-(아깝-,惜), paŋka{p-u}-(반갑-,歡) 등 소위 'ㅂ-변칙동사' 들이 모두 여기에 포함된다.

다음으로 어간말 복합형태음소 {u-ɯ}를 가지는 어간 형태소의 설정을 보기로 한다. 먼저 표준어 '고프-'(餓)에 대한 이 지역어의 활용형과 그에 대한 형태분석을 제시하면 (10a), (10b)와 같다.

> (10a) /X{u-ɯ}-/류 : [kopʰuda, kopʰugu, kopʰudʌra, kopʰumun, kopʰadu](고프-,餓)
> (10b) /X{u-ɯ}-/류 : kopʰu-da, kopʰu-gu, kopʰu-dʌra, kopʰu-mun, kopʰ-adu

(10b)를 보면, 자음소나 어미 /-ɯmun/과 통합한 어간형은 [kopʰu-]고 어미 /-ʌtu/와 통합하는 어간형은 [kopʰ-]이다. 2.1.2의 형태분석에서 알 수 있듯이, 활용형의 형태분석에서 자음소나 어미 /-ɯmun/과 통합한 어간형이 모음으로 끝난다는 것은 그 어간의 형태소가 모음소로 끝난다는 것을 알려준다. 그렇게 되면 (10a)의 활용형을 보이는 어간의 형태소는 /kopʰu-/가 되어야 한다. 그런데 문제는, /pak'u ‖ ʌtu/ → /pak'uatu/ →

/pak'watu/ → [pak'wadu](換)에서 보듯이, /kop$^h$u-/에 어미 /-ʌtu/가 통합할 경우에, 이 지역어에서는 어간말의 /u/는 어미초의 /ʌ/ 또는 /a/(어미초 /ʌ/의 /a/화에 의한) 앞에서 의무적으로 활음소화하여 /w/로 된 뒤에 음성으로 실현되는데, 실제 활용형에는 [w]가 나타나지 않는다는 것이다. 이 사실은 어미 /-ʌtu/와 통합하는 어간의 어휘화된 이형태가 /kop$^h$-/이 아니면 어미초의 /ʌ/ 또는 /a/(어미초 /ʌ/의 /a/화에 의한) 앞에서 탈락하는 모음소를 가진 /kop$^h$V-/라는 것을 말해준다.

그런데 2.1.1의 [1]과 2.1.2에서 보듯이, 국어에서 어미 /-CY/와 통합하는 어간이 자음소로 끝나면 어미 /-VY/와 통합하는 어간은 자음소로 끝나거나 모음소로 끝난다. 그렇지만 어미 /-CY/와 통합하는 어간이 모음소로 끝나면 어미 /-VY/와 통합하는 어간은 반드시 모음소로 끝난다. 이 점을 고려하면 어미 /-ʌtu/와 통합하는 어간의 어휘화된 이형태는 /kop$^h$V-/가 되어야 한다. 이 경우에 적용되는 것이 형태소 설정기준 ④ⓒ이다. 이 기준에 의하면 어휘화된 이형태 /kop$^h$u-/와 /kop$^h$V-/는 다른 방언에서 단일화된 예가 발견되지 않으므로, 어미 /-ʌtu/와 통합하는 어간의 어휘화된 이형태는 앞 시기의 어형 /kop$^h$ɯ-/와 동일한 것이라고 가정한다.

그러니까 앞 시기의 어간 /kop$^h$ɯ-/가 어미 /-(ɯ)CY/와 통합하는 과정에 원순모음소화규칙이 발생함으로써 /kop$^h$u-/로 재구조화된다. 그러나 어미 /-ʌY/와 통합하는 과정에서는 어간말의 /ɯ/가 탈락하기 때문에 어미 /-ʌY/ 앞에서는 여전히 어간이 /kop$^h$ɯ-/로 남게 된다. 그 결과 (10a)와 같은 활용을 보이는 것이다. 그런데 교체형 [kop$^h$u-]와 [kop$^h$ɯ-] 중 어느 하나를 형태소로 하는 경우에 어간말의 /u/가 /ɯ/로 되거나 /ɯ/가 /u/로 되는 사실을 공시적 음운규칙으로써 합당하게 설명할 수 없다. 그러므로 교체형 [kop$^h$u-]와 [kop$^h$ɯ-]는 어휘화된 이형태로 인정해야 한다. 따라서 (10a)의 활용형을 보이는 어간의 형태소는 /kop$^h${u-ɯ}-/로 표시된다. 이 지역어에서 어간말 형태음소로 {u-ɯ}를 가지는 활용 어간으로는 (10c)와 같은 것이 있다.

(10c)  /XC{u-ɯ}-/류 : pʰ{u-ɯ}-(푸-,汲),  pap'{u-ɯ}-(바쁘-,忙),  apʰ{u-
ɯ}-(아프-,痛), sɯlpʰ{u-ɯ}-(슬프-,哀), kip'{u-ɯ}-(기쁘-,喜) 등.


다음으로 어간말 복합형태음소 {t-l?}를 가지는 어간 형태소의 설정
을 보기로 한다. 먼저 표준어 '걷-'(步)에 대한 이 지역어의 활용형과 그
에 대한 형태분석을 제시하면 (11a), (11b)와 같다.


(11a) /X{t-l?}-/류 : [kʌnnɯnda, kʌkk'u, kʌtt'ʌra, kʌrɯmun, kʌrʌdu](걷
-,步)
(11b) /X{t-l?}-/류 : kʌn-nɯnda, kʌk-k'u, kʌt-t'ʌra, kʌr-ɯmun, kʌr-ʌdu


(11b)의 형태분석을 보면 어미 /-CY/와 통합한 어간형은 [kʌn-, kʌk-, k
ʌt-]이고 어미 /-VY/와 통합한 어간형은 [kʌr-]이다. 어미 /-VY/와 통합한
어간이 [r]로 끝난다는 것은, 어미 /-CY/와 통합하는 형태소의 말자음소
가 유기음소나 경음소가 아니라는 것은 말해준다. 그런데 어간의 이형
태 중에서 어미 /-CY/와 통합한 이형태가 가지는 어간말 자음 [n, k, t]
와 어미 /-VY/와 통합한 이형태가 가지는 어간말 유음 [r]는 어느 하나
의 형태음소에서 도출된다는 것을 합당하게 설명할 수 없다. 그러므로
(11a)의 활용을 보이는 어간은 어휘화된 이형태를 가진다고 보아야 한
다. 이 경우에 형태소 설정기준 ④ⓐ와 ④ⓑ를 적용하면, 어미 /-CY/와
통합는 어휘화된 잠정 이형태는 /kʌt-/이 되고 어미 /-VY/와 통합하는 어
휘화된 잠정 이형태는 /kʌl?-/이 된다. (11a)의 활용어간은 동북방언과 경
북의 동북부지역어에서 /kʌl?-/로 단일화되어 있기 때문이다. 따라서
(11a)의 활용을 보이는 어간의 잠정 형태소는 /kʌ{t-l?}-/로 표시된다.
그 경우에 어휘화된 잠정 이형태 /kʌt-/에 어미 /-nɯnta/, /-ku/, /-tʌla/가
통합하면, 어미초의 /n/ 앞에서 어간말의 /t/는 비음소화하여 /n/로 되고,
어미초의 /k/ 앞에서 어간말의 /t/는 연구개음소화하여 /k/로 된다. 그리

고 어미초의 /t/ 앞에서 어간말의 /k/는 아무런 음운과정을 거치지 않으
므로 음성으로 실현된다. 그 때의 음성형은 (11a)에서 해당 어미와 통합
하는 것과 동일하다. 다음으로 어휘화된 잠정 이형태 /kʌlʔ-/에 어미 /-ɯ
mun/이나 /-ʌtu/가 통합하면 유성음소 사이에서 /ʔ/가 탈락한다. 그 다음
에 /l/ 뒤에서 어미초의 /ɯ/가 탈락할 수 있지만 그렇게 되면 어간의 의
미가 파괴되므로 더 이상의 음운과정이 적용되지 않는다. 그 다음에 음
성으로 실현되는데, 그 때의 음성형은 (11a)에서 해당 어미와 통합하는
것과 동일하다. 이러한 검증 결과, 어간의 잠정 형태소 /kʌ{t-lʔ}-/는
(11a)의 활용형을 보이는 어간의 형태소로서 합당하다는 것을 알 수 있
다. 이 지역어에서 어간말 복합형태음소 {t-lʔ}를 가지는 활용어간으로
는 (11c)에 제시된 것들이 있다.

    (11c) /X{t-lʔ}-/류 : mu{t-lʔ}-(묻-,問), si{t-lʔ}-(싣-,載) 등 소위 'ㄷ-변칙
          동사'들이 여기에 속한다.[10]

   다음은 어간말 복합형태음소(군) '{ø-l}ɯ'를 가지는 활용어간의 형태소
에 대해 논의한다. 이러한 형태소의 예로 표준어 동사 '흐르-'(流)에 대한
이 지역어 동사의 활용형과 그 형태분석을 제시하면 (12a), (12b)와 같다.

    (12a) /X{ø-l}ɯ-/류 : [huɾɯnda, huɾɯgu, huɾɯdʌɾa, huɾɯmun, hullʌ
          du](流)
    (12b) /X{ø-l}ɯ-/류 : huɾɯ-nda, huɾɯ-gu, huɾɯ-dʌɾa, huɾɯ-mun, hu
          ll-ʌdu

   (12b)의 형태분석에 의하면, 어미 /-(ɯ)CY/와 통합한 어간형은 [huɾɯ-]
이고 어미 /-ʌY/와 통합한 어간형은 [hull-]이다. 이들 두 이형태는 어느

---

10) 그러나 소위 'ㄷ-변칙동사'에 속하는 표준어 동사 '듣-(聞), 깨닫-(覺), 눋-(爤)'에 대한 이
    지역어의 형태소는 각각 'tɯt-, kʼɛtalʔ-, nu : l-'이다.

하나를 형태소로 하여 다른 하나의 이형태의 도출을 합당하게 설명할 수 없다. 그러므로 그들 이형태는 어휘화된 것으로 보아야 한다. 그 경우에 어미 /-(ɯ)CY/와 통합하는 어휘화된 이형태는 /hulɯ-/로 표시되고 어미 /-ʌY/와 통합하는 어휘화된 이형태는 /hull-/로 표시된다. 그런데 어미 /-(ɯ)CY/와 통합하는 어간형이 모음으로 끝나는데도 어미 /-ʌY/와 통합한 어간이 유음으로 끝나고 있으므로, 여기에 형태소 설정기준 ④ⓒ의 ㉠을 적용하여, 어미 /-ʌY/와 통합하는 어휘화된 이형태는 /hullɯ-/로 수정해야 한다. 이 동사는 현재 중부방언에 /hullɯ-/로 단일화되어 있기 때문이다. 그렇게 되면 (12a)의 활용을 보이는 어간의 잠정 형태소는 /hul{ø-l}ɯ-/로 표시된다.

위의 잠정 형태소가 합당한가를 검정하면 다음과 같다. 어미 /-(ɯ)CY/와 통합하는 어휘화된 이형태 /hulɯ-/에 어미 /-ɯunta/, /-ku/, /-tʌla/, /-ɯmun/이 통합하면, 어간말의 /ɯ/ 뒤에서 어미초의 /ɯ/가 탈락되고, 어미초의 /k/와 /t/ 앞에서 어간말의 /ɯ/는 아무 음운과정을 거치지 않는다. 그 다음에 음성으로 실현되는데 그 때의 음성형은 (12a)에서 해당 어미와 통합하는 것과 동일하다. 다음에 어휘화된 이형태 /hullɯ-/와 어미 /-ʌtu/가 통합하면 어미초의 /ʌ/ 앞에서 어간말의 /ɯ/가 탈락한다. 그 다음에는 아무런 음운과정을 거치지 않으므로 음성으로 실현되는데, 그 때의 음성형은 해당 어미와 통합한 것과 동일하다. 이로써 잠정 형태소 /hul{ø-l}ɯ-/는 (12a)의 활용을 보이는 어간의 형태소로서 합당하다는 것을 알 수 있다. 이 지역어에서 어간말 복합형태음소(군) '{ø-l}ɯ'를 가지는 활용어간으로는 (12c)에 제시된 것들이 있다.

(12c) /X{ø-l}ɯ-/류 : nil{ø-l}ɯ-(읽-,讀), mal{ø-l}ɯ-(마르-,乾), pal{ø-l}ɯ-(바르-,正) 등.

다음으로 어간말 복합형태음소(군) '{u-lɯ}'를 가지는 어간 형태소의 설정을 보기로 한다. 먼저 표준어 '오르-'(登)에 대한 이 지역어의 활용형과 그에 대한 형태분석을 제시하면 (13a), (13b)와 같다.

    (13a) /X{u-ɯ}-/류 : [oɾunda, oɾugu, oɾudʌɾa, oɾumun, olladu](登)

    (13b) /X{u-ɯ}-/류 : oɾu-nda, oɾu-gu, oɾu-dʌɾa, oɾu-mun, oll-adu

(13a)의 활용형은 어미 /-(ɯ)CY/와 통합하는 어간말 모음이 [u]라는 것을 제외하면 (12a)의 어간과 동일한 활용을 한다.[11] 그러므로 (12)의 논의를 적용하면, 어미 /-(ɯ)CY/와 통합하는 어간의 어휘화된 이형태는 /olu-/이고 어미 /-ʌY/와 통합하는 어휘화된 이형태는 /oll-/이 된다. 그런데 어미 /-(ɯ)CY/와 통합하는 어간이 모음으로 끝나는데도 어미 /-ʌY/와 통합하는 어간이 유음으로 끝나므로, 형태소 설정기준 ④ⓒ의 ㉠에 의해서 어미 /-ʌY/와 통합하는 어간의 어휘화된 이형태는 /ollɯ-/로 수정되어야 한다. 이 동사는 현재 중부방언에 /ollɯ-/로 단일화되어 있기 때문이다. 그 결과 (13a)의 활용형을 보이는 어간의 잠정 형태소는 복합형태소 /ol{u-ɯ}-/로 표시된다.

이 잠정 형태소가 합당한가에 대한 검증은 (12a)의 어간에 대한 잠정 형태소에서 한 것과 동일하다. 그러므로 설정된 잠정 형태소 /ol{u-ɯ}-/는 (13a)의 활용형을 보이는 어간의 형태소로서 합당하다. 이 지역어에서 어간말 복합형태음소(군) '{u-ɯ}'를 가지는 활용어간으로는 (13c)에 제시된 것들이 있다.

    (13c)  /X{u-ɯ}-/류 : t'ul{u-ɯ}-(뚫-,貫), pul{u-ɯ}-(부르-,呼), nul{u-ɯ}-(누르-,壓), kul{u-ɯ}-(구르-,轉) 등.

---

11) (13a)의 활용형에 보이는 어간말 모음 u는 형태음소 /ɯ/가 음성으로 실현된 것이다. 어간말 형태음소 /ɯ/는 원래 /ɯ/였으나 앞 음절이 원순모음소인 경우 그 다음 음절의 /ɯ/는 원순모음소화한다는 서북방언의 음운규칙에 의해서 변화된 것이다.

다음으로 어간말 복합형태음소 {a-ɛ}를 가지는 어간 형태소의 설정을 보기로 한다. 먼저 표준어 '하-'(爲)에 대한 이 지역어의 활용형과 그에 대한 형태분석을 제시하면 (14a), (14b)와 같다.

(14a) /X{a-ɛ}/류 : [handa, hagu, hadʌɾa, hamun, hɛːdu](爲)
(14b) /X{a-ɛ}/류 : ha-nda, ha-gu, ha-dʌɾa, ha-mun, h-ɛː-du

(14b)에 제시된 형태분석에 의하면, 어미 /-(ɯ)CY/와 통합하는 어간형은 [ha-]이다. 그리고 어미 /-ʌY/와 통합하는 어간형을 분석하기는 어렵다. 그러나 그것은 어간 /hɛ-/에 어미 /-ʌY/가 통합한 것으로 본다. 그 이유는 어간말 모음소를 /a/라고 한다면 그것이 어미초의 /ʌ/와 통합하여 [ɛː]로 되는 것을 공시적 음운규칙에 의해서 합당하게 설명할 수 없지만, 어간말 모음소를 /ɛ/라고 한다면 (17a,b)의 ㉯와 ㉰에서 보듯이, 어간말 모음소가 /e/나 /ɛ/이면 어미초의 /ʌ/는 어간말 모음소에 완전순행동화하기 때문이다(최명옥, 1988).

분석된 두 개의 이형태를 공통부분을 기준으로 묶으면 [h{a, ɛ}-]가 되는데, 두 개의 교체음 중 어느 하나를 형태소의 어간말 자음소로 하여서는 다른 교체음의 도출을 공시적 음운규칙으로써 합당하게 설명할 수 없다. 그러므로 그것들은 어휘화된 이형태로 인정해야 한다. 그렇게 되면 (14a)의 활용형을 보이는 어간의 형태소는 복합형태소 /h{a-ɛ}-/로 표시된다. 이 지역어에서 어간말에 복합형태음소 {a-ɛ}를 가지는 활용 어간으로는 (14c)에 제시된 것들이 있다.

(14c) /X{a-ɛ}/류 : sɛŋkakh{a-ɛ}-(생각하-)를 포함하여, 'ha-'를 접미사로 하여 파생된 모든 어간, 'noːl{a-ɛ}-(黃), sɛk'am{a-ɛ}-(黑)'를 포함하는 색 표시 어간, 'mot{a-ɛ}-(不能)' 등.

끝으로 어간말 복합형태음소 {ø-ɛ}를 가지는 어간 형태소의 설정을 보기로 한다. 먼저 표준어 '같-'(如)에 대한 이 지역어의 활용형과 그에 대한 형태분석을 제시하면 (15a), (15b)와 같다.

(15a) /kat$^h${ø-ɛ}-/류 : [katt'a, kakk'u, katt'ʌɾa, kat$^h$ɯmun, kat$^h$ɛ : du](如)
(15b) /kat$^h${ø-ɛ}-/류 : kat-t'a, kak-k'u, kat-t'ʌɾa, kat$^h$-ɯmun, kat$^h$-ɛ : -du

(15b)에 제시된 형태분석의 결과를 보면, 어미 /-CY/와 통합하는 어간형은 [kat-], [kak-]이고 어미 /-ɯmun/과 통합하는 어간형은 [kat$^h$-]이며 어미 /-ʌtu/와 통합하는 어간형은 분석하기 어렵다. 그러나 (14b) 'h-ɛ : -du'의 '-ɛ : -'에 대한 논의에서와 동일하게 'kat$^h$-ɛ : -du'는 어간 /kat$^h$ɛ-/에 어미 /-ʌtu/가 통합한 것으로 본다. 그렇게 되면 어미 /-(ɯ)CY/와 통합하는 어간의 이형태는 [ka{t, k, t$^h$}-]이고 어미 /-ʌtu/와 통합하는 어간의 이형태는 [kat$^h$ɛ-]가 된다. 이들 이형태 중 자음으로 끝나는 이형태를 기저형이라고 할 경우에는 어미초의 /ʌ/ 앞에서 /ɛ/가 첨가되는 것을 합당하게 설명할 수 없으며 [kat$^h$ɛ-]를 기저형이라고 할 경우에는 어미초의 자음소 앞에서 어간말의 /ɛ/가 탈락하는 사실을 합당하게 설명할 수 없다. 그러므로 (15a)의 활용형을 보이는 어간은 어휘화된 이형태 /ka{t, k, t$^h$}-/와 /kat$^h$ɛ-/를 가진다고 해야한다. 그 중에서 어미 /-(ɯ)CY/와 통합하는 이형태들의 교체음 [t, k, t$^h$]의 형태음소는 형태소 설정기준 ④ⓐ의 ㉠에 의해서 /t$^h$/가 된다. 따라서 (15a)의 활용형을 보이는 어간은 두 개의 어휘화된 이형태 /kat$^h$-/과 /kat$^h$ɛ-/를 가지며 그것들을 포함하는 잠정형태소는 /kat$^h${ø-ɛ}-/로 표시된다.

이 잠정 형태소가 합당한가를 검정하면 다음과 같다. 먼저 어휘화된 이형태 /kat$^h$-/이 어미 /-ɯunta/, /-ku/, /-tʌla/, /-ɯmun/이 통합하면, 어간말의 /t$^h$/는 어미초의 /ɯ/ 앞에서는 아무런 음운과정을 거치지 않으며, 어미초의 /k/ 앞에서는 평파열음소화하여 /t/로 되고 이어서 어미초의 /k/에 동화되어 연구개음소 /k/로 된다. 그리고 어미초의 /t/ 앞에서는 평파열음소화하여 /t/로 된 다음에는 더 이상 음운과정을 거치지 않는다. 그 결과 실현된 음성형은 (15a)에서 해당 어미와 통합한 어간과 동일하다. 다음에 어휘화된 이형태 /katʰɛ-/와 어미 /-ʌtu/가 통합하면, 어미초의 /ʌ/는 어간말 모음소 /ɛ/에 완전순행동화하여 /ɛ/로 된다. 그 다음에는 더 이상 음운과정을 거치지 않으므로 음성으로 실현되는데, 그 때의 음성형은 (15a)에서 해당 어미와 통합한 어간과 동일하다.

지금까지의 검정 결과로 복합형태소 /katʰ{ø-ɛ}-/는 (15a)의 활용형을 보이는 어간의 형태소로서 합당하다는 것을 알 수 있다. 이 지역어에서 어간말에 복합형태음소 {ø-ɛ}를 가지는 활용어간은 조사된 자료에서 더 이상 발견되지 않는다.

## 3. 결 론

지금까지 우리는 평안북도 운전지역어의 활용어간을 공시형태론적 관점에서 논의하였다. 이 논의에서 어간의 형태소를 설정하는 데에는 최명옥(2006)에 제시된 형태소 설정기준이 적용되었다. 이 글은 먼저 최명옥(2006)에 제시된 형태소 설정기준을 실제 언어자료에 적용함으로써 그 타당성을 확인할 수 있었다는 의의를 가진다. 그러나 무엇보다도 이 글이 가지는 직접적인 의의는 다음과 같다. 먼저 이제까지 전혀 밝혀진 적이 없는 평안북도 운전지역어가 가진 활용어간의 전체 유형을 밝혔다는 것이다. 다음으로 활용어간의 전체 유형으로부터 운전지역어가 가진 활용어간의 어간말 형태음소목록을 밝힐 수 있었다는 것이며 끝으로 그 활용어간의 어간말 형태음소목록을 기준으로하여 운전지역어의 공시적 음운과정을 체계적으로 논의할 수 있게 되었다는 것이다.

이제 본론의 내용을 요약함으로써 결론에 대하기로 한다. 이 지역어에 사용되는 활용어간의 형태소는 단일형태소와 복합형태소로 구성된

다. 그리고 단일형태소는 다시 자음소로 끝나는 형태소와 모음소로 끝
나는 형태소로 구분되고 자음소로 끝나는 형태소는 다시 단일자음소로
끝나는 형태소와 자음소군으로 끝나는 형태소로 구분된다. 그들 각각에
대해 어간형태소의 유형과 어간말 형태음소의 목록을 함께 나타내면
다음과 같다.

(1) 단일형태소의 유형과 어간말 형태음소목록

(1.1) 자음소(유음소 포함)로 끝나는 형태소의 유형과 어간말 형태음
   소목록

(a) 단일자음소로 끝나는 형태소의 유형과 어간말 형태음소목록 :
   $X\{p, p^h, t, t^h, s, c, c^h, k, k^h, h, ?, m, n, l\}$-

(b) 자음소군으로 끝나는 형태소의 유형과 어간말 형태음소목록 :
   $X\{ps, nc, nh, lt^h, lp, lm, lk, lh, l?\}$-

(1.2) 모음소로 끝나는 형태소의 유형과 어간말 형태음소목록 :
   $X\{i, e, \varepsilon, \Lambda, a, ɯ, u, o\}$-

(2) 복합형태소의 유형과 어간말 형태음소목록 :
   $X\{\{ø\text{-}la\}, \{p\text{-}u\}, \{u\text{-}ɯ\}, \{t\text{-}l?\}, \{ø\text{-}l\}ɯ, \{u\text{-}lɯ\}, \{a\text{-}\varepsilon\}, \{ø\text{-}\varepsilon\}\}$-

# 참고문헌


金星奎(1988), "非自動的 交替의 共時的 記述", 冠岳語文研究(서울대) 13. pp.25-44.

이기문(1962), "中世國語 特殊語幹交替에 대하여," 震檀學報 23. pp.119-153.

이병근·송철의 편(1998), ≪音韻 I≫, 國語學講座 4, 서울 : 太學社.

한성우(2003), ≪의주방언의 음운론적 연구≫, 서울대(박사논문).

최명옥(1982), 月城地域語의 音韻論, 대구 : 嶺南大出版部.

최명옥(1985), "變則動詞의 音韻現象에 대하여 : p-,s-,t-變則動詞를 中心으로," 國語
    學 14, pp. 149-88. 최명옥,(1998 : 55-97)과 이병근·송철의 편(1998 : 249-93)
    에 "p-,s-,t-變則動詞의 音韻現象"이란 제목으로 재수록.

최명옥(1988), "動詞變則動의 音韻現象에 대하여 : li-,lə-,ɛ-,h-變則動詞를 中心으로,"
    語學研究 24-1, pp. 41-68. 최명옥(1998 : 101-35)에 "li-,lə-,ɛ(jə)-,h-變則動詞의
    音韻現象"이라는 제목으로 재수록.

최명옥(1993), "語幹의 再構造化와 交替形의 單一化 方向," 省谷論叢 24, pp.1599-1642.
    崔明玉,(1998 : 232-87)에 재수록.

최명옥(1998), ≪國語音韻論과 資料≫, 서울 : 태학사.

최명옥(2004),≪국어음운론≫, 서울 : 태학사.

최명옥(2006), "국어의 공시형태론 : 어간과 어미의 형태소 설정을 중심으로", 李秉
    根先生退任紀念 國語學論叢, 서울 : 태학사. pp.13-39.

Hooper, J. B.(1976), *An Introduction to Natural Generative Phonology*, New York :
    Academic Press.

Kiparsky, P.(1968a), "How Abstract is Phonology," I.U.L. Club.

Skousen, R.(1973), "Evidence in Phonology" in Kisseberth, ed., *Studies in Generative
    Phonology*, Edmonton : Linguistic research. pp.72-103.

Skousen, R.(1975), *Substantive Evidence in Phonology : The Evidence from Finnish and
    French*, The Hague : Mouton.

Tiersma, P.(1983), "The Nature of Phonological representation : evidence from breaking in
    Frisian," *Journal of Linguistics* 19-1. pp.240-265.

Tranel, B.(1981), *Concreteness in Generative Phonology  : Evidence from French*, University of California Press.

Vennemann, T.(1971), Natural Generative Phonology, Paper read at Annual Meeting of the Linguistic Society of America, St. Louis, Missouri.

# 수사의문문 해석에 관한 연구
## - 논증이론과 관여성이론을 중심으로 -

최 윤 희*

## 1. 서 론1)

C. Ille(1994 : 42)가 주장하는 바에 의하면, 수사의문문을 다음과 같이
다양하게 정의할 수 있다.

1) 의문문의 형식으로 강한 단언의 힘을 나타내는 의문문
2) 반대극성을 나타내는 의문문
3) 정보를 요구하는 것이 아니라 문채(文彩)상의 특징을 나타내는
   의문문
4) 대답을 기대하지 않는 의문문
5) 의문문의 형식으로 논증을 나타내는 의문문

위의 정의에 공통적으로 나타나는 특성은, 통사적 형식과 의미적 현

---

상이 서로 일치하지 않고 오히려 반대극성을 보인다는 점이다. 수사의문문의 이러한 특징을 설명하기 위해서는, 수사의문문에 관한 지금까지의 연구를 재고해 보고, 각 이론의 문제점과 이에 대한 대안을 모색함에서부터 시작해야 할 것 같다.

본 연구는 다음과 같은 의문점에서 출발하였다.

1. 언어의 경제성 측면에서 볼 때, 수사의문문의 형식과 기능의 상호불일치와 반대극성은 어떻게 설명할 것인가?
2. 상황에 따라 그 의미가 가변적인 수사의문문을 어떻게 해석할 수 있을까?
3. 수사의문문을 반어와 더불어 메아리적 사용으로 설명할 수 있는가?

이에 따라 본 연구는 다음과 같이 구성된다.

2절에서 우리는 수사의문문에 대한 기존의 다양한 해석들을 수사적, 구조주의적, 변형 생성적 그리고 화용론적 관점[2]으로 각각 간단히 정리하여 살펴본다. 우리가 논구의 출발점으로 삼은 문제들 가운데 1, 2의 문제점에 대해, 가장 통합적이고 근본적인 접근을 허용하는 이론적 틀은 어떤 것인지 알아본다.

3절에서는 수사적 접근, 구조주의적 접근, 변형 생성적 접근 그리고 화용론적 접근은 이러한 우리 의문점에 대해 근본적인 설명이 되지 못함을 보여주면서, 수사의문문을 근본적이고 통합적인 설명을 할 수 있는 이론으로서, Anscombre & Ducrot의 논증이론 그리고 Sperber & Wilson의 관여성이론을 소개한다. 의문문 Est-ce que P?는 근원적으로 non-P의 논증성향을 지닌다는 논증이론은, 우리의 문제 1을 독창적으로 설명하고 있다는 점에서 주목할 만하다. 그러나 이 이론은 우리의 두 번째 물음에 해당하는 상황에 따라 그 의미가 가변적인 수사의문문을 설명하

---

2) 여기서의 화용론이란 통합화용론과 인지화용론을 제외한 일반적인 화용론을 의미한다.

지 못하였다. 더욱이 Anscombre & Ducrot의 근원적 논증주의는 발화체의 진리-조건적 의미를 부정하게 되어, 이론 자체의 내부적 문제점을 노출하고 있다.

이러한 논증이론과는 달리, 관여성이론은, 상황의 변화에도 그 의미가 고정적인 수사의문문뿐만 아니라 상황에 따라 그 의미가 가변적인 수사의문문까지도 통합적으로 설명한다. 관여성이론은 인간은 본질적으로 관여성을 추구한다고 보며, 인간은 발화체를 해석하기 위해 이 발화체를 사용 가능한 배경 지식과 연관시킨다고 설명하고 있다. 문제점 1과 관련하여 관여성이론에 따르면, 직설법, 명령법 혹은 의문문의 어순 등은 언표내적 효력을 지시하는 표지로서, 이러한 표지는 화자가 지니는 제보적 의도의 추상적 특질만을 현시할 뿐이다. 청자는 이를 통해 역으로 발화의 적합성을 탐색하는 방향을 취한다고 한다. 이러한 관여성 이론의 주장은, 수사의문문 이외에 통사적 형식과 의미할당 간의 불일치를 보이는 모든 언어적 현상에 적용된다. 또한 문제점 2와 관련하여 관여성이론은 발화를 해석함에 있어 맥락을 선택하고 확장할 것을 요구한다. 따라서 상황에 따라 청자는 다양한 방법으로 발화의 적합성을 탐색하고 이를 수사의문문으로 해석할지 판단할 수 있다는 것이다. 마지막으로 관여성이 반어를 효과적으로 설명할 수 있다는 사실은 우리의 문제점 3과 깊은 관계를 맺게 된다. 우리는 수사의문문을 반어와 함께 메아리적 사용으로 해석해야 할 것을 제안할 것이다. 발화체가 화자 고유의 관점을 표현함으로써가 아니라 타인의 생각을 보고함으로 최대의 관여성을 수행할 때, 이를 메아리적이라 한다. 메아리적 사용을 통해 전달된 발화체는 풍부하고 다양한 의미를 지닐 수 있는데, 그것은 화자가 메아리적 발화체나 생각에서, 자신의 권리를 위임하거나 또는 분리시킬 수 있기 때문이다. 반어란 문맥에 따라 문자 그대로의 의미와 반대의미를 함축한 것인데, 수사의문문 역시 반대극성의 단언문으로 해석된다는 점을 고려할 때, 이는 반어와 밀접한 관계가 있는 것으로 보인다. 수사의문문과 반어가 메아리적 사용으로 해석되어야 하는 근거는 본문에서 제시될 것이다. 이처럼 반어와 마찬가지로 수사의문문의 화자는 주어진 명제에 대해 의문시하는 태도를 보이지만, 실제로는 주어진 명제를 부정하는 태도를 메아리치고 있는 것이다. 따라서 본 연구에서는 수사의문문이 메아리적 사용으로 해석되어야 한다고 설명할 것이다.

## 2. 기존의 접근에 대한 재고

수사의문문의 기원은 고대 수사학으로 거슬러 올라간다. 수사학에서 수사의문문은 그다지 중요한 위치를 차지하지 못했으나, 키케로(Cicero), 아리스토텔레스(Aristoteles), 「헤르니우스를 위한 수사학(Rhetorica ad Herrenium)」의 저자, 퀸틸리아누스(Quintalianus)는 수사의문문을 연구한 대표적 학자이다. 이들은 수사학을 '설득의 창조자'라 정의하고, 수사학의 하위범주인 생각의 문채(figure of thought)의 하나로 수사의문문을 분류하였다. 수사적 접근은 보통의문문에서 수사의문문을 분리해 내고 그 기능을 연구했다는 점에서 의의를 갖는다. 그러나 수사의문문의 통사적인 면 즉 형식과 기능의 불일치, 의미-화용론적인 면 즉 해석 메카니즘 같은 문제에 대해 전혀 다루고 있지 않고 있다. 특히 화자-청자 간의 상호작용에 의한 수사의문문의 다양한 효과를 포착하지 못하고 화자 중심으로만 접근하였다는데 그 한계가 있다.

언어학적 관점에서는 구조주의적, 변형 생성적, 화용론적 관점에서 수사의문문이 어떻게 해석되는지 재고해 보았다.

구조주의 학자로는 의문문 자체를 감탄문의 하위 범주로 보는 Poutsma(1928), 수사의문문을 의문문의 기능을 상실하고 강조의 반대 단언문이 된다고 보는 Crume(1931), 수사의문문이란 대답을 내포하는 의문문이라 보는 Scheurwegh(1959, 재인용, Ille, 1994) 등이 대표적이다. 또한 수사의문문이란 거짓의문문(fausses questions)이며 사용 효과는 추론(raisonnement)을 분석하고 화자를 암시하는 것이라 설명하는 Peyroutet(1994)도 있다. 구조주의적 접근은 관찰된 자료체(corpus)에서 수사적 접근에서는 다루지 못했던 수사의문문의 특징을 포착하고 구체적으로 기술하였다는데 의의를 갖지만 실제 많은 부분을 할애하여 설명하지는 않았다. 구조주의 학자들은 수사의문문의 특징을 극성역전, 강조단언, 대답내포 등으로 설명하고 있다. 그러나 역시 수사의문문의 해석 메카니즘, 문맥관련성 등을 고려하고 있지 않다. 또한 수사의문문을 문법상 감탄문의 한 종류로 간주하여 수사 의문문의 다양한 의미 효과를 설명하지 못하고 있다.

변형생성 학자들은 맥락에 기반을 두는 담화구조라 여겨지는 수사의문문에 대해 별다른 논의를 하지는 않았다. 이들은 의문문이 기저구조에 형태소 Q를 갖는다고 가정하고, 수사의문문을 이러한 Q의 의미적 특성과(모호성과) 주변요소들의 결합형태소(wh)로 보고 있다. Chomsky(1957, 재인용, Ille, 1994), Katz & Postal(1964)은 Q 형태소의 존재를 증명하였고, Langendoen(1970, 재인용, Ille, 1994)은 Q 형태소가 의미적으로 'I request you to tell me' 이지만 특수 상황에서 'I request you to consider'로 바뀌며 수사의문문이 후자의 경우로 해석되어야 한다고 주장한다. 김광섭(2001)은 Q-자질(형태소가 아니라 자질이라고 표현하고 있다)이 'ask' 뿐 아니라 'doubt'의 의미로도 쓰여 모호하다고 주장하는 한편, Berman(1989)의 이론에서 출발하여 수사의문문을 다음과 같이 나타난다. 여기서 반박의 Q는 'doubt'의 의미를 갖는 주절동사이며, 이분적 자질인 [-wh]-자질은 비한정대명사와 같은 속성을 갖는 자질을 의미한다.

반박의 Q + [-wh]- 자질

그 외에 부가의문문과 수사의문문을 비슷한 논리구조로 설명하는 Sadock (1971)과 수사의문문과 비수사의문문을 다른 기저구조로 설명하는 Pope

(1976)도 대표적이다. 김광섭의 변형 생성적 접근은 Q-자질과 wh-자질로 수사의문문을 명확하게 도식하였다는데 의의가 있다. 그러나 수사의문문과 비수사의문문간의 극성역전에 대해 기저구조에 대해 근본적으로 설명하지 못하고 있으며 상황에 따라 가변적인 수사의문문을 설명하지 못한다.

화용론적 접근으로는, 수사의문문을 의문문의 형식과 관련된 화용론적 함축의 결과물로 보는 Borillo(1981), 수사의문문과 편향의문문을 분리하고, 수사의문문은 편향의문문에 비해 명제에 대한 화자의 태도가 훨씬 더 확고하다고 설명하는 Hübler(1993), 담화론적 관점에서 수사의문문을 발언하는 중요한 동기가 다변적(discursive), 논쟁적(argumentative) 기능에 있다고 주장한 Ille(1994), 사회언어학적 관점으로 의문문을 여러 자질로 나누고 화자, 발화체, 청자 및 화자의 지식, 믿음, 가정에 관련된 자질을 모두 고려하여 수사의문문을 설명한 Coveney(2002)가 대표적이다.

지금까지 수사적, 구조주의적, 변형 생성적, 화용론적 접근법 안에서 많은 학자들이 수사의문문에 대해 각각의 관점으로 설명하고 있음을 살펴보았다. 그러나 이 중 어떠한 이론도 그 자체만으로 수사의문문을 통합적으로 설명하기에 부적합하다는 결론을 내릴 수 있었다. 따라서 본 논문에서는 현대 화용론의 두 가지 흐름인 통합화용론의 논증이론과 인지화용론의 관여성이론을 이론적 배경으로 하여 수사의문문을 해석하고자 하였다. 다음 장에서는 논증이론과 관여성이론에 대해서 간단히 알아보기로 한다.

# 3. 이론적 배경

## 3.1. 통합화용론적 접근
###     - 의미론과 화용론의 통합 : 논증이론

본 장에서는 비-진리-조건적 의미를 발화체 의미의 일부로 보는 논증
이론(la théorie de l'argumentation)의 기본개념과 발전사에 대하여 간단히 살
펴보고, 수사의문문이 논증이론의 틀에서 어떻게 해석되는지 알아보기
로 한다. 발화체의 의미는 기저구조에 주어진 단언된 내용(contenu asserté)
과 전제된 내용(contenu presupposé)을 함께 고려해야 한다는 초기 논증이론
은, 다양한 개념을 개발시키며 끊임없이 수정, 연구되어 왔다. 특히 의
문문에 대해 논증이론은 'Est-ce que p?'의 논증지향성은 'non-p'의 논증지
향성과 같다고 보고 있는데. 이는 정보의문문을 의문문의 전형으로 보
는 전통적인 설명방식에 비판적 토대를 제공해 준다. 그러나 언어는 세
상에 대해 참 또는 거짓을 말하는데 사용될 수 없다는 Ducrot의 근원적
논증주의(argumentavisme radical)는 결국 전형의문문(정보의문문)을 설명할 수
없는 등 스스로 모순에 빠지게 된다. 따라서 본 장에서는 논증이론이
직면하고 있는 문제들을 짚어보고, 다음 장에서는 관여성이론(la théorie de
la pertinence)을 대안으로 제안할 것이다.


### 3.1.1. 논증이론의 시작

논증이론[3]이란 동일한 화자가 발화체의 논증과 결론, 두 가지를 동
시에 책임진다는 이론으로, 주 내용은 논증이 결론을 인정하도록 방향
을 정해준다는 것이다. 예를 들어 Il fait mavais(날씨가 나쁘다)란 발화체는
Je reste à la maison(나는 집에 머무를 것이다)으로 방향을 이끈다는 것이다.

---

3) 본 연구에서는 Anscombre & Ducrot의 'L'argumetation dans la langue'의 초판(1983)이 아닌
   1997년에 출판된 세 번째 판을 참고하였다.

여기서 후자를 결론으로 부르고 C(conclusion)로 표시하며, 전자를 논증이라 부르고 A(argument)로 표시한다.(Ducrot : 1981)

논증이론은 Anscombre와 Ducrot(이하 A&D)가 같은 정보적 내용(즉 진리-조건적 내용)을 갖고 있는 발화체들이 항상 같은 결론을 지향하는 것은 아니라는 관찰로부터 시작되었다. 예를 들어, (1a)와 (2a)는 같은 정보적 가치를 가지고 있지만, 각각에 대응하는 부정문을 검토할 경우, (2a)에 대응하는 부정문인 (2b)는 (3a)나 (3b)를 의미할 수 있는 반면, (1a)에 대응하는 부정문인 (1b)는 (4)를 의미한다는 것을 알 수 있다.

다시 말해서, 'pas aussi grand'은 항상 'moin grand'을 의미하는데 'avoir la même taille'는 그렇지 않다는 것이다.

(1) a. Pierre est aussi grand que Marie.
   (삐에르는 마리만큼 키가 크다.)
   b. Pierre n'est pas aussi grand que Marie.
   (삐에르는 마리만큼 크지 않다.)
(2) a. Pierre a la même taille que Maire.
   (삐에르의 키는 마리의 키와 같다.)
   b. Pierre n'a pas la même taille que Marie.
   (삐에르의 키는 마리의 키와 같지 않다.)
(3) a. Pierre est moins grand que Marie.
   (삐에르는 마리보다 키가 덜 크다.)
   b. Pierre est plus grand que Marie.
   (삐에르는 미리보다 키가 더 크다.)
(4) Pierre est moins grand que Marie.
   (삐에르는 마리보다 키가 덜 크다.)[4]

A&D는 이러한 의미론적 차이 이외에도 몇 가지 화용론적 차이를 지

---

[4] Moeshchler & Reboule, 1994 : 309.

적한다. (2a)는 (5), (6)의 결론을 모두 도출할 수 있지만, (1a)는 (5)의 결론을 위해서만 사용될 수 있다.

    (5) Pierre est grand pour son âge.
       (삐에르는 나이에 비해 크다.)
    (6) Pierre est n'est pas grand pour son âge.
       (삐에르는 나이에 비해 크지 않다.)

위에서 보여준 예들을 통해 A&D는 순수한 진리-조건적 의미론만으로는 충분하지 않으며, 발화체의 논증적 잠재성을 의미의 중요한 측면으로 보아야 한다고 주장한다. 즉 논증이 의미의 일부가 되어야 한다는 것이다. A&D에 의하면 (5)의 결론만을 지향할 수 있다는 사실 그 자체가 바로 (1)의 의미의 일부라는 것이다.

이렇듯 정보적 등가, 즉 진리-조건적 내용은 등가이나 해독되는 의미는 차이가 있는 (1)과 (2)의 예를 통해, A&D는 통합 화용론(pragmtique intégrée)을 가정하게 된다. 전통적인 진리-조건적 의미로 포착되지 못하는 의미를 고려하여 화용론의 영역5)으로 분류하였지만, 의미의 비-진리-조건적 측면 또한 진리-조건적 의미와 함께 발생하기 때문에 통합이란 수식어가 붙게 되었다. 다음 항에서는 논증이론에서 의문문에 대해 어떻게 설명하고 있는지 간단히 소개하고자 한다.

### 3.1.2. 논증이론과 의문문

지금까지 논증이론의 개념과 흐름에 대하여 살펴보았다. 선행연구에서는 수사의문문이 문장구조 형식은 의문문이지만 전달하는 뜻으로는 단언 진술문의 기능을 나타낸다는 점에서 형식과 기능 사이의 불일치

---

5) Gazdar(1979, 재인용, Moeschler & Reboul, 1994 : 32)는 화용론이란 '의미에서 진리조건을 뺀 부분'이라고 설명한다. 즉, la pragmatique=le sens -les conditions de vérité

가 내재되어 있는 언어현상으로 간주하고, 그 특징을 설명하였다. 그러
나 근원적 논증주의가 분명 해결하지 못하는 문제를 안고 있음에도, 논
증이론의 틀 안에서 의문문에 대한 해석은 독창적이며 흥미롭다.
  A&D는 모든 의문문에 대하여 다음과 같이 설명한다.[6]

  1) 프랑스어의 의문문의 내재적 단계에서, 논증적 가치(valeur argumentative)
     를 갖는다.
  2) 이 가치는 의문문과는 반대극성의 단언문과 동일한 논증 성향을
     부여한다.

  전통적으로 폐쇄 의문문(Est-ce que p? 유형)[7]의 의미분석은 양자택일
문 형식 p ou non-p[8]로 귀착된다.

  (7) Est-ce que p?  → p ou non-p

  그러나 논증이론에서는 Est-ce que p?의 논증지향성(OR로 표기한다)은
non-p의 논증지향성과 동일하다는 것이다.

  (8) OR (Est-ce que p ?) = OR (non-p)

  즉 Est-ce que p? 라고 질문하였을 때, 일반적으로 사건 p, 또는 사건
non-p에 관한 가능성을 가늠하는 것으로, 질문은 p와 non-p의 관계에 있
어 대칭적(symétrique)이다. 그러나 논증적 가치를 지닐 때는 non-p만을 지

---

6) A&D, 1997 : 115.
7) 프랑스 어에서는 평서문의 명제절에 'Est-ce que'를 앞에 붙이면 의문문이 된다. 예를
   들어 'Marie est belle(마리는 예쁘다)'는 평서문의 명제절이며, 'Est-ce que Marie est belle?
   (마리는 예쁘니?)'는 의문문이 된다.
8) p는 긍정문, non-p는 부정문을 의미한다.

향하여 비대칭적(dissymétrique)이라는 것이다.

A&D는 의문문의 논증성향을 설명하기 위해 논증연쇄(enchaînements argumentative)를 갖는 담화를 예로 사용한다.

> (9) a. C'est un peu idiot d'abandonner ton poste (=E2).
>     (지금 지위를 포기하는 것은 바보같은 짓이다.)
>   b. Est-ce que tu pourras trouver mieux à Lyon(=E1)?
>     (리옹에서 더 나아질 수 있을 것 같니?)
> (10) a. Tu ne devrais pas quitter ton apartement(=E2).
>     (넌 아파트를 떠나지 말아야 해.)
>   b. Est-ce que le quartier te déplaît vraiment(=E1) ?
>     (이 지역이 정말로 맘이 안드니?)

위에 예에서 Est-ce que p?의 P의 부분은 non-p(Tu ne pourras pas trouver mieux à Lyon/ Le quartier ne te déplaît pas vraiment)로 대체될 수 있음을 쉽게 알 수 있다. 반대로, 질문이 p로 대체된다면 특정한 경우, 예를 들면 (10)에서 맘에 들지 않는 지역에 살아야만 하는 경우를 제외하고는 위의 논증연쇄를 이해하기 어렵다. 반대로 (10)에서 의문문의 술부를 반대의미의 술부로 대체해도 이해할 수 없게 된다.

> (10)′ a. Tu ne devrais pas quitter ton apartement(=E2).
>     (넌 아파트를 떠나지 말아야 해.)
>   b. Est-ce que le quartier te plaît vraiment(=E1) ?
>     (이 지역이 정말로 맘에 드니?)

위의 질문들은 모두 진짜의문문(vraies questions)이 아닌 수사의문문(questions rhétorique)이며, 부정 단언문과 등가이다(équivalentes à affirmation négatives).[9]

---

9) A&D(1981)는 수사의문문의 논증가치를 다음의 연결사(논증연산자)를 사용한 연계표현

여기서 더 나아가 A&D는 수사의문문문이건 아니건 근본적으로 부정적 측면을 가지고 있다고 주장한다.(A&D, 1997 : 117-8) 내일 날씨의 여부에 따라 소풍을 가는 담화상황에서 다음의 발화체들은 다양하게 해석된다.

> (11) Il fait beau aujourd'hui(=E2), mais fera-t'il beau demain (E1)?
> (오늘 날씨가 좋다, 그러나 내일도 좋을까?)

위의 논증연쇄는 가능하다. 왜냐하면 (E1)의 mais 뒤의 절은 부정단언 인 il ne fera pas beau와 같은 논증성향을 지니기 때문이다.

> (12) Il fait beau aujourd'hui(=E2), mais fera-t'il mauvais demain(E1)?
> (오늘 날씨가 좋다, 그러나 내일은 나쁠까?

그러나 (11)의 발화연쇄 또한 완전히 다른 담화영역으로 해석한다면 가능하다. 예를 들면, 좋은 날씨 다음에 항상 나쁜 날씨가 왔었다면 (E2) 는 내일 소풍을 가지 말자고 하는 논증이 된다.

> (13) Il fait mauvais aujourd'hui, d'accord : mais fera-t-il beau demain, c'est
> ça que je voudrais savoir. (오늘은 날씨가 나쁘다, 물론 그렇다. 그
> 렇지만 내일은 좋을까, 그게 바로 알고 싶은 것이다.)

위의 발화체에서 mais(그러나)의 역할은 두 논증간의 논증적 무게를 확립하려는 것이 아니고, 두 논증의 순서를 고려하도록 하는 것이다. (55) 에서는 p mais q의 구조의 도치의 법칙을 적용되지 않으며, 오히려 E1과 E2를 말하면서 행해지는 발화행위에 관련이 있다. (55)의 화자는 오늘의

---

을 통해서 증명하고 있다. 그것은 'p mais(그러나) q', 'p d'ailleurs(게다가) p', 'p même(조차) q'의 3가지 논증연쇄이다. 그러나 본 연구에서는 자세히 다루지 않기로 한다. 자세한 사항은 A&D(1981), 최윤희(2006)을 참고할 것.

날씨를 말하는 행위와 내일의 날씨를 말하는 행위를 대조시키고 있다. 위의 예는 화자가 항상 논증행위를 수행하기 위해 의문문을 사용하는 것이 아님을 설명한다. 이것은 또한 논증가치가 수사의문문의 고유한 자질이 아님을 시사한다. 그러나 의문문의 내재된 논증가치가 100% 발현된 경우가 바로 수사의문문이라는 것을 알 수 있었다. 지금까지 우리는 논증이론의 개념과 수사의문문이 논증이론 안에서 어떻게 해석되어지는지에 대해 살펴보았다. 논증이론은 기존의 연구와는 달리 수사의문문의 본질적인 측면을 다루고 있다. 그러나 논증이론은 그 자체로서 문제점을 지니고 있으며, 아울러 수사의문문문 이외의 의문문을 설명하지는 못하고 있다.

논증이론의 문제점으로는 먼저 개념상의 문제들로 발화체의 의미를 전제된 의미와 단언된 의미로 나눈 후, 해결되지 못하는 부분에 대해서는 새로운 법칙과 공리를 만들어 내는 등 매 경우마다 해결 메카니즘을 만들어 내야한다는 것이다. 물론 이러한 문제점의 해결책으로 논증과 논증행위를 구분하기도 하고 최종적으로 토포이 개념을 도입하기도 하지만 결국 진리 조건적 내용을 포기하는 근원적 논증주의를 지향하면서 더 큰 문제를 안게 된다. 근원적 논증주의는 모든 언어가 화자의 의도를 나타내기 위함이고, 세계를 묘사하기 위해 사용되는 것이 아니라고 주장한다. 따라서 일반적으로 사람들이 언어가 정보를 전달한다고 믿고 순수하게 언어적 의미로 그들에게 주어진 정보에 의지하여 행동하는 이유를 설명할 수 없게 된다.

한편 A&D는 의문문이 어떤 맥락에서는 질문의 명제내용에 근거한 정보요구의 기능을 상실하고 화자의 논증의도에 의해 어떠한 결론으로 유도되는 기능을 보유하고 있다고 주장함으로써, 의문문의 기본기능이 정보요구가 아니고 논증지향성이라는 점을 강조하고 있다. 그러나 논증이론 역시 상황에 따라 다양한 의문문으로 해석되는 메카니즘에 대해 설명하지 못하고 있다. 또한 김지영(1992)은 Ducrot가 정당화하고 있는 의문문의 논증기능은 수사의문문을 모델로 한 것으로 모든 의문문에 적용될 수 없다고 하면서, 진짜의문문(vraie question)에는 근본적으로 내재적 논증가치가 없으므로, 논증의문과는 무관한 독립 메카니즘으로 분리해야 한다고 주장한다.

Iten(1999)은 논증이론의 이러한 문제점이 근본적으로 의미론과 화용론을 분류하지 않았기 때문이라고 설명하며 그 대안책으로 관여성이론을 제시하고 있다. 다음 장에서는 인지화용론인 Sperber & Wilson의 관여성이론에 대해 살펴보고, 수사의문문이 관여성이론에서 어떻게 해석될 수 있는지 알아본다. 마지막으로 우리의 의문점이 관여성이론으로 해결될 수 있음을 보여주고자 한다.

## 3.2. 인지화용론적 접근
### — 의미론과 화용론의 분리 : 관여성이론

### 3.2.1. 관여성이론의 기본개념

인지 화용론에 관한 가장 대표적인 이론은 Sperber와 Wilson[10]의 관여성이론이다. 관여성이론(la théorie de la pertinence)은 '인간 의사소통의 본질적 특징을, 언어적이건 비언어적이건, 의도(intentions)를 표현(expression)하고 이를 인지(cognition)하는 것'이라고 설명한다.[11]

관여성은 발화체 및 다른 관찰 가능한 현상의 잠재적 영역일 뿐 아니라. 생각, 기억력 그리고 추론의 결론 등의 영역이기도 하다. 관여성이론에 의하면, 모든 발화체는 관여성에 의해 해석될 수 있는데, 이것은 화자가 협동의 원리나 대화의 격률 또는 의사소통 관습을 지켜야 해서

---

10) 이하 S&W로 표시하기로 한다. 또한 본 연구에서는 1986년 판 *Relevance : Communication & Cognition(second edition)*의 불어 번역본 *La Pertinence(1989)*를 사용하였다. 한국어 번역과 부연설명은 김태옥 & 이현호(1994)의 *인지적 화용론(적합성 이론과 커뮤니케이션)*을 참고하였다.

11) Grice 1989 : Essays 1-7, 14, 18, Retrospective Epilogue, 재인용, S&W, 2002 : 249.

가 아니고, 인간은 본질적으로 관여성을 추구하기 때문이라고 한다.[12)]
직관적으로 입력물(시각, 소리, 발화체. 기억력)은, 개인이 결론을 도출하기
위해 사용 가능한 배경 지식과 연결될 때, 관여적이 된다. 즉 이러한 자
극들이 문맥 안에서 긍정적 인지 효과(positive cognitive effect)[13)]를 생산해
내었을 때, 한 개인에게 관여적이라 한다. 한편, 문맥 안에서 입력물을
주어 처리된 인지적 효과, 즉 자극과 문맥으로부터 추출한 결론을 문맥
적 함축(implication contextuelle)라 한다. 예를 들어 기차가 도착하는 것을 보
고 기차시간표에 대한 기존의 지식을 활용하여 기차가 늦었다는 문맥
적 함축을 이끌어 낼 수 있다. 또한 인지적 효과의 다른 형태로, 이용
가능한 가정의 강화, 개정 또는 포기 등으로 나타날 수도 있다. 예를 들
어 기차가 늦은 것을 본 후, 한국철도공사의 서비스에 대한 인상이 더
나빠질 수도 있으며(가정의 강화), 일하러 가는 도중에 쇼핑하려던 계획
을 변경할 수도 있다는 것이다(가정의 개정 또는 포기).

　이처럼 관여성은 유무의 문제가 아닌 정도의 문제(question des degrés de
pertinence)로 이해되어야 한다. 관여성이론에 따르면 여러 자극 중 한 자
극이 선택되는 것은, 그것이 관여적이라서가 아니라 좀 더 관여적이기
때문이라는 것이다. 따라서 다른 모든 조건이 동일하다면, 정보처리 노
력이 많이 요구되면 될 수록, 덜 관여적이라는 것이다. 관여성은 다음과
같이 설명될 수 있다.

---

12) According to relevance theory, utterances raise expectations of relevance not because speaker are
expected to obey a Cooperative Principle and maxims or some other specifically communicative
convention, but because the search for relevance is a basic feature of human cognition, which
communicators may exploit.(S&W, 2002 : 251)
13) 긍정적 인지 효과(positive cognitive effect)를 이해하기 위해서, 관여적으로 보이는 정보
와, 실제 관여적인 정보를 구분해야 한다. 우리는 우리의 믿음 중 일부는 잘못된 것
일 수 있다는 것을 알고 있으며, 잘못된 결론을 도출하기 위해 노력을 낭비하지 않
기를 원한다. 효과적인 인지 체계란 참된 관여적 자극만을 골라, 참된 결론을 창출하
는 것이다. (S&W, 2002 : 251)

(1) 관여성
a. 다른 면에서 모든 것이 동일하다면, 발화문의 문맥적 효과가 많으면 많을수록 그 발화문은 더 관여적이 된다.
b. 다른 면에서 모든 것이 동일하다면, 발화문을 처리하는데 드는 노력이 적으면 적을수록 그 발화문은 더 관여적이 된다.

예를 들어 설명하면 다음과 같다. 서진이는 가능한 빨리 샌프란시스코로 가야하는데, 유나이티드항공 몇 시 비행기가 있는지 윤희에게 묻고 있다. 윤희는 다음과 같이 말한다.

(2) a. 유나이티드항공 892편 샌프란시스코행은 5시 30분에 있어.
b. 유나이티드항공 892편 샌프란시스코행은 4시 이후에 있어.
c. 유나이티드항공 892편 샌프란시스코행은 3시 25분으로부터 7500초 후에 있어.

(1a)에 의하면, 위의 예에서 (2b)가 가장 관여적이다. 왜냐하면 (2b)는 (2a)를 함의[14]하기 때문에, (2a)에서 도출된 결론은 (2b)에서도 역시 모두 산출할 수 있다. 한편 (2b)와 (2c)는 논리적으로 같으며 정확히 꼭 같은 인지효과를 산출하지만, (2c)는 문장을 이해, 분석하는데(7500초는 125분이며, 125분은 2시간 5분이므로, 3시 25분으로부터 2시간 5분 후는 5시 30분이라는 것을 알아내기 위해) 처리 노력이 더 들어가므로, (1b)에 의해 (2b)가 (2c)보다 더 관여적임을 알 수 있다. 또한 위의 예에서 관여성이론은 상대적이며, 양적이지 않다는 점도 알 수 있다. 관여성 원리는 다음과 같이 정의될 수 있다.

---

14) 함의란 명제 상호 간에 존재하는 관계의 하나로, 명제 P가 참이면 반드시 명제 Q도 참이 되는 경우에 P가 Q에 대하여 가지는 관계이다. 예를 들면, '모든 사람은 낯을 붉힌다'는 '어떤 사람들은 낯을 붉힌다'를 함의한다. 그러나 우리는 다음과 같은 말은 할 수 없다. '모든 사람은 낯을 붉히지만 아무도 낯을 붉히지 않는다.' 왜냐하면 선행절은 후행절의 모순을 반드시 초래하기 때문이다.(장석진, 1987 : 50-3).

(3) 관여성의 원리(le principe de pertinence)
모든 직시적인 의사소통 행위는 그 자신의 최적의 관여성을 전
달하는 것을 목적으로 한다.15)

지금까지 관여성이론에 대한 기본적인 개념에 대해 살펴보았다. 관여
성이론에서 추론적 의사소통은 이러한 인지적 배경에 기대어 발생한다.
그리고 관여성은 최소의 노력으로 최대의 효율이라는 경제 원칙을 따른
다. 그렇다면 관여성이론에서 이해의 과정은 어떻게 일어나는 것일까?

관여성이론에서 설명하는 추론은 Grice의 추론과는 다른 의미로 사용
된다. Grice의 협동의 원칙과 대화의 격률은 주로 함축의미와 관계되며,
명시의미에는 별다른 중요성을 보이지 않는다. Grice는 대부분은 발화의
해석 내용 가운데 중의성 해소 및 지시대상 부여와 관계없이 화용론적
으로 결정된 측면들은 필연적으로 함축의미라고 아무 의심 없이 받아
들인다. 그러나 관여성이론에서는 명시의미 역시 추론적이라 설명하며,
추론의 과정을 다음의 세 단계로 구분한다. S&W은 Grice가 구분한 (말
해진 것, 함축의미)의 두 단계에 명시의미를 포함함으로서, (말해진 것,
명시의미, 함축의미)의 단계로 구분하고 있다. 또한 함축의미16) 역시 함
축적 전제와 함축적 결론으로 구분한다.

(4) 관여성이론에서 이해 과정
a. 명시의미에 관한 적당한 가설을 구상한다.(명시화(explication))

---

15) Tout acte de communication ostensive communique la présomption de sa propre pertinence
optimale. (S&W, 1989 : 237)
16) 문맥 안에서 입력물을 주어 처리된 인지효과, 즉 자극과 문맥으로부터 추출한 결론
을 문맥적 함축(implication contextuelle)라 한다. 예를 들어 기차가 도착하는 것을 보고
기차시간표에 대한 기존의 지식을 활용하여 기차가 늦었다는 문맥적 함축을 이끌어
낼 수 있다. 또한 인지적 효과의 다른 형태로, 이용 가능한 가정의 강화, 개정 또는
포기 등으로 나타날 수도 있다. 예를 들어 기차가 늦은 것을 본 후, 한국철도공사의
서비스에 대한 인상이 더 나빠질 수도 있으며(가정의 강화), 일하러 가는 도중에 쇼
핑하려던 계획을 변경할 수도 있다는 것이다(가정의 개정 또는 포기).

  b. 의도된 문맥적 가정에 대해 적당한 가설을 구상한다.(함축적 전
     제(prémisse implicitée))
  c. 의도된 문맥적 함축화에 대해 적당한 가설을 구상한다.(함축적
     결론(conclusion implicitée))

이처럼 발화의 명시의미를 복원하기 위해 청자는 발화의 명제형식을 밝혀야 한다. S&W(2002 : 260)은 발화체의 부호화된 논리적 형식은 화자의 의도를 이해하는데 중요한 단서가 되지만, 언어적으로 의사소통된 발화체의 내용은 언어적으로 해독된 것 이상을 의미한다고 주장한다. 또한 명제형식이란 수학적 계산처럼 일정한 절차를 거쳐 얻어지는 형식이라고 간단히 대답할 수 없다고 주장하며, 그 증거로 '뒷길로 돌아가기 발화(à retour en arrière, 정원길 발화 garden-path utterances, en anglais)를 들고 있다. 예를 들어, (5)는 (6a), (6b)로의 해석이 가능하다.[17]

  (5) La petite brise la glace.
  (6) a. La petite fille brise la glace. (여자 아이가 거울을 깬다.)
      b. La petite brise lui donne froid. (약한 바람이 그녀를 춥게 한다.)

문맥을 제외하면, 일반적으로 (5a)의 해석을 선호하게 되겠지만. (7)의 내용이 이어지면 재해석이 불가피해 진다.

  (7) La petite brise la glace; qu'est-ce que ce serait s'il s'agissait d'un grand
      vent! (La petite brise la glace; 만약 큰 바람이었다면 어땠을까?)

이런 '뒷길로 돌아가기 발화'가 강력히 시사하는 바는, 일반적으로 중의성을 해소한 발화라 할지라도 이것이 옳은 명제형식으로 수용되지 않는다는 것이다. 다시 관여성이론에서의 이해과정으로 돌아와서 함축

---

17) S&W, 1989 : 274.

적 전제와 함축적 결론을 예를 들어 설명하면 다음과 같다.

    (8) a. 윤희 : '찰리와 초콜릿 공장' 어땠어?
        b. 서진 : 역시 팀 버튼 감독, 조니 뎁 주연 영화는 너무 좋아.

  서진이의 대답을 통해 '찰리와 초콜릿 공장'이 팀 버튼 감독, 조니 뎁 주연의 영화라는 것을 알 수 있다.(함축적 전제/prémisse implicitée). 그런 후 여기서 또 다른 추론 즉 서진이는 이 영화를 좋아하는지 아니면 반어적으로 말하고 있는지의 결론을 이끌어 낼 수 있다.(함축적 결론/conclusion impicitée))

  서진이는 (8b)를 생산함으로써, 윤희의 질문에 직접적으로 즉 명시적으로 대답하지 않고, 맥락적으로 함축된 대답을 현시하는 상황이 된다. 이런 경우, 보통 상황에서 (8b)가 함축적인 대답이며 그것이 의도적이라는 점이 상호 현시적이지 않는 한, 적합성을 지닐 수 있을 것으로 기대할 수 없는 바. 이것이 곧 그 발화의 함축의미이다. 함축의미란, 자신이 발화가 현시적으로 적합한 것이기를 의도하는 화자가, 청자에게 현시적으로 드러낼 것을 현시적으로 의도한 맥락적 상정내용 또는 함축내용이다.

  함축적 전제는 청자가 보충해야 하며, 기억으로부터 이를 회수하거나, 회수된 상정내용 스키마를 발전시킴으로써 구축해야 한다. 그러한 함축적 전제를 함축의미로 규정할 수 있는 것은, 그것이 적합성 원리와 일치하는 해석을 낳으며, 그런 해석으로 이끄는 현시적으로 가장 이용하기 쉬운 전제이기 때문이다. 함축적 결론은 발화의 명시의미와 맥락에서 나온다.[18] 그런 함축 결론 역시 함축의미로 규정할 수 있는 것은. 그것이 청자에게 현시적으로 적합하기를 의도한 발화로서, 화자는 그것

---

18) 맥락은 각종 새로운 정보의 적합성을 평가하는데 필요한 일련의 구 정보 또는 구 상정내용들이다. 맥락을 이루는 것은 단기기억, 백과사전적 지식, 각종 지각작용에서 얻어지는 정보, 신념 등 다양하다.(김태옥&이현옥, 1994 : 357)

의 함축적 결론 또는 그 일부를 청자가 도출해 주기를 의도했음에 틀림
없기 때문이다. 따라서 함축적 전제와 함축적 결론은 모두 적합성 원리
와 일치하는 최초의 추론 가능한 해석내용의 일부라고 할 수 있다.(S&W,
1989 : 289-291)

지금까지 관여성이론의 기본개념과 이해과정에 대해 간단하게 살펴
보았다. 다음 항에서는 관여성이론에서는 수사적 현상을 어떻게 설명하
고 있는지 알아보기로 한다.

### 3.2.2. 관여성이론과 수사적 현상

관여성이론에서 수사의문문이 독립적으로 중요하게 다루어 진 것은
아니다. 그러나 수사적 의미 즉 은유, 과장, 반어 등의 현상에 대해서는
많은 부분을 할애하여 설명하고 있다. 본 항에서는 관여성이론 하에서
이러한 수사적 현상과 아울러 수사의문문이 어떻게 해석되고 있는지
살펴보기로 한다.

발화체의 일반적인 의미는 부호화된 의미의 축소와 확장과 관련된다.
언어의 확장적 사용은 Grice의 질의 격률에 위반된다. 그러나 S&W은 이것
이 은밀하게 격률을 위반하는(covert violation) 거짓말이나, 일시적으로 격률
을 중지시키는(suspend) 농담, 허구 등과는 다르다며, 명백하게 격률을 위반
함으로써(overt violation) 관련된 암시를 찾아내도록 고안된 것으로 분류한다.

실제 발화에서 우리가 문자 그대로의 의미로 발화하는 경우는 드물
다. 예를 들면 다음과 같다.


    (9) a. 미나 : 너 한 달에 얼마 버냐?
        b. 윤희1 : 나 199만 5640원 벌어.
        c. 윤희2 : 나 200만원 벌어.


(9c)의 윤희2의 대답을 듣고 미나(우리 모두)는 그것이 엄격하게 문자

그대로 의미를 갖지 않는다는 것을 이해할 수 있는 능력이 있다. S&W
은 이것을 유사성[19]의 개념으로 설명한다. 일반적으로 한 발화의 명제
적 형식과 그것을 사용함으로써 표상하고자 한 사고내용간의 관계는
동일하다기 보다 유사하다고 할 수 있다.

　따라서 유사성의 개념에 따라 다음과 같이 해석될 수 있다.


*유사성 전무(의사소통 실패) vs 부분적(일상 의사소통) vs 완벽(자귀적)[20]*


　즉 대부분의 대화상황에서처럼 "한 달에 200만원 벌어." 라는 발화체
가 "한달에 199만 5640원 벌어." 라고 말하는 것보다 덜 자귀적일 수 있
지만 (13c)는 맥락적 함의의 측면에서 (13b)의 그것에 유사하고 정보처
리비용이 훨씬 덜 들기 때문에 경제적이며 (13b)보다 훨씬 관여적이다.
지금까지 논의한 예는 보통 언어의 대략적 사용에 관한 것이다. 즉 일
상생활에서도 완벽하게 자귀적인 발화를 사용하는 경우는 드물다.
　S&W은 이러한 현상을 언어 사용의 기술적 차원 및 해석적 차원(les
dimensions descriptive et interpétative de l'utilisation du langage)으로 설명한다. 즉 모
든 발화체는 두 가지로 대상을 표상하기 위해 사용될 수 있다. 먼저 어
떤 사상의 상태가 되는 명제형식을 통해서 그 사상의 상태를 표상할 수
있는데 이를 기술적 사용이라 한다. 또한 어떤 생각을 표상할 수 있는
데 이를 해석적 사용이라 한다. 기술적으로 사용될 때 표상은 현실세계
의 한 상태의 기술일 수도 있고, 희망하는 상태를 기술한 것일 수도 있
다. 해석적으로 사용될 때는 한 사람의 생각이나 발화에 대한 해석일
수도 있고, 또는 일정한 방식으로 다루어지거나 다루어지기를 희망하

---

19) 유사성이란 명제적 형식에 내재한 표상 R과 명제적 형식을 내재한 표상 R'가 서로
　　유사한 것은, 맥락 C와 관계되어 해석된, 맥락적 함의의 집합 R과, 맥락 C와 관계되
　　어 해석된, 맥락적 함의의 집합 R'가, 교집합을 형성하고 이 교집합이 공집합이 아닌
　　경우이다.(장승일, 1998 : 185-6)
20) 장승일, 1998 : 186.

는, 가령 지식과 같은 어떤 사고내용을 해석한 것일 수도 있다.

우리는 기술적 사용보다는 해석적 사용에 초점을 맞추어 보고자 한다. 해석적 사용의 대표적인 예는 남의 말이나 사고내용의 보고발화이다. 예를 들어 보자.

> (10) 실제발화
>   a. 장선생님 : 11월 둘째 주까지는 논문이 어느 정도 완성되어야
>      하는데…
> (11) 해석적 사용
>   a. 미나 : 장선생님이 뭐라서?
>   b. 윤희 : 내가 11월 둘째 주까지 논문을 완성하지 못할 것이라
>      고 생각하시는 것 같아.

여기서 윤희의 발화는 '이라고 생각하시는 것 같아.'를 제외하고 장선생님의 생각이라고 여긴 사고내용을 보고한 것이다. 그러나 보고적인 발언만이 언어의 해석적 용법의 유일한 예가 아니다. 훨씬 더 본질적인 용법이 있다. 보다 근본적인 차원에서 모든 발화는 화자의 사고내용을 표상하는데 사용된다. 즉 발화는 화자의 사고내용에 대한 해석적 표현이며, 청자는 화자의 제보적 의도를 해석하는 것이다

지금까지의 논의를 종합해 보면, 수사적 표현들 역시 일상생활의 발화와 다르게 설명할 필요가 없다는 것을 알 수 있다. 왜냐하면, 일상적 대화에서도 발화의 명제형식은 해석된 사고내용과 다르기 때문이다.[21)]

해석적 사용에 의하면 은유는 발화문의 명제형식과 그 발화가 표상

---

21) 물론 우리는 일상적 담화와 은유를 혼동하지 않는다. 일상적 담화에서 화자는 관여성을 고려하여 개략적 발화문을 사용한다. 왜냐하면 화자가 전달하고자 하는 결론들은 자귀적인 담화보다 개략적 담화를 통해 더 접근하기 쉬울 것이기 때문이다. 화자가 은유적 발화문을 사용하는 이유는 자신의 사고를 자귀적으로 표현할 수 있는 어떤 발화문도 없었기 때문인데, 예를 들면 화자가 자신의 생각을 자귀적으로 표현하기에는 자신의 생각이 너무 복잡하기 때문이다.(Moeshler & Reboul, 1994 : 417-422)

하는 사고내용간의 해석적 관계를, 반어는 화자의 사고내용과 타인의 것으로 생각되는 사고내용 또는 발화 사이의 해석적 관계를, 요청 또는 조언은 화자의 사고내용과 기대하는 상태간의 기술적 관계를, 의문 감탄은 화자의 사고내용과 희망하는 사고내용간의 해석적 관계를 포함한다. 우리는 반어에 대해 관심을 갖고 살펴볼 것인데, 왜냐하면 우리의 질문인 수사의문문이 반어와 관련된다고 생각되기 때문이다. 두 현상의 관계에 대해서는 4장에서 자세히 논하도록 한다.

반어는 과장, 은유와는 달리 화자가 아닌 다른 사람(또는 다른 시간 속의 화자)의 생각에 대한 해석이다. 즉 반어는 타인의 생각에 관한 2차적 해석인 것이다. 바꾸어 말하자면, 타인의 생각에 대한 해석으로 사용된 발화는 무엇보다도 그의 생각을 화자가 이해한 바를 해석한 것이다. 발화체가 화자 고유의 관점을 표현함으로써가 아니라 타인의 생각을 보고함으로 최대의 관여성을 수행할 때, 이를 메아리적[22]이라 한다. 메아리적 사용(emploi échoïque, echoic use)은 화행현상으로 설명된다. 다음의 예를 보자.(S&W, 2002 : 271-2)

(12) Peter : That was a fantastic party.
(13) Mary : a. [happily] Fantastic.
           b. [puzzled] Fantastic?
           c. [scornfully] Fantastic!

(13a)의 발화체는 메리가 피터에 동의한다는 것을 나타내기 위해, (13b)는 의심을 나타내기 위해, (13c)는 동의하지 않는다는 것을 나타내기 위한 것이다.

이처럼 'that the party was fantastic'이란 명제를 이해하기 위해, 청자는 기본 명제뿐 아니라, 이 명제에 대해 화자가 지닌 관점이나 태도 역시

---

22) 김태옥 & 이현호(1994)는 '메아리적'이란 용어 대신 '반향적'이란 용어를 사용한다.

포착할 수 있어야 한다는 것이다. 반어적 발화가 표현하는 태도는 언제나 거부하거나 무엇을 인정하지 않는 것들이다. 화자는 메아리적 의견과 자신을 분리시키며 자신이 이를 견지하지 않는 입장이라는 점을 시사하지만, 실제로 반대 의견을 갖고 있다. 화자의 태도는 눈에 띄는 감정 또는 몸짓 등을 통해 명시적으로 표상될 수도 있으며, 묵시적으로 청자가 어조, 맥락 또는 기타 언어외적 단서들을 모아 파악하도록 되어 있는 경우도 있다.

메아리적 사용을 통해 전달된 발화체는 풍부하며 다양한 의미를 지닐 수 있는데, 왜냐하면 화자는 메아리적(echoing) 발화체나 생각에서, 자신의 권리를 위임하거나(endorse) 또는 분리시킬 수(dissociate) 있기 때문이다.23) 정리하자면, 관여성이론은 반어법을 화자가 자신과는 분리된 태도로 실제 생각이나 발화를 메아리치는 것이라고 설명한다.24)

앞에서 언급한 바와 같이 반어는 해석적 사용에서 은유, 과장과는 다른 메아리적 사용(emploi échoïque, echoic use)이라는 특수 사용법으로 설명되어야 한다. 관여성이론은 이것이 경험적으로도 설득력을 갖는다고 설명한다. 실제로 자폐아나 우뇌손상을 입은 아동의 발달을 통해, 은유는 첫 번째 상위표상적 능력을 요구하는 반면, 반어를 이해하는 것이 두 번째 상위표상적 능력과 관계있음이 밝혀졌다.

이제 우리의 주제와 관련있는 의문문의 명시의미에 대해 알아보도록 하자.(S&W, 1989 : 337-338)

 

(14) Martine vient-elle à la fête?(마르띤은 파티에 오니?)

(15)의 명제적 형식은 (16)이다.

(16) Martine vient à la fête.)(마르띤은 파티에 온다.)

---

23) 위 설명은 논증이론의 다성이론과 흡사하다.

24) Levinson(2000 : 239, 재인용 S&W, 2002 : 273)은 반어법을 '누군가에 의해 말해졌을 것이 메아리로써 해석되는 암시'라고 설명한다.

그러나 (14)의 의문문(진짜의문문이라면)에서, 이 명제는 표현된 것이지 의사소통된 것은 아니다. 다시 말해 (16)의 명제적 형식이 (18)의 명시의미를 갖기 위해선 (17)과 같은 구조로 도식화되어야 한다.

> (17) Le locuteur demande s'il est vrai que…
>    (화자는 …가 진짜인지 묻고 있다.)
> (18) Le locuteur demand s'il est vrai que Martine vient à la fête.
>    (화자는 마르띤이 파티에 오는 것이 진짜인지 묻고 있다.)

관여성이론에서 (21)은 (19)의 상위-단계 명시의미(higher-level explicature, S&W, 2002 : 274)로 분류된다. 상위-단계 명시의미와 대조되는 의미로는 (18)의 의미로, 기본-명시의미(basic-explicature)란 용어를 사용한다. 반어는 기본 명시의미 이외에 여러 개의 상위-단계 명시의미를 가질 수 있는데, 각각의 명시의미는 관여성에 의해 암시의미를 파생해 낸다. 이러한 접근법에서 보면, 반어는 비유나 과장보다 언표내적 또는 태도적 발화체와 더 많은 공통점이 있다는 것을 알 수 있다. 부연하자면, 이해는 정보적 의도 그리고 의사소통적 의도 모두에 의지하여 이루어지는 바, 모든 발화체의 이해는 높은 수준의 상위표상적 능력과 관련된다. 그렇다면 이러한 능력은 어떻게 이루어지는 것인가? 이에 대해 Grice는 마음읽기(mind-reading)[25])란 개념으로 설명한다. 마음읽기와 의사소통간의 관계는

---

25) Bretherton(1991, 재인용, 김경희 : 2003)은 자신이나 타인에게 정신 상태를 부과라는 능력을 마음 이론이라고 보고 있으며, Wellman(1990, 재인용, 김경희 : 2003)과 Perner (1991, 재인용, 김경희 : 2003)는 마음 이론을 과학 이론과 같은 의미로 사용한다. 이와 같이 마음 이론이라는 용어가 다양한 의미를 가져서 혼란을 일으킬 수 있기 때문에 김혜리(2001, 재인용, 김경희 : 2003)는 이를 "마음에 대한 이해"라는 용어로 사용할 것을 제한한다. Wellman에 의하면, 사람의 행동은 그가 가지고 있는 믿음과 바람(desire)에 의해 결정되는데, 어린 아동은 이를 이해하지 못한다고 한다. Wellman은 사람의 행동이 믿음과 바람에 의해서 결정된다는 것을 이해하기 까지는 행동을 일으키는 정신상태가 두 번 변화한다고 주장한다. 구체적으로, 2세 아동은 내적인 바람과 욕구에 의해서 행동이 일어난다고 생각한다. 이와 같은 바람과 욕구에 기초하여 행동을 이해하는 것을 Wellman의 바람 심리학(desire psychology)이라고 명명하였다. 3세

실제로 발달 또는 신경생리학적 증거에 의해 확인된다.

Grice는 어떻게 대화에서 암시의미가 파생되는가에 대해, 마음상태와 행동 간의 관계에 대한 명백한 가설에 근거하여(예를 들어 화가나면, 얼굴을 찡그린다 등, 필자 예), 명제에 추론의 메카니즘을 적용하고, 이와 관련된 '믿음-바람의 심리'에서 이 메카니즘을 직접 활용하는 것이라 설명한다.[26] 그러나 Grice는 이해에 필요한 정신 상태가 모든 영역에 적용되는 즉 더 일반적인 마음읽기 메카니즘에 의해 자동적으로 생겨난다고 보았다. 따라서 Grice에 의하면 화자의 의미는 행위에서 의도를 추론할 때, 사용된 절차와 같은 절차에 의해 추론된다는 결론에 이르게 된다.

S&W은 이와 같이 설명의 문제점을 지적한다. 먼저 행위의 범위는 제한적이지만, 의미는 무제한적이므로, 발화체의 의도는 행위에서의 의도를 추론할 때와 같은 절차에 의해 추론되지 않는다는 것이다. 두 번 째로, 마음읽기는 한 단계의 상위표상적 단계를 통해서도 추론 가능하지만, 추론적 이해는 여러 개의 상위표상적 단계와 관련된다는 것이다.

Sperber(1994)는 어린이의 상위표상적 능력 발달 단계를, 1. 순수하게 긍정적 해석자(naively optimistic interpreter), 2. 조심스러운 낙천주의자(Cautiously Optimist), 3. 복잡한 이해자(Sophisticated Understaders)로 나누고 있다. 결론적으로 성인은 복잡한 이해자이며, 메타-표상적 능력으로 반어를 추론하고 이해한다는 것이다. 그리고 이러한 능력은 생성문법에서 언어는 선천적으로 타고 난다는 생득설(生得說)과 마찬가지로 인간 본질의 문제로 보고

---

가 되면 아동은 행동을 바람에 의해서도 이해하지만 믿음도 고려하기 시작하는데 이와 같은 이해 방식이 바람-믿음 심리학(desire-belief psychology)이며, 4세가 되어서 바람도 중요하지만 행동을 결정하는 것은 믿음이라고 생각하게 되는데 이를 믿음-바람 심리학(belief-desire psychology)라고 하였다. 요약하면, Wellman의 이론에서는 마음에 대한 이해능력이 발달하는 것은 행동의 원인이 되는 마음의 특성 곧, 바람, 믿음 등에 대한 이해능력이 발달하기 때문이라는 것이다.

26) Thus this rational reconstruction of how conversational implicatures are derived is a straightforward exercise in 'belief-desire' psychology, involving the application of general purpose reasoning mechanisms to premises based on explicit hypotheses about the relations between mental state and behaviour.(S&W, 2002 : 275)

있다.

그러나 관여성이론은 수사의문문의 해석 절차를 반어와는 다르게
설명한다. 이는 A&D가 수사의문문에는 여러 가지 목소리가 혼재해
있는 현상이라 보고 다성이론 안에서 설명한 것과는 대조적이다. 다음
항에서는 수사의문문이 관여성이론에서 어떻게 해석되고 있는지 살펴
보고, 반어와 함께 메아리적 사용으로 설명해야 함을 증명하도록 할
것이다.


# 4. 대안적 접근

## 4.1. 관여성이론에서 수사의문문의 해석

우리는 함축적 전제와 함축적 결론을 설명하면서, 담화를 이해하는데
맥락이 관여된다는 사실을 알았다. 다시 말해서 발화를 해석하기 위해
서는 적어도 부분적으로라도 결정된 맥락 속에서 그 상정내용이 갖는
맥락효과를 찾는 일이 포함된다. 맥락이 주어지는가 아니면 선택되는가
하는 문제에 있어, S&W은 담화 이해의 본질상, 맥락형성은 언제나 이
해과정을 통해서 수정을 받을 수 있다고 주장하면서 선택된다고 보고
있다.27) 다음의 예를 보자.


    (1) a. 메리 : 나 오늘 저녁에 오소-부코 먹고 싶어. 진짜 배고프다.
             오늘 난 법원에서 멋진 하루를 보냈어. 당신은 어땠어?
       b. 피터 : 뭐 별로야. 환자가 너무 많았고, 에어콘이 고장났어. 난
             피곤해.
       c. 메리 : 그 말을 들으니 안됐군. 내가 직접 그것을 만들께.28)

---

27) 장승일(1998 : 181)은 논리적 형식을 명제적 형식으로 살찌워 진리치가 부여되도록 만
드는 맥락은 고정적인 모습으로 주어지는 것이 아니라 발화체에서 발화체로 넘어가
면서 새롭게 형성되는 가변적이고 역동적인 성격의 총체라고 설명한다.

(1c)의 '그것'을 직접 만들겠다는 메리의 마지막 말을 이해하기 위해서 피터는 오소-부코를 먹고 싶다는 (1a)의 메리의 첫마디가 필요하다. S&W은 이 첫마디를 해석한 내용은 그의 연역장치 기억[29]으로부터 잠시 동안 일반 단기 기억장치로 전이되어 있다고 보았다. 그리고 다시 연역장치 기억으로 돌아와서 그 직접적인 맥락(이 맥락은 그의 하루가 즐겁지 않았다는 말을 들으니 안됐다는 메리의 끝에서 두 번째 말을 피터가 해석한 수 그의 연역장치의 기억 내에 남아있는 내용으로 구성된다)을 확장시켜야 한다고 설명한다. 맥락을 확장시키는 두 번째 방법은, 맥락 또는 처리중인 상정 내용 안에 이미 들어 있는 백과사전적 항목을 맥락에 부가시키는 것이다. 이런 백과사전적 정보의 확장은 자동적으로 이루어지는 것은 아니며, 일단 맥락을 결정하는 일을 하나의 선택의 문제인 동시에 해석과정 자체의 일부라고 간주해야 한다. 맥락을 확장시키는 세 번째 방법은, 즉각 관찰할 수 있는 환경에 관한 정보를 맥락에 부가시키는 것이다. 사람들은 환경과는 부분적으로나 전체적으로 아무 관련이 없는 개념적 과제를 수행하면서도 항상 그 물리적 환경을 점검한다. S&W은 이 모든 정보가 어디에 저장되는지 알 수는 없지만, 그 일부가 일반 단기지각기억장치 및 연역장치 속에 아주 잠시 동안 보관되고 그 일부가 일반 단기지각기억장치 및 연역장치 기억으로 전이된다고 보고 있다. 이런 일은 특히 한 발화의 해석을 위해 청자가 환경에 관한 어떤 정보를 골라내어 그것을 맥락에 부가시키는 경우에 일어난다고 한다. 예를 들어, 윤희는 미나에게 키우고 있는 새를 가리키며 다음과 같이 말했다고 생각해보자.

---

28) Marie : Ce soir, ce que j'aimerais, c'est manger un osso-bucco. Je meurs de faim. J'ai eu une journée excellente au tribunal. Et ta journée à toi?

   Pierre : Pas terrible. Trop de patients, et l'air conditionné était en panne. Je suis fatigué.

   Marie : Mon pauvre! Bon, eh bien, c'est moi qui vais le préparer.(S&W, 1989 : 212)

29) 연역장치(deductive device)란 S&W이 상정하는 장치로, 기억과 함께 논리형태를 읽고 쓰고 지울 수 있는 능력이며, 그 형식적 특질들을 비교하고 기억 속에 저장하며, 개념들의 논리항목에 포함되어 있는 연역규칙들을 이용할 수 있는 능력을 지닌 자동 수행장치이다.(S&W, 1989 : 147-8)

(2) 윤희 : 서진이가 애네들 주려고 메뚜기가루 사왔다.

미나는 윤희가 가리키는 새의 기술내용을 맥락에 부가시켜야 한다. 윤희의 발화 형식 자체가 그렇게 하도록 자극한다는 것이다. '애네들'과 같은 직시 대명사는, 마치 전조응적 대명사가 담화 이전 내용으로 돌아가 이해하도록 만드는 것처럼, 환경에 관한 정보를 맥락에 부가하도록 한다. 그렇다면 이처럼 이용 가능한 맥락에서 어떻게 발화이해에 필요한 하나의 맥락을 선택할 수 있는가하는 문제가 제기될 것이다. S&W은 한 특정 맥락의 선택은 정합성의 탐색에 의해 결정된다고 대답한다.[30]

맥락이 선택된다는 이론은 수사의문문의 두 가지 해석 현상 즉, 상황에 관계없이 고정적으로 해석되는 수사의문문과 가변적으로 해석되는 수사의문문에 대해서 설명하기에 적합하다. 그렇다면 관여성이론에서 수사의문문이 어떻게 해석되는지 알아보기로 하자.

먼저 고정적으로 해석되는 수사의문문에 대해서 김종현(2004)은 그 이유를 언어외적 지식의 전형성(stereo-type)에서 찾고 있다. 다음의 예를 보자.

(3) a. Who would intentionally marry their mother? (Sainton. 1996 : 429)

   b. No one would intentionally marry their mother.

(3a)의 수사의문문을 해석할 때 우리는 다음과 같은 사실을 인식하게 된다. 즉 만약 '철수는 어떤 여자와 결혼을 했다.'라는 문장이 있다면 이 문장은 '철수가 결혼한 여자는 철수의 어머니가 아니다.'라는 문장을 함의하는 것이다. 그러나 이러한 정보는 상황에 따른 가변적인 정보가 아니라 이미 언어외적으로 통용되는 세상의 전형적 지식에 의해 화자와 청자 모두에게 당연하게 추론되는 정보이다. 이런 언어외적 정보를 화자와 청자는 당연히 알고 있거나 전제하고 있으므로 (3a)에서 (3b)의 부

---

30) S&W, 1989 : 208-215.

정단언의 의미가 발생한다.

　그는 전제오류를 이용하여 사용되는 수사의문문에 대해서도 설명하고 있다.


(4) who would be a king of France at present?

(5) a. France does not have a king.

　　b. Therefore, no one can be a king of France at present.


　위의 (4)번 문장도 (5)번의 언어외적 지식을 이용하여 어차피 이루어질 수 없는 사안이거나, 혹은 사안이 결코 이루어지지 말 것을 화자가 원할 때에는 부정단언의 의미가 발생한다.

　이처럼 김종현이 말하는 언어외적 지식은 상황에 따라 가변적인 것이 아닌 세계에 대한 전형적인 지식이라는 점에서 흥미롭다. 전형적인 지식이라는 것은 사회에서 정해놓은 규범 또는 관습이라 해석될 수 있다. 이것은 관여성이론에서 설명하는 맥락을 확장시키는 두 번째 방법으로 설명될 수 있다. 즉 맥락 또는 처리중인 상정내용 안에 누구나 알고 있는 백과사전적 항목을 맥락에 부가시키는 것이다. (3a)의 예문에 대해 '자신의 어머니와는 결혼해서는 안된다'는 사회적 관습이 백과사전적 지식으로 저장되어 있다가 위의 문장을 해석할 때 청자에 의해 선택된다. 이처럼 선택된 맥락에서 기인한 정보가 (3a)에 발현되어 '누가 자신의 어머니와 의도적으로 결혼을 할까'라는 질문에 대한 함축전제로 사용된다. (4)의 예문 역시 '현재 프랑스에는 왕이 존재하지 않는다'는 백과사전적 지식이 맥락으로 확장되어 청자의 해석에 영향을 미치게 된다. 부연하자면 상황에 관계없이 고정적으로 해석되는 수사의문문의 경우, 백과사전적 지식은 함축전제를 이끌어 내며, 이렇게 추론된 함축전제는 질문자체와 양립할 수 없는 것으로 질문을 모순으로 만들어 수사의문문이 해석되는 방향을 지침해 주는 것이다.

이제 우리는 상황에 따라 가변적인 수사의문문에 대해 해석하고자 한다 여기서 상황이라 함은 맥락을 의미한다. 한편, 항에서 관여성이론은 상대적이며, 양적이지 않다고 설명한 바 있는데, 이것은 상정내용의 적합성이 개인마다 다를 수 있다는 것을 의미한다. 다른 식으로 표현하면 관여성이론에서 추론적 의사소통은 개인의 인지적 배경에 기대어 발생한다는 것이다. 개인의 인지적 배경 즉 지식은 다른 사실에 대한 지식을 획득하는데 도움을 줄 수 있다. 개인의 인지적 배경을 이루며 맥락을 확장시키도록 하는 세 가지 방법을 다시 적어보면 다음과 같다.

1) 직전 발화체의 해석으로, 처리 중인 발화체의 해석을 위해 필요로 하는 맥락의 한 부분이 될 수 있다.
2) 세계에 대한 다양한 백과사전적 지식으로, 이들 중 일부는 맥락으로 선택될 수 있다.
3) 즉각 관찰할 수 있는 물리적 환경에 관한 정보로서, 맥락에 부가될 수 있다.

여기서 인지적 환경은 가변적이어서, 한 시점에서 A로 해석된 명제가 다른 시점에서 B로 해석될 수 있다. 즉 명제가 해석되기 위해서는[31] 직전의 발화체의 해석과 백과사전적 지식 그리고 물리적 환경과 모두 정합적(coherent)이어야 한다. 이 정합성은 우리의 주제인 상황에 따라 가변적인 수사의문문을 설명하는 이론적 배경이 된다. 다음의 예를 보자.[32]

---

31) '명제의 해석'이란 '명제적 형식이 진리치를 획득하는 것'을 의미한다. 장승일(ibid. : 189)은 명제란 참, 거짓을 판단할 수 없는 형식으로, 맥락에 의해 참, 거짓을 판단할 수 있는 경우에 '논리적 형식'으로 전환된다고 설명한다.
32) 아래 예문은 2차 세계대전에 대한 백과사전적 지식이 맥락으로 확장되어야 해석할 수 있는 부분이 많기 때문에 선택하였다.

(6) (…)당신의 명성과 인품은, 프랑스에서 대단하고 명백한 권위를 지니고 있습니다. 프랑스는 당신의 우정이 믿을만하다는 것도 알고 있습니다. 그러나 결국, 프랑스와의 대화에서, 누가 당신의 대화상대자가 되겠습니까? (a)어제의 프랑스입니까? 어제의 프랑스를 가장 잘 대표하는 사람들은 나에게 그들이 우리와 함께 한다고 말하라고 합니다. (b)Vichy의 프랑스입니까? (c)아마도 당신은 그 지도자들이 언젠가 우리 편에 서서 무기를 다시 들 수 있을 것이라고 생각하는 것인가요? 아뿔사~ 저는 그렇게 생각하지 않습니다. 그러나 그런 일들이 가능할 수도 있다는 것을 인정한다 하더라도, 현재로서는 확실한 것이 하나 있는데 그것은 그들이 히틀러와 협력하고 있다는 것입니다. 당신과 그들과의 대화에는, 항상 제 삼자가 있습니다. (d)내일의 프랑스입니까? (e)내일의 프랑스가, 자유롭게 설립된 회의에 의해 지도자들을 임명하지 못하는 한, 어디에 있게 될지를 어떻게 알겠습니까? 지금으로써는, (f)프랑스는 동맹국 진영을 떠나지 않았다는 것과, 어쨌든 우리자신의 선택에 의해 군사적으로나 영토적인 모든 면에서 동맹국 진영에 있다는 것을 증명해야 하지 않겠습니까?(…)[33)

위의 예문은 2차 세계대전 당시 드골장군이 루스벨트 대통령에게 보낸 편지문의 일부이다. 예문의 편지를 읽고 루스벨트 대통령은 밑줄 친 질문에 답하기 위하여 다음과 같은 일차적 맥락을 만들어낼 수 있다.

---

33) (…) Votre nom et votre personne ont, en France, un prestige immense et incontesté. La France sait qu'elle peut compter sur votre amitié. Mais enfin, dans votre dialogue avec elle, qui peut être votre interlocuteur? (a)Est-ce la France d'hier? Les hommes qui en furent les plus représentatifs me font dire qu'ils se confondent avec nous. (b)Est-ce la France de Vichy? (c)Peut-être pensez-vous que ses chefs pourraient, un jour, reprendre les armes à nos côtés ? Hélas! Je ne le crois pas. Mais, en admettant que cela fût possible, il existe actuellement une certitude, c'est qu'ils collaborent avec Hitler. Dans vos dialogues avec eux, il y a toujours ce tiers présent. (d)Est-ce la France de demain? (e)Comment savoir où elle réside tant qu'elle n'aura pas désigné ses chefs par une assemblée librement constituée? En attendant, (f)ne faut-il pas que la nation française ait cependant, la preuve qu'elle n'a pas quitté le camp des Alliés et qu'elle y est politiquement présente, comme elle l'est, malgré tout et par nous, militairement et territorialement? (…) (Lettre au Président Roosevelt. 26 octobre 1942, 발췌 Charles de Gaulle, Mémoires, 2000 : 1221, Gallimard)

일차적 맥락

(1) 루스벨트 대통령의 명성과 인품은 프랑스에서 명백한 권위가 있으며, 우정 또한 신뢰받고 있다.
(2) 어제의 프랑스를 대표하고 있는 사람들은 드골장군을 지지하고 있다.
(3) Vichy의 프랑스는 히틀러와 협력하고 있다.
(4) 루스벨트 대통령이 명성이 있으며, 우정이 신뢰받는다면, 드골장군은 루스벨트 대통령과 협력관계를 유지하기를 원한다.
(5) 어제의 프랑스, 즉 전쟁 이전의 프랑스가 드골장군이 원하는 프랑스라면, 루스벨트 대통령은 드골장군이 과거 프랑스의 영광을 되찾을 수 있도록 도와주어야 한다.
(6) Vichy의 프랑스가 히틀러와 협력하고 있는 것이 명백하다면, 루스벨트 대통령은 Vichy의 프랑스와 동맹을 맺어서는 안된다.

(1)-(3)은 직전 발화체를 해석한 것으로, 확장되어 (5)-(6)의 함축결론을 만들어 내고 있다.

루스벨트 대통령은 이 일차적 맥락에 다양한 정보군을 더하면서 확대할 수 있다.

1군 : 현재는 2차 세계대전 중이라는 백과사전적 정보
    (편지를 보낸 날짜로 판단하면, 1942년은 영미중소(英美中蘇)를 주축으로 하는 26개국이 한 패가 되어 연합국선언(聯合國宣言)에 조인하게 되고, 곧 이어 독일과 이탈리아도 대미(對美) 선전포고(宣戰布告)를 하여, 현재 세계는 두 패로 나뉜 전쟁 중이다.)
2군 : 드골장군에 대한 백과사전적 정보
    (프랑스는 현재 독일에게 패한 상태이며 영국으로 망명한 드골(De Gaulle) 장군은 자유프랑스군을 이끌며 본토 수복을 위해 노력 중이다.)
3군 : 어제의 프랑스에 대한 백과사전적 정보

(어제의 프랑스는 과거의 프랑스로 어휘를 확장시켜 해석해야
하며, 과거의 프랑스는 1차 세계대전에서 영국, 프랑스, 미국과
함께 연합군으로 전쟁에서 승리한 세계의 리더였던 프랑스를 의
미한다.)
4군 : Vichy의 프랑스에 대한 백과사전적 정보
(독일 점령(1940년~45년) 하의 프랑스 정권을 말한다.)
5군 : 히틀러에 대한 백과사전적 정보
(히틀러는 이차 세계대전을 일으킨 독일군의 총지휘자이다.)

1-5군의 정보는 일차적으로 접근 가능한 맥락이다. 위의 각 군은 새
로운 맥락으로 확장될 수 있다. 예를 들어, 4군의 Vichy의 프랑스에 대
한 백과사전적 정보는 6군의 정보에 접근하도록 해준다.

6군 : 패전, 독일점령과 비시 정권의 수립으로 이어졌던 5년은 프랑스
인들에게 어두운 과거였다. 종전 뒤 수치스런 독일의 꼭두각시 정권인
비시 프랑스의 유령 앞에 프랑스인들은 신화에 기댔다.

또한 5군 히틀러에 대한 백과사전적 정보도 다음과 같이 확장될 수
있다.

7군 : 히틀러는 유태인을 증오했다.
7군의 정보는 또 다른 확장으로 이어질 수 있다.
8군 : 히틀러의 어린시절, 무책임한 유태인 의사로 인해 어머니가
사망했으며, 조부가 유태인이었기 때문에 콤플렉스에서 벗어
나려고 유태인에 대한 결벽증적인 심리에 사로잡혔다.

이렇듯 맥락은 계속해서 확장될 수 있다. 그렇다면 청자인 루스벨트
대통령은 어떻게 위의 질문에 답할 수 있을 것인가? 밑줄 친 각 질문들은
문맥과 상관없이 보았을 때, 어떤 기능을 갖는 의문문인지 알 수 없다.
그러나 앞에서 설명한 바와 같이 맥락의 확장은 위 질문이 어떠한 질문

으로 해석되어야 하는지에 대해 관여적인 답을 찾을 수 있도록 해준다.
　위 글은, 편지문이란 특수성을 고려할 때, 물리적 환경에서는 맥락이 확장되지 않는다고 볼 수 있다. 그렇다면 직전 발화체와 백과사전적 정보로부터 문맥을 확장시켜서 그 답을 얻을 수 있을 것이다. 먼저 (a)를 보자. 위의 문맥만으로 판단한다면 직전 발화체인 '어제의 프랑스를 가장 잘 대표하는 사람들은 나에게 그들이 우리와 함께 한다고 말하라고 합니다'는 3군의 백과사전적 정보와 함께 '과거 프랑스의 영광을 찾고 싶다'는 함축적 결론에 도달할 수 있을 것이다. 그러나 어제의 프랑스란 과거를 의미한다. 즉 루스벨트는 과거의 프랑스로 되돌아가서 대화할 수 없다는 함축적 전제가 생기는 것이다. 함축적 전제는 질문 자체와 모순이 되어, 모순되지 않는 방향으로 적합성을 찾도록 도와준다. 따라서 관여적인 답은 '어제의 프랑스가 될 수 없다'로 얻어진다. 마찬가지로 질문 (b) 역시, 다음 발화체인 '현재로서는 확실한 것이 하나 있는데 그것은 그들이 히틀러와 협력하고 있다는 것입니다. 당신과 그들과의 대화에는, 항상 제 삼자가 있습니다.'와 백과사전적 정보(4군, 6군)를 통해, '드골장군이 Vichy정부를 인정하지 않으며 적대시 하고 있다'는 맥락에 도달할 수 있다. 따라서 (b)의 'Vichy의 프랑스입니까?'는 'Vichy정부가 되어서는 안된다'로 해석되는 수사의문문이 된다. 한편, (c)는 진짜의문문으로 해석될 여지가 있다. (c)의 바로 뒤에 '아니오'라는 답은 드골장군이 종속절의 명제내용(지도자들이 언젠가 우리 편에 서서 무기를 다시 들 수 있을 것인지)에 대해 반대의견을 지니고 있음을 명시한다. 그러나 드골장군에게 명백한 진리로 보이는 것이라도 루스벨트 대통령에게는 다르게 보일 수 있다. 질문 (c)는 따라서 대통령의 생각에 대해서 묻고 있는 즉 행위에 관한 진짜질문이다. 그러나 (c)의 질문에서 루스벨트 대통령이 실제 그렇게 생각하는지 아닌지를 알아내는 것이 맥락에서 찾을 수 있는 관여적 사고는 아닌 것 같다. 그렇다면 (c)질문에서 관여적인 사고는 행위에 관한 대답(생각하는가?)이 아닌 종속절의 질문내용에 대한 대답이라고 생각해 볼 수 있다. 종속절의 질문은 (c´)'그 지도자들이 언젠가 우리 편에 서서 무기를 다시 들 수 있을 것인가?'이다. 청자는 화자가 (c´)에 대해 강력하게 반대하고 있다는 사실과, Vichy 정부가 히틀러와 협력하고 있다는 다음 발화체 그리고 히틀러는 위험한 존재라는 백과사전적 지식으로부터 맥락을 확장하여 'Vichy 정부의 지도들이 그렇게 할 수 없다'는 함축적 결론을 얻을 수 있다. 즉 종속절은 수사의문문이 된다. 그렇다면 결국 (c)의 질문은 'Vichy 정부의 지도들이 그렇게 할 수 없다'는 맥락적 추론에서 확장하여, 루스벨트 대통령이 그렇게 생각한다면 틀린 생각이다'로 해석하는 것이 가장 관여적이라는 결론에 이르게 된다.

(d)의 경우를 보자. (d)는 (e)에서 확장된 맥락으로 해석될 수 있다. (e)는 질문 자체에 조건을 포함한다. '자유롭게 설립된 회의에 의해 지도자들을 임명하지 못하는 한'이란 전건절은 바꿔 말하면 '자유롭게 설립된 회의에 의해 지도자들이 임명되지 못하는 경우' 후건절의 명제내용이 성립될 수 없음을 의미적으로 내포한다. 전건절의 진리치는 현재에 대한 백과사전적 정보로부터 맥락을 부여받을 수 있다. 즉 현재 프랑스 정권은 Vichy 정권이다. 그러나 전후 발화체를 보건대, 드골장군은 Vichy 정부를 부정하고 있다. 따라서 현재 드골장군이 생각하는 프랑스는 자유롭게 설립된 회의에 의해 지도자들이 임명받지 못하였음을 알 수 있다. 맥락에서 확장된 정보는 전건절이 성립될 수 없음을 추론하게 하여, 결국 후건절 역시 논리적으로 성립될 수 없음을 추론하게 해준다. 따라서 내일의 프랑스가, 어디에 서야할지를 알 수 있는 방법이 없다는 결론에 도달하게 된다. 마지막으로 <u>(f)프랑스는 동맹국 진영을 떠나지 않았다는 것과, 어쨌든 우리자신의 선택에 의해 군사적으로나 영토적인 모든 면에서 동맹국 진영에 있다는 것을 증명해야 하지 않겠습니까?</u>(…)는 지금까지의 발화체에서 확장된 문맥과 백과사전적 지식에서 확장된 문맥으로 모두 종합하여 볼 때, 그렇게 하여야 한다는 대답으로 귀결된다.

맥락에 의해 추론된 사고는 다른 맥락이 첨가되면, 그 사고를 확고히

하는데 도움을 받을 수 있다. 예를 들어, 예문 다음의 편지글이 첨가되
면, 드골장군은 루스벨트 대통령에게 과거의 프랑스, Vichy의 프랑스 또
는 미래의 프랑스가 아닌, 현재 자신이 이끄는 자유프랑스군 즉 '투쟁하
는 프랑스'(France Combattante)를 대화상대자로 삼을 것을 요구하고 있다는
맥락을 찾을 수 있다. 혹자에게 첨가된 맥락은 잉여적인 것으로 분류될
수도 있다. 처음 예문의 글만으로 수사의문문에 대한 대답을 얻을 수
있었기 때문이다. 따라서 아래의 예문이 첨가되면, 정보처리노력을 더
해야 하므로 관여성에 관해 설명한 (1b, p. 참고할 것)에 의해 관여적이지
못한 것으로 간주된다.

(7) (…) 타협과 휴전에도 불구하고. 프랑스는 세계에서 무시하지 못
할 힘을 지녔습니다. 어떻게 프랑스가 감성과 일관성을 동시에 지키면
서 다시 연합군 진영의 전장으로 돌아오는가에 관한 문제입니다. 전쟁
의 문제점들 중에, 위의 문제는 가장 중요한 문제 중 하나입니다. 이것
이 왜 제가 당신에게 미국과 '투쟁하는 프랑스' 간의 관계의 일반적이
고 직접적인 진단의 생각을 받아들이도록 요청하는 이유입니다.[34](…)

그러나 우리는 일부 청자가 (6)의 예문만으로 추론된 사고를 얻지 못
할 수도 있다는 가능성도 고려해야 한다. 왜냐하면 위의 글은 전체 발
화체의 일부분이 발췌된 글일 뿐 아니라 방대한 양의 백과사전적 지식으
로부터 맥락을 확장시켜야 하기 때문이다. 이런 경우 'France Combattante'
에 관한 맥락의 확장이 해석에 도움을 주었다면, 혹자에게 잉여적이었

---

34) (…) Malgré la capitulation et l'armistice, la France garde, dans le monde, une puissance qu'il
n'est pas possible de négliger. Il s'agit de savoir comment elle retournera au combat dans le
camp des Nations unies sauvegardant à la fois sa sensibilité et son unité. Parmi les problèmes
de la guerre, celui-là est l'un des plus importants. C'est pourquoi je vous demande d'accepter
l'idée d'un examen général et direct des relations entre les Êtas-Unis et la France
Combattante.(…) (Lettre au Président Roosevelt. 26 octobre 1942, 발췌 Charles de Gaulle,
Mémoires, 2000 : 1221, Gallimard)

던 정보도 혹자에게는 관여적인 것이 된다. 이처럼 관여성은 개인에 따라 다르게 나타날 수 있다.

지금까지 우리는 관여성이론이 일상적인 의사소통뿐 아니라 소위 수사적 현상으로 간주되는 은유, 과장, 반어를 해석적 사용으로 설명하고 있음을 알아보았다. 관여성이론은 수사의문문뿐만 아니라 다양한 기능을 갖는 의문문문도 해석적 사용으로 설명할 수 있음을 증명하고 있다.

그러나 관여성이론은 수사의문문에 대해 극히 적은 부분만을 할애하고 있으며, 수사의문문만을 중점으로 다루기보다는 다양한 기능의 의문문 중 한 종류로 보고 설명하고 있다. 또한 수사의문문이 반어와 관련이 있음에도 불구하고, 반어와 함께 설명하지 않고 있다. 반어란 앞에서 설명한 바와 같이 문맥에 따라 문자 그대로의 의미와 반대의미를 함축한 것이며, 수사의문문 역시 의문문의 반대극성의 단언문으로 해석된다는 점을 고려할 때, 이는 반어와 밀접한 관계가 있다고 보여진다. 따라서 본 논문에서는 수사의문문이 반어와 마찬가지로 해석적 사용의 특수경우인 메아리적 사용으로 해석되어야 한다는 것을 주장하고자 한다.

발화체가 화자 고유의 관점을 표현함으로써가 아니라 타인의 생각을 보고함으로 최대의 관여성을 수행할 때, 이를 메아리적이라 한다. 메아리적 발화는 화자가 타인의 의견에 관심을 보이고 있다는 것을 청자에게 지침한다. 또한 화자가 메아리치고 있는 타인의 의견에 대한 화자의 태도도 지침한다. 메아리적 발화는 청자로 하여금 화자가 타인의 생각에 보이는 흥미, 태도를 청자가 알아내고 우열을 가려내게 함으로써 관여적으로 이해된다. 메아리적 사용을 통해 전달된 발화체는 풍부하며 다양한 의미를 지닐 수 있는데, 왜냐하면 화자는 메아리적(echoing) 발화체나 생각에서, 자신의 권리를 위임하거나(endorse) 또는 분리시킬 수 (dissociate) 있기 때문이다.

수사의문문이 반어가 함께 메아리적 사용으로 해석되어야 하는 근거는 최윤희(2006)에서 자세히 설명하고 있다. 이를 요약하면 다음과 같다.

1) 김기종(1983)은 야유법이란 자기가 말하려는 원뜻을 정반대되는 말로 표현하는 수법이라고 정의하고, 반의법(본 연구에서는 수사의문문)과 반어법을 야유법(揶揄法)의 한 범주로 분류한다. 야유법은 청자를 질타하고 야유하려는 화자의 태도와 함께 해석해야 한다. 김기종은 반어와 수사의문문을 전통적인 방식으로 해석하고 있지만, 두 현상을 같은 범주로 분류하였다는 데에서 의의를 찾을 수 있다.

2) 반어와 수사의문문을 함께 설명해야 한다는 근거의 두 번째로, C. Ille. (1994 : 46-52)가 설명하는 수사의문문의 특징을 들 수 있다. 그는 수사의문문은 보고되거나 재현되면 그 의미를 전달할 수 없다고 하였는데, 반어 역시 보고되거나 재현되면 다른 의미로 전달된다. 이러한 사실은 두 현상이 전달하고자하는 명제 내용에 대해, 타인의 관점으로 말하고 있으면서 자신은 발화체에서 분리되어 있기 때문이다. 따라서 보고되거나 재현되는 경우 타인의 관점만이 나타나기 때문에 원래의 의미가 보존되지 않는다.

3) 반어와 수사의문문을 직접 인용하는 경우, 실제 기능에 관련되는 동사가 인용동사로 사용되는데, 공통적으로 사용되는 동사가 존재한다.

메아리적 사용에 있어, 반어와 수사의문문의 차이점이 있다면 표현형식이다. 반어는 단언문의 형식으로, 수사의문문은 의문문의 형식으로 타인의 태도를 메아리친다는 것이다. 타인의 태도를 메아리칠 때, 반어와 수사의문문은 화자가 반대의 태도를 갖고 있다고 보여주는 것이지 확언하는 것은 아니다. 자신의 태도를 확언하지 않고 보여주는 발화는 해석적 사용의 특수용법인 메아리적 사용으로만 설명할 수 있다. 메아리적 사용은 보이는 태도(attitude visuelle)에, 실제 화자가 가지고 있는 태도인 메아리적 태도(attitude échoïque)를 함께 나타낼 수 있기 때문이다. 이러한 관점에서 볼 때, 반어와 수사의문문은 단순히 언어의 경제성을 따르지 않는 현상으로 분류해서는 안된다. 앞에서 언급했듯이 청자는 발화체를 이해함에 있어 문장의 서법(mood)인 발화수반력(illocutionary force)을 해독하는 것이 아니라 화자의 의도에 대해, 더 추상적이고 그 자체로서는 결정되지 않은 증거의 조각을 해독하는 것이기 때문이다. Sperber & Wilson(2002)은 반어가 언어 이해의 가장 상위단계인 메타-표상적 능력으로만 이해될 수 있는 현상임을 언급하였다. 수사의문문이 반어와 관련되어 있음을 볼 때, 수사의문문 역시 메타-표상적 능력으로만 이해될 수 있다. 이러한 접근법에서 보면, 반어는 비유나 과장보다 언표내적 또는 태도적 발화체와 더 많은 공통점이 있다는 것을 알 수 있다. 부연하자면, 이해는 정보적 의도 그리고 의사소통적 의도 모두에 의지하여 이루어지는 바, 모든 발화체의 이해는 높은 수준의 상위표상적 능력과 관련된다. 이러한 현상은 반어와 수사의문문을 이해하는 것은 인간의 본질은 분리될 수 없다는 결론에 도달하도록 한다.

## 5. 결 론

수사의문문을 관여성이론의 틀 안에서 메아리적 사용으로 파악할 때, 이 수사의문문을 훨씬 본질적이고 통합적으로 우리가 설명할 수 있음을 규명하는 것이 본 논문의 목적이다. 기존의 연구인 수사적 접근, 구조주의적 접근, 변형 생성적 접근 그리고 화용론적 접근은 수사의문문을 간접적이며 개별적인 관점으로만 분석하고 있어, 통합적이고 근본적인 해석을 제시하지 못하고 있다. 따라서 우리는 Anscombre & Ducrot의 논증이론과 Sperber & Wilson의 관여성이론을 이론적 출발점으로 삼아 수사의문문을 해석하고자 하였다.

정보의문문을 의문문의 전형으로 보고, 그 외의 의문문은 형식-기능 간의 불일치로 보는 전통적인 설명과는 상이하게, 논증이론은 수사의문문을 의문문의 전형으로 본다는 점에서 흥미롭다. Anscombre & Ducrot는 동일한 발화체가 다양한 결론을 유도할 수 있다는 관찰에서 출발하여 발화체의 비-진리 조건적 의미를 주장하는 논증이론을 개발하였다.

논증이론에서 'Est-ce que p?'의 논증가치는 'non-p'와 같다고 주장한다. 예를 들어 'Qui ne fait pas d'erreurs ?'는 'Personne ne fait pas d'erreurs.'로 해석될 수 있다는 것이다. 이러한 주장은, 정보의문문을 의문문의 전형으로 보고 수사의문문을 형식-기능 간의 불일치로 보는 의견에 대한 비판적 토대를 제공해 준다. 그러나 논증이론은 반례(contre-exemple)와 같은 문제점이 생길 때 마다, 새로운 원리와 개념(예를 들어, 논증과 논증행위의 구분, 토포이 등)을 만들어 냄으로써, 결국 모든 발화체의 진리 조건적 의미를 포기하는 근원적 논증주의를 지향하게 된다. 이처럼 논증이론은 이론 자체에 문제가 있을 뿐 아니라, 역으로 'non-p'로 해석되는 수사의문문 이외의 의문문을 설명하지 못하게 되는 문제점을 안게 된다.

논증이론의 문제점은 Sperber & Wilson의 관여성이론으로 해결할 수 있다. 관여성이론은 Grice의 추론이론을 토대로 만들어진 이론으로서, 인간은 본질적으로 관여적이길 추구한다고 주장한다. 이 이론은 발화체의 논리적 형식(통사부)은 맥락에 의거하여 명시의미, 함축전제, 함축결론의 연역적 추론과정을 거쳐 맥락적 효과를 갖게 된다고 설명한다. 따라서 관여성이론에서는 의문문의 다양한 기능을, 맥락에 의거한 해석적 사용(emploi interprétatif)으로 설명할 것을 주장한다. 수사의문문 해석에 맥락이 관여한다는 것은 예문을 통해 설명하였다. 해석적 사용은 논증이론의 문제점을 해결해 줄 수 있다. 상황에 따라 가변적인 수사의문문은 맥락의 관여로 해석될 수 있다. 한편, 고정적으로 해석되는 수사의문문은 맥락에 관계없이 사회에서 정해놓은 규범 또는 관습과 같은 전형적인 지식에 의해 해석된다. 다시 말해 관여성이론에서 설명하는 함축전제가 맥락에 관계없이 이미 정해져 있다는 것을 의미한다.

그러나, 관여성이론은, 반어(ironie)와 같은 현상을 메아리적 사용(emploi échoïque)이라는 특수용법으로 간주하고 다양한 의미적 효과를 설명하는 반면에 수사의문문과 같이 반어와 관련있는 의문문에 대해서는 많은 부분을 할애하지 않고 있다. 수사의문문의 의미가 반대극성의 단언문과 같다면, 단언문을 사용하지 않고 수사의문문을 사용하는 것은 효율성과 경제성을 주장하는 관여성이론에 위반된다. 이러한 현상은 반어의 경우에서도 동일하다. 따라서 본 논문에서는 반어와 더불어 수사의문문 역시 언어의 해석적 특수한 사용법인 메아리적 사용(emploi échoïque)으로 해석할 것을 제안하였다. 본 논문은 수사의문문에 대한 다양한 연구를 재고하고, 수사의문문을 관여성이론의 틀 안에서 설명하였으며, 여기서 더 나아가 메아리적 사용으로 해석할 것을 제안하고 증명하였다는 점에서 그 의의를 갖는다.

## 참고자료


김광섭(2001), "WH-자질, Q-자질, 그리고 수사의문문." 「언어연구」 17권 2호, pp. 39-52.

김기종(1983), 『조선어수사학』, 심양 : 료녕인민출판사 pp. 370-379.

김종현(2004), "영어 수사의문문에서 형식, 의미, 언어적 추론." Language Research vol 40. No. 1. pp. 123-160.

김지영(1992), "수사의문문과 논증이론." 전남대학교 석사학위논문

김태옥 ·이현호 공역(1994), 『인지적 화용론－적합성 이론과 커뮤니케이션－』. 서울 : 한신문화사.

장승일(1998), "텍스트의 정합성과 담화의 관여성-Sperber/Wilson의 "관여성이론"에 대한 텍스트 언어학적 이해." 「프랑스어문교육학회」제6집, pp. 173-202.

최재호 외 공역(2004), 『화용론 백과사전』, 한국문화사.

최윤희(2006), "수사의문문 해석에 관한 연구－논증이론과 관여성이론을 중심으로－," 서울대학교 석사학위논문.

Anscombre, J.-C(1997), *L'argumentation dans la langue*. Bruxelles, Mardaga.

Berman, S(1989), "An Analysis of Quantificational Variability in Indirect Questions." 「Papers on Quantification, NSF Report」, MIT.

Borillo, A.(1981), "Quelques Aspects de la Question Rhétorique en français." DRLAV」 N° 25, pp. 1-23.

De Gaulle, C.(2000), *Mémoires*, Bibliothèque de la Pléiade, Gallimard, Paris : pp. 1217-1222.

Coveney, A.(2002), *Variability in Spoken French/A Sociolinguistic Study of Interrogation and Negation*. Bristol : Elm Bank.

Crowley, S. & Hawhee, D.(2004), *Ancient Rhetorics for Contemporary Student*. New York : Longman.

Crume, G.(1931), *Syntax*. Boston : D.C. Health and Company.

Ducrot, O.(1981), "l'Argumentation et l'Acte d'Argumenter." 「Cahiers de Linguistique Française」. pp. 143-163.

Grundy, P.(1995), *Doing Pragmatics*. London; New York : E. Arnold.

Ille, C.(1994), "*WHAT ELSE CAN I TELL YOU? A Pragmatic study of English Rhetorical Questions as Discursive and Argumentative Acts.*" Doctoral dissertation at the University of Stockholm, Stockholm : ALMQVIST & WIKSELL INTERNATIONAL.

Iten, C.(1999), "The relevance of Argumentation Theory." 「UCL Working Papers in Linguistics」 11, pp. 41-81.

Katz, J. J. & Postal P. M.(1962), An *Integrated Theory of Linguistic Descriptions*. The M.I.T. Press, pp. 71-119.

Moeschler, J. & A, Reboul.(1994), *Dictionnaire Encyclopédique de Pragmatique*. Paris : Seuil

Peyroutet, C.(1994), *Style et rhétorique*. Paris : Nathan.

Poutsma, H.(1928), *A Grammar of Late Modern English*. Groninger : P. Noordheff.

Reboul, O.(1991), *Introduction à la rhétorique*. Paris : Presses Universitaires de France.

Sperber, D. & D. Wilson.(1989), *La Pertinence, Communication et cognition*. Paris : Minuit.

______(1990), "Rhetoric and Relevance." 「In Wellbery. D. & J. Bender(eds) The End of Rhetorics : History, Theory, Practice」, Stanford University Press, pp. 140-155.

______(1998), "Irony and Relevance : A Reply to Drs Seto, Hamamoto and Yamanashi." 「In Carston. R & S. Uchida(eds) Relevance theory : Applications and Implications」 Amsterdam : John Benjamins, pp. 283-293.

______(2000), "Truthfulness and Relevance." 「UCL Working Papers in Linguistics」 12, pp. 215-257.

______(2002), "Relevance theory." 「UCL Working Papers in Linguistics」 14, pp. 249-287.

Tamba-Mecz, I. (1981), *Le sense figuré*. Paris : PUF

Weber, E-G.(1993), *Varieties of Questions in English Conversation*. Amsterdam : John Benjamins.

Wilson, D. & T, Matsui.(1998), "Recent approaches to bridging : Truth, coherence, relevance." 「UCL Working Papers in Linguistics」10, pp. 173-200.

Zwicky, A. M.(1971), ≪On Reported Speech≫, 「In Fillmore C. J. & D. T. Langendoen (eds) Studies in Linguistic Sementics」, Holt, Rinehart and Winston, pp. 73-77.

# 제 2 부 문 학

# 金錫胄의 『古文百選』 편찬과 唐宋派의 수용*

김 광 년**

## 1. 머리말

16세기 후반 무렵부터 조선에 본격적으로 수용된 의고파의 문학 이론은 이전까지 당송고문의 학습과 실천에 치중해 오던 조선 문단에 한차례 거센 바람을 몰고 왔다. 의고파의 이론이 실제 창작에까지 영향을 주었는가 하는 것은 별도로 따져야 할 문제이지만, 그것이 조선 문단에 문학론으로부터 산문론의 본격적인 분화를 유도하여 산문 자체에 대한 관심을 촉발시킨 공로는 인정되어야 할 것이다.1) 17세기 중반 이후로 조선 문단에는 당송파의 이론까지 수용되어 산문에 대한 논의가 한층 더 활발해지게 된다. 이후 金昌協에 의해 기존의 논의들이 대체로 정리

* 이 논문은 『동양한문학연구』 20집(동양한문학회, 2004. 11)에 수록되었던 것을 수정·보완한 것이다.

** 육군사관학교 국어과.

1) 鄭雨峰, 「조선 후기 산문이론의 전개와 그 성격(Ⅰ) : 16세기말~17세기 초중반을 중심으로」, 『한국문학연구』 창간호(고려대 민족문화연구원 한국문학연구소, 2000. 12), 147면 및 尹采根, 「누정기를 통해 본 조선 전기 산문의 양상 : 윤근수의 고문사창도와 관련하여」, 『황혼과 여명 : 16세기 문학사의 맥락』(월인, 2002), 279~280면 참조.

되고 산문의 경향은 당송 고문 위주로 완전히 개편되는 바,[2] 17세기는 이러한 전환의 시기로서 문학사적으로 중요한 의미를 지닌다고 생각된다.

이 시기 당송파 이론의 수용에 있어서 중요한 원동력이 된 것은 唐順之(1507~1560)의 『文編』과 茅坤(1512~1601)의 『唐宋八大家文鈔』의 수용이었으며, 이중 『당송팔대가문초』는 산문 창작의 실제적 교과서로서 조선 문단에 큰 영향력을 행사했다.[3] 이 책은 이미 16세기 말에 국내에 들어와 있었지만[4] 본격적인 수용의 흔적이 나타난 것은 17세기 중반 이후의 일이었다. 그 중요한 증거가 되는 자료가 金錫胄(1634~1684)가 편찬한 고문 선집인 『古文百選』[5]이다. 이 책은 『당송팔대가문초』에 크게 힘입어서 편찬되었던 바, 『당송팔대가문초』의 영향이라 함은 곧 당송파의 영향을 의미하므로, 이 책은 17세기 조선 문단에 당송파의 이론이 적극적으로 수용되었음을 보여주는 중요한 증거이다.

이 논문에서는 이러한 상황에 착안하여 『고문백선』에 대한 세심한 기초 조사를 통해 그 편찬 및 유통에 관련된 전반적인 사항을 해명하고, 아울러 김석주의 당송파 수용 양상을 규명함으로써 『고문백선』이 한국 한문산문사 및 비평사에서 갖는 위치를 확인하고자 한다.

---

2) 金榮鎭, 「조선후기의 명청소품 수용과 소품문의 전개 양상」(고려대 박사논문, 2003. 12), 69~73면 참조.

3) 姜明官, 「『당송팔대가문초』와 조선후기 산문론-허균에서 김창협까지 당송파 수용의 과정」, 2003년 한국한문학회 춘계학술대회 발표요지(한국한문학회, 2003. 4) 76면.

4) 김영진의 조사에 따르면 許筠은 『문편』과 『당송팔대가문초』를 모두 소장하고 있었다고 한다. 허균의 장서인이 찍힌 『문편』은 실물이 현전한다. 김영진, 앞의 논문, 70면 참조.

5) 『고문백선』에 대한 연구는 金美景, 「식암 김석주의 문론」(계명대 교육대학원 석사논문, 1994)에서 처음 시도되었으나 본격적인 수준에 도달하였다고 평가하기가 어렵다. 전면적인 『고문백선』 연구는 金乾坤, 「장서각본 『고문백선』 연구」(『장서각』 제8집, 한국정신문화연구원, 2002. 12)가 사실상 첫 논문인데, 김미경의 오류를 답습하는 등 허점이 많다. 이후 金光年, 「식암 김석주 산문 연구」(고려대 석사논문, 2003. 12); 최은주, 「식암 김석주의 시문선집 편찬」, 『대동한문학』 19집(대동한문학회, 2003. 12) 등이 나와 고문백선의 편찬 목적, 시기, 특징 등에 대한 폭넓은 고찰이 이루어져 있다.

## 2. 『古文百選』의 編纂

### 1) 編纂 經緯와 時期

『고문백선』의 편찬 경위에 대해서는 김석주 자신이 이 책의 서문에서 자세히 밝혀 놓았다. 이 글에서 그는 먼저 문장 선집의 필요성을 군대에서 精兵을 뽑는 일에 비유하여 그 중요성을 강조하고, 이어서 자신이 『고문백선』을 편찬하게 된 경위에 대해서 다음과 같이 설명하였다.

> 근세의 문장 선집으로는 西山의 『고문진보』가 있고 謝氏의 『문장궤범』이 있어 이 두 책이 요즘에 가장 성행하고 있다. 그러나 혹 辭와 賦를 잡스럽게 취하여 규칙이 정리되지 못했고 당·송에 치우쳐 뽑아 詞氣가 점차 비속해져서 모두 또한 병통으로 여기는 자가 없을 수 없는 것이다.
>
> 내 동종 子文氏 형제가 요즘 호남에서 함께 올라와 서울에서 (나를) 따라 공부하는데, 나에게 고금의 문장을 선별하여 복습하기에 편하도록 하게 해달라고 요청했다. 나는 드디어 진한 이하로 남송에 이르기까지 제가의 문장을 모두 취하여 그 菁華를 모으고 腴雋을 뽑아 백 편을 채운 후에 그치고, 세 편으로 나누어 목록을 적어 주면서 다음과 같이 말했다. "이는 성채를 뚫는 기병과 같다. 진실로 이것을 잘 사용하는 자는 비록 위무제처럼 손자·오기에 맞먹는 사람라도 오히려 그 혼을 빼놓기에 충분할 것이거늘, 하물며 이보다 못한 사람에 있어서랴! 비록 약하더라도 반드시 강해져서 한 번 싸워 패자가 될 것이다. 나는 눈을 비비고 그것을 기다리리라."6)

---

6) 김석주, 「古文百選序」, 『息庵遺稿』 권8, 한국문집총간 145, 243면, "近世選文者, 西山有眞寶, 謝氏有軌範, 是二書最盛行于今. 然或以其雜採辭賦, 而章程未整, 偏取唐·宋, 而詞氣漸俚, 皆亦不能無病之者. 吾同宗子文氏兄弟, 頃自湖南俱來, 從學于京師間, 要余抄古今文, 以便服習. 余遂盡取秦·漢以下至南宋諸家文, 掇其菁華, 拔其腴雋, 滿百而止, 分爲三篇, 書其目而歸之曰： 此猶貫寨之騎. 苟有善用乎此者, 雖髣髴孫·吳如魏武者, 猶足以褫其魄, 而況下於此者乎? 雖弱必强, 一戰而覇, 吾且刮目而俟之."
이하 『식암유고』의 인용은 모두 이 책에 의하며, 권수 및 문집총간의 면수만을 밝힌다.

　　인용된 부분에서 『고문백선』을 편찬하게 된 표면적 동기와 근본적 동기가 동시에 드러나 있다. 표면적 동기는 시골에서 올라와 김석주 밑에서 공부하게 된 子文·子昂 형제7)의 요청에 의한, 비교적 단순한 것이었다. 이들 형제는 김석주의 먼 친척으로, 과거를 대비하기 위해서 서울에 올라왔던 것으로 생각된다. 그러므로 이들에게 필요했던 것은 제술 시험을 대비하여 보고 익힐 수 있는 산문 전범의 교과서였던 것이다.

　　그런데 인용부분의 앞 단락에서 드러나는 바와 같이, 『고문백선』 편찬의 근본적 동기는 그렇게 단순한 것이 아니었다. 거기에는 당대 유행했던 산문 선집의 문제점에 대한 인식을 토대로 이를 교정하여 올바른 전범이 될 만한 산문 선집을 만들어 내고자 했던 김석주의 뚜렷한 목적의식이 반영되어 있었다. 바꾸어 말하면 김석주가 『고문백선』을 편찬한 목적은 이 책을 단순히 산문 학습의 교과서로서만 활용하고자 했던 데 있는 것이 아니라, 당대에 유행했던 산문 선집의 문제점을 교정함으로써 일정한 산문사적 전환을 이루고자 하는 데까지 이르렀던 것으로 여겨진다. 그 의도가 이 책에서 구체적으로 어떻게 실천되고 있는가는 다음 절에서 고찰하기로 한다.

　　다음으로 편찬 시기를 추정해 본다. 기존 연구8)에서는 고려대 소장본 『고문백선』에 "경신년 11월 6일에 처음 講하다(庚申十一月初六日始講)"라는 필기가 있음을 근거로 하여 『고문백선』의 편찬 시기를 그가 문형을 지냈던 1675~1680년 사이로 추측했으나 이는 잘못된 추정이다. 필자가 확인해 본 바로는 고려대 소장 『고문백선』에서는 이런 기록이 발견되지 않았을 뿐더러, 설사 '경신년에 강을 했다'라는 기록이 있다 하더라도 이것만을 근거로 하여 이 책이 1675년 전후에 편찬되었다고 단정해

---

7) 金啓明(1641~1720)과 金斗明(1644~1706) 형제이다. 김계명은 字가 子文(또는 子長)이며, 과거에는 나아가지 않은 채 음직으로 헌릉참봉, 양천현령 등을 지냈다. 김두명은 자 子昂, 호 晩香堂으로, 1663년 진사, 1671년(현종 12) 정시문과에 병과로 합격하여 승지, 병조참의 등의 벼슬을 지냈다.
8) 김미경, 앞의 논문; 김건곤, 앞의 논문. 김건곤은 김미경의 주장을 그대로 수용하였다.

버리는 것은 설득력이 없다.

　대신 김석주의 문집에 보이는 관련 기록을 재검토하면 이 책이 처음 구성된 때를 대체적으로 추정할 수 있다. 그 중요한 단서가 되는 것은 김석주가 김계명·두명 형제에게 학문에 힘써 입신양명할 것을 당부하면서 써준「贈同宗子文氏兄弟」라는 시이다.

| | |
|---|---|
| 듣자니, 공에게 후손이 있어서 | 聞有公裔孫 |
| 오랫동안 호남 바닷가에서 영락했다는데 | 久落湖海滋 |
| 揚侯는 멀리 거슬러 올라감을 애석해했고 | 揚侯惜遠遡 |
| 太史公은 머물러 있음을 슬퍼했지 | 太史悲留棲 |
| 금년에 우리 집 방문하니 | 今年叩我扉 |
| 관례 치른 형과 총각인 아우 | 冠卝兄與弟 |
| 활짝 핀 남국의 꽃과 같아 | 灼灼南國花 |
| 봄바람이 두 팥배나무를 비추었지 | 春風映雙棣 |
| 족보를 살펴 존비를 따지다가 | 閱牒敍尊卑 |
| 나이를 따져 동생을 삼기로 했네 | 論齒得行弟[9] |

　이 부분을 통해서 김계명·두명 형제가 서울로 올라와 김석주를 만나고, 그에게 학문을 배우게 된 경위가 확인되고 있다. 제14행에서 형은 관례를 치렀고 동생은 아직 총각이라고 한 점으로 미루어 보아, 처음 김석주를 방문했을 때 형 김계명은 적어도 15~20세 이상이었고, 동생 김두명은 그 미만이었을 것이다. 그렇다면 이 시의 제작 연도의 상한선은 형 김계명이 15세 되는 1655년, 하한선은 동생 김두명이 20세가 되는 1663년 내외로 추정할 수 있다.

　또한 문집의 편차를 통해 확인했을 때도 이 작품의 제작 연대는 이 시기를 벗어나지 않는다. 『식암유고』의 작품 편차는 詩體별로 대분류가 되어 있고 이를 다시 연대순으로 배열해 놓은 바, 이 작품의 앞에 수록

---

9) 권2, 132~133면,「증동종자문씨형제」9~18행.

된 3작품 중에서 창작 시기를 확실하게 알 수 있는 「丁酉冬十一月二十二日夜, 守申于沈伯衡家, 申寅伯·趙揚卿皆會, 大雪初霽, 月色如晝. 在座皆能詩, 或作近體, 或作長句, 獨余以不曉韻語辭, 主人強之甚, 乃成五古一首」의 창작 시기가 丁酉年 가을, 곧 1657년이고, 바로 다음 작품인 「李監司挽」의 대상 인물인 李萬雄의 몰년이 1661년이므로, 「증동종자문씨형제」의 제작 연대는 1657~1661년 사이로 잡을 수 있다. 이는 작품 분석의 결과와 대체로 일치하는 것이다. 두 결과를 결합시켜 보면 이 작품의 제작 연대는 1657~1661년 사이로 압축된다.

이를 염두에 두고 다시 『고문백선』으로 돌아오면, 앞서 이 책이 김계명·김두명 형제의 요청에 의해 편찬된 것이라고 밝힌 바 있다. 이들 형제는 학문을 통한 입신양명을 이루기 위해 김석주를 찾아갔던 것이었으므로,10) 『고문백선』의 편찬은 김계명·두명 형제가 과거에 합격하기 이전에 이루어졌을 것이다. 형 김계명은 과거에 합격한 사실이 없고 형제 중 동생인 김두명이 사마시에 합격한 것이 1663년임을볼 때, 이들 형제가 김석주에게 처음 찾아간 1657~1661년 사이로부터, 늦어도 1663년까지의 기간 안에는 『고문백선』의 편찬 작업이 이루어졌을 것으로 추정해볼 수 있다. 결국 『고문백선』은 이 기간, 그러니까 김석주의 20대 후반에서부터 늦어도 30대 중반 이전에 편찬이 이루어진 것이다. 「고문백선서」에서 김계명·두명 형제가 '근래에(頃)' 서울에 와서 공부하던 중에 『고문백선』의 편찬을 요청했다고 한 것으로 미루어 볼 때, 「증동종자문씨형제」의 제작으로부터 최소 2~3년 내외의 기간 안에는 그 편찬이 이루어졌다고 보는 편이 타당하다고 본다.

이 시기는 김석주가 사마시에 합격하고(1657년, 24세), 4년 후에는 효종이 성균관에 친히 나아가 실시한 제술 시험에서 우등(1661년, 28세)하는 등 文才를 드날리다가, 이듬해인 1662년(29세)에 증광문과에 장원하여 본

---

10) 앞의 시, 79~82행, "立揚須及時, 愼莫抛年歲. 歸爲父母榮, 毋忘祖先惠"

격적으로 관직 생활을 시작했던 시기이다. 김석주로서는 이때가 문학적 재능을 화려하게 꽃피웠던 때였던 셈이다. 그렇기 때문에 이들 형제에게 자신 있게 산문 선집을 만들어 줄 수 있었을 것이다. 실제로 「고문백선서」에서 김석주는 "진실로 이것(『고문백선』)을 잘 사용하는 자는 비록 위무제처럼 손자·오기에 맞먹는 사람이라도 오히려 그 혼을 빼놓기에 충분할 것이거늘, 하물며 이보다 못한 사람에 있어서랴!"라 하면서 『고문백선』의 選文의 우수함을 자부하는 모습을 보였다.

## 2) 板本과 閱讀의 痕迹

『고문백선』의 판본은 여러 종이 현전하고 있어서 그 유행 정도를 짐작할 수 있게 해준다. 활자본으로는 戊申字 및 韓構字로 간행된 것, 1708년(숙종 34)에 인서체 활자로 간행된 것이 남아 있고,[11] 목판본도 한구자본의 번각본을 비롯하여 여러 종이 있다. 또한 徐有榘(1764~1845)의 『鏤版考』의 기록을 통해서[12] 북한산 太古寺에서도 이 책이 간행되었음을 확인할 수 있다.

한편, 『고문백선』은 전남 장흥에 사는 장서가가 구입했다는 기록이 남아 있을 정도로 널리 유행했던 것으로 생각된다.[13] 뿐만 아니라 현재까지 남아있는 수많은 간본 및 필사본의 존재를 통해서도 그 유행의 정도를 짐작해볼 수 있을 것이다. 『고문백선』 필사본 중에는 김석주의 서

---


11) 沈慶昊, 『조선시대 한문학과 시경론』(일지사, 1999), p. 253 참조. 같은 책에 따르면 『고문백선』은 일본에까지 흘러들어갔다고 한다.(같은 책, 같은 면.)

12) 徐有榘, 『鏤板考』, 규장각 소장본, 下卷 第六, "古文百選 三卷. 本朝議政府右議政兩館大提學淸城府院君文忠公金錫胄編. 選秦漢以下至南宋諸家文, 滿百而止. 北漢太古寺藏刊, 印紙六牒七張."

13) 18세기 후반의 인물인 白鎭恒(1760~1818)의 글에 김석주와 몰년이 같은 白文昌(1649~1684, 백진항의 조부)이 『고문백선』 3권을 구입했다는 기록이 남아 있다. 『溪西遺稿』 권4, 家事別錄, 「高王考暘軒府君諱文昌遺事」, "……所買書冊, 古文眞寶五卷後集, 又三卷前集·漢雋五卷·古文百選三卷·文選四卷·山谷集 卷……" 노기춘, 「長興 梧川精舍의 藏書考」, 『호남문화연구』 제29집(전남대 호남문화연구소, 2001. 12), 7~8면에서 재인용.

문을 포함한 책 전체를 현토하여 한글로 읽고 언해를 한 언해본의 존재
도 확인되고 있는 바,14) 이 또한 『고문백선』의 후대에 대한 영향력을
짐작할 수 있게 해주는 한 단서가 된다.

이 책의 열독과 관련하여, 18세기의 소론계 문인 李匡德(1690~1748)은
종질에게 산문 학습을 위해 『고문백선』을 읽을 것을 권하는 글을 남기
고 있다. 이 글에서 그는 『고문백선을 두고 독서의 요결이라고 평가했다.

> 내 종형의 아들 曾孝가 나에게 묻기를, "문장을 배우는 데 요결이
> 있습니까?" 하여 말하기를 "있다. 독서를 좋아하면 된다."하니 또 묻기
> 를 "독서에는 요결이 있습니까?"하여 "있다. 정밀하게 선정하는데 힘
> 쓰면 된다."라 해 주었다. 이에 근세의 청성공(김석주-인용자)이 뽑은
> 『고문백선』을 돌아가 읽게 하며 말했다. "아, 이 책은 청성공이 말한
> 강남의 건아로서 성채를 뚫는 기병이다. 청성공은 이미 친히 이 책을
> 이용하여 용문의 푯대를 탈취하고 문단의 기치를 세운 분이다. 너는
> 여기에 힘쓰거라."15)

한편 李德懋(1741~1793)는 「題古文選後」라는 글을 남겨 당시 사람들이
『고문백선』에 대해 그렇게 우호적이지만은 않았던 상황 및 『고문백선』
의 유행 정도를 잘 전해주고 있어서 참고할 만하다.

> 이 『古文選』(『고문백선』을 가리킴-인용자)은 淸城府院君 息庵公이
> 편집한 것이다. 戰國時代로부터 宋에 이르기까지 총 1백여 편으로서,
> 방대하면서도 요약되어 있어서 역대 문장의 변경이 역력히 여기에 실
> 려 있다.
> 고문의 도가 거의 끊어진 지 오래다. 의관을 갖추고 다니는 선비들

---

14) 한국정신문화연구원 소장, 10권.

15) 이광덕, 「勸從姪曾孝讀古文百選序」, 『冠陽集』 권15, "余從父兄子曾孝問於余曰：‘學文有要
乎?’ 曰：‘有. 耆讀書是而.’ 曰：‘讀書復有要乎?’ 曰：‘有. 務精選是耳.’ 於是以近世淸城公
所抄古文百選使歸讀之曰：‘嗟乎, 此淸城公所謂江南健兒貫寨之騎矣. 淸城公已嘗親用之, 以
奪龍門之標而建藝苑之幟者. 小子勉之’" 김건곤, 앞의 논문, 51면에서 재인용.

이 대개 부화한 습속에 휩쓸려 字法·句法·章法을 깊이 연구하지 않고서 반드시 큰소리로 이르기를, “『고문선』은 지리멸렬하니 선비로서 이것을 읽는다면 어찌 선비라 하겠는가?”하며 휩쓸려 풍속이 되었다. 만약 『고문선』을 끼고 문 밖에 나가거나, 책상 위에 펴놓은 사람이 있으면 반드시 비웃으며 말하기를, “저것은 무슨 책인가? 『고문선』은 그대를 크게 그르칠 것이다. 책이 고금에 얼마나 많은데 하필이면 『고문선』을 읽느냐?”한다. 그 책을 끼고 다니거나 또는 펼쳐 보던 사람은 큰 죄나 지은 듯 얼굴이 붉어져 던져 버리고 보지 않으며, 마음으로 생각하기를 “차라리 시장에서 매를 맞을지언정 『고문선』을 읽을 수는 없다.”라 하니 아아, 깊이 생각하지 못한 것이 심하다.

　『고문선』에 실려 있는 것은 전국·선진·동·서 양한 및 한유·유종원·구양수·소식의 글이요, 또는 옛 名儒와 碩士들의 글도 그 사이에 끼어 있다. 또한 『고문선』을 뽑은 사람이 어찌 자잘한 보통 선비의 무리이겠는가! 비록 문장이 귀중히 여겨야 할 만한 것임을 대강 아는 사람으로 하여금 뽑게 하더라도 또한 취할 것이 많으리라. 식암공 같은 분은 文章과 才識이 당세에 이름났으니 그가 뽑은 것은 반드시 볼 만한 것이 있을 터인데 어찌하여 스스로 읽지 않고 또한 남을 따라 수치스럽게 여기고 남에게까지 읽지 못하게 하는가? 그 문장을 부끄러워하는가? 거기에 실려 있는 사람들이 칭찬할 만하지 못하여 부끄러워하는가? 그것을 뽑은 사람이 알려지지 않아서 부끄러워하는가? 이 세 가지에 대해 모두 결점이 없는데 누가 처음 부끄러워한 것인가?

　생각건대 어떤 천한 선비 한 사람이 이 책을 읽었으나 전혀 공을 이루지 못하여 남의 지목하는 바가 되자, 그 사람을 죄주지 않고 도리어 이 책을 죄주어 그렇게 된 것이리라. 내가 일찍이 듣건대 “당·송 때에는 『論語』를 모든 아이들에게 가르치니, 세상 선비들이 드디어 성인이 남긴 말을 귀중하게 여기지 않게 되었다.”고 한다. 이것이 또한 습관으로 인하여 그렇게 된 것이니, 『고문선』을 읽지 않는 것도 이상하지 않은 일이다. 어떻게 하면 되는가? 습관이 되는 것을 경계하여 먼저 그 근본을 궁구함만 같지 못하다.16)

---

16) 이덕무, 「제고문선후」, 『청장관전서』 권4, 영처문고 2, “右古文選, 淸城息庵公所輯. 自戰國迄于宋, 總百有餘篇, 博而約, 歷代文章之變更, 歷歷斯在焉. 古文之道, 幾乎絶者久矣. 衣冠

이덕무는 이 글에서 당대 사람들이 "차라리 시장에서 매를 맞을지언정 『고문선』을 읽을 수는 없다."는 말을 할 정도로 고문백선을 홀대한다고 밝히고 있다. 그러나 이덕무 자신의 입장에서는 이 책이 읽을 만한 가치가 있는 것이지만 당대 사람들은 이상하게 이 책을 멀리하고 있다는 것이다. 그 원인으로 이덕무는 『고문백선』이 사람들에게 너무 익숙해진 책이라는 점을 들고 있다. 즉 『논어』나 『고문진보』가 사람들에게 너무 익숙해질 만큼 널리 유포되었기 때문에 홀대를 받았던 것처럼, 『고문백선』도 당대에 널리 퍼졌던 까닭에 이 두 책과 마찬가지로 홀대를 받게 되었다는 것이다. 결국 이덕무의 이 말은 『고문백선』이 당시에 얼마나 널리 유통되고 읽혔는가를 보여주는 반증이라고 하겠다.

## 3) 內容 構成과 그 特徵

『고문백선』은 上篇一・上篇二・上篇三, 中篇一・中篇二・中篇三, 下篇의 7편으로 구성되어 있다. 上篇一에는 樂毅의 「報燕惠王書」를 비롯한 10편, 上篇二에는 韓愈의 「論佛骨表」 등 20편, 上篇三에는 王禹偁의 「待漏院記」 등 20편의 작품이 수록되어서 상편에 모두 50작품이 실렸다. 중편은 모두 21작품으로, 一에 賈誼의 「治安策」 등 5작품, 二에 韓愈의 「平淮西碑」 등 9작품, 三에 歐陽修의 「上范司諫書」 등 7작품이 실렸다. 하편은 상・중・하 구분 없이 屈原의 「漁父」 등 30편이 실렸다.[17]

---

之士, 多趣于浮華之習, 不深究其子法・句法・章法之爲何, 而必虛大其言曰： '古文選, 滅裂齷齪, 士而讀此, 安用士爲?' 靡然成風俗. 若有挾而出門, 披於几案者, 必微哂曰： '彼何書也? 古文選, 誤子多矣. 書古今幾何, 何必讀古文選爲哉?' 其挾且披者, 面騂然如有負, 抛擲不相見, 於心以爲寧撻於市, 不可讀古文選. 嗚呼, 不究之深也. 選之所載, 戰國・先秦・東・西兩漢, 泊韓・柳・歐・蘇, 且古昔名儒・碩士間之焉. 又選之者, 豈區區常士之比哉? 雖使粗識文章之爲可貴者選之, 亦多有所取者, 如息庵公文章才識. 嗚於當世, 其所選必有可觀焉. 奈何不自讀, 又從而羞之, 至使人亦不自讀也? 其羞其文歟? 羞其載列者不足稱歟? 羞其選之者無聞歟? 於斯三者, 皆無闕焉, 誰其俑而羞之也? 意者, 一有賤士讀是書, 不甚有功, 因爲人所指目, 不罪彼反罪此而然也. 余嘗聞唐・宋之間, 皆以論語, 授小兒, 世士遂不貴重聖人遺語, 亦因習而如是, 其不怪乎不讀古文選也. 如何則可? 不如戒成習, 而先究乎其本."

17) 번거로움을 피하기 위해 구체적인 작품목록을 제시하지 않았다. 작품 목록은 김미경

체제를 상·중·하의 세 편으로 큰 구분을 해놓은 것에 대해서는 편
자가 뚜렷한 이유를 밝혀 놓지 않았다. 다만 분량이 상편에서 중편, 하
편으로 갈수록 현저하게 줄어들고 있는 점이나, 상편에 특히 일반에 널
리 알려진 작품들을 주로 싣고 그에 대한 평어나 참고작품들 또한 많이
실려 있는 점으로 미루어 볼 때, 작품의 수준 내지는 중요도를 3등급으
로 구분하여 작품을 수록한 것이 아닌가 생각된다. 상편과 중편을 一·
二·三으로 구분해 놓은 것은 그 기준이 비교적 명확하여 시대순에 따
라 구분을 해놓았다. 곧 一에는 진한 시대의 작품, 二에는 唐代의 작가
로 한유와 유종원의 작품만이 실렸고, 三에는 宋代 작가들의 작품들이
실려 있다. 한유와 유종원의 작품들을 별도의 권으로 분리해 놓은 구성
을 통해 김석주가 당송팔대가, 그중에서도 한유와 유종원을 얼마나 중
시했는가를 엿볼 수 있다.

매 작품 끝에는 尾批가 첨가되어 있다. 미비는 두 부분으로 구성된다.
하나는 세 칸 내려서 실은 평어이고, 다른 하나는 한 칸 내려서 실은 참
고 작품이다. 경우에 따라 전자와 후자가 모두 있거나, 한쪽만 있거나,
아예 없는 경우도 있다. 참고작품은 기존의 평가에서 관련이 있다고 언
급된 작품이 있으면 그것을 싣고, 그렇지 않은 경우에는 김석주가 개인
적 판단으로 참고 작품을 수록하기도 하였다.

이어서 수록 작품에 대한 수량적 접근을 통해『고문백선』의 선문 특
징에 대해 알아보자. 이를 위해 우선 앞서 살폈던「고문백선서」의 내용
을 다시 상기할 필요가 있다. 그 글에서 김석주는 당대에 유행한 문장
선집으로『고문진보』와『문장궤범』두 가지를 들면서, 이들의 결점으로
1) 산문선집이면서 辭賦에서도 작품을 뽑아 와 문장 선별의 기준이 어그
러진 점, 2) 문장의 선별이 당송 시대의 작가들에만 치우친 점 등 두 가
지를 제시하였다.

---

의 논문이나 김건곤의 논문을 참조하라.

첫 번째 지적과 관련해서는, 주지하다시피 『고문진보』와 『문장궤범』
에는 「歸去來辭」를 비롯하여 「赤壁賦」, 「阿房宮賦」 등의 사부 작품이 섞
여서 뽑힌 것이 사실이다. 김석주는 운문에 상대되는 개념으로서의 산
문의 가치를 인식하고서 산문 선집에는 산문만이 뽑혀야 한다는 생각
을 가지고 있었기 때문에, 『고문진보』와 『문장궤범』이 공통적으로 가지
는 문제점으로 이를 지적했던 것이다.

두 번째로 지적한 '당송에 치우쳤다'는 말은 특히 당송팔대가를 염두
에 둔 것이다. 『고문진보』 수록 작품은 모두 128편이고, 이중 진한시대
의 작품은 16편으로, 전체의 약 12.5%를 점하고 있다. 16편을 제외한 나
머지는 모두 당송팔대가를 비롯한 당송 작가의 작품들이다. 이중 한유,
유종원 등 당송팔대가의 작품은 74편으로, 전체의 57.8%다. 팔대가가
60% 가까이를 점유하고 있는 셈이다. 『문장궤범』의 경우 이러한 현상
은 더욱 심각해서, 전체 수록 작품 69편 중 진한 시대의 작품은 단 2편
에 불과하여 약 2.9%의 비율을 보이고 있다. 나머지 작품들 중 61편이
당송팔대가의 작품으로, 비율은 88.4%이다.

작가의 비율을 따져 보아도 결과는 이와 유사하다. 『고문진보』에 작
품이 실린 작가는 모두 45명인데, 이중 진한시대의 작가는 11명으로 전
체의 24.4%에 불과하다. 『문장궤범』의 경우에는 이보다 더 심해서, 「歸
去來辭」의 작가인 陶淵明과 「出師表」의 작가 諸葛亮을 제외한 나머지 작
가들이 모두 당송 시대의 인물들로, 진한 시대 작가의 비율은 단 13.3%
에 그치고 있음을 알 수 있다.

『고문백선』은 선문 과정에서 이러한 문제점들을 충분히 인지하고서
문제점을 보완하는 방향으로 선문이 이루어졌다. 첫 번째 지적에 대해
서는, 수록 작품 101편 중에서 굴원의 「漁父」와 「卜居」 두 작품을 제외
하고는 모든 작품들이 일단 산문의 범주에 포함되는 것들이다. 「어부」
와 「복거」는 楚辭에 속하는 것들이기는 하지만 그 문장이 散體를 주로
구사하기 때문에 산문으로 분류되는 경우가 많음을 볼 때, 넓은 의미에

서 이들 작품을 산문으로 보고 뽑았을 것으로 생각된다.

두 번째 지적과 관련해서는, 이 책에 시대별 수록작품 수를 조사해 보면 그 구체적 양상이 드러난다. 『고문백선』 수록 작품 101편 중에서 당송팔대가의 작품은 67편으로, 전체의 66.3%를 점유하고 있다. 『문장궤범』의 88.4%에는 미치지 못하지만 『고문진보』의 57.8%는 오히려 웃도는 비율이다. 얼핏 이것만 보기에는 『고문진보』나 『문장궤범』에 비해 별로 달라진 부분이 없는 듯도 하다. 그러나 이 세 선집들을 비교하여 『고문백선』에만 실린 작품의 비율을 계산해 보면 『고문백선』의 특징적인 면모가 드러난다. 각 시대별로 『고문백선』에 단독으로 수록된 작품의 비율을 계산한 다음의 도표를 보자.

|  | ① 수록 작품(편) | ② 단독 수록 작품(편) | 단독 수록 작품의 비율(%) |
|---|---|---|---|
| 진한시대 | 20 | 15 | 75 |
| 당송팔대가 | 67 | 20 | 29.9 |
| 기타작가 | 14 | 1 | 7.1 |

<표> 『고문백선』 수록 작품 중 단독 수록 작품의 비율

이 도표에서 보듯이, 『고문백선』은 특히 진한 시대 작품을 많이 수록하는 데 집중하고 있음을 알 수 있다. 진한시대의 작품으로 다른 선집과 중복되지 않는 작품의 비율이 무려 75%에 달하고 있다. 이것이 바로 『고문백선』이 『고문진보』와 『문장궤범』에 대해 가지는 작품 수록 상의 두드러지는 특징이며, 김석주가 이 책의 편찬에 있어서 특히 힘을 기울인 부분이기도 하다. 이를 통해 김석주는 진한 고문과 당송 고문의 종합[18]을 도모했던 것으로 생각된다.

---

18) 심경호, 앞의 책, 252면.

## 3. 唐宋派의 受容 樣相

### 1) 『古文百選』의 『唐宋八大家文鈔』 受容

『고문백선』과 『당송팔대가문초』의 평어를 비교해 보면 흥미로운 사실을 발견하게 된다. 그것은 『고문백선』의 팔대가에 대한 평어의 90% 이상이 『당송팔대가문초』의 평어를 그대로 인용해 온 것이라는 점이다. 이중 『당송팔대가문초』의 인용 비율이 100%인 上二編을 예로 들어 전체 평어의 출전 및 글자 출입을 도표화해 보았다.

| 제목 | 작가 | 평어 |
|---|---|---|
| 論佛骨表 | | 팔대가 韓公以天子迎佛, 特以祈壽護國爲心, 故其議論亦只以福田上立說, 無一字論佛宗旨. |
| 後十九日再上宰相書 | | 팔대가 所見似悲蹙, 而文則宕逸可誦. |
| 後卄九日復上書 | | 팔대가 議論正大勝前篇, 當看[有]虛字幹旋處 |
| 上張僕射書 | | 팔대가 申情之文, 故宜於圓暢反復. |
| 代張籍與李浙東書 | | 팔대가 獨以目(盲)一節, 感慨悲憤. |
| 與于襄陽書 | | 팔대가 前半瑰瑋游泳, 後半婉變凄切. |
| 送李愿歸盤谷序 | 韓愈 | 팔대가 通篇全擧李愿說(話), 自說只數語, 此又別是一格而其造語形容處, 則又鑄六代之長技矣.<br>소식 唐無文章, 唯韓退之送李愿歸盤谷序(一篇)而已. 平生欲效此作(一文, 每執筆輒罷, 因自笑曰: "不若且放教退之獨步."<br>루방 一節是形容得意人, 一節是形容間居人, 一節是形容奔走伺候人, 却結在人賢不肯何如也一句(上. 終篇全擧李愿說話, 自說只數語, 其實非李愿言, 此又別是一格式.) |
| 送浮屠文暢師序 | | ? 此等文, 是退之表裡六經處, 而目其所明, 通其所蔽, 其法得孟子.<br>팔대가 高在命意[命意極高], 故逈出諸家, 而闔闢<變化>頓挫<起伏>不失尺寸.<br>당순지 通篇一直說下, 而前後照應在其中. |
| 送石洪處士序 | | 팔대가 以議論行叙事, 當是韓之變調, 然予獨不甚喜此文. |
| 送溫處士赴河陽軍序 | | 팔대가 以烏公得士爲文, 而溫生之賢自見 |
| 送楊少尹序 | | 팔대가 以二疏美少尹, 而專於虛景籤弄, 故出沒變化, 不可捉摸.<br>당순지 前後照應, (而)錯綜(變化)<妙>不可言. 此等文字, 蘇·曾·王 |

|  |  | 集內[諸家]無之 |
|---|---|---|
| 原毁 |  | 팔대가  此篇八大比, 秦漢來故無此調, 昌黎公創之  然感慨古今之間, 因而摹寫人情, 曲鬯骨裏, 文之至者. |
| 進學解 |  | 팔대가  此韓公正正之旗, 堂堂之陣也, (其主意專在宰相, 蓋大才小用, 不能無憾, 而以怨懟無聊之辭托之人, 自咎自責之辭托之己, 最得體.) |
| 諱辯 |  | 팔대가  古今以來, 如此文不可多得.<br>팔대가  此文反覆奇險, 令人眩掉, 實自顯快. 前分律・經・典三段, 後尾抱前辨難, 只因三段中時有遊兵點綴, 便足迷人. |
| 師說 |  | 팔대가  昌黎當時抗師道以號召後輩, 故爲此以倡赤幟云. |
| 南海神廟碑 |  | 팔대가  以祀事作案摹寫, 神采煥然 |
| 與韓愈論史書 | 柳宗元 | 팔대가  子厚之文多雄辨, 而此篇尤其卓犖峭直處, 但太露氣岸, (不如昌黎渾涵, 文如貫珠)<br>? 文如貫珠  당순지  提其原書辨處, 有顯有晦, 錯綜成文. |
| 愚溪詩序 |  | 참고작품만 제시 |
| 種樹郭橐駝傳 |  | 팔대가  守官者, 當深體此文. |
| 捕蛇者說 |  | 팔대가  本孔子苛政猛於虎者之言而建此文. |

* ( )는 『고문백선』에서 생략된 부분이고, < >는 추가된 부분, [ ]는 다른 부분이다.

『당송팔대가문초』가 두 차례 인용된 경우는 이 책의 首批와 尾批가 함께 인용된 것이다. 당순지의 말을 인용해 온 것 또한 『당송팔대가문초』에서 '唐荊川曰'이라 하여 인용해 둔 것을 다시 인용해 온 것이다. 『고문백선』에서 모곤의 평을 인용해 오면서는 '茅坤曰' 혹은 '茅鹿門曰'이라 하지 않으면서[19] 당순지의 평을 인용하는 경우에만 출전을 표시하는 것은 『당송팔대가문초』의 경우와 똑같아서, 『고문백선』이 『당송팔대가문초』를 크게 참조했음을 잘 보여주고 있다. 樓昉의 평은 그의 『崇古文訣』에 나오는 것으로, 『詳說古文眞寶大全』의 '迂齋云'이라 한 평어는 바로 여기서 인용해 온 것이다. 『숭고문결』은 이미 중종조에 조선에서 활자로 간행된 바 있으니[20] 김석주가 이 책을 보기는 어렵지 않았을 것이다. ?로 된 것은 출전이 찾아지지 않는 경우로, 빈번히 발견되지는 않으나

---

19) 극히 일부의 평어에서만 '茅鹿門曰'이라고 출전을 밝혀 놓았다.
20) 김학주, 『조선시대 간행 중국문학 관계서 연구』(서울대 출판부, 2000), 7면의 도표 참조.

김석주 자신의 평어로 생각된다.

이제『당송팔대가문초』평어의 인용에 관심을 집중해 보자.『고문백선』전체 평어를 따져 보았을 때, 평어가 붙어있지 않은 세 작품을 제외하고 나면『고문백선』에 수록된 당송팔대가의 작품 63편 중에서 60편에『당송팔대가문초』의 평어가 인용되고 있다.21) 백분율로 환산해 보면 95.3% 정도가 된다.『당송팔대가문초』의 평이 인용되고 있지 않은 작품은 상편에서 소순의「高祖論」, 소식의「喜雨亭記」, 중편에서 소순의「春秋論」정도이고, 하편에 수록된 당송팔대가의 작품에는 모두『당송팔대가문초』의 비평이 인용되어 있다.

이는 김석주가『당송팔대가문초』, 나아가 명대 당송파의 비평 논리를 타당한 것으로 인정하고 수용했음을 보여주는 증거이다. 또한 조선의 문인으로서는 비교적 이른 시기에『당송팔대가문초』를 접했고,22) 그것을 적극적으로 원용했다는 증거이기도 하다. 정리하면 김석주는 문장학 습서인『고문백선』을 편찬하면서 적어도 한유, 유종원 등 당송 고문가에 대해서는 모곤의『당송팔대가문초』를 모범으로 삼았으며, 또한 그의 비평을 긍정적으로, 또 적극적으로 선택·수용했다. 그만큼이나 그는 당송파의 논리에 우호적이었으며, 그들의 수용에 적극적인 태도를 지녔던 것이다.

다른 한편으로, 김석주가 이렇게『당송팔대가문초』를 전면적으로 수용한 데에는 거꾸로 진한 산문에 대한 관심을 환기시키기 위한 의도도 있었던 것 같다. 즉 한유, 유종원 등 널리 알려진 당송고문파 작가들에 대한 평가는 자기 주장을 내세우는 대신 모곤의 그것을 빌려 오는 것으로 대신하고, 진한 시대 작가들, 그중에서도 특히『고문진보』나『문장

---

21) 자세한 통계는 김광년, 앞의 논문, 45면 참조.
22) 김석주 이전에『당송팔대가문초』를 접한 작가로는 앞서 언급했던 허균이나 澤堂 李植(1584~1647) 정도가 거론되나, 김석주만큼 적극적으로 이 책을 활용했던 증거는 보이지 않는다.

궤범』 등에 중복되지 않고 자신의 독자적인 판단에 의해 수록한 작가의 작품들에 자신의 비평문을 많이 써놓음으로써 자신의 의도를 보다 강조하려고 했던 것으로 볼 수 있다. 실제로『고문백선』비평문들을 검토해 보면, 진한 시대 작가를 수록해 놓은 각 편의 ― 부분에 김석주의 비평문이 많이 들어가 있음을 알 수 있다.23) 물론 그렇다고 하더라도『고문백선』이 당송파 이론 수용의 선구자로서의 지위가 약해진다거나 하지는 않는다.

## 2) 申最의 『皇明茅鹿門王弇州二大家文抄』

김석주의 외숙부이자 스승인 春沼 申最(1619~1658)는 김석주의 요청에 의해 모곤과 왕세정의 산문을 뽑아 『皇命茅鹿門王弇州二大家文抄』라는 책을 엮어 준 바 있다.24) 이 책은 권1에 모곤의 산문이, 권2와 3에 왕세정의 산문이 뽑혀 있다. 김석주가 이런 책을 필요로 한 것은 당송파와 의고파를 대비적으로 놓고 보려는 의도가 있지 않았을까 생각된다. 이 책의 서문이 쓰여진 것이 1653년이므로,25) 김석주는 이미 20대 이전에 이러한 문학적 관심을 표명했던 것이다.

김석주의 이 같은 인식의 배경에는 스승이자 이 책의 편자인 신최가 있었다. 그 또한 이미 당송파와 의고파의 존재를 인식하고 있었고, 이 책의 서문인「皇命茅鹿門王弇州二大家文抄引」에서 이 두 유파를 대비적으로 논하고 있기 때문이다. 이에 대해서는 강명관에 의해 이미 그 분석과 의미 규명이 일부 이루어진 바 있으나26) 필자와는 입장이 조금 다르기에 여기서 재론한다.

---

23) 예컨대 상편의 경우, 上篇―의 작품 중 5편에 김석주의 비평이 사용되었던 반면, 한유, 유종원의 작품 중심인 上篇二에서는「送浮屠文暢師序」단 한 편의 작품에 김석주의 비평이 사용되었다. 그것도『당송팔대가문초』의 비평과 함께 구사된 것이다.
24) 신최,「皇命茅鹿門王弇州二大家文抄引」,『皇命茅鹿門王弇州二大家文』, 국립중앙도서관 소장본, "表姪金錫冑, 要余抄兩家(모곤과 왕세정을 가리킴―인용자)之文, 以便服習."
25) 위의 글, "歲舍癸巳杪秋, 春沼病夫書于廣陵白雲樓中."
26) 강명관, 앞의 논문, 80~81면 참조.

내가 가만히 생각해 보건대, 斯文이 어째서 갈라져 둘이 되었으며,
또한 어찌 반드시 하나로 통해지지 않음을 미워하겠는가? 공자께서
"辭達"이라 하지 않으셨던가? 또한 "修辭"라 하지 않으셨던가? 또한
"말에 문채가 없으면 행해져도 멀리가지 않는다"라 하지 않으셨던가?
辭達의 폐해는 번잡함이니, 번잡하면 비루해진다. 辭修의 폐해는 표절
하는 것이니, 표절하면 거짓되게 된다. 辭가 전달되지 않으면 立言하
기에 부족하고, 辭가 꾸며지지 않으면 멀리 행해지기에 부족하다. 그
렇다면 두 가지는 일찍이 하나로 하지 않을 수 없는 것이다.27)


신최는 당송파인 모곤의 특징에 대해 '辭達', 의고파인 왕세정의 특징
에 대해 '修辭'로 정리하면서, 이 둘을 떨어질 수 없는 것이라고 보았
다.28) 여기서 그는 辭達과 修辭를 상호 보완적 관계로 파악한다. 이러한
기본적 인식 하에서 모곤은 '사달'을, 왕세정은 '수사'를 크게 발전시킨
공로가 있다고 평가했다.29) 신최의 당송파·의고파에 대한 이같은 인식
은, 유가적인 언어관의 기초 위에서 성립된 것이다. 그가 당송파와 의고
파를 '斯文'이라는 배경 위에서 논의하고 있다는 점만 봐도 그렇거니와,
이 둘의 문학적 차이로 제시하는 '수사', '사달'의 개념이 모두 공자의
발언에서 빌려온 것이기 때문이다. 물론 당송파와 의고파의 실상은 신
최가 인식한 그것과는 다른 것이었다.30) 그럼에도 불구하고 신최의 당

---

27) 위의 글, "余竊謂斯文何嘗岐而二也, 亦何必惡夫不定于一也? 夫子不曰辭達乎? 又不曰修辭乎?
又不曰言之不文, 行而不遠乎? 辭達之弊冗, 冗則陋; 辭修之弊勦, 勦則贋. 辭不達則不足以立
言, 辭不修則不足以行遠. 然則二者未嘗不一也."

28) 신최는 이 글에서 의고파와 당송파의 성립 과정에 대해 간단히 서술하면서 왕세정을
의고파에, 모곤을 당송파에 귀속시켜 보고 있다. 물론 의고파니 당송파니 하는 말들
이 후대에 생긴 것이고 신최 또한 표면적으로 특정 유파의 성립을 언명하지는 않고
있으나, 이는 다음 내용을 통해 충분히 감지되는 바다. 같은 글, "至弘德間, 北地李獻吉
始倡古文, 學事大夫稍稍慕悅而疑信者半. 弇州·雪樓肩比踵接, 互執牛耳, 則家先秦而戶西京,
文體遂大變矣. 鹿門起於其間, 嫉世之尋響逐影, 畫羽而刻葉者, 遠尊歐·曾, 近推唐·王, 以爲
文之正統在是, 而獻吉背特草莽之雄而偏閏之位耳, 人之疑信者亦半. 衡文者至岐而二之, 號爲
十代家, 而各立門戶, 則猶未能定于一也."

29) 위의 글, "辭達之旨, 暢極於鹿門, 修辭之則, 大闡於弇園, 眞所謂對局手也."

30) 강명관의 지적처럼, 의고파와 당송파는 수사적 전략 차원에서 근본적인 차이를 구유

송파·의고파 인식은 이 둘을 상호 대치적인 것으로 보지 않고, 통합적으로 이해하고자 했다는 점에서 독특한 면이 있다. 김석주가 지적하고 있듯 신최는 진한 고문의 영향을 강하게 입은 것으로 평가되는데,[31] 그럼에도 신최는 의고파와 당송파 양쪽의 저작을 모두 보고 있었고, 이들의 선집을 만들면서 두 경향의 차이점을 대비적으로 논할 수 있는 수준에 있었던 것이다.

신최의 학문적 경향이 이러했던 만큼, 그의 제자인 김석주 또한 그의 영향 하에서 당송 고문에 적극적으로 관심을 가지게 되었던 것으로 보인다. 당송 고문은 물론 전혀 새로운 것이 아니었지만 진한 고문이 유행하고 있던 당시에는 그 그늘에 가려져 제몫을 발휘하지 못하고 있었다. 이러한 상황에서 김석주는 스승의 영향으로 당송 고문에 주의하여 그 가치를 대폭 상승시키고자 노력했다. 그 노력은 산문의 경향을 당송파 위주로 재편하고자 했던 것이 아니라, 앞서의 언급과 같이 진한고문과 당송고문의 이론적·실제적 통합을 도모하고 명대 문학을 객관적 인식을 바탕으로 균형있게 섭취하려 했던 것이었다.[32] 그럼에도 여기에서 김석주의 당송파 수용을 비중 있게 다룬 이유는, 진한 고문이 유행하던 당시의 문단에서 당송 고문의 가치를 재발견하고자 했던 그의 시도가 실질적으로는 산문 창작 및 감상 경향의 전환을 촉발시킨 역할을 했기 때문이다.

---

하고 있다. 즉 의고파가 언어의 절취·재조합을 위주로 하는 글쓰기 전략을 내세웠다면, 당송파는 언어의 배치·구성을 위주로 하는 글쓰기 전략을 내세웠다는 점에서 큰 차이를 지닌다.

31) 김석주, 「春沼先生文集序」, 권8, 245~246면, "本朝盖自明·宣以來, 學士大夫始相學習爲秦漢古文, 而簡易崔公實創之於前, 谿谷張公復繼以張大其業, 若先生者又出於二公之後, 眞可謂接其統緒而得其眼藏."

32) 김석주의 시문 선집 편찬은 바로 문학적 기호의 편중을 경계하고 다양성을 확보하려는 노력의 일환이었음이 기존 연구에서 밝혀진 바 있다. 김광년 및 최은주의 앞의 논문 참조.

## 4. 『고문백선』의 위상

이상의 논의를 바탕으로 하여 『고문백선』의 산문사적 위상을 짚어 본다.

우선 생각해 볼만한 것은, 이 책이 특정 시대에 편중되지 않고 각 시대별 작품을 고르게 수록하고자 노력한 종합적인 산문 선집이라는 점이다. 앞서 검토한 바와 같이 김석주는 기존 문장 선집들의 당송 고문에의 편향을 지적하면서 이를 해소하기 위해 의도적으로 진한 시대의 문장들을 다수 뽑았다. 산문에 대한 기호가 한 편으로 치우치는 것이 일반적이었던 상황에서 김석주의 이러한 노력은 독특한 면모가 있다.

무엇보다 이 책이 산문사적으로 의미를 지니는 이유는 각 작품마다 붙여 놓은 간단한 평어에 있다. 『고문백선』은 이 평어의 존재로 인하여 구체적인 산문 창작의 교과서로서의 지위를 보다 확고하게 다질 수 있었다. 이 평어는 『당송팔대가문초』의 평어를 그대로 수용해 온 것으로서, 『당송팔대가문초』의 직접적인 인용은 조선시대 문인의 경우로는 굉장히 이른 것이며, 택당 이식이 조선시대 문인으로서는 가장 먼저 『당송팔대가문초』를 언급33)한 이래 『당송팔대가문초』를 적극적으로 수용하여 활용한 첫 번째 예라고 볼 수 있을 것이다. 비슷한 시기의 문인들에게서는 이처럼 명징하게 『당송팔대가문초』를 수용한 흔적이 보이지 않는다.34) 『당송팔대가문초』의 수용은 조선후기 산문사에서 당송파 이론의 수용으로는 선구적인 것으로서, 이후 세대의 산문 창작 및 감상의 경향이 당송 고문 위주로 돌아서게 되는데 이 책은 결정적인 역할을 하였다.

---

33) 강명관, 앞의 논문, 77면.
34) 조선후기 문인들의 『당송팔대가문초』 수용 양상에 대해서는 강명관이 개괄한 바 있다. 그는 이 논문에서 김석주에게서는 『당송팔대가문초』의 영향이 인지되지 않는다고 했는데(앞의 논문, 81면), 이것이 잘못된 견해임은 앞에서 증명했다.

한 가지 더 언급해 두어야 할 것은, 이 책의 평점비평서로서의 위상이다. 산문에 대한 본격적인 평점 비평은 대체로 임란 이후부터 활성화되기 시작했다.[35] 현재까지 발견된 평점 비평서로 가장 이른 시기의 것은 이식의 『大家意選批評』[36]이라고 생각된다. 이 책은 당송팔대가 중에서 소식과 증공을 제외한 여섯 사람의 작품 42편에 대해 비평을 가해 놓은 것이다. 이 책의 뒤를 이어 출현한 평점 비평서가 바로 김석주의 『고문백선』으로, 대상 시기를 진한 시대로부터 남송까지로 확장하였을 뿐만 아니라 중국 당송파의 산문 비평을 적극 수용하는 등 17세기 산문 비평의 양상을 잘 보여주고 있다. 이 두 책은 한국한문학사에서 초기 평점 비평의 양상을 잘 보여주는 자료로서 높은 가치를 가지고 있다고 할 것이다. 이들의 토대 위에서 18세기 安錫徽(1718~1774)의 『雪橋藝學錄』[37]이나 19세기 金昌熙(1844~1890)의 『會欣穎』[38], 金允植(1835~1922)의 『八家涉筆』[39]과 같은 산문 평점서들이 계속 나올 수 있었다고 생각된다.


## 5. 맺음말

이 논문은 『고문백선』의 특징과 그 위상에 대한 종합적인 고찰을 통해 17세기 산문사에서 당송파 이론의 수용이 가지는 의미를 생각해 본

---

35) 심경호, 『한문산문의 미학』(고려대학교 출판부, 1998), p. 123.
36) 『대가의선비평』은 규장각 소장 필사본 『澤堂先生別稿刊餘』에 다른 글들과 함께 실려 있다. 보다 자세한 내용은 김영진, 앞의 논문, 70~71면 참조.
37) 『삽교예학록』에 대한 소개와 그 비평 양상에 대해서는 정우봉, 「『雪橋藝學錄』에 나타난 한시비평론」, 『한문교육연구』 18호(한국한문교육학회, 2002. 6); 「『雪橋藝學錄』 연구 : 散文修辭學을 중심으로」, 한국한문학회 2003년 하계학술발표대회 발표요지(한국한문학회, 2003. 7) 참조.
38) 김창희와 『회흔영』에 대해서는 정우봉, 「19세기 후반기 산문비평사의 한 국면 : 金昌熙의 『會欣穎』을 중심으로」, 『한국문학연구』 창간호(고려대학교 민족문화연구원 한국문학연구소, 2000)에서 처음 소개했다.
39) 『팔가섭필』의 비평 양상에 대해서는 정민, 『조선후기 고문론 연구』(아세아문화사, 1989), 183~190면 참조.

것이다. 논의의 대상이『고문백선』과 그 주변에만 한정되었던 탓에 이 시기 산문사의 맥락을 완전히 해명해 내기에는 불충분한 점이 많았다고 생각된다. 뿐만 아니라 산문사의 내용은 이론적인 방면뿐 아니라 실천적인 방면에서도 해명이 되어야 할 것인데, 이 논문은 이론적 방면에만 치중하여 실천적 방면에의 검증이 이루어지지 못한 한계를 안고 있다.

앞으로 후속 연구를 통해 이런 문제들을 해결해 가고자 한다. 이를 위해서는 우리나라 작가들뿐만 아니라, 우리에게 모범이 되었던 중국 작가들에 대해서도 많은 관심을 기울여야 할 것으로 본다. 특히 산문작품의 분석적 이해의 측면에서 그런 관심과 노력이 지속되어야 할 것이다.

# 참고문헌

[ 자료 ]

金錫冑, 『息庵遺稿』, 한국문집총간 145, 민족문화추진회, 1996.

______, 『古文百選』, 한국정신문화연구원 소장본, 국립중앙도서관 소장본, 고려대
학교 도서관 소장본.

金昌協, 『農巖集』, 한국문집총간 161~162, 민족문화추진회, 1997.

徐有榘, 『鏤板考』, 규장각 소장본.

申最 편, 『皇明茅鹿門王弇州二大家文抄』, 국립중앙도서관 소장본.

高海夫 主編, 『唐宋八大家文鈔校注集評』, 三秦出版社, 1998.

吳楚才·吳調侯, 『古文觀止』, 華東師範大學出版社, 2002.


[ 논저 ]

강명관, 「16세기말 17세기초 의고문파의 수용과 진한고문파의 성립」, 『한국한문
학연구』 제18집, 한국한문학회, 1995, 289~305면.

______, 「『당송팔대가문초』와 조선후기 산문론 : 허균에서 김창협까지 당송파 수
용의 과정」, 한국한문학회 춘계학술대회 발표요지, 2003. 4, 73~86면.

김건곤, 「장서각본 『고문백선』 연구」, 『장서각』 8집, 한국정신문화연구원, 2002.
12, 31~53면.

김광년, 「식암 김석주 산문 연구」, 고려대 석사논문, 2003. 12.

김미경, 「식암 김석주의 문론」, 계명대 교육대학원 석사논문, 1994.

김영진, 「조선후기의 명청소품 수용과 소품문의 전개 양상」, 고려대 박사논문,
2003. 12.

송혁기, 「김창협 문학론의 연구」, 고려대 석사논문, 1996. 6.

심경호, 『한문산문의 미학』, 고려대 출판부, 1998.

______, 『조선시대 한문학과 시경론』, 일지사, 1999.

윤채근, 「누정기를 통해 본 조선 전기 산문의 양상 : 윤근수의 고문사창도와 관
련하여」, 『황혼과 여명 : 16세기 문학사의 맥락』, 월인, 2002, 278~328면.

정우봉, 「조선 후기 산문이론의 전개와 그 성격(Ⅰ) : 16세기말~17세기 초중반을
    중심으로」, 『한국문학연구』 창간호, 고려대 민족문화연구원 한국문학연
    구소, 2000. 12, 147~174면.
최은주, 「식암 김석주의 시문선집 편찬」, 『대동한문학』 19, 대동한문학회, 2003. 12,
    257~289면.

# 김수영 문학을 어떻게 이해할 것인가

김 유 중*

제일 먼저 녹는 얼음이고 싶고, 제일 마지막까지 남아 있는 철이고 싶다. 제일 먼저 녹는 철이고 싶고, 제일 마지막까지 남아 있는 얼음이고 싶다.

— 「해동(解凍)」, 『김수영 전집 · 2』, p. 97에서

## I. 서론 : 김수영이라는 긴 그림자

시인 김수영(1921-1968)이 떠나간 지도 어언 30여 년이라는 세월이 흘렀다. 그런데, 여기서 한 가지 특징적인 사실은 살아 생전 그가 받았던 대접과 비교해 볼 때, 내외의 관심은 그의 사후에 오히려 점점 더 증가하는 추세를 보이고 있다는 점일 것이다.[1] 물론 문학사를 살펴보면, 이

---

* 한국항공대학교 교양학부.

[1] 김수영 문학이 본격적으로 비평가들의 주목의 대상이 되기 시작한 것은 그의 사후의 일이다. 이와 같은 사실은 70년대 이진까지의 그의 문학을 대상으로 한 글이 사실상 망라되어 있다고 할 수 있는 김수영 전집의 별권, 『김수영의 문학』(황동규 편)에 실린 내용들의 확인을 통해서도 드러난다. 구체적으로 이 책에는 60년대에 쓰여진 글이 7편, 70년대에 쓰여진 글이 12편, 80년대에 쓰여진 글이 9편 수록되어 있으며, 그나마 60년대 글들 가운데 그의 생전에 발표된 글은 단 2편에 불과하다.

와 유사한 사례들이 종종 있긴 하다. 윤동주가 바로 그 전형적인 예일 테고, 기형도 역시 사후에야 비로소 집중적인 관심의 대상으로 떠올랐던 기억이 있기 때문이다.

그러나 김수영에 대한 관심의 정도는 이들 두 시인의 경우와 비교해 보아도 선뜻 납득하기 어려운 면이 있는 것이 사실이다. 무엇보다도 후대 문인들에게 미친 영향력이라는 측면에서 볼 때, 단연 타의 추종을 불허한다고 해도 과언이 아닌 까닭이다. 한 예로 1998년 조선일보사가 대표적인 평론가 50인을 대상으로 실시한 설문 조사에서, 해방 이후 우리나라 시단에서 활동한 시인들 가운데 가장 뛰어나다고 생각되는 시인을 한 사람씩 꼽아보라는 주문에 있어 당당 1위를 차지한 것이 바로 김수영이었다.2) 이런 사정은 시인들이라고 해서 그다지 다르지 않아서, 얼마 전 한 문예지에서 시행한 조사에서도 해방 이후 등단한 시인들 가운데에는 그와 그의 시가 현역 시인들의 가장 폭넓은 지지와 사랑을 얻고 있는 것으로 조사된 바 있다.3) 여기에 더하여, 최근 국문과 대학원을 중심으로 한 학술 논문, 학위 논문에서 그가 시 전공자들 사이에 꾸준히 인기 있는 연구 대상으로 떠오르고 있는 사실에 대해서도 충분히 주목할 필요가 있을 것이다.4) 다시 말해서 김수영 문학이 지닌 매력은

---

2) 『조선일보』 1998년 7월 31일자 문화면 참조. 참고로 여기서 발표된 순위를 나열해본다면 1위 김수영, 공동 2위 고은·김지하·서정주·신경림, 6위 김춘수, 공동 7위 정현종·황동규, 9위 신동엽, 10위 박재삼(이하 생략) 순이다.

3) 『시인세계』(문학세계사, 2002·가을) 창간호 기념 특집으로 실린 「한국 현대시 100년 - 100명의 시인, 평론가가 선정한 '10명의 시인'」이라는 지면에 따르면, 설문 조사에 참가한 총 100명의 시인, 평론가들 가운데 시인(53명)들만을 별도 대상으로 한 조사 결과에 대한 분석에서, 서정주(46표), 김소월(43표), 김수영(42표), 정지용(41표), 백석(34표), 김춘수(28표), 한용운(27표), 박목월(25표), 이상(24표), 신경림(15표)의 순으로 답변 빈도수가 높았던 것으로 나타난다. 이들 가운데 해방 이후 시작 활동을 시작한 시인으로는 김수영(1946년 등단)과 김춘수(1946년 등단), 신경림(1956년 등단)이 있을 뿐이며, 그 중에서도 김수영이 빈도수 면에서 단연 나머지 두 시인을 압도하고 있음을 알 수 있다.

4) 학위 논문의 경우는 지금도 지속적으로 추가되고 있는 형편이라 정확한 것은 알 수 없지만, 2004년도 초를 기준으로 박사 논문이 27편, 석사 논문이 127편 정도 나온 것으로 조사, 보고된 바 있다.

사후에야 진정으로 재발견되었다고 할 수 있으며, 그에 비례하여 그에 대한 관심의 열기 역시 해가 갈수록 점점 더 높아지는 기현상이 초래되고 있다고 할 것이다.

지금 이 시대의 시인과 평론가, 학자들에게, 김수영이라는 인물은 분명 하나의 거대한, 그리고 그렇기 때문에 반드시 딛고 넘어서지 않으면 안 될 산(山)과 같은 존재로 다가온다고 할 수 있다. 실제로 그가 남긴 긴 그림자의 명암은 지금 현역에서 활동 중인 수많은 문인들의 시나 산문 속에서 심심치 않게 발견된다. 그러한 그림자의 역할이 긍정적이든 부정적이든, 그의 문학적 경향이 우리 시대의 젊은 문학인들에까지 지속적인 영향력을 행사하고 있다는 사실만큼은 쉽사리 부인하기 어려울 것으로 보인다.

김수영을 제대로 이해한다는 것은, 그러므로, 단순히 지나간 과거의 자료나 사실을 문학사적으로 정리하고 자리매김한다는 말과는 구분될 필요가 있다. 나아가, 그를 제대로 논하는 것은 어쩌면 우리 시대 문학의 바람직한 발전 방향을 모색해보기 위한 전초 작업이라고도 할 수 있을 것이다. 김수영에 대한 논의가 특정 시기에 등장하여 활동하다 사라진 한 시인에 대한 문학사적 정리 작업에서 멈추지 않는 것임을 깨닫는 일이야말로 그와 그의 문학을 대하는 올바른 자세임을 힘주어 강조하게 되는 이유가 바로 여기에 있다.

## Ⅱ. 기존 해석의 일반적인 관점과 유의점

김수영에 대한 관심이 이처럼 갈수록 증폭되는 데에는 일단 그에 걸맞는 합당한 사유가 있기 때문이라고 보는 것이 타당하다. 그것은 즉,

---

자세한 내용은 『작가세계』 김수영 특집호(세계사, 2004 · 여름)에 실린 '작가 연구 자료 ─참고 문헌 목록'의 해당 부분 참조.

김수영 문학이 지닌 어떤 특징적인 국면이 후대의 문인과 학자들에게까지 상당한 공감을 불러일으키는 데 성공하였다거나, 혹은 그의 문학이 아직까지도 여전히 그 실효성을 유지하고 있는 만만치 않은 문제 의식들을 내포하고 있음을 의미하는 것일 수 있기 때문이다. 이러한 사실을 받아들인다면, 다음 순간 우리 앞에 놓인 과제는 김수영 문학을 특징짓는 그와 같은 요소들이 과연 무엇이며, 그것이 왜 오늘날까지 문제가 되는지를 속 시원히 밝혀내는 일이 되어야 할 것이다.

지금까지 제출되었던 수많은 김수영에 관한 글들이 어차피 이 문제와 직, 간접적으로 관련을 맺고 있다고 보아도 좋다. 그런데 한 가지 흥미로운 사실은 그와 그의 문학에 관한 한, 축적된 글의 수만큼이나 그 속에 담긴 논의의 방향 또한 제각각이며, 어떤 점에서는 이들 사이에도 이 문제를 둘러싼 대립적인 시각들이 버젓이 공존하고 있다는 것이다. 문학 연구란 대개의 경우 시간이 흐르고 연구물들이 축적될수록 차츰 의견이 결집되어 안정화되는 것이 상례인데, 그의 경우에는 반대로 논의 자체가 끊임없이 분화되고 확산되는 경향을 보여 왔다고 해도 과언이 아니다.5)

김수영 문학을 둘러싼 논란이 어제 오늘의 일이 아닌 만큼, 그의 문학을 총체적으로 정리, 이해할 수 있는 올바른 길을 열어 펼쳐 보여주려는 노력 역시 간단치만은 않은 문제일 수밖에 없다. 그러나 그러한 노력을 반드시 불가능한 시도라고 속단하고 미리부터 서둘러 포기할

---

5) 이 점과 관련하여, 한 평론가가 김수영 문학을 둘러싼 논의의 제 양상들을 설명하며, '뜯어먹기 좋은 빵', '군맹무상'이란 말로 표현한 것(김명인, 『김수영, 근대를 향한 모험』 (소명출판, 2002)의 제5장 「보론 : 왜, 아직 김수영인가」 참조)은 시사해주는 바가 크다고 할 수 있다. 이미 김수영과 그의 문학을 대상으로 한 논의는 기존의 연구사 정리만으로도 충분히 한 편의 독립된 논문 구성이 가능할 정도로 다채로운 양상을 보이고 있다. 이와 같이 연구사 정리를 위주로 한 글들 가운데 주요하게 취급되어야 할 것으로는 앞서 거론된 김명인의 글 외에, 강웅식, 「김수영 문학 연구사 30년, 그 흐름의 향방과 의미」, 『작가연구』 (새미, 1998 · 5) ; 이은정, 「상반된 수용의 문제—김수영 시의 수용 양상」, 김승희 편, 『김수영 다시 읽기』 (프레스21, 2000) ; 박수연, 「김수영 해석의 역사」, 『작가세계』 (세계사, 2004 · 여름) 정도를 들 수 있을 것이다.

필요는 없다. 어쩌면 해결의 실마리는 우리가 미처 관심을 가지고 돌아보지 않았던, 설령 돌아보았다 할지라도 가벼이 지나쳐버리고 말았던 뜻하지 않은 곳에서 발견될 수도 있기 때문이다. 이 글에서 필자가 강조하고자 하는 바도 바로 그런 가능성들을 염두에 둔 것이라고 할 수 있다.

이와 같은 관점에서 보았을 때, 김수영에 대한 기존의 논의들에서 우리가 유의 깊게 살펴보아야 할 부분들은 다음과 같은 사항이 아닐까 한다.

## 1. 현실 참여와 모더니티 지향의 이중성

김수영을 둘러싼 논란 가운데 가장 고전적이고도 핵심적인 사안은 그의 문학을 과연 현실 참여적인 관점에서 이해할 것인가, 아니면 모더니티 지향성이라는 관점에서 바라보아야 할 것인가 하는 문제이다. 이 문제는 사실상 양 진영이 심리적 기반으로 삼고 있는 리얼리즘과 모더니즘이라는 문학관의 차이와 연결된다는 점에서, 보다 근원적인 인식에 맞닿아 있는 것으로 보인다. 더군다나, 잘 알려져 있다시피 이들의 배후에는 70년대 이후 우리 문단을 실질적으로 양분해왔던 <창비>와 <문지>라는 양대 그룹이 포진하고 있는 만큼, 어느 한 쪽이 입장을 정리하고 순순히 물러나 주기를 기대하기란 애초부터 무리이다.

더욱 문제가 되는 것은 이들 양 진영에서 공히 김수영을, 자신들이 지닌 문학적 문제 의식들을 대변하는 대표 시인 가운데 한 사람으로 주요하게 거론하고 있다는 점이다.[6] 그간의 문학사에서 이 두 흐름(리얼리즘과 모더니즘)이 줄곧 이율배반적인 경쟁 관계 속에 놓여 있었던 사실을 감안한다면, 양 진영이 보인 이러한 아전인수 격인 해석은 언뜻 이해하

---

6) 이상, <창비>와 <문지> 계열의 문인들이 김수영을 각기 어떤 방식으로 이해하였는지에 대한 구체적인 설명은 박지영, 「김수영 시 연구―시론의 영향 관계를 중심으로」(성균관대 대학원 박사학위 논문, 2002), pp. 4-6 참조.

기 어려운 면이 없지 않다. 이러한 어려움과 더불어, 이들 각자가 언급한 내용들을 훑어보더라도 적어도 표면상으로는 거기에서 별다른 심각한 하자나 오류 등의 문제점을 발견해내기 어렵다는 점이 우리를 더욱 당혹스럽게 만든다. 김수영의 텍스트에서 현실 참여적인 성향이 검출되는 것은 명백한 사실이지만, 그 속에는 또한 모더니티 확보와 연관된 진지한 고민과 모색의 흔적들이 발견되고 있는 것도 어김없는 사실이기 때문이다.

이러한 사실들을 통해 김수영은 마치 리얼리티와 모더니티, 리얼리즘과 모더니즘이란 이제껏 우리가 그렇게 생각해왔던 것처럼 반드시 대립적인 개념들인가를 묻고 있는 듯이 보인다. 김수영 특유의 긴장된 세계 인식 속에서, 이들 두 개념은 서로의 영역을 넘나들면서 상호 이해와 소통의 발판을 마련해놓았다고 해석할 수도 있는 까닭이다. 실제로 80년대 후반 이후 제출된 김수영에 관한 글들에서는 이 문제가 상당 부분 극복된 형태의 논의들이 포함되어 있다는 점이 눈에 띈다. 뿐만 아니라 그러한 논의의 와중에서, 문예학적인 인식이나 개념틀 이외에, 인문 사회 과학 전반에 걸친 폭 넓은 교양적 지식의 적용이 본격화하게 된 것은 뜻하지 않은 과외 소득이었다고 할 수 있다.

## 2. 신화 대 반(反) 신화

해방 이후의 시인들 가운데 김수영만큼 리얼리즘이나 모더니즘 양 진영에서 두루 환영을 받으며 우상화의 길을 걸어온 예도 드물다. 그리고 항상 그래왔듯이, 우상은 그에 걸맞게 그를 뒤따르는 수많은 추종의 무리를 거느리며 일반인들의 숭배 대상이 되어 왔다. 이와 같은 김수영 문학에 대한 숭배의 열기는 한 때 우리 주변에서 '김수영 신화'7), 혹은 '김수영 현상'8)이라는 신조어들을 탄생시키게 하는 배경이

---

7) 김윤식, 「김수영 변증법의 표정」, 황동규 편, 『김수영의 문학』(민음사, 1991), p. 295.

되기도 하였다.

  그렇다고 해서 물론 김수영에 대한 관심이 매번 숭배나 찬양의 형태로만 표출되었던 것은 아니다. 신화로 격상되어버린 우상에 맞서, 그 우상의 파괴를 시도하는 일련의 조직적인 움직임들이 더불어 있었음을 기억하여야만 할 것이다. 그들이 주장하는 것은 무엇보다도 김수영의 시나 산문이 당대 활동했던 동료 문인들의 그것과 비교해볼 때 내용이나 형식 면에서 별로 나을 것이 없을 뿐 아니라, 어떤 점에서는 도리어 저급해보이기까지 한다는 인식에 근거한다. 다시 말해서 김수영의 경우는 당대의 문단 권력들이 자체 내의 필요성에 의해 정도 이상으로 과장하여 선전한 전형적인 사례에 불과하다는 것이 이들의 주장이다. 이런 주장에 따른다면, 김수영 신화란 한 마디로 근거 없는 허상이며, 이는 결국 조작된 집단 최면의 결과일 뿐이다.9)

  여기서의 핵심은 김수영이 과연 신화의 지위에 오를 정도로 훌륭한 문인인가에 있다기보다는, 이와 같이 상반된 평가가 나오게 된 근본 원인이 어디에 있는지를 정확히 밝히는 데 있다고 해야 할 것이다. 이는 결국 문학적 가치 판단에 관한 문제 의식을 동반하게 될 것이거니와, 정확한 이해를 위해서는 그와 같은 판단 기준이 과연 어디서부터 연유한 것인가에 대한 세심한 관찰 노력이 뒷받침되어야만 한다. 이 방면의 글들이 한결같이 이와 관련된 긴장된 인식을 내장한 채 진행되고 있는 것처럼 생각되는 점은, 그러므로, 지극히 당연한 현상이라고 할 수 있다.

---

8) 김주연, 「문화 산업의 의미」, 『문학을 넘어서』 (문학과지성사, 1987), p. 40.
9) 김수영 문학을 둘러싼 평자들의 긍정적인 반응과 부정적인 반응을 비교하여 그 전체적인 윤곽을 알 수 있게 해주는 글로는 앞서 제시해놓은 이은정의 논의가 대표적이다. 이은정, op. cit., pp. 406-417 참조.
   참고로 근래 김수영의 문학에 대해 부정적인 평가를 내려 화제를 몰고 온 예로는 특별히 오세영, 「우상의 가면—김수영론」, 『20세기 한국시인론』 (월인, 2005)과 조동일, 「1960년대 문학 활동을 되돌아보며」, 『월간문학』 (월간문학사, 2005 · 9)의 경우를 거론할 수 있을 것이다.

## Ⅲ. 진전된 논의를 위한 고려 사항 : '번역'과 '철학'

이상에서의 논의만으로 지금까지 제출되었던 김수영 문학에 대한 기존의 연구사가 대충이나마 정리되었다고 말하기는 물론 어렵다. 그만큼 그에 관한 논의는 다종다양하며, 그러한 논의의 다양성은 아직까지도 지속적으로 생산, 유지되면서 자체의 생명력을 잃지 않고 있는 형편이기 때문이다. 끊임없이 새로운 논의들이 가능하며, 이를 통해 끊임없이 그에 대한 새로운 담론들이 쏟아져 나오고 있는 것이다.

어느 연구자가 지적한대로, 김수영 문학은 원래부터 어느 입장에서 해석을 해도 해석이 가능한, 그러면서도 어느 입장의 해석을 통해서도 다 해석되지 않는 '잉여'를 품고 있는 것이 아닌가 하는 생각이 들기도 한다.[10] 그리하여 끝 간 데 모를 그와 같은 잉여에의 매혹 때문에, 연구자들이 점점 더 그에게 강한 호기심과 매력을 느끼며 빨려 들어가는 것인지도 모른다. 이러한 김수영 문학의 다면성, 또는 개방성은 그에 관한 새로운 담론들을 파생케 하는 매개체이기도 하지만, 동시에 그와 함께 그의 실상에 대한 파악을 더욱 더디게 만드는 요인으로 작용하기도 한다.

그렇다면 이러한 잡다하고 혼란스런 양상들을 어느 정도나마 해소시켜줄 수 있는 방법은 과연 없을까. 다시 말해서 그를 둘러싼 갖가지 모순되고 상반된 견해들, 예컨대 위에서 지적한 리얼리티와 모더니티의 관계라든지, 긍정적인 평가와 부정적인 평가 사이의 관계, 나아가 예술성과 정치성의 상호 관계, 일상성과 혁명의 관계, 민족 문학과 세계 문학 사이의 관계[11]와 같은, 지금까지 제출되었던 여러 문제 의식들을 두루 포괄하면서도 그것을 유연하게 넘어설 수 있는 좌표를 제시해줄만

---

10) 김승희 편, op. cit., p. 9.
11) 김재용에 의해 제출된 다음과 같은 일련의 연구물들이 이와 같은 주제에 초점을 두고 있는 대표적인 예로 보인다.
　　김재용, 「김수영 문학과 분단 극복의 현재성」, 『역사 비평』 (역사비평사, 1997·가을)
　　김재용, 「분단 현실과 민족시의 방향」, 『시와사람』 (시와사람사, 1998·봄)

한 방법은 없는 것일까.

이러한 질문에 대해 쉽사리 어떤 결론을 내리기란 무리일 수밖에 없다. 그러나 여기서 한 가지 고려되어야 할 사실은, 어쩌면 위와 같은 문제점들을 바라보는 우리의 이와 같은 고민 속에서, 김수영이 일생 동안 목표로 삼으며 타개해나가고자 노력했던 어떤 진지한 모색의 국면들을 발견해볼 수 있지는 않을까 하는 점이다. 요컨대 김수영의 내면에는 이 모든 것들이 한꺼번에 포함되어 있으면서, 그것들이 그 자체로 당연한 것으로 인정되기보다는 그 자신의 문학 활동을 통해 점진적으로 개선하고 돌파해 나가야할 일종의 관문, 즉 주어진 상황 조건으로 이해되었을 수도 있을 법하기 때문이다.

만일 이런 가정이 타당하다면, 그를 바라보는 우리의 기본적인 관점 또한 달라져야만 할 것이다. 다시 말해서 그가 문학 활동을 통해 추구하고자 했던 것은 완성된 형태의 미학적 기준에 근거한 문학 작품이 아니라, 위와 같은 문제 의식들을 놓고 끊임없이 고민하고 모색해나가는 과정 내지는 태도라고 이해되어야 할 것이기 때문이다. 당연히도, 이 과정에서 그의 문학 전체를 통어하고 설명해줄 수 있을만한 절대적인 기준이라는 것은 처음부터 있을 수 없다. 다만 그가 자신의 문제 해결을 위해 일정 부분 참고하였던, 그리하여 그것으로부터 도움을 얻고자 하였던 보조적인 수단으로서의 사유 체계의 원형 같은 것은 더러 있을 수도 있다.

그러한 원형이 과연 있는가, 있다면 그것을 어디서 찾을 것인가. 이와 같은 문제 의식을 통해 그의 문학을 바라보고 그것에 접근해 들어가고자 하는 것이 이 글의 기본 관점이다. 나아가서는 그러한 원형을 통해 형성된 그의 사유가 과연 이 시대의 지식인과 문학인들에게도 여전히 유효한 문제 의식들을 담고 있는지를 파악하기 위한 작업이 이어질 수도 있을 것이다. 따라서 이 글이 최종적으로 겨냥하고 있는 바는 '왜, 아직도 김수영인가?'라는 의문에 대한 기초적인 이해와 답변이라고 하겠다.

김수영 문학의 기본적인 핵심은 당연히도 그가 남긴 시와 산문 속에 놓여 있다고 할 수 있다. 그러나 그의 시와 산문을 제대로 이해하기 위해서는 먼저 그 속에 담긴, 문학을 바라보는 김수영 특유의 원리와 태도부터 문제삼지 않으면 안 된다. 이와 같은 원리와 태도야 말로 그가 문학을 통해 펼치고자 한 사유 체계의 원형일 것이기 때문이다. 그리하여, 연구자는 이 문제의 해결을 위한 실마리로 다음과 같은 두 가지 측면, '번역'과 '철학(사유)'이라는 주제에 우선적으로 주목해보고자 한다.

## 1. '번역'의 문제

사실 김수영 문학을 논한 글들 가운데 그의 번역 작업이 가져다준 영향 관계에 초점을 맞추어 논의를 풀어나간 사례는 찾아보면 꽤 있다.[12] 이는 무엇보다도 김수영 자신이 외국 문학 전공자이면서 번역과 관련된 일들을 평생 꾸준히 해나갔던 점, 이러한 작업들을 통해 서구 지성계의 동향과 흐름에 유달리 민감한 반응을 보여왔던 점, 그리고 결정적으로 그가 자신의 <시작 노트>를 통해 '내 시의 비밀은 내 번역을 보

---

12) 일일이 열거하기는 어렵지만 여기에 해당되는 몇몇 주요한 사례들을 꼽아본다면, 강웅식의 경우 주로 알렌 테이트의 시론과 하이데거 예술론에 근거하여 정리하고 있으며, 조현일은 라이오넬 트릴링의 영향 관계를, 박주현은 외젠느 이오네스코의 영향 관계를 중심으로 논의를 풀어나가는 것을 볼 수 있다. 이외에도 많은 연구자들이 하이데거와의 관계에 주목하고 있는 것을 볼 수 있는데, 인식의 깊이 면에서 다소 표피적이라는 느낌을 주는 점이 아쉬움을 남긴다. 한편, 박지영의 경우는 김수영의 문학과 사상이 이들 번역물과 어떤 상관 관계 속에 놓여 있는지 면밀하게 정리, 분석한 글을 써서 이 방면의 연구자들에게 많은 도움을 주고 있다.
강웅식, 「김수영의 시의식 연구 : '긴장'의 시론과 '힘'의 시학을 중심으로」 (고려대 대학원 박사학위 논문, 1997).
조현일, 「김수영의 모더니티관에 관한 연구 : 트릴링과의 영향 관계를 중심으로」, 『작가연구』 (새미, 1998 · 5).
박주현, 「김수영 문학에 나타난 내면적 자유 연구─죽음과 사랑을 중심으로」 (서울대 대학원 박사학위 논문, 2003).
박지영, 「번역과 김수영의 문학」, 김명인 · 임홍배 편, 『살아 있는 김수영』 (창비, 2005).

면 안다'13)라는 말을 남긴 점 등이 복합적으로 작용한 결과로 이해된다.

그런데 이들 논의가 대부분 번역의 대상이 되었던 몇몇 인물들과의 관계를 중심으로 논지를 전개하였다는 점에서 공통점을 안고 있다. 물론 김수영 자신이 번역 작업을 담당하였던 이상, 그 과정에서 일정 부분 그가 이러한 글들로부터 문학적, 사상적으로 영향을 받았을 가능성에 대해서는 충분히 주의를 기울일 필요가 있다. 그러나 그가 번역을 중시한 사실을 놓고, 단순히 번역물들에 담겨 있는 내용적인 측면과의 연계성 여부에만 주의를 기울여서는 곤란하다고 생각한다.

실제로 김수영이 번역을 통해 영향을 받았을 법한 이들의 면면을 하나하나 열거하자면 한정된 지면만으로는 도저히 정리가 불가능할 정도로 방대한 분량이 될 것이다. 또한 그가 생계를 유지하기 위한 한 수단으로 번역에 의지했던 것이 사실인 만큼, 그의 모든 번역 작업이 동등한 가치를 지니고 있다는 생각은 반드시 옳지 않은 것일 수도 있다. 이 말은 결코 그가 번역을 통해 받았을 수 있는 외부적인 영향 요소들을 깡그리 부정하거나 무시해버려도 좋다는 뜻이 아니다. 다만 그 이전에, 그러한 영향을 가능케 해준 어떤 내적인 근거, 즉 김수영 자신의 내면적 욕구와 필요성에 대해 한번 쯤 진지하게 생각해볼 필요가 있다는 의미이다.

여기서 우리가 생각해볼 수 있는 것은 이 경우 그가 최종적으로 목표로 삼았던 것이 결국에는 동시대 문인들의 창작을 대하는 태도와 관련된 문제가 아니었나 하는 점이다.

> There is no hope of expressing my
> vision of reality. Besides, if I did,
> it would be hideous something to
> look away from

---

13) 김수영, 「시작 노우트 (6)」, 김수명 편, 『김수영 전집·2 (산문)』 (민음사, 1991), p. 301. (이하, 앞으로 『김수영 전집』에서 인용할 경우에는 글의 제목과 전집의 권·호수, 인용 페이지만을 간단히 밝히기로 함.)

내 머리는 쟈꼬메띠의 이 말을 다이어먼드와 같이 둘러싸고 있다. 여기서 hideous의 뜻은 몸서리나도록 싫다는 뜻이지만, 이것을 가령 <보이지 않는다>라는 뜻으로 해석하여 to look away from을 빼버리고 생각해도 재미있다. 나를 비롯하여 범백(凡百)의 사이비 시인들이 기뻐할 것이다. 나를 비롯하여 그들은 말할 것이다. 나는 말하긴 했지만 보이지 않을 것이다. 보이지 않으니까 나는 진짜야, 라고. 이에 대해 심판해줄 자는 아무도 없다.[14]

위의 구절은 창작과 번역과의 관계를 거론하면서, 김수영이 제시한 글 가운데 일부이다. 자세히 들여다보면 알 일이지만, 여기서 그는 쟈꼬메띠 A. Giacometti의 예를 들어 리얼리티의 문제를 거론하고 있다. 그가 말하는 리얼리티란 문학사를 거치는 동안 형성된 전통적인 의미에서의 미학적 개념 범주와는 거리가 멀다. 리얼리티란 그에게 외부로부터 주어진 고정된 개념이 아니다. 그것은 어디까지나 일체의 외부적인 선입관이 배제된 상태에서, 오염되지 않은 순수한 눈으로 사물이나 현상을 대했을 때에 얻게 되는 어떤 결과라고 할 수 있다.[15] 따라서 그것은 매 순간 달라지며, 매 순간 새로워진다. 또한 그런 만큼 이전의 리얼리티는 어느 순간 무용지물이 되어버리기도 한다.

이와 같은 리얼리티의 혁신성이야말로 그가 바라는 진정한 리얼리티의 경지이며, 동시에 그가 그토록 이루고자 하였던 자신의 시작 활동에 있어서의 '참된 창조'[16]의 개념에 부합하는 것이라고 할 수 있다. 그런 그의 리얼리티 관은 마땅히 정리된 개념으로 표현하거나 설명할 길이 묘연하다는 점에서 기존의 것과는 구분된다. 다시 말해서 기존의 리얼리즘 이론에서 보자면 그것은 전혀 말도 되지 않는, 그러므로 존재하지 않는, '보이지 않는' '사이비' 관점에 불과할 것이다. 그러나 김수영은 바

---

14) 「시작 노우트 (6)」, 『전집 · 2』, p. 300.
15) 이 점에 대한 보다 상세한 설명은 박지영, op. cit., pp. 350-353 참조.
16) 「시작 노우트 (6)」, 『전집 · 2』, p. 301.

로 그렇기 때문에, 다시 말해서 기존의 주어진 사유 방식의 틀에서 멀리 벗어나 있기 때문에, 이것이야말로 오염되지 않은 '진짜' 순수한 리얼리티라고 주장하고 있는 것이다.[17]

다시 한 번 강조하지만, 김수영이 이 글에서 정작 중요시한 것은 창작에 있어서의 태도 문제이다. '쟈꼬메띠적 발견'[18]으로서의 리얼리티 관념에 대한 이해란 그러한 태도의 문제를 끄집어내기 위한 부수적인 방편에 불과하다. 이 과정에서 번역을 통해 얻게 된 그의 경험이 한몫 단단히 작용하였음을 부인하기는 어렵다.

번역이란 무엇인가. 김수영이 '내 시의 비밀은 내 번역을 보면 안다.'라고 말했을 때, 이 말 속에 담긴 진정한 의미는 무엇인가. 이러한 질문에 올바로 답하기 위해서는 우선 번역의 경험이 그에게 어떤 새로운 지평을 열어주었는가를 생각해볼 필요가 있다.

번역이란 일차적으로는 한 언어를 다른 언어로 옮기는 것을 말한다. 그러나 그것은 동시에 단순히 언어만을 옮기는 것 이상의 문제를 야기하기도 하는데, 예를 든다면 옮기고자 하는 언어 내에서 적당한 단어나 개념을 지닌 어휘를 찾기 어려울 경우를 가정해볼 수 있다. 이 때 번역자는 우선 비교적 근접한 단어, 혹은 어휘를 찾기 위해 노력한다. 그러나 그래도 해결이 되지 않는 경우에는 원어를 따서 그대로 옮겨 적던가, 아니면 그 스스로가 그 말에 해당되는 신조어를 창안하여 쓰는 방법밖에는 없다. 이는 결국 번역이 단순히 단어를 옮기고 문장을 옮기는 데서 그치는 문제가 아니라는 것을 뜻한다. 그것은 일단 지금까지 그가 속한 세계에는 없었던 전혀 새로운 개념, 새로운 사물이나 현상을 먼저 이해하고, 다시 그것을 그가 속한 세계의 사람들에게 알기 쉽게 풀어 전달할 수 있는 능력을 지닌 자만이 담당할 수 있는 업무이다.

---

17) 이와 같은 리얼리티의 혁신성에 대한 인식이 모더니티 관념과 연결될 가능성을 지닌다는 점은 두말할 나위가 없다.
18) 「시작 노우트 (6)」, 『전집·2』, p. 302.

한번이라도 진지하게 번역에 몰두해본 적이 있는 사람이라면, 번역자들이 경험하게 되는 이와 같은 황당함과 어려움에 대해서 능히 짐작이 갈 것이다. 요컨대 우리가 미처 알지 못한, 나아가서는 있으리라고는 미처 생각도 해보지 못한 미지의 세계를 처음 접했을 때의 난감함이란 번역자들이 흔히 겪게 되는 이런 경험과 일맥상통한다. 한 마디로 그것은 그가 속한 세계와는 다른 사고 방식, 다른 가치 질서와 체계에 의해 유지되는 세계에 대한 일종의 도전이다. 이와 같은 도전을 통해 번역자들은 본래 상호 소통이 불가능해 보이는 두 세계 사이를 어떻게든 이어주기 위해 애쓴다. 그러기에 그 도전은 불가능을 가능으로 이끄는 도전일 수밖에 없다.[19]

번역 작업을 통해, 김수영이 깨달았던 것은 이러한 미지의 세계의 충격이 우리 사회에 싫든 좋든 필요하다는 사실이다. 그와 같은 세계는 이제껏 우리 주변에서는 잘 알려져 있지 않은 세계였으며, 따라서 현실적으로는 존재하지 않은 세계나 다를 바 없었다. 말하자면 그 세계는 당시 그가 속한 사회 속에서는 리얼리티를 지니지 못한 세계였다고 할 수 있다. 그리고 그것이 리얼리티를 가질 수 없는 가장 큰 이유를 그는 당대 우리 사회가 처한 문화적 '후진성'에서 찾을 수 있다고 보았다.[20]

---

19) 중요한 것은 이러한 번역 작업이 그것을 소개받는 쪽에서 볼 때 낯설다고 해서, 신기하다고 해서 무조건적으로 이루어지지는 않는다는 점이다. 왜냐 하면 번역 작업에는 반드시 번역자 자신의 주체적인 감식안, 즉 가치관과 신념의 문제가 동반되기 때문이다. 말을 바꾸면 낯설고 새로운 모든 것들이 번역되는 것은 아니다. 단지 번역을 통해 새로운 세계 속에서 그 가치를 인정받을 수 있다고 판단되는 것들에 한해서만 번역될 따름이다. 이 때 가치 판단의 기준은 물론 번역자에 따라 다르다. 다만 그 가치를 정당하게 인정받을 수 있느냐 마느냐는 대체로 번역자의 혜안과 능력에 의해 좌우된다고 할 수 있을 것이다.
번역 문제와 관련된 이러한 논의에 대해서는 김유중, 「번역가의 임무」, 『사이』 (지식산업사, 2003 · 가을) 참조.
20) 물론 여기에는 한 가지 단서가 따른다. 어설픈 번역과 모방은 차라리 하지 않는 것만 못하다는 것이다. 거기에는 마땅히 있어야 할 고민이 없다. 이와 같이 진지한 고민이 없는 번역, 고민이 없는 모방을 그는 '양심'의 문제와 결부시켰다. 그가 시작에 있어서 '포즈'의 폐해를 거론하고 당대 시단에 유행하던 '사이비 난해시'의 범람을 질타할 때, 이러한 문제점들이 시인으로서 당연히 가져야 할 윤리 의식, 즉 양심의 부재에

이제껏 우리 사회가 미처 인식하지 못했던 새로운 사고 방식, 새로운 가치 체계를 발견하고 그것을 펼쳐 보여주는 것이 그가 자신의 번역 작업을 통해서 추구한 궁극적인 내용이라고 했을 때, 이러한 사정이 그의 시작 활동 전반에 대한 설명에도 그대로 연결될 수 있다는 생각[21]은 한 번 쯤 진지하게 검토되어볼만한 대목이다. 그가 창작을 통해 끊임없이 모색하고 고민했던 것 역시 이와 같은 새로운 세계의 지평을 타개해나가는 문제와 밀접하게 관련을 맺고 있는 것으로 판단되기 때문이다.

이런 관점에서 본다면 그의 창작에 미친 번역의 영향과 그 중요성은 결코 소홀히 할 수 없다. 그리고 이 점은 그가 남긴 번역물들의 내용과 더불어, 그 속에 가로놓인 문제 의식과 태도의 문제가 진지하게 검토되었을 때 더욱 선명하게 부각될 것이다.

## 2. '철학(사유)'의 문제

어떤 의미에서 김수영은 단순히 시를 썼다기보다는 시에 대한 시를 썼다[22]고 할 수 있다. 그런 그의 성향은 그가 시인으로서는 보기 드물게 시작에 대한 원론적인 의문들을 제기하였으며, 이와 같은 의문점들에 답해보기 위한 모색의 과정에서 산출된 것으로 보이는, 그 나름의 고뇌를 담은 깊이 있는 산문들을 남긴 데서도 재차 발견된다. 그의 글 속에 담긴 고뇌의 양상들은 사실상 문학이라는 테두리를 멀찌감치 넘어선 것으로, 어찌 보면 거기에 나타난 그의 모습은 시인이라기보다는 도리어 철학자, 사상가적인 풍모에 가깝다고도 할 수 있다.

---

기인하는 것이라고 판정을 내린 이유는 여기에 있다.
21) 앞서 지적한 리얼리티의 문제와 관련하여 볼 때, 김수영의 다음과 같은 진술은 각별히 새겨 둘만한 대목이다.
　"시적 인식이란 새로운 진실(즉 새로운 리얼리티)의 발견이며 사물을 보는 새로운 눈과 각도의 발견인데……"
　「시월평」, 『전집·2』, p.399.
22) 김상환, 『풍자와 해탈 혹은 사랑과 죽음』(민음사, 2000), p.13.

평소 그가 문학 작품, 문학 이론서들과 더불어 적지 않은 양의 사회 과학 서적과 철학 서적을 탐독하였다는 점, 그가 관심을 두었던 모더니티 확보의 문제와 관련된 인식 배경에는 필히 철학적 사유가 개입되지 않을 수 없다는 점, 그리고 지인들에게 시대를 이해하고 시를 제대로 쓰기 위해서는 철학 공부를 하여야 한다는 것을 틈틈이 강조한 점23) 등이 그 직접적인 증거가 될 것이다. 다시 말해서 그에게는 시와 철학, 문학과 철학은 그 자체가 따로 뗄래야 뗄 수 없는 쌍생아와 같은 존재로 이해되었던 것이다.

그런데 여기서 우리가 반드시 눈 여겨 보지 않으면 안 될 대목이 있다. 그것은 그가 시작에 있어서 철학을 강조하고 사상적 측면의 중요성을 강조한다고 했을 때, 이와 같은 철학에의 경사가 특정 유파, 특정인의 관점과 사상을 무비판적으로 추종하고 받아들이기 위한 것은 아니라는 점이다. 번역 문제를 거론하면서도 살펴본 바 있지만, 그는 도리어 스스로가 어떤 고정된 관념이나 체계에 얽매이는 것을 극도로 경계했다.24) 그럼에도 불구하고, 만일 그가 어떤 철학자로부터 사상적으로 영향을 받았다고 한다면, 그것은 필시 그의 사상이 이와 같은 고정된 관념이나 체계를 거부하는 경향을 지니고 있기 때문일 것이다.

---

23) 이 점에 대해서는 당시 시단 후배들이었던 고은과 김영태 등에게 보낸 그의 사신 내용을 참조할 수 있다.
　　"부디 공부 좀 해라. 공부를 지독하게 하고 나서 지금의 그 발랄한 생리와 반짝거리는 이미지와 축복받은 독기(毒氣)가 죽지 않을 때, 고은(高銀)은 한국의 쟝 쥬네가 될 수 있다. 철학을 통해서 현대 공부를 철저히 하고 대성하라, 부탁한다." (<고은에게 보내는 편지> 중에서)
　　"그러나 일본의 村野四郎 정도와 맞서려면 이 정도로는 모자랍니다. 철학공부를 좀더 하세요. 샤갈을 좋아하니 말이지 샤갈이 사상적으로 얼마나 세련되었습니까. 프로이트나 봐브로프나 맑스 정도는 다아 졸업했거든요. 그리고 영태씨는 좀 예술적인 냄새가 짙어요. 샤갈, 바하, 뷰페 등등을 좀더 시의 재료 면에서 좀더 의식적으로 쓰세요. 좀더 지식인이 되세요. 좀더 고민을 하세요." (<김영태에게 보낸 편지 4통> 중에서)
　　「서한집」, 『전집·2』, pp. 315-316.
24) 김수영이 그토록 획일주의를 경계했던 점, 그리고 반면에, 비이트나 재즈에 대해서는 상당히 호의적이고 긍정적인 평가를 내린 점 등이 그 구체적인 증거가 될 수 있을 것이다.

그러므로 김수영이 철학을 통해 강조하고자 하는 바는 결국 지속적인 긴장을 통한 현실 극복의 문제, 그리고 그것과 더불어 제 정신을 가지고 살아가려는 자세[25]와 상통하는 문제라고 할 수 있다. 그는 끊임없이 현실을 의심했고, 현실 속에 안주하길 거부했다. 그에게 현실이란 주어진 것이 아닌, 살아 움직이는 실체를 뜻한다. 이 때 철학, 즉 사상은 이처럼 쉴 새 없이 변화하는 현실 세계와 그 세계의 질서 속에서, 그러한 변화의 국면들이 다만 동요나 방황의 차원에 그치지 않도록 중심을 잡아주는 역할을 수행한다. 이로 보면 그가 말하는 철학은 이 세계를 바라보며 이해하는 그 자신의 방법 내지는 태도와 관계되는 것이라는 점을 알 수 있다. 그리고 그러한 태도란 결국 삶에 대한 그의 신념과 통한다는 것을 알 수 있다.

철학에 대한 이러한 그의 신념을, 그는 스스로의 시작 활동에도 충실히 반영하기 위해 노력한다.

> 우리의 현대시가 겪어야 할 가장 큰 난관은 포오즈를 버리고 사상을 취해야 할 일이다. 포오즈는 시 이전이다. 사상도 시 이전이다. 그러나 포오즈는 시에 신념이 있는 일관성을 주지 않지만 사상은 그것을 준다. 우리의 시가 조석으로 동요하는 원인의 하나가 여기에 있다. 시의 다양성이나 시의 변화나 시의 실험을 나는 두려워하지 않는다. 오히려 그것은 어디까지나 환영해야 할 일이다. 다만 그러한 실험이 동요나 방황에 그쳐서는 아니되며 그렇지 않기 위해서는 지성인으로서의 시인의 기저에 신념이 살아 있어야 한다.[26]

그에 따르면 시인은 곧 지성인이며, 지성인으로서 사회적 책무를 능히 짊어질 준비와 각오가 되어 있지 않으면 안 되는 존재이다. 시인이 지성인이어야 한다는 말의 의미는 한 순간도 현실에 대한 긴장된 인식

---

25) 「제 정신을 가지고 사는 사람은 없는가」, 『전집·2』, pp. 139-144.
26) 「시월평」, 『전집·2』, p. 363.

의 끈을 놓지 말아야 한다는 말과 통한다. 그와 동시에 그는 그 때 그 때 현실을 극복하고 돌파할 수 있는 가능성을 열어줌과 함께, 그것의 구체적인 방향성까지를 제시해줄 수 있어야 한다. 이러한 작업이야말로 시인이 시를 통해 펼쳐 보여주는 진정한 지성인의 태도일 것이며, 여기서 지성이란 철학적 사유와 모색의 바탕이 없이는 결코 허용되지 않는 내적 조건이 될 것이다.

이럴 때 사유와 시작은 따로 분리하여 이해될 수 없는 결정적인 만남의 순간을 경험하게 된다. 그리하여, 김수영이 꿈꾸었던 것은 '사유하는 시작'이며, '시작하는 사유'라고 해도 좋을 것이다. 그가 철학적 사유를 통해 겨냥하는 것은 현실의 표피적인 국면이 아니라, 그러한 표면 너머에 존재할 것으로 기대되는 근원적인 차원의 세계이다. 여기에 도달하기 위해서는 무엇보다도, 현재의 고정된 관념에 얽매이지 않고 원점으로 돌아가 모든 것을 선입관 없이 순수하게 객관적인 눈으로 바라보고 이해하려는 노력이 필요하다. 그가 시에 있어서 리얼리티를 논하고 모더니티를 논할 경우에도 이와 같은 근원에 대한 인식을 사유의 배경으로 깔고 있음을 알아차리는 일은 매우 중요하다.

그는 그런 자신의 노력을 시작 활동 속에서 구체적으로 실현시켜 보고자 하였다. 그럼으로써 그는 어디에도 얽매이지 않고 끊임없이 살아 숨쉬며 유동하는 그만의 색다른 경지, 사유하는 시작과 관련된 철학적 경지의 세계를 창조해보려 시도하였던 것이다.


## Ⅳ. 결론 : 존재론적인 해석의 가능성을 다시 생각한다.

여기까지 왔다면 이제 앞으로 전개될 본격적인 논의의 방향성과 그 윤곽을 어느 정도 떠올려볼 때도 되지 않았나 싶다. 위에서 연구자는 김수영 문학을 총괄해서 이해하기 위한 두 가지 핵심적인 요건으로 '번역'과 '철학(사유)'이라는 관점을 제시하여 보았다. 사실 이 두 요건이 김수영 문학 전체를 관류하는 내용적인 측면과 직접 관련을 맺고 있다고 보기는 어렵다. 그럼에도 불구하고 연구자가 이와 같은 두 가지 주제에 특별히 주목하게 된 이유는 이들 양자로부터 시인 김수영이 문학을 대하는 태도, 혹은 원리를 발견해낼 수 있으리라는 확신 때문이다.

그에게 문학 활동이란 단순히 작품 창작을 통해 미학적 아름다움의 세계를 드러내기 위한 작업만은 아니다. 그것은 이제까지 우리가 인식하지 못했던 어떤 새로운 경계나 지평을 열기 위한 열망이자 노력이며, 나아가 이 세계를 근원적으로 사유해보기 위한 몸부림이라고 할 수 있다. 그가 애초에 번역이라든가 철학이라는 문제들에 대해 관심을 가지게 된 것은 이로 보면 사태의 필연적인 전개 과정에 해당되는 것인지 모른다. 실제로 그는 번역을 통해 간접적으로나마 미처 우리 사회가 생각해볼 수도 없었던 현실에 접할 수 있었고, 그러한 현실과의 거리에 대해 고민하게 되었다. 또한 그는 철학적 사유를 통해 고정된 관념과 체계를 거부하고 근원으로 돌아가 순수하게 세상을 바라보고 이해하는 법을 배우게 되었다. 그가 번역이나 철학에 관심을 가짐과 동시에 얻게 되었던 것은 우리 눈앞에 주어진 모든 것이 절대적인 진실은 아니라는 뜻하지 않은 깨달음인 것이다.

익숙한 세계, 낯익은 세계에 안주하지 말 것이며, 지속적으로 현실을 의심하고, 그것의 모순점을 발견하여, 현실 자체를 새롭게 갱신하기 위해 노력해나가야 한다는 절대 명제가 여기서 탄생한다. 그리하여 이러한 깨달음은 김수영에게 어느 순간 그 자신과 그를 둘러싼 모든 것들에 대한 존재론적인 의문을 품게 만든다.

사실 이제껏 김수영 문학을 해명하기 위해 동원되었던 숱한 주제어들, 예컨대 자유라든가 죽음, 현실 참여, 양심, 행동, 모더니티, 리얼리티, 소시민, 일상성, 혁명, 사랑 등등은 모두 김수영 자신이 해결해보고자 했던 존재 자체의 본질적인 고뇌와 연관된 것으로 이해될 수도 있다. 또한 우리가 앞서 지적했던 기존 해석에 있어서의 혼란스러움들, 즉 리얼리티와 모더니티 사이의 관계나 그에 대한 긍정적인 평가와 부정적인 평가 사이의 관계, 그리고 예술성과 정치성, 일상성과 혁명, 민족 문학과 세계 문학 간의 관계 등도 역시 존재론적인 사유에 기대어본다면 비교적 손쉽게 해결이 가능해질 수도 있다.

물론 그간의 논의들에 있어 이와 같은 존재론적인 해명의 노력들이 간간이 있어왔던 것은 사실이다. 특히 하이데거 존재론에 대한 관심은 김수영 문학을 이해하는 데 지속적으로 거론되어 왔던 사항들 가운데 하나이다. 그럼에도 불구하고 우리가 다시 한 번 새삼스럽게 이러한 하이데거 존재 사유의 적용 가능성에 대해 주목하지 않을 수 없는 이유는 지금까지 이 부분에 대한 논의가 체계성을 유지하지 못한 채, 산발적으로만 이루어져왔으며, 그나마 그 실질적인 적용 대상이나 범위가 한정되어 있다는 판단 때문이다. 김수영의 하이데거에 대한 이해는 당시의 관점에서 볼 때 이미 상당한 수준에 올라 있었던 것으로 보인다.27) 비전공자로서는 보기 드물게 하이데거의 사상 체계 전반에 대해 거의 정확하게 꿰뚫고 있었고, 그것을 그 자신의 창작 및 비평 활동에 유효적절하게 활용할 줄 알았다.

김수영 문학에 미친 하이데거 사상의 영향에 대한 면밀한 비교 문학적, 비교 사상사적인 점검은 앞으로 전개될 우리의 논의에 유익하고도 의미 있는 결과를 가져올 것으로 기대된다. 하이데거 존재 사유의 기본 구도가 김수영 문학의 성격을 해명하는 데 있어 유일한 방법이라고는 할 수 없겠으나, 하나의 유력한 방법론을 제공해줄 수 있는 것만은 틀

---

27) 하이데거에 대한 그의 관심과 이해의 정도는 일어 번역판 전집을 구해서 볼 정도로 상당한 것이었다.
"그와 같이 마지막으로 사들인 하이데카 전집을 그는 두 달 동안 번역도 아니 하고 뽕잎 먹듯이 통독하고 말았다. 하이데카의 시와 언어라든가 그의 예술론 등을 탐독하고는 자기의 시도 자기의 문학에 대한 소신도 틀림없다고 자신만만하게 흐뭇해했었다."
김현경, 「충실을 깨우쳐 준 시인의 혼」, 『여원』(여원사, 1968 · 9), p. 133.

림없는 사실이다. 그리고 이 방면에 대한 진전된 논의는 궁극적으로 김수영의 문학이 왜 지금까지 생명력을 잃고 있지 않은지, 그가 왜 여전히 우리 시대의 문학인들에게 필요한 존재인지, 그를 이해한다는 것이 다음 시대의 문화 창조에 어떤 의미를 지니는지에 대한 의미 있는 답변을 제공해줄 수 있을 것으로 생각된다.

# 참고논저

[기본자료]

『김수영 전집』 1·2·별권, 민음사, 1981.
『조선일보』,『시인세계』,『작가연구』기타.


[논문 및 평문]

강웅식,「김수영 문학 연구사 30년, 그 흐름의 향방과 의미」,『작가연구』, 새미,
　　　1998·5.
강웅식,「김수영의 시의식 연구 : '긴장'의 시론과 '힘'의 시학을 중심으로」, 고려
　　　대 대학원 박사학위 논문, 1997.
김유중,「번역가의 임무」,『사이』, 지식산업사, 2003·가을.
김재용,「김수영 문학과 분단 극복의 현재성」,『역사 비평』, 역사비평사, 1997·
　　　가을.
김재용,「분단 현실과 민족시의 방향」,『시와사람』, 시와사람사, 1998·봄.
김현경,「충실을 깨우쳐 준 시인의 혼」,『여원』, 여원사, 1968·9.
박수연,「김수영 해석의 역사」,『작가세계』, 세계사, 2004·여름.
박주현,「김수영 문학에 나타난 내면적 자유 연구 - 죽음과 사랑을 중심으로」,
　　　서울대 대학원 박사학위 논문, 2003.
박지영,「김수영 시 연구—시론의 영향 관계를 중심으로」, 성균관대 대학원 박사
　　　학위 논문, 2002.
조동일,「1960년대 문학 활동을 되돌아보며」,『월간문학』, 월간문학사, 2005·9.
조현일,「김수영의 모더니티관에 관한 연구 : 트릴링과의 영향 관계를 중심으로」,
　　　『작가연구』, 새미, 1998·5.


[단행본]

김명인,『김수영, 근대를 향한 모험』, 소명출판, 2002.
김명인·임홍배 편,『살아 있는 김수영』, 창비, 2005.

김상환,『풍자와 해탈 혹은 사랑과 죽음』, 민음사, 2000.
김승희 편,『김수영 다시 읽기』, 프레스21, 2000.
김주연,『문학을 넘어서』, 문학과지성사, 1987.
오세영,『20세기 한국시인론』, 월인, 2005.

# 시적 진실의 인식과 미적 체험*

김 종 윤**

## I. 서 론

시를 읽는 행위는 지식을 얻거나 교양을 넓히기 위한 독서 행위와는 매우 다르다. 책에 기술된 내용을 일방적으로 수용하기보다는, 자신이 지니고 있는 삶의 체험과 지식, 그리고 상상력을 동원하여 작품 속에 내장된 진실을 파악하고 이해하려는 적극적 노력이 필요하며, 나아가 그에 대한 감동을 통해 미적 체험으로 승화시키는 과정이 수행되어야 하기 때문이다. 따라서 시 읽기는 고통스러우면서도 결국은 즐거워질 수 있는 행위이기도 하다.

동서양의 고전적 시관들은 대부분 인생과 관련된 효용론적 기능을 중요시하고 있다. ≪論語≫에 나오는 "그대들은 왜 詩를 배우지 않는가? 詩는 감흥을 일으키고 사물을 보게 하며 대중과 어울리게 하며 은근히

---

* 본 논문은 육군사관학교 화랑대연구소의 2005년도 연구활동비 지원을 받아 연구한 논문에서 발췌 수록한 것임.

** 육군사관학교 국어과.

비판하게 한다. 가깝게는 부모를 섬기게 하고 멀리는 임금을 섬기게 하
며 조수와 초목의 이름을 알게 한다. (小子何莫學大詩 詩可以興 可以觀 可以羣
可以怨 邇之事父 遠之事君 多識於鳥獸草木之名)”3)라는 견해나, Matthew Arnold가
“詩는 基本的으로 人生의 批評이다. 詩人의 偉大性은 그의 人生에 대한
강력하고 아름다운 思想의 作用에 있다.”4)라고 한 주장 속에는 이런 효
용론적인 입장이 내포되어 있다. 이는 문학의 본질적 기능이 인간으로
하여금 삶의 의미와 가치, 아름다움을 깨닫게 하고, 그의 삶을 고통스럽
게 만드는 사회의 구조적 모순과 부조리를 드러내어 치유와 극복의 방
법들을 제시하는데 있음을 입증하는 것이다. 그런 점에서 시 읽기는 인
간과 삶에 대한 인식과 체험의 확장을 통해 보다 의미 있고 아름다운
삶을 살기 위한 필수적인 생존행위라고도 할 수 있을 것이다.

시를 알면 진실과 아름다움에 대한 인식을 통해 삶의 질적 차원이 변
화될 수 있다. 이를테면 대상에 대해 막연한 사랑의 감정만을 지닌 사
람과 그 사랑의 감정을 시로 표현할 수 있는 사람이 지닌 사랑의 열도
는 사뭇 다르며, 그로 인해 삶의 내용이나 태도도 다를 수밖에 없다. 이
것을 뒤집어 말하면 시를 모르는 사람의 삶은 세상의 아름다움과 가치
를 제대로 누리지 못하고 살아가는 다소 무미건조한 삶이 되기 쉽다는
것이 될 것이다. 따라서 시를 읽어야 하는 당위성은 바로 자신의 삶의
질적 향상을 위한 필수조건이라는 점에서 찾을 수 있다. P. B. Shelley가
한 “詩는 가장 幸福한 心性의 最高悅樂의 瞬間을 표현한 記錄이다.”5)라는
말에도 이런 점이 시사되어 있다.

이러한 인식을 바탕으로 본 연구에서는 시 읽기의 기쁨과 즐거움을
나누기 위해 독자에게 감동을 줄 수 있는 작품들을 선정하여 이에 대한
분석을 시도하고자 한다. 즉 꼼꼼한 시 읽기와 분석 작업을 통해, 작품

---

3) 尹在根, 詩論 (둥지, 1990) 199쪽에서 재인용.
4) 鄭漢模, 現代詩論 (普成文化社, 1982) 7쪽에서 재인용.
5) 같은 책, 7쪽에서 재인용.

에 내포된 삶의 진실들을 포착하고, 그것이 어떻게 미적 체험으로 승화되는지를 보여주고자 하는 것이다.

시중에 출간되어 독자들로 하여금 시를 이해하는 데 도움을 주고 있는 각종 시 해설이나 감상과 관련된 책들도 다 이러한 의도를 지닌 것들이라고 할 수 있다.6) 필자도 이미 ≪시적 감동의 자기체험화≫7)란 저서를 통해 이런 작업을 시도한 바 있다. 이런 일관된 노력들은 모두가 독자들이 시적 감동을 향유하도록 도와주려는 의도의 산물이다. 어쩌면 이는 문학 연구와 비평의 본질적인 기능이라고 할 수 있다. 그런데 상당수의 문학 연구 논문이나 문예비평이 현학적인 태도와 지적인 과시 욕구에 의해 오히려 작품의 올바른 이해를 방해하는 난해한 추상론에 빠짐으로써 독자들이 시로부터 멀어지게 하는 시의 소외현상을 초래하고 말았다. 본 연구에서는 이런 점을 유념하여 작품 속에 내포된 보편적이고 공감할 수 있는 시적 진실을 파악하는 구체적 방법들을 보여줌으로써, 독자들이 시 읽기를 큰 즐거움으로 생각할 수 있도록 도와주고자 한다.

## Ⅱ. 시적 진실과 미적 체험

### 1. 시적 진실이란?

시를 읽는 독자들에게 감동을 유발하는 가장 본질적 요소는 과연 무엇일까? 하나의 시 작품은 다양한 요소들이 시인의 상상력에 의해 유기적인 구조 속으로 통합됨으로써 완성된다. 이러한 다양한 요소들의 유기적 결합을 이해하기 위해서는 다음 글을 음미해 볼 필요가 있다.

---

6) 정효구, 시 읽는 기쁨 1-2 (작가정신, 2003)은 그 대표적인 예다.
7) 김종윤, 시적 감동의 자기체험화 (鳳鳴, 2004)

하나의 문학 작품이 독자에게 정서적 감동을 유발시킬 수 있는 예술적 가치를 갖게 하기 위해서는 시인의 상상력 속에 내재하는 인간의 보편적 인식행위를 통한 형상화 내지는 미적 질서화 과정이 선행되게 마련이다. 즉 시인은 자신의 주위 환경에서 지각하게 되는 무수한 사물 중에서, 또는 잠재의식 속에 침몰해 있는 다양한 체험들 중에서 하나의 주제를 포착하여 독자의 심금을 울리는 한편의 시를 만들어내기 위해서 자신의 상상력 내부에서 은밀하게 미적 질서화 작업을 수행하는 것이다. 그런데 이런 미적 질서화 과정에서 시인은 필연적으로 언어나 형상화 방법에 대한 몇 가지 의식적, 무의식적 선택을 하게 된다.[8]

위에서 말한 미적 질서화 과정에서 시인이 행한 의식적, 무의식적 선택의 결과가 바로 시의 구조적 특성이나 언어적 특성, 리듬의 특성, 그리고 비유와 상징, 이미지, 아이러니 등으로 나타난다고 할 수 있는데, 이런 선택을 결정하는 데 영향을 주는 절대적인 요소가 바로 시인이 의도하고 있는 시적 주제이다. 따라서 시적 감동을 유발하는 본질적 요소는 바로 시인이 의도하고 있는 시적 주제라고 할 수 있다.

그런데 시적 주제는 삶의 의미와 가치, 그리고 아름다움을 성찰할 수 있는 시인의 치열한 시정신에 의한 현실 인식의 소산이라고 할 수 있다. 즉 자신의 삶이 영위되는 사회가 앓고 있는 구조적 모순과 부조리의 질환들을 직시하고, 그 아픔과 상처의 치유를 위해 노력하고 있는 시인에 의해 파악된 삶의 진실들인 것이다. 이렇게 터득한 삶의 진실들을 독자들에게 효과적으로 전달하여 감동을 유발하기 위해 시인은 다양한 방법들을 시도하게 된다. 이것이 바로 미적 질서화 과정이며, 시세계에 나타나는 언어와 운율, 구조, 비유와 상징, 이미지, 아이러니 등의 기법들은 다 이런 노력의 구체적 실현인 것이다. 이렇게 삶의 진실이 시로 구현된 것이 바로 시적 진실이다.

---

8) 같은 책, 13쪽.

그러다 보니 모든 뛰어난 작품들은 시인 나름대로의 고유하고 특징적인 세계를 창조하게 마련이다. 발자크는 "나의 작품은 자신의 지리(地理)를 갖고 있다. 마찬가지로 자신의 족보와 자신의 식구들, 자신의 장소들과 사물들, 자신의 인물들과 자신의 사실들을 갖고 있다. 또한 그것은 자신의 문장(紋章)을 소유하며 자신의 귀족과 시민, 자신의 수공업자와 농민, 자신의 정치가와 신사, 자신의 군대를 소유한다. 한마디로 자신의 세계를 소유한다."9)라고 말했다. 모든 문학 작품은 개별적이고 독창적인, 그래서 때로는 현실과도 매우 상이한 세계를 창조함을 강조한 것이다. 이런 성격을 예리하게 통찰한 루카치는, 그럼에도 불구하고 예술작품은 결코 현실의 반영으로서의 성격을 폐기하는 것이 아님을 주장하면서 다음과 같이 말하고 있다.

> 현실의 예술적 반영의 객관성은 총체적 연관관계의 올바른 반영에 근거한다. 세부의 예술적 정확성은, 개별성으로서의 그것에 현실 속에서의 그러한 개별성이 일치하는가 그렇지 않은가와는 전적으로 무관하다. 예술작품 속에서의 개별성은, 그것이 예술가에 의해서 삶 속에서 관찰되었던 것이든 아니면 예술적 상상력에 의해서 직접적인 혹은 간접적인 생활체험으로부터 창조되었던 것이든 상관없이 객관적 현실 전체과정의 올바른 반영의 하나의 필연적 계기일 때, 그것은 하나의 현실의 올바른 반영이다. 여기에 반해 삶에 사진적으로 일치하는 세부의 예술적 진리는 전적으로 우연적이고 자의적이며 주관적이다.10)

이러한 주장 속에는 훌륭한 작가의 작품은 어떤 방식으로든 객관적 현실을 올바로 반영하고 있어야 한다는 의미가 내포되어 있다. 그가 "시문학이 그 인물·상황·행위에서 단순히 개별적인 인물·상황·행위를 모

---

9) 게오르그. 루카치, "예술과 객관적 진리," 리얼리즘美學의 기초이론, 이춘길편역 (한길사, 1991) 53쪽에서 재인용.
10) 같은 글, 60쪽.

방하는 것이 아니라 그들 속에서 동시에 합법칙적인 것, 보편적인 것, 전형적인 것을 표출한다."11)라는 아리스토텔레스의 생각에 공감하는 것도 같은 논리의 연장으로 이해할 수 있다. 이것이 바로 시적 진실을 현실적 삶의 진실로 받아들일 수 있는 이유이기도 하다. 이처럼 시인은 현실적 삶 속에 내장되어 있는 객관적 진실들을 포착하여 시적 상상력에 의해 작품으로 형상화함으로써, 독자에게 전달되어 공감할 수 있도록 하기 위해 고통스러운 노력을 기울이는 것이다.

이러한 시인의 노력은 내용뿐만이 아니라 형식에 의해서도 구현된다. 내용과 형식의 상호관계를 규정한 헤겔의 "내용은 다름아닌 형식의 내용으로의 전화이며 형식이란 다름아닌 내용의 형식으로의 전화이다."12)라는 다소 추상적인 표현 속에는 그런 의미가 내포되어 있다. 루카치도 이러한 점을 인식하여 다음과 같이 말하고 있다.

> 하나의 예술작품이 '보다 비인위적'이면 비인위적일수록, 그것이 보다 삶으로서, 자연으로서 작용하면 할수록, 그 속에서는 그만큼 명확하게 다음의 사실, 즉 그것이 바로 자신의 시대의 집중적 반영이라는 사실, 그 속에서 형식은 오직 삶의 이러한 객관성, 이러한 삶의 반영을 동적인 모순의 심오한 구체성과 명쾌함 속에서 표출하는 기능을 담당하고 있다는 사실이 전면적으로 부각된다.13)

이는 시인이 파악한 객관적 현실, 즉 삶의 진실들이 작품의 내용과 형식으로 동시에 형상화됨을 언급한 것이다. 따라서 독자는 이러한 내용과 형식의 유기적 관계에 유념하여 그들이 상호적 전화에 의해서 창조해내는 의미의 세계를 제대로 인식할 수 있을 때 비로소 미적 체험에 도달하게 되는 것이다.

---

11) 같은 글, 63쪽.
12) 같은 글, 62쪽에서 재인용.
13) 같은 글, 69쪽.

## 2. 미적 체험이란?

시적 진실의 인식이 어떻게 미적 체험으로 승화될 수 있는지를 이해하기 위해서는 몇 가지 미학이론을 참조하는 것이 매우 유용하다.

일반적으로 미의식을 그 활동형식으로 파악할 때는 미적 향수 혹은 미적 관조와 예술 창작이라는 두 가지 측면을 고려한다. 그런데 비록 미의식의 수동적·수용적 태도이기는 하나, 미학이론의 중심은 미적 관조와 향수에 놓인다. 왜냐하면 전자는 광범위한 일반 대중의 체험인 반면에, 후자는 예술가의 전문적이고 특수한 체험이기 때문이다.

또한 미의식은 감각, 표상, 연합, 상상, 사고, 의지, 감정과 같은 심적 요소의 복합체이다. 이런 미의식이 가진 창조적 기능을 충분히 발휘하도록 만들기 위해서는 특수한 미적 태도, 즉 마음의 준비가 필요하다. 특수한 미적 태도란 다양한 의식작용을 규제하고, 미적 의미방향의 실현을 지향하는 것이기 때문이다. 이때 미적 의미방향이란 자아가 외적 대상에 집중됨에도 불구하고 객체의 의미는 도리어 순수한 주관상태 속으로 몰입되어 세계가 완전히 자아화되는 경우를 말한다.[14) 이를 시 감상과 관련하여 설명한다면, 한 편의 시를 제대로 이해하기 위해서는 우선 시에 대한 그릇된 편견이나 고정관념을 버리고, 작품의 세계로 몰입하여 작품 세계와 일체화가 될 수 있는 마음의 평정과 균형된 감각이 전제되어야 함을 가리킨 것이라고 할 수 있다.

미적 체험의 전제조건이 되는 미적 만족에 대해서 칸트는 '미적 만족은 대상의 현실적 존재에는 전적으로 무관심한 정관적인 태도에서 성립하는 것'임을 강조한다. 그런데 미의식은 정관적이면서도 창조성을 지니고 있기 때문에, 립스의 말처럼 '관조자가 미적 객체의 표면에 머무르지 않고 깊은 곳까지 파고 들어가 인간적으로 가치가 있는 것을 파악하고 인격내용을 감정이입'하게 된다. 다음 인용은 미적 체험의 본질을

---

14) 편집부 엮음, 미학사전 (논장, 1988) 307-312쪽의 내용에서 간추림.

이해하는 데 긴요하다.

미적 체험의 깊이는 순수한 개별적 쾌감으로 가득찬 미에서보다도 오히려 숭고함과 비장함과 같은 불쾌감의 요소를 지닌 미에서 더 한 층 두드러지게 나타나지만, 어떠한 미적 범주에서라도 미의식은 전체적으로 볼 때 쾌감으로 물드는 것이 그 하나의 특징이다. 물론 미의식을 일종의 쾌감으로 돌리는 것은 천박한 오류이지만, 그것에 고유한 조화성·정관성·창조성 등이 각각의 의미에서 저절로 쾌감을 가져오는 것이기 때문에 이 점에서도 미의 체험은 다른 가치체험이나 실생활의 의식과는 다르다고 말해야 좋을 것이다.15)

좋은 시를 읽을 때, 때로는 고통스러운 정서에 휩싸이기도 하지만 마침내는 시적 감동에 의한 카타르시스에 도달하게 되는 소이연이 바로 미적 체험에 의한 것임을 알 수 있다.

뿐만 아니라 미의식은 무의식적인 요소도 개입하기는 하지만, 단순한 관조의식에 그치지 않고 일종의 평가적 의식을 지님으로써 미적 판단에 의해 폐쇄적인 개인적 체험의 영역을 뛰어넘어 초개인적 성격을 띠게 된다. 그러기 때문에 귀요는 미의식 자체 속에서 사회적 성질을 인식하고 미적 감정을 사회적 연대성의 보편적 공감이라고 파악하는 것이다.16)

따라서 좋은 시를 읽고 잔잔한, 때로는 전율할 것 같은 감동을 느끼거나, 고통스러운 정서의 카타르시스를 체험하는 것은 결국 시 속에 내포된 삶의 진실들을 인식하고 그것에 공감함으로써, 인간과 삶과 세계에 대한 깊고 폭 넓은 이해를 통해 미적 만족의 상태에 도달하게 됨을 말하는 것이다.

---

15) 같은 책, 314쪽.
16) 이상의 내용은 같은 책 307-316쪽의 '미의식'을 참조한 것임.

# Ⅲ. 시적 진실의 인식과 미적 체험의 실제

## 1. 골수에 사무친 恨을 풀어내는 悽愴한 가락

울어 피를뱉고 뱉은피 도루삼켜
평생을 원한과슬픔에 지친 적은새
너는 너른세상에 서름을 피로 새기러오고
네눈물은 수천 세월을 끊임없이 흐려놓았다
여기는 먼南쪽땅 너 쫓겨 숨음직한 외딴곳
달빛 너무도 황홀하여 후젓한 이새벽을
송기한 네울음 천길바다밑 고기를 놀래이고
하늘가 어린별들 버르르 떨리겠고나
몇 해라 이三更에 빙빙 도—는 눈물을
슷지는 못하고 고힌그대로 흘리웠느니
서럽고 외롭고 여윈 이몸은
퍼붓는 네 술잔에 그만 지늘꼈느니
무섬증 드는 이새벽가지 울리는 저승의 노래
저기 성밑을 돌아나가는 죽음의 자랑찬 소리여
달빛 오히려 마음어둘 저 흰등 흐느껴가신다
오래 시들어 파리한마음 마조 가고지워라
비탄의넋이 붉은 마음만 낱낱 시들피나니
짙은봄 옥속 春香이 아니 죽였을라듸야
옛날 王宮을 나신 나희어린 임금이
산골에 홀히 우시다 너를 따라가시었느니
古今島 마조보이는 남쪽바닷가 한많은 귀향길
千里망아지 얼렁소리 쉰 듯 멈추고
선비 여윈얼골 푸른물에 띄웠을제
네 恨된울음 죽엄을 호려 불렀으리라
너 아니울어도 이세상 서럽고 쓰린 것을
이른봄 수풀이 초록빛들어 풀 내음새 그윽하고

가는 대닢에 초생달 매달려 애틋한 밝은어둠을
너 몹시 안타가워 포실거리며 훗훗 목메었느니
아니 울고는 하마 지고없으리 오! 불행의넋이여
우지진 진달래 와직지우는 이三更의 네 울음
희미한 줄山이 살풋 물러서고
조고만 시골이 홍청 깨여진다.17)

— 김영랑의 <杜鵑>

고인이 되신 박두진 선생님께서 강의 시간에 김영랑의 <두견>을 낭송해 주신 적이 있었다. 잠시 숨을 고르시고 목을 가다듬은 다음, 조용하고 낮은 음계와 구성진 어조로 깊은 울림을 주며 낭송해주시던 목소리가 지금도 귓가에 맴도는 듯하다. 그 때 내 마음 깊은 곳에서도 원인을 알 수 없는 한의 정서가 용솟음치는 것 같았다. 처창한 가락으로 절규하는 듯한 한의 쏟아냄이 내 영혼을 사로잡는 것 같아, 나도 이 시를 암송하기 위해 노력하여, 어느 술자리에선가 노래를 대신하여 읊은 적도 있다.

두견의 울음소리에 대한 시인의 정서적 반응을 이해하기 위해서는 김영랑이 쓴 아래의 글이 매우 유용하다.

빈 그릇 들고 새암으로 허청걸음을 바삐 걷다 말고 나는 새 움 나와 하늘하늘한 백일홍 나무 곁에 딱 붙어서고 말았다. 내 귀가 째앵하니 질린 까닭이로다. 밝은 달은 새벽 같지도 않다. 좀 서운하리만큼 자리를 멀리 옮겼을 뿐 하늘은 전혀 바람과 공기가 차 있지를 않다.

온전히 기름만이 흐르고 있는 새벽, 아— 운다, 두견이 운다. 한 5년 기르던 두견이 운다. 하늘이 온통 기름으로 액화되어 버린 것은 첫째 이 달빛의 탓도 탓이려니와 두견의 창연한 울음에 푸른 물 든 산천초목이 모두 흔들리는 탓이요, 흔들릴 뿐 아니라 모두 제가끔 푸른 정기를 뽑아 올리는 탓이다. 두견이 울면 서럽다. 처연히 눈물이 고인다.18)

---

17) 맞춤법이나 띄어쓰기는 원문대로 함.

위의 글은 1939년 5월 20일, 24일자 ≪朝鮮日報≫에 게재된 것이다. 따라서 "두견이 울면 서럽다. 처연히 눈물이 고인다."라고 토로하게 되는 원인에는 민족의식이 강했던 영랑이 겪은 식민지 백성으로서의 설움이 크게 작용하고 있을 것으로 추측된다. 아울러 어린 나이에 부모들의 정혼에 의해 결혼했지만, 1년도 채 못 되어 사별한 어린 아내에 대한 애틋한 사랑도 그가 품고 있는 한의 원형질적 요소였을 것으로 유추해 볼 수 있다.

문학의 중요한 기능 중의 하나는 정서를 표현함으로써 그러한 정서의 압박으로부터 해방될 수 있는 점이다. 즉 고통스러운 정서가 있을 경우, 그런 고통스러운 정서를 시로 형상화함으로써 격렬한 정서의 과잉상태를 적절히 진정시켜 조화로운 균형상태를 회복할 수 있는 것이다. 아리스토텔레스가 그의 ≪詩學≫에서 강조한 카타르시스도 바로 이런 점을 인식한 진술이다.

영랑은 동양의 詩史에서 恨의 정서가 육화된 신화적·원형적 인물로 재현되고 있는 蜀王 望帝 杜宇의 고사를 배경으로 삼아, 두우의 亡魂이 전화된 두견에 자신의 한을 투사하고 있다. 그리하여 '울어 피를뱉고 뱉은피 도루삼켜 / 평생을 원한과슬픔에 지친 적은새'라고 두견을 규정하고 있는 것이다. 아울러 '비탄의 넋'이며 '불행의 넋'이기도 한 두견이 '달빛 너무도 황홀하여 후젓한 이새벽'에 우는 소리가 '천길바다밑 고기를 놀래이고 / 하늘가 어린별들 버르르 떨리게'할 정도로 강한 정서적 충격으로 표현되고 있다.

시인은 지금 '먼南쪽땅' '古今島 마조보이는 남쪽바닷가'에 은둔하여 '서럽고 쓰린' '이세상'의 삶을 살고 있다. 그런 고통스러운 삶으로 인해 '서럽고 외롭고 여윈 이몸'과 '오래 시들어 파리한 마음'을 '퍼붓는 네 술잔'으로 달래며 견디고 있는 것이다. 이런 정신 상태는 늘 죽음에 대한

---

18) 김학동 편저, "杜鵑과 종다리", 김영랑, 한국현대시인연구 3 (문학세계사, 1993) 107쪽.

강박관념에 시달리게 한다. 따라서 두견의 울음소리가 '저승의 노래'나 '죽음의 자랑찬 소리'로 들리거나 '죽엄을 호려 불'르는 소리로 인식되는 것이다.

한편 골수에 사무치는 한의 정서를 표출하는 데에는 리듬에 대한 배려도 크게 기여하고 있다. 즉 정상적인 띄어쓰기를 무시하고 운율과 호흡을 배려하여 시구를 배열함으로써 비애의 정조를 증폭시켜 극대화하는 효과를 거두고 있다. 남도지방의 사투리와 억양이 판소리의 진양 장단과 계면조의 운율에 의해 구성진 어조와 결합됨으로써 한을 퍼올리는 명창들의 소리가락을 연상시킨다. 실제로 영랑은 임방울이나 이화중선의 가락을 몹시 사랑했으며, 그의 사랑채에서는 國唱들이 함께 놀았을 정도로 국악에 심취했다고 한다.

恨의 정서는 단순한 비애의 정서가 아니다. 오히려 골수에 사무친 한의 정서를 풀어버리고, 그 고통스러운 정서로부터 해방되려는 노력이 전통 예술이나 시문학을 가능하게 한 역동적인 에너지의 원천이기도 한 것이다. 영랑은 강진이라는 반도의 남쪽 구석, 초야에 묻혀 살아가고 있는 식민지 백성으로서의 설움과 한스러운 심정을 두견의 울음소리에 투사하여 처창한 가락으로 형상화하고 있으며, 그 속에 죽음을 예비하는 결연한 지사적 정신자세를 내포시킴으로써 독자에게 큰 울림을 일으키고 있는 것이다.

## 2. 궁핍한 시대의 가난과 허기를 달래는 노래

모밀묵이 먹고 싶다.
그 싱겁고 구수하고
못나고도 素朴하게 점잖은
촌 잔칫날 팔모 床에 올라
새 사둔을 대접하는 것.

그것은 저문 봄날 해질 무렵에
허전한 마음이
마음을 달래는
쓸쓸한 食慾이 꿈꾸는 飮食
또한 人生의 참뜻을 짐작한 者의
너그럽고 넉넉한
눈물이 渴求하는 쓸쓸한 食性
아버지와 아들이 兼床을 하고
산물을
곁드려 놓고
어수룩한 산기슭의 허술한 물방아처럼
슬금슬금 세상 얘기를 하며
먹는 飮食
그리고 마디가 굵은 사투리로
은은하게 서로 사랑하며 어여삐 여기며
그렇게 이웃끼리
이 세상을 건느고
저승을 갈 때
보이소 아는 양반 앙잉기요
보이소 웃 마을 李生員 앙잉기요
서로 불러 길을 가며 쉬며 그 마지막 酒幕에서
걸걸한 막걸리 잔을 나눌 때
절로 젓가락이 가는
쓸쓸한 飮食.

─ 박목월의 <寂寞한 食慾>

　　전쟁으로 인한 폐허 위에서 정신적, 육체적 상처와 생존의 고통으로 시달리며 피폐해져 있는 국민들이 정신을 추스르고 희망의 열린 세계를 향해 나아가도록 하기 위해서는 위로와 격려의 언어가 필요하게 된다. 절망에 빠진 민족을 다독거려 재기의 용기를 북돋을 수 있는 동력을 제공하는 언어가 필요하게 되는 것이다. 전후에 쓰여진 시들 중에서 전통적이고 향토적인 정서를 환기시켜 주는 시들이 바로 그들이다.

왜냐하면 향수는 인간을 슬픔의 정서에 함몰시켜 무기력하게 만드는 부정적 요소로 작용하기도 하지만, 실의나 절망에 빠진 사람에게는 삶의 의욕을 불러일으키는 기폭제가 되기도 하기 때문이다. 실향민들로 하여금 고달픈 타향살이를 견디게 하는 원초적인 힘은 바로 고향에 대한 그리움과 귀향의식이다. 이처럼 우리 민족의 집단무의식 속에 원형질적 요소로 내재해 있는 전통적이고 향토적인 정서들은 아늑하고 포근한 고향집에 대한 그리움처럼 가난과 배고픔으로 고통스러워하고 있는 민족의 상처를 어루만져 주고, 허기를 달래주는 치유의 기능을 갖는 것이다.

전후 사회가 안고 있는 가장 절박한 문제는 바로 생존의 필수 조건인 먹는 문제의 해결이었다. 전 국토와 산업시설이 폐허화함으로써 경제적 생산 능력을 상실한 사회 구성원들은 극한의 가난과 굶주림으로 허덕일 수밖에 없었다. 그런데 배고픔은 인간을 가장 서럽고 고통스럽게 만들며, 그로 인해 때로는 범죄행위나 비윤리적 행위도 서슴지 않을 정도로 정서적 긴장을 유발하는 치명적인 요소이다. 위에 인용한 <寂寞한 食慾>은 궁핍한 시대를 살아가고 있는 민족의 고통과 이를 위로하려는 시인의 의도가 잘 나타나 있다.

식욕은 인간을 살아 움직이게 하는 에너지의 섭취를 위한 본능적 욕망이므로 곧 삶의 의욕과 직결된다. 그러므로 '먹고 싶다'는 말은 곧 삶을 의욕하고 있다는 징표가 된다. 그런데 왕성해야 할 식욕이 '적막한' 또는 '쓸쓸한' 이유는 현실이 그만큼 궁핍하고 고통스럽기 때문이다. 그럼에도 불구하고 현실적으로는 너무도 절박한 생존의 필수조건이기 때문에 그것은 '눈물이 갈구하는 쓸쓸한 食性'일 수밖에 없는 것이다.

시적 화자의 그런 '쓸쓸한 食慾이 꿈꾸는 飮食'도 결코 산해진미의 진수성찬이 아니라 '못나고도 素朴하게 점잖은' '모밀묵'이다. 가난한 시절

허기를 달래며 맛있게 먹었던 향토적인 음식을 통해 잠재의식 속에 고여 있는 향수를 자극하여 퍼 올리고 있는 것이다. 가난한 시절 '촌 잔칫날 팔모 床에 올라 / 새 사둔을 대접하'던 음식이며, '아버지와 아들이 兼床을 하고' '슬금슬금 세상 얘기를 하며 / 먹는 飮食'인 '모밀묵'은 바로 '허전한 마음이 / 마음을 달래는' 음식이기도 하다. '마디가 굵은 사투리로' '걸걸한 막걸리 잔을 나누'며 '싱겁고 구수하고 / 못나고도 素朴하게 점잖은' 메밀묵을 먹는 모습이야말로 우리의 추억 속에 갈무리된 정겨운 모습이다.

시인은 궁핍한 시대를 견디고 있는 동시대인들을 그런 소박한 음식이나마 함께 먹으며 '허전한 마음이 마음을 달래는'듯이 '은은하게 서로 사랑하며 어여삐 여기며 / 그렇게 이웃끼리 / 이 세상을 건'너 가듯이 현실의 고통을 잠재우고 희망의 세계로 나아가도록 이끌고 있다. 즉 시의 내면에는 그렇게 생존을 위해 허덕이고 있는 민족의 고통을 위로하고 격려하고자 하는 시인의 의도가 내포되어 있는 것이다.

슬픔이나 고통은 혼자 견디어야 할 때는 버겁고 힘들지만, 그것을 누군가와 함께 공유하고 있다는 것을 알게 되면 그 강도가 약화되어 견디기가 수월해진다. 전후의 참혹한 세상살이를 견디면서 민족의 가슴마다에 한의 정서로 응결되어 있던 가난과 배고픔의 비애는 국민들로 하여금 미래에 대한 희망을 좌절시키는 심각한 부정적 요소였다. 이를 극명하게 인식하고 있는 시인으로서 민족과 고통을 공유하며 그 애처로움을 달래주려는 사랑의 정신이 눈물겨운 감동을 준다.

## 3. 경제 성장의 혜택으로부터 소외된 노동자들의 日常

모두 서둘고, 侵略처럼 활발한 저녁
내 손은 외국산 베니어를 만지면서
歸家하는 길목의 허름한 자유와

뿌리 깊은 거리와 食事와
거기 모인 구리빛 건강의 힘을 쌓아둔다.
톱날에 잘려지는 베니어의 纖細,
快樂의 깊이보다 더 깊게
파고 들어가는 노을녘의 技巧들,
잘 한다 잘 한다고 누가 말했어.
한 손에 夕刊을 몰아 쥐고
빛나는 구두의 偉大를 남기면서
늠름히 돌아보는 젊은 아저씨.
역사적인 집이야, 조심히 일하도록.
홍, 나는 도무지 엉터리 손발이고
밤이면 건방진 책을 읽고 라디오를 들었다.
함마 소리, 자갈을 나르는 아낙네가 십여 명,
몇 사람의 남자는 鐵筋을 정돈한다.
순박하고 땀에 물든 사람들,
힘을 사랑하고, 배운 일을 경멸하는 사람들,
저녁상과 젊은 아내가 당신들을 기다린다.
일찍 돌아간다고 당신들은 뱉어내며
그러나 어딘가 거쳐서 헤어지는
그 허술한 空腹,
어쩌면 번쩍이는 누우런 戀愛.
거기엔 입, 입들이 살아 있고 天才가 살아 있다.
아직은 숙달되지 못한 노오란 나의 飮酒,
친구에겐 단호하게 지껄이며
나도 또한 帝王처럼 돌아갈 것이다.
늦도록 잠을 잃고 기다리던 내 아내
문밖에 나와 서 있는 그 사람
비틀거리며 내 방에 이르면
구석 어딘가에 저녁이 죽어 있다.
아아, 내 톱날에 잘려지는 외국산 나무들,
외롭게 잘려서, 얼굴을 내놓은 김치, 깍두기,

차고 미끄러운, 된장국 時間.
베니어는 잘려 나가고
무거운 내 머리, 어제 읽은 페이지가 잘려 나간다.
허리 부러진 흙의 이야기
活字들도 하나씩 기어서 달아나는
딩구는 낱말, 그 밥알들을 나는 먹겠지.
상을 물리고 건방진 책을 읽기 위하여
나는 잠시 아내를 멀리하면
바람이 차네요. 그만 주무셔요.
퍽 언짢은 紫色 이불 속에 누워
아내는 몇 차례 몸을 뒤채지만
젊은 아내여 내가 들고 오는 도시락의 무게를
구멍난 내 바지 가랑이의 時代를
그러나 나는 읽고 있다.
모두 서둘고, 침략처럼 활발한 저녁
鐵筋工, 십여 명 아낙네, 스스로의 解放으로 사라진 뒤,
빈 공사장에 녹슨 西風이 불어 올 때
나도 일어서서 가야 한다면
계절은 몰래 와서 잠자고, 미움의 짙은 때가 쌓이고
돌아볼 아무런 歷史마저 사라진다.
목에 흰 수건을 두른 저 거리의 일꾼들
담배를 피워 물고 뿔뿔이 헤어지는
저 떨리는 民主의 一部, 市民의 一部.
우리들은 모두 저렇게 어디론가 떨어져 간다.
– 이성부의 <우리들의 糧食>

1960년대 이후 조국근대화의 기치 아래 추진된 각종 경제 개발 계획의 성공과 풍요로운 한국 사회의 건설은 산업 현장에서 땀 흘린 근로자들의 노력 덕분이다. 그러나 그들의 피땀 흘린 노력과 경제 성장의 주역으로서의 공적이 공정한 분배나 사회 복지제도에 의해 보상되지 못

함으로써, 근로자들은 여전히 궁핍하고 고통스러운 현실에서 벗어나지 못하는 소외계층으로 전락하고 말았다. 물론 여기에는 한국사회의 정치적 후진성이 크게 작용하고 있다. 그러다 보니 1970년대 후반기로 오면서 노동자들의 열악한 삶의 현실에 대한 담론을 담고 있는 현실 참여적인 시들이 문단의 전면에 대거 등장하게 된다. 이성부도 이런 시인들을 대표하는 시인 중의 한 사람으로 볼 수 있다.

그러나 이성부의 시는 이데올로기적인 편향성을 지닌 것이 아니라, 노동하는 사람들의 삶의 일상과 의미에 대한 성찰에 집중되고 있다고 할 수 있다. 김재홍도 이성부론에서 다음과 같이 말하고 있다.

> 이성부 시의 또 다른 가치축은 노동하는 삶에 대한 신뢰의 정신에 기초를 둔 노동사상이며 공동체의식에 근거한 민중적 세계관이라고 할 것이다. 그의 시에는 오랜 동안 공리공론으로 점철해 온 이땅 역사에 대한 본능적인 혐오와 함께 온몸으로 실천하는 삶에 대한 애정과 신뢰가 담겨 있기 때문이다.[19]

따라서 이성부의 시에 나타나는 다소 비관적이고 부정적인 현실 비판은, 그러한 고통스러운 현실에도 불구하고 건강한 삶의 의지를 불태우는 근로 계층의 눈물겨운 노력을 형상화하려는 의도의 일부이다. 이런 점이 잘 드러난 작품이 바로 위에 인용한 <우리들의 糧食>이다.

인용한 시에서 시인은 건축공사장에서 쓰임새에 맞도록 목재를 절단하는 일을 하는 노동자의 일상을 통해 경제 성장과 풍요로운 사회로부터 소외되어 있는 그들의 삶의 의미를 추적하고 있다. 건축 공사가 벌어지는 현장은 한국사회가 고도 경제성장을 이룩하는 과정을 압축하여 보여주는 상징적 공간이다. 그들이 짓고 있는 '역사적인 집'은 바로 경제성장을 통한 풍요로운 사회인 것이다. 서두에서 시적 상황으로 제시

---

19) 金載弘, "李盛夫論", 韓國現代詩硏究 (民音社, 1989) 542쪽.

되는, 하루 일을 마무리하고 귀가를 서두르는 저녁 무렵의 건축공사장은 바로 경제성장을 위해 전력하고 있는 한국사회의 모습이 집약되어 있는 현장이기도 하다.

시적 화자로 등장하는 노동자는 비록 고달픈 일상이지만 건강하게 삶을 가꾸어 가고 있는 시민의 한 사람이다. 그는 스스로를 '도무지 엉터리 손발'이라고 폄하하고 있지만, '歸家하는 길목의 허름한 자유'를 기다릴 줄 알며, '구리빛 건강의 힘'을 지니고 있으며, 현장 감독으로부터 '잘 한다'는 말을 들을 정도로 톱날로 섬세하게 베니어를 자르는 '技巧'를 터득하고 있고, 그 일을 '快樂'으로 즐기며 하는 매우 평범하면서도 건장한 근로자이다. 함께 일하는 사람들도 '함마'질이나, '자갈을 나르'거나, '鐵筋을 정돈하'는 일을 하며, '순박하고 땀에 물든 사람들 / 힘을 사랑하고, 배운 일을 경멸하는 사람들, / 저녁상과 젊은 아내가 당신들을 기다리'는, 비록 학력은 보잘 것 없어도 건강하고 성실한 근로자들이다.

그들의 퇴근길도 '허술한 空腹'을 달래기 위해 '어딘가 거쳐서 헤어지'기 십상이며, 그네들끼리 '戀愛'도 하고, 익숙지 않은 '飮酒'로 '단호하게 지껄이'기도 한다. 그리고 가벼운 취기로 '帝王처럼' 집으로 돌아가, '문 밖에 나와 서 있는' '아내'의 부축을 받으며 방으로 들어가, '김치, 깍두기'와 식은 '된장국'으로 차려진 저녁을 먹는다. 여기까지가 평범한 노동자의 하루 일과이다.

시의 후반부는 시적 화자의 의식 내부에서 벌어지는 자신의 일상에 대한 성찰에 집중되고 있다. 즉 '상을 물리고'난 후 '무거운 내 머리'로 고통스러운 농촌 생활을 암시하는 '허리 부러진 흙의 이야기'와, 노동자들의 소외된 궁핍한 삶을 암시하는 '내가 들고 오는 도시락의 무게'와 '구멍난 내 바지 가랑이의 時代'에 관한 내용을 담고 있는 '건방진 책을' 읽으며 삶의 의미를 성찰하고 있다. 즉 그는 고도 경제 성장으로부터 소외된 근로자들의 어둡고 좌절된 꿈의 세계에 대해 통찰하고 있는 것이다. 그리하여 산업 현장의 근로자들이야말로 성장의 혜택을 누려야 할 가장 큰 공로자들이나, 오히려 고통스러운 삶을 계속해야 하는 사회의 부조리와 구조적 모순에 대한 인식에 도달하게 된다.

근로자들이 떠난 '빈 공사장에 녹슨 西風이 불어 올 때 / 나도 일어서서 가야 한다면'에는 좀처럼 나아질 것 같지 않은 미래에 대한 체념적 사고가 내포되어 있으며, 그러한 자신의 삶에 대한 분노가 '미움의 짙은 때'로 쌓이게 된다. 이런 분노로 인해 역사의 법칙마저 회의하게 됨으로써 '돌아볼 아무런 歷史마저 사라진다'는 탄식을 하게 되는 것이다. 그런 의식에도 불구하고 시인은 '목에 흰 수건을 두른 저 거리의 일꾼들'이야말로 '民主의 一部, 市民의 一部'임을 극명하게 인식하고 있다. 즉 지금은 비록 정당한 대접을 받고 있지 못하지만, 그들이 바로 민주주의와 시민사회를 이룩한 중추적 계층임을 단언하는 것이다.

자신의 행복에만 급급해 살아가고 있는 산업사회의 인간들은, 자기들의 삶을 윤택하게 해 주는 근원이 근로자들의 건강한 노동에 있다는 사실을 간과하기 쉽다. 뿐만 아니라 근로자들의 궁핍한 삶을 측은한 시선으로 바라볼 뿐, 그들을 고통스럽게 만드는 장본인이 바로 자기 자신들이라는 사실도 외면해버린다. 시인이 꿈꾸는 세상은 근로자들이 정당한 대접을 받는, 즉 자신들의 삶의 의미와 가치를 인정받으며 행복하게 살 수 있는 사회다. <우리들의 糧食>에는 소외된 근로자들의 삶에 대한 긍정과 신뢰가 내포되어 있으며, 그들의 강인한 생명력과 극복의지가 우리 사회를 지탱하는 동력이라는 진실이 형상화되어 있는 것이다.

다소 엉뚱한 생각이나 이미지들을 폭력적으로 결합하는 당돌한 어법이 시의 문맥을 모호하게 만들기도 하나, 한편으로는 대상에 대한 인식의 새로움을 제시하는 신선함으로 미적 효과를 거두고 있다. 시를 음미하고 난 후부터는 일상생활에서 만나게 되는 다양한 근로자들의 삶의 모습들을 측은한 시선이 아니라, 새롭게 건강하고 아름다운 삶의 모습으로 바라보게 된다.

## 4. 사무치는 그리움으로 부르는 토속적인 연가

1
바람은 구름을 몰고
구름은 생각을 몰고
다시 생각은 대숲을 몰고
대숲 아래 내 마음은 낙엽을 몬다.

2
밤새도록 댓잎에 별빛 어리듯
그슬린 등피에는 네 얼굴이 어리고
밤 깊어 대숲에는 후둑이다 가는 밤소나기 소리.
그리고도 간간이 사운대다 가는 밤바람 소리.

3
어제는 보고 싶다 편지 쓰고
어젯밤 꿈엔 너를 만나 쓰러져 울었다.
자고나니 눈두덩엔 메마른 눈물자죽,
문을 여니 산골엔 실비단 안개.

4
모두가 내것만은 아닌 가을
해지는 서녘구름만이 내 차지다.
동구밖에 떠드는 애들의
소리만이 내 차지다.
또한 동구밖에서부터 피어오르는
밤안개만이 내 차지다.

하기는 모두가 내것만은 아닌 것도 아닌
이 가을,
저녁밥 일찌기 먹고

우물가에 산보 나온
달님만이 내 차지다.
물에 빠져 머리칼 헹구는
달님만이 내 차지다.

　　　　　　　　　　　　　－ 나태주의 <대숲 아래서>

　　1971년 ≪서울신문≫ 신춘문예의 당선작으로 <대숲 아래서>를 선정한 박목월은 나태주를 "1960년대의 한국 현대시가 지닌 난해성과 건조성을 탈피하고 70년대 벽두에 전통적인 서정시를 현대적인 감각으로 세련시키고 발전시켜 현대시의 혼매함을 극복할 수 있는 길을 보여준 시인"[20]이라고 극찬했다. 즉 1960년대에 추진된 경제 성장과 급속한 도시화의 결과, 한국사회의 산업사회화와 더불어 사회적 문화적 변동이 가속화됨으로써 문학도 당대의 풍속과 정신적 특성을 반영하게 된다. 그 결과 시문학도 서구의 현대시를 모방하거나 흉내낸, 설익은 실험적인 작품들이 주류를 이루게 됨으로써 서정성을 잃어버리고 난해한 관념의 세계 속을 헤매게 된다. 따라서 1970년대로 들어서면서 이를 극복하고 서정성을 회복하려는 시적 노력이 시도되는데, 나태주의 등장은 그 가능성을 열어주는 역할을 담당하게 되는 것이다.
　　이 시를 읽노라면 고려가요인 <청산별곡>을 물들이고 있는 비애의 정조가 떠오르며, 실연의 아픔과 사무치는 그리움을 견디고 있는 시적 화자의 아린 마음이 마치 내 것처럼 절절한 그리움으로 다가온다. 한국인의 정서 속에 고여 있는 토속적인 정서를 퍼 올려 잊혀지거나 떠나간 것들에 대한 강한 향수를 불러일으키는 것이다. 시에서 묘사되고 있는 정경들은 모두가 우리들의 추억 속에 묻혀 있는 정겨운 풍경들이다. 사무치는 그리움으로 인해 우리를 슬프게 하는 것들이기에 오히려 더욱 정겹게 느껴진다.

---

20) 朴仁基, "서정과 그리움", 韓國代表詩評說 (文學世界社, 1988) 651쪽에서 재인용.

전체가 4부분으로 구성된 시의 1-3 부분은 매 연이 각각 4행으로 조직되어 있으며, 각 행은 시적 화자의 지각에 의해 감지되는 독립된 이미지를 제시하고 있다. 반면에 결구를 이루는 4부분은 2연 13행으로 구성되어 있으며 대상을 바라보는 시적 화자의 의식의 흐름을 기술하고 있다.

1부분에는 시의 배경을 이루는 대숲의 정경이 역동적 이미지로 제시되고 있다. 대숲에 이는 바람이 구름과 낙엽을 몰고 가듯이, 바람 소리에 의해 유발되는 그리운 생각의 연쇄작용을 '구름은 생각을 몰고 / 다시 생각은 대숲을 몰고 / 대숲 아래 내 마음은 낙엽을 본다.'라고 표현하고 있는 것이다.

2부분에서는 사무치는 그리움으로 잠 못 이루는 시적 화자의 예민한 감각에 지각되는 대숲의 밤이 시각적, 청각적 이미지에 의해 제시되고 있다. '밤새도록' '그슬린 등피에' 어리는 그리운 사람에 대한 상념으로 뒤척이는 시적 화자에게, 대숲에 '후둑이다 가는 밤소나기 소리'나 '사운대다 가는 밤바람 소리'는 그리움의 정서를 더욱 증폭시키는 역할을 하고 있다.

3부분에는 대상에 대한 그리움이 소박한 정서적 수준이 아니라 시적 화자의 삶을 지배하는 절대적 요소임을 제시하고 있다. '어제는 보고 싶다 편지 쓰고'에서처럼 현실 생활에서의 그리움이, '어젯밤 꿈엔 너를 만나 쓰러져 울었다.'에서처럼 꿈속에서의 삶까지 지배하고 있으며, 이는 또 '자고나니 눈두덩엔 메마른 눈물자죽'에서처럼 현실로 돌아온 시적 화자에게 고통스러운 갈등의 흔적을 남기고 있다. 그의 삶은 온통 대상에 대한 그리움으로 지새는 나날인 것이다. 이런 고통스러운 정서를 몰아내기 위해 '문을 여니 산골엔 실비단 안개'가 가득 차, 미궁 속을 헤매는 시적 화자의 정서 상태를 더욱 심란하게 할 뿐이다.

4부분에서는 고통스러운 그리움의 정서로부터 해방되려는 시적 화자의 정신적 노력을 보여준다. '모두가 내것만은 아닌 가을'은 시적 화자가 그리움의 대상이 더 이상 자신의 것이 아니라는 현실적 인식에 도달했음을 암시한다. 그리하여 그런 그리움의 사슬로부터 벗어나 '해지는 서녘구름'과 '동구밖에 떠드는 애들의 / 소리'와 '동구밖에서부터 피어오르는 / 밤안개'와 같은 것들이 상징하는 현실적 삶의 요소들에 대해 관심과 애정을 기울이려고 하는 것이다.

이런 정신적 노력은 '하기는 모두가 내것만은 아닌 것도 아닌 / 이 가을'이라는 이중의 부정에 의해 변증법적으로 해탈의 경지로 전환된다. 시적 화자를 번민 속에 빠트려 대숲이라는 폐쇄된 공간에 갇혀 있게 했던 그리움으로부터의 해탈이 '저녁밥 일찌기 먹고 / 우물가에 산보'를 가능하게 하는 것이다. 그리고 그리움도 실연의 아픔을 준 대상으로부터 '물에 빠져 머리칼 헹구는 / 달님'으로 완전히 전이됨으로써 비로소 그 고통스러운 정서로부터 해방되는 것이다.

시인은 실연의 아픔과 그리움을 극복하기 위해, 자신을 절망에 빠트리는 그 고통스러운 정서로부터 해방되기 위해 시를 쓴다. 사무치는 그리움으로 잠 못 이루는 시인의 예민한 정서를 자극하는 대숲에 이는 바람 소리가 우리의 귓가에도 들리는 듯하다. 우물가에 쏟아져 내리는 휘황한 달빛이 잠재의식 속에 가라앉아 있는 알 수 없는 그리움과 외로움을 퍼 올려 우리의 영혼을 흠뻑 적신다. <대숲 아래서>는 시인이 혼자 숨어서 부르는 노래가 아니라, 사무치는 그리움을 앓고 있는 모든 사람들의 연가인 것이다.

## 5. 도시인들의 꿈 속에 흐르는 시골 물소리

除隊를 하고 大學을 졸업하면
나는 개나리꽃이 한닷새 마을의 봄을 앞당기는
山蘭草 뿌리 풀리는 조그만 시골에서
詩나 쓰는 가난한 書生이 되어 살려고 생각했다.

고급將校가 되어있는 국민학교 同窓과
개인회사 重役이 되어있는 어릴적 친구들이 모두 마을을 떠날 때
나는 혼자 다시 이 마을로 돌아와 탱자나무 울타리를 손질하는
樵夫가 되어 살려고 생각했다.
눈 속에서 지난해 지워진 쓴냉이 잎새가 새로 돋고
물레방앗간 뒤쪽에 비비새가 와서 울면
간호원을 하러 독일로 떠난 여자친구의 航空葉書나 기다리며
느린 下學鐘을 울리는 낙엽송 校庭에서
잠처럼 조용한 風琴소리를 듣는 二級정교사가 되어 살려고 생각했다.
용서할 줄 모르는 시간은 물처럼 흘러갔고
놀 속에 묻히는 봄보리들의 침묵이 나를 무섭게 위협했을 때
慣習의 신발 속에 맨발을 꽂으며 나는
눈에 익은 수많은 돌멩이들의 情分을 거역하기 시작했다.
염소들 불러모우는 鼻音의 말들과
부피가 작은 몇권의 國定敎科書를 거역했다.
뒷산에 홀로 누운 祖父의 산소를 한번만 바라보았고
그리고는 뛰는 버스에 올라 都市 속의 먼지가 되었다.
봄이 오면 아직도 그 골의 물소리와 아이들의 자치기 소리가
도시의 옆구리에 잠든 나의 꿈 속에
배달되지 않는 葉信으로 녹아 문지방을 울리며 흐르고 있다.
— 이기철의 <離鄕>

염무웅은 이기철의 시를 해설한 글에서 <離鄕>과 같은 뛰어난 작품
들을 읽게 된 것을 행복하게 생각한다고 말하면서, "드물게 정직하면서
도 놀랍도록 차분하게 자기 현실을 순화된 예술적 형상 속에 담아낸 이
작품들에서 필자는 말할 수 없는 깊은 감동을 받았다."[21]라고 찬탄했다.
이기철의 시편을 읽으면 필자도 늘 마음이 편안해진다. 그의 시편들에
는 우리들이 공유하고 있는 삶의 체험들이 매우 정직하면서도 실감나

---

21) 李起哲, 青山行 (民音社, 1982) 144-5쪽.

게 형상화되어 있기 때문이다.

유년시절을 전쟁이 휩쓸고 간 동해안의 바닷가 소도시에서 자란 우리 또래들은, 고향을 빙 둘러싸고 있는 태백의 준령들을 바라보며, 출세하기 위해 대관령을 넘어 서울로 갈 수 있는 날을 늘 꿈꾸었다. 구차하고 가난한 삶이 싫었을 뿐만 아니라, 그런 시골에서는 고기를 잡거나 농사를 짓는 일 이외에는 무슨 성공할 만한 일거리가 없었기 때문이다. 더군다나 소꿉놀이하던 여자애가 서울로 전학을 가버린 이후에는 남대천 제방에 나가 돌팔매질을 하며 나도 서울로 가서 성공할 것을 다짐하곤 했다. 시인처럼 '뛰는 버스에 올라 都市 속의 먼지가 되'는 삶을 동경해마지 않은 것이다.

이기철은 경남 거창 출신이다. 지리산 자락에 있는 상당히 오지에 속하는 그곳에서 그는 고등학교까지 다녔다. 시 <離鄕>에는 그 시절부터 동경하던 그의 미래의 삶에 대한 꿈으로부터의 이탈 과정이 서술되고 있다.

비록 상고를 다니기는 했지만 그는 이미 고등학교 시절에 시적 재능을 인정받아 군에서 주는 예술상을 받기도 했다. 그의 첫 번째 꿈이 '山蘭草 뿌리 풀리는 조그만 시골에서 / 詩 나 쓰는 가난한 書生이 되어 살려고 생각'하고, '다시 이 마을로 돌아와 탱자나무 울타리를 손질하는 / 樵夫가 되어 살려'는 매우 소박하고 낭만적인 것도 아마 이런 시적 재능에서 연유할 것으로 보인다. 사실 그는 '느린 下學鐘을 울리는 낙엽송 校庭에서 / 잠처럼 조용한 風琴소리를 듣는 二級정교사가' 되기 위해 교대로 진학했었다.

그러나 '마을을 떠나' '고급將校가 되어있는 국민학교 同窓과' '개인회사 重役이 되어있는 어릴적 친구들'로부터 느끼게 되는 소외감과, '간호원을 하러 독일로 떠난 여자친구'에 대한 그리움은 결국 그에게 離鄕을 결심하게 만들고 만다. '놀 속에 묻히는 봄보리들의 침묵이 나를 무섭게 위협했을 때'에는 그렇게 소외되어 있는 인간이 가지게 되는 외로움과 열등감이 얼마나 견디기 어려운 것인지에 대한 인식이 내포되어 있다.

'용서할 줄 모르는 시간은 물처럼 흘러갔고'는 바로 그런 인식에 도달하게 되는 통과의례적인 세월의 흐름을 의미하는 것이다.

그리하여 그는 시골 마을에서의 생활의 일부가 된 '눈에 익은 수많은 돌멩이들의 情分을 거역'하고, '염소들 불러모우는 鼻音의 말들과 / 부피가 작은 몇권의 國定敎科書를 거역'하게 된다. 그를 괴롭히는 외로움과 열등감을 극복하기 위해 시골생활로부터의 탈출을 시도하게 되는 것이다. 그러나 불행하게도 그러한 탈향의 결과는 '都市 속의 먼지'와 같은 생활일 뿐이다. 그와 같은 도시생활에서의 좌절과 피로가 시골생활에 대한 강한 향수를 불러일으킴으로써, '봄이 오면 아직도 그 골의 물소리와 아이들의 자치기 소리가 / 도시의 옆구리에 잠든 나의 꿈 속에 / 배달되지 않는 葉信으로 녹아 문지방을 울리며 흐르고 있'게 되는 것이다.

이 시에는 다분히 신화적인 요소가 내포되어 있다. 즉 立身揚名을 위해 고향을 떠나 미지의 세계로 나아가서 성공하여 錦衣還鄉하거나, 좌절과 실패로 인해 낙향이나 실향의식에 시달리게 되는 과정이 바로 그것이다.

시인은 출세를 위해 고향을 떠나는 친구들에 대해 부러움과 원망의 이중적 감정을 가지고 있지만, 스스로를 위로하며 그런 양가치적 정서를 극복하려는 의지를 천명한다. 그러나 떠나간 사람들로 인한 소외감과 그리움이 시골 생활로부터의 탈출을 꿈꾸게 하는데, 이는 순수 자아와 현실적 자아의 갈등을 의미한다. 즉 시골생활의 고독감, 적막감, 고립감을 견디지 못하고 탈향을 시도하게 되는 것이다. 이는 순수 자아가 도시생활에 대한 현실적 자아의 욕구에 압도되어 시골생활에 대한 부정적 인식이 심화됨을 의미하는 것이기도 하다. 그런데 탈향의 결과 도시생활자가 되었으나 시골생활에 대한 향수와 그리움에 시달리게 된다. 타락된, 좌절된 현실적 자아의 욕구로 인해 순수 자아의 세계를 다시 그리워하게 되는 것이다.

인간은 현실적 삶의 고통에 시달리게 되면 누구나 과거의 순결한 시간들, 즉 고향과 유년시절을 추억하며 스스로를 위로하는 심리적 방어

기제들을 발동시킨다. 차분하고 회상적인 어조로 자신의 離鄕 과정을 진술하고 있는 시 <離鄕>에는 우리 모두가 체험한 탈향과 귀향의식이 감동적인 언어로 형상화되어 있다.

## 6. 절망과 희망의 변증법

희망이란 말도
엄격히 말하자면
외래어일까
비를 맞으며
밤중에 찾아온 친구와
절망의 이야기를 나누며
새삼 희망을 생각했다
절망한 사람을 위하여
희망은 있는 것이라고
그는 벤야민을 인용했고
나는 절망한다 그러므로
나에게는 희망이 있다고
데카르트를 흉내냈다
그러나 절망한 나머지
스스로 목숨을 끊은 그 유태인의
말은 틀린 것인지도 모른다
희망은 결코 절망한
사람을 위해서가 아니라
희망을 잃지 않은
사람을 위해서 있기 때문이다
그렇다면 희망에 관하여
쫓기는 유태인처럼
밤새워 이야기하는 우리는
이미 절망한 것일까 아니면

아직도 희망을 잃지 않은 것일까
통금이 해제될 무렵
충혈된 두 눈을 절망으로 빛내며
그는 어둠 속으로 사라졌다
그렇다 절망의 시간에도
희망은 언제나 앞에 있는 것
어디선가 이리로 오는 것이 아니라
누군가 우리에게 주는 것이 아니라
싸워서 얻고 지켜야 할
희망은 절대로
외래어가 아니다

— 김광규의 <희망>

　인간에게 가장 힘과 용기를 주는 단어가 바로 '희망'일 것이다. 어떠한 시련과 역경에 처하더라도 그 고통을 참고 이겨낼 수 있는 것은 바로 보다 나은 내일에 대한 희망이 있기 때문이다. 희망이 사라지는 순간 인간은 절망의 나락으로 떨어질 수밖에 없으며, 결국 생명까지도 포기하게 되는 비극적 상황에 직면할 수도 있다. '희망'이야말로 인간의 삶과 죽음을 선택하는 결정소인 것이다.

　김광규의 <희망>은 우리가 결코 포기해서는 안 되는 '희망'이라는 단어의 의미와 가치를 결연한 목소리로 들려준다. 유종호는 김광규의 시세계를 평한 글에서 "익숙한 말씨와 정다운 어조로 얘기하듯 전개되는 金光圭 시는 行間의 침묵의 공간이 비좁은 대신 작품 전체가 지키고 있는 침묵과 함축의 공간은 넓다."고 하면서, 그의 시에 나타나는 자기상실과 왜소화과정에 대한 개탄은 "자신과 자신을 형성하며 조종하고 있는 생활세계의 여러 제도와 조직과 이념에 대한 폭발적이고 충격적인 깨달음으로 이어지고 이 깨달음은 자기소외와 자기상실을 넘어서는 가치에 대한 갈망으로 이어진다."[22]고 말하고 있다. 이런 점을 고려하여 시를 음미해보면 <희망>은 폭압적인 시대상황으로 인해 절망하고 있는 지식인들에게 커다란 울림을 주는 작품이라고 할 수 있다.

<희망>은 쉽게 단정할 수 없는 진실에 대한 끊임없는 회의와 복잡한 사고의 얽힘을 드러내기 위해 단연으로 처리되어 있다. 또한 휴지를 자주 두어 천천히 음미하며 읽도록 하기 위해 짧은 행으로 구성했으며, 질문에 대한 답변을 사유하는 시간을 필요로 하는 설의법도 휴지를 길게 하는 효과를 준다. 시 전체적으로 동일한 리듬과 어조의 반복이 급격한 사고와 정서의 변화를 방지하며 사고과정이 자연스럽게 진행되도록 하고 있다.

시에 구사되고 있는 문체도 사유의 폭과 깊이를 드러내는 지적인 무게를 느끼게 하는, 도시 교양인의 말씨를 드러내는 문체이다. 이는 지적인 독자를 염두에 두고 있는 언어 구사임을 알게 하며, 나아가 반체제적인 지식인을 격려하는 시처럼 들리게 한다. 즉 고통스러운 현실의 중압을 함께 견디고 있는 시적 화자가 그러한 시적 청자에게 끝까지 희망을 가지고 싸우도록 독려하는 의도가 내포되어 있음을 감지시키는 것이다. '비를 맞으며 / 밤중에 찾아온 친구'와 '쫓기는 유태인처럼', '통금이 해제될 무렵 / 충혈된 두 눈을 절망으로 빛내며 / 그는 어둠 속으로 사라졌다'가 이를 뒷받침해 준다. 그렇다고 해서 이 작품을 반체제적인 지식인의 저항시로만 읽을 필요는 없다. 희망과 절망 사이에서 고뇌하는 우리들 모두의 긴장과 갈등을 잘 형상화하고 있기 때문이다.

이 시는 부정을 통해 진실에 도달하는 부정의 변증법을 잘 보여준다. 시의 의미구조를 지탱하는 명제들이 부정의 부정을 통해 종합되고 있는 것이다. 시를 압축하면 세 개의 명제(한정 모티프)로 요약될 수 있는데, 다소 긴 이 시의 나머지 부분은 바로 세 개의 명제에 대한 보충 설명이나 장식적 어구(자유 모티프)이다.

---

22) 柳宗鎬, "시와 의식화", 반달곰에게 (民音社, 1983) 30쪽.

첫 부분에서 시인은 '절망한 사람을 위하여 / 희망은 있는 것'이라는 명제를 진술한다. 그런데 이 명제는 둘째 부분에서 '그러나'라는 연결어구에 의해 부정됨과 동시에 '희망은 결코 절망한 / 사람을 위해서가 아니라 / 희망을 잃지 않은 / 사람을 위해서 있기 때문이다'라는 반대 명제가 진술된다. 이 반대 명제도 '그렇다면'이라는 연결어구에 의해 부정적인 의문이 제기되면서, 셋째 부분에서 '그렇다 절망의 시간에도 / 희망은 언제나 앞에 있는 것'이라는 명제에 의해 부정된다. 그렇지만 이러한 부정에 대한 거듭 부정이 결코 첫째 명제로의 복귀가 아니라, 첫째와 둘째 명제의 변증법적 종합으로 지양된다. 즉 희망이 수동적으로 주어지는 것이 아니라 '싸워서 얻고 지켜야 할' 것임을 강조함으로써 '절망한 사람'이나 '희망을 잃지 않은 사람'이나 모두의 것임을 확인시키고 있는 것이다. '희망은 / 절대로 / 외래어'처럼 우리에게 낯선 언어가 아니라 '언제나 앞에 있는' 절대로 잃어버려서는 안 되는 언어인 것이다.

김병익은 김광규의 시를 "70년대 후반에 대단한 주목을 받으며 발표된 金光圭의 시들이 이같은 아류의 난해시들을 비판하고 극복하고자 한 새로운 방법론의 유일한 실천자라고까지 말하기 어렵다 하더라도, 가장 중요한 성취였다고 평가하는 데는 그리 주저할 필요가 없을 것이다."[23] 라고 하면서, 그가 그 시대의 한국시단에서 '쉬운 시'로의 싱싱한 움직임의 시작이 된다고 주장한다. 인용한 작품도 쉽기에 독자에게 그만큼 더 잘 전달되며, 독자에게 환기시키는 시적 감동도 더 커지게 마련이다.

희망이라는 단어만 보면 떠오르는 추억이 있다. 대학을 졸업하고 초급장교로 복무하던 시절이었다. 휴가를 내어 오랜만에 고향에 들러 친구들과 술을 마시게 되었다. 한창 객기가 넘치던 나이라, 세상 돌아가는 꼴에 개탄하면서도 우리들은 서로의 꿈에 대한 믿음을 호언장담하며 술잔을 비워댔다. 고향의 대포집들을 몇 차례 순례하며 취기와 호기가

---

23) 金炳翼, "정직과 단순성의 詩", 韓國代表詩評說 (文學世界社, 1983) 674쪽.

오른 우리는 마지막임을 다짐하며 역전의 유흥가로 몰려갔다. 왜 그렇게 외로움을 위로받아야 할 사람들이 많은지, 그곳 술집은 늦은 시간임에도 손님들이 넘쳐 홀에는 자리가 없었다. 그래서 단골인 친구의 주선으로 우리는 접대부들이 기거하는 안방에서 술상을 받게 되었다. 구두끈을 풀고 방에 들어서려는, 비틀거리는 내 시선에 그녀들이 화장하는 화장대 바로 위에 표구되어 있는 액자가 들어왔다. 거기에는 "생명이 있는 한 희망은 있다"라는 말이 쓰여 있었다. 그 글을 읽는 순간 취기가 확 달아나며 전율할 것 같은 감동이 용솟음쳤다. 도저히 그런 신념을 가진 여자들과 노닥거리며 술을 마실 용기가 나지 않았다. 그녀들이 단순히 술 따르는 색시가 아니라 순결한 영혼을 지닌 성녀들로 보였기 때문이다. 결국 나는 화장실에 다녀오겠다고 핑계를 대고는 바로 도망쳐 나왔다. 집으로 걸어 오는 내내 "생명이 있는 한 희망은 있다"는 말이 귓가를 울리며 내 몽롱한 의식을 후벼 팠다. 희망은 결코 아무 때나 짓거릴 수 있는 소박하고 낭만적인 어휘가 아니라, 치열한 정신과 신념을 가진 자만이 소유할 수 있는 단어라는 생각이 아프게 다가왔기 때문이다.

## 7. 우리를 눈물겹게 하는 그리운 아버지의 꿈

술국을 먹고
어둠 속을 털고 일어나
이제는 어디로 가야 하는 것일까
어린 두 아들의 야윈 손을 잡고
검은 산 검은 강을 건너
이 사슬의 땅 마른 풀섶을 헤치며
이제는 어디로 가야 하는 것일까
산은 갈수록 점점 낮아지고
새벽하늘은 보이지 않는데
사북을 지나고 태백을 지나

철없이 또 봄눈은 내리는구나
아들아 배고파 울던 내 아들아
병든 애비의 보상금을 가로채고
더러운 물 더러운 사랑이 흐르는 곳으로
달아난 네 에미는 돌아오지 않고
날마다 무너지는 하늘 아래
지금은 또 어느 곳
어느 산을 향해 가야 하는 것일까
오늘도 눈물바람은 그치지 않고
석탄과 자갈 사이에서 피어나던
조그만 행복의 꽃은 피어나지 않는데
또다시 불타는 산 하나 만나기 위해
빼앗긴 산 빼앗긴 사랑을 찾아
조그만 술집 희미한 등불 곁에서
새벽 술국을 먹으며 사북을 떠난다
그리운 아버지의 꿈을 위하여
오늘보다 더 낮은 땅을 위하여

                                     - 정호승의 〈사북을 떠나며〉

　삼십여 년쯤 전에 '철없이 또 봄눈'이 내리는 계절에 태백에서 선생을 하고 있는 친구를 만나러 광산지대인 그곳에 간 적이 있다. 석탄을 캐는 곳이기에 온통 '검은 산 검은 강'인 그곳에서, 검은 색 투성이인 아이들의 미술 작품도 구경했으며, 교대를 위해 인생의 막장을 들어가고 나오는, 석탄가루로 범벅이 된 작업복을 입은 광부들과 시장통 '조그만 술집'에서 '새벽 술국'을 먹기도 했다. 내 눈에 비친 당시의 그곳의 삶은 세상에서 도망쳐온 사람들이 또 다시 떠나기 위해 잠시 머물고 있는 듯이, 세간살이도 변변한 것이 없이 견디고 사는 집들이 대부분이어서 매우 침울하고 어수선하며 위태로워 보였다. 차라리 세상의 가장 변두리로 쫓겨난 삶이라는 것이 더 적절할 것 같았다.

<사북을 떠나며>를 읽으면, 그때 광산에서 만났던 광부들의 피곤하여 충혈된 눈 속에 빛나던 삶의 의지가 떠오른다. 그리고 배고파 우는 아들을 위해 결연히 일어서는 '아버지의 꿈'이 우리를 눈물겹게 한다. '사북'은 실제 지명이라기보다는 소외 계층의 고통스러운 삶의 현장을 지칭하는 상징적 공간이다. 즉 열악한 삶의 현장인 광산에서 행복한 삶에 대한 소박한 꿈을 이루고자 열심히 노력했으나, 질병으로 인해 실직하고, 보상금까지 가로챈 아내로부터 배신당한 광부가 처한 비극적이고 절망적인 상황이 연출되는 공간인 것이다.

시적 화자인 광부는 지금 삶의 방향 감각을 잃고 있다. '이제는 어디로 가야 하는 것일까'는 그런 절망적 상황을 암시한다. '검은 산 검은 강'과 '이 사슬의 땅'으로 비유된 열악하고 고통스러운 삶의 터전마저도 떠나야 하는 그에게, '새벽하늘은 보이지 않'듯이 가서 살만한 목적지가 없는 것이다. 아울러 '배고파 울던 내 아들아'라는 비탄의 목소리가 시적 화자의 절망적 심사를 더욱 아프게 한다.

이런 시적 화자의 절망을 극대화하는 것은 '병든 애비의 보상금을 가로채고 / 더러운 물 더러운 사랑이 흐르는 곳으로 / 달아난' 아내다. 탐욕과 이기심이 가득 찬, 인간성과 도덕성을 상실한 인간들이 모여 사는 공간, 즉 물질주의와 환락이 넘치는 병든 도시로 달아난 아내야말로 산업사회가 만들어낸 비인간성의 화신이다. 우리 사회를 위기로 몰아넣는 것은 결코 돈이나 물질이 아니라 인간다움을 보장하는 가치관의 상실이다. 도덕이나 윤리, 사랑과 믿음 등도 다 그런 인간다움을 보장하는 가치관의 범주에 속한다. 사랑하는 아내와 아들과 함께, 비록 가난하고 힘들지만 오순도순 정답게 살고자 하는 아버지의 소박한 꿈인 '석탄과 자갈 사이에서 피어나던 / 조그만 행복의 꽃'은 이런 비인간성에 의해 무참하게 짓밟혀버린 것이다.

그런 절망적 상황에도 불구하고 '그리운 아버지의 꿈'은 결코 포기하거나 변경할 수 없는 순수하고 절대적인 것이다. 그것은 곧 서로 사랑하는 화목한 가정과 행복한 삶에 대한 꿈이며, 나아가 소외계층의 고통스러운 삶의 현실에 대한 사회적 관심을 촉구하여 서로 사랑을 나누며 고통을 위로해 주는, 그리하여 모두가 행복하게 살아갈 수 있는 세상에 대한 꿈이기도 하다. '날마다 무너지는 하늘 아래' '눈물바람은 그치지 않'지만, '또다시 불타는 산 하나 만나기 위해 / 빼앗긴 산 빼앗긴 사랑을 찾아' 떠나는 것은 바로 그런 그의 꿈을 이루기 위해서인 것이다.

<사북을 떠나며>는 절망적 상황 즉 생존의 한계상황에 갇혀 있는 사람들의 방향성을 상실한 삶을, 광부의 삶을 통해 형상화한 작품이다. 여기에는 우리 시대의 상실된 인간성에 대한 고발도 내포되어 있다. 무엇보다도 절망적 상황에서도 삶에의 의지를 포기하지 않는 '그리운 아버지의 꿈'이 우리들의 마음을 촉촉이 적신다. 꿈을 이루고자 하는 치열한 정신이야말로 인간다움의 극치인 것이다.

## 8. 가난한 삶을 견디게 하는 내일에 대한 희망

> 춥고 가난한 겨울을 위해
> 남들은 다 버리는 무우청을 엮는다.
> 갈수록 쓰임새와 먹새가 늘어
> 가계부는 붉게 얼룩져도
> 아내는 부끄럼을 감추고
> 이웃집 것까지 거둬 모은다.
> 배추, 무우값이 똥값인데
> 요즘도 시래길 다 먹느냐며
> 수입식품만 먹는
> 기름진 이웃들 틈에서
> 우리는 자꾸만 난장이가 된다.
> 주눅이 들면 안 된다고
> 그래도 아내는 열심히 뛴다.
> 구수한 황토 냄새

고향 맛을 그대로 간직한 시래기가
진귀한 듯 진귀한 듯
바라보는 아이들 곁에서
나는 허리끈을 졸라매듯
매듭을 꼭꼭 조여 맨다.
내일, 내일, 내일……
아내와 내가 믿는 내일은
따습고 밝을 것인가
시래기국처럼 구수할 것인가
생각하며 무우청을 엮는다.

― 임홍재의 <무우청을 엮으며>

임홍재는 해방 이후에서 1970년대에 이르는 어둡고 절망적인 시대를 살아야 했던 한국인들의 삶의 고통을 서정시로 형상화하는 데 성공한 시인 중의 한 사람이다. 한국적 삶의 애환을 토속적 정서로 노래하는 일은 한국의 현대시가 감당해야 할 중요한 사명이다. 임홍재의 시에는 궁핍한 시대에 반응한 우리의 정서가 살아 숨 쉬는 우리말로 표현되어 있어 진한 감동을 불러일으킨다. 그의 시는 그가 태어나서 자란 농촌마을과 가난에 찌든 삶, 그리고 혼란하고 어두웠던 사회상황과 밀접하게 관련된다. 그의 시에 제시된 서정적 자아의 체험세계는 바로 우리의 과거 속에 매몰되어 있는 역사적 진실들이다. 그의 시적 진술은 단순한 서정의 토로가 아니라 독자를 그의 시대에 대한 역사적 인식의 장으로 이끄는 장력을 지닌다. 또한 서구화, 산업화의 뒷전으로 밀려나고 있는 토속적 정서가 물씬 풍겨 나와 진솔하고 아름다운 우리 것에 대한 강한 향수를 불러일으킨다.

임홍재는 그가 이룬 시적 성과에 비해 문학적 연구나 비평의 대상으로서는 별로 주목을 받지 못했다. 시를 쓴다는 일이 세상의 관심거리가 되지 못하던 시절에 38세의 젊은 나이로 요절했기 때문이다. 김우창의

"任洪宰는 서민의 괴로운 삶을 진솔하고 다양한 공감력으로 표현하였다. 서민의 애환을 그만큼 있는 그대로 표현하고 또 선의의 필요를 강조한 시인도 많지 않을 것이다."[24]라는 말이 아니더라도 우리는 그의 시를 통해 그가 동시대의 역사 속에 내포되어 있는 삶의 진실들을 얼마나 탁월하게 서정시로 형상화하고 있는지를 확인할 수 있다. 그는 분명 서구적인 감각과 이론에 의한 시가 주류를 이루던 1970년대의 한국시단이 거둔 중요한 시적 성과의 한 부분을 차지한다고 볼 수 있다.

농사거리가 넉넉지 못한 빈농의 아들인 임홍재는 유년시절부터 몸서리치는 가난을 견디며 살아야 했다. 두 살 무렵의 사고로 인해 평생 병치레를 해야 했던 그 때문에 집안의 가계는 더욱 궁핍해질 수밖에 없었으며, 가난과 배고픔, 병마와 눈물로 점철된 유년시절의 절망의 체험은 그의 시의 원형질적 요소로서 그의 시를 관류하는 부정적 세계인식의 動因이다. 대학을 졸업하고 서울에서 마을문고 편집부에 근무하면서 木月의 주례로 결혼하여 가정을 이루지만, 도시의 변두리에서 여전히 가난하고 고달픈 생활을 영위할 수밖에 없었다. <무우청을 엮으며>는 그 무렵의 그의 생활상을 여실히 보여준다.

그의 작품의 시적 화자는 대부분 '나'다. 따라서 시의 내용도 자아성찰적인 성격이 강하며, 자신의 생활에서의 절실한 체험을 진술하는 경우가 많다. 또한 가족 구성원들의 삶의 태도를 통해 현실의 부조리성을 면밀히 관찰하는 작품들이 많은데, 인용한 시에도 가난한 살림을 꾸려가고 있는 '아내'와 가난 때문에 주눅이 든 '아이들'과 더 나은 내일을 기약할 수 없는 자신의 삶으로 인해 실의에 빠져 있는 시적 화자인 '나'가 중요한 시적 대상이다.

무청을 말린 시래기는 가난한 시골에서는 매우 중요한 겨울 양식이었다. 그러나 고도 경제 성장을 통해 살림살이가 윤택해지면서 도시에

---

24) 金禹昌, "任洪宰의 詩", 청보리의 노래 (文學世界社, 1980) 22쪽.

서는 빈민들이나 먹는 반찬거리로 전락하고 말았다. 따라서 '춥고 가난한 겨울을 위해 / 남들은 다 버리는 무우청을 엮는다.'는 것은 시적 화자의 생활이 그만큼 궁핍하다는 것을 나타낸다.

그런데 시적 화자의 고통은 그런 가난보다는 이웃으로부터 모멸감을 느끼게 하는 상대적 빈곤감이다. '배추, 무우값이 똥값인데 / 요즘도 시래길 다 먹느냐며 / 수입식품만 먹는 / 기름진 이웃들 틈에서 / 우리는 자꾸만 난장이가 된다.'가 이를 입증하고 있다. 모두가 가난하던 시절에는 시래기를 먹는 것이 별로 부끄러운 일이 아니었지만, 시래기를 좀처럼 먹지 않게 된 세상에서는 '남들은 다 버리는' 그것을 가져다 먹는 것이 다소 부끄러울 수밖에 없는 것이다. 더구나 '수입식품만 먹는 / 기름진 이웃'을 부러운 눈으로 바라보는 아이들을 생각하면 가난과 자신의 무기력이 더욱 원망스럽게 된다.

이런 시적 화자의 고통을 더욱 눈물겹게 하는 것이 '부끄럼을 감추고 / 이웃집 것까지 거둬 모으'는 '아내'다. '주눅이 들면 안 된다고' '열심히 뛰'는 억척스러운 아내의 모습이 시적 화자가 감지하는 삶의 비애를 더욱 증폭시키는 것이다.

그러나 시인은 결코 가난에 좌절하지는 않는다. '구수한 황토 냄새 / 고향 맛을 그대로 간직한 시래기'의 '매듭을 꼭꼭 조여 매'면서 '따숩고 밝을', '시래기국처럼 구수할' 내일을 꿈꾼다. 비록 가난에 시달리지만 희망을 잃지 않고 성실하게 살아가는 시인의 생활 태도가 잘 드러나고 있는 것이다.

임홍재의 시는 토속적인 이미지의 효과적인 사용을 통해 恨을 견디며 살아가는 전형적인 서민의 삶을 형상화하는 데 성공하고 있다. 이에는 민중적 정서에 맞는 우리말의 미적 효과를 절묘하게 구사한 것도 크게 작용한다. 사실 그의 시는 유년시절부터 견디어 온 가난과 병마의 고통을 잠재우기 위한 한풀이적인 성격이 강하다. 대부분의 그의 시에서 그러한 억압적 정서로부터 해방되려는 의도를 감지할 수 있다. <무

우청을 엮으며>도 가난으로 인한 삶의 비애를 극복하고자 하는 자기 위안의 목소리를 느낄 수 있는 것이다. 그런데 이런 가난한 삶의 비애는 시인 개인에게 국한되는 것이 아니라 동시대인들 모두의 것이기에 우리를 공감시켜 눈물겹게 하는 것이다.

요즘은 오히려 시래기가 건강식품으로 각광을 받고 있다. 부자들의 식탁에도 건강식품과 향수식품으로 버젓이 오르는 세상이 된 것이다. 그런데 잘살게 되면서 먹지 않던 시래기를, 더 잘살게 되면서 다시 먹게 된 아이러니컬한 음식 문화의 내면에는 가난한 시절의 따뜻하고 구수했던 인간미와 성실했던 삶의 태도를 음미하고자 하는 정신적 향수 때문일 거라는 추론을 해본다.

## 9. 일상성에 의해 마비된 의식의 일깨움

> 그날 아버지는 일곱시 기차를 타고 금촌으로 떠났고
> 여동생은 아홉시에 학교로 갔다 그날 어머니의 낡은
> 다리는 퉁퉁 부어올랐고 나는 신문사로 가서 하루 종일
> 노닥거렸다 前方은 무사했고 세상은 완벽했다 없는 것이
> 없었다 그날 驛前에는 대낮부터 창녀들이 서성거렸고
> 몇 년 후에 창녀가 될 애들은 집일을 도우거나 어린
> 동생을 돌보았다 그날 아버지는 未收金 회수 관계로
> 사장과 다투었고 여동생은 愛人과 함께 음악회에 갔다
> 그날 퇴근길에 나는 부츠 신은 멋진 여자를 보았고
> 사람이 사람을 사랑하면 죽일 수도 있을 거라고 생각했다
> 그날 태연한 나무들 위로 날아 오르는 것은 다 새가
> 아니었다 나는 보았다 잔디밭 잡초 뽑는 여인들이 자기
> 삶까지 솎아내는 것을, 집 허무는 사내들이 자기 하늘까지
> 무너뜨리는 것을 나는 보았다 새占 치는 노인과 便桶의
> 다정함을 그날 몇 건의 교통사고로 몇 사람이
> 죽었고 그날 市內 술집과 여관은 여전히 붐볐지만

아무도 그날의 신음 소리를 듣지 못했다
모두 병들었는데 아무도 아프지 않았다

— 이성복의 <그날>


이성복은 1952년 생으로 경북 상주 출신이다. 경기고를 거쳐 서울대 불문학과를 졸업한 그는 초등학생 시절부터 글재주가 뛰어나 여러 백일장에서 상을 타곤 했다. 문리대 문학회에서 활동하면서 황지우와도 친분이 두터웠으며, 이때 김수영의 시에 심취했다고 한다. 그의 시에 나타나는 김수영의 시풍은 바로 그 시절 받은 감명의 결과인 것이다.

황동규는 이성복의 시세계를 분석한 글에서, "李晟馥의 시를 읽고 당황한 사람도 많으리라 생각된다. 지난 십여 년간 우리가 길들여져 있는 몇 가지 유형의 시 어느 것에도 맞지 않는 것이다. 표면적으로 그는 金洙暎과 비슷하면서도 金洙暎에게서 볼 수 있는 思辨的인 요소를 극도로 줄이고 있다. 그보다는 자유로운 聯想과 그 연상을 따르는 意識이 그의 시의 主調를 이룬다. 그 연상은 그러나 심리적으로 긴밀한 연결의 고리를 가지고 있는 연상이다."25)라고 하면서, 그의 시의 특징으로 당돌한 이미지와 생각들의 자연스러운 연쇄반응과 그런 이미지의 연쇄반응이 일으키는 속도감을 든다. 아울러 그런 연상 작용으로 인해 이성복을 초현실주의자로 부르기 쉽지만, 기법에만 관심을 가지고 흉내 낸 서툰 말장난이 성한 초현실주의 시와는 구별해야 함을 지적하고 있다.26) 사실 이성복의 시에는 다분히 초현실주의적인 시풍이 느껴지는 작품이 많다. 자동기술법처럼 느껴지는 연상 작용을 통한 이미지의 나열이나 당돌한 어법과 수사, 환타지 소설 같은 이해하기 힘든 상황 묘사와 이미지의 배열, 시에 대한 고정관념을 깨트리는 문법의 파괴 등이 그런 판단을 가능하게 하는 것이다. 그러나 그는 황동규의 평가처럼 결코 기법을 흉

---

25) 黃東奎, "幸福 없이 사는 훈련", 뒹구는 돌은 언제 잠 깨는가 (文學과 知性社, 1983) 114쪽.
26) 같은 글, 116-117쪽 참조.

내 내는 데만 관심을 가진 딜레탕트 초현실주의자가 아니다.[27]

작품 <그날>은 무의미하게 흘러가는 듯 한 일상적 삶에 대한 정밀한 관찰이다. 그러한 관찰을 통해 일상성에 너무도 익숙한 나머지 사회의 부조리와 모순을 감지하는 비판적 통찰력이 마비된, 시적 화자의 의식을 일깨우려는 의도가 드러난다. 작품에 구사된 운율과 문법의 파괴도 경화된 의식을 깨트리려는 의도가 반영된 기법으로 볼 수 있다.

전체적으로 시적 대상을 관찰하여 묘사하는 시적 화자의 어조는 매우 냉소적이다. '아버지' '여동생' '어머니'와 같은 가족 구성원들 간에도 애정이 결여된 관계처럼 기술하고 있다. 이것은 본질적으로 인간에 대한 불신이나 부정적 시각을 감지시킨다. '어머니의 낡은 / 다리는 퉁퉁 부어올랐고 나는 신문사로 가서 하루 종일 / 노닥거렸다'나 '아버지는 未收金 회수 관계로 / 사장과 다투었고 여동생은 愛人과 함께 음악회에 갔다'가 그 예다. '나'와 '여동생'이 '어머니'와 '아버지'의 고통에 무관심할 수 있다는 것이 바로 현대인의 비인간성을 암시하는 것이다. 이는 가족 구성원을 결속시키는 윤리의식의 붕괴를 드러내는 것이기도 하다.

시의 곳곳에 배치되어 있는 역설적 상황은 우리 사회의 모순과 부조리를 드러내는 극적 효과를 거두고 있다. '前方은 무사했고 세상은 완벽했다 없는 것이 / 없었다'는 진술과 병치되고 있는 '그날 驛前에는 대낮부터 창녀들이 서성거렸고 / 몇 년 후에 창녀가 될 애들은 집일을 도우거나 어린 / 동생을 돌보았다'는 진술은 앞의 진술이 언어적 아이러니임을 파악케 한다. 대낮부터 창녀들이 서성거리는 세상이 결코 무사하고 완벽한 세상이라고 볼 수 없기 때문이다. 또 집안일과 동생을 돌보고 있는 성실한 소녀를 '몇 년 후에 창녀가 될 애들'로 단정한 것은 현대사회의 타락한 성문화에 대한 공격적 의도를 보여준다. '사람이 사람을 사랑하면 죽일 수도 있을 거라고 생각했다'라든가 '모두 병들었는데 아무

---

27) 같은 글, 117쪽 참조.

도 아프지 않았다'도 그런 의도를 감지시킨다. 극심한 가치의 혼돈이 벌어지고 있는 세상은 분명히 병든 세상인데, 그런 가치의 혼돈을 정당화하면서 모두가 아프지 않은 것처럼 살아가고 있는 것이다. 이는 평화로워 보이는 세상의 내부에서 벌어지고 있는 엄청난 비극이 방치되고 있는 현실에 대한 통열한 풍자이기도 하다.

대부분의 소시민들은 현실적 삶의 고통에 압도된 나머지 그 고통의 원인에 대해서는 도무지 무관심한 사람처럼 살아간다. 이는 삶의 진실을 파악할 수 있는 능력이나 부조리하고 모순된 현실의 고통을 극복할 수 있는 방법이 결여되어 있기 때문이다. 이성복은 바로 이런 일상성 속에 매몰되어 있는 사소한 사건들의 의미를 포착함으로써 현대사회가 안고 있는 모순과 부조리를 드러내려는 것이다. '잔디밭 잡초 뽑는 여인들이 자기 / 삶까지 솎아내는 것을, 집 허무는 사내들이 자기 하늘까지 / 무너뜨리는 것을 나는 보았다'는 그런 모순과 부조리의 심각성을 인지하지 못하고 살아가고 있는 현대인들에 대한 경고이기도 하다.

'아무도 그날의 신음 소리를 듣지 못'하는 것은 그만큼 현대인들이 자신이 속한 사회의 병리적 현상에 대해 무관심하고, 자신의 행복에만 급급해서 살고 있다는 것을 암시한다. 시인은 우리 사회의 문제가 바로 이런 방관자적 태도와 극단적인 이기주의에 있음을 간파한 것이다. 그는 바로 그런 환부나 상처를 진단하기 위해 일상적 삶에 대한 면밀한 관찰을 시도한다. 그래야만 치유의 방법을 찾을 수 있기 때문이다.

<그날>의 시적 화자가 관찰하고 있는 일상적 삶은 바로 나 자신의 삶이다. 우리사회의 제반 병리적 현상과 타락한 가치관들을 명료하게 인식하고 있으면서도, 그런 것들과 아무렇지도 않게 타협하며 살아가고 있다. 그것이 내 '삶까지 솎아내는 것'이고 내 '하늘까지 / 무너뜨리는 것'임을 미처 인식하지 못하는 것이다. '모두가 병들었는데 아무도 아프지 않았다'는 시의 결구가 길고 깊게 내 양심에 여운을 남긴다.

## 10. 억압된 정서로부터 해방시키는 언어의 마력

이제 내 말은
나의 슬픔도 그대의 설움도
잠재우지 않는다
바람이 바람을 잠재우지 않고
슬픔이 슬픔을 잠재우지 않는다
슬픔을 위한 말,
슬픔을 꾸미는 말,
모든 어둠의 下手人인
슬픔에 봉사하는 말,
그대와 나의 가장 깊은 곳에 회오리치던
슬픔의 찌꺼기인 눈물도
나의 것이 아니다 이제 내 말은
슬픔을 알아버렸다
가슴 쥐어뜯는 사랑도
이별도 알아버렸다
내 말은 허공을 떠돌지 않고
내 말은 죽지 꺾인 물새처럼
바다로 가서 혼자 울지 않는다
이제 내 말은
더 이상 슬퍼하지 않는다

—정희성의 〈이제 내 말은〉

인간이 발명한 가장 유용한 도구는 언어라고 할 수 있다. 인간의 정신 활동, 나아가 문화적인 또는 사회적인 제반 활동을 가능하게 하는 것이 바로 언어에 의한 의사소통을 매개로 하기 때문이다. 그런데 인간이 발명한 도구인 언어가 때로는 인간의 사고나 정서에 매우 심각한 영향을 주기도 한다. 문학이 지닌 효용론적인 기능도 이와 관련된다고 볼 수 있다. 사실 문학의 중요한 기능 중에 하나로 정서를 표현함으로써 그러한 정서의 억압으로부터 해방되거나 탈출하는 것을 들 수 있다. 아리스토텔 레스가 문학이 격렬한 정서의 과잉상태를 적절히 진정시켜 정서의 조화 로운 균형 상태를 회복시키는 카타르시스를 가져온다는 말은 고전적 정 설이 되었다. 일상생활에서 우리는 답답하고 괴로운 문제에 직면했을 때 신뢰할 수 있는 사람과의 대화를 통해 심리적인 안정을 얻게 되는 경우 가 흔하다. 즉 고통스럽게 하는 문제에 대해 말을 함으로써 그로 인한 고통스러운 정서로부터 다소 해방될 수 있는 것이다. 동서양에 공존하고 있는 다음 설화는 말이 주는 카타르시스 기능을 입증하는 좋은 예다.

> 왕이 왕위에 오르자, (왕의) 귀가 갑자기 길어져서 나귀의 귀와 같 았다. 왕후와 궁인들은 다 알지 못하고 오직 幞頭匠 한 사람만 알고 있었으나 평생토록 말하지 않더니 그 사람이 죽을 때에 道林寺의 대밭 속 사람 없는 곳에 들어가 대를 향해 외쳤다. "우리 임금의 귀는 나귀 의 귀와 같다." 그 후에 바람이 불면 댓소리도 "우리 임금의 귀는 나귀 의 귀와 같다."고 하였다. 왕이 이 소리를 싫어하여 이에 대를 베어 버 리고 대신 山茱萸를 심었더니, 바람이 불면 다만 "우리 임금의 귀는 길 다."고만 하였다.[28]

> Apollo와 Pan이라는 神 사이에 벌어진 음악 경연대회의 심판으로 지 명된 Phrygia왕 Midas는 Pan편을 들었다가 Apollo의 노여움을 샀다. Apollo는 Midas의 귀가 우둔하다 하여 그의 귀를 나귀의 귀로 변하게 했다. Midas는 특별하게 만든 모자로 그것을 감추지만 그의 머리를 깎 는 하인은 그것을 보지 않을 수 없었다. 그 하인은 비밀을 결코 말하 지 않을 것을 엄숙히 맹세하지만 그것은 그에게 참기 힘든 고통이었 으므로 , 그는 들판에 나가 구멍을 파고 그 안에 대고 나직히 "Midas왕 의 귀는 나귀의 귀다."라고 말했다. 그러자 그는 해방의 안도감을 느끼 게 되었고, 그 구멍을 메워버렸다. 그러나 봄이 되어 그곳에 갈대가 자 랐으며 바람에 흔들릴 때마다 그 파묻힌 말을 소근거림으로써 그 가

---

28) 李丙燾譯, 三國遺事 卷二 四十八 景文大王(大洋書籍, 1980) 164쪽.

런하고 어리석은 Midas왕에게 어떠한 일이 일어났는지를, 또 신들이
경쟁할 때에는 강자의 편을 드는 것이 유일한 안전한 길이라는 진리
를 인간에게 폭로했다.[29]

인용한 두 개의 설화는 동질적인 의미구조를 지닌다. 즉 자기만이 알
고 있는 비밀을 누군가에게 말하고자 하는 욕망이 얼마나 절박한 것이
며, 그러한 억압된 정서를 말로 표현하는 것이 카타르시스의 좋은 방법
이라는 것을 보여주는 상징체계인 것이다.

정희성의 <이제 내 말은>이란 시는 '말'의 정서적 기능을 해명하는
데 매우 유용한 작품이다. 물론 이런 말의 정서적 기능을 제대로 이해
하기 위해서는 시에서 사용되는 아이러니에 대한 정확한 해석이 필요
하다. '이재 내 말은 / 나의 슬픔도 그대의 설움도 / 잠재우지 않는다'는
것은 시적 화자가 처한 특별한 상황으로 인해 '말'이 일종의 제약 속에
갇혀버림으로써 그 본질적 기능을 상실하게 되었음을 암시한다. 즉 정
치적 억압이나 언론에 대한 규제로 인해 사회의 모순과 부조리에 대해
진실한 발언을 함부로 할 수 없는 시대 상황을 추론할 수도 있다. '슬픔'
은 그런 시대상황을 인지하는 시인이 가질 수 있는 보편적 정서다. 그
러므로 '슬픔을 위한 말, / 슬픔을 꾸미는 말,'이나 '슬픔에 봉사하는 말'
은 모두 사회의 모순과 부조리에 대해 시인이 하고 싶은 말을 의미한
다. 즉 자유를 억압하는 시대적 상황으로 인해 고통스러운 삶을 살고
있는 동시대인들의 슬픔을 위로하고자 하는 시인의 다양한 노력을 의
미하는 것이다.

그런데 '그대와 나의 가장 깊은 곳에 회오리치던 / 슬픔의 찌꺼기인
눈물도 / 나의 것이 아니다'라는 것은 대사회적 발언을 하지 못하고 그
저 슬퍼만 하는 행위는 무의미한 것임을 인식한 결과다. 즉 말하고 싶

---

29) E. Hamilton, <u>The Mythology</u> (The New American Library, 1969) 278-279에서 발췌 번역한
   내용임.

은 의지와 슬픔이라는 정서가 분리되어 있는 상태를 암시하는 것으로, 사회의 모순과 부조리에 대해 슬퍼하는 정서조차도 표현할 수 없는 현실의 폭압성을 내포한 진술로 볼 수 있다. 따라서 시적 화자는 '슬픔'과 '가슴 쥐어뜯는 사랑도 / 이별도 알아버'린 고통스러운 상황을 극복하기 위해 '허공을 떠돌'거나 '죽지 꺾인 물새처럼 / 바다로 가서 혼자 우'는 공허한 행동에서 벗어나, 세속적인 슬픔을 초월한 침묵의 경지로 몰입함으로써 '더 이상 슬퍼하지 않는' 깨달음의 세계에 이르는 것이다.

시인은 말을 부려서 인간을 감동시키는 마술사같은 존재라고도 할 수 있다. 우리가 살아가면서 직면하게 되는 다양한 시련과 고난의 시간들은 때로는 우리를 절망적인 슬픔의 정서 속으로 함몰시킨다. 그런데 좋은 시들은 우리에게 그런 절망적인 슬픔으로부터 헤어 나올 수 있는 용기와 힘을 주고, 미래에 대해 희망을 잃지 않도록 따뜻한 위로가 되기도 한다. 우리들의 '슬픔'과 '가슴 쥐어뜯는 사랑도 / 이별도 알아버'린 시인의 언어가 그런 고통스러운 정서로부터 해방될 수 있도록 우리의 영혼을 이끌게 되는 것이다. 그리하여 우리로 하여금 '더 이상 슬퍼하지 않는' 정서적인 안정과 균형 상태를 유지하게 하는 것이다.

## 11. 역사적 시간을 건너온 그리움과 恨

### 제1신

아직은 미명이다. 강진의 하늘 강진의 벌판 새벽이 당도하길 기다리며 죽로차를 달이는 치운 계절, 학연아 남해바다를 건너 牛頭峰을 넘어오다 우우 소울음으로 몰아치는 하늬바람에 문풍지에 숨겨둔 내 귀 하나 부질없이 부질없이 서울의 기별이 그립고, 흑산도로 끌려가신 약전 형님의 안부가 그립다. 저희들끼리 풀리며 쓸리어가는 얼음장 밑 찬 물소리에도 열 손톱들이 젖어 흐느끼고 깊은 어둠의 끝을 헤치다 손톱마저 다 닳아 스러지는 謫所의 밤이여, 강진의 밤은 너무 깊고 어둡구나. 목포, 해남, 광주 더 멀리 나간 마음들이 지친 봉두난발을 끌

고와 이 악문 찬 물소리와 함께 흘러가고 아득하여라, 정말 아득하여
라. 처음도 끝도 찾을 수 없는 미명의 저편은 나의 눈물인가 무덤인가
등잔불 밝혀도 등뼈 자옥이 깎고 가는 바람소리 머리 풀어 온 강진 벌
판이 우는 것 같구나.

### 제2신

　이 깊고 긴 겨울밤들을 예감했을까 봄날 텃밭에다 무우를 심었다.
여름 한철 노오란 무우꽃이 피어 가끔 벌, 나비들이 찾아와 동무해주
더니 이제 그 중 큰 놈 몇 개를 뽑아 너와지붕 추녀 끝으로 고드름이
열리는 새벽까지 밤을 재워 무우채를 썰면, 절망을 썰면, 보은산 컹컹
울부짖는 승냥이 울음소리가 두렵지 않고 유배보다 더 독한 어둠이
두렵지 않구나. 어쩌다 폭설이 지는 밤이면 등잔불을 어루어 詩經講義
補를 엮는다. 학연아 나이가 들수록 그리움이며 한이라는 것도 속절이
없어 첫해에는 산이라도 날려보낼 것 같은 그리움이, 강물이라도 싹둑
싹둑 베어버릴 것 같은 한이 폭설에 갇혀 서울로 가는 길이란 길은 모
두 하얗게 지워지는 밤, 四宜齋에 앉아 시 몇 줄을 읽으면 세상의 법
도 왕가의 법도 흘러가는 법, 힘줄 고운 한들이 삭아서 흘러가고 그리
움도 남해바다로 흘러가 섬을 만드누나.
　　　　　　　 — 정일근의 <유배지에서 보내는 정약용의 편지>


　1985년 《한국일보》신춘문예 당선작인 정일근의 <유배지에서 보내는
정약용의 편지>는 매우 독특하다. 200여 년의 역사적 시간을 뛰어넘어
1801년(신유년) 황사영백서사건으로 강진으로 유배가 있던 다산 정약용을
시적 화자로 등장시켜, 유배지의 외로움과 적막감, 그리고 가족에 대한
그리움과 선비의 한을 진술하고 있기 때문이다. 따라서 시를 제대로 이해
하기 위해서는 몇 가지 다산의 전기적 사실에 대한 지식이 필요하다.
　편지의 수신자인 '학연'은 다산의 장남이다. 1783년 9월생이니 다산이
강진에 유배가던 1801년에는 열아홉의 청년이었다. 다산이 두 번째 거
처인 보은산방에 머물던 1805년 겨울에는 다산에게로 가서 함께 기거

하며 周易과 禮記를 배우기도 했다.

정약전은 다산의 둘째 형님으로 그의 학문을 알아주고 격려해주던 지기이기도 하다. 그는 황사영백서사건으로 인해 다산과 함께 귀양길에 올라 흑산도로 유배를 가게 되며, 그곳 적소에서 유명을 달리하게 된다.

詩經講義補는 유배 기간에 쓴 시경에 대한 3권으로 된 책이다.

四宜齋는 다산이 강진으로 유배를 가서 처음 4년을 기거한 오두막이다. 이에 대해서는 다음 글을 참고하는 것이 유용하다.

> 강진에 도착했을 때, 유배초기인지라 인심은 싸늘했다. 한 늙은 주모의 도움으로 머무른 곳이 동문 밖 주막(酒家)이었다. 이곳에서 1805년 겨울까지 약 4년간 거처했다. 감시의 눈도 심했고 무고도 있었다.
> 다산은 주막 골방에서 머물면서 주막집을 '동천여사(東泉旅舍)'라 일컬었는데, 42세 때 동짓날 자기가 묵던 작은 방을 사의재(四宜齋)라 불렀다. 생각을 담백하게 하고, 외모를 장엄하게 하고, 언어를 과묵하게 하고, 행동을 신중하게 하겠다는 뜻이다.[30]

또한 다산은 유배 생활 중에도 개인적 불행을 비관하기보다는 나라와 백성들에 대한 근심이 더 많았다. 유배생활 중 이룩한 학문적 성취는 이런 그의 시대의식의 소산이다.

> 다산은 유배생활의 고초를 묵묵히 받아들이고 독서와 저술에 열중했다. 다산은 먼저 예학과 주역을 공부했다. 경학에 힘써 당시의 지배 이데올로기였던 주자 성리학을 극복하고자 했다. 관념론이 아닌 실천론으로서의 경학이었다.
> 다산은 개인적 슬픔에 빠져 있지 않고 어두운 시대에 아파했다. 사실 다산이 겪는 고초는 개인의 잘못이 아니라 불의(不義)의 시대에 태어난 탓이었다. 그의 시문은 민초들의 고통을 그대로 담아내었다. 농

---

30) http : //www.edasan.or.kr의 다산연구소가 소개한 '다산의 생애' 중 '유배시절'에서 발췌한 내용임.

민들의 착취와 압제의 실상을 목격하고, 농촌현실에 근거한 문제의식
과 그 해결을 위한 저술에 몰두했다. 31)

이처럼 다산은 자신이 처한 시대의 모순과 부조리를 투철하게 인식
한 한국사에서는 가장 탁월한 지식인이었다.

인용한 작품은 정일근의 첫 시집인 ≪바다가 보이는 교실≫에 실려
있다. 그 첫 시집의 後記에서 그는 다음과 같이 말하고 있다.

> 시는 나의 발언이다. 내가 보고, 듣고, 느끼고, 생각한 모든 것을 시
> 라는 형식을 통해 발언하는 것이다. 내가 살고 있는 이 시대에 대해
> 정직하게, 성실하게 발언하는 것이다. 나의 발언의 대부분이 슬픔과
> 절망, 좌절이 주조를 이루고 있지만 나는 이 발언을 멈추지 않을 것이
> 다. 이 숭고한 작업은 이미 오래 전부터 많은 분들에 의해 오늘에 이
> 어지고 있고 우리가 죽어 사라진 먼 훗날에도 또 누군가에 의해 끊임
> 없이 이어질 것이다.32)

시인은 동시대인들이 느끼는 슬픔과 절망과 좌절에 대해 발언하고자
한다. 이런 시적 의도가 오랜 역사적 시간을 거슬러 올라가 한국사의
가장 탁월한 지식인이었던 정약용의 인간적인 슬픔과 절망에 대해 말
하게 하는 것이다. 유배지에 갇힌 신세로서 고향에 있는 장남인 '학연'
에게 보내는 편지 형식으로 되어 있는 시에는 가족에 대한 절절한 그리
움과 현실 상황에 절망한 한이 절묘하게 교직되어 다산의 인간적인 면
모를 잘 형상화하고 있다.

제1신에 나오는 '죽로차를 달이는 치운 계절'은 다산이 견디고 있는
고통스러운 현실을 암시한다. 그런 겨울 추위를 견디며 그는 '부질없이
서울의 기별이 그립고, 흑산도로 끌려가신 약전 형님의 안부가 그립다.'

---

31) 앞의 글에서 인용한 내용임.
32) 정일근, 바다가 보이는 교실 (창비, 2005) 141쪽.

고 토로한다. '謫所의 밤'이 몰아오는 '깊은 어둠'과 외로움을 달래줄 수 있는 가족들의 안부와 세상 돌아가는 소식들을 조바심치며 기다리는 것이다. 그러나 기다려도 오지 않는 '기별' 때문에 '강진의 밤은 너무 깊고 어둡구나'라는 탄식을 하게 되고, '처음도 끝도 찾을 수 없는 미명' 속을 헤매게 되며, 결국 '바람소리 머리 풀어 온 강진 벌판이 우는 것 같구나'라는 비애의 정조 속으로 함몰하게 되는 것이다.

제2신에는 그런 비애를 극복하려는 다산의 구체적인 노력들이 제시된다. 외로움을 견디기 힘든 '긴 겨울밤들을 예감'하고 '봄날 텃밭에 무우를 심'고, '고드름이 열리는 새벽까지 밤을 재워 무우채를' 썬다. 그렇게 '절망을 썰면' '유배보다 더 독한 어둠이 두렵지 않'게 되는 것이다. '詩經講義補를 엮'고, '四宜齋에 앉아 시 몇 줄을 읽'는 것도 그런 노력의 일부이다. 다산은 그런 노력을 통해 마침내 '그리움이며 한이라는 것도 속절이 없'다는 달관과, '세상의 법도 왕가의 법도 흘러가는 법, 힘줄 고운 한들이 삭아서 흘러가고 그리움도 남해바다로 흘러가 섬을 만드'는 초월과 깨달음의 경지에 도달한다.

시를 읽노라면 200여 년의 시간을 거슬러 올라가 있는 아득한 시공간에서 이루어진 다산의 슬픔과 절망이 마치 나의 슬픔처럼 다가왔다. 다산 초당에서 강진만을 하염없이 바라보며 가족에 대한 그리움과 세상에 대한 한을 삭히고 있는 다산의 모습이 떠올라 더욱 큰 감동을 느끼게 한다.


## 12. 흐름의 완성과 삶의 완성

바다에 이르러
강은 이름을 잃어버린다.
강과 바다 사이에서
흐름은 잠시 머뭇거린다.

그때 강은 슬프게도 아름다운
연한 초록빛 물이 된다.

물결 틈으로
잠시 모습을 비쳤다 사라지는
섭섭함 같은 빛깔.
적멸의 아름다움.

미지에 대한 두려움과
커다란 긍정 사이에서
서걱이는 갈숲에 떨어지는
가을 햇살처럼
강의 최후는
부드럽고 해맑고 침착하다.

두려워 말라, 흐름이여
너는 어머니 품에 돌아가리니
일곱 가지 슬픔의 어머니.

죽음을 매개로 한 조용한 轉身.
강은 바다의 일부가 되어
비로소 자기를 완성한다.

— 허만하의 <낙동강 하구에서>

시인 허만하는 우리에겐 다소 익숙지 않은 이름이다. 1957년 ≪문학
예술≫지의 추천으로 문단에 등단하여 1969년에 첫 시집인≪海藻≫를
상자한 이후, 30여년 만에 두 번째 시집인 ≪비는 수직으로 서서 죽는
다≫를 펴냈다. 인용한 작품은 이 두 번째 시집에 실려 있다. 김우창은
이 시집을 해설한 글에서 다음과 같은 말을 하고 있다.

이번의 시집의 시들로 보건대 인간 상황을 저울질하는 데에 허만하 씨에게 중요한 것은 삶을 에워싸고 있는 시공간의 거대함이다. 그것은 사람의 삶과 사람이 원하는 많은 것들을 작고 하찮은 것 그리고 허무한 것이 되게 한다. 공간의 무한함이 두려움을 준다고 한 파스칼의 말은 유명한 말이지만, 이러한 무한 공간은 사람을 하찮은 존재로 보이게 하면서 동시에 형이상학적 외포감을 불러일으켜 사람의 마음을 초월적인 것에로 이끌어간다.[33)

김우창의 이런 해설은 시 <낙동강 하구에서>에도 적용될 수 있을 것이다. 거대한 바다에 이르러 그 흔적조차 사라지며 흐름을 완성하는 강의 공간적 의미에서 인간의 왜소한 삶의 모습을 관조하는 시인의 시선이 바로 그것이다.

일반적으로 인간은 강물의 유연한 흐름에서 무상한 세월의 흐름을 유추하곤 한다. 한번 흘러가버리면 다시는 돌이킬 수 없는 흐름의 동질성이 그런 유추를 가능하게 하는 것이다. 그런데 허만하가 관조하고 있는 강물의 흐름은 그런 상투성에서 벗어나 있다. 그저 끊임없이 흘러만 가는 것이 아니라 흐름의 소멸과 동시에 그 흐름을 완성하는 과정에 대한 관조를 통해 흐름의 의미를 성찰하고 있는 것이다. 이것은 곧 삶의 과정으로 전이된다. 즉 삶의 과정은 소멸의 순간인 죽음을 통해 완성되는 것이기 때문이다.

'바다에 이르러 / 강은 이름을 잃어버린다. / 강과 바다 사이에서 / 흐름은 잠시 머뭇거린다.'에 묘사된, 바다와 만나면서 그 존재가 소멸되는 강의 흐름은 이승에서의 인연을 다 떨쳐버리지 못해 삶에 대한 미련을 간직하고 있는 죽음을 연상시킨다. 그리하여 '강은 슬프게도 아름다운 / 연한 초록빛 물이' 되고, '섭섭함 같은 빛깔. / 적멸의 아름다움.'이 되는 것이다. 이는 곧 죽음의 순간을 예감하는 사람의 정서 상태를 드러내는 회상과 그리움과 한의 빛깔이기도 하다.

---

33) 김우창, "보려는 의지와 시", 비는 수직으로 서서 죽는다 (솔출판사, 2001) 148쪽.

그런데 깊고 거대한 바다로 빨려 들어가 그 존재를 상실하는 '미지에 대한 두려움'을 '커다란 긍정'으로 수용함으로써 '강의 최후는 / 부드럽고 해맑고 침착하'게 된다. 이는 죽음에 직면한 인간의 심리과정이 처음에는 분노하다가, 분노와 협상과 우울의 단계를 거쳐 마침내 수용의 단계에 이르러 죽음을 긍정하고 내적 평화의 경지에 도달하는 과정과 유사하다.[34] 그러므로 ' 두려워 말라, 흐름이여 / 너는 어머니 품에 돌아가리니'라는 말을 할 수 있는 것이다. 즉 흐름의 종말이 고통스러운 것이 아니라 어머니의 품으로 돌아가는 매우 아늑하고 편안한 것임을 단언한다. 인간은 삶에 대한 본능과 동시에 죽음에 대한 본능도 가지고 있다. 생명체에게 가장 쾌적하고 편안한 공간이 바로 모태인데, 그 모태로 회귀하고자 하는 것이 곧 죽음에 대한 본능이기도 한 것이다.

인간의 삶은 죽음이라는 필연적인 결말을 지니고 있기에 더욱 고귀한 것이 될 수 있다. 죽음은 단순한 존재의 소멸이나 고통스러운 순간이 아니다. 인간의 삶은 어떤 방식으로든 죽음에 의해서 완성된다. 비록 상처투성이의 얼룩진 인생이라고 하더라도 죽음은 그 삶에 고귀한 가치와 의미를 부여한다. '죽음을 매개로 한 조용한 轉身'이 이루어지는 것이다. 그리하여 '강은 바다의 일부가 되어 / 비로소 자기를 완성' 하듯이 인간의 삶도 죽음에 의해 그 의미와 가치를 완성하는 것이다.

<낙동강 하구에서>를 음미하노라면 거대한 바다의 출렁이는 물결 속으로 흡입되어 소멸되는 유유한 강물의 흐름을 바라보고 있는 시인의 시선이 느껴진다. 그런 흐름의 소멸을 존재의 소멸로 보지 않고 흐름의 완성으로 인식하는 시인의 혜안이 감동적이다. 이것은 죽음을 거대한 공포로 여기고, 그것으로부터 벗어나기 위해 온갖 노력을 기울이며 발버둥치는 인간의 삶의 과정을 반성하게 한다. 죽음은 삶의 과정의 영원한 중단이나 존재의 소멸이 아니라, 삶의 의미와 가치를 완성하는

---

34) 李時炯, "臨床에서 지켜보는 죽음", 죽음의 사색 (書堂, 1989) 283-286쪽 참조.

것이라는 점을 깨닫게 되기 때문이다.

　돌아가신 어머니의 뼛가루를 뿌린 강의 하구에 가서 동해의 검푸른 파도 속으로 사라지는 강의 흐름을 하염없이 바라본 적이 있다. 그때 필자도 바다로 흘러가 싱싱한 생명으로 부활하는 어머니의 모습을 상상했었다. 그리고 끝없는 인고의 세월로부터 해방되어 영원한 안식의 세계로 승천한 어머니의 삶의 의미가 비로소 완성되었음을 깨달았던 것이다. <낙동강 하구에서>는 그런 필자의 체험을 다시 환기시켜 흐름의 완성이 곧 삶의 완성이라는 동질적 인식에 도달하게 한다.

## 13. 타락한 시대에 꿈꾸는 진정한 사랑

　　　내 몸 안에 러브호텔이 있다
　　　나는 그 호텔에 자주 드나든다
　　　상대를 묻지 말기를 바란다
　　　수시로 바뀔 수도 있으니까
　　　내 몸 안에 교회가 있다
　　　나는 하루에도 몇 번씩 교회에 들어가 기도한다
　　　가끔 울 때도 있다
　　　내 몸 안에 시인이 있다
　　　늘 시를 쓴다 그래도 마음에 드는 건
　　　아주 드물다
　　　오늘, 강연에서 한 유명 교수가 말했다
　　　최근 이 나라에 가장 많은 것 세 가지가
　　　러브호텔과 교회와 시인이라고
　　　나는 온몸이 후들거렸다
　　　러브호텔과 교회와 시인이 가장 많은 곳은
　　　바로 내 몸 안이었으니까
　　　러브호텔에는 진정한 사랑이 있을까
　　　교회와 시인들 속에 진정한 꿈과 노래가 있을까

그러고 보니 내 몸 안에 러브호텔이 있는 것은
교회가 많고, 시인이 많은 것은
참 쓸쓸한 일이다
오지 않는 사랑을 갈구하며
나는 오늘도 러브호텔로 들어간다

                        - 문정희의 <러브호텔>

　1947년 전남 보성 출생인 문정희 시인은 서울의 진명여고를 다니던 시절 스무 개가 넘는 문학상을 차지할 정도로 글재주를 인정받은 소녀였다. 동국대학교도 그 대학 주최 문예콩쿠르에서 장원을 하여 특례입학을 요청받아 들어갔다. 쾌활한 성격에 다소 오만할 정도의 열정과 젊음을 발산하던 대학 4년 초에 ≪월간문학≫신인상에 당선되어 문단에 등단했다. 방송사와 잡지사 청탁으로 다양한 여행 체험을 담은 해외 문화탐방 기사를 쓰기도 했고, 뉴욕대학교 대학원에서 종교학 석사과정을 이수하기도 했다.[35] 주로 사랑에 관한 작품들이 주류를 이루지만, 예리한 사회의식을 드러내는 작품들도 많다. 인용한 시 <러브호텔>은 한국 사회가 안고 있는 제반 병리적 현상과 문정희의 이런 다양한 체험들이 복합적으로 드러나는 작품이다.

　한국 전쟁의 폐허를 딛고 일어선 눈부신 경제 성장은 사회 구성원들을 괴롭히던 극심한 가난과 배고픔으로부터 벗어나, 한국 사회를 선진국 수준의 풍요로움을 누리는 사회로 진입시켰다. 그런데 이런 급속한 경제 성장으로 인한 풍요로움의 그늘에는 독버섯 같은 여러 가지 병리적 현상들이 도사리고 있다. 육신의 배고픔을 충족시킨 인간에게 필연적으로 찾아오는 정신의 배고픔이 그것이다. 개인주의와 물질주의가 팽배하면서 전통적 가치관과 윤리의식이 붕괴되어 공허해진 한국인의 의식의 내면에는 설익은 서구 문화와 가치의식들이 물밀듯 몰려들어와

---

35) http : //blog.naver.com/bschun55/60015469476 에 게시된 박상건의 "문정희론"을 참조한
　　내용임

자리잡게 된다. 그 대표적인 요소가 바로 기독교적 세계관과 타락한 성문화이다.

정신적인 공허함으로 삶이 황폐해진 인간들이 탐닉하게 되는 일차적인 대상이 바로 본능적이고 육체적인 쾌락을 충족시켜주는 성의 세계이며, 현실의 부조리와 모순에 저항할 능력을 갖추지 못했거나 이의 극복을 위해 정신적인 해방과 영혼의 허기를 충족시키고자 하는 인간들이 매달리는 것이 종교이며, 풍요로운 삶을 누리는 사람들의 영혼의 허전함을 달랠 수 있는 좋은 수단이 시 쓰기 같은 다양한 문화 활동이다. 문정희는 우리 사회의 이러한 모습을 예리한 시각으로 포착하여 <러브호텔>이라는 매우 쉬우면서도 심각한 의미를 내포하고 있는 작품으로 형상화하고 있다.

시를 읽는 것이 때로는 우리를 고통스럽게 만들기도 한다. 시인이 갈등하고 있는 자신의 내면세계를 정직한 목소리로 고백하는 시들인 경우, 마치 숨겨 놓은 나의 내면 세계를 들킨 것 같아 그런 상황에 직면하기 쉽다. <러브호텔>도 시를 읽는 순간 복잡한 정서의 카타르시스보다는 씁쓸한 생각을 금할 수 없게 만든다.

작품의 구조를 형성하는 중추적 요소는 아이러니이다. 매우 심각한 주제를 다소 경박스러운 문체와 어조로 진술하는 기법이 그렇다. 심각한 주제를 가벼운 문체로 진술하는 것이 아이러니의 미적 효과를 극대화하는 기법이다. 우리 사회의 타락한 성문화와, 각종 비인간적인 범죄와 죄악이 범람하는 사회 속에서 늘어만 나는 교회와, 인간의 영혼을 구제하는데 무력한 지식인으로서의 시인들에 대한 탄식이 야유조의 희화화된 문체로 기술되고 있는 것이다.

'러브호텔'은 우리 사회의 온갖 비윤리적인 성문화가 실연되는 현장이다. 주로 성적 욕망을 충족시켜 육체적 쾌락을 얻고자 하는 인간들이 성을 팔고 사는 공간이기도 하다. 시적 화자가 '내 몸 안에 러브호텔이 있다 / 나는 그 호텔에 자주 드나든다'고 고백하는 것은, 자신도 그 만큼 타락된 성문화에 감염된, 또는 그런 장소에 드나드는 인간들과 동일한 성적 욕구를 가진 존재임을 고백한 것이다. 그러나 '상대를 묻지 말기를 바란다 / 수시로 바뀔 수도 있으니까'는 자신의 행동을 가리키는 것이 아니라, 그런 비윤리적인 성문화에 탐닉하는 인간들에 대한 야유와 조소이다.

그런 야유와 조소의 극치가 바로 잇달아 나오는 '내 몸 안에 교회가 있다 / 나는 하루에도 몇 번씩 교회에 들어가 기도한다 / 가끔 울 때도 있다'이다. 이 사회에는 러브호텔에 드나드는 비윤리적인, 반율법적인 죄악을 저지르면서도 태연히 교회에 들어가 기도하고, 울기까지 하는 철면피한 인간들이 무수히 많다. 그런 아름답지 않은 세상을 아름다운 세상으로 노래해야 하는 시인들의 시이기 때문에 '마음에 드는 건 / 아주 드물' 수밖에 없는 것이다.

'최근 이 나라에 가장 많은 것 세 가지가 / 러브호텔과 교회와 시인'이라는 말은 우리 사회가 그 만큼 타락했다는 것을 시사한다. 시인은 '러브호텔에는 진정한 사랑이' 없듯이 '교회와 시인들 속에 진정한 꿈과 노래가' 없다는 것을 극명하게 인식하고 있다. 그러기 때문에 '나는 온 몸이 후들거'리는 두려움에 빠지게 되는 것이다. 또한 '내 몸 안에 러브호텔이 있는 것은 / 교회가 많고, 시인이 많은 것은' 그만큼 정신적으로 공허한 상태를 암시한다. 그러므로 다음 행에서 '참 쓸쓸한 일이다'라고 말하게 되는 것이다.

그런데 우리가 매우 조심해서 읽어야 하는 부분이 바로 시적 결말을 제시한 마지막 두 행이다. '오지 않는 사랑을 갈구하며 / 나는 오늘도 러브호텔로 들어간다'는 말은 결코 성적인 쾌락에 탐닉하겠다는 말이 아니다. '오지 않는 사랑'은 시인이 우리 사회에 넘치기를 갈구하는 진정한 사랑이다. 시인은 러브호텔로 진정한 사랑을 만나러 가는 것이다. 그리하여 우리 사회에 진정한 사랑으로 가득 찬 '러브호텔'이 많아지기를 간절히 꿈꾸는 것이다.

시를 표현된 대로 따라 읽다보면 시를 마치 시인 자신의 부도덕한 내면세계에 대한 자기성찰과 통렬한 반성으로 이해하기 쉽다. 그러나 시에 등장하는 '나'는 결코 특정한 개인이 아니다. 우리 사회의 타락된 문화와 타협하여 살아가고 있는 바로 동시대인 모두의 모습인 것이다. 시인은 폭로적인 자기 분석을 통해 바로 함축적 청자인 동시대인들에게 진정한 사랑과 꿈과 노래를 요구하고 있는 것이다.

시를 처음 읽을 때에는 다소 고통스럽고 씁쓸한 생각을 떨칠 수 없었지만, 아이러니의 정확한 해석을 통해 시인의 진실을 파악하는 순간 큰 감동이 밀려 왔다. 타락한 세상이 아름다워지기를 꿈꾸는 시인의 간절한 염원과 타락한 문화와 인간을 정화시켜야 하는 시인의 소명의식이 아프게 감지되었기 때문이다.

## 14. 효용 가치와 절대 가치에 대한 인식

시 한 편에 삼만 원이면
너무 박하다 싶다가도
쌀이 두 말인데 생각하면
금방 마음이 따듯한 밥이 되네

시집 한 권에 삼천 원이면
든 공에 비해 헐하다 싶다가도
국밥이 한 그릇인데
내 시집이 국밥 한 그릇만큼
사람들 가슴을 따뜻하게 덥혀 줄 수 있을까
생각하면 아직 멀기만 하네

시집이 한 권 팔리면
내게 삼백 원이 돌아온다
박리다 싶다가도

굵은 소금이 한 됫박인데 생각하면
푸른 바다처럼 상할 마음이 하나 없네
                    – 함민복의 <긍정적인 밥>

　가끔 미래 사회는 모든 아름다움이나 가치의 척도가 화폐 가치로 환산되는 것은 아닐까 하는 상상을 하게 된다. 이를테면 무식한 사람들의 눈에는 별로 잘 그린 것처럼 보이지 않는 그림도 엄청 고가의 작품이라는 걸 알게 되면 갑자기 대단한 작품처럼 인지하게 되는 것이다. 또한 문화나 예술과 관련된 상이라는 것도 상금의 액수에 따라 상의 권위나 작품의 가치가 평가되는 경우가 많다. 특히 삶의 기본이 되는 의식주와 관련된 대부분의 상품들이 그것이 얼마짜리인가에 따라 그 상품의 가치를 인정하는 것이 우리 사회의 통념이 된지도 오래다. 더군다나 문학 작품도 그것이 얼마나 많이 출판되어 팔렸는지에 따라 베스트셀러를 집계하고, 그 결과에 의해 화제작으로 평가하는 독서 풍토도 이런 상상을 가능하게 하는 요인이 되는 것이다. 그러니 어쩌면 화폐 가치가 세상을 지배하는 시대가 도래할지도 모른다는 우려를 하지 않을 수 없다.

　1962년 충북 중원군 노은면 출생인 함민복 시인은 지금은 강화도 동막리의 폐가에서 시를 쓰며 이웃 어부들과 어울려 살고 있다. 도시에서의 가난한 삶과 우울을 견딜 수 없어 광활한 뻘밭 풍경을 바라볼 수 있는 동막으로 이주한 것이다.[36] 그가 어느 정도의 가난을 견디고 살았는지는 시 <눈물은 왜 짠가>를 읽어보면 알 수 있다. 인용한 시 <긍정적인 밥>에도 고통스러운 가난의 체험으로 인한 돈에 대한 강박관념이 내포되어 있는 작품이다.

　사물에는 절대 가치와 효용 가치가 있다. 절대 가치는 어떤 다른 가치로는 환산할 수 없는 사물 자체가 가지고 있는 본질적 가치를 말한

---

36) 조용호, "강화도 동막서 홀로 사는 시인 함민복", 전원 속의 작가들, 세계일보 2004.6.8.
　　참조.

다. 반면에 효용 가치는 일상생활에서 통용되는 그것의 쓰임새에 따라 환산될 수 있는 가치이다. 이 효용 가치는 대부분의 경우 화폐 가치로 환산되어 그 사물이 유통되도록 한다. 절대 가치가 효용 가치를 산출하는 근거가 되기는 하지만, 결코 효용 가치 즉 화폐 가치의 크고 작음을 결정할 수 있는 절대적 기준은 아니다. 절대 가치와 효용 가치는 터무니없이 어긋날 수도 있기 때문이다. 예를 들면 공기는 인간의 생명을 보장하는 무한한 절대 가치를 지닌 것이지만 일상생활에서의 유통을 가능하게 하는 화폐 가치는 없다. 더군다나 사랑이나 용서나 희생과 같은 정신적인 것들은 절대 가치는 엄청난 것이지만 효용 가치는 도무지 가늠할 수가 없다.

인용한 작품 <긍정적인 밥>에는 정신적 노동의 산물인 시를 화폐 가치로 환산한 다음, 그것의 절대 가치를 비유적 표현으로 비교한 내용이 제시되고 있다. 물론 여기에는 일상생활을 위협하는 가난의 고통으로 인한 돈에 대한 강박관념이 작용하고 있다. 시를 써서 밥을 먹고 살기가 참으로 힘들었기 때문이다. '시 한 편에 삼만 원'이라든가 '시집 한 권에 삼천 원', '시집 한 권이 팔리면 / 내게 삼백 원이 돌아온다'에서 그런 시인의 의식을 엿볼 수 있다. 그런데 이것은 곧 시의 효용 가치나 화폐 가치를 말한 것이기도 하다. 즉 시인은 시가 일상생활에서 그만한 값으로밖에 매겨질 수 없는 것을 서글퍼하고 있는 것이다.

이런 시의 하찮은 화폐 가치에 대한 슬픔을 시인은 그것의 절대 가치를 상상함으로써 자신의 정신적 노력에 대한 긍지와 자부심으로 극복하고자 한다. 즉 '너무 박하다 싶다가도 / 쌀이 두 말인데 생각하면 / 금방 마음이 따뜻한 밥이 되네'는 시의 절대 가치를 인식한 결과다. 시가 물질적인 화폐 가치는 형편없어도, 가난한 마음을 따뜻하게 해줄 수 있는 정신적인 절대 가치를 지니고 있다는 것을 깨달은 것이다. 또한 '든 공에 비해 헐하다 싶다가도 / 국밥이 한 그릇인데 / 내 시집이 국밥 한 그릇만큼 / 사람들 가슴을 따뜻하게 뎁혀 줄 수 있을까'에서도 그런 인식이 드러난다. 현실적 삶의 고통을 견디고 있는 사람들의 가슴을 따뜻하게 해주는 위로와 격려의 언어가 되는 시의 절대적 가치에 대한 인식인 것이다.

이런 인식이 마지막 연에서 가장 극적으로 표출된다. '시집이 한 권 팔리면 / 내게 삼백 원이 돌아온다 / 박리다 싶다가도 / 굵은 소금이 한 됫박인데 생각하면 / 푸른 바다처럼 상할 마음이 하나 없네'에는 시집 한 권의 궁극적인 화폐 가치는 삼백 원에 불과하지만, '굵은 소금' '한 됫박'을 생성하는 '푸른 바다'의 무한한 생명력과 포용력을 연상함으로써 '상할 마음이 하나 없'는 평정의 상태에 도달하게 된다. 이는 시를 쓰는 행위가 단순히 생계유지의 수단으로 전락해서는 안 되며, 시는 물질적 가치로는 환산할 수 없는 절대적 가치를 지닌 것이라는 인식을 암시한 것이다.

시인 허수경은 동서문학상 수상 소감에서 함민복의 시 <긍정적인 밥>을 독일에서 읽으며 혼자 운적이 있다고 하면서 다음 같은 말을 했다.

> 한 인간이 언어 장인의 길을 걸어가면서 그 길 위에서 자신이 먹는 일상의 밥을 생각하면 마음이 막막해지지요. 저 역시 그렇습니다. 그러나 우리들이 쓰는 시가 어느 소설에서 고종석씨가 쓴 대로 "인간의 역사는 연민의 역사를 넓혀가는" 데에 한 걸음을 보탤 수 있을까, 라는 생각을 하면 마음은 더욱 막막해집니다. 밥과 길 사이에서 허름한 입성을 걸치고 가는 벗들을 생각하면서 오늘은 혼자 앉아 찬 술 한 잔 마셔야 할까 봅니다.[37]

시인도 인간이기에 살기 위해서는 밥을 먹어야 한다. 기력이 있어야 시도 쓸 수 있는 것이 아닌가. 그런데 시를 써서 생계를 꾸려나가기란 한국 사회에서는 불가능한 일이다. 혼자 입에 풀칠하기도 어려운데 하

---

37) http : //blog.naver.com/hangbok21/40019614673의 허수경의 동서문학상 수상 소감에서 인용한 것임.

물며 가족의 생계를 책임져야 한다면 그야말로 막막할 수밖에 없다. 그
런 막막함을 이겨내기 위해 다시 시를 쓰는 시인의 고투가 눈물겹다.

<긍정적인 밥>을 읽으면 그런 막막함을 견디고 있는 시인의 모습이
눈에 선하게 떠오른다. 제발 시인들이 밥 때문에 쓰러지지 않기를, 그래
서 '사람들의 가슴을 따뜻하게 뎁혀 줄 수 있는' 시를 마음껏 쓸 수 있
는 세상이 되기를 간절히 바란다.

## 15. 사라져가면서 빛나는 모성애적 삶의 의미

김천의료원 6인실 302호에 산소마스크를 쓰고 암투병중인 그녀가
누워 있다
바닥에 바짝 엎드린 가재미처럼 그녀가 누워 있다
나는 그녀의 옆에 나란히 한 마리 가재미로 눕는다
가재미가 가재미에게 눈길을 건네자 그녀가 울컥 눈물을 쏟아낸다
한쪽 눈이 다른 한쪽 눈으로 옮겨 붙은 야윈 그녀가 운다
그녀는 죽음만을 보고 있고 나는 그녀가 살아 온 파랑 같은 날들을
보고 있다
좌우를 흔들며 살던 그녀의 물 속 삶을 나는 떠올린다
그녀의 오솔길이며 그 길에 돋아나던 대낮의 뻐꾸기 소리며
가늘은 국수를 삶던 저녁이며 흙담조차 없었던 그녀 누대의 가계를
떠올린다
두 다리는 서서히 멀어져 가랑이지고
폭설을 견디지 못하는 나뭇가지처럼 등뼈가 구부정해지던 그 겨울
어느날을 생각한다
그녀의 숨소리가 느릅나무 껍질처럼 점점 거칠어진다
나는 그녀가 죽음 바깥의 세상을 이제 볼 수 없다는 것을 안다
한쪽 눈이 다른 쪽 눈으로 캄캄하게 쏠려버렸다는 것을 안다
나는 다만 좌우를 흔들며 헤엄쳐 가 그녀의 물 속에 나란히 눕는다
산소호흡기로 들어마신 물을 마른 내 몸 위에 그녀가 가만히 적셔준다
- 문태준의 <가재미>

문태준은 요즈음 시단에서 가장 관심의 대상이 되는 시인이다. 2003년엔 그의 시 <맨발>이, 2004년엔 <가재미>가 문인들이 추천한 올해의 가장 좋은 시로 선정되었으며, 도서출판 작가가 실시한 '2005 오늘의 시' 설문조사에서 시집 ≪맨발≫로 가장 좋은 시인과 시집 부문 1위에 오르기도 했다.[38] 1970년 경북 김천 출신인 그의 시에는 성장과정에서 체험한 그의 고향 풍경과 가족 공동체에 관한 것들이 주류를 이룬다. 이희중이 시집 ≪맨발≫을 해설한 글에서도 다음과 같이 말하고 있다.

> 시인의 영혼에 각인된 순정한 삶의 터전이 가족 공동체라는 사실은, 그가 성장한 가계의 내력과 지역의 문화적 특성, 그리고 개인적 성향이 두루 영향을 끼친 결과일 것이다. 그리고 강한 유대와 사랑으로 결속된 가족 공동체의 공간이, 시의 풍경을 구성하는 중요한 소품 또는 주역으로 채택되는 일은 자연스럽다. 살펴보면, 문태준이 살아 펄떡이는 물고기 같은 시를 건져 올리는 황금어장의 중심에 '뒤란'이 있다. 그리고 이 상징적 공간의 중심에 '어머니'가 있음을 다시 강조할 필요는 없을 것이다.[39]

이는 문태준의 시 세계가 형성되는 시적 공간이 주로 가족 공동체의 공간이며, 그 중심을 어머니에 대한 기억이 차지하고 있음을 언급한 것이다. 시 <가재미>도 이러한 범주를 벗어나지 않는다. 그런데 이 시에서도 중심적인 시적 대상으로 등장하는 '그녀'를 어머니로 상상하기 쉬우나, 어머니로 인지하기에는 다소 정서적 거리가 느껴진다. '그녀'의 죽어가는 과정을 바라보는 시적 화자의 시선에서 느껴지는 슬픔의 강도가 냉정할 정도로 객관화되어 있기 때문이다.

시를 제대로 이해하기 위해서는 우선 시의 서두에 나오는 '김천의료

---

38) http : //blog.naver.com/iamcrosseye/140010922108에 게시된 "문인들이 뽑은 가장 좋은 시인은 문태준" 참조
39) 이희중, "풍경의 내력", 맨발 (창비, 2004) 99쪽.

원 6인실 302호에 산소마스크를 쓰고 암투병중인 그녀가 누워있다'의 시적 정황을 파악해야 한다. 종합병원이라고 하더라도 도립이나 시립 병원인 경우 의료 장비나 시설이 낙후된 경우가 많다. 게다가 '6인실'처럼 공동 병실인 경우 환자의 치료를 위한 쾌적한 환경이라는 것은 기대하기 어렵다. 함께 입원해 있는 환자들이나 그 가족들의 고통과 슬픔을 늘 지켜보아야 할 뿐만 아니라, 자신의 괴롭고 헝클어진 모습이 병실을 드나드는 사람들에게 고스란히 노출될 수밖에 없는 환경이 환자를 더욱 고통스럽게 만들기 때문이다. 이런 병실의 환경을 상상할 수 있어야 '그녀' 죽음이 왜 더 애처롭게 느껴지는지를 이해할 수 있다. 평생을 가난한 살림을 꾸리며 인고의 세월을 살다가 이렇게 불치의 병에 걸렸음에도 불구하고 제대로 시설을 갖춘 좋은 의료시설은커녕 죽는 순간까지도 그런 열악한 시설에 수용될 수밖에 없는 신세가 더욱 가련하게 느껴지기 때문이다.

'바닥에 바짝 엎드린 가재미처럼 그녀가 누워 있다'는 고통스러운 삶의 무게에 짓눌린 그녀의 모습을 보여준다. 가자미는 치어 때까지는 다른 고기들처럼 헤엄치며 바닷물의 표층수에 살고, 두 눈도 머리를 중심으로 양쪽으로 한 개씩 있다. 그러나 성장하면서 차츰 왼쪽 눈이 머리의 배면을 돌아 오른쪽 눈에 접근하게 되며, 이 때부터 몸의 오른쪽을 위로하여 바닥에 누운 상태로 살아가고, 몸의 빛깔도 좌우가 달라지게 된다. 이는 바다 밑에서 수압을 견디며 살다보니 그렇게 진화해왔을 것으로 추측된다. '그녀'도 그처럼 삶의 중압을 견디기 위해 환경에 적응해온 결과, 시적 화자의 눈에 '가재미'의 형상으로 투사되었을 것이다.

'나는 그녀의 옆에 나란히 한 마리 가재미로 눕는다'는 그녀의 서러운 삶에 동화되고자 하는 노력을 나타낸다. 그래서 그녀의 고통을 위로하는 '눈길을 건네자 그녀가 울컥 눈물을 쏟아낸다'. 가련한 자신의 운명에 대한 서러움이 복받쳤을 것이다. 사실 죽음을 앞두고 있는 사람에게 위로의 말이란 별 도움이 되지 않는다. 시적 화자는 '그녀가 살아 온 파랑 같은 날들을' 말해주지만, '그녀는 죽음만을 보고 있'다.

'가늘은 국수를 삶던 저녁이며 흙담조차 없었던 그녀 누대의 가계'는 그녀가 견디어온 가난의 무게와 삶의 질을 드러낸다. 그런 현실적 삶의 고통으로 인해 '두 다리는 서서히 멀어져 가랑이지고 / 폭설을 견디지 못하는 나뭇가지처럼 등뼈가 구부정해'진 것이다. 그렇게 행복한 순간을 별로 가져본 적이 없는 그녀의 삶이 허망하게 끝나가고 있다. '숨소리가 느릅나무 껍질처럼 거칠어지'며, '죽음 바깥의 세상을 이제 볼 수 없'게 된 것이다.

그러나 빛이 사라져가며 잠시 더욱 빛나듯이, 한 인간의 죽음은 그 삶의 내용에 상관없이 삶의 의미를 완성하는 동시에, 아름답고 고귀한 것으로 승화된다. 이것은 인간의 존엄성에 대한 경의다. 시적 결말인 '산소호흡기로 들어마신 물을 마른 내 몸 위에 그녀가 가만히 적셔준다'는 그녀가 베푼 사랑의 폭과 깊이를 인식시킨다. 이는 자신의 생명을 유지하기 위해 필요한 마지막 부분까지도 내어놓는 아낌없고 무한한 사랑이다. 시인은 그녀가 살아오면서 실천한 사랑의 폭과 깊이를 헤아리게 됨으로써 비로소 '그녀'의 삶의 의미를 인식하게 되는 것이다.

필자도 어머니가 돌아가시기 직전 강릉의료원 중환자실에 혼수상태로 누워있던 모습을 보고 복받치는 울음을 금할 수 없었던 기억이 난다. 식민지 시절에서 해방의 혼란과 전쟁의 비극으로 이어졌던 그 힘든 세월을 가난한 살림을 꾸리며 살아온 어머니의 인생 역정이 결코 그렇게 돌아가셔서는 안 된다는 생각을 하게 만들어 더욱 서러웠다. 마음 편하게 식사 대접 한 번 제대로 못해드린 한이 아직도 불효자의 마음을 아프게 한다. 그러기 때문에 <가재미>를 읽다 보면 그런 필자의 체험을 환기시켜 더욱 눈물겹게 한다. 시는 그렇게 우리의 무의식 속에 침전되어 있는 기억들을 퍼 올려, 그 정서의 포로가 되게 하는 것이다.

# IV. 결 론

우리는 세상의 아름다움이나 삶의 가치와 의미를 제대로 알아야 그것을 즐기며 살 수 있다. 그런데 시를 읽는 것은 인간의 삶에 대한 진실과 아름다움의 인식을 통해 삶의 질적 차원을 변화시킬 수 있다. 즉 시를 읽는 것은 인생을 제대로 즐기며 행복하게 살 수 있는 좋은 방법이 될 수 있는 것이다. 이는 문학의 본질적 기능이 인간으로 하여금 삶의 의미와 가치 그리고 아름다움을 깨닫게 하고, 인간의 삶을 고통스럽게 만드는 사회의 구조적 모순과 부조리를 드러내어 그 치유와 극복의 방법들을 제시하는 데 있기 때문이다.

시인은 현실적 삶 속에 내장되어 있는 객관적 진실들을 포착하여 시적 상상력에 의해 작품으로 형상화함으로써 독자에게 전달되어 감동을 줄 수 있는 시적 진실로 창조한다. 그리고 독자는 그러한 시적 진실에 공감함으로써 고통스러운 정서의 카타르시스나, 인간과 삶에 대한 깊고 폭넓은 이해를 통해 미적 만족의 상태에 도달하게 되는데, 이것이 바로 미적 체험인 것이다. 이러한 인식을 바탕으로 본 연구에서는 독자에게 감동을 줄 수 있는 15편의 시 작품을 선정하여 분석하였다. 그리고 꼼꼼한 시 읽기와 분석을 통해 각각의 작품에 내포된 시적 진실을 파악하고, 그것이 어떻게 미적 체험을 유발하는지를 고찰했다.

<杜鵑>은 식민지 백성으로서의 설움과 한스러운 심정을 두견의 울음소리에 투사하여 처창한 가락으로 형상화한 작품이다.

<寂寞한 食慾>은 전후의 참혹한 세상살이를 견디면서 민족의 가슴마다에 한의 정서로 응결된 가난과 배고픔의 비애를 달래주려는 위로와 격려의 언어가 내포된 작품이다.

<우리들의 糧食>에는 소외된 근로자들의 삶에 대한 긍정과 신뢰가 내포되어 있으며, 그들의 강인한 생명력과 극복의지가 우리 사회를 지탱하는 동력이라는 진실이 형상화되어 있다.

<대숲 아래서>는 실연의 아픔과 그리움을 앓고 있는 모든 사람들이 자신을 절망에 빠트린 그 고통스러운 정서로부터 해방시켜주는 토속적인 연가이다.

<離鄕>에는 고향과 유년시절의 추억을 통해 현실적 삶의 고통을 진정시켜 주며, 우리 모두가 체험한 탈향과 귀향 의식이 형상화되어 있다.

<희망>은 현실적 삶의 고통으로 인해 희망과 절망 사이에서 긴장 갈등하고 있는 사람들에게 희망은 절대로 잃어버려서는 안 되는 언어임을 깨우쳐 준다.

<사북을 떠나며>는 생존의 한계상황에 갇힌 사람들의 방향성을 상실한 절망적인 삶을 통해 우리시대의 상실된 인간성에 대한 고발과 포기해서는 안 되는 삶에의 의지를 잘 형상화한 작품이다.

<무우청을 엮으며>에는 가난에 시달리지만 희망을 잃지 않고 성실하게 살고자 하는 시인의 생활 태도가 잘 드러나 있다.

<그날>은 일상적 삶에 대한 정밀한 관찰을 통해, 그런 일상성에 너무도 익숙한 나머지 사회의 부조리와 모순에 대한 비판적 통찰력이 마비된 동시대인들의 의식을 일깨우는 작품이다.

<이제 내 말은>은 자유를 억압하는 시대적 상황으로 인해 사회의 모순과 부조리에 대해 진실한 발언을 함부로 할 수 없는 지식인들의 아픔을 형상화한 작품이다.

<유배지에서 보내는 정약용의 편지>에는 한국사에서 가장 탁월한 지식인인 정약용의 유배지에 갇힌 생활을 통해 가족에 대한 절절한 그리움과 현실 상황에 절망한 한이 절묘하게 교직되어 다산의 인간적인 면모가 잘 형상화되어 있다.

<낙동강 하구에서>에서 시인은 바다로 유입되는 강의 흐름을 바라보며 그것이 흐름의 소멸이 아니라 흐름의 완성이라는 깨달음을 통해, 죽음이 존재의 소멸이 아니라 삶의 완성이라는 인식에 도달하고 있다.

<러브호텔>은 폭로적인 자기 분석을 통해 타락한 문화와 타협하여

살아가고 있는 동시대인들에게 진정한 사랑과 꿈과 노래를 요구하고 있다.

<긍정적인 밥>은 가난한 삶을 견디고 있는 시인의 삶을 통해, 시를 쓰는 행위가 단순한 생계유지의 수단으로 전락해서는 안 되며, 시는 물질적 가치로는 환산될 수 없는 절대적 가치를 지닌 것임을 확인시켜 준다.

<가재미>는 모성애적인 사랑을 지닌 존재가 살아오면서 실천한 사랑의 폭과 깊이에 대한 깨달음을 통해, 한 인간의 죽음은 그 삶의 내용에 상관없이 삶의 의미를 완성하는 동시에 아름답고 고귀한 것으로 승화됨을 보여준다.

인용한 15편의 작품에 대한 분석을 통해, 진실을 인식시키지 못하는 시는 미적 체험을 유발할 수 없다는 결론에 도달했다. 즉 삶의 진실을 제대로 전달하는 시가 좋은 시이며 독자의 감동을 불러일으키는 것이다. 분석의 대상이 되었던 작품들은 다양한 방법으로 삶의 진실을 드러냄으로써 독자를 눈물겹게 하는 감동과 아울러 미적 만족의 상태로 고양되는 체험을 갖게 하는 것이다.

필자도 본 연구를 통해 시 읽기의 고통스러움과 행복함을 함께 즐길 수 있었다.

# 참고문헌

〈 시집 〉

김광규, 반달곰에게, 民音社, 1983.

김수영, 金洙暎全集 Ⅰ詩, 民音社, 1981.

나태주, 대숲 아래서, 예문관, 1973.

도종환, 접시꽃 당신, 실천문학사, 1986.

문정희, 오라, 거짓 사랑아, 민음사, 2001.

문태준, 맨발, 창비, 2004.

민영 외, 한국현대대표시선 Ⅰ~Ⅲ, 창작과비평사, 1993.

박목월, 나그네, 미래사, 2003.

박인환, 朴寅煥 全集, 文學世界社, 1986.

유하, 바람부는 날이면 압구정동에 가야 한다, 文學과 知性社, 1991.

이기철, 靑山行, 民音社, 1982.

李晟馥, 뒹구는 돌은 언제 잠 깨는가, 文學과 知性社, 1983.

李盛夫, 우리들의 糧食, 民音社, 1995.

任洪宰, 청보리의 노래, 文學世界社, 1980.

章湖, 爬蟲類의 合唱, 시작사, 1957.

정일근, 바다가 보이는 교실, 창비, 2005.

鄭漢模·金容稷, 韓國現代詩要覽, 博英社, 1980.

鄭浩承, 새벽편지, 民音社, 1987.

_____, 서울의 예수, 民音社, 1991.

정희성, 저문 강에 삽을 씻고, 創作과批評社, 1978.

함민복, 모든 경계에는 꽃이 핀다, 창작과비평사, 1999.

_____, 말랑말랑한 힘, 문학세계사, 2005.

허만하, 비는 수직으로 서서 죽는다, 솔출판사, 2001.

〈 단행본 〉

甘泰俊 外, 韓國現代文學史, 現代文學, 1989.

강만길, 고쳐 쓴 한국현대사, 창작과비평사, 1994.

강만길 외, 해방전후사의 인식 2, 한길사, 1985.

게오르크 루카치, 美學序說, 홍승용 역, 실천문학사, 1987.

권영민, 한국현대문학사, 민음사, 1993.

귀 라루, 사실주의 문학의 이해, 조성애 옮김, 東文選, 2000.

金烈圭 外, 現代文學批評論, 學硏社, 1987.

김윤식, 한국 현대문학사론, 한샘, 1988.

金允植·김현, 韓國文學史, 民音社, 1973.

金永三 편저, 韓國詩大事典, 乙支出版公社, 1994.

金容稷, 現代詩原論, 學硏社, 2001.

金禹昌, 궁핍한 시대의 詩人, 民音社, 1978.

金允植, 文學批評用語事典, 一志社, 1978.

김재홍, 한국 현대시의 사적 탐구, 一志社, 1998.

김종윤, 김수영 문학 연구, 한샘출판사, 1994.

金埈五, 詩論, 도서출판 문장, 1984.

김학동 편저, 김영랑, 한국현대 시인 연구 3, 문학세계사, 1993.

杜幸俶옮김, 헤겔미학 1, 나남출판, 1997.

루카치 外, 리얼리즘 美學의 기초이론, 이춘길 편역, 한길사, 1991.

사사키 겡이치, 미학사전, 민주식 옮김, 東文選, 2002.

蘇光熙·李錫潤·金正善, 哲學의 諸問題, 志學社, 1982.

아도르노, T. W. 아도르노의 문학이론, 김주연 역, 민음사, 1985.

______, 美學理論, 홍승용 역, 文學과 知性社, 1984.

廉武雄, 民衆時代의 文學, 創作과 批評社, 1979.

尹弘老, 韓國文學의 解釋學的 硏究, 一志社, 1976.

이동하 편저, 박인환, 문학세계사, 1993.

李商燮, 文學批評用語事典, 民音社, 1980.

李昇薰, 詩論, 高麗苑, 1982.

이영섭, 한국 현대시 형성 연구, 국학자료원, 2000.

이해인 외, 나를 매혹시킨 한 편의 시 ②, 문학사상사, 1999.

쟈끄 마리땡, 詩와 美와 創造的 直觀, 성바오로출판사, 1982.

鄭良殷, 社會心理學, 法文社, 1981.

鄭漢模, 現代詩論, 普成文化社, 1982.

鄭漢模·金載弘 編著, 韓國代表詩評設, 文學世界社, 1988.

정효구, 시 읽는 기쁨, 작가정신, 2001.

______, 시 읽는 기쁨 2, 작가정신, 2003.

편집부 엮음, 미학사전, 논장, 1988.

하르트만, 美學, 田元培 譯, 乙酉文化社, 1983.

한영우, 다시 찾는 우리역사, 경세원, 2001.


Abrams, M.. A Glossary of Literary Terms, Holt, Rinehart and Winston INC., 1971.

Booth, Wayne C.. A Rhetoric of Irony, The University of Chicago Press, 1974.

Borklunt, Elmer. Contemporary Literary Critics, St. Martin's Press, 1977.

Cassirer, Ernst. 인간이란 무엇인가?, 최명관 역, 訓福文化社, 1969.

Danziger, M. K. and Johnson, W. S., An Introduction to Literary Criticism, D.C. Health and Company, 1961.

Eagleton, Terry. Literary Theory, Basil Blackwell, 1983.

Fowler, Roger ed., A Dictionary of Modern Critical Terms, Routledtge & Kegan Paul Ltd., 1973.

Goldmann, Lucien. The Hidden God, Trans. Lw Dieu Caché, Routledge & Kegan Paul Ltd., 1976.

Lukacs, Georg. Realism in Our Time, Trans. John and Necke Mander, Harper Torchbooks, 1971.

Muecke, D. C.. 아이러니, 文祥得 譯, 서울大學校 出版部, 1984.

Ogden, C.K. and Richards, I.A., The meaning of meaning, Harcourt Brace Jovanovich, 1946.

Pollard, Arthur. 諷刺, 宋洛憲譯, 서울大學校 出版部, 1982.

Smith, Barbara H., Poetic Closure, The Univ, of Chicago Press, 1974.


Stallmann, Robert W., The Critic's Notebook, The Univ, of Minnesota Press, 1950.

Wellek, R. and Warren, A., Theory of Literature, Penguin Books Ltd., 1970.

Wheelwright, Philip, Metaphor and Reality, Indiana University Press, 1962.

# 이육사, 초인의식과 평화의 철학

김 재 홍*

"지금 눈 내리고/매화향기 홀로 아득하니/내 여기 가난한 노래의 씨를 뿌려라"라고 노래하다가 이국땅 북경의 차디찬 감옥에서 생애를 마친 陸史 李源祿(1904. 4~1944. 1), 그는 죽는 날까지 식민지의 절망적 상황 하에서 민족혼이 살아 있음을 온몸으로 증거하며 시의 시다움을 실천적으로 보여준 암흑기 최대의 저항시인이자 탁월한 예술시인이다.[1]

조선조의 대표적 유학자인 이퇴계의 후손으로서 뿌리 깊은 전통의 고장 안동에서 태어난 그는 국내는 물론 일본과 만주, 중국 대륙을 전전하면서 오로지 항일 독립 운동에 신명을 바쳤다. 그가 길지 않은 40 생애에 무려 10여 차례나 일제에게 피검, 투옥되는 등 참혹한 고통 속에 시달리다가 끝내 이국의 감옥에서 비참한 최후를 마쳤다는 사실은

---

* 경희대학교 국어국문학과.

1) 이 글은 필자의 이육사론(「투사의 길, 예술가의 길」, 『한국현대시인연구』, 일지사, 1986) 및 「불연속적 세계관과 초인의식에 관하여」(이육사탄신100주년 기념강연팜플렛, 안동문협, 2004)를 수정한 내용이다.

그 자체만으로도 민족의 가슴에 비장한 슬픔을 불러일으킨다. 더구나 그러한 역경과 시련을 겪으면서도 그가 끝내 굴하지 않았으며, 오히려 그러한 참담한 고통을 극복하려는 치열한 노력을 계속하는 가운데 이 것을 절제된 형식과 조탁된 언어로써 탁월하게 형상화할 수 있었던 놀라운 정신적 저력은 숭고한 감동마저 심어 준다. 특히 그의 시혼이 투쟁정신과 저항정신으로 치열하게 불타오르면서도 명상의 탄력성과 유연성을 보여 주고 있으며 아울러 서정적 심미성을 확보하고 있다는 점은 값진 일이 아닐 수 없다.

지금까지 육사의 시는 비교적 일관된 관점과 방법으로 연구되어 왔다. 그의 저항적인 생애와 비극적인 최후로 말미암아 그의 시는 주로 <시=시인>이라는 통합적 관점에서 연구되어 온 것이다. 물론 이러한 관점이 조금도 부당한 것은 아니다. 오히려 그의 시를 올바로 해명하는 데 그의 생애는 불가결한 몫을 차지한다. 그렇지만 아직도 그의 시가 좀 더 객관적인 면에서 포괄적으로 연구돼야 할 필요성은 그대로 상존하고 있다. 그의 시는 그 누구의 시보다도 치열한 정신과 실천적인 사상을 바탕으로 하면서도 시의 시다운 품격과 예술성을 확보하고 있는 것으로 판단되기 때문이다.

## 1. 기초적 고찰

육사의 작품 활동은 1930년 1월 조선일보에 시 「말」을 게재하고, 1933년 『신조선』지에 시 「黃昏」을 발표하면서 본격화된다. 이때는 그의 나이가 20대 후반~30대 초에 접어드는 시점에 해당한다. 그리고 대표작으로 일컫는 시들, 예컨대 「청포도」는 1939년 8월 『문장』지에, 「절정」은 1940년 1월에 발표되는 등 1930년대 후반 5~6년 사이 주요작품들이 집중적으로 발표된다. 그만큼 육사의 시단 등장은 다른 문인들에 비해

늦은 셈인데, 오히려 이러한 늦데뷔는 그의 시가 단단해지고 성숙해 가는 데 도움이 된 것으로 보인다. 이러한 사실은 대부분의 시작이 20대에 완결됨으로써 일종의 미숙성 또는 미완의 긴장을 보여준 윤동주의 경우와 좋은 대조를 이룬다. 육사의 작품은 시 36편(한시 3수 포함), 평론 17편, 수필 15편, 소설 3편(번역물 2편 포함) 등 대략 70편 가량이 전해진다. 그리고 그 연대는 33년 경부터 43년까지 주로 발표되었고, 나머지는 작고 후에 발견되어 작품집에 수록되었다.

육사의 시집은 그가 작고한 2년 후인 1946년 그의 아우인 평론가 李源朝에 의해 『陸史詩集』(서울출판사)이라는 명칭의 유고시집으로 간행되었다. 여기에는 申石艸, 金光均 등의 연명으로 된 序와 이원조의 跋이 있으며 20편의 시가 수록되었다. 이것은 다시 육사의 조카인 李東英에 의해 몇 편이 추가되어 『陸史詩集』이라는 동일제명으로 1956년 凡潮社에서 출간되었다. 다시 1964년에는 <이육사 선생 기념비 건립위원회>편으로 육사의 환력기념시문집으로 『靑葡萄』가 간행되었는데, 여기에 다시 「失題」 등의 시와 漢詩, 평론 등이 추가되었다. 1971년에는 다시 4판격인 시문집 『曠野』가 간행되었으나 이것은 『청포도』와 대동소이하다. 이러한 육사의 시 정리 작업은 1974년 9월 간행된 『나라사랑』 16호(육사 이원록 선생 특집호·정음사)에서 어느 정도 정리되었는 바, 여기에는 육사에 관한 비평집, 자료집(시와 산문 전부), 연보, 화보 등이 수록되어 육사의 면모를 집대성해주고 있다.

흔히 알려진 이육사라는 필명은 감옥에서의 수인번호를 의미한다고 전해진다. 그렇지만 시에서 '64' 또는 '264', 즉 숫자로 명기된 경우는 거의 발견되지 않는다. 가장 흔한 것이 陸史이고, 간혹 戮史와 肉瀉가 발견된다. 통명 李活은 주로 평론이나 산문에 쓰인 것으로 보인다. 그렇게 보면 그의 이름은 본명 이원록에서 이원삼(1922), 이활(1926~1939), 大邱 李六四(1930), 戮史(1930), 肉瀉(1932), 陸史(1932~1944)로 변화해간 것으로 보인다.[2]

육사 시의 표기상의 특징은 한글이 주를 이루지만 필요한 경우엔 한

자를 많이 섞어 쓰고 있으며, 마침표, 쉼표 등의 문장 단락 부호는 거의
사용하지 않고 있다. 그리고 형태상으로는 2행~4행이 한 연을 구성하
며, 이것이 중첩되는 分聯詩形이 거의 대부분을 이룬다(이하 인용시는 초
판『육사시집』을 참고로 하되,『나라사랑』지의 시를 기준으로 한다).

## 2. 불연속적 세계인식과 囚人의식

그러면 그의 시 세계를 구체적으로 살펴보기로 하자.

「너는 돌다리ㅅ목에서 쥐왔다」던
할머니의 핀잔이 참이라고 하자

나는 진정 江 언덕 그 마을에
벌어진 문바지였는지 몰라

그러기에 열여덟 새봄은
버들피리 곡조에 부러보내고

첫사랑이 흘러간 港口의 밤
눈물 섞어 마신 술 피보다 달더라

공명이마다곤들 언제 말이나 했나
바람에 부쳐 돌아온 고장도 비고

서리 밟고 걸어간 새벽길우에
肝ㅅ잎만 새하얗게 단풍이 들어

---

2) 김희곤,「이육사가 걸은 독립운동의 길」(이육사탄신100주년 추모강연회, 2004, 안동문협)

> 거미줄만 발목에 걸린다해도
> 쇠사슬을 잡아맨듯 무거워졌다
>
> 눈우에 걸어가면 자욱이 지리라고
> 때로는 설래이며 바람도 불지
>
> — 「年譜」

　이육사의 시에는 끊임없는 떠돌이의식 혹은 삶의 고달픔이 두드러지게 나타난다. 40 평생에 걸친 도망자 의식 또는 떠돌이 생활은 그의 시에 유형무형으로 영향을 미쳤던 것이다. 그는 국내에서만 하더라도 안동－대구－서울 등지를 전전하였고, 중국에서만 하더라도 광동－북경－상해－남경－중경－연안－북경 등 망명지를 전전하면서 항일 독립운동에 헌신하였으며, 그동안 무려 17차 가량[3]이나 피체, 투옥된 바 있었다. 그에게 있어 단란한 가정 생활 또는 편안한 안주 생활이란 기대하기 어려운 형편이었으며, 오로지 불안한 잠행과 표랑의 신산함만이 가득 찼었던 것으로 보인다. 따라서 그의 시에 이러한 잠행과 도피 등 떠돌이로서의 인생에 대한 불안의식과 강박관념, 그리고 고통과 절망감이 표출될 수밖에 없었음이 자명한 이치이다.

　이 시에는 고달픔으로서의 생의 인식과 함께 囚人意識이 표출돼 있다. 이 시의 구성은 2행 8연으로 되어 있고, 이것은 다시 전반부 4연과 후반부 4연으로 나뉘어진다. 제목 「年譜」는 앞의 시 「路程記」와 유사한 뜻을 담고 있다. 즉 생애의 일을 시로써 적은, <시로 쓴 自敍傳>의 의미를 지니는 것이다. 따라서 전반부는 과거회상으로, 후반부는 현재 중심으로 짜여져 있다. 먼저 전반부에는 지나간 어린 시절에 대한 회상과 함께 덧없이 흘러간 그 세월에 대한 안타까움을 드러낸다. 그것은 대체로 버려짐으로서의 삶에 대한 느낌이고, 흘러감으로서의 생의 인식에

---

3) 이동영, 「이육사의 독립운동과 생애」, 『나라사랑』 16집, p. 119.

초점이 모아진다. <쥐왔다던/벌어진 문바지/부러보내고/첫사랑이 흘러간 항구> 등의 시어들이 바로 이러한 버려짐과 흘러감으로서의 떠돌이의식 또는 표랑의식을 반영한 것이 된다. 특히 "첫사랑이 흘러간 항구의 밤/눈물 섞어 마신 술 피보다 달더라"하는 4연은 물의 이미지 계열, 즉 <사랑, 항구, 눈물, 술, 피> 등을 사용해서 온갖 고통과 애환 속에 흘러가버린 삶에 대한 의미를 반추하고 있는 것이다. 대체로 그것들은 눈물과 술, 그리고 피가 표상하듯이 역경과 시련 혹은 절망으로서의 삶의 모습으로 요약할 수 있다. 후반부 네 연은 현재적 삶의 질곡으로 연결되어 있다. 먼저 그것은 "바람에 부쳐 돌아온 고장도 비고"처럼 없음으로서의 현실인식으로 나타난다. 그리고 <서리>와 <肝ㅅ잎만/단풍이 들어>라는 구절 속에는 생명의 정수 또는 핵심으로서의 간이 찌들고 퇴색한 모습을 통해서 생의 신산함 또는 고달픔의 역정을 드러내는 동시에 현실에 대한 울분과 적개심을 표출하고 있다는 점에서 주목된다. 아울러 다음 연의 "거미줄만 발목에 걸린다해도/쇠사슬을 잡아맨듯 무거워졌다"라는 구절은 현실의 질곡과 그 고통이 하나의 극에 달해 있음을 말해 준다. <거미줄=쇠사슬>이라는 인식 속에는 역경으로 이어져 온 삶의 쓰라림과 함께 느닷없이 엄습하는 불안의식에 대한 본능적 공포심이 담겨져 있는 것으로 풀이되기 때문이다. 그러면서도 마지막 연에는 그러한 고달픈 삶에 대한 슬픈 긍정과 위안이 표출됨으로써 비극적 삶의 비장한 아름다움을 드러내게 되는 것이다.

> ① 섣달에도 보름께 달 밝은밤
> 앞 내ㅅ江 쨍쨍 얼어 조이던 밤에
> 내가 부르던 노래는 江건너 갔소
>
> 江건너 하늘끝에 沙漠도 닿은 곳
> 내 노래는 제비같이 날러서 갔소.

못잊을 계집애나 집조차 없다기
가기는 갔지만 어린 날개 지치면
그만 어느 모래ㅅ불에 떨어져 타 죽겠소

沙漠은 끝없이 푸른 하늘이 덮여
눈물먹은 별들이 조상오는 밤

밤은 옛ㅅ일을 무지개보다도 곱게 짜내나니
한가락 여기두고 또 한가락 어데맨가
내가 부른 노래는 그 밤에 江건너 갔소

— 「江건너 간 노래」

② 수만호 빛이래야할 내 고향이언만
　노랑나비도 오잖는 무덤위에 이끼만 푸르러라

　슬픔도 자랑도 집어삼키는 검은 꿈
　파이프엔 조용히 타오르는 꽃불도 향기론데

　연기는 돛대처럼 나려 항구에 들고
　옛날의 들창마다 눈동자엔 짜운 소금이 저려

　바람불고 눈보래 치잖으면 못살이라.
　매운 술을 마셔 돌아가는 그림자 발자최소리

　숨막힐 마음 속에 어데 강물이 흐르느뇨
　달은 강을 따르고 나는 차디찬 강 맘에 드리느라

　수만호 빛이래야할 내 고향이언만
　노랑나비도 오잖는 무덤 위에 이끼만 푸르러라

— 「子夜曲」

이육사 시의 근저에 흐르고 있는 것은 과연 어떠한 세계관일까? 한마디로 말해서 이것을 우리는 자아와 세계와의 단절 혹은 상실, 즉 불연속적 세계관이라 이름할 수도 있을 것이다. 그의 시에는 과거와 현실의 단절, 현실과 미래의 단절, 혹은 나와 너의 단절, 여기와 저기의 단절이 지속적으로 나타나고 있다. 인용한 두 편의 시에는 이러한 단절의 세계관 혹은 불연속의 세계관이 지배적으로 작용하고 있다. 우선 시간 배경만 하더라도 깊고 어둔 밤이 대부분이며, 공간 배경 또한 차안과 피안 또는 옛날의 고향과 오늘의 고향이라는 자아와 세계의 단절이 가로놓여 있는 것이다.

먼저 ①시에는 단절감 또는 상실감이 강하게 표출되어 있다. 강은 이편과 저편, 자아와 세계를 단절시키는 경계선으로서의 의미를 지닌다. 그리고 그것은 <잤소/없다기/떨어져 타 죽겠소>와 같이 상실감으로 연결된다. 이러한 상실감과 단절감은 실상 신뢰할 바 전혀 없는 현실에 대한 절망에서 비롯된 것으로 보인다. 그리고 이것은 쉽게 운명의식으로 연결되는 바, 죽음의 이미지가 등장하는 것이 그 예증이 된다. "못잊을 계집애나 집조차 없다기"라는 없음으로서의 현실인식은 "모래ㅅ불에 떨어져 타 죽겠소"라는 체념적인 죽음의식으로 연결되는 것이다. 현실의 모습은 <밤> 또는 <사막>으로 비유되며, 무언가 희망을 찾아 떠나간 나의 노래조차도 "하늘끝 사막"에 이르러 사라지고 만다는 절망감이 전편을 지배하게 되는 것이다. 실상 이 시에서 <쨍쨍 얼어 조이던 밤에/강건너 하늘끝에 사막도 닿은 곳/눈물먹은 별들이 조상오는 밤> 등과 같이 깊은 겨울과 두꺼운 어둠이 환기하는 절망적 분위기는 그대로 당대의 상황을 암유한 것일 수 있다.

시 ②에도 과거와 현재 또는 자아와 세계 사이에 깊은 단층이 가로놓여져 있다. "수만호 빛이래야할 내 고향이언만/노랑나비도 오잖는 무덤 위에 이끼만 푸르러라"라는 핵심 구절에 나타나는 단절감 또는 상실감이 바로 그 한 예이다. 그것은 과거와 현실 사이의 단절감이며, 존재와 당위 사이의 괴리감에 해당한다. 그렇기 때문에 "옛날의 들창마다 눈동자엔 짜운 소금이 저려"라는 뼈아픈 절망감이 드러나게 된다. 아울러 현실은 "바람불고 눈보래치는" 모습으로 인식되며, 실존의 모습 또한 "매운 술을 마셔 돌아가는 그림자"로 묘사되는 것이다. 따라서 현실은 <무덤>으로 받아들여지고, 여기에 대한 절망감이 "숨막힐 마음"으로 제시된다.

이렇게 볼 때 시 ②에도 있어야 할 바가 없으며, 희망하는 바가 이루어지지 않는 이른바 불연속적 세계인식이 지배하고 있음을 알 수 있다. <子夜>가 상징하는 시대의 깊은 어둠은 바로 이러한 현실부재가 유발하는 비극적 세계관을 반영한 것이며 또한 그 상실감과 단절감에 근거한 불연속적 세계관을 드러낸 것이 된다.

이러한 위의 두 편의 시에서 볼 수 있는 <깊은 겨울>과 <어두운 밤>으로 표상되는 비극적 현실인식 또는 불연속적 세계관은 그대로 육사시의 근저를 관류하는 정서적 형질이 된다. 이것은 실상 "鐘소리 저문 森林속 그윽한 修女들에게도/씨멘트 장판위 그 많은 囚人들에게도/의지가지 없는 그들의 心臟이 얼마나 떨고 있는가"라는 시 「黃昏」이나 "쇠줄에 끌여 걷는 囚人들의 무거운 발소리!/옛날의 기억을 아롱지게 繡놓는 고이한 소리!"라는 시 「海潮詞」, 그리고 "너의 머―ㄴ 祖先의 영화롭던 한 시절 역사도/이제는 <아이누>의 家系와도 같이 서러워라/가엾은 박쥐여! 멸망하는 겨레여!"라 절규한 시 「蝙蝠」 등에서 발견되는 쓰라린 형벌의식 또는 수인의식과도 상통하는 것이다.

실상 이러한 불연속적 세계인식과 수인의식은 시인이 처한 당대 상황의 불모성과 비극성, 즉 조국상실로부터 연유한 것이 분명하다. 조국의 상실은 전통의 상실이며 전 민족의 수인화이고 세계와의 단절을 의미할 수 있기 때문이다. 아울러 "행랑 뒷골목 호젓한 상술집엔/팔려온 冷害地處女를 둘러싸고/대학생의 지질숙한 눈초리가/思想善導의 염탐꾼 밑에 떨고 있다"(「失題」)라는 한 구절에서 단적으로 볼 수 있듯이 조국상실의 비극에서 연유한 민족 구성원 사이에서의 단절과 위화감이 여러 시편에 드러나고 있다. 바로 이 점에서 이에 대한 반작용으로서 불연속적 세계인식을 보다 능동적으로 극복하려는 치열한 몸부림이 그의 또 다른 시편에 강력하게 분출되는 것이다.

## 3. 運命愛와 위버멘쉬4)의 길

그러기에 육사의 시에는 항일 독립 투쟁으로서 가시밭길을 걸어가는 고통의 길, 형극의 길이 지속적으로 형상화된다. 그러면서도 그러한 고통과 절망을 극복하려는 치열한 극복의지와 초월지향성이 표출되는 것이 특징이다.

> 매운 季節의 채찍에 갈겨
> 마침내 北方으로 휩쓸려오다
>
> 하늘도 그만 지쳐 끝난 高原
> 서리빨 칼날진 그 우에 서다
>
> 어데다 무릎을 꿇어야 하나
> 한발 재겨 디딜곳조차 없다
>
> 이러매 눈 감아 생각해 볼밖에
> 겨울은 강철로 된 무지갠가 보다
>
> — 「絶頂」

---

4) 위버멘쉬(übermensche)는 超人으로 번역되지만 적절한 것은 아닌 듯하다. 초인이란 흔히 그 어떤 괴력의 소유자 또는 슈퍼맨을 뜻하는 경우가 있기에 여기서는 그냥 위버멘쉬라는 말과 병용하고자 한다.

   아마도 1940년『문장』1월호에 발표된 이 작품은 근대시사에서 가장 빈번히 논의돼 온 소문난 작품의 한 편일 것이다. 그만큼 이 시가 시 자체로서 우수성 또는 문제점을 안고 있다는 암시일 수 있으며, 아울러 육사의 시세계를 해명하는 데 중요한 관건이 된다는 뜻이 내포돼 있음이 분명하다.

   이 작품은 지금까지 "일정 36년의 전기간의 상황이 압축되어 있고 그 정황이 상징되어 있다"5)거나 "남성주의와 초극의지를 바탕으로 육사의 투쟁과 인고가 극점을 이룬 시"6) 또는 "비극적 황홀을 보여주며 육사의 삶이 구극적인 시적 표현을 얻은 시"7)라고 높이 평가되어 왔다. 요약컨대 독립투사로서의 육사의 삶을 시인으로서의 삶과 분리시키지 않은 관점에서 육사 시를 높이 평가한 경우에 해당한다. 아울러 "한 사람의 투사가 자신의 삶에 더 이상 물러설 수 없는 최종적 의의를 부여하는 결단의 자리를 노래한 작품",8) "일본 관헌의 채찍과 일본 군국주의의 학정에 쫓겨 칼날 같은 벼랑에 선 민족 전체의 현실을 노래한 작품",9) 혹은 "儒者의 정신과 객관적 절제를 노래한 시"10)라고 평가되기도 했으며, "자기 無化를 통해서 자유롭고 창조적인 삶의 지평으로 완성되어 가는 비극적 초월의 과정을 보여준 작품"11) 등으로 해석되기도 했다. 이러한 논의점들은 주로 이 「절정」이 식민지하 수난의 현실을 극복하려는 의지를 담은 빼어난 저항시라는 데 초점이 모아진다.

   필자의 견해 역시 이들과 크게 차이나는 것은 아니다. 그러나 필자는 이 시가 근원적인 면에서 자기극복의 과정에서 비롯되는 갈등과 고뇌

---

5) 朴斗鎭, 『한국현대시론』(일조각, 1970).
6) 鄭漢模, 「육사시의 특질과 시사적 의의」, 『나라사랑』 16호.
7) 金宗吉, 「육사의 시」, 『나라사랑』 16호.
8) 金興圭, 「육사의 시와 세계인식」, 『문학과 역사적 인간』(창작과 비평사, 1980).
9) 金榮茂, 「李陸史論」, 『창작과 비평』, 1975, 여름호.
10) 李東夏, 「絶頂論」, 鄭漢模 外 『한국대표시평설』(문학세계사, 1983).
11) 吳世榮, 「비극적 초월과 세계인식」, 『한국현대시작품론』(문장, 1981).

의 절정에서 현실의식과 대결정신, 그리고 예술의식의 비극적 화해를 성취함으로써 새로운 출발을 다짐하는 운명애의 시로 파악하고자 한다. 다시 말해서 어둡고 힘겨운 상황에 맞서서 묵묵히 자기를 극복함으로써 초인에의 길, 즉 위버멘쉬(Übermensch)에 도달하고자 하는 운명에의 열린 몸짓을 반영한 작품으로 이해하고자 하는 것이다.

이 시는 각각 2행씩 기·승·전·결 네 연으로 짜여져 있다. 그리고 이것은 다시 전반부(기·승)와 후반부(전·결)로 나뉘어지는 바, 이것은 先景後情이라는 전통적인 한시 작법에 의거하고 있는 것으로 보인다. 즉 전반부는 상황의 제시로, 후반부는 주관의 표출로 특징지워진다. 먼저 전반부는 다시 객관적인 정황과 퍼스나가 처한 상황으로 나뉘어진다. 첫 연에는 "매운 계절의 채찍"이 표상하고, <갈겨/휩쓸려>라는 피동형이 암시하는 바와 같이 어쩔 수 없는 수난의 현실에서 쫓겨올 수밖에 없는 좌절감 또는 패배감이 착색되어 있는 것이다. 둘째 연에는 이러한 좌절감과 패배감이 환기하는 절박한 상황이 제시된다. 그것은 하나의 극한 상황과의 직면을 의미한다. "하늘도 그만 지쳐 끝난 高原/서리빨 칼날진 그 우에 서다"라는 구절 속에는 <끝>과 <위>가 상징하는 백척간두의 첨예한 극한상황 제시와 함께 그러한 위기의 절정과 분연히 맞서는 팽팽한 대결의 자세가 표상되어 있는 것이다. 어쩌면 이것은 운명의 기로에 처하여 운명과 의연히 맞서는 모습일는지도 모른다. 후반부는 다시 순응의지와 극복의지가 갈등을 이루는 셋째 연과 이러한 갈등이 운명애로 화해되는 넷째 연으로 구분된다. 먼저 셋째 연에는 절박한 극한상황에 처해서 무릎을 꿇을 수밖에 없다라고 하는 체념의지와, 그럴 수는 없으며 또 그래서도 안 된다는 극복의지 내지는 저항의지가 강하게 대립하며 갈등을 이루고 있다. "어데다 무릎을 꿇어야 하나"라는 구절 속에는 무릎을 꿇을 수밖에 없다는 절망적 상황에 따른 피동적 순응의지와 함께 이에 대항하여 "어데다~하나"라는 강력한 부정의지가 작용하고 있는 것이다. 아울러 "한발 재겨 디딜곳조차 없다"라는 구절 속에는 이러한 대립과 갈등의 절정에서 새로운 극복의 의지가 싹트고 있음을 암시하는 뜻이 담겨져 있는 것으로 보인다. 따라서 마지막 연에서의 정신적 여유, 또는 미적 거리를 유지할 수 있게 된다. "눈 감아 생각해 볼밖에"라는 구절이 그것이다. 이러한 관조와 명상의 여유는 실상 처절한 정신의 암투와 격투를 겪은 사람만이 겨우 성취할 수 있는 정신의 유연성이자 탄력성에 해당한다. 아울러 갈등과 고뇌의 절정에서 비로소 운명과의 뜨거운 해후가 이루어질 수 있음을 말해 주는 것이 된다.

마지막 구절에서 보이는 운명애로의 비극적 초월과 상승은 이러한 운명과의 뜨거운 해후와 그에 대한 능동적 수락으로부터 획득되어지는 것이다. "겨울은 강철로 된 무지갠가 보다"라는 이 시의 결구는 무수한 상황과의 부딪침 끝에 자기극복의 치열한 몸부림의 절정에 도달하여 운명에 대한 뜨거운 사랑을 성취하는 순간에 나타나는 비극적 자기초월의 아름다움에 해당하는 것이다. 어쩌면 이 구절은 오랜 방황과 갈등 끝에 마침내 자아발견을 성취하고 다시금 묵묵히 삶의 본질을 향하여 힘차게 나아가는 위버멘쉬의 모습을 형상한 것일 수도 있다. 아울러 <겨울>이 표상하는 현실인식이 <강철>이라는 광물적 이미저리의 대결 정신과 결합하고, 이것이 다시 <무지개>가 상징하는 예술의식으로 탁월한 상승을 성취한 모습일는지도 모른다. 그 어느 것이라 하더라도 이 구절이 새로운 출발을 다짐하는 운명의 전환점이 되리라는 것은 분명한 사실이다.

다시 말해서 이 시는 절정으로서 끝난 시가 아니라 새로운 운명의 길로 접어드는 전환점의 시, 새 출발의 시가 된다는 점이다. 겨울은 봄을 예비하는 계절이라는 점에 의미가 놓여진다. 이 시가 기·승·전·결의 순환구조를 지닌 것도 실상은 이 시가 새로운 출발을 다짐하는 데 참뜻이 놓여진다는 점을 암시하는 것으로 풀이된다. 여하튼 이 시는 절망을 통해서 낙관으로, 부정을 통해서 긍정으로, 소멸을 통해서 생성으로, 절정을 딛고서 새로운 상승으로 나아가고자 하는 열린 의지, 즉 위버멘쉬로서 초인의식을 담고 있는 작품으로 판단된다. 마치 그것은 운명과의 당당한 맞섬을 통해서 생의 온갖 모순과 부조리를 극복하고, 마침내 보다 큰 운명애의 길로 나아갈 수 있었던 베토벤의 「운명교향곡」의 주제와도 상통할 수 있는 것으로 해석되기 때문이다.

위버멘쉬란 무엇이던가. 니체에 의하면 그것은 종래의 신이 죽은 후, 그의 자리를 대신하게 된 신과 같은 존재로 이해하는 것, 또는 그에 어떤 신성(神性)을 부여하지 않고 그를 지상에서 성취 가능한 이상적 인간의 한 모습으로 보려는 것이다.12)

이렇게 볼 때 이육사에게서 이러한 위버멘쉬의 모습은 운명의 한계 또는 인간의 굴레를 벗어나서 생의 승리를 성취해낸 사람들을 일컫는다고 할 수 있으며, 이점에서 육사 자신이 이러한 위버멘쉬의 실천적인 한 모습에 해당할 수 있으리라고 본다.

이러한 「절정」의 극복정신, 새 출발의 정신은 「꽃」의 세계로 연결됨으로써 새로운 전기를 맞이한다.

> 동방은 하늘도 다 끝나고
> 비 한 방울 나리지 않는 그때에도
> 오히려 꽃은 빨갛게 피지 않는가
> 내 목숨을 꾸며 쉬임없는 날이여
>
> 北쪽 쓴드라에도 찬 새벽은
> 눈속 깊이 꽃 맹가리가 옴자거려
> 제비떼 까맣게 날라오길 기다리나니
> 마침내 저버리지 못할 約束이여
>
> — 「꽃」1, 2연

그것은 새로운 생명의 탄생, 즉 부활의지로의 전환이다. 시 「絶頂」에

---

12) 정동호, 「위버멘쉬」, 『니이체연구』(탐구당, 1983) p.110.

서의 <절정>은 한계점 또는 끝남의 지점이 아니다. 그것은 오히려 새 생명의 탄생을 약속하는 도약의 지점이며 약속을 향한 새 출발의 지점이 되는 데 참된 의미가 드러난다.

바로 여기에서 시 「절정」의 참뜻이 드러난다. 그것은 운명에 대한 뜨거운 사랑이 마침내 성취하게 되는 삶의 비약적 상승의 시점이며 존재의 비극적 초월에 해당하는 것이다. 이 점에서 희망과 기다림의 철학으로 나아가게 되는 정신의 코페르니쿠스적 전환이 이룩되는 것이다.

## 4. 기다림의 철학, 평화사상

무엇보다도 이육사 시에서 집약적으로 드러나는 것은 끝없는 기다림의 철학과 평화지향성이 드러난다는 점이다.

내 고장 七月은
청포도가 익어 가는 시절

이 마을 전설이 주절이주절이 열리고
먼데 하늘이 꿈꾸며 알알이 들어와 박혀

하늘밑 푸른 바다가 가슴을 열고
흰 돛 단 배가 곱게 밀려서 오면

내가 바라는 손님은 고달픈 몸으로
青袍를 입고 찾아온다고 했으니

내 그를 맞아 이 포도를 따먹으면
두 손은 함뿍 적셔도 좋으련

아이야 우리 식탁엔 은쟁반에
하이얀 모시 수건을 마련해두렴

— 「青葡萄」

1936년 『문장』 8월호에 발표된 이 시는 "청포도가 익어감", "손님이 찾아옴"이라는 두 사건을 병렬하면서 이에 대한 가상적 기대와 기다림, 그리고 준비의 자세를 피력하고 있다는 점에서 일종의 이야기시에 해당한다 하겠다.

이 시는 모두 여섯 연으로 나뉘어져 있지만, 이것은 대략 육사의 다른 시들처럼 기(1·2연)·승(3·4연)·전(5연)·결(6연) 네 단락으로 의미구분할 수 있다. 이 시 역시 전통적인 한시 작법과 연관되어 있음을 암시한다.

먼저 첫 기단락은 청포도가 오브제로 등장한다. 여기서 청포도는 <익어가는>이라는 형성의 개념으로 이해되며, 그것은 기다림이라는 명제와 연결된다. 따라서 청포도는 단순히 익어가는 과일로서의 사물이라기보다는 "아 마을 전설이 주절이주절이 열리고/먼데 하늘이 꿈꾸며 알알이 들어와 박혀"와 같이 전설과 꿈이 내용으로 충만되는, 관념으로서의 과일에 해당된다. 그리고 이것은 육사가 항상 표랑하던 이국땅에서 고향이 그리울 때나 부모형제가 보고 싶을 때 외이곤 하던 『詩傳』의 「7월장」('戀印記', 『조광』, 1941. 1월호)과 상관되는 것으로 보인다. 즉 7월은 육사에게 있어 그리움과 기다림이라는 의미가 착색된 하나의 상징으로 볼 수 있다는 점이다. 특히 이 연에서 <전설>이 <꿈>과 조응되는 것은 예사로운 일이 아니다. 전설은 과거지향의 표상이며 꿈은 미래지향의 표상인데도 이것들이 함께 7월의 청포도에 스며든다 하는 것은 육사 시를 관류하는 한 특징인 불연속적 세계관에 비추어 보면 특기할 만한 일이 아닐 수 없기 때문이다. 이것은 이 시가 「절정」에서 무지개를 떠올리고 「광야」에서 백마 타고 오는 초인을 그리워함으로써 과거와 현실의 단층 또는 자아와 세계와의 단절의 극복을 성취하려 하던 노력과 접맥시킬 수 있다. 다시 말해서 미래지향의 역사의식으로써 현실극복을 성취하고 능동적인 미래로 나아갈 수 있는 기틀을 마련한다는 점이다.

다음으로 승단락은 기단락에서의 그리움과 기다림이 구체화되어 나타난다. 그것은 "푸른 바다가 가슴을 열고/흰 돛 단 배가 곱게 밀려서 오면"이라는 희망적, 낙관적인 세계로의 펼쳐짐이다. 이울러 "내가 바라는 손님은 고달픈 몸으로/靑袍를 입고 찾아 온다고 했으니"라는 확신에 찬 기다림의 피력이다. 실상 여기에서 "고달픈 손님"은 "서릿발 칼날진 그 위"를 쫓기던 모습 또는 눈 내리고 매화향기 홀로 아득하던 광야에서 "가난한 노래의 씨를 뿌리던" 모습과 무관하지 않다. 다시 말해서 그러한 고달픔의 모습으로 찾아온 것이기에 그리움과 기다림이 한층 애달프고 절실할 수밖에 없는 것이다. 따라서 승단락은 청포도가 오랜 인고의 시간 속에서 익어가는 모습과 청포의 손님이 온갖 역경을 뚫고 돌아오는 모습을 대비시킴으로써 그에 대한 그리움과 기다림의 심정을 심화하는 데 특징이 있다. 이러한 승단락의 <배=손님>의 도래에 대한 확신과 기다림은 가상적인 미래상황을 설정하게 한다.

전단락에서 "네 그를 맞아 이 포도를 따먹으면/두 손은 함뿍 적셔도 좋으련"이라는 기대의 충만함이 그것이다. 여기에서 기단락에서의 익은 청포도와 승단락에서의 돌아온 손님의 이미지가 합치하게 된다. 오랜 세월에 걸친 역경과 시련 또는 그리움과 기다림 끝에 단절됐던 과거와 현재, 너와 나, 나와 세계의 참된 합일을 성취하게 되는 것이다. 이른바 불연속적 세계관의 극복이 이루어지는 것이다. 그러나 이 전단락은 마지막 <좋으련>에서 <련>에 의해 이러한 합일과 극복이 이미 성취된 것이 아니라 아직도 미래적인 것으로 남아 있는 것이라는 점을 시사하게 된다. 따라서 희망적, 낙관적인 시상이 미래지향적인 것으로 남겨진다. "아이야 우리 식탁엔 은쟁반에/하이얀 모시 수건을 마련해두렴"이라는 결단락의 내용이 그것이다. 그러나 여기에서 <마련해두는> 행위는 단순한 미래시제상의 꿈이 아니다. 지금까지 청포도가 익어가고 고달픈 손님이 찾아오는 과정의 연장선상에서 지금 실제로 취해져야 하는 실천적, 구체적인 준비행위로서 당위적 의미를 지닌다는 점이 중요하다.

무엇보다도 이 시는 '청포도/하늘/푸른 바다/靑袍'와 같은 푸른색 계열의 이미지와 '흰 돛단배/은쟁반/하이얀 모시수건'과 같은 흰색 계열의 이미지가 어울리면서 희망과 기다림, 그리고 평화의 사상을 형상하고 있는 것으로 해석된다는 점에서 특징적인 면모를 보여준다. '아이'와 '손님'도 그러한 희망과 기다림의 표상임은 물론이다.

이렇게 볼 때 이 시는 과거의식과 현재의식, 그리고 미래지향의 역사의식이 긴밀하게 통합되고 탄력있게 작용함으로써 기다림의 철학과 평화의 사상을 지향하는 데서 참된 의미가 드러난다. 그리고 이러한 기다림의 철학 또는 평화의 사상은 확고한 전통의식에 뿌리내리고 있으며, 투철한 현실 의식 또는 극복의 정신에서 출발하고 있는 것이라는 점에서 강한 설득력을 지닌다. 아울러 육사의 투사의식이 성숙한 예술의식으로 여과된 한 전범을 제시했다는 점에 이 시의 의미가 놓여진다.


## 5. 선구자 의식 또는 미래지향의 역사의식

아울러 이육사 시에서 주목할 것은 그의 시에 선구자 의식 또는 미래지향의 역사의식이 드러난다는 점이다. 실상 이러한 선구자 의식은 앞에서 논의한 바 있는 초인의식의 핵이자 시혼으로서 자리잡고 있음이 분명하다.

까마득한 날에
하늘이 처음 열리고
어디 닭 우는 소리 들렸으랴

　　모든 山脈들이
　　바다를 戀慕해 휘달릴 때도
　　차마 이 곳을 犯하던 못하였으리라

　　끊임없는 光陰을
　　부지런한 季節이 피여선 지고
　　큰 江물이 비로소 길을 열었다

　　지금 눈 내리고
　　梅花香氣 홀로 아득하니
　　내 여기 가난한 노래의 씨를 뿌려라

　　다시 千古의 뒤에
　　白馬타고 오는 超人이 있어
　　이 曠野에서 목놓아 부르게 하리라

— 「曠野」

　육사의 대표작 중의 대표작으로 꼽히는 이 시는 육사 시의 면모를 종합적으로 제시해 준다. 먼저 그것은 구성면에서 찾아볼 수 있다. 형식적인 구성은 다섯 연으로 짜여져 있는데 내용상으로는 기·승·전·결이라는 육사 시의 기본구성법을 취하고 있다. 즉 1, 2연이 기, 3연이 승, 4연이 전, 그리고 5연이 결에 해당한다. 이러한 기·승·전·결 구성법은 다시 先景後情法, 즉 앞의 두 부분에서는 정경을 묘사하고 뒷부분에서는 심정을 표출하는 전통적인 한시 작법에 의지하고 있는 것이다. 그만큼 육사의 작시법 또는 시의식이 전통적인 것에 뿌리내리고 있다는 증좌가 된다.

　먼저 첫 기단락에서는 광야의 모습이 묘사된다. 그리고 첫 연에서는 시간성이, 둘째 연에서는 공간성이 각각 제시된다. 다시 말해서 1연은 "까마득한 날에/하늘이 처음 열리고"와 같이 천지가 개벽하는 태초의 상황이 묘사되어 있다. 그리고 이것은 "어데 닭 우는 소리 들렸으랴"라는 부정적인 설의법을 수반함으로써 광야의 원시성, 신비성, 적막성을 심화한다. 또한 2연은 "모든 산맥들이/바다를 연모해 휘달릴 때도/차마 이 곳을 범하던 못하였으리라"라는 구절처럼 활유법을 사용하여 광야의 광활성과 함께 그러한 광대무변한 광야의 모습이 불러일으키는 장엄함을 제시한다. 특히 여기에서는 <모든>이라는 전체관형사, <휘>달린다라는 강세접두사, <차마>라는 절대부사가 <범하던 못하다>라는 단정적 서술과 결합함으로써 웅장한 남성주의 또는 대륙적 기상[13]을 일깨워 준다. 따라서 이 기단락은 태초에 광야의 생성이 이루어지는 순간과 그 광대무변한 모습을 통해서 광야의 엄숙하면서도 웅장한 정경을 묘사한 것이다.

승단락에서는 흐름과 순환의 상상력, 즉 <광음>, <계절>, <江물> 등의 이미지들을 통해서 광야의 역사성을 제시한다. "끊임없는 光陰을/부지런한 계절이 피여선 지고"라는 구절 속에는 소멸과 생성이 되풀이되는 역사의 지속과 순환의 원리가 담겨져 있다. 또한 "큰 江물이 비로소 길을 열었다"라는 구절은 <江물>과 <길>의 대응을 통해서 인류의 역사 또는 문명과 문호의 태동 및 그 전개를 시사해 준다. 특히 <큰 江물>과 "비로서 길을 열었다"의 결합 속에는 마치 큰 강물의 굽이침과 대응되는 인류사의 힘찬 생성력이 담겨져 있으며, 아울러 자연사와 인간사의 마주침이 불러일으키는 장엄미 또는 숭고미가 드러나는 것이다.

이러한 광야의 정경묘사에 이어 전단락에는 신념과 의지의 표출이 드러난다. 앞의 부분들이 광야의 역사성 혹은 과거성의 제시에 기본 뜻이 놓여진다면, 이 부분은 광야의 현재성, 즉 현재의 상황과 그에 대한 시적 퍼스나 <나>의 대응 자세에 초점이 맞춰져 있다. "지금 눈 내리고/梅花香氣 홀로 아득하니"라는 현재상황의 제시와 "내 여기 가난한 노래

---

13) 鄭漢模, 전게논문 참조.

의 씨를 뿌려라"라는 사건의 대응이 바로 그것이다. 먼저 <눈>과 <매화향기>의 대조는 현재상황이 겨울이고, 거기에 매화 한 송이가 고고하게 피어 향기를 발함으로 해서 시의 퍼스나가 처한 상황이 얼마나 혹심한 추위와 어둠에 휩싸여 있으며, 그 속에서 매화가 상징하듯 굳센 지절을 지키기가 얼마나 지난한 일인가를 상징적으로 제시해 준다. 아울러 그것은 그러한 추위와 어둠 속에서도 언젠가는 도래할 봄에 대한 소망과 확신을 잃지 않고 있음을 반증해 주는 것이 된다. 따라서 "내 여기 가난한 노래의 씨를 뿌려라"라는 이 시의 핵심 구절이 가능해진다. "씨를 뿌려라"라는 구절은 <뿌려라>라는 서술형 어미 속에 <뿌리겠다>라는 단호한 의지와 <뿌려야만 한다>라는 당위적 신념을 함께 포괄하고 있다. 그것은 현실이 어떠한 가혹한 질곡과 억압 또는 희망을 간직하기 어려운 절망으로 가득 찬 시대라 하더라도 그것을 이겨 나아가고자 하는 극복의지가 이 시의 핵심에 놓여 있음을 의미한다. 아울러 이러한 확고한 신념의 확보와 극복의지만이 현실이 처한 엄청난 비극성을 파괴하고 차단함으로써 미래에 대한 능동적인 꿈과 소망을 획득하게 하는 원동력이 될 수 있음을 강조한 것이 된다. 특히 이 연은 <눈/매화/씨>가 투철한 현실인식과 그에 대한 강인한 극복의지, 그리고 서정적 심미의식을 함께 상징적으로 포괄함으로써 이 시가 실천성과 예술성 사이의 탄력있는 긴장과 조화를 성취하는 데 결정적 기틀을 마련하게 해 준다는 데 의미가 놓여진다.

따라서 결단락에서는 미래지향의 확고한 역사의식이 드러나게 된다. "다시 천고의 뒤에/백마타고 오는 초인이 있어"라는 구절은 현실에 대한 극복의지가 마침내 미래의식으로 연결됨을 말해 준다. 암담한 현실에 맞서서 그 고통과 절망을 극복하려는 정신적 암투의 절정에 처하여 미래에 대한 확고한 신념을 획득함으로써 정신의 초극을 성취하게 되는 것이다. 여기에서 <白馬>와 <超人>의 의미가 무엇인가하는 문제가 제시된다. 말은 대체로 몇 가지 상징성을 지니는 것으로 풀이된다. 즉

말은 세계상의 주기적인 순환 혹은 우주적인 힘의 상징으로 나타나는
가 하면 神聖性의 한 상징 혹은 남성적인 힘의 상징이 되기도 한다. 특
히 白馬는 黑馬와 대비되어 탄생의 이미지를 내포하기도 한다.[14] 이로
미루어 볼 때 이 시에서 백마는 적절히 사용된 오브제가 아닐 수 없다.
그것은 백마가 지닌 우주적인 힘의 상징성, 남성적 힘의 상징성, 탄생과
신성의 상징성 내지는 세계의 순환 질서의 상징성 등이 이 시의 기본
맥락인 광야의 생성과 문명의 태동 및 역사의 순환법칙, 그리고 현실극
복의 힘찬 의지와 미래지향의 역사의식과 잘 부합하는 것으로 보이기
때문이다. 특히 광야의 광활성과 <씨앗>의 선구자의식은 말이 상징하
는 역동성과 잘 조화됨으로써 이 시에 탄력성을 높여 주고 스케일을 확
대해 주는 원천이 된다.

한편 <초인>의 의미는 어떠한가. 여기에서의 초인은 이미 논의한 바
있는 니이체의 위버멘쉬의 개념이 적당할 듯하다. 위버멘쉬란 역사를
지배하는 영웅이나 신비한 힘을 간직한 초능력자를 의미하는 것이 아
니다. 그것은 어떤 초자연적, 초현실적 존재가 아니다. 위버멘쉬, 즉 초
인은 이 땅에서 태어나 성장하고 있는 인간이 자력에 의해 도달할 수
있는 하나의 실천적인 모습이며, 과거의 질곡과 현실의 억압에서 벗어
나려는 치열한 몸부림을 통해 자기극복을 성취하고 정신적 상승을 획
득해 가는 이상적인 인간형인 것이다.[15] 따라서 이 시에서도 마찬가지
이다. 고난의 과거를 헤쳐오면서 현실의 추위와 어둠에 맞서서 이 절망
과 고통을 이겨 나아가려는 치열한 몸부림을 겪으면서 자기극복을 성
취하고, 마침내 참된 미래지향의 역사의식을 획득한 자의 의연한 모습
이 바로 초인의 모습인 것이다.

따라서 이 시에서 초인은 극복과 초월정신에 뿌리를 둔 선구자의 모
습이며, 동시에 신념의 인간형이고 이상적인 자아의 실천적 인간형에

---

14) J. E. Crrlot, A Dictionary of Symbol(Philosophical Library, N. Y., 1962), pp. 144~145.
15) 정동호, 앞의 책 참조.

해당한다. 이점에서 앞에서 언급한 것처럼 초인은 그렇게 인간의 한계 또는 운명을 극복해낸 실천적 인간형이기에 그것은 바로 육사 자신일 수도 있음은 물론이다. 아울러 역사는 이처럼 무수한 초인들에 의해 생성되고 추진되고 전개돼 가는 것이기에 초인은 선구적인 혁명가 또는 실천적인 민중이자 동시에 예언자적 지성을 지닌 예술가 또는 위대한 시인일 수 있는 것이다. 바로 이점에서 초인의식은 현재진행형이고 미래완료형으로서 형성적, 진행적 성격을 지닌다고 하겠다.

이렇게 볼 때 "백마타고 오는 초인"의 의미는 자명해진다. 그것은 우주의 순환원리와 역사의 인과론적 법칙에 따른 새 시대의 도래에 대한 확신이며, 이러한 새로운 시대의 도래는 꾸준한 자기극복의 실천과 미래지향의 역사의식을 확보함으로써 비로소 실현될 수 있다는 깨달음을 제시한 것이 된다. 아울러 "이 광야에서 목놓아 부르게 하리라"는 이 시의 결구는 실천적인 삶, 또는 열린 삶에 대한 신념과 의지를 다시 한 번 강조하는 데 뜻이 놓여진다.

이렇게 볼 때 이 시는 순환의 역사관을 바탕으로 초인사상과 선구자의식을 결합하고 이것을 미래지향의 역사의식으로 고양시킴으로써 어려운 현실 속에서 묵묵히 씨 뿌리는 자의 절망과 고통, 그리고 외로움을 드러내는 동시에 언젠가는 밝은 역사의 아침이 도래하리라는 일종의 후천 개벽사상을 제시한 것으로 풀이된다. 이 점에서 이 시의 정신은 <님의 상실—이별후의 고통과 절망—절망의 희망화와 기다림—님과의 만남>을 성취하는 만해의 「님의 沈默」의 시정신과 상통하는 것으로 이해된다. 특히 지기극복의 치열성에 바탕을 둔 초인정신, 현실과 당당히 맞서면서도 내일을 예비하는 선구자의식, 그리고 순환의 역사관에 뿌리를 둔 미래지향의 예언자적 지성의 면모는 육사 시와 만해 시를 관류하는 공통점이 된다.

결국 「광야」는 육사의 투철한 현실인식과 치열한 극복정신이 역사의식으로 통합되면서 예술의식과 탁월하게 조화를 이룩한 육사 시의 대표작으로 평가할 수 있다.

마지막으로 한 가지 추가하여 지적할 것은 이 시에 있어 형태적인 면에서의 전통성이다. 각 연이 모두 3행씩으로 짜여져 있는데, 이 3행을 자세히 들여다보면 첫 두 행이 함께 묶이고 마지막 행과 첫 두 행이 대응을 이룬다는 점이 특이하다. 다시 말해서 앞의 두 행은 원래 한 행이었던 것을 두 행으로 나누어 놓은 것으로서, 대략 묶어서 생각해보면 5음보 정도로 짜여진 2행 구성이 이 시의 기본 골격을 형성함을 알 수 있다. 이것은 다시 한시로 번역해 보면 五言 一行의 대구형식이 됨을 짐작할 수 있다. 따라서 원래는 2행 4연이었던 것을 각 연을 3행으로 늘이다보니 자연 시 전체도 한 연이 늘어난 구성, 즉 3행 5연의 구성을 취하게 된 것으로 풀이된다. 내용상에 있어서도 각 연의 1, 2행은 이를 연결해서 파악해야 의미의 단락이 자연스러우며, 전체 구성도 1, 2연을 한 단락으로 한 네 토막으로 구분해서 파악할 때 <광야의 원시성, 광활성(기)→문명·문화의 태동(승)→현실인식과 선구자의식(전)→초인정신과 예언자적 지성의 현현(결)>이라는 이 시의 구조가 선명히 드러난다. 이러한 추론이 가능하다는 것은 육사의 시정신과 시방법이 그만큼 전통적인 것에 뿌리내리고 있다는 실증이 될 수도 있을 것이다.

결국 이 시는 육사의 뿌리 깊은 전통의식이 현실인식에 근거한 선구자의식과 결합되고 이것이 다시 미래지향의 역사의식으로 고양됨으로써 시적 초극과 정신적 상승을 실천적으로 보여준 데서 생생한 의미가 드러나는 작품으로 판단된다.

## 6. 맺음말

혁혁한 독립투사이자 탁월한 시인으로서 생전에 시집 한 권 내지 못하고, 그것도 이국 땅 차디찬 겨울의 감옥에서 운명을 달리한 이육사,

그렇다면 그의 생애와 문학이 문학사에 남겨준 의미는 어떠하며 오늘날의 문학에 던져 주는 교훈은 과연 무엇일까.

먼저 그것은 그가 바람직한 시인의 길이 어떠한 것이며, 참된 시가 어떠해야 하는가를 실천적으로 보여준 데서 드러난다. 그는 무려 열일곱 차례나 영어의 고초를 겪으며 중국의 대륙을 표랑하면서 감옥에서 생애를 마쳤다. 그러나 그의 시는 생경한 이데올로기의 나열이나 전투적 구호로 일관되어 있지 않다. 그는 투사로서의 길이 바로 시인으로서의 길로 직결되는 것은 아니라는 분명한 깨달음을 보여 주었다. 그러나 그는 치열한 민족정신과 저항정신, 자유와 평등의 정신, 그리고 투철한 현실인식에 자리잡은 역사의식을 바탕으로 하지 않고서는 시가 제대로 성립될 수 없다는 점을 확실하게 제시해 줌으로써 올바른 삶의 길과 바람직한 예술의 길이 결코 분리되는 것이 아니라는 점을 소중하게 인식시켜 주었다.

무엇보다도 그의 시는 이 땅의 시가 우리의 전통의식에 뿌리를 두고 있어야 하며, 날카로운 현실인식과 선구자의식에 기초한 미래지향의 역사의식을 확보하는 데서 그 활로와 지평이 열릴 수 있음을 실천적으로 보여준 데서 의미가 드러난다. 이것은 당대 30년대의 많은 시가 생경한 이데올로기에 침윤됐거나, 혹은 모더니즘의 경박성에 치우쳤고, 아니면 개인주의와 전원주의에 함몰됨으로써 역사적 대응력과 사회적 탄력성을 상실한 데 대한 반성으로서의 의미를 지닌다.

아울러 끊임없이 시대와 현실에 절망하면서도 그러한 억압과 질곡에서 벗어나려는 고통스런 노력을 통해서 자기극복을 성취하고 정신적 상승을 획득하려 몸부림친 데 의미가 있다. 그의 시가 스스로의 운명을 사랑함으로써 고통과 절망의 현실을 극복해 나아가려는 위버멘쉬의 길을 보여준 것은 참으로 값진 일이 아닐 수 없다. 또한 그러한 절망과 고통 끝에 그가 완성하게 된 기다림의 철학, 미래지향의 역사의식에 맞닿은 평화의 사상은 일제하 어두운 시대의 빛과 소금이 된다.

육사는 분명 일제하 민족운동사 또는 독립투쟁사의 한 정점에 놓이는 인물이면서 동시에 문학예술사의 기둥으로 서 있는 우람한 존재이다. 그의 생애, 문학은 앞으로도 험난한 이 땅의 역사가 어둠으로 소용돌이칠 때마다 가장 치열한 정신의 표상으로서, 가장 탁월한 예술성을 성취한 한 전범으로서 겨레의 가슴속에 오래도록 살아 있을 것이 확실하다.

무엇보다도 우리 현대시사에서 위버멘쉬의 길을 실천적으로 보여줌으로써 초인의식을 형성하고, 그것을 미래지향의 역사의식 또는 평화의 철학으로 고양시킴으로써 민족문학의 나아갈 바람직한 방향성을 확연하게 제시했다는 점에서 의미를 지닌다.

# 바다를 건너는 두 가지 방식
## - 김영하 〈검은 꽃〉, 황석영 〈심청〉 -

이 경 재*

## 1. 다시 말하기의 절박성

　김영하의 「검은 꽃」과 황석영의 「심청」이 다루고 있는 애니깽 이야기나 심청의 이야기는 우리에게 익숙한 것들이다. 창극, 잡극, 악극, 동화, 연극, 오페라, 영화, 뮤지컬, 애니메이션은 물론이고 여러 작가들에 의해 끊임없는 재해석의 대상이 되어 오고 있는 심청의 이야기뿐만 아니라, 20세기 초 천여 명의 조선인들이 멕시코에 끌려가 온갖 고생을 겪는다는 애니깽 이야기도 이미 드라마나 장편소설, 영화로 우리에게 소개된 바 있다. 이처럼 익숙한 이야기들을 김영하와 황석영이라는 작가가 다시 반복한다는 것은 그만큼 그들이 전달하고자 하는 메시지가 절박하기 때문일 것이다.

　두 작품은 모두 19세기 말에서 20세기 초라는 역사의 격변기를 다루고 있다. 「검은 꽃」은 「심청」의 서사가 끝나가는 무렵인 1905년 일포드

---

* 서울대학교 국어국문학과.

호가 제물포항을 떠나는 것으로 본격적인 막이 오른다. 심청이 19세기 중반부터 난징, 진장, 대만의 지룽, 싱가포르, 류큐, 나가사키를 거쳐 제물포로 돌아온 그 시점에, 「검은 꽃」의 주인공들은 제물포를 떠나 멕시코로 떠나는 것이다. 동시에 이들 작품은 역사적 격변기를 다룸에 있어 모두 한반도가 아닌 외국으로의 이동이라는 여정을 구성의 중심축으로 삼고 있다. 이러한 여로는 외국으로의 이동인 동시에 근대라는 시대로의 돌진이기도 하다. 그러하기에 소설 속의 인물들이 겪는 인생행로는 근대의 문제와 갈등을 보다 압축적으로 그려 보이게 된다. 그 시각을 지구적인 차원으로 확대하여 외부와의 만남을 다루고 있다는 점에서 두 소설은 여타의 소설과는 이질적인 양상을 보여주고 있다.

위의 소설들이 배경으로 삼고 있는 19세기에서 20세기 초는 이양선(異樣船)이라는 말이 나타내듯이 도저히 이해할 수 없는, 단지 다름만을 확인할 수 있는 타자가 우리 앞에 등장한 시기이다. 그러나 이것은 하나의 전도된 상상력일 수도 있다. 사실은 이 시기에 이르러 바다 건너나 북쪽 산 너머에도 야만인들이 아닌 인간들이 살고 있다는 것을 알고, 그들과의 차별적 대비를 통해 '우리'라는 것을 처음으로 인식하게 된 것일 수도 있기 때문이다. 애초에 민족이란 나와는 다른 문화나 정서를 가진 사람들이 있다는 의식에 의해서만 성립할 수 있다는 것을 인정한다면, 우리가 지닌 민족의식의 성장은 조선말 제국주의적 열강과 교류를 시작하던 그 시기에 시작되었다고 할 수 있다.

그렇다면, 이러한 문제적인 시기가 21세기의 초입에 다시 다루어지는 이유는 무엇일까? 그것은 국경과 민족의 경계를 사이에 놓고 수많은 논란과 비극이 벌어지고 있는 지금의 상황 역시, 외부와의 만남과 그에 대한 대응이라는 문제로부터 자유롭지 못하기 때문일 것이다. 이러한 상황에서 「검은 꽃」과 「심청」은 상반된 방식을 통해 외부와의 만남과 이상적인 대응방안에 대하여 그 기원에서부터 생각할 수 있는 기회를 준다.

## 2. 바다 건너기

두 작품은 이전에 속한 공동체로부터의 이탈로 시작된다. 「검은 꽃」에서 일포드호에 오른 몰락 양반들, 농민들, 대한제국의 군인들, 도시의 부랑자들은 모두 조선에서 삶의 근거지를 만드는데 실패한 사람들이다. 이들에게 조선이나 공동체에 대한 관심과 애착은 찾아볼 수 없고, 그 자리를 대신하는 것은 개인적인 욕망의 다양한 편린들이다. 이는 끝까지 생활 자체에만 충실한 자세를 흩뜨리지 않는 박정훈에게서 잘 나타나는데, 그에게 국가란 "그까짓 나라, 해준 것이 무엇이 있다고 돌아가겠는가. 어려서는 굶기고 철드니 때리고 살 만하니 내친"(「검은 꽃」, 문학동네, 2003, 84면. 앞으로의 인용 시에는 본문 중에 페이지 수만 표기하기로 한다.) 곳에 불과하다.

공동체와의 결별이라는 측면에서 「심청」은 한결 과격한 양상을 보여준다. 심청은 남경 상인들에게 은자 삼백 냥에 팔린다. 이 일은 만신 무당의 "느이 새어미랑 우리가 널 대국에다 시집보내기루 하였구나."(「심청」 상, 문학동네, 2003, 18면. 앞으로의 인용 시에는 본문 중에 상, 하권과 페이지 수만 표기하기로 한다.)라는 말에서 알 수 있듯이, 새어미인 뺑덕어미는 물론이고, 마을 사람들인 '우리'의 공모 아래 이루어진 것이다. 이런 상황에서 심청은 모든 일의 진행으로부터 철저히 소외되어 있다. 이것은 심청의 삶이 공동체로부터 추방된, 희생양으로서의 삶임을 선명하게 보여주는 것이다. 심청은 이전까지 자신의 삶의 기본 바탕을 형성해 준 공동체로부터 철저하게 배제된 것인데, 그녀는 용왕제를 통해 가사(假死) 체험을 하고, 심청이 아닌 렌화(蓮花)로 다시 태어난다.

이러한 결별이 단순히 이전에 속한 사람들과의 헤어짐만을 의미하는 것은 아니다. 그것은 당연히 이전에 속한 사회의 가치나 행동 규범으로부터의 벗어남을 뜻하는 데, 기존 가치나 규범으로부터의 이탈은 두 작품에서, 흔히 법과 질서의 입법자이자 준엄한 집행자로서의 의미를 지니는 아버지를 무능한 존재이거나 부재하는 존재로 형상화하는 방식으로 나타나고 있다.

「검은 꽃」에서 연수의 아버지이자 황제의 사촌인 이종도는 여러 인물들 중 가장 무력한 모습을 보인다. 자기의 입 하나 해결할 수 없는 이종도는 그의 딸이 거리의 부랑아와 어울리고 인의예지와는 담을 쌓은 마름 권용준에게 몸을 맡기는 상황에서도, 고작 전달되지도 못할 편지를 황제에게 쓰는 황당한 모습을 연출할 뿐이다. 이후에도 이종도는 아침이면 서쪽을 향해 절하며 새로운 국가의 기틀을 짜는 방안에 대한 글을 쓰지만, 결국에는 원고의 완성도 보지 못한 채 뇌졸중으로 사망한다. 이 와중에 그의 아내인 파평 윤씨는 마야인 감독과 결혼까지 한다. 그가 가진 자아상과 현실간의 현격한 격차로 인해 이종도는 가장 희극적인 인물인 동시에 가장 비극적인 인물이 되고 마는 것이다. 「심청」에서도 심청이 은자 삼백 냥에 팔리는 와중에도, 희미한 공모의 흔적만이 암시될 뿐 아버지인 심봉사의 모습은 보이지 않는다. 「심청」에서의 아버지 심봉사는 아예 부재로서 존재하는 것이다.

이처럼 기존의 공동체로부터 벗어난 이들의 앞에 놓여 있는 것은 이전과는 다른 외부와의 만남이다. 「검은 꽃」에서 외부와의 만남은 아시엔다가 펼쳐져 있는 멕시코의 유카탄 반도에서 본격적으로 이루어지는데, 그것은 채찍을 맞는 장면에서 인상적으로 그려진다. 감독이 일을 독려하며 휘두르는 채찍을 그들은 굴욕이라기보다는 놀라움으로 받아들인다. "만약 얼굴에 침을 뱉었다면 그 자리에서 마체테를"(106) 휘두를 수도 있었겠지만, "마소에게나 휘두르는 채찍을 사람에게 휘두를 때 어떻게 대응해야 하는지"(106)를 전혀 모르는 그들이기 때문이다.

서로 이웃하는 사람들과의 관계 속에서만 살아오던 이주민들은 멕시코의 광막한 아시엔다에서, 이전에 외부를 사유하던 방식의 야만인이 아닌 새로운 타자와 마주보게 된 것이다. 이종도는 멕시코에서도 그가 한때 다녀온 베이징에서처럼 "최소한 필담은 통하리라 생각했던 것"(114)

이지만, 멕시코에서 만난 그들은 '필담'이라는 최소한의 언어 규칙도 공유하고 있지 않다. 이처럼 이주민들이 맞닥뜨린 아시엔다는 그 어떤 공동 규칙도 전제 할 수 없는, 공동 규칙의 위태로움이 작열하는 태양 아래 적나라하게 노출되어 있는 장소인 것이다.

「심청」에서 타자와의 대면이 전면적으로 이루어지는 것은 동인도회사의 직원인 제임스의 현지처가 되어 싱가포르에서 생활할 때라고 할 수 있다. 싱가포르에서의 생활을 상징하는 것은 8장의 제목이 '매달린 사내와 시계'인 것에서도 드러나듯이 십자가에 매달린 예수상과 시계이지만, 그 중에서도 압도적인 중요성과 비중을 지닌 것은 시계이다. 싱가포르에서는 목걸이 시계, 벽시계, 자명종 시계, 뻐꾸기 시계 등 시계에 대한 강박이 느껴질 정도로 온갖 종류의 시계가 등장한다. 모든 것에 자신감이 넘치고 적극적인 심청이마저도 처음 보는 시계 앞에서는 깜짝 깜짝 놀라곤 한다.

그러나 심청이 아닌 싱가포르인들에게 시계는 모든 생활에 있어 기준점의 역할을 한다. 서양인인 제임스는 심청의 눈에 "자명종의 노예"(하권,29)로 보일 정도이며, 제임스의 집에서 일하는 하인조차도 "저희는 시계가 없으면 아무 일도 못 합니다."(하권, 15)라고 말한다. 시계는 근대인의 삶 전반을 분절하고 규정하는 근대인의 내적인 존재형식이라고까지 말할 수 있다. 이처럼 근대를 규정짓는 핵심적인 장치인 시계 앞에서, 청이는 "시간……그게 뭐죠?"(하권, 14)라는 당황스러움만을 표현할 수밖에 없다. 근대 세계의 규칙을 내면화한 백인들 앞에서 심청은 단지 애완용 "개나 고양이"(하권, 30)에 불과한 것이다.

일정한 삶의 규칙과 법도를 공유하던 공동체로부터 벗어난 이들은 아무런 공통 규칙도 전제할 수 없는 낯선 외부와 맞닥뜨린다. 이제 그들은 각자가 놓인 상황에 걸맞는 방식으로 낯선 외부와의 만남을 사유하고 대응해 나간다.

## 3. 공동체를 위한 '굿판'

낯설지만 강력한 외부와의 만남은 공동체의 위기를 가져오고, 이에 대응하는 방식은 「검은 꽃」에서 국가 만들기와 신비주의에의 집착이라는 두 가지 양상으로 나타난다. 두 행위의 심층에는 모두 공동체 지향이라는 구심적 욕망이 강하게 작용하고 있다.

그러나 「검은 꽃」에서 외부와의 만남이 곧바로 공동체 지향으로 나타나지는 않는데, 그 이전에 신분제 해체의 여러 모습들이 그려진다. 주지하다시피 신분제가 해체되지 않은 상황에서 또 다른 외부와 구분되는 동질적인 공동체를 상상하는 것이 불가능하다면, 이러한 서사의 진행은 자연스러운 것이다. 「검은 꽃」에서 조선의 신분제도는 제물포를 떠나는 순간, 즉 카니발적 혼란에 쌓여 있는 일포드호 선상에서부터 그 잔영조차 찾을 수 없다. 심지어 왕가의 딸인 연수와 거리의 부랑아인 이정이 혼례를 약속할 정도인 것이다. 이정이 연수에게 하는 "우리 위에 있는 저 양놈들 눈엔 우리 모두가 다 똑같은 조선놈일 뿐"(78)이라는 말은 신분제 해체와 그것이 가져온 '조선놈'이라는 민족적 동질감을 잘 나타내 주는 것이다. 동시에 이 곳에서는 단순히 신분제적 질서만 해체되는 것이 아니라 남녀의 '유별과 내외'(122)도 사라진다.

신분제가 해체된 후, "여기야말로 반상의 차별이 전무한 곳이 아니냐."(223)라며 국가 만들기의 욕망에 들리는 조장윤이 대표적으로 드러내듯이, 주요 인물들은 곰소 나루 무당의 주술에 걸린 박광수와 같이 국가 만들기라는 주술에 들리게 된다. 출항 이전에 이들을 이끄는 것은 부라든가 출세와 같은 온통 개인적 욕망일 뿐이지만, 후반부로 갈수록 그들의 욕망은 국가 만들기로 집중된다.

「검은 꽃」의 서사를 이끌어 가는 원동력이라 할 수 있는 국가 만들기의 욕망이 최종적으로 가닿은 모습은, 이정이 만든 신대한이다. 이정은 "마야인들은 마야인의 나라를 세우고 우리들은 여기, 이 띠깔을 중심으로 하는, 자급과 자족이 가능한, 작지만 강한 나라"(304-305)를 만들고자 한다. 국가 만들기의 최종적인 귀착점인 신대한의 국가 이상이 '자급과 자족'에 놓여 있다는 것은 「검은 꽃」의 서사가 가닿은 압축적인 공동체 지향성의 선명한 발현이라 할 수 있다.

공동체란 외부와의 커뮤니케이션으로부터 스스로를 닫고 마치 자립한 세계인 것처럼 존재하는 시스템으로서, 철저하게 내부와 외부를 구분한다. 따라서 공동체의 최대 금기 사항은 내부와 외부를 가르는 경계 설정 자체가 된다.(가라타니 고진, 『탐구』 2, 권기돈 옮김, 새물결, 1998, 268면.) 손가락에 피를 내어 탈출의 금지를 약속하고, 이를 어긴 자를 둘이나 죽인 후에 신대한이 탄생하며, 그러한 혈흔 위에 선 신대한의 최고 금기 사항이 '탈영'이라는 것은 공동체가 지닌 성격을 선명히 드러내는 것이다.

공동체를 향한 무한 욕망에 매달려 있는 이들에게 예비되어 있는 운명은 끝없는 이자(異者)와의 대립과 그 결과로서 다가오는 소멸이다. 신대한의 마지막 전사자 박광수의 품에서 나온 대한제국의 관인이 희미하게 번들거리는 "손만 대면 찢어질 것 같은 낡고 바랜 증명서 한 장"(317)은 박광수의 소속을 알려주는 증명서인 동시에, 이 작품의 최종적인 욕망과 그 귀착점을 알려주는 증명서이기도 하다. 이와 마찬가지 맥락에서 무로의 소멸 속에서 솟아나는 것은 오직 박수무당의 저주와 박광수의 예정된 운명밖에 없다.

민족 자체가 뚜렷한 근거를 가진 객관적 실체라기보다는 구성원들 사이의 가상적인 동질감에서 성립하는 일종의 공동체라 할 때, 민족주의적 열정은 종교적 제의와 유사한 측면을 가지고 있다. 이 작품에는 멕시코의 이국적인 풍경과 함께 우리 정서의 밑바닥에 놓여 있는 각종 무속이 드러난다. 별신굿, 띠뱃굿, 건장, 병굿, 내림굿과 예언 등이 그것이다. 무속적인 것의 힘은 매우 강렬한 것으로서 박광수는 위도의 무속으로부터 벗어나려 하지만 끝내 벗어나지 못 하고, 최선길도 일포드호에서부터 자신을 괴롭혀 온 '아버지'의 환영에 결국 자신의 몸을 맡겨 버린다. 이러한 모습은 국가 만들기의 모든 시도가 실패하는 것에 비춰볼 때, 무속적이며 운명적인 것의 힘이 얼마나 강한 것인지를 보여 준다.

「검은 꽃」에 등장하는 우리 민족 고유의 신비주의는, 타자와의 만남이 공동체에 대한 구심적 집착을 가능하게 한 것과 같은 맥락에서 이해할 수 있다. 본래 '나'와 타자, '나'와 신과의 합일을 그 핵심 원리로 하는 신비주의의 열기 속에 타자는 존재하지 않기 때문이다. '나'와 일반자 밖에 없는 세계는 타자와의 관계를 배제하고 진리를 강제하는 공동체의 메커니즘과 일치한다. 「검은 꽃」에 등장하는 수많은 제의 역시 개체를 전체에 일치시키는 공동체의 메커니즘을 가장 극적으로 보여주는 장치이다. 이러한 한인들의 신비주의는 또 하나의 신비주의와 만나는데, 그것은 가톨릭이라는 세계 종교적 외양만을 쓴 농장주 호세 벨라스케스가 신봉하는 신비주의이다.

농장주인 이그나시오 벨라스케스는 인디오들의 전통적 샤머니즘과 맞서 싸운 자신의 조상 호세 벨라스케스와 마찬가지로 광적인 신앙을 가지고 있다. 그러나 그의 신앙은 오직 다른 이의 믿음을 파괴하는 방식으로만 드러난다. 그의 광신과 이주민들이 믿는 무속과의 갈등이 「검은 꽃」에서 나타나는 가장 격렬한 갈등이라고 할 수 있는데, 그러한 갈등이 벌어지는 핵심적인 이유는 이그나시오의 신앙이야말로 타자를 배제하고 공동체의 단결을 도모하는 지극히 독단적인 신비주의에 불과하기 때문이다.

병굿을 벌이다 모질게 맞고 잡혀간 박수무당을 구하기 위해 한인들과 함께 궐기하여 농장주의 집으로 달려간 바오로(박광수)는 성호를 긋고 이그나시오를 향해 "이것은 아니오! 가장 헐벗은 자, 가장 가난한 자, 가장 핍박받는 자와 함께 하라는 것이 당신이 믿는 신이 가르치는 바가 아닙니까?"(187)라고 외치지만, 그에게 돌아오는 것은 곤봉 세례뿐이다. 이런 상황에서 그는 마지막 수단으로 페낭의 신학교에서 배운 라틴어로 이그나시오와 감독들을 향해 주기도문과 영광송, 성모송, 사도신경을 줄줄 외운다. 그러나 장엄하기까지 한 이 장면은 이그나시오에 의해 "악마의 권능이 그의 입을 빌려 신성한 기도문을 외우는 것"(187)으로 간단히 정리된다.

사제가 라틴말로 하는 미사에 대하여 보이는 이그나시오의 반응은 그의 신앙이 전인류를 상대로 한 보편종교가 아닌 이그나시오(백인)만의 신앙임을 명백히 드러내는 것이다. 그에게 주기도문이나 영광송, 성모송, 사도신경 등으로 표현되는 종교 자체의 언어는 아무런 의미가 없다. 본래 주술은 언어적 분절을 넘어선 실재를 지향하기 때문에 타자와 소통하기 위한 언어를 필요로 하지 않기 때문이다. 아래 인용문은 바오로가 한국 고유의 무속과의 싸움에서 강력한 힘이 되어 주리라 생각했던 신앙이, 사실은 또 하나의 신비주의에 불과하다는 것을 깨달았음을 보여 주는 장면이다.

> 그의 신은 정녕 질투하는 신이었다. 샤먼으로 비롯된 싸움에서 신은 어떤 권능도 보여주지 않았다. 조선과 일본과 멕시코가 각기 저지른 그 모든 죄악을 이들이 대속하고 있다는 것을 번연히 알면서, 신은 토라진 아이처럼 질투하고 있는 것이었다. 바오로 신부는 눈을 감았다. 그리고 앞으로 다시는 누구도 자신을 바오로라 부르지 않을 것임을 알았다. 그는 이제 신부 바오로가 아닌 박서방, 박광수였다.(188)

자신이 선택한 신앙이 타자와 마주보게 하는 진정한 의미의 신앙이 아니라 그 외피만을 바꾼, 오히려 훨씬 더 파괴적이고 잔인한 주술적 세계에 불과하다는 것을 깨달은 신부 바오로 아니 박광수는, 아시엔다에서의 계약 기간이 끝나자 내림굿을 받아 백마장군을 받아들인다. 불길한 주술적 세계로부터 벗어나고 싶어 말레이시아의 페낭에까지 갔던, 그것도 모자라 태평양을 건너 멕시코에까지 갔던 박광수가 결국에는 백마장군을 받아들이고야 마는 것은, 대한제국을 떠났던 그 많은 인물들이 결국에는 신대한이라는 새로운 국가 만들기에 모든 것을 쏟아 붓는 것과 동일한 현상이라 할 수 있다. 박광수를 붙들고 놓아 주지 않는 무속에의 욕망과 김이정을 비롯한 주요 인물들이 끝내 버리지 못하는 국가 만들기라는 공동체 지향의 욕망은 동전의 양면에 불과했던 것이다. 이로 볼 때, 신대한의 마지막 전사자가 백마장군을 맞이한 박광수라는 것은 의미심장하다.

## 4. 동아시아 위에 지은 연대의 '집'

「검은 꽃」이 갑작스런 외부와의 만남과 기존 질서의 해체에서 비롯된 과도한 공동체 지향의 욕망으로 인해 뜨겁게 끓어오른다면, 「심청」은 끊임없이 외부를 품어 안는 모성적 자애로움으로 인해 읽는 이에게 편안함을 느끼게 해 준다. 15세 소녀로 하여금 동아시아 전체를 포괄하는 장대한 여정을 가능하게 하는 힘이 있다면, 그것은 바로 그녀가 지닌 자유에 대한 갈망이다.

심청은 매춘의 상황에서도 항상 자신의 자율성을 유지하려고 한다. 그렇다고 심청이 외부의 상황에 흔들림 없는 확고한 주체성을 지니고 있는 것은 아니다. 오히려 그녀는 여정과 함께 끊임없이 이름이 변화되는 것에서 알 수 있듯이, 자기 정체성에 대한 의문에서 쉽게 벗어나지 못한다. 거울 속의 자신과 대화를 나누는 심청의 모습은 그녀가 주체성의 혼란을 겪고 있음을 보여준다. 그녀는 장소를 옮겨 갈 때마다 이름이 청이에서 렌화로, 렌화에서 로터스로, 로터스에서 렌카로 변하는데, 이는 그녀가 고정된 자기 정체성을 유지하고 있는 인물이 아님을 알려 주는 것이다. 오히려 그녀는 자신이 머물게 되는 각각의 장소에서, 외부와의 커뮤니케이션을 통해 그 곳에 걸맞는 주체를 구성하여, 현실의 높은 파고를 헤쳐간다고 볼 수 있다.

　이러한 현실 대응 방식은 근본적으로 「검은 꽃」의 인물들과 심청이 놓여 있는 존재 방식의 차이에서 기인하는 것이다. 심청의 여정은 자신의 제웅이 바다에 던져지는 것으로부터 시작된다. 심청은 처음부터 공동체로부터 배제당한 인물로서, 그가 태어난 고향에서 그는 지장전의 위패로서 존재하는 것이다. 추방에서 비롯된 삶이기에 그녀 앞에는 기델 수 있는 어떠한 공동체도 없다. 심청이 황해를 헤쳐 나가는 삶의 방식은, 알 수 없고 예측하기 어려운 불가해한 타자를 상대하며 그들을 받아들이는 것이다. 이러한 삶의 방식은 천여 명이 넘는 무리가 함께 이동해야 했던 「검은 꽃」의 그것과는 썩 다른 존재양식이다.

　심청에게 중요한 것은 「검은 꽃」에서 주요 인물들이 지향하는 바와 같은 절대적인 공동체의 공간이 아니라 매순간 구축되는 타자와의 연대의 공간이다. 싱가포르에서 제임스의 정처 자리를 거부하며 "고향" 대신 만들어가고자 하는 "집"(하권, 52)은 바로 모든 순간마다 타자를 받아들이며, 타자와 함께 구성해 나가는 연대의 공간에 대한 하나의 상징이라고 할 수 있다. 심청은 자신이 거쳐가는 모든 곳에서 약자들을 찾아내고, 그들과 힘을 합하는 방식으로 현실의 어려움들을 타개해 나간다. 그는 난징에서부터 정처의 자식이 아닌 구앙이 "이 집의 바깥세상으로부터 왔다는 걸 처음부터 눈치채고"(상권, 64)는 그와의 관계를 이용해 진장으로 나아간다. 이후 지룽에서도, 싱가포르에서도, 류큐에서도, 나가사키에서도 심청의 그러한 삶의 방식은 변화되지 않는다.

　그녀가 보여주는 타자에의 관심과 연대를 가장 분명하게 보여주는 것은, 그가 타이완의 지룽에서부터 본격적으로 보여주기 시작하는 아이들에 대한 관심이다. 그것은 처음 동료의 아이를 떠맡는 것에서 시작되지만, 나중에는 창기들이 낳은 혼혈아에 대한 관심으로까지 이어진다. 주지하는 바와 같이 아이란 어떠한 공통 규칙도 발견할 수 없는 타자이다. 더군다나 창기의 아이, 더 나아가 창기가 낳은 혼혈아들은 그 타자성의 정도가 더욱 심하다고 할 수 있다. 이러한 심청의 모습은 공동체를 향한 구심적 욕망에 매달리던 「검은 꽃」의 인물들과는 퍽 상이한 것이다.

「심청」에서는 「검은 꽃」에서 공동체 결집의 핵심적인 요소로 기능했던 굿마저 타자와의 연대를 향한 원심력의 힘을 발휘한다. 「검은 꽃」에서의 굿이 한국인 사제에 의해 한국인들 사이에서 행해지는데 반해, 「심청」에서는 류큐에서 그곳의 고유한 사제인 류큐인 유타에 의해 심청과 류큐인들이 동석한 상태에서 행해진다. 그 굿판의 카니발적 열기는 「검은 꽃」의 각종 굿판과 별반 다를 바 없으나, 그것은 집단내의 결속을 다지고 타자를 배제하는 공동체의 메커니즘으로서의 제의가 아니라 서로 다른 규칙을 가진 사람들 간의 어울림 혹은 교통의 장으로서의 역할을 하고 있다. 그 굿은 "청이의 낯선 말과 유타 여인의 미야코 사투리가 서로 허공중에서 부딪"(하권,161)치는 현장으로서, 산자와 망자가, 한국인과 류큐인이, 소외받은 류큐의 원주민과 이제 막 밑바닥에서 끌어올려진 자가 어울리는 마당이다.

굿이 벌어지고 있는 장소인 류큐 역시 이러한 굿의 성격과 그 궤를 같이 하는 것이라고 할 수 있다. 이 작품에서 류큐는 고전소설 「심청전」의 용궁 이후에 해당하는 것으로서, 「심청전」의 서사 대부분이 변형된 형태로나마 이루어진다. 심청이 류큐에서 주인이 되어 경영하는 술집의 이름은 '용궁'이고, 그녀는 그 곳에서 영주의 아내가 되고, 노인 잔치를 벌이기도 한다. 한마디로 류큐는 심청이 불구덩이 물구덩이를 헤치고 만들어내고자 하는 자신의 '집'을 현실적 지평으로 이끌어 낸 공간이라고 할 수 있다.

그렇다면 왜 하필 용궁으로 류큐가 선택된 것일까? 그것은 류큐라는 공간이 당시의 모든 타자가 한데 어울리는 교통 공간으로서의 독특한 성격을 가지고 있었기 때문이다. 류큐 왕국은 오랜 동안 일본과 중국의 속국으로 살아야 했으며, 심청이 도착했던 당시의 류큐는 그 상황이 더욱 복잡해져 서양 상선, 포경선, 군함이 드나들고 영국, 미국, 중국, 사츠마번 사이에 놓인 나라가 되어 있었다. 하나의 내부와 외부를 가를 수 없는 교통 공간이 바로 류큐의 모습인 것이다. 이처럼 류큐는 심청이 추구하고자 하는 타자와의 연대를 통한 새로운 사회적 공간으로 가장 적합한 성격을 가지고 있었던 것이다.

이렇게 볼 때, 류큐 이후 나가사키에서의 「심청」은 하나의 부록에 불과하다고 볼 수 있다. 실제로 나가사키에서는 풍운아 하시모토 게이스케의 등장에도 불구하고 심청의 지난 여로에 대한 일본판 반복에 불과하다는 인상을 준다. 이 부분에서 긴장감이 현격하게 떨어지는 서사의 빈자리는 당시 일본의 정치상황이나 유곽의 풍속에 대한 지루한 설명으로 채워지고 있는데, 이는 류큐에서 심청의 여정이 완결되었기 때문이다. 이러한 무리를 감수하면서까지 일본을 심청의 여로 안에 집어넣은 것은 동아시아를 전부 시야에 넣으려는 작가의 의욕이 앞선 결과라고 할 수 있다.

결국 심청의 파란만장한 여정이 보여주고자 하는 것은 이 세계에는 더 이상 외부가 없다는 사실이다. 심청은 제임스를 따라갈 것을 결심하며, "이젠 낯선 곳은 하나두 두렵지 않아. 알고 보면 다 사람 사는 세상이었어."(상권, 305)라고 말한다. 또한 싱가포르에서 돌아와 다시 류큐로 떠날 때도, "내게는 세상 어디나 똑같아 보여요."(하권, 71)라고 샹부인에게 말한다. 이것은 심청이 '매춘의 오디세이아'라 불리는 고통스런 여정을 온몸으로 겪어 내며 체득한 진실을 보여주는 것이다. 심청의 여정이 우리에게 의미를 던지는 것은 모두가 한결같이 균질적인 세계라는 것을 발견해 내었다는 것이다. 내부와 외부의 구분을 폐기해 버림으로써 사람들은 타자와 마주보게 된다. 심청 역시도 이러한 깨달음을 통해 완성된 존재로 승화된다. 심청이 마지막으로 황주 복숭아골에 가서 가져온 자신의 위패를 태우는 모습은 어떠한 공동체에도 소속되지 않은 완성된 자의 모습을 보여주는 것이다.

## 5. 구심력과 원심력의 균형점을 찾아서

「검은 꽃」과 「심청」은 공통적으로 인물들의 여로와 그 여로를 추동하는 욕망이 서로 어긋나는 구조 위에 성립되어 있다. 「검은 꽃」에서 이정을 비롯한 이주민들은 제물포에서 멕시코를 거쳐 과테말라의 밀림 속에서 소멸되는 직선적 여로를 밟아 나간다. 이에 반해 심청은 황주를 떠나 남경, 대만, 싱가포르, 류큐, 나가사키를 거쳐 다시 제물포로 돌아오는 회귀적 구성을 보여주고 있다. 그러나 인물들의 기본적인 욕망은 앞에서 살핀 바와 같이 여로와는 상반되는 양상을 보여준다. 「검은 꽃」은 공동체로부터의 탈출을 꿈꾸는 것으로 시작되었지만, 그것은 몇 개의 탈주 지점들을 제외하고는 다시 공동체를 향한 구심적 욕망으로 집결되고, 「심청」에서는 내부와 외부를 가르는 것 자체가 무의미할 정도로 모든 것을 받아들이는 원심적 욕망을 드러내기 때문이다. 이러한 작중 인물들의 욕망과 실제 그들의 행로가 보이는 상반됨에서 오는 긴장이 두 소설의 밑바탕에 놓여 있다. 이러한 긴장을 바탕으로 두 작품은 외부에 대응하는 각기 다른 모습을 보여준다.

「검은 꽃」에서는 외부와의 만남이 공동체를 향한 구심적 욕망을 불러일으킨다. 물론 이 때의 공동체가 수많은 평자들이 지적한 바와 같이, 이전의 역사소설에서 그리고 있는 한민족이 중심이 된 구체적인 실감을 가진 민족국가는 아니다. 오히려 그러한 근대의 핵심적인 기획으로서의 민족국가(nation-state)는 끊임없는 조롱과 경멸의 대상이 될 뿐이다. 「검은 꽃」이 보여주고자 한 것은 근대적 민족국가를 뛰어넘는, 즉 특정한 시공간을 뛰어넘어 존재하는 외부와 구분되는 내부(공동체)를 향한 뜨거운 열망인 것이다. 이에 반해 「심청」에서는 외부와의 만남이 타자와의 연대라는 원심적 욕망을 불러일으킨다. 이러한 방식을 통해 결국은 소멸되어 버리고 마는 「검은 꽃」의 주요 인물들과는 달리 심청은 대모신과 같은 존재로 격상된다.

그렇다면, 외부와의 대면에 있어 「심청」의 방식은 「검은 꽃」의 방식에 대하여 일방적인 승리를 거두었다고 볼 수 있을까? 여기서 우리가 한번쯤 생각해 보아야 하는 것은, '만약 가족과 고향으로부터 추방되어 동아시아 전체를 전전하는 운명에 빠진 15세 소녀가 있다면, 과연 심청과 같은 길을 걸을 수 있겠는가?'라는 의문에 대해서이다. 그 대답은 부정적인데, 남해관음의 화신인 심청은 역사적인 인물이라기보다는 설화적인 인물 쪽에 가까우며, 마지막 모습 역시 새로운 근대적 주체의 탄생이라기보다는 하나의 초월에 가깝기 때문이다. 「심청」은 동아시아의 연대라는 시대적 당위를 말하기 위하여 소설적 개연성을 양보한 작품이라고 볼 수도 있다. 이렇게 본다면, 「검은 꽃」에 등장하는 인물들의 실패야말로 더 많은 진실을 담고 있는 것일 수도 있다. 결국 김영하와 황석영이 말하고 싶었던 것은, 부정의 방식(「검은 꽃」)이 되었든 긍정의 방식(「심청」)이 되었든 공동체를 향한 구심력과 타자를 향한 원심력 사이에서 찬란하게 빛나는 하나의 균형점이었을 것이다. 「검은 꽃」과 「심청」의 험난한 여정은 그 균형점을 찾기 위한 의미 있는 문학적 실험으로 오랫동안 기억될 것이다.

# 전쟁과 소설, 그리고 신화
### ― 선우휘 소설 〈싸릿골의 신화〉론 ―

이 익 성*

## 1. 들어가는 말 ― 연구사 검토 및 문제 제기

작가 선우휘는 작가적 이력의 특이함과 작품의 성격이 한국의 현대
사의 굴곡을 그대로 반영한다는 면에서 의미 있다. 이런 작가에 대한
논의는 선우휘가 살아있을 당시의 평론적 수준의 접근으로부터 시작한
다.[1] 대체적으로 선우휘에 대한 당대의 평가는 그의 소설이 지향하는

---

* 충북대학교 국어국문학과.

1) 1950년대 후반이후 선우휘의 등단에서부터 1986년 사망할 때까지 선우휘와 관련된 평
   론을 모두 언급하기는 어렵지만, 필자 생각에 중요하다고 생각되는 대표적인 글을 간
   략하게 나열하면 다음과 같다.
   이어령, 1957년의 작가들, 사상계54, 1958.1
   김우종, 동인상 수상 작품론, 사상계79, 1960.2.
   이광훈, 선우휘론, 문학춘추, 1965.2.
   이웅재, 선우휘론, 연세국문학, 1965.12.
   홍사중, 선우휘론, 사상계, 1966.5.
   염무웅, 선우휘론, 창작과 비평, 1967.9.
   유종호, 이반의 갈등과 현실, 한국단편문학대계10, 삼성출판사, 1969.
   황현식, 선우휘론-그 디오니소스적 사도행전, 현대문학, 1974.7

실존주의적 경향과 관련되는 행동주의나 휴머니즘과 관련하여 설명되고 있다. 그리고 이러한 논의의 관점은 이후 선우휘 문학 연구에서도 지속되고 있다. 이러한 의미에서 전후문학의 대표적 작가라는 관점에서의 논의는 선우휘 문학의 특징을 규정하는 중요한 요소로 작용하고 있다. 그런데 대부분의 논의들은 선우휘의 대표작으로 일컬어지는 <불꽃>과 관련하여 설명하고 있으며, 또 다른 측면에서 교사로 출발하여 군인을 거쳐 언론인 생활을 한 선우휘라는 작가의 독특한 이력과 관련하여 전후 문단에서 특이함과 관련되어 설명되기도 하였다[2].

본고에서 필자는 선우휘가 군인으로서 참전하였던 한국 전쟁을 소재로 하여 작가의 주제의식이 두드러지게 나타나는 중편 소설 <싸릿골의 신화>를 집중적으로 다루고자 한다. 선우휘는 등단하여 전후 소설이 보여주는 단편소설의 한계를 극복하고자 노력한 <불꽃>과 <깃발 없는 기수>를 중심으로 중편 소설의 가능성을 시험하였다[3]. 그리고 그 연장 선상에서 <싸릿골의 신화>를 발표하였는데, 이 작품은 1962년 8월과 9월에 걸쳐 <신세계>이라는 잡지에 연재한 중편소설이다. 이 작품에서

---

김상일, 선우휘론, 신한국문학전집24, 어문각, 1974.

2) 선우휘 문학에 대한 본격적인 논의는 선우휘의 사망 이후 시작되었다고 생각된다. 그리고 선우휘 문학에 대한 중요한 연구 업적은 여러 가지 측면에서 양적인 면에서뿐만 아니라 질적인 면에서 축적을 거듭하고 있다. 초기 전후 소설의 한 부분으로 다루어지기 시작하여 최근 작가론적 관점에서 상당한 연구 업적이 쏟아져 나오고 있는바 필자가 관심을 가지지 시작한 1990년대 후반까지의 주요 목록 중에서 몇 가지만 나열하면 다음과 같다.

신경득, 한국전후 소설 연구, 건국대 박사논문, 1982.
이기윤, 1950년대 한국소설의 전쟁체험 연구, 인하대 박사논문, 1989.
이상원, 1950년대 한국전후소설연구, 부산대 박사논문, 1993.
김윤식, 선우휘 문학의 세 의미층, 선우휘문학선집5, 조선일보사, 1987.
조남현, 선우휘 소설에의 한 통로, 문학정신, 1990.2
배경렬, 선우휘 문학 연구, 서울대 박사논문, 2001.

3) 최근 필자의 아래 저서에서 선우휘의 개인적 이력과 작품적 성향에 대한 연구는 선우휘에 대한 기본적 작가 연구의 기초라고 생각된다. 여기서 필자는 두 작품에 대한 논의를 참고하기 바란다.

이익성, 『선우휘-근대사의 역동성과 문학적 변용』(건국대출판부, 2004).

작가 선우휘는 이 작품에서 6·25 한국 전쟁이라는 시간적 배경으로 '싸릿골'이라는 가상의 공간에서 벌어질 수 있는 사건을 다루고 있다. 그리고 작품을 쓰면서 다분히 이상주의적인 결말을 제시함으로써 비현실적이라는 꼬리표가 붙을만한 것으로 만들었다. 이러한 면에서 이 작품은 제목 <싸릿골의 신화>에서 보이는 바와 같이 신화적 수준으로 소설화되고 있다. 그리고 필자 생각에 이 작품은 작가가 전쟁에 참전하였다는 면에서 체험적 사실로서의 기록성을 전제하고 있지만 작품의 결말 부분에서 보이는 바와 같이 작가의 주제 의식을 과장함으로써 소설적 허구성을 극대화하고 있다.[4]

본 논문에서는 선우휘 중편 소설 <싸릿골의 신화>를 중심으로 적치하 백일 동안이라는 전쟁 상황과 관련하여 논의하고자 한다. 이를 위해 <싸릿골의 신화>에 대한 구조적 분석과 더불어 작품의 배경이 되고 있는 6·25 한국 전쟁에 대한 그간의 논의과정을 요약하여 그 성격을 간략히 살펴보기로 하겠다. 그리고 <싸릿골의 신화>에 작품 세계가 가지는 의미를 작가의 세계관과 관련하여 살피려고 한다. 이것은 이 작품이 발표된 1960년대 전반기라는 시대적 상황과 관련하여 소설사적 특징과 관련하여 설명하려고 한다. 이러한 특징을 중심으로 필자는 선우휘의 소설이 보여주는 중편소설적 경향의 의미를 살피기로 하겠다. 특히 그의 대표작인 선우휘의 <불꽃>의 작품 구조적 특징과 관련된 논의는 이러한 의미에서 의미 있는 것이다.[5] 그리고 1950년대 후반 그의 대표작으로 일컬어지는 <불꽃>을 포함하여 행동주의적 인물을 관찰하면서 한국 근현대사의 비극을 그려내는 작품 세계에서 1960년 4·19와 1961년 5·16으로 이어지는 근현대사의 굴곡 속에서 작품 세계의 변모의 단초가 <싸릿골의 신화>에 나타나기 시작한다는 면에서 작품을 바

---

4) 이익성, 앞의 책, 85쪽.
5) 필자의 아래의 논의를 참고하기 바란다.
　이익성, 「선우휘 <불꽃> 연구」, 『한국현대소설비평론』(태학사, 2002), pp. 55-62.

라보기로 하겠다. 이와 더불어 작가의 주제의식을 살펴보기로 한다.

## 2. 한국 전쟁의 실상과 소설적 허구

### 2.1. 6·25 한국 전쟁의 성격

전쟁이란 무엇인가. 일반적으로 전쟁은 자기 의지를 강요하기 위해 폭력을 사용하는 폭력 행위로서 정치적 성격을 띠지 않을 수 없다.6) 그러나 이것은 전쟁이 거시적 안목으로 보면 정치적 차원의 논의와 결부될 수밖에 없음을 시사한다. 즉 정치가들이 자신의 정치적 이념을 정당화하기 위한 물리적 폭력을 정당화하는 것이 전쟁의 일반적 특징이라고 할 수 있다. 이러한 전쟁에 대한 일반론적인 관점에서 보면 6·25 한국 전쟁 역시 예외는 아니었다. 북한은 조국 해방이라는 정치적 이념을, 남한은 자유 민주주의 체제의 수호라는 이념을 관철시키고자 모든 자원을 총동원하였다. 그러나 이러한 거시적 안목에서 보는 전쟁에 대한 관점은 문학에서 직접 다루기가 매우 어렵다.

현재까지 6·25 한국 전쟁의 원인과 기원의 정통적 견해는 제2차 세계 대전의 종료와 더불어 미국과 소련의 냉전체제의 지속과 그에 따르는 북한의 무력 남침에서 시작되었다는 것이다. 이는 6·25 한국 전쟁이 냉전 논리의 실천으로서의 국제전의 대리전쟁이라는 것이었다. 그러나 이러한 견해는 국제 정치적 관점과 직접적으로 관련된 것인데, 일부 학자들이 내전의 연장선상에서 이해하려는 시도가 행해졌다.7) 이러한

---

6) 클라우제비츠, 전쟁론, 신영덕, <한국전쟁기 종군작가연구>(국학자료원, 1998), 9쪽에서 재인용.

7) 이러한 수정주의적인 견해는 1980년대 중반 이후에 번역 소개되었는데, 그와 관련된 목록을 소개하면 다음과 같다.

J. Holiday, 『유엔과 한국』(사계절, 1984)

Robert, R. Simons, "한국전쟁", 『한국현대사』(사계절, 1984)

Bruce Cummings, 『한국전쟁의 기원』(청사, 1996)

6·25 한국 전쟁을 인식하는 기본적인 태도가 심화되었고, 인식의 변화가 초래되었다. 이러한 인식론상의 변화는 6·25 한국 전쟁과 그로 인한 민족의 분단과 그 고착화의 원인이 보다 직접적인 원인으로 작용했음을 더욱 강조하는 결과를 가져왔다. 그리고 6·25 한국 전쟁이라는 용어 역시 이러한 인식과 관련하여 다르게 불려 왔다. 즉 남한의 경우 1980년대 이전까지는 6·25, 6·25 동란, 6·25 사변, 한국 전쟁이라는 용어로 사용되었고, 북한의 경우에는 조국 민족 해방 전쟁이라는 용어로 사용되었다. 국제적으로는 한국 전쟁(the Korean War)이라는 용어로 사용되었다. 그러나 소련의 몰락과 동구권의 몰락이후 6·25 한국 전쟁이라는 용어를 사용함으로써 한국전쟁이 가지는 성격을 정리하고 있는 것이다.

그리고 6·25 한국 전쟁이 가지는 성격을 말할 경우, 남한과 북한 뿐만 아니라 미국을 포함하여 16개국의 민주주의 참전국과 소련과 중국의 공산국가와 관련되었다. 즉 국제적 성격을 띤 전쟁이었던 것이다. 그리고 6·25 한국 전쟁은 종전 협정이 아니라 휴전 협정이라는 용어를 사용하면서 전쟁의 현재성과 지속성이 문제시 되는 것이다. 결국 6·25 한국 전쟁은 1950년 6월 25일에 발발하여 1953년 7월 27일 휴전이 성립되기까지 남한과 북한을 주축으로 내전에서 미국과 UN의 16개국의 참전국, 소련. 그리고 중국 등이 참전함으로써 국제전으로 확대되어 세계 대전적 규모의 인적, 물적 피해를 주었다.

그런데 일상적 차원으로 환원하면 전쟁은 공식적 차원에서 폭력이 정당화되어 살인과 파괴조차도 용인된다. 즉 전쟁은 현상적으로 자기가 살기 위해 남을 죽이는 것이 공인되는 것이다. 소설에서 전쟁을 소재로 하는 것은 아마도 인간이 처할 수 있는 극한 상황을 자연스럽게 그릴 수 있기 때문일 것이다.

전쟁이란 현상적으로 보아 사람이 사람을 죽이려는 의지의 표현이

지만, 바꿔 생각하면 사람이 사람이 저마다 악착같이 살아 보려는 의
지의 표현이라고 할 수 있을는지 모른다.(선우휘, 선우휘문학선집4』(조
선일보사, 1987)(이하 선집4로 약칭), 154쪽)

위의 인용은 <싸릿골의 신화>의 첫 구절이다. 앞에서 논의한 전쟁의
성격과는 별개로 전쟁이 개인들에게 적용될 경우 합법화된 혹은 제도
화된 폭력으로서의 전쟁의 성격을 말하는 부분이다. 문학에서 전쟁을
다루는 것은 일상적 차원에서 금지되는 폭력이 합법화됨으로써 인간의
극한 상황을 접할 수 있는 공간이기 때문이다.

## 2.2. 체험과 소설적 허구 사이

주지하는 바와 같이 선우휘는 6·25 한국 전쟁에 현역 장교로 참전
하였다. 1949년 육군 포병 소위로 임관하여 정훈 병과가 창설되면서 정
훈 병과 장교로 6·25 한국 전쟁에 참전하였다[8]. 작가 선우휘는 6·25
한국 전쟁에 특수 유격대로의 참전하였으며, 그의 군 복무 시절 그의
주특기인 정훈 병과와 관련하여 전쟁의 실상을 기록하기 위해 많은 증
언을 기록한 것으로 알려져 있다. 한국과 대만의 군대에만 존재하는 정
훈 병과에서 정훈이란 것은 "정치훈련(政治訓練)"을 줄인 것으로 이념적
대립과 관련하여 공산주의 이념을 비판하고 민주주의 이념을 장병들에
게 교육시키는 것을 주요 업무로 한다. 즉 공산주의와 대적하는 한국과
중국의 정치적 상황 속에서 자본주의적 자유 민주주의의 정치적 이념
이라는 교양 선전을 목적으로 적과 싸워 이기기 위해 정신력을 고양시
켜 전투 의욕을 고취 상승시키는 것을 주요 목적으로 하는 병과가 정훈
병과이다. 작가 선우휘는 이러한 그가 속한 병과의 특성과 관련하여

---

8) 필자가 쓴 앞의 저서에서 육군 인사 자료와 작가의 회고록을 참조하여 이와 같은 경
력을 재구한 바 있다. 더 자세한 내용은 아래를 참고하기 바란다.
이익성, 앞의 책, 22-3쪽.

6·25 한국 전쟁의 성격과 특징뿐만 아니라 실제 전쟁의 상황을 비교적 정확하게 알 수 있었다. 그리고 6·25 한국 전쟁 당시 1·4 후퇴 이후 전쟁이 소강상태로 접어들면서부터는 작가 선우휘는 종군 작가들을 동원하고 관리하는 위치에 있었다. 작가 선우휘가 <싸릿골의 신화>를 창작하면서 이 작품을 창작하게 되는 동기는 특수 유격전을 감행했다는 사실과 더불어 당시의 전쟁 상황에서 얻어 들은 전쟁사의 집필과 직접적으로 관련된다.

> <싸릿골의 신화>는 <추적의 피날레>를 쓴 다음에 발표한 작품이다. 여기서도 나는 소설의 재미라는 것을 머리에 두고 썼는데, 이 테에마는 상상에서 나온 것이 아니라, 한국 동란 때 실제 있었던 이야기를 소설화한 것이다.
> 낙오한 칠팔여 명의 국군을 깊숙한 산 속에 있는 마을 사람들이 합심 협력하여 갖은 애를 써 가면서 적치하 백일 동안 숨겨서 고스란히 살려낸 이야기다.
> 여기서 소설로서는 한두 사람을 희생시켜야 했는데, 나는 어거지인 줄 알면서 국군은 물론 마을 사람이나 인민군조차 한 사람도 상하지 않게 했다. 그것은 한국 동란 때 너무나 숱한 인명의 상실을 보아 온 나로서 소설 전개상 무리인 것을 뻔히 알면서 그렇게 한 것이다. 한국 동란의 엄청난 피비린내 속에서 한 마을에서 한방울의 피도 보지 않았다는 것, 이것은 필자의 아집에 속한다.9)

위의 인용은 작가의 체험이 작가의 의도에 따라 변형됨을 시인하는 부분이다. 필자가 추정한 창작 동기 두 가지가 모두 언급되고 있다. 첫 번째 문단의 후반부에서 지적한 '6·25 한국 전쟁 때 실제 있었던 이야기'라는 말은 이를 뒷받침하고 있다. 그리고 마지막 문단에서 작가 선우휘의 언급은 소설적 허구와 관련된 지적이다. 작가의 아집이라고 지적

---

9) 선우휘, "소설에 있어서 재미." 현대문학 전집(신구문화사, 1967), 484쪽.

한 부분은 사실보다는 이념보다는 작가의 주제 의식이 사실을 왜곡하고 있음을 강조하고 있는 부분이다.

## 3. 〈싸릿골의 신화〉의 구조

〈싸릿골의 신화〉는 전쟁이 시작되면서 평화로운 산골 마을에 패주하던 국군 8명이 들어오면서 시작된다. 8명의 소대원을 인솔하고 들어온 김소위는 마을의 강노인에게 소대원을 숨겨줄 것을 요구한다. 누덕 스님의 도움으로 전하사에게 원공이라는 법명을 주고 불당 안 부처님 돗자리 밑에 총을 포함한 무기를 숨기게 한 다음, 강노인의 도움으로 나머지 소대원을 마을 사람들과 함께 살도록 함으로써 마을에서 도피 생활을 한다. 한편 부하들을 맡기고 떠났던 김소위는 특수 공작 임무를 맡아 훈련을 받는다. 그리고 작품의 초반에 마을에서 좌익 활동을 하다가 사라졌던 표문원이 인민군 공작원이 되어 돌아와 국군 패잔병을 인민 의용군으로 징집하려고 하면서 위기가 고조된다. 이러한 위기는 김소위가 다리 폭파 임무를 띠고 마을로 들어오면서 반전되기 시작한다. 그러나 마을의 지도자인 강노인과 누덕 스님, 그리고 마을의 노인들과 청년 경수의 위계와 협력으로 예측불허의 위기 상황이 기지와 협력으로 해결된다. 이러한 외부의 이질성도 이 마을의 집단 공동체적인 융합을 헐어내지 못하고 있다. 그리고 마지막으로 표문원이 묶여 있던 누덕 스님을 인질로 잡고 달아나면서 절정에 이른다. 그런데 정작 두려움에 떠는 사람은 누덕 스님이 아니라 표문원이다. 누덕 스님은 궁지에 물린 표문원을 마을 밖으로 데리고 나가 놓아주고 돌아온다. 이러한 소설의 구조 속에서 배경, 인물, 그리고 주제 의식적인 면에서 비현실적이라고 비판을 받게 되고 있음을 간략하게 살펴보기로 하겠다.

## 3.1. 〈싸릿골의 신화〉의 공간 구조와 그 의미

이 소설 〈싸릿골의 신화〉의 공간적 배경은 싸릿골이다. 38선에서 가까운 경기도의 분지 지역이다. 이 공간적 배경은 실제적인 공간이 아니고 가상의 공간이다. 그러기 때문에 공간적 배경에 대한 설명이 거의 한 페이지에 달한다. 외부로부터 철저하게 차단된 고립된 공간으로서의 싸릿골의 묘사적 설명은 비현실적인 소설의 분위기를 전제로 하고 있다.

> 싸릿골이란 이름은 이름 그대로 싸리가 많이 나는 데서 유래된 것인데 밭농사를 주로 하는 농가가 팔십여 호….
> 남쪽으로 틔었다고는 하나 오십 리나 떨어진 읍에 이르려면 그리 쉽지 않은 고개 네댓 개는 넘어야 하기에… 거의 사면이 검푸른 솔이 우거진 높다란 산으로 둘러싸여 있는 것이다. 그래서 높은 데 오르면 오목한 사발 속같이 보인다.
> 옛날 산삼을 캐러 다닌 사람들이나 소금 장수들이 이 마을에 한번 발을 들여놓기만 되면 어쩔 수 없이 하룻밤을 지내고 떠나야 했다는 그렇게 험준한 산골이었다고 하는데…, 따라서 마을 사람들은 시세에 어두운 반면 대개 외고집이었고, 좀처럼 타향 사람들과 어울리지 않는 - 못하는 반면에는 사람끼리 서로 돕고 위하는 미풍을 지니기에 이르러, 누가 어느 먼 장에 가서 변을 당하고 돌아왔다는 말이 들리는가 하면 반드시 다음 장에는 힘깨나 쓰는 젊은이들이 그리로 몰려가서 그 원수를 갚고 돌아왔다는 소문이 퍼지곤 했다.
> ----------- (중략) -----------
> 예로부터 빈부의 차가 적은 싸릿골이었는데, 그도 그럴 수밖에 없었다고 생각되는 것은 워낙 모두가 가난할 수밖에 없는 조건을 이 싸릿골은 지니고 있었으니까. 땅은 좁은데다가 사람 수효는 많아서….
> (전집4, 154-5쪽)

온통 산으로 둘러싸인 분지 형태의 싸릿골은 실제적 공간이 아니라 작가가 설정한 가상의 공간이라고 할 수 있다. 현대적 삶을 외면하고 전근대적 삶을 영위할 수밖에 없는 싸릿골에 대한 묘사는 그 마을에 사는 사람들의 인격을 결정하고 있음을 단정적으로 연결하고 있다. 전쟁으로 좌우익 세력의 격전장될 수 있는 가능성을 도외시하고 "인간답게 사는 삶의 의지"로 일관하는 인물들이 등장할 수 있는 공간 싸릿골의 설정은 전쟁 상황을 허구화하여 신화화하는 작가의 의도와 결부된 것이다.

싸릿골이라는 공간적 배경이 전쟁의 소용돌이 속에 빠져 들어가고 있는데, 이러한 전쟁에 빠져 들어 가고 있음은 누덕 스님과 강노인이 장기를 두는 장면에 대한 묘사 과정에서 포탄 소리의 변화를 다음과 같이 점층적으로 다루고 있다.

> 언제나 둘이 만나 이야기를 주고받다가 마지막으로 건네주는 말버릇이었다,
> "그런데, 참…."
> 하고, 강노인이 고개를 갸웃해 보이며 귀를 기울이는 시늉을 하더니,
> "스님, 아까부터 안 듣던 소리가 들리지 않우?"
> "귀는 들으려구 갖고 다니셔?"
> "글쎄, 만 <u>천둥소리</u> 가은게…."
> "바루 내 얘기가 그거여."
> "장마가 지려는지…."
> "장마는 아직 좀 이른 것 같구."
> "그럼 무슨 소리란 말이오?"
> "<u>대포 소리가</u> 아니가 해서…."
> "흐음, <u>대포 소리라</u>…."
> "그런가 보우."(선집4, 156-7쪽)

그제야 강노인은 호탕하게 턱을 들어 웃어 젖혔다. 한참 동안 장기판에서 승강이가 벌어졌다.
"자! 상(象)아 나가우."

하고는, 얼핏 고개를 들어 저만치 암자 앞의 숲에다 눈을 준 강노인은,

"저 소리가 차차 더 커지는 걸 보면 이리로 가까워오는 모양인데…."

"밀려오는가 보지…."

"밀려오면 어떻게 된다?"

"뭘 가지구, 말이 있어야지."

"그럼 또 선생께서 지신 모양인가."

강노인은 또 간단히 승부를 내어던지소 말았다. <u>쿵! 보다 큰 포소리</u>가 똑똑히 강노인과 누덕 스님이 귀를 울렸다.(선집4, 158쪽)

그러자, <u>또 아까보다 좀더 커다란 포소리가</u> 뚜렷이 두 사람의 귓전을 울렸다. 강노인은 성큼 자리를 일어섰다.

"스님, 그럼 나 가보겠소."

"일이 생기면 좀 알려 주실까?"

"그러죠."

"꼼짝없이 앉아 죽어야 하겠지만, 영문을 알아야 하니까."

"스님더러야 누가 뭐라겠소?"

"거, 선생께서나 하시는 말씀이지, 요즘 세상에 누가 중 따윌 알아나 주나."

그리고 누덕 스님은 강노인에게 한 쪽 눈을 지그시 감아 보았다. 강노인은 싱긋이 웃고 몸을 돌려 암자를 뒤로 했다.

다가오는 포소리는 그 뒤 싸릿골의 둘레를 동서로 스쳐 남쪽으로 흘어 내려가는가 하더니 사흘 후 씻은 듯이 사라지고 다시 예와 다름없는 정적의 장막이 드리워지고 말았다.

그러나 이틀 후 며칠 읍에 머물렀다가 돌아온 개천 건너 김 서방이 갖고 온 소식은 발칵 싸릿골을 뒤흔들어 놓고 말았다.

한마디로 지난 이십오 일 대서 밀여온 인민군에 쫓겨 국군은 말끔히 그 자취를 감추었는데 뒤따르는 인민군은 벌써 읍을 거쳐 오십여 리나 남쪽으로 쳐내려가고 있다는 것이었다.(선집4, 160)

위의 인용문에서 밑줄 친 부분에서 보이는 변화를 살펴보면 그 변화

를 알 수 있다. 첫 번째 인용문에서 멀리서 크게 들려와 천둥소리처럼 들리던 소리가 강노인에 의해 대포소리로 짐작된다. 이를 통해 전쟁이 시작되었음을 간접적으로 시사되고 있다. 두 번째 인용문에서는 대포소리가 강노인과 누덕 스님에게 크고 분명히 서술됨으로써 싸릿골에 가까이 전장(戰場)이 와 있음을 분명히 그려지고 있다. 마지막 인용문에서 대포 소리가 소리를 싸릿골을 지나 남쪽으로 내려가면서 전선이 싸릿골을 지나가고 있음을 알 수 있다. 즉 싸릿골이 적의 치하로 들어가면서 싸릿골은 전쟁의 소용돌이에 휘말려드는 것임을 드러내 보여주고 있다.

## 3.2. 〈싸릿골의 신화〉의 성격 유형

〈싸릿골의 신화〉에서 등장하는 인물은 마을의 지도자인 강노인과 누덕 스님, 마을 사람들, 김소위와 국군 8명, 그리고 표문원과 인민군이다. 이중에서 강노인은 이 소설의 가장 핵심적인 인물이다. 강노인은 싸릿골 사람들의 정신적 지주로. 싸릿골을 한 가정으로 싸릿골 주민들을 가정의 구성원으로 만드는 가부장적인 모습으로 설정되어 있다.

> 이십여 년 전 그러니까 마을 사람들로부터 선생님으로 불리어지고 있는 강노인이 이십 년 만에 제 고장인 싸릿골로 돌아온 그 무렵이라고 할 수 있다.
> 저 나라를 잃은 한일합방 뒤 훌쩍 이 싸릿골을 떠나 중국으로 망명했다가 상해에서 잡혀 끌려와, 삼 년 징역을 치른 뒤 제 고장을 돌아올 수밖에 없었던 강노인의 그 참대 같은 쩡쩡한 기개가 원시적인 싸리골 사람들의 무원칙한 향토애와 동물인 양 본능적인 단합심에 한 줄기 인간다운 단단한 뼈대를 세워 놓았다고 할까.
> 그런 까닭인지 강노인은 이제 이 싸릿골의 우상이었고 그가 하는 이야기란 그대로 이 마을의 법률처럼 통용되고 있었다.

그러기에 일제 시 산 너머에 주재한 만만치 않은 역대의 일인 경찰관들도 싸릿골을 홀홀히 취급하지 않았고, 해방 후 이 땅의 방방곡곡을 난리판으로 만든 소위 좌우익투쟁이란 거센 물결도 남녘 고개에서 머물 수밖에 없었던 것이다. 따라서 싸릿골은 이제까지 싸릿골 이외의 마을들과는 달리 시세의 회오리 바람 속에 휩쓸리는 일이 없이 일종의 무풍지대로서 한 사람의 희생자도 내어 본적이 없다.(선집4, 155쪽)

위의 인용에서 보는 바와 같이 이 싸릿골은 현실적인 이념으로서의 사회주의나 민주주의가 그 효용성을 상실한 곳이다. 그리고 강노인만이 실질적 어른 노릇을 하고 있다. 이러한 싸릿골에서 앞에서 논의한 전쟁의 대포소리 속에서 강노인은 누덕 스님의 암자에서 장기를 두면서 전쟁에 휩쓸림을 알게 된다.

그리고 김소위는 7명의 패잔병과 함께 마을에 들어서고, 강노인에게 부하를 부탁하고 혼자 남하하고, 7명의 부하들은 마을의 일원이 되어 지내게 된다. 김소위는 남하를 계속하여 본대에 합류하고, 싸릿골은 표문원을 중심으로 인민군의 치하에 속하게 된다. 이념적 대립이 싸릿골에 들어서면 국군과 인민군의 대립으로 나타나야 하지만 국군은 마을의 일원이 되어버리고, 표문원이 대동하고 들어온 인민군은 마을 주민과 유리됨으로써 결말은 이미 예견된다. 이는 강노인과 싸릿골의 주민들의 특징과 관련하여 설명할 수 있는데, 이 작품 <싸릿골의 신화>의 서두에서 말한 것과 결부되어 작가의 주제 의식을 드러내기 위해 이용되고 있다. 또 표문원의 등장과 사라짐, 그리고 전쟁과 더불어 다시 등장한 표문원의 들어섬과 사라짐이라는 에피소드와도 직접적으로 관련된다.

물론 하나의 예외는 있었다. 그러나 그것도 누가 뭐란 것이 아니라, 혼자 나서서 까불다가 싱겁게 제물에 나가 떨어져서 그만 멋쩍이 어디론가 사라져 버린 한 명의 젊은이가 있을 뿐이다.

그러나 그가 떠난 지 삼년이 지난 지금에 이러서는 그의 기억을 되살리는 싸릿골 사람은 별로 없었다.

그 애 이름이 뭐였더라? 성은 표간가 노간가 그랬었는데…. 어쩌다 그런 정도의 이야기가 모닥불을 둘러싼 마을 사람들의 입에 오를 뿐이었고….(선집4, 155쪽)

그 무렵 공포의 회오리바람을 몰아치며 싸릿골로 들어선 캡 쓰고 다발총을 멘 사나이… 인민군 공작원 표문원은 싸릿골의 들 한가운데에 뻗어 있는 길을 걸어서 곧장 이(里)인민위원회를 찾아 들어갔다.

그리고 자기보다 일곱 살이나 위인 인민위원장 이춘삼을 만나자, 악수한 손을 풀기도 전에,

"나 알겠고?"

하고 물었다.

"그럼 자네를 모를 리 있나?"

거둔 손을 비비며, 비굴의 빛이 서린 얼굴로 이춘삼이 그렇게 대꾸하자,

"자네가 뭐요?"

"아니…."

그러한 표문원의 말투는 싸릿골의 말투가 아니었다. 표문원은 중국인 호떡집에나 있을 듯싶은 위태로운 나무의자에 엉덩이를 붙이며 활짝 열려진 창문으로 내다보이는 싸릿골 벌에 넌지시 눈길을 주더니,

"사 년 만이야."

하고 감개 깊은 듯이 뇌까렸다.

표문원은 싸릿골 사람들이 예상했던 것과는 달리 그렇게 서두르지 않았다. 첫날 그는 인민위원장인 이춘삼의 집에서 싸릿골치고는 최고로 베푼 융숭한 대접을 받고 별말 없이 인민위원회 사무실에서 쉬었다. 이춘삼이는 더위 탓만이 아닌 구슬땀을 흘리며 생쥐모양 안절부절 못하고 인민위원회인 자기 집 안팎을 공연스레 드나들었다.(선집4, 223)

고향이라고 돌아온 표문원에 대한 마을 사람들의 대응은 마을의 원

로들이 강노인의 집에 모여 논의하는 것으로 시작된다. 그리고 이 논의의 시작은 마을에 들어온 국군 패잔병의 처리와 관련한 것이었다. 마을에 민주청년동맹을 결성하고 마을에 들어온 표문원의 적치하의 지배체재를 확고히 하기 위한 작업을 해나간다. 그리고 인철 아버지의 죽음은 마을의 봉건적 질서를 확인시켜주는 것이다.

그리고 표문원이 읍으로 나간 사이 마을에서는 영상-윤중사와 성호와의 싸움이라는 작은 에피소드가 벌어진다. 순이라는 처녀와 관련하여 벌어지는 성호의 오해는 이후 작품의 전개가정에서 작은 갈등으로 작용한다. 그리고 읍에서 돌아온 표문원은 적치하에서 일상적인 일에 몰두하면서 순조롭게 지낸다. 그러나 김일성이 부산을 함몰한다고 약속한 8월 15일이 지나고 9월에 접어들면서 하늘에 큰 비행기가 날아다니기 시작하자, 표문원은 젊은이들을 야학당에 모으고, 인민군대에 자진 지원을 호소함으로써 새로운 갈등이 벌어진다. 마을의 젊은이들이 모두 손을 들어 자원을 결의하지만, 강노인이 표문원과의 단판을 통해 일곱 명을 보내기로 약속하고 마을 노인들이 모여 회의를 한다. 그리고 회의 결과 패잔병 7명 대신에 마을에서 일곱 명이 지목되어 인민군으로 차출된다.

그리고 극적 반전이 벌어지는데, 누덕 스님 밑에서 암자의 일을 하던 전하사가 정보부 직속의 공작대가 되어 나타난 김소위와 만나게 된 것이다. 김소위는 철교 폭파를 위해 전하사와 더불어 현상사와 윤 중사를 훈련에 참가시킨다. 그리고 성호는 윤중사를 미행하여 철교 폭파 장면을 목격하기에 이른다. 목격하고 집에 돌아오던 성호가 표문원에게 들키고 이를 계기로 윤중사가 국군 패잔병임이 밝혀진다. 윤중사가 잡히자 국군 패잔병들이 모이고 김소위가 표문원을 사로잡고, 인천 상륙 작전이 성공하였음이 전해지자 극적인 반전이 이루어진다. 마을에 들어오던 보안 서원이 국군의 사격으로 사라지고 표문원도 도망가자 누덕 스님이 그를 데리고 사라진다. 그리고 인민군으로 끌려가던 일곱 명의 마을 청년이 마을로 돌아오면서 마을은 기쁨으로 가득 차게 된다.

이러한 이야기 구조 속에서 표문원이란 인물 설정은 과연 무엇인가. 앞의 인용에서 보는 바와 같이 부랑아로 마을을 떠났던 그가 북한의 이념적 표상으로 금의환향(錦衣還鄕)하여 고향인 싸릿골에 돌아왔지만 적치하 백일 동안 보여주고 있는 것은 마을의 집단 공동체적 융합을 깨뜨리는 것으로 설정되어 있다. 즉 전근대적 공동체의 공고함을 확인시켜 주는 인물로만 부각되어 나타나고 있다. 그리고 이러한 공동체적 융합의 중심에 강노인과 누덕 스님, 그리고 마을의 노인들과 청년 경수가 존재하고 있다.

이 소설에서 강노인의 인간적 면모를 다시 한 번 확인하는 장면은 소설의 마지막 부분에서 인민군으로 끌려갔던 강노인의 막내의 눈물로 확인된다.

> 그러나 싸릿골의 기적은 완벽에 가까웠다. 십여 일째 되는 날 밤, 남녘 고개를 지키고 있던 현상사들은 허름한 차림의 젊은이들이 남의 눈을 피하듯이 하며 고개를 이리로 넘어오는 것을 보고 그들을 불러 세웠다.
>
> 그들은 다름 아닌 명식이와 강 선생의 막내아들 이하 일곱 명이었다. 그들은 읍에서 서울로 끌려가는 도중에 유엔군의 공습을 맞아 차에서 내려 몸을 숨기는 틈을 타서 손에 손을 붙잡고 도망쳐 왔다는 것이었다.
>
> 그들을 맞은 가족들의 기쁨은 헤아릴 길이 없었다. 그처럼 강인해 보이던 강노인도 돌아온 막내아들을 얼싸안고, 한참 동안이나 노안에 흘러내리는 눈물을 거두지 못했다.(선집4, 283)

위의 인용은 <싸릿골의 신화>에서 전쟁의 희생자가 될 뻔 한 인민군 지원병으로 차출된 마을 젊은이들의 귀환 장면이다. 국군 패잔병들을 숨기기 위해 마을의 청년들을 인민군에 보낸 강노인의 막내아들이 도망쳐 살아오는 장면에서 보이는 강노인의 눈물은 인간적인 모습을 보여주기에 충분한 것이다.

그리고 마지막으로 국군 패잔병들과 마을 사람들 간의 유대 관계를 짐작하게 하는 장면을 제시하면서 이 작품의 성격에 대한 논의를 마치려고 한다.

이튿날 현 상사들은 감 소위에 이끌려 싸릿골을 떠나 읍으로 가는 남녘 고개를 넘었다. 현 상사는 경수 청년과 재회를 약속하고, 박일병은 꼬부랑 할머니에게 전쟁이 끝나는 대로 다시 싸릿골에 돌아올 것을 다짐했다. 그래도 꼬부랑 할머니는 못내 서러워했다. 그 먼 눈에서 자꾸만 눈물이 흘러내렸다.

순희가 고개까지 따라 나왔으나 현상사는 그저 눈인사로 작별을 고했을 뿐이었다.

앞으로 전투에 참가하게 될 자기의 운명이 어떻게 될는지….

김소위들이 한 가지 마음을 남기고 떠나야 한 것은 누덕 스님의 일이었다. 원공- 전하사도 다시 전투원으로 환원되어 떠나는 이제, 운산절과 암자는 누가 지키게 될는지….

강노인은 그들이 남녘 고개를 넘어 아주 산 너머로 그 자취를 감출 때까지 경수 청년과 함께 오래도록 거기 버티고 서 있었다.

한참 몸을 돌려 고개를 내려서서 마을로 들어선 강노인은 달려 온 마을의 한 소년으로부터 누덕 스님이 돌아와 지금 야학당에서 기다리고 있다는 소식을 듣자, 펄썩 그 자리에 주저앉아 하늘을 우러러 두 번 큰 절을 하는 것이었다.(선집4, 283)

## 3.3. 〈싸릿골의 신화〉에 나타난 작가의식

우리는 2.2에서 작가 선우휘가 〈싸릿골의 신화〉를 창작할 당시의 창작 의도를 간략하게 살펴 본 바 있다. 그 인용 부분을 다시 한 번 기억하면서 이 작품 〈싸릿골의 신화〉에 드러나 있는 작가 의식에 대하여 논의하기로 한다.

<싸릿골의 신화>는 <추적의 피날레>를 쓴 다음에 발표한 작품이다. 여기서도 나는 소설의 재미라는 것을 머리에 두고 썼는데, 이 테에마는 상상에서 나온 것이 아니라, 한국 동란 때 실제 있었던 이야기를 소설화한 것이다.

낙오한 칠팔여 명의 국군을 깊숙한 산 속에 있는 마을 사람들이 합심 협력하여 갖은 애를 써 가면서 적치하 백일 동안 숨겨서 고스란히 살려낸 이야기다.

여기서 소설로서는 한두 사람을 희생시켜야 했는데, 나는 어거지인 줄 알면서 국군은 물론 마을 사람이나 인민군조차 한 사람도 상하지 않게 했다. 그것은 한국 동란 때 너무나 숱한 인명의 상실을 보아 온 나로서 소설 전개상 무리인 것을 뻔히 알면서 그렇게 한 것이다. 한국 동란의 엄청난 피비린내 속에서 한 마을에서 한방울의 피도 보지 않았다는 것, 이것은 필자의 아집에 속한다.10)

앞에서 논의한 것과 같이 위의 인용은 작가의 체험을 작가의 의도에 따라 전쟁의 실상과는 다르게 변형되었을 시인하는 부분이다. 그 변형이란 두 가지인데, 하나는 첫 번째 문단의 후반부에서 지적한 '6·25 한국 전쟁 때 실제 있었던 이야기'라는 말이며, 그리고 두 번째 것은 마지막 문단에서 작가 선우휘의 언급은 소설적 허구와 관련된 지적이다. 위의 인용에서 작가의 아집이라고 지적한 후반부는 사실보다는 이념보다는 작가의 주제 의식이 사실을 왜곡하고 있음을 강조하고 있는 부분이라고 생각된다. 여기서 작가의 이념은 작가의 창작 의도와 관련된 것으로 과도한 휴머니즘적 특징이다.

그런데 문제는 작가의 의도가 소설적 진실에 얼마나 접근하고 있는가의 문제이다. 즉 작가가 말한 '아집'이 작품 <싸릿골의 신화>이 발표된 시점인 1962년 8월과 9월을 염두에 둘 경우 당시의 박정희의 5.16 군사 쿠데타가 일어나고 얼마 지나지 않은 시점과 관련되어 작가의 보

---

10) 선우휘, "소설에 있어서 재미." 현대문학 전집(신구문화사, 1967), 484쪽.

수적 세계관으로 변하고 있음과 관련되어 있음을 지적할 수 있다. 필자의 이런 생각은 선우휘의 <추적의 피날레>라는 작품의 성격과 관련시킬 경우 더욱 확고해 진다. 잘 알다시피 <추적의 피날레>라는 작품이 정보전과 관련하여 군인들의 생리를 문제 삼고 있는 작품이라면 <싸릿골의 신화>는 군이 겪은 6.25전쟁을 미화하고 있는 작품이다. 어떻게 보면 상반적인 작품 내용을 보이는 것은 작가의 작가 의식이 변모하기 시작하는 것을 웅변적으로 말하고 있다고 할 수 있다. 그리고 이것은 1964년 편집국장으로 구속되어 고민을 드러내 보이는 일련의 과정에서 작가의식의 변모 양상과 관련하여 설명된다. 그리고 작가 선우휘는 월남전에서 종군 기자로서 박정희 정권에 유착되어 가는 과정에서 전후 작가로서의 특징이 희석되어 가는 과정으로 이해할 수 있다.[11]

## 4. 맺는 말

지금까지 논의한 것을 먼저 요약하면 다음과 같다.

(1) 6·25 한국 전쟁은 내전과 국제전적 성격을 가지며, 작가 선우휘에게 있어서 전쟁을 직접 체험하였지만 소설적 허구에 있어서 차이가 있을 수밖에 없다. 이는 작가의 주제 의식과 직접 관련된다.

(2) <싸릿골의 신화>의 소설적 공간인 "싸릿골"이라는 곳은 가상의 공간인데, 전쟁의 참화가 작가의 이념 때문에 이상적으로 그려지고 있다. 그리고 이 작품에 등장하는 성격은 극단적인 이분법 속으로 나뉘지만, 실제로 이 이분법과는 별개로 가부장적인 강노인이라는 카리스마로 인해 사실성을 저해하고 있다. 결국 <싸릿골의 신화>에서 작가는 싸릿골을 하나의 가부장적 공동체로 설정하고, 싸릿골의 구성원을 가부장적 공동체의 충실한 구성원으로 그려내고 있다.

---

11) 이익성, 『선우휘-근대사의 역동성과 문학적 변용』, 건국대학교 출판부, 2004.

　(3) 이 작품 <싸릿골의 신화>에서 마을의 정신적 지주인 강노인과 누덕 스님의 설정은 작가의 이상주의적 휴머니즘을 위한 배려이며, 동시에 싸릿골이 적치하 백날 동안 좌우의 격전장에서 벗어날 수 있게 한 것 역시 작가의 주제 의식과 관련된 것이다. 작가는 <싸릿골의 신화>라는 작품에서 외래의 이념에 대한 반발이라는 전제 하에 토착적 민심에 대한 체험과 인식을 전쟁이라는 극한적 상황 속에서도 "인간답게 사는 삶의 의지"로 일관하는 인물을 등장시켜 그려냄으로서 전쟁 상황 속에서 이루어질 수 없는 신화의 상황으로 만들고 있다. 그리고 작품의 결말 부분에서 표문원을 죽이지 않고 누덕 스님의 호위로 밖으로 달아나게 하여 놓아 주고 돌아오는 절정 부분은 작가의 휴머니즘적 발상이라고 할 수 있다.

　(4) 마지막으로 이 작품 <싸릿골의 신화>을 통해 작가 선우휘는 이전의 전후의 행동주의적인 인물에 대한 관찰이라는 것을 통해 한국 근현대사의 문제점을 제시하려는 주제의식에서 현실에 안주하려는 보수적 세계관으로 변모하려는 단서를 제공하고 있다.

　이상의 요약정리와 더불어 남는 문제를 간략하게 몇 가지만 제시하면서 본 논문을 마치려고 한다. 먼저 개별 작품론이기 때문에 작가론적 관점에서 보면 부분일 수밖에 없다는 것이고, 나머지는 작품의 구조 분석에 치중하여 그것이 가지는 주제적인 면에서와 비평적 언급이 다소나마 미약하였다는 것이다. 이것은 후학들의 보다 꼼꼼하고 치밀한 논의를 바랄뿐이다.

# 참고논저

[자료]

선우휘, 선우휘 선집, 조선일보사, 1987.

1950년대 소설 이론자료집, 국학자료원, 1985.


[국내 논저]

강만길 외, 해방 전후사의 인식2, 한길사, 1985.

권영민, "전후 의식의 극복과 문학적 자기 인식."『한국 문학』. 1985. 6.

권영민, 한국현대문학사, 민음사, 2003.

김병익, "6·25와 한국 소설의 관점."『현대사』. 창간호. 서울언론문화클럽. 1980. 11.

김붕구, "증언으로서의 문학."『사상계』29호. 1955. 12.

김상태, 인간주의의 우화-선우휘 저 '단독강화', 문학사상, 1985.6.

김상태, "1950년대 소설의 문체 연구."『한국의 전후문학』. 한국현대문학연구 제 1집.
　　　　1991. 4.

김양수, "신세대론의 부언."『현대문학』21호. 1956. 9.

김우종, "동인상 수상 작품론."『사상계』79호. 1960. 2.

김윤식, "선우휘 문학의 세 의미층."『鮮于輝 文學選集 5』. 조선일보사. 1987.

김태순, 선우휘 초기소설연구, 건국대 석사논문, 1987.

민현기, 행동과 침묵의 시대적 의미, 한국현대작가연구, 문학사상사, 1991.

박동규, 한국 현대 소설의 성격 연구. 문학세계사. 1983.

박연희, "문학작품과 작가."『동아일보』. 1955. 12. 6.

박영준, "대표작 자선평."『문학사상』10호. 1963. 7.

방민호, 한국 전후문학과 세대, 향연, 2003.

배경렬, 선우휘 문학 연구, 서울대 박사논문, 2001.

백　철, "신인군과 신세대론."『文藝』9. 1950. 4.

백　철, "동인문학상 심사평."『思想界』50호. 1957. 9.

선우휘, "6·25와 전쟁문학."『한국문학』140호. 1985. 6.

선우휘, "정훈장교시절에서「불꽃」을 쓰기까지."『문학사상』. 1984. 4.

심순옥, 선우휘 작품 연구, 숙명여대 석사논문, 1990.

신영덕, <한국전쟁기 종군작가연구>, 국학자료원, 1998.

염무웅, 선우휘론, 창작과비평, 1987.9.

원형갑, "실존과 문학의 형이상학."『현대문학』55-60. 1959. 8-12.

유기룡, 불꽃의 동굴 모티프, 문학과 비평, 1987.9.

유종호, 선우휘의 소설세계, 한국문학전집25, 삼성당, 1994.

윤병로, "고착된 기성과 방황하는 신인."『한국평론』4호. 1958. 8.

윤병로, "전쟁문학시론." 성균관대학 논문집 24호. 1977.

이광훈, 선우휘론, 문학춘추, 1965.2.

이기윤, <1950년대 한국소설의 전쟁체험연구>. 인하대 박사학위논문. 1989. 2.

이봉래, "신세대론."『문학예술』13호. 1956. 4.

이어령, "1957년의 작가들."『사상계』54호. 1958. 1.

이어령, "실존주의의 문학의 길."『자유공론』4호. 1959. 3.

이영숙, 선우휘 소설 연구, 연세대 석사논문, 1994.

이익성, 한국현대소설비평론, 태학사, 2002.

이익성, 선우휘-근대사의 역동성과 문학적 변용, 건국대 출판부, 2004.

이점갑, 선우휘 소설 연구, 성균관대 석사논문, 1987.

이철범, "실존주의와 휴머니즘의 관계."『문학예술』32호. 1957. 12.

이태동, "이데올로기와 휴머니즘 사이." 선우휘전집1. 1987.

임헌영, "분단문학의 새전망."『한국문학』140호. 1985. 6.

장수익, 월남민 의식과 페이소스의 문학, 한국문학대계 동아출판사, 1995.

장용학, "실존과「요한시집」."『한국전후문제작품집』. 신구문화사. 1965.

전영태, "6·25와 한국 소설의 재발견."『한국문학』140호. 1985. 6.

정명환, "전쟁과 한국작가."『사상계』128호. 1963. 11.

조남현, "선우휘 소설에의 한 통로." 문학정신. 1990. 2.

조남현, 선우휘의 소설세계, 한국현대소설의 해부, 문예출판사, 1993.

조연현, "신인과 신세대."『신천지』46호. 1950. 5.

조연현, "실존주의 해의."『문예』21호. 1954. 3.

최일수, "문학상의 세대의식."『지성』2호. 1958. 9.

하근찬, "「수난이대」를 낳은 그 전쟁."『문학사상』176호. 1987. 6.

홍사중, 선우휘론, 사상계, 1966.5.
황헌식, 선우휘론, 현대문학, 1974.7.
J. Holiday, 『유엔과 한국』, 사계절, 1984.
Robert, R. Simons, "한국전쟁", 『한국현대사』. 사계절, 1984.
Bruce Cummings, 『한국전쟁의 기원』, 청사, 1996.

# 김지하 시론 연구
## ―「풍자냐 자살이냐」를 중심으로 ―

이 정 엽*

## 1. 들어가는 말

　김지하(金芝河; 1941-)는 1963년 『목포문학』에 「저녁이야기」를 발표하면서 등단한 이래로, 『황토(黃土)(1970)』, 『타는 목마름으로(1982)』, 『오적(五賊)(1986)』등 10여권의 시집과 담시집을 펴냈다. 그가 쓴 시와 산문들은 박정희 정권과의 정치적 대립 과정에서 주목을 받았으며, 70년대 민중문학론 논의의 시발점으로 평가받고 있다. 그 중에서 1970년 『詩人』 6월호와 7월호에 걸쳐 발표한 「풍자냐 자살이냐」는 그의 대표적 시론이라 할 수 있다. 여기에서 그는 김수영의 풍자가 지닌 의미와 한계를 논하면서 젊은 시인들이 나아가야 할 지표를 제시하고 있다.

　이 글은 주로 김지하의 시를 언급하는 과정에서 주로 인용되었지만,[1)]

---

* 육군사관학교 국어과.
1) 「풍자냐 자살이냐」를 부분적으로 언급한 글들.
　백낙청, 「한국문학과 제3세계문학의 사명」, 『민족문학과 세계문학Ⅳ』, 창작과비평사, 1985.

이 글이 내포하고 있는 김수영과의 대결의식, 형식과 내용의 결합의 측면에서 독자적으로 논의된 경우는 드물다. 이승훈이 그의 저서 『한국현대시론사』에서 김지하의 시론을 검토하는 과정에서 이 글을 분석하고 있는 것이 거의 유일한 경우이다.[2] 그는 이 글에서 김지하가 김수영을 비판하는 과정을 분석하면서, 김수영의 시에 대해서 민중의 비애가 빠져있다고 비판한 김지하의 지적은 옳은 것이지만 전체적인 방법론이 국부적인 노선을 따르고 있음을 비판하고 있다. 그는 전통적 기법과 현대적 기법을 절충하려고 했던 김지하의 노선에 대해 추와 풍자의 결합만이 유일한 시 창작의 방법론이 아님을 분명히 하고 있다. 여기서는 이러한 그의 분석에 상당부분 동의하면서 김수영과 김지하의 시 사이에 놓인 창작 방법론 사이의 긴장 관계를 중점적으로 분석하고자 한다.

## 2. 자살과 해탈 사이의 의미론적 차이

이 글은 김수영의 시 「누이야 장하고나!」의 시 한 구절, '누이야 / 諷刺가 아니면 自殺이다'를 인용하면서 시작한다. 이 구절은 원래 '누이야 / 諷刺가 아니면 解脫이다'를 잘못 인용한 경우에 해당한다. 김지하는 풍자와 자살이라는 두 극단적 행위가 딜레마를 이룬다고 보고, '이 두 극단적 행동 사이의 상호 충돌과 연관이 젊은 시인들의 현실 인식과 시적 행동에 매우 중요한 관건적인 문제'라고 지적하고 있다. 문제는 '자살'과 '해탈'이라는 두 행위를 등가로 놓을 수 있는가 하는 점이다. 이승훈은 두 행위가 뉘앙스의 차이는 있지만, '풍자'에 대비되는 의미를 지니고 있기 때문에 등가로 놓을 수 있다고 말한다.[3] 그러나 「누이야 장하고

---

　　김재홍, 「반역의 정신과 인간해방의 사상」, 『작가세계』, 1989 가을.
　　홍용희, 「김지하 문학 연구」, 경희대 박사논문, 1998.
2) 이승훈, 「김지하의 시론」, 『한국현대시론사 1910-1980』, 고려원, 1993.
3) Ibid., pp. 374-375.

나!」라는 시를 검토해보면 두 행위간의 차이가 부각된다.

> 누이야 / 나는 분명히 그의 앞에 절을 했노라 / 그의 앞에 엎드렸노
> 라 / 모르는 것 앞에는 엎드리는 것이 / 모르는 것 앞에는 무조건 숭배
> 하는 것이 / 나의 慣習이니까 / 동생뿐이 아니라 / 그의 죽음뿐이 아니
> 라 / 혹은 그의 失踪뿐이 아니라 / 그를 생각하는 / 그를 생각할 수 있
> 는 / 너까지도 다 함께 숭배하고 마는 것이 / 숭배할 줄 아는 것이 /
> 나의 忍耐이니까[4]

이 시에서 시적 화자는 누이가 방에 걸어놓은 오빠의 사진(시적 화자
에게는 동생)을 정시(正視)하다가 거북해서 방을 뛰쳐나온다. 시를 검토해
보면 시적 화자의 동생이 죽은 지 10년이 되었고, 그 죽음이 시적 화자
에게 상처를 주었으며 쉽게 말할 수 있는 성질의 것이 아니라는 사실을
알 수 있다. 그러나 위의 인용된 부분에서는 동생의 죽음에 대해 애써
외면하려는 화자의 모습이 드러나 있다. 동생의 죽음을 애써 모르는 것
으로 치부하면서, 그 앞에서 절하는 자신의 모습을 관습이라 표현한데
서 시인의 현실에 대한 이중적인 인식을 엿볼 수 있다. 그는 동생의 죽
음에 대해서 모르는 것이라 말하고 있지만, 실은 그의 죽음이 '鎭魂歌'를
불러주어야 할 억울하면서도 의로운 죽음임을 둘러서 이야기하고 있다.
다시 말하자면 독자로 하여금 상황은 다 알게 해놓고서는, 스스로의 위
치를 그러한 상황을 모르는 것처럼 서술해서 풍자하고 있는 셈이다. 시
적 화자는 결국 '당돌하고 시원하게 都會에서 달아'나와서 "누이야 장하
고나!"라고 외친다. 동생의 죽음과 자신의 부끄러운 삶이 계속해서 대비
되어 그 죽음을 '정시(正視)'하지 못하는 나보다 사진을 방에 놓고 그 죽
음을 계속 생각하는 누이가 더 장하다는 의미일 것이다. 그러나 화자는
결국 죽음에 이르지 않고, 스스로에게 계속해서 괴로움을 강요하고 문

---

4) 김수영, 『김수영 전집 1』, 민음사, 1981, pp. 184-185.

제를 던지고 있는 도회를 '당돌하고 시원하게' 빠져나가 버린다. 시적 자아는 자기 자신을 풍자하면서 진보하려는 현실 인식을 보여주기는 하지만, 그것이 외부의 비판으로 이어지지 못하고 결국은 문제로부터 벗어나려는 모습을 보여준다. 김수영은 이러한 시적 자아를 통해 '풍자'와 '해탈'을 대립시키고 있지만, 여기서 '해탈'은 어떤 문제의 종결점에 해당하는 것이 아니라, 좌절된 자아가 이른 상태를 또 다시 풍자한 것이라고 보는 것이 옳을 것이다.

그렇다면 김지하가 말하는 '刺殺'은 '解脫'과는 분명히 다른 의미론적 지평 위에 서게 된다. 김수영의 시에서 시적 화자가 자살을 해버린다면, 이는 '우스운 것이 사람의 죽음'이라는 진술과는 어긋나는 행위가 아닐 수 없다. 즉 김수영에게는 풍자의 대상이 자기 자신에 머물러 있기 때문에, 속박 당한 자신의 실존의 위기를 극복하기 위해서 이러한 의식을 내부에서 초월해버리는 '해탈'에 이를 수밖에 없다. 김지하는 김수영의 풍자가 자기 자신의 내부적 모순을 극단적으로 비판했을 때, 죽음에 이르리라고 본 것이지만 김수영은 그러한 길을 택하지 않았다. 이렇게 본다면 김지하가 '해탈' 대신 '자살'을 언급한 것은 일단은 오독으로 보아야 할 것이다. 그는 김수영을 해탈이 아닌 자살의 경우로 보고 싶어 했었던 것 같고, 또 '풍자'와 대비되는 요소로 '자살'을 택함으로써 제3의 방편을 구하려는 젊은 시인들의 찰나적 자유 확보 자체를 원천 봉쇄하려 했던 것이 아닌가 한다. 어쨌든 본고에서는 김지하의 시론 검토가 주목적이므로 풍자/자살의 의미론적 구도의 해설에 초점을 맞추기로 한다.

## 3. 암흑시와 풍자시의 개념

김수영 시인의 이른바 <풍자가 아니면 자살>이라는 딜레마는 일단 서로 충돌하고 서로 배반하는 극단적인 이율배반 사이의 하나의 결단 으로 나타나지만 동시에 그것은 서로 연관되는 것이며 자살에로밖에는 이를 수 없는 격한 비애가 격한 시적 폭력의 형태, 즉 풍자로 전화하는 관계를 함축하고 있다. 현실의 폭력이 시인의 비애로, 시인의 비애가 다시 예술적 폭력으로 전화한다. 폭력이 비애로 응결되는 과정에서 시인이 넋의 삶을 죽이고 육신의 삶을 택할 것인가, 더러운 육신의 삶을 죽이고 깨끗한 넋의 삶을 택할 것인가, 그렇지도 않다면 육신과 넋이 동시에 살 수 있는 어떤 치열한 저항적 삶의 형태를 택할 것인가를 결단해야 되듯이, 응결된 비애가 예술적 폭력으로 폭발하는 과정에서 시인은 마땅히 저항의 형식, 즉 폭력의 표현방법과 폭력을 가할 방향을 결정해야만 한다.5)

김지하는 현실의 폭력이 시인의 비애로 이어지는 과정에 주목하면서, 시 또한 하나의 폭력적인 형식이라고 이야기한다. 이는 시가 현실 인식의 첨예한 갈등의 극단에 서있음과 동시에 현실의 폭력에 맞서는 저항의 도구로 작용할 수 있음을 뜻한다. 이는 김지하가 70년 당시의 정황을 어떻게 파악하고 있었는가를 보여준다. 여기에서 현실의 물신(物神)에 의한 폭력과 외부적인 억압은 이미 주어진 것으로 간주되고 이것은 벗어날 수 없는 절대적인 상황으로 언급되고 있다. 그렇기 때문에 시인은 외부적 억압에 대해 어떠한 형식으로, 누구에게 저항할 것인가를 결정해야 한다.

그는 우선 폭력의 표현 방법에 있어서 비극적인 표현과 희극적인 표현 방법을 구분한다. 이 경우 비극적 표현에만 전적으로 의존하여 시인 자신과 현실 민중의 비애와 폭력의 발현을 육신화하려는 지향이나, 소박한 의미에서의 희극적 표현에만 전적으로 의존하여 민중과 시인이 받은 폭력과 그 폭력의 지양자가 비애로부터 발생하는 것을 형상화하려는 지향이나 둘 다 잘못된 경우에 해당된다.

따라서 그는 두 가지 표현의 상호 보완을 통해 새로운 폭력 표현 방법을 찾으려 한다. 애수(哀愁)와 해학(諧謔)의 결합, 비애(悲哀)와 풍자(諷刺)

---

5) 김지하, 「풍자냐 자살이냐」, 『작가세계』, 1989, pp. 61-62.

의 결합, 공포(恐怖)와 괴기(怪奇)의 결합이 그것이다. 애수와 해학의 결합은 폭력 표현과 인연이 없으므로 논외의 대상이 된다. 중요한 것은 비애와 풍자가 결합하는 경우, 그리고 공포와 괴기가 결합하는 경우이다.

다만 분명한 것은 공포와 괴기의 결합이 비애와 풍자의 결합의 경우와 마찬가지로 하나의 강력한 폭력 표현이긴 하되 오직 그 하나로서는 오늘날 이 땅에 살아있는 젊은 시인들이 요청할 만하고 또 요청해야만 되는 폭력 표현방식은 못 된다는 점이다. 또한 분명한 것은 그것이 시의 패배를 물신의 폭력에 대한 창조적 정신과 시의 승리에로 뒤바꿔 놓을 수 있는 폭력 표현으로 될 수도 없으며, 시인의 육신과 넋이 동시에 생활할 수 있는 치열한 저항적 삶의 유일하고 유력한 최고 표현으로 될 수도 없다는 점이다. 공포와 괴기의 결합은 그 맹폭성에 있어서는 강력하나 그것은 절망적, 부정적, 찰나적, 허무주의적 파괴력의 표현이다. 그것은 죽음의 에네르기이며 사형수의 폭동이다. 그것은 때로 쉽사리 썩은 樣式인 극단적 그로테스크로 전락함으로써 장식화되어 버리고, 때로는 불가피하게 괴기나 일그러짐을 포기하고 그 대신 명랑이나 落首型과 야합함으로써 쉽게 형식적으로 파탄되거나 또는 쉽게 카타르시스에 의하여 사회적 비애를 장기화시키고 사회 심리적 폭력의 예봉을 약화시키는 방향으로 떨어진다.6)

따라서 그는 비극적 표현의 산물인 암흑시와 공포와 괴기의 결합에서 나오는 공포시는 저항시로서는 부족한 점이 있다고 본다. 암흑시는 비애를 강한 폭력으로 유도하는 촉매이긴 한, 일정한 정도의 약점을 가지고 있어 야유와 욕설로 가득 찬 군중의 내적, 잠재적인 폭력의 시적 형상화에 있어서 무력하다. 공포시도 또한 일상성에 대한 충격에 의해서 굳어지려는 체재 내 의식을 교란할 수는 있으나 산발적인 정서적 표현을 한 방향으로 집중시킬 수가 없으며 그렇게 때문에 부정적 에네르

---

6) 김지하, 위의 글, p. 64.

기를 약화 분산시킬 가능성이 더 크다. 따라서 오직 '치열한 비애와 응어리진 한을 바탕으로 하고 비극적 표현을 흡수'하는 한편 '해학을 광범위하게 배합하면서도 강력한 풍자를 주된 핵심으로 삼는 고양된 회극적 표현'만이 새로운 폭력의 가능성이라고 그는 본 것이다.

따라서 시적 폭력을 향할 대상도 민중 내부로 향해야 하는 것이 아니라, 대타적(對他的)인 요소에 집중되어야 하는 것이다. 민중 가운데에 있는 우매성(愚昧性), 속물성(俗物性), 비겁성(卑怯性) 등 부정적 요소에 있어서는 매서운 공격을 아끼지 않지만, 민중 가운데에 있는 지혜로움, 무궁한 힘과 대담성과 같은 긍정적 요소에 대해서는 찬사와 애정을 아끼지 않는 탄력성을 표현에 있어서의 다양성의 토대로 삼아야 한다는 것이다. 따라서 민중에 대한 표현에 있어서는 해학이 중심이 되고 풍자는 부수적인 것으로 존재하는 반면, 대타적 폭력의 대상에게는 풍자가 중심이 되고 해학이 극히 특수한 부분에만 국한하여 부수적으로 배합되어야 하는 것이다. 김지하는 이러한 경우의 예시로 민예(民藝) 속의 풍자는 양반과 탐관오리에 대한 풍자적 공격과 민중에 대한 해학적 표현의 배합 관계가 풍자 형식원리에 정확히 입각해 있다는 점을 들고 있다.

「풍자냐 자살이냐」에서 예를 들고 있지는 않지만, 김지하가 이 글이 발표되기 한 달 전『사상계(思想界)』에 발표되었던 「오적(五賊)」을 또 하나의 예시로 들 수 있을 것이다. 이른바 담시라고 불리는 새로운 시 형식의 창조와 더불어 풍자와 해학이 적절히 결합된 경우를 이 시에서 찾아볼 수 있다.

> (1) 詩를 쓰되 좀스럽게 쓰지말고 똑 이렇게 쓰랸다.
> 내 어쩌다 붓끝이 험한 죄로 칠전에 끌려가
> 볼기를 맞은지도 하도 오래라 삭신이 근질근질
> 방정맞은 조동아리 손목댕이 오물오물 수물수물
> 뭐든 자꾸 쓰고 싶어 견딜 수가 없으니, 에라 모르겠다

볼기가 확확 불이 나게 맞을 때는 맞더라도
내 별별 이상한 도둑 이야길 하나 쓰것다[7]


(2) 또 한놈이 나온다.
匊獪狾猿 나온다
곱사같이 굽은 허리, 조조같이 가는 실눈,
가래끓는 목소리로 응승거리며 나온다
털투성이 몽둥이에 혁명공약 휘휘감고
혁명공약 모자쓰고 혁명공약 배지차고
가래를 튀튀, 골프채 번쩍, 깃발같이 높이들고 대갈일성, 쪽 째
진 배암 샛바닥에 구호가 와그르르
혁명이닷, 舊惡은 新惡으로! 改造닷, 부정축재는 축재부정으로!
근대화닷, 부정선거는 선거부정으로! 重農이닷, 貧農은 離農으로![8]


(3) 어쩔거나 어쩔거나 우리꾀수 어쩔거나
전라도서 굶고 살다 서울와 돈번다더니
동대문 남대문 봉천동 모래내에 온갖 구박 다 당하고
기어이 가는구나 가막소로 가는구나
어쩔거나 억울하고 원통하고 분한 사정 누가 있어 바로잡나
잘가거라 꾀수야[9]


　　「오적(五賊)」은 내용적인 측면과 형식적인 측면에서 70년대 민중문학
을 대표하는 김지하 특유의 저항정신이 잘 드러난 작품이다. 장르적인
측면에서도 담시(譚詩)라는 새로운 단편서사시의 양식을 창조해낸 것으
로 평가받고 있다.[10]「오적(五賊)」에서는 (2)에서 보는 것과 같이 오적으

---

7) 김지하, 『오적(五賊)』, 솔, 1992, p. 25.
8) 김지하, 위의 책, p. 29.
9) 김지하, 위의 책, p. 43.
10) 이 시를 포함한 김지하 시 작품의 장르적인 성격을 규명한 글로는 오세영, 「장르실
　　험과 전통장르」,『작가세계』, 1989. 가 있다. 오세영은 여기에서 「오적」을 포함한 김
　　지하의 여러 작품들을 서정시, 서정양식의 민요시, 서정양식의 단편서사시, 서정양식

로 대표되는 외부적 억압 세력에 대해서는 한자 파자, 과장법 등을 사용하여 대상을 풍자하고 있다. (3)에서 언급되는 꾀수는 좀도둑으로 나오지만 실제로 그가 현실의 구조적 모순과 부조리 때문에 할 수 없이 도둑질을 하게 된 민중의 한 표본이다. 꾀수는 포도대장과의 대화에서 골계(滑稽)적인 요소를 한껏 드러내 주는 대상이다. 그러나 (3)에서는 작중 화자가 개입하여 꾀수의 비애를 대변해주면서, 대타적 대상에 대한 풍자와 민중에 대한 해학과 비애가 결합되는 양상을 보여준다. (1)에서도 확인할 수 있듯이 서사민요와 판소리의 리듬을 따서 실제적으로 민중이 이 작품을 접했을 때에도 어렵지 않게 작품을 파악할 수 있도록 배려하고 있다.11)

## 4. 김수영에 대한 비판적 논의

60년대 참여시를 대표하는 김수영에 대해서 김지하가 대결의식을 가졌음은 이 시론이나 작품에서도 확인 가능하다. 그는 김수영의 시의 특징이 풍자의 방법 속에 자기 자신과 더불어 자기가 속한 계층에 대한 부정, 자학, 매도의 방향을 보여주었다고 평가한다. 그는 김수영의 시가 다양한 영역에 걸쳐있지만, 대체적으로 풍자의 방법에 의하여 소시민계층의 속물성, 비겁성, 그리고 그 계층의 끝없는 동요와 불안을 폭로하고 매도함으로써 현실적인 모순을 잡아내려 했다고 말한다. 김수영의 시를 단순히 부정적으로만 바라보는 것이 아니라 긍정적인 측면도 상당히 부각시키고 있다.

---

의 단편 판소리, 서정양식의 판소리로 구분하면서 기존 장르의 형식과 김지하 시와의 상관관계를 검토하고 있다. 「오적」은 서정양식의 단편서사시 계열에 속하는 것으로 그는 보고 있다.
11) 김재홍, 「반역의 정신과 인간해방의 사상」, 『작가세계』, 1989, p. 112.

그가 시적 폭력 표현방법으로서 풍자를 선택한 것은 매우 올바르다. 이것을 이어받아야 할 것이다. 그가 폭력 표현의 방향을 민중에만 집중하고 민중 위에 군림한 특수 집단의 악덕에 돌리지 않은 것은 올바르지 않다. 이것을 비판적으로 넘어서야 할 것이다. 풍자를 민중에게 가한 김수영 문학의 정신적 동기만을 긍정하는 방향에서 젊은 시인들은 이제 풍자의 가장 예리한 화살을 특수집단의 악덕으로 돌려야 한다.

그가 우리 시에서 모더니즘의 부정적 측면을 극복하고 그 강점을 현실비판의 방향으로 발전시킨 것은 훌륭하다. 특히 그가 시 속에 힘의 표현, 갈등의 첨예한 표현, 난폭성, 조악성, 공격성, 고미(苦味)와 소외감, 신랄성 등의 사회적 적의와 비판적 감수성, 한마디로 醜를 醜成시킨 점은 더없이 높이 칭찬해야 할 업적이다. 추야말로 철없는 자들의 말장난에 의해 꾸며지지 않은 비애의 참모습이며, 분바르지 않은 恨의 얼굴이다. 추야말로 폭력의 안이요 바깥이다. 추야말로 모순에 찬 현실의 적나라한 현상이다.

김지하는 김수영의 시가 자기 내부의 비판으로만 기우는 것이 대타적 비판으로 이어지지 않음을 비판하고 있다. 즉 표현 방법에 있어서는 자신의 시와 등가적 의미에서 보고 있다는 것이다. 단순하게 말해서 표현 방법에서는 등가이지만, 자신은 풍자의 방향을 외부적 억압에 저항하는 쪽으로 돌렸다는 것이다. 문제는 이러한 지평에서는 시적 형상화의 수준이라든가, 내용적인 측면의 차별성이 전혀 부각되지 않는다는 점이다. 그가 젊은 시인들의 현실 인식에 대해서 한정을 하고는 있지만, 사실 이 시론은 70년대를 맞은 당대의 시인들이 어떤 시를 써야 하는가에 대한 김지하의 입장 표명에 다름 아니다. 여기서 김지하는 60년대 참여시의 대표 격인 김수영을 비판하면서 스스로의 우위를 확보하려는 모습을 보여준다. 물론 이 글에서는 이러한 성격이 전면적으로 드러나지는 않지만, 다음과 같은 작품에서는 김지하의 김수영에 대한 내면적 자의식을 엿볼 수도 있다.

　　책들은 웅장하다 / 모든 책들은 질서를 갖기 때문에 / 나보다는 웅
장하다 / 비극적인 명성을 꿈꾸고 / 마릴린 몬로와의 있을 법도 않은 /
간통을 꿈꾸고 벌거벗고 빨고 / 얇고 그러나 새카만 / 옷 속의 볕에 탄
아도니스의 몸을 꿈꾸고 / 동시에 혁명을 혁명의 / 비극적인 명성을
게바라를 꿈꾸는 그런 / 나보다는 웅장하다 (중략)
　　그러나 책들이여 / 반성하라 책들이여 / 어째서 너희들의 소리가 없
는가 / 반란이 없는가 거스르는 미친 피 / 내 손의 피, 내 피의 저 미
친, 미친, 미친, 소용돌이치는 / 저 피가 없는가? 아무것도 아니다 너의
웅장은 어째서 / 침묵하는가 / 이 밤에 이 무료함 속에 / 내 이 불타는
부끄러움 속에마저 책들이여.12)

『타는 목마름으로』에 실린 「책들」이라는 김지하의 작품이다. 여기에
는 "또는 '김수영쪼(調)'"라는 부제가 붙어있다. 이 시는 김지하의 시에서
는 드물게 시적화자 '나'가 등장하는 시이다. 『황토』, 『타는 목마름으로』
의 시들은 대체로 1인칭 시적화자이지만, 나를 전면적으로 내세우지는
않는다. 그러나 이 시에서는 '나'를 풍자의 대상으로 삼고 있다는 점에
서, 그리고 스스로의 초라함과 소시민성을 드러내고 있다는 점에서 김
수영의 시와 흡사한 느낌을 받는다. 이를 두고 김지하는 스스로 '김수영
쪼'라고 언급해 놓았는데, 여기서는 '김수영조'도 아닌 '김수영쪼'라는 데
주목할 필요가 있다. 이는 김수영의 시에 대한 모방적인 의미도 있지만,
약간의 조소적인 의미도 포함하고 있는 것이다. 문제는 이 시의 마지막
연이 김수영의 시와는 달리 책들에 대한 반성을 촉구하면서 풍자의 성
격을 뒤집어 버린다는 데에 있다. 결국 그는 김수영의 어조를 빌어서
자신이 「풍자와 자살이냐」에서 제시했던 대타적인 저항정신 방법론을
시에 적용해 본 것이다.
　　그는 「풍자냐 자살이냐」의 결론에서 민요의 전복 표현과 축략법, 전
형 원리와 寓意, 단절과 상징법 등이 현대 풍자시의 갈등 원리와 소격

---

12) 김지하, 『김지하 시전집 1』, 솔, 1996, p. 140.

이론, 비판적 감동의 형식원리와 배합되어 풍자문학의 지평을 열어줄 것이라고 말한다. 시인이 민중과 만나는 길을 풍자와 민요정신의 계승이라고 언급하면서 젊은 시인들의 선택을 권하고 있다. 김수영과의 대결 의식에서도 드러나듯이 김지하의 이러한 결론은 시 창작 방법론을 국부적인 하나의 방법론으로만 한정시켰다는 점에서 한계를 노출한다. 또한 추의 미학과 관련하여 그의 이론은 반영론적 관점을 지나치게 드러내고 있다. 그렇지만 「풍자냐 자살이냐」는 70년대 시론 중에서 당대의 상황을 적확하게 파악하고 이에 대한 대안을 제시하려한 보기 드문 글이라 할 수 있다.

# 참고문헌

[기본자료]

김지하, 김지하 시전집 1, 솔, 1996.

김지하, 오적(五賊), 솔, 1992.

김지하, "풍자냐 자살이냐", 『작가세계』, 1989 가을.

[논문 및 평문]

김수영, 김수영 전집 1, 민음사, 1981.

김재홍, "반역의 정신과 인간해방의 사상", 『작가세계』, 1989 가을.

백낙청, 민족문학과 세계문학 II, 창작과비평사, 1985.

오세영, "장르실험과 전통장르", 『작가세계』, 1989 가을.

이승훈, 한국현대시론사 1910-1980, 고려원, 1993.

홍용희, 김지하 문학 연구, 경희대 박사논문, 1998.

# 임경 시학의 양상

정 대 림*

## Ⅰ. 머리말

이 글은 『玄湖瑣談』에 나타나 있는 任璟(숙종 때 문신) 詩學의 양상을 살펴, 비평가로서의 임경의 위상을 정립하고 비평자료집으로서의 『현호 쇄담』의 가치를 확인하는 것을 목적으로 한다.[1]

임경의 시학은, 洪萬宗(1643~1725)을 중심으로 金震標(1614~1671), 洪錫箕(1606~1680), 金得臣(1604~1684), 任堕(1640~1724) 등의 시학과 어울리면서,[2] 17세기 후반과 18세기 전반의 우리 시학의 현실을 그대로 반영하고 있을 것으로 생각된다. 따라서 임경 시학의 양상을 정리하는 일은 당시 시학의 면모를 보완 확충하는 데 기여할 수 있을 것으로 보여, 그 비평

---

* 세종대학교 국어국문학과.

[1] 『현호쇄담』은 홍만종의 『詩話叢林』 및 任廉의 『暘葩談苑』에 전문이 수록되어 있다.

[2] 김진표, 홍석기, 김득신 등은 『小華詩評』의 서문을, 그리고 임경과 임방은 『시화총림』의 발과 제후를 각각 쓰면서, 홍만종과 관련되어 있다.

실제로 김득신, 임경, 임방의 시화에는 홍만종의 시가 수록되어 있으며, 홍만종은 『시화총림』「범례」에서 이를 언급하고 있다.

사적 의의를 충분히 인정받을 수 있을 것으로 생각된다.

임경은 숙종 때의 문신으로 자는 璟玉, 호는 玄湖, 본관은 豊川이며, 司諫 元耈의 아들로 벼슬은 僉正을 지냈다. 임경이 찬한 『현호쇄담』은 모두 36편의 시화를 담고 있다.

그는 「詩話叢林跋」에서 "이 쇄담은 곧 내가 모아 놓은 것인데, 너무 자질구레하고 상되고 거칠어서 취할 것이 별로 없다."고 하였다.[3] 그러나 이러한 그의 자평과는 달리『현호쇄담』에 실린 시화들은 그 시화 하나하나가 모두 그 당시의 시학의 면모를 살피는 데 부족함이 없는 귀중한 비평자료로서의 가치를 지니는 것으로 생각된다.

이제 「현호쇄담」에서 임경이 비중 있게 다루고 있는 시론과 시평의 양상들을, 의미와 격률의 조화, 사실적 표현, 용사, 언외의, 풍격, 원류비평, 균형 잡힌 시평활동 등의 항목으로 나누어 검토해 보도록 하겠다.

## II. 시론과 시평의 이모저모

### 1. 의미와 격률의 조화

임경의『현호쇄담』첫 번째 시화는 시의 의미와 격률의 조화에 대한 내용으로 되어 있다. 이는 그가 시론과 시평의 전개에서 가장 강조한 내용이었다고 파악되는 부분이다.[4]

시학의 전개에서 논의되는 의미란 시의 내용을 일컫는 것으로 시인의 마음 곧 시인의 시정신의 실체가 표현된 것이고, 格律은 平仄, 音韻, 字句, 句數 등 시의 형식과 관련된 작시에 필요한 체제와 법도를 말하는

---

3) 瑣談 卽余所述者 委瑣俚蕪 無足取者

4) 물론 첫 번째 시화의 내용이라고 해서 그것이 그대로 임경 시학의 대표적 시론의 면모라고 볼 수는 없을 것이다. 그러나 『현호쇄담』 전체 36편의 시화에서 직접 시의 의미나 격률에 관해 언급한 내용이 두드러진 가운데, 그 조화의 시학을 강조한 예만도 4회에 걸쳐 나타나기 때문에 그것이 임경 시학의 대표적 면모라고 보아도 좋을 것이라 생각된다.

것이다. 이렇게 보면 시론의 전개나 시평의 실제에 있어서 그 기준이
되는 것은 기본적으로 시의 의미와 형식의 문제에 관련될 수밖에 없다
고 생각된다. 그리하여 비평가들은 시의 의미와 형식 어느 부분에 각각
치중하거나 아니면 그 조화를 추구하는 방향으로 자신들의 시론과 시
평을 전개하였던 것이다. 『현호쇄담』에서 임경은 시의 의미와 격률의
조화라는 측면에 큰 비중을 두고 비평에 임했던 것으로 보인다.

> 대개 의취에만 얽매이고 격률을 잃어버리는 것은 시가에서 금기하
> 는 것이요, 또 오로지 격률만을 힘쓰고 의취를 잃어버리는 것은 더욱
> 이 불가한 것이다. 의취는 이에 속하고 격률은 기에 속하는 것이니, 이
> 가 주인이 되고 기가 심부름꾼이 되어서 조용히 예법의 자리에 맞는
> 것은 개원의 시가 거의 걸맞게 될 것이다. 송인은 이에 막히고 명인은
> 기에 얽매였으니 비록 청탁과 허실의 분별은 있으나 통틀어 잘못된
> 것이다.5)

임경은 이렇게 의취에 얽매여 격률을 잃거나, 격률에만 매달리다 의
취를 잃는 일이 있어서는 안 된다고 하였다. 의취와 격률의 조화를 내
세웠던 것이다. 이 주장은 다음 시의 내용을 비판하면서 비롯되었다.

> 나귀 등에 봄잠이 달콤해,
> 산길을 꿈 속에 지나왔다.
> 깨어나서야 비 지나간 것을 알았으니,
> 시냇물 소리가 갑자기 요란하구나.6)

---

5) 大抵泥於意趣 墜失格律 詩家之禁 而專務格律 失其意趣 尤不可也 趣屬乎理 格屬乎氣 理爲之
主 氣爲之使 從容乎禮法之場 開元之際 其庶幾乎此 宋人 滯於理 明人 拘於氣 雖有淸濁虛實之
分 而均之有失也(1)
　『현호쇄담』의 원문과 번역문은 『시화총림』 하(통문관, 1993)에 실린 것을 참조하였다.
본문과 주석에서 원문이나 번역문 다음에 표시한 (　)속의 번호는 위의 책에서의 일련
번호를 나타내는 것이다.
6) 驢背春眠穩 靑山夢裏行 覺來知雨過 溪水有親聲 (1)

이 시에서 갑자기 소낙비가 쏟아지는 데 그것도 모르고 나귀 등에서 달콤한 잠을 잤다고 한 내용이 전연 이치에 맞지 않는다고 임경은 생각하였다. 그리하여 당 孟浩然(689~740)의 「春曉」 시와 비교하고 있다.

> 봄잠에 새벽 된 줄도 몰랐더니,
> 여기저기서 새가 재잘거리는구나.7)

이렇게 의취도 참되게 드러나고 시어도 제대로 구사되며 자연스럽게 운격도 따라 이루어져야 시다운 시가 될 수 있다는 것이 그의 생각이었다. 의취와 격률의 조화 그것이야말로 좋은 시가 되기 위한 마땅한 기준이라는 것이 그의 주장이었던 것이다. 임경의 주장처럼 의취와 격률이 조화를 이룬 시 세계는 결국 시의 내용과 형식의 조화로 빚어낸, 이상적인 시의 경지를 말하는 것으로 모둔 시인들의 꿈이었다고 할 수 있겠다.

시평의 실제에서도 임경은 이러한 의취와 격률의 조화가 기준이 되었음을 보여주고 있다. 처사 허격이 연경으로 가는 李景奭(1595~1671)을 전송한 시가 절개가 돋보이고 시격 또한 높다고 한 시평이나,8) 시의 내용으로 끝없는 탄식의 뜻이 깔려 있고 시구 또한 청신하여 볼만하다고 한 시평,9) 그리고 시어가 매우 느슨하고 알차지 못해 전연 운격이라고는 없고 제3구의 시어는 그 내용이 더욱 속되고 지저분하여 시라고 할 수는 없다고 한 시평10) 등에서 바로 의취와 격률의 조화가 시평의 기준이 되고 있음을 찾아볼 수 있는 것이다.

그리하여 그는 시에는 특별한 재주가 있는 것으로 억지로 시를 쓸 수는 없는 일이라고까지 하였던 것이다.11) 시인으로서의 자질과 시인이기

---

7) 春眼不覺曉 處處聞啼鳥 (1)
8) 處士許格 號 滄海 少學詩於東岳 得其傳 (中略) 李白軒景奭 嘗赴燕 以詩送之 (中略) 節槪與詩
　　格 並高 (17)
9) 有無限歎嘅底意 句亦淸新可喜 (4)
10) 詞甚緩歇 全無韻格 而第三句 若不能無愧之語 尤甚冗塵 此可謂詩乎 (28)

위한 부단한 노력으로 의취와 격률이 조화를 이룬 시의 경지를 지향해
야 하는데, 그러한 재주와 노력 없이 억지로 쓴다고 다 시다운 시가 될
수는 없는 일이라는 것이 그의 생각이었던 것이다. 임경은 이렇게 시의
의취와 격률, 시의 내용과 형식이 조화를 이룬 이상적인 시의 세계를
추구하고자 하였던 것으로 보인다.

한편 시평의 실제에 있어서 임경이, 金構(1649~1704)의 시에 기발한
표현으로 세상을 경계하고 채찍질하는 시어들이 있다고 하면서 사람들
이 그의 시의 대구가 정묘하고 매우 긴요하게 되었다고 하였음을 전하
면서 그의 대구들이 다른 사람의 시들보다 매우 뛰어났다고 하였다든
지,12) 李荇(1478~1534)과 蘇世讓(1486~1562)의 평측에 대한 서로 다른 주
장을 소개한다든지 하면서,13) 시의 격률에 관한 문제를 중심으로 시평
에 임한 예를 찾아볼 수는 있다.

그러나 대부분의 경우 임경은 의취 중심으로 시의 의미 탐색에 주력
한 시평에 임하고 있음을 찾아볼 수 있다.

율곡 이이(李珥, 1536~1584) 선생의 詩鑑을 말하면서 시의 의미가 사람
의 성정을 크게 감발시킨다고 한 내용과,14) 宋時烈(1607~1689)의 시가 비
록 뒤숭숭하고 곤란한 지경에 처하였으나 무슨 일을 당하더라도 편안
하고 여유로운 뜻을 내포하고 있어 그의 지조가 흔들리지 않고 더욱 튼
튼함을 보여주었다고 한 내용,15) 그리고 시는 사람에 있어서 얼굴에 눈
썹이 있어야 하는 것과 같다고 하면서 뛰어난 재주를 보여준 김숭겸이
쓴 시의 내용이 지나치게 슬픈 뜻이 담겨 있어서 마치 자신의 운명을
점친 듯 일찍 죽고 말았다고 한 내용16) 등에서 임경의 의취 중심의 시

---

11) 詩有別才 不可强其不能也 (28)
12) 金相公 構 非長於律詩 而詩有驚策語 (中略) 爲對 一座 稱其情緊 (中略) 超壓諸作云(34)
13) 容齋曰 麗字 音 尼 恐失平仄 退休曰 不然 高麗之名 本取山高水麗之義 中國人 雖作尼音 我
    國則猶從仄音 華作 必因是也 容齋然之 (6)
14) 詩之感發性情 如此 (11)
15) 尤齋宋相公 (中略) 雖在風霜困阨中 有隨遇安閒底意 可見其志操不撓益堅 (16)

평의 면모를 살펴볼 수 있었다.

또한 스스로를 비유한 시의 표현대로 만년의 행적이 이루어졌다는 내용처럼 무의식중에 지은 시의 내용대로 후일에 그런 일을 당하게 되는 조짐 곧 詩讖에 대해 언급한 시화나,[17] 성여학과 홍만종의 시를 예로 시의 의미가 시인을 현달하게 만들기도 하고 귀양을 면하게 하기도 하였다고 밝힌 시화를[18] 통해서도 그러한 의미 중시의 임경 시학의 면모를 찾아볼 수 있다.

그리고 趙復陽(1609~1671)이 상황에 따라 시의 의취를 적절히 표현해 낸 吳道一(1645~1703)을 사위로 삼았다는 일화나,[19] 李瑞雨(1633~?)의 시구에서 시어 3자가 우아하게 이루어지지 못했다고 한 내용[20] 등도 역시 그러하다.

이렇게 임경은 의취와 격률의 조화 곧 내용과 형식이 조화를 이룬 시다운 시의 세계, 이상적인 시의 경지를 추구하였지만, 시평의 실제에 있어서는 격률보다는 의취 중심으로 시의 의미 탐색에 주력하였음을 보여주었다.

## 2. 사실적 표현

시적 소재를 효과적으로 표현하기 위한 시인들의 관심은 표현의 사실성을 추구하는 것으로 이어지기도 한다. 시인의 생각을 있는 그대로 직접 서술하며, 사실을 정확하게 서술하고, 당대의 정치나 교화의 잘잘못을 정확하게 표현하거나, 표현하고자 하는 사물을 자세하게 부연하여 진실하게

---

16) 金崇謙 字 君山 農巖之子也 有絶才 嘗曰詩之於人 正如貌之不能廢眉 其論 如此 (中略) 其詩 蒼老太早 且過於悲傷 愛金才者 以此爲憂 今果遽夭 苗而不秀 惜哉 (31)

17) 此蓋自況之詩 而末節 與詩相符 豈先識耶 (21)

18) 於于 薦成于月沙曰 露草虫聲濕 風枝鳥夢危 之成汝學 豈可使空老乎 月沙 卽擬除詩學官 (中略) 明谷崔相 語人曰 席上又兼絲竹肉 人間何美鶴錢州之洪于海 忍令竄謫乎 遂上奏救解 得不被配 (25)

19) 趙松谷復陽 大奇之 竟有東床之選 (27)

20) 商量得三字 不雅 (22)

나타내고자 하는 전통적 賦의 표현방법이 바로 그러한 표현의 사실성을 시에 담아내고자 하였던 시인들의 중요한 관심사였던 것으로 보인다.[21]

이렇게 보면, 부의 표현 방법에 입각한 표현의 사실성 추구는 『詩經』에서부터 비롯된 뿌리 깊은 한시의 전통이었던 것으로 생각된다. 그리고 이러한 표현의 사실성을 중시하였던 시인들의 관심은 표현의 회화성을 추구하는 방향을 전개되기도 하였다.

전통적으로 시인들이 기본적으로 갖추고 있었던 사실적 작품의 흐름 속에서 임경 역시 표현의 사실성에 주목한 시평에 관심을 기울인 것으로 보인다.

> 옛날부터 시인이 누대에 붙이는 시는 짓기가 어렵다고 했다. 그것은 글귀를 만들기가 어렵다는 것이 아니고, 그 누대에 꼭 맞게 짓기가 어렵다는 것이다.
>
> 나무 그림자는 물 가운데서 보겠고,
> 종소리는 양쪽 언덕에서 들려온다.
>
> 는 금산사의 유명한 글귀가 되고,
>
> 다락에선 창해의 뜨는 해를 보고,
> 문 앞엔 절강의 조수가 드나든다.
>
> 는 영은사의 절창이 되는 것은 대개 그 흥취가 그 땅의 경치와 맞아서 그 진경을 그대로 그려내었기 때문이다.[22]

이처럼 금산사와 영은사에 제영한 시가 각각 명구와 절창이 될 수 있

---


21) 含有鋪陳直敍之意 直鋪陳今之政敎善惡 直書其事 (郭紹虞編,『中國歷代文論選』, 36쪽)
   賦者 敷陣其事而直言之者也 (朱熹,『詩集傳』, 卷1)
22) 自古詩家 以題詠爲難 非作句難 難其相稱也 樹影中流見 鍾聲兩岸聞 爲金山寺之名句 樓觀滄
   海日 門對浙江湖 靈隱寺之絶唱 盖趣與境會 寫出眞景也 (2)

었던 것은 시인의 흥취와 주변 경치가 잘 맞아 어울림으로 해서 자연의
참모습, 그 진경을 그대로 그려 묘사해낼 수 있었기 때문이라고 하였다.
바로 사실적 표현이 이루어낸 명구요 절창이라는 것이다. 또한 그것은
사실적 표현으로 진경을 그대로 그려낸 시의 회화성을 중시하는 언급
이기도 하다.

> 김황원의 「부벽루」 시다.

> 장성 한 쪽엔 넓고 넓은 물이요,
> 큰 들 동쪽엔 올망졸망한 산이구나.

> 이 시를 서거정은 일찍이 대수롭지 않게 여겼다. 그러나 부벽루에
> 올라 이 경치를 읊어보고야 비로소 그 경치를 그림 같이 모사한 것을
> 깨닫게 되었다.[23]

이어서 임경은 이렇게 부벽루에 올라 경치를 읊어 보고서야 비로소
김황원의 시가 그 경치를 그림같이 모사하였음을 깨달았다고 하였다.
이를 통해 직접 경치를 확인하면서까지 시의 회화성에 주목하였던 그
의 시론의 일단을 살펴볼 수 있었다. 사실적 표현으로 시의 회화성을
획득하고자 하였던 그의 생각은 다음에서도 찾을 수 있다.

> 한줄기 저녁연기 뻗쳐오르니,
> 외로운 마을이 산 밑에 있구나.
> 사립짝문 앞 늙은 나뭇가지에,
> 길손이 와서 말을 매었네.

> 외로운 마을의 저문 경치를 그려내서 눈앞에 환하게 보인다.[24]

---

23) 金黃元 浮碧樓詩 云 長城一面溶溶水 大野東頭點點山 徐四佳 嘗歇看 然 登斯樓 詠斯景則 始
   覺其模寫如畫 (2)

외로운 마을의 저문 경치가 눈 안에 그대로 완연히 들어 있는 것처럼 묘사해 낸 시의 회화성을 이처럼 내세우고 있는 것이다. 한 편의 시를 감상하는 것이 아니라 마치 한 폭의 그림을 보는듯한 느낌이 드는 시의 평가에 매우 호의적이었던 임경의 생각을 읽을 수 있었다고 하겠다.

이렇게 사실적 표현을 중시하면서 시의 회화성에 주목하였던 임경의 시론은 사실 그의 작시 태도와 관련되어 있는 것으로 보인다.

> 나는 평생에 문장에 대하여는 아주 졸렬하고 시률에 있어서는 더욱 잘할 수 있는 바가 아니다. 일찍이 벼슬에서 물러나 잠시 서강에 나와 살았다. 율도에 배를 띄우고 절구 1수를 읊었다.
>
> 강호에 바람과 달은 한없이 좋은데,
> 덧없는 세월에 머리털만 허옇게 시어가네
> 조각배 짧은 젓대, 내낀 물결 밖은,
> 어부 사는 마을이 아니면 곧 술집 뿐일세.
>
> 다만 경치를 보고 흥취를 쓴 것뿐이다.[25]

이처럼 자신의 시는 내세울 만한 것이 못된다고 하면서, 좋은 경치를 만나면 시흥이 일어나는 데 그것을 그대로 표현한 것이 자신의 시일뿐이라고 하였다. 임경이 자신의 시를 '遇景寫興'하는 작시 태도의 소산으로 보고 있는 한, 그의 시론에서 사실적 표현으로 시의 회화성을 중시하는 비중이 클 수밖에 없을 것으로 보인다.

이렇게 임경은 사실적 표현으로 시의 회화성을 얻은 시를 긍정적으로 평가하면서, 자신도 그러한 작시 태도를 견지하면서 작시에 임했던

---

24) 又一絶 云 一抹炊煙生 孤村在山下 柴門老樹枝 來繫行人馬 寫出孤村暮景 宛在眼中 (24)
25) 余平生 拙於翰墨 詩律 尤非所長 嘗罷官 寓居西湖 泛舟遊栗島 口占一絶曰 江湖風月浩無涯 浮世光陰鬢欲華 輕舠短笛煙波外 不是漁村便酒家 只遇景寫興而已 (35)

것으로 생각된다.

## 3. 용사

用事는 작시에 있어서 전고나 사실을 인용하여 시의 의취를 압축 표현하거나 시의 의미를 강조하고자 할 때 보편적으로 사용하던 수사법이다.

> 중국 사신 당고가 경기도 장단 임진강 건너편에 있는 동파역에 이르러 희롱조로 시 1구를 썼다.

> 동파는 해남으로 귀양갔으니,
> 언제 여기를 왔던가?

> 그런 다음 우리 원접사에게 빨리 아랫구를 채우라고 재촉했다. 그때에 이용재는 원접사가 되어 즉석에서 그 아랫구를 썼다.

> 흩어져 백 개의 동파가 되었으니,
> 하나쯤 올 수는 있지 않겠나?

> 이에 중국 사신이 보고 대단히 칭찬했다고 세상에 전한다.
> 대개 백동파의 말은 바로 동파시[26] 가운데서 나온 것이니 고사를 인용한 것이 친절하게 되었다.[27]

임경은 이렇게 고사를 인용한 용사법이 친절하게 되었다고 평가하였다. 용재 이행의 용사법이 자연스럽고 적절하다는 것이다. 이렇게 용사

---

26) 蘇軾의 泛穎詩 '散作百東坡 頃刻復在玆'(흩어져 백 개의 동파가 되었더니, 깜짝 사이에 다시 여기에 있구나.)를 말한다.

27) 俗傳唐天使 到東坡驛 戲題一句曰 東坡謫海南 胡爲來此哉 促償使 足成之 時 李容齋 爲遠接 使 卽題其下曰 散爲百東坡 無乃一者來 天使見之 極歡賞 蓋百東坡之言 正自坡詩中出 用事親 切 (8)

의 수사법에 대해 긍정적으로 받아들이는 한편으로, 다음과 같이 비판적으로 언급하기도 하였다.

> 대개 시인이 고사를 인용하는 것이 가장 잘하는 것은 아니나 정교하고 친절하기가 신광한의 시 같은 것은 쉽사리 얻을 수 없을 것이니 돈재의 찬탄함이 마땅하다.[28]

시인들이 비록 시의 의미를 강조하거나, 압축 표현하고 의취를 풍부하게 하기 위해 용사의 수사법을 쓰기는 하지만, 그것이 상승의 표현기법은 아니라는 것이 임경의 생각이다. 용사하지 않고 그에 상응하는 표현 효과를 얻어낼 수 있다면 오히려 그러한 방법을 쓰겠다는 것이 그의 생각이었던 것이다.

그러나 현실적으로 작시에 임할 때는 용사하여 그러한 효과를 얻어내는 일이 손쉬운 일이었기에, 정교하고 근접하게 용사하여 표현의 적절함을 얻을 수 있어야 한다고 제한적으로나마 길을 열어두었다고 보인다. 기본적으로는 상승의 최고 표현 방법은 아니지만 현실적으로는 자연스럽게 운용하여 효과를 극대화할 수 있다면 용사를 긍정적으로 수용할 수 있다는 태도를 보인 것이다.

> 동명 정두경은 평생에 『사기』를 많이 읽어서 그 힘이 시문에 나타나 혼후하고 호한하고 침울하고 웅장하다. 「마천령」 시는 이러하다.
>
> 말을 몰아 마천령에 올라서니,
> 층층한 봉우리 구름 위에 솟았구나.
> 앞으로 대택을 굽어보니,
> 대개 이것이 바로 북해라네.

---

28) 蓋詩家引事 雖非上乘 而精襯 如申詩者 未易得也 遯齋稱賞 宜矣 (7)

　　아래 글귀는 전적으로 『사기』「흉노전」의 말을 그대로 가져다 쓴
것이다. 그런데 기상이 웅혼하게 되었다.29)


　　이렇게 鄭斗卿(1597~1673)의 「마천령」 시가 『史記』「匈奴傳」의 말을 그
대로 가져다 써서 기상이 웅혼하게 되었다고 한 데서도, 용사하여 표현
효과를 더 높인 시를 높이 평가한 그의 비평 태도를 찾아볼 수 있다. 그
리고 바로 그러한 정두경 시의 용사법이 평소에 『사기』를 다독하여 혼
후하고 호한하며 침후하고 웅장한 시문을 쓸 수 있는 능력을 기른 데서
비롯된 것이라고 하였다.
　　이처럼 임경은 자신의 엄격한 비평 기준에 따라 용사의 수사법을 최
상의 선택으로 인정하지는 않으면서도, 서투른 용사가 아니고, 각종 서
적을 다독하면서 부단히 노력하고 다듬어서 적절하게 활용한 자연스러
운 용사에 대해서는 긍정적으로 평가하였음을 알 수 있다.


## 4. 언외의

　　言外意는 표현할 길 없는 시인의 내면적 진실이나 미묘한 정서의 움
직임을 상상력의 도움을 받아 표현된 말 밖에서 다양하게 전달할 수 있
게 하는 시의 의미 창출 방법이다. 그리하여 시어들의 외연적 의미를
뛰어넘어 그러한 시어들이 내포적 의미로 조화를 이룬 시, 말 밖의 무
한한 의미가 함축으로 전달되는 여운이 남는 시를 쓰고자 하였던 시인
들은 일찍부터 언외의의 의미 창출에 주목하였다. 그리고 시평가들에게
는 시의 가치를 평가하는 하나의 기준이 되기도 하였다.
　　언외의의 시세계는 언어로는 다 표현해낼 길 없는 무궁무진한 시의
를 함축의 기교를 펼쳐내어 시의 격을 높임으로 해서 시의 미학을 완성
하려는 시인들의 노력의 결정체라 할 수 있다. 바로 그러한 시적 성과

---

29) 鄭東溟斗卿 一生 多讀馬史 發爲詩文者 渾浩沉雄 磨天嶺詩 曰 驅馬磨天嶺 層峯上入雲 前臨
　　有大澤 蓋乃北海云 下句 全用馬史匈奴傳本語而氣象 雄渾 (14)

를 이룬 작품을 대하는 독자들은 무한한 상상력을 동원하여 그 시의 함축미를 음미하면서, 여운이 남는 시로 씹으면 씹을수록 맛이 나는 시로 오래도록 가슴에 간직할 수 있을 것으로 보인다.

임경 역시 이 언외의의 시의 의미 창출에 주목하고 있다.

중국 사신이 왔을 때에 용재가 원접사가 되고, 호음 및 여러 사람이 종사관이 되었었다. 중국 사신이 돌아갈 때에 여러 사람들이 시를 지어 전송하는데 장편의 뛰어난 구슬 같은 글귀들이 많이 쌓였었다. 그런데 중국 사신은 모두 다 제쳐놓고 홀로 용재의 시를 보고 칭찬해 마지않았다.

밝은 달아 제발 뜨지 말고,
썰렁한 바람아, 너도 불지 말아라.
달이 뜨면 자는 새 놀라 깨고,
바람이 불면 고요한 가지가 없게 된다.

호음은 이상히 생각하고 조정에 돌아와서도 이 글귀를 몇 달이 되도록 곰곰이 생각한 나머지에 비로소 그 묘한 뜻을 깨닫게 되었다. 대개 이별 할 때에 물건을 보고 감정이 쉽게 떠오르는 것은 저 달이 뜨면 자던 새가 놀라 깨고, 바람이 불면 나뭇가지가 움직여서 이것들이 모두 떠나는 회포를 설레게 하여 말 밖에 뜻이 담겨 있으니, 중국 사신의 감탄함이 대개 여기에 있었던 것이다.[30]

임경은 이처럼 용재 이행의 시가 이별함으로 해서 생기는 간절한 회포를 달과 새, 바람과 나뭇가지에 붙여 언외의의 무한한 의취를 내포하고 있음을 지적하였다. 중국 사신이나 호음 鄭士龍(1491~1570)이 다같이

---

30) 華使之來 容齋爲儐相 湖陰諸公 爲從事 及其還也 諸公 以詩送之 長篇傑句 郁燁璀璨 而華使 皆不許可 獨容齋絶句 明月莫須出 天風休更吹 月出有驚鳥 風吹無定枝 華使 稱賞不已 湖陰 竊怪之 及還朝 沈誦此句數月然後 始知其妙 盖臨別時 觸物易感 彼月出而鳥驚 風吹而枝動 俱可以助離懷 有言外之意 華使之獎 盖以此也 (5)

공감할 수 있었던 언외의의 시세계의 면모를 이행의 시를 통해 보여준 것이다.

　생각해보면, 정작 이별의 아쉬움은 은밀히 숨겨져 있을 뿐 시어 어디에도 나타나 있지 않다. 시어의 외연적 의미 파악 정도로는 그러한 정서를 읽어낼 수 없다는 말이다. 그리하여 이별이 있으므로 해서 생겨날 그 안타까운 정을 찾으려면, 달이 뜨면 놀라 깨게 될 새와 바람 불면 흔들릴 수밖에 없는 나뭇가지에 주목하여 그 내포적 의미를 찾아볼 수밖에 없다. 그렇게 이별의 아쉬운 정서를 캐내는 노력을 기울여야 한다는 것이다.

　결국 이 시가 지니고 있는 함축미 그 언외의의 미학을 얻기 위해, 밝은 달과 자던 새 그리고 바람과 고요한 가지에서 연상되는 시의 의미에 기대여보면, 이별이 남길 남은 사람들의 그 아쉬운 정이 너무도 간절하게 묻어나고 있음을 느낄 수 있다. 이른바 말 밖에 뜻이 있는 함축적 시의 표현에 성공하고 있음을 임경은 말해주고 있는 것이다. 언외의의 함축적 시의 의미 전달에 성공한 지극한 시의 경지를 보여준 것이다.

　　정송강의 「통군정」이다.

　　나는 이 강을 건너가,
　　곧장 송골산에 올라,
　　서쪽으로 화표학을 불러,
　　서로 구름사이서 노닐고저.

　이 두 구는 한 마디로 통군정에 대한 말이 없으나 세상에서 고금간에 절창이라 하는 것은 어째서인가? 대개 이 정자는 멀리 요갈을 굽어보아서 기상이 넓고도 끝이 없으니 송강 노인이 자기의 홍취를 의상밖에 붙여서 취미와 품격이 표일하여 이 정자와 서로 걸맞게 된 것이다.[31)

여기서도 임경은 송강 鄭澈(1536~1593)이 시어들이 빚어낸 시의 의상 곧 시 의미의 가닥들 밖에 자신의 흥취를 나타냄으로 해서 절창의 시를 노래할 수 있었다고 평가하였다. 그리하여 시의 정취와 품격이 표일하여 속세를 떠나 세상일을 잊은 듯하다고 하였던 것이다. 임경은 이처럼 송강 정철이 언외의의 무한히 번지는 시의 의미를 창출함으로 해서 통군정과 자신의 흥취가 서로 걸맞게 어울린 시의 분위기를 얻어낼 수 있었다고 보았다.

작시과정에서 시의 의미가 무한히 확산되면서 독자의 상상력을 유발하여 끝없이 이어지는 여운을 남겨줄 수 있도록 함축적으로 표현된 시의 미적 경지를 이끌어내기 위하 노력이 이러한 언외의의 작시법을 이끌어내었다고 할 수 있겠다. 그리하여 임경은 시어의 외연적 의미 밖에 끝없이 펼쳐지는 내포적 의미와 그것들이 한데 어울려 만들어내는 함축적 의미를 효과적으로 담아내는 데 적합한 작시법으로 언외의에 주목하였던 것이다.

## 5. 풍격

시 감상을 통해 얻어낸 미적 충돌을 나타내는 미의식의 유형이 風神品格 곧 풍격이다. 감상과 품평으로 이루어진 미적 감정의 유형을 일컫는 셈이다. 이렇게 보면 한 편의 시에 담겨 있는 내용과 형식이 조화를 이루어 빚어 놓은 미적 감정을 찾아가는 과정이 풍격 시평의 길이라고 하겠다.

임경도 시의 풍격에 의거한 시평에 관심을 보여주고 있다.

양봉래의 시와 글씨가 바윗돌에 새겨 있는 것을 보았다. 그 시에 이

---

31) 鄭松江 統軍亭詩 我欲過江去 直登松鶻山 西招華表鶴 相與戲雲間 這二句 未嘗道得統軍亭一語 而世以爲 古今絶唱 何也 盖是亭也 遠臨遼碣 氣像 曠逸 松翁 乃能託興於意象之表 趣格飄逸 與玆亭相侔也 (2)

르기를

금빛 물 은빛 모래, 말갛게 고여,
구름 끼고 비오는 속에, 백구가 우뚝이 섰구나.
신선 찾아 잘못 도원 길에 들어와,
제발 고깃배를 동문 밖으로 내보내지 마소.

자획과 시격에 창연한 고기가 있어서 참으로 훌륭하게 되었다. 그러나 세상에 알아주는 사람이 적은 것이 한스럽다.[32]

바위에 새겨진 楊士彦(1517~1584) 시의 자획과 시의 풍격이 창연하고 고아하다고 하였다. 바로 '蒼古'의 풍격 그것이 양사언 시 감상의 결과로 얻어낸 시의 미의식인 셈이다.

또한 수촌 임방의 「拱北樓」 시 내용이 '淸婉'하다고 한 것이나(24), 洪柱世의 「瀟湘斑竹」 시가 '淸古'하다고 한 것(15), 그리고 정두경의 「마천령」 시가 '雄渾'하다고 한 것(14) 등도 그러한 풍격 시평의 예들이다.

사실 풍격이란 저마다 특징 있는 맛을 지닌 다분히 주관적 감상의 결과를 보이기 때문에, 풍격 상호간의 우열을 말할 수는 없을 것이다. 풍격마다 각각 하나의 완전한 미적 경지 즉 시 감상에서 우러난 독특한 미적 감정의 유형인 까닭이다. 따라서 '창고, 청완, 청고, 웅혼'등의 풍격이 임경이 생각하는 각각의 시들의 완전한 미적 경지가 되는 셈이다. 그리하여 그들 '창고, 청완, 청고, 웅혼'등의 시의 풍격들은 각각의 풍격 내에서의 고하는 따질 수 있을 것이지만, 서로간의 우열은 가릴 수 없다고 해야 할 것이다.

『현호쇄담』에 수록된 36번째 마지막 시화에서 임경은 金錫冑(1634~1684)의 풍격 시평 내용을 소개하여 자신의 풍격에 대한 관심을 나타내

---

32) 見楊蓬萊詩筆  刻在巖石上  詩云  金水銀沙一樣平  峽雲江雨白鷗明  尋眞誤入桃源路  莫遣漁舟
   出洞行  字畫與詩格  蒼古可喜  世人  罕有知音者 (9)

기도 하였다.

> 석암 김상공 석주는 신라·고려에서 조선에 이르기까지 우리 나라
> 시인들을 선택하고 각각 품제하여 평하였다. (중략) 시인들의 크고 작
> 은 체격을 살펴 각각 비유한 것이 적당하지 않음이 없기 때문에 편미
> 에 싣는다.[33]

이렇게 김석주가 신라의 崔致遠(857~?)으로부터 조선의 정두경에 이
르기까지의 40여명의 우리 시인들의 시의 풍격을 자연 현상의 변화를
묘사한 四言兩句의 시체로써 상징적으로 표현하였음을 보여주었다. 그
리고 이러한 품평이 당시에 적합한 평가라고 인정받았음을 시사하기도
하였다.

> 문창후 최치원, '천 길 절벽이 우뚝 섰고, 만 리의 거센 파도 몰아친
> 다.' (중략) 사가 서거정, '아미산에 눈이 허옇게 쌓였고, 낭풍산에 안개
> 가 훈훈하게 끼었다.' (중략) 사암 박순, '그림 기둥에 연기가 감돌고,
> 깨끗한 마루는 시내 위에 높이 걸쳤다.' (중략) 월사 이정구, '창오산에
> 구름이 걷히고 부상에 달이 떴다.' (중략) 동명 정두경, '멀리서 불어오
> 는 바람이 바다를 뒤흔들어, 거센 파도가 하늘에 닿았다.'[34]

이렇게 5명의 시인들의 풍격만을 살펴보았는데, 이들 풍격이 시 감상
을 통해 얻어낸 각 시인 시세계의 특징을 김석주 개인의 주관적 평가에
따라 표현한 것인 까닭에 다른 시평가들이 그들의 시평에 적용할 수는
없었으리라 생각된다. 그들 풍격 하나하나의 성격에 대한 구체적인 설

---

33) 息庵 金相公錫冑 嘗取東方詩人 自羅麗至我朝 各有品題 其評曰 (中略) 就其詩家大小體格 名
   有引譬 而無不的當 故用錄于編尾 (36)
34) 文昌侯崔致遠 千仞絶壁 萬里洪濤 (中略) 四佳徐居正 峨眉積雪 閬風蒸霞 (中略) 思庵朴淳 畫
   拱棲煙 文軒架壑 (中略) 月沙李廷龜 雲捲蒼梧 月掛扶桑 (中略) 東溟鄭斗卿 長風扇海 洪濤接
   天 (36)

명이 없을 뿐만 아니라, 주관적 평가로 일관한 것이었기에 객관적 시평의 기준으로 설정할 수도 없기 때문이다. 이 점은 임경이 제시한 2자평 풍격의 경우도 역시 마찬가지이다.

## 6. 원류비평

중국의 한자와 한시 형식을 젖줄로 하여 이어 내려온 한국 한시의 전통 속에서, 중국 시와 시인의 영향을 배제할 수는 없는 일이라 생각된다. 이런 상황에서 학시의 원류를 찾거나 동일한 미의식의 근원을 찾아 작가나 작품을 평가하는 原流批評의 방법이 시평의 중요한 방법으로 활용되었음은 당연한 일이었다고도 보인다. 임경의 시평에서도 원류비평의 모습은 쉽게 발견된다.

> 백곡이 자기가 지은 시를 동명에게 보였더니 동명은 말하기를 "자네는 항상 唐詩를 배운다고 하더니 어째서 宋人의 투로 짓는가?"라고 하였다. 백곡이 "어째서 나더러 송인의 투를 쓰느냐고 하느냐?"고 하자, 동명은 "나는 평생에 唐人 이상의 시만을 읽고 외웠다. 그런데 자네의 시 가운데 문자에 일찍이 보지 못한 것이 있으니 이것은 반드시 송인의 말일 것이다,"라고 하였다. 백곡은 웃고 탄복했다.[35]

이렇게 백곡 김득신과 동명 정두경의 대화를 통해 작시와 시평에서 당시와 송시의 영향에서 벗어나지 못한 시적 현실을 찾아볼 수 있다. 그 당시 시인들에게는 당시와 송시 자체가 원류비평의 출발점이었던 것이다.

한편 정두경이 『사기』를 많이 읽었는데 특히 「마천령」시에 「흉노열전」의 말을 그대로 가져다써서 시의 기상이 웅혼하다고 한 것은[36] 당

---

35) 栢谷 以己作 示東溟 東溟曰君 常謂學唐詩 何作宋語也 栢谷曰何謂我宋語耶 東溟 曰余平生 所讀誦 唐以上詩也 君詩中文字 有曾所未見者 必是宋也 栢谷 笑而服之 (14)
36) 주 29) 참조.

과 송의 시를 원류의 대상으로 삼는 것과는 무관하다. 그러나 「맥수가」
의 전통이 李白(701~762), 李商隱(813~858), 黃庭堅(1045~1105), 牛繼志로 이
어져 내려왔음을 설명한 끝에 정사룡의 시가 당의 이상은을 祖述하였다
고 한 것,[37] 車天輅(1556~1615)의 뛰어난 시구가 杜甫(712~770)에 못하지
않다고 한 金尙憲(1570~1652)의 평을 그대로 인용한 것,[38] 홍주세의 시에
陶潛(365~427)이나 韋應物(737~791)이 남긴 운치가 있다고 한 것[39] 등에
서는 특히 당 중심의 원류비평의 면모를 여실히 찾아볼 수 있다.
　이렇게 보면 임경의 시평에서는 전체적으로 당시와 당시인들을 시평
의 원류로 하는 경향이 두드러졌다고 할 수 있다.


## 7. 균형 잡힌 시평 활동

　임경은 시론과 시평의 전개에 있어서 자신의 주장을 피력하는 한편
으로 다른 시평가들의 견해에 귀 기울이는 균형감각을 보여주고 있다.


　　평하는 사람이 말하기를 "개원 때 시는 온화한 군자가 단정히 묘당
　에 앉은 격이요, 송인의 시는 시골 부유가 발을 받치고 꿇어앉은 격이
　요, 명인의 시는 소년 협객이 장대에서 말을 달리는 격이다."라 했으
　니, 잘 비유한 말이라고 할 만하다.[40]


　이렇게 다른 비평가가 당, 송, 명의 시를 각각 평가한 내용에 대해 잘
비유하여 평가하였다고 긍정적으로 받아들이고 있음을 볼 수 있다. 그
러나 대부분의 경우에는 이러한 직접적인 언급 없이 비평 내용들을 전
달하고 있는데, 이 경우도 전체적 분위기를 파악해보면 임경이 그들 비

---

37) 麥秀歌 出於欲泣 爲近婦人 而古詩所謂悲歌 可以當泣者 此也 (中略) 我朝 鄭士龍詩 向來制
　　淚吾差熟 今日當筵自不禁 亦祖義山者也 (3)
38) 金淸陰 亦稱五山詩高處 雖老杜 無以過之 (12)
39) 洪斯文柱世 號 靜虛堂 爲文 專尙儒家 不務詞華 而詩亦閒遠 有陶韋遺韻 (15)
40) 評者曰 開元之詩 雍容君子 端委廟堂也 宋人之詩 委巷腐儒 擎跽曲拳也 明人之詩 少年俠客
　　馳馬章臺也 可謂善喩也 (1)

평가들의 평가에 묵시적으로 동조하고 있음을 알 수 있다.

동춘당이 여관에 계실 때에 고향으로 내려갈 생각이 있었다. 호곡 남용익이 동춘에게 문안차 갔더니, 동춘이 시를 지어달라 요청하여, 호곡은 즉석에서 써 올렸다.

올해 봄도 한 달밖에 남지 않았으니,
봄을 보내게 되자 봄이 더욱 아깝다.
만약 선생이 가시지 않고 그대로 계시게 된다면,
봄바람은 항상 이 자리의 사람들을 감싸 줄 걸세.

대개 그 때는 바로 경술년 윤삼월이었다. 그러므로 '올봄도 한 달밖에 남지 않았다.'는 말을 쓰게 된 것이다. 동춘은 대단히 칭찬했다.[41]

이처럼 南龍翼(1628~1692)의 시에 대하여 동춘당 宋浚吉(1606~1672)이 매우 칭찬하였다는 내용을 아무런 논평 없이 전달하고 있다. 그러나 전체적 맥락에서 보면, 임경이 긍정적으로 송준길의 시평을 수용하였다고 생각된다.

중은 드디어 풍악산과 두류산의 좋은 경치를 얘기하는데 천암 만학이 바로 눈앞에 늘어 있는 것 같았다. 그 중은 떠날 무렵에 청하기를 "두 선비님은 시 한 수씩을 지어 이 중의 책주머니가 빛나게 해주소서"했다. 홍이 먼저 절구 1수를 썼다.

석장이 구름을 따라 들 정자를 지나는데,
간단한 봇짐에 불경을 싸서 졌구나.
만폭동, 쌍계사의 좋은 경치 얘기하니,

---

41) 同春堂 在旅邸 有還山之意 壺谷南龍翼 往拜同春 同春 要其賦詩 壺谷 卽席書呈曰 今年春事 剩三旬 及到春歸更惜春 若遣先生留不去 春風長襲座中人 蓋時 庚戌歲閏三月也 故 有事剩三 旬之語 同春 稱善 (20)

그 산들은 산인의 혓바닥 끝에 퍼렇게 떠오르네.

만폭은 금강산에 있고, 쌍계는 지리산에 있다. 김은 붓을 멈추고 깜짝 놀라 감탄했다. 홍은 김에게 "어서 계속해 쓰라"고 재촉했다. 김은 말하기를 "이는 바로 시인의 묘경에 들어간 것이니 나는 감히 효빈하지 못하겠다"고 했다.[42]

이에서도 보면, 홍만종의 시를 보고 김석주가 시인의 묘경에 들었다고 평가한 데 대해 역시 긍정적으로 수용하고 있음을 알 수 있다.

내가 지금 창계의 시고를 보니 그 「자경」 시는 이러하다.

깜깜한 가운데 혼자 앉은 자리에,
옛날 사람은 이런데서 마음 공부를 했다네.
여기서 만약 마음에 부끄러운 일이 있다면,
어찌 감히 선비갓을 쓰고 선비옷을 입을소냐?

시어가 매우 느슨하고 알차지 못해 전연 운격이라곤 없고, 그리고 제3구의 '만약 마음에 부끄러운 일이 있다면'이라는 말은 더욱 속되고 지저분하기가 짝이 없으나 이것을 어떻게 시라고 하겠는가? 대개 덕함은 시에 재주가 없는데 억지로 짓기 때문에 그 시가 이러한 것이니 회곡의 가르친 뜻이 진실로 잘못이 아니다.[43]

曺漢英(?~1670)이 손자사위 林泳(1649~1696)에게 "시에는 특별한 재주가 있는 것이니 억지로는 할 수 없다."[44]고 하면서, 시보다 부에 힘쓰라

___

42) 僧 遂備說楓嶽頭流之勝 千巖萬壑 若羅目前 僧 臨行 請日願兩措大 各賦一詩 以侈行橐 洪 先書一絶日 錫杖隨雲過野亭 蕭然一橐負禪經 談移萬瀑雙溪勝 山在山人舌上靑 萬瀑 在金剛 雙溪 在智異 金 閣筆驚歎 洪 促金繼之 金日此正詩人妙境 吾不可效顰也 (26)

43) 余今觀滄溪詩稿 其自警詩 日 幽暗之中衽席上 古人從此做工夫 這間若不能無愧 何敢冠儒而服儒 詞甚緩歇 全無韻格 而第三句 若不能無愧之語 尤甚冗塵 此可謂詩乎 蓋德涵 於詩 非本色 强以爲之故 其詩有如此者 晦谷訓意 誠不謬矣 (28)

고 가르쳤다는 내용에 이어지는 부분이다. 임영 역시도 임영의 시에 대해 부정적으로 평가하면서 조한영의 평가가 그르지 않았다고 언급하였다. 조한영의 시평에 대한 긍정적 수용인 셈이다. 이렇게 임경은 대부분의 경우 다른 비평가들의 견해에 대해 긍정적으로 수용하고 있다.

許筠(1569~1618)이 李植(1584~1647)의 차운시를 보고 그가 반드시 문형을 맡을 것이라고 한 것이나,[45] 이행과 소세양의 평측에 대한 논쟁을 소개한 것,[46] 임상원의 시를 사람들이 실록이라고 하였다는 것,[47] 임영의 시에 대해 金昌協(1651~1708)의 호평과 어떤 사람의 혹평을 나란히 언급한 것,[48] 임준의 시를 보고 車雲輅(1559~?)가 칭찬하여 문장사라고 하였고, 정두경 역시 대단히 칭찬하였다는 것,[49] 임원구의 시가 시를 알아보는 사람들에게서 많은 칭찬을 받았다고 한 것[50] 등에서도 보면, 다른 비평가들의 견해에 대해 직접적으로 평가하지는 않았지만 대체적으로 그 평가 내용을 긍정적으로 수용하고 있음을 알 수 있다.

또한 홍주세의 「소상반죽」 시를 蔡裕後(1599~1660)가 장원으로 뽑고 친찬을 아끼지 않았다고 한 것,[51] 김득신의 시에 송시의 영향이 보인다고 정두경이 평가한 것,[52] 차천로의 시를 정두경이 외우며 천하의 기재라고 하고 율곡 역시 무릎을 치며 칭찬하고 김상헌도 두보에 못지않다고 칭찬한 것[53] 등에 관해서도 별다른 언급 없이 전하고 있지만, 임경이 그들의 평가에 대해 긍정적으로 받아들이고 있음을 알 수 있다.

---

44) 주 11) 참조.
45) 筠 大加稱賞 以爲必主文 澤堂 由是知名 (13)
46) 주 13) 참조.
47) 人 以爲實錄 (23)
48) 農巖金仲和聞之 亟加歎賞 或 以爲宇宙心三字 瓠落無實 未免爲疵 豈仲和未之細究然耶 (29)
49) 車滄洲 見而激賞 以爲文章士 (中略) 東溟 亟稱賞云 (19)
50) 余先大夫 警句 見賞具眼者 (中略) 大爲知者所歎美 (中略) 評者 以爲詞理俱到 (32)
51) 嘗製月課 其詠瀟湘斑竹 (中略) 詞極淸高 時 湖洲蔡裕後 擢致上考 稱賞不已 (15)
52) 주 35) 참조.
53) 車五山 才調極高 東溟 對人 輒誦其所作 (中略) 天下 奇才 (中略) 栗谷 擊節稱賞 (12) 주 38) 참조.

그러나 김황원의 「부벽루」 시에 대해 徐居正(1420~1488)이 대수롭지 않게 여겼지만 임경 자신은 그 사실적 표현의 실상을 확인하고는 서거정과는 달리 호평하고 있다.54) 다른 비평가의 견해에 부정적 평가를 내린 셈이다.

어떤 사람이 관서에 놀면서 지은 삼연 김자익의 시를 외웠다.

설악산은 구경이 좋아,
산수 구경 차 또 잠깐 왔네.
맑은 달은 이 몸을 따라 왔는데,
높은 다락에서 오늘밤을 즐긴다.
칼춤을 추니 어룡이 고요하고,
술잔이 돌아가니 성환이 일렁거린다.
닭이 울자 서로 돌아보며 일어서니,
흥을 목란주에 실었구나.

정보 신정하는 평하기를 "초구는 범인이요, 함연은 신선이요, 경연은 호걸이요, 결구는 귀신이다. 1편 가운데 이런 4가지가 있게 되었다."고 했으니, 나는 모르겠다마는 시를 보는 안목을 갖추었다고 하겠는가?55)

여기서도 金昌翕(1653~1722)의 시에 대한 申靖夏(1680~1715)의 평에 대해 시를 보는 안목이 없는 사람의 지적이라고 하면서 부정적으로 평가하고 있다. 그러나 대체적으로 긍정적 수용이 우세함을 찾아볼 수 있다.

이렇게 보면, 임경이 시평의 실제에서 자신의 주장만을 내세우지 않고, 다른 시평가들의 견해를 수용하는 데에 인색하지 않았음을 볼 수

---

54) 주 23) 참조.

55) 有人 誦三淵金子益 遊關西作曰 雪嶽宜接客 關河又薄遊 隨身有淸月 卜夜在高樓 劍舞魚龍稱 杯行星漢流 雞鳴相顧起 留興木蘭舟 申正甫靖夏 評曰起語 凡 頷聯 仙 頸聯 豪 結語 鬼 一篇 中 有此四品云 未知果爲具眼否 (30)

있다. 그리하여 때로는 긍정적으로 때로는 부정적으로 그들 시평가들의 견해를 수용할 줄 아는 균형 감각을 보여주었는데, 전체적으로 볼 때는 긍정적으로 수용하는 내용 위주로 전개되었음을 알 수 있었다.

## Ⅲ. 맺음말

임경은 『현호쇄담』에서 17세기 후반으로부터 18세기 전반에 이르는 조선 후기 시학의 다양한 모습을 보여 주었다. 이는 시론과 시평과 시 일화의 내용을 고루 갖춘 자료들로 이루어진 시화 원래의 성격으로 보아 당연한 일이라고 생각되기는 하지만, 그보다는 임경의 시학에 관한 폭넓은 관심의 소산으로 볼 수 있을 것이다.

임경이 시론과 시평을 전개함에 있어 가장 비중 있게 생각했던 것은 의미와 격률의 조화를 시의 이상적 경지를 이루는 것이었다. 바로 시의 내용과 형식이 조화를 이룬 시세계를 지향하였던 것이다. 그러나 시평의 실제에 있어서는 그러한 조화로운 시의 경지를 강조하면서도, 격률보다는 의미 즉 형식보다는 내용에 치우친 시평을 전개하였다. 이러한 의미 중심의 시평은, 곧 중국 시의 틀을 벗어나지 못하고 그 형식의 굴레에 갇힌 채 결국은 개념의 시, 정신의 시가 될 수밖에 없었던 한국 한시의 한계를 생각해보면 이해될 수 있다고 하겠다.

또한 임경은 사실적 표현으로 시의 회화성을 추구한 시를 높이 평가하였으며, 스스로도 그러한 생각으로 작시에 임하기도 하였다. 용사의 수사법에 대해서는 그것을 최상의 선택으로 인정하지 않으면서도, 부단히 노력하고 다듬어서 적절하게 활용한 자연스러운 용사법에 대해서는 긍정적으로 평가하였다.

그리고 시어의 외연적 의미 밖에 끝없이 펼쳐지는 내포적 의미와 그것들이 한데 어울려 만들어내는 함축적 의미를 효과적으로 담아내는

데 적합한 작시법으로 언외의에 주목하기도 하였다. 한편 풍격을 통한 시평의 전개는 보편적인 것이었지만, 임경은 2자평 위주의 풍격으로 시평을 전개하면서, 김석주의 사언 양구로 된 풍격 시평에 관심을 기울이기도 하였다.

원류비평에 있어서는 주로 당시와 당 시인들을 시평의 원류로 삼는 경향을 보여 주었다. 그리고 시론과 시평의 전개에서 임경은 자신의 주장만을 내세우지 않고 다른 시평가들의 견해를 수용할 줄 아는 균형 감각을 보여 주었는데, 전체적으로는 긍정적으로 그들의 견해를 수용하는 내용위주로 시론과 시평을 전개하였다.

이렇게 임경의 『현호쇄담』에 나타나 있는 시론과 시평의 이모저모를 살펴보았다. 그리하여 17세기 후반에서 18세기 전반에 이르는 조선 후기 시학의 양상을 다양하게 보여준 임경의 비평가로서의 위상을 분명히 정립할 수 있었으며, 비평자료집으로서의 『현호쇄담』의 가치 또한 정확하게 자리매김할 수 있었다고 하겠다. 그리고 이러한 임경의 시학 양상은 조선 후기 시학의 면모를 확충하고 보완하는 데 충분히 기여할 수 있을 것으로 보인다.

앞으로 동시대 시학의 전반적 양상을 검토하여 임경 시학의 시학사적 의의를 찾는 일이 남아있는 과제의 하나라고 생각된다.

# 군대유머의 사회문화적 위치

정 재 민*

## 1. 들어가는 말

우리나라의 현실을 이야기하면서 빼놓을 수 없는 것이 남북분단의 문제이다. 2차 세계대전을 일으켰던 일본이 1945년 연합군에게 항복한 이후, 우리민족도 36년간의 일제 치하에서 해방되었다. 그토록 우리민족이 소망했던 해방을 맞이하였으나, 좌우의 이념 대립과 국제적 정세에 휘말려 남북으로 분단되는 비극을 초래하게 되었다. 이렇게 시작된 남북분단 상황은 더욱 고착화되어 현재까지 지속되어 오고 있다. 그 사이에 우리민족은 6·25 한국전쟁이라는 초유의 민족상잔을 겪었을 뿐만 아니라, 남북 사이에서는 이루 헤아릴 수 없을 정도의 크고 작은 사건과 갈등이 계속되어 왔다.

이렇게 오랫동안 지속되어온 분단 상황은 정치·사회·경제·문화 등 우리사회 모든 분야에 많은 영향을 끼쳐왔다. 그러한 영향들이 남긴 흔적 또한 사회 곳곳에 역력하게 남아있는 것이 현실이다. 문학 부문에

---

* 육군사관학교 국어과.

서도 분단으로 인한 갈등이 남긴 흔적은 쉽게 찾아볼 수 있다. 특히, 현대문학에 있어서 남북분단과 민족이산 문제는 주요한 관심사였다고 하는 것이 옳을 듯하다. 수많은 문학 작품들이 분단과 전쟁의 문제를 심각하게 다루어 왔으며, 그때마다 민족적 체험으로서의 남북 분단 상황과 한국전쟁의 상처를 지속적으로 반추해 왔다고 할 것이다.

한편, 이러한 남북 사이의 분단과 대립은 필연적으로 양측 모두에게 대규모 군사력을 보유하도록 만드는 결과를 가져왔다. 그에 따라 우리나라는 국민개병제를 채택하여 남성 모두에게 병역의 의무를 부여하고 있다. 즉, 일정기간 동안 군에 입대하여 국방의 의무를 다하도록 법으로 규정하고 있는 것이다. 다시 말해서 우리나라 청년들에게 있어서 병역의 이행은 필수적인 과정으로 인식되고 있다.

따라서 국민개병제로 인하여 우리사회는 군대와 불가분의 관계를 맺고 있다고 할 수 있다. 왜냐하면 병역 당사자는 물론이고, 그의 가족과 친척, 그가 다니던 학교와 직장의 동료들 모두 군대와 직접적으로 혹은 간접적으로 연관되어 있기 때문이다. 그러므로 우리민족에게 있어서 남북분단, 한국전쟁, 군대생활은 민족적이고 국민적인 집단체험이라고 해도 과언은 아니라고 본다. 그만큼 이들 세 가지 요소는 우리의 생활과 정서와 사고에 깊숙이 관련되어 있다고 할 수 있다.

이러한 관련성은 구비문학 분야에서도 뚜렷하게 나타나고 있다. 특히, 이야기 문학의 경우 한국전쟁과 군대생활을 소재로 하는 이야기가 활발하게 전승되고 있어 주목을 요한다. 전쟁이야기와 군대이야기는 경험담으로, 또는 허구담으로 다양하게 전승된다. 최근에는 인터넷 등을 이용한 정보의 공유와 전파가 더욱 용이해짐에 따라 군 관련 이야기의 향유가 더욱 활발해지고 있는 것으로 보인다.

정보화된 사회 환경은 인터넷 상에 유통되는 수많은 이야기 자료들을 새로운 문화현상의 하나로 인식하게 만든다. 사실적 기술에 의존하는 경험적인 이야기이던지 온전히 꾸며진 허구적인 이야기이던지 간에,

인터넷의 이야기 문화는 이제 현대 대중문화의 영역 안에서 다루어져야 한다고 본다. 이런 점에서 군 관련 이야기에 대한 구비문학적 측면에서의 연구는 시대적 필요성에 부응한다고 할 수 있다.[1)]

이에 본고에서는 분단이라는 특수한 우리나라의 현실과 함께 정보화사회라는 시대적 상황을 동시에 조망하면서, 군 관련 이야기 문학에 대한 포괄적인 연구의 단초를 마련해 보고자 한다. 그러한 가능성을 타진하기 위한 과제의 하나로서, 우선 인터넷을 비롯한 각종 정보통신매체에서 유통되고 있는 군대유머의 사회문화적 위치를 살펴보기로 한다. 이를 효과적으로 고찰하기 위하여 군대유머의 형성과 전승에 있어서 중심적인 축이라고 할 수 있는 제도적 측면, 문화적 측면, 세대적 측면, 생애주기적 측면으로 나누어 논의를 진행하기로 한다. 이는 궁극적으로 군대유머가 가지고 있는 현대구비전승으로서의 가치와 위상을 드러내기 위한 기초적 연구라고 할 것이다.

## 2. 군대유머의 사회문화적 위치

군대유머 자체에 대한 작품론적 연구에 앞서, 먼저 이들 이야기의 사회문화적 위치를 가늠해 볼 필요가 있다. 군대유머는 다른 이야기들과 달리 병역, 군대, 남성, 청년 등등의 다양한 변수와 밀접하게 관련되어 있기 때문이다. 군대유머를 둘러싸고 있는 이러한 변수들은 바로 군대유머를 잉태시킨 모태에 해당한다고 할 만하다. 이러한 변수들이 존재

---

1) 다음과 같은 논저에서 이미 그러한 필요성에 대하여 여러 번 역설된 바 있으며, 상당한 수준의 연구가 축적되어 있다. 신동흔, "현대구비문학과 전파매체," 구비문학연구, 제3집, 1996 ; 신동흔, "PC통신 유머방을 통해 본 현대 이야기 문화의 한 단면," 민족문학사연구, 제13집, 민족문학사연구회, 1998 ; 손세모돌, "유머형성의 원리와 방법," 한양어문, 제17집, 한국언어문화학회, 1999 ; 심우장, "통신문학의 구술성에 관하여," 리의도 외, 우리 말글과 문학의 새로운 지평, 역락, 2000 ; 김종회·최혜실 편, 사이버문학의 이해, 집문당, 2001 ; 서대석 외, 한국인의 삶과 구비문학, 집문당, 2002.

했기에 우리사회에서 군대유머가 활발하게 전승될 수 있었다고 본다. 만약 그렇지 않았다면, 군 관련 이야기는 애초부터 배태되지 않았을 지도 모를 일이다.

그러므로 군대유머의 사회문화적 위치를 살펴보는 일은 이들의 좌표를 자리매김하는 것과 같다고 할 것이다. 이러한 자리매김을 통해서 군대유머가 존재하게 된 사회문화적 환경을 두루 살펴볼 수 있을 것이며, 나아가 군대 이야기 속에 형상화된 내면세계를 통찰할 수 있는 단서를 얻을 수 있을 것으로 본다. 이는 군대유머가 존재할 수 있는 외적 환경요인을 살펴, 이를 토대로 내적 의식세계를 추론할 수 있는 길을 마련하기 위한 과정이다.

## 2.1. 의무로서의 병역제도 : 민족공동체적 집단경험

우리나라는 국민개병제를 택하고 있다. 100만여 명의 군대를 보유하고 있는 북한과 대치한 상황에서 국민개병제는 국가와 민족과 민주주의를 지켜내기 위한 불가피한 선택이라고 하겠다. 더욱 엄밀하게 말한다면, 국민개병제는 선택의 문제가 아니라 민족생존의 문제이다. 언제든지 일어날 수 있는 전쟁을 준비하지 않는다면 민족의 생존은 장담할 수 없기 때문이다. 평화를 원하거든 전쟁을 준비하라는 명언이 이러한 이치를 분명하게 말해준다.

국민개병제에 따라 우리나라 남성이면 누구에게나 병역의 의무가 주어진다. 병역의 의무는 상하, 빈부, 귀천을 따지지 않고 동일하게 부여된다. 신체적·정신적인 질환이나 저학력 등의 특수한 경우를 제외하면, 군복무는 우리나라 남성 대부분이 공유하는 공통경험이라고 할 수 있다. 이런 점에서 군 경험은 한국 남성의 집단경험이라고 할 만하다.

다음 유머는 이러한 사정을 분명하게 보여주는 하나의 예화이다.

〈군대에서 축구한 이야기〉
우리나라 여자들이 가장 듣기 싫어하는 3가지 이야기는?
첫째, 군대 이야기
둘째, 축구 이야기
셋째, 군대에서 축구한 이야기[2]

우리나라 여성들은 만나기만 하면 시댁 이야기를 한다고 한다. 물론 이때의 시댁 이야기는 시부모, 시누이 등을 흉보는 것을 의미한다. 시부모를 모시는 것은 전통적인 미풍양속임에 틀림없지만, 그 이면에는 시부모를 비롯한 시댁식구와의 갈등이 내재하고 있음을 말해준다. 이야기를 통해서 여성들은 시집살이에서 연유된 갈등과 스트레스를 풀어낸다.

이와 유사하게 우리나라 남성들은 만나기만 하면 군대 이야기를 한다고 한다. 군복무를 하면서 보고 느끼고 경험했던 것들을 군대 이야기 속에 그려낸다고 할 것이다. 군복무 경험을 이야기 속에 풀어 놓음으로써 남자들은 젊은 시절의 추억을 지속적으로 반추하고 있다. 그것은 때로 과장되거나 재구성되기도 하지만, 사실 여부를 떠나 우리나라 남성들의 집단적인 공감대임에 틀림없다. 그렇기에 오죽하면 우리나라 여자들이 가장 듣기 싫어하는 3가지 이야기가 군대 이야기, 축구 이야기, 군대에서 축구한 이야기라는 유머가 만들어질 정도이다.

이러한 유머는 남성들만이 군 관련 체험을 독점하지 않는다는 것을 분명하게 시사해준다. 남성들이 직접적인 군대경험자라고 한다면, 여성들은 간접적인 군대경험자라고 하는 것이 옳다. 왜냐하면 그녀들의 부친, 남편, 아들, 손자들이 병역을 이행해야 하기 때문에, 여성들도 어쩔 수 없이 군과 관계를 맺게 마련이다. 따라서 군경험은 우리나라 남성과 여성 모두에게 밀접하게 연관되어 있다고 할 수 있다.

이런 점에서 군경험은 민족공동체적 집단경험의 성격을 띠고 있다고

---

2) <우리나라 여자들이 가장 듣기 싫어하는 3가지 이야기>

할 만하다. 적어도 우리 민족에게 있어서 군경험은 보편성을 가진다고
본다. 이처럼 온 국민이 직접적, 간접적으로 관계되는 군대는 민족적,
집단적 경험의 현장이며, 군대 이야기의 원천인 셈이다. 따라서 군대유
머 속에는 군경험과 관련된 우리민족의 의식과 정서가 밀도 있게 함축
되어 있다고 본다.

## 2.2. 군대의 특수성과 군대문화 : 일반사회와의 거리

군대는 여러 가지 측면에서 일반사회와 다른 성격을 가진다. 군대가
일반사회와 상이한 특성을 가지게 된 것은 특유의 존재 이유와 가치 때
문이다. 군의 가장 일차적인 존재 이유는 대내외의 무력적 도전과 위협
으로부터 국가의 사활적 가치와 이익들을 보호하고 확대하는 것이라고
할 수 있다.[3] 즉, 군대는 외부로부터 가해지는 군사적 위협에 대하여
국가의 사회적·경제적·정치적 안전을 도모하고, 내부로부터 발생하
는 국가 전복의 기도를 무산시키는 데에 그 목적이 있다.[4]

이와 같은 목적과 존재 가치를 실현하기 위해서 군대에서는 일반사
회와는 성격이 다른 조직의 구성과 운영이 이루어진다. 일반적으로 군
대는 상하간의 위계와 서열을 중시하며, 상급자 중심의 일방적이고 수
직적인 관계에 의해 운영된다. 각급 제대는 지휘관의 명령과 지시에 따
라 일사불란하게 임무를 수행하여야 하며, 이 때문에 군대에서는 개인
보다는 집단과 조직을 우선시한다. 군대의 구성원들은 정해진 복장과
태도를 준수하여야 할 뿐 아니라, 규정된 언행과 절차를 지켜야 한다.
이처럼 군대는 일반사회와는 상이한 성격을 가진 특수조직이라고 할
수 있다.

군대사회의 특수성은 이른바 군대문화에도 그대로 영향을 미친다. 군

---

3) 백종천, 국가방위론, 박영사, 1985, 5-11면.
4) 위의 책, 559면.

대문화의 특성에 대한 여러 견해를 보면 군대의 특수성을 이해하는데
많은 도움을 얻을 수 있다. 먼저 웸즈리(G. Wamsley)는 군사문화의 성격
을 여덟 가지로 규정하고 있다.[5] 첫째, 군대는 위계를 중시하고 그러한
위계에 복종하기를 요구한다. 둘째, 군대에서는 복장과 태도를 중시하
며 규정에 따른 몸단장을 강조한다. 셋째, 군대에서는 특수한 언어를 사
용하는 경우가 많다. 넷째, 군대는 명예와 완전무결을 중시하며 직무상
의 책임을 강조한다. 다섯째, 동료 간의 전우애를 중시한다. 여섯째, 적
에 대한 공격과 방어에 필요한 열정을 구비할 수 있는 전투정신을 필요
로 한다. 일곱째, 군대는 역사와 전통을 존중한다. 여덟째, 부양가족에
대한 사회적 근접성이 떨어진다.

　백종천 교수도 군대조직에서 중요시하는 가치와 행위규범을 규정하
여 군의 특수성을 분명하게 보여주고 있다.


　　ㄱ. 군대 조직에서 필요한 수단적 가치
　　　- 임무수행을 위한 공동의 노력과 협조
　　　- 임무수행 시에는 신속성과 정확성을 요구
　　　- 개개인의 분업화된 임무수행과 그에 따른 책임 부여(책임의식)


　　ㄴ. 군에서 강조하는 행위규범
　　　- 집단성과 단체성(집단 우위의 원칙, 집단성원의 단결심 고취)
　　　- 위계질서의 강조와 명령에의 복종(위계적인 구조에서 연유, 상
　　　　급자 중심의 의사결정과 의사소통, 명령권자의 권위에 대한 엄
　　　　격한 복종)
　　　- 절제와 규율(임무의 과중성과 무기소지에 따른 엄격한 통제,
　　　　징집에 의한 강제적이고 타율적인 병역 이행)[6]


5) Gary Wamsley, "Constrasting Institutions of Air Force Socialization : Happenstance or Bellwether?"
　　*American Journal of Sociology* 78(1972, September), p.401.
6) 백종천 · 온만금 · 김영호, 한국의 군대와 사회, 나남출판, 1994, 265-268면.

다음은 우리나라에서 군대사회학을 학문적 차원으로 끌어올린 홍두승 교수는 일곱 가지로 군사문화의 특징을 제시하고 있는데 그 내용을 요약하면 다음과 같다.

ㄱ. 권위주의 : 상하간의 위계와 서열을 중시하고, 상급자 중심의 일방적 수직관계를 유지하며, 상급자의 결정에 전적으로 의존함.
ㄴ. 획일주의 : 제반 활동에 있어서 통일성과 획일성 요구하며, 지휘관 중심의 일사불란한 임무수행이 이루어짐.
ㄷ. 형식주의 : 복장·태도·몸치장을 강조하고, 형식과 절차를 중시하는데, 이는 구성원의 집합의식 및 결속에 도움을 줌.
ㄹ. 보수주의 : 국가의식이나 역사 및 전통을 중시함
ㅁ. 집합주의 : 개인을 집합체의 일부로 인식하고, 전우애를 강조함. 집합체의 이익을 우선시하며, 집단과 조직을 위하여 개인의 희생을 강요함.
ㅂ. 완전무결주의 : 행위와 암무수행에 있어서 엄격하게 책임을 추궁함.
ㅅ. 공공조직주의 : 직업적 문화보다 규범적 문화를 우선함.[7]

이와 더불어 홍두승 교수는 군사문화와 일반문화의 이념형을 비교하여 도표로 제시하고 있어 양자의 차이와 성격을 분명하게 드러내고 있다.

| 군 사 문 화 | 일 반 문 화 |
| --- | --- |
| 권위주의 | 민주주의 |
| 획일성 | 다양성 |
| 형식주의 | 실용(실리)주의 |
| 집합주의 | 개인주의 |
| 완전무결주의 (경직성) | 유연성 |
| 공공 조직 주의 | 직업주의 |

(홍두승, 한국군대의 사회학, 개정증보판, 나남출판, 1996, 124면.)

---

7) 이 내용은 홍두승, 한국군대의 사회학, 개정증보판, 나남출판, 1996, 120-125면의 내용을 요약한 것이다.

이렇게 군사문화와 일반문화의 성격을 대비해보면, 양자의 차이를 쉽게 알아볼 수 있다. 일반문화는 일반사회에서 요구되는 역할을 담당하기 위해서 민주성과 다양성, 실용성과 개인성, 유연성과 직업성이라는 특성을 띠게 되었다고 할 수 있다. 이와 달리 군사문화는 군대조직의 목적을 달성하고 주어진 임무를 수행하기 위하여 권위주의와 획일성(통일성), 형식성과 집합성, 완전무결성과 공공조직성이라는 성격을 갖추게 되었다고 본다. 어느 경우이든 해당 조직의 존재가치를 구현하기 위한 필연적인 선택이라고 할 수 있다.

이와 같은 군대문화의 특성은 긍정적 측면과 부정적 측면을 동시에 가지고 있다. 군대문화에 대한 양면적 평가와 논란이 존재하는 것도 바로 이 때문이다.[8] 이러한 양면성은 군과 사회 사이에 준재하는 간격에서 유래한다고 할 수 있다. 군과 사회의 거리는 병사들에게 있어서 극복해야 할 과제로서 제시된다. 양자 간의 거리를 극복하는 과정에서 병사들은 나름대로 고민과 아픔을 겪고 있으며, 군대이야기에는 이러한 병사들의 고민과 소망이 하나의 의미망을 이루고 있다고 하겠다.

〈군대의 인재들〉
어느 날 김병장이 대원을 소집했다.
김병장 : 야, 여기 피아노 전공한 놈 있어?
박이등병 : 네, 접니다.
김병장 : 그래. 너 어느 대학 나왔는데?
박이등병 : K대 나왔습니다.
김병장 : 그것도 대학이냐? 다른 놈 없어?
조이등병 : 저는 Y대에서 피아노 전공했습니다.

---

8) 군사문화에 대한 긍정적 견해로는 백종천과 이동희의 연구를 들 수 있으며, 부정적인 견해로는 김영종과 김성재의 연구를 들 수 있다.(백종천, 국가방위론, 박영사, 1985 ; 이동희, 한국군사제도론, 일조각, 1982, 326-383면 ; 김영종, "군사문화가 부패를 구조화시킨다," 신동아, 1988년 5월호, 158-167면 ; 김성재, "남북한의 반평화적 교육과 군사문화," 오호재 편, 한반도군축론, 법문사, 1989)

김병장 : Y대? S대 없어? S대?
전이등병 : 제가 S대입니다.
김병장 : 그래. 여기 피아노 좀 저기로 옮겨봐라.9)

상급자는 부대원들 중에서 피아노를 전공한 사람을 찾는다. 그것도 K대학이나 Y대학 수준이 아닌 S대학 출신을 굳이 고집한다. 이렇게 일류대학에서 피아노를 전공한 병사를 찾는다면, 그만한 업무가 주어질 것으로 기대하게 만든다. 그러나 일류대학 피아노 전공자에게 주어진 일은 피아노를 옮기는 일로 판명된다. 기대했던 바와는 정반대의 결말을 보여주고 있는 것이다.

이 이야기는 웃음을 유발하는 단편적인 유머라고 할지라도 그 속에는 군경험에 대한 비판적 인식이 날카롭게 잠재되어 있는 것으로 보인다. 병사의 입장에서 본다면, 그들의 재능을 올바르게 인정받고 싶어 하는 의식뿐만 아니라 나아가 하나의 인격체로서 존중받고자 하는 인식이 투영되어 있다고 할 것이다. 이렇듯 군대유머에 내재되어 있는 전승집단의 의식은 군생활에 대한 비판적 사고를 보여준다고 할 수 있다.

이와 같은 비판적 인식은 근본적으로 군대와 사회 사이에 존재하는 거리 때문에 생겨난 것이라고 할 수 있다. 군대유머 속에는 특수사회로서의 군대조직의 특성과, 군대생활과 군대문화의 독특한 국면이 반영되기 마련이다. 이는 곧 군대유머에 대한 성찰을 통해서 군조직의 특수성을 살펴볼 수 있음을 의미하며, 아울러 군대문화의 본질적 성격을 드러낼 수 있을 것으로 보인다.

이러한 비판적 인식을 되짚어 본다면, 군과 사회 사이의 간격이 갖는 의미를 심도있게 살펴보는 계기가 될 수 있다고 생각한다. 이러한 성찰은 결과적으로 미래지향적인 군대문화의 방향을 제시하는 데에도 긍정적으로 기여할 것으로 보인다. 따라서 군대유머에 대한 연구는 군대와

---

9) 문화일보 (2004. 10. 23.)

그 문화에 대한 우리국민의 인식을 추출하는 기회가 되리라고 본다.

## 2.3. 산업화·민주화·정보화 : 신세대의 등장과 세대문제

최근 30여 년간 우리사회는 산업화, 민주화 과정을 거쳐 정보화 시대로 접어들었다. 매우 짧은 시간이지만 우리사회는 가히 격변의 시대를 경험했다고 할 수 있다. 유교적인 전통이 강했던 전근대적 농업사회에서 6, 70년대 고도의 경제성장을 거치면서 급속한 산업화를 이룩한 것이다. 그 결과 우리사회는 물질적인 풍요와 교육수준의 향상, 교통 및 통신매체의 발달, 급격한 도시화와 도시인구의 증가, 여성의 사회참여 확대 등 사회경제적 변화를 가져오게 되었다.

이러한 사회경제적 변화는 필연적으로 사회의식의 변화를 동반하였다. 예를 들어 개인주의의 발달, 합리적 사고방식의 확산, 실용주의적 생활태도의 견지, 민주적 사고방식과 참여의식의 성장 등등의 현상이 나타나게 된 것이다. 이와 같은 물질적으로 풍요롭고 민주화된 사회에서 태어나 성장한 세대는 이전세대와는 근본적으로 다른 인식의 틀을 형성하게 되었다. 이러한 인식과 더불어 최근에 보편화된 세계화, 정보화된 환경은 세대 간의 인식과 문화의 차이를 더욱 두드러지게 하는 하나의 요인으로 작용하게 되었다.[10]

이와 같이 산업화, 민주화, 정보화된 사회에서 태어나 자라난 신세대[11]는 이전 세대와 확연하게 다른 가치관과 인식을 가지고 있다고 한

---

10) 구자순, "신세대와 문화갈등," 사회이론 14집, 한국사회이론학회, 1995, 226-234면. 이 글에서는 신세대의 출현동인을 ① 1970-1980년대의 경제적 고도성장, ② 정보화 및 새로운 전자 미디어의 활용, ③ 탈냉전 이데올로기와 1990년대 문민정부의 출범, ④ 미국의 신자본주의와 후기자본주의 및 포스트모더니즘의 유입으로 논하고 있다.

11) '신세대'와 비슷한 개념의 용어로 'X세대'가 있다. X세대는 미국의 마케팅 전문가들이 전후 베이비붐 세대를 잇는 새로운 소비자집단을 가리켜 사용하기 시작한 말이다. 이 말을 처음 사용한 사람은 캐나다 출신의 소설가 더글러스 쿠프랜드(Douglas Coupland)가 1991년에 지은 『X세대-그 질주세대의 문화이야기(Generation X-Tales for an Accelerated Culture)』라고 한다.(조용수, 한국의 신세대 혁명, LG경제연구원, 1996.)

다. 신세대의 일상적 의식과 하위문화를 연구한 박재홍 교수는 그들의 특성을 다음과 같이 제시하였다.

> ㄱ. 소비지향적 특성 : 소비주의, 물질주의, 낭비 성향, 일보다 여가
>    를 중시
> ㄴ. 개인지향적 특성 : 개인주의(혹은 이기주의), 다양성·개방성·
>    자율성 추구 등의 탈획일주의, 자유분방함과 개성의 중시
> ㄷ. 탈권위주의적 특성 : 권위주의적 인간관계, 전통적 예절이나 격
>    식, 권위주의적 통제에 대한 저항과 거부[12]

이와 같은 신세대의 특성은 기성세대의 생산지향적, 집합지향적, 권위지향적 특성과 대조적이라고 할 수 있다. 또한 그는 이러한 신세대의 특징이 생겨나게 된 것은 경제적인 풍요, 범 지구화의 경향, 국내외 정치지형의 변화, 통제와 자율이 교차하는 교육현실 등이 구조적인 요인으로 작용한 결과라고 진단하였다.[13]

한편, 조남욱 교수에 의하면 신세대는 개인면에서는 자유와 자존을 중시하고, 사회면에서는 사랑과 평등을 우선시하며, 생활면에서는 실리와 실효를 내세운다고 한다. 이들의 사고방식은 감성적 현실주의, 개방적 진취주의, 이기적 개인주의에 입각해 있다고 규정하였다. 이들의 가치관과 사고방식이 비록 구세대와는 거리감이 있지만, 근본적으로 인간의 존엄성을 지키려는 심층적 의미를 가지고 있다는 점에서 긍정적으로 평가할 만하다고 하였다.[14]

산업화와 민주화와 더불어 정보화 역시 신세대의 특성 형성에 한몫 기여한 것으로 생각된다. 특히, 인터넷을 비롯한 각종 정보통신 수단의

---

12) 박재홍, "신세대의 일상적 의식과 하위문화에 관한 질적 연구," 한국사회학 29집, 한
   국사회학회, 1995, 655면.
13) 위의 글, 655-656면.
14) 조남욱, "신세대의 가치서열과 혁신적 사고방식," 국민윤리연구 36집, 한국국민윤리
   학회, 1997, 541-555면.

발달은 청소년 특유의 문화를 발달시키는데 깊이 관련되어 있는 것으로 보인다. 최근에 실시된 한 조사에 의하면 월 1회 이상 인터넷을 이용하는 국민은 65.5%에 이르고 있으며, 중고등학생의 경우에는 99%를 넘어서고 있다고 한다.[15] 이를 보면 청소년들은 다른 연령층보다 더 빠른 속도로 정보화 환경에 익숙해지고 있으며, 인터넷 사용의 선도집단으로서의 역할을 담당하고 있는 것으로 생각된다.

그런데 청소년들이 인터넷을 이용하는 목적은 주로 온라인게임, 전자우편, 채팅, 의견교환이나 동아리 활동에 치중되어 있는 것으로 나타난다.[16] 그에 비하여 정보검색이나 학습을 위한 목적으로 인터넷을 사용하는 경우는 적은 편이다. 이러한 현상은 청소년들이 여가활동의 하나로서 인터넷을 이용하고 있음을 말해주며, 경우에 따라서는 인터넷 중독, 사이버 섹스 중독, 게임 중독 등과 같은 청소년 일탈의 현장으로 지목되기도 한다.[17] 또한 인터넷과 청소년기의 사회화와의 관계에 관한 연구결과에 따르면, 인터넷을 많이 사용하는 청소년들일수록 개성을 중시하는 성향이 상대적으로 높다고 한다.[18]

청소년들의 이러한 성향은 소비지향적이고 개인지향적이며 탈권위주의적이라는 신세대의 특성과도 무관하지 않다고 생각된다. 그 결과가 어찌 되었든 간에 우리사회는 상당한 수준의 정보화가 진행되어 왔으며, 그러한 사회문화적 환경에서 태어나고 자란 새로운 세대가 공존하고 있다는 것은 부정할 수 없는 현실이 된 셈이다.

---

15) 통계청, 2003 청소년 통계, 2003, 21면.
16) 한국청소년개발원, 청소년 정보화 실태조사 연구, 2002, ; 서우석, "청소년의 인터넷 사용과 사회화," 정보와 사회 6집, 한국정보사회학회, 2004, 53-54면.
17) 김민, "청소년들의 인터넷 중독과 사이버섹스 중독실태 연구," 청소년복지연구 5집 1호, 53-83면 ; 김진희·김경신, "청소년의 심리적 변인과 인터넷 중독, 사이버 비행의 관계," 청소년복지연구 5집 1호, 85-97면 ; 이세용, "인터넷과 청소년의 성의식," 정보와 사회 2집, 한국정보사회학회, 2000, 154-182면.
18) 서우석, "청소년의 인터넷 사용과 사회화," 정보와 사회 6집, 한국정보사회학회, 2004, 77면.

신세대의 새로운 가치관과 태도의 확산에 따른 세대간의 인식 차이는 군 조직에서도 예외일 수 없다. 이른바 신세대 병사의 의식성향은 자기중심적 개인주의, 극단적 합리주의, 소비적 물질주의, 쾌락적 감성주의를 특징으로 하고 있다고 한다.[19] 다음 이야기는 그러한 신세대 병사가 지니고 있는 의식세계의 일면을 잘 보여주는 경우이다.

〈사람의 아들〉
"야아! 이 개자식들아, 즉시 집합 정렬!"
막사로 들어온 부사관이 소리쳤다.
병사들은 저마다 모자를 집어 들고 벌떡 일어섰다.
그런데 유독 제일 졸병인 김 이병은 자리에 누운 채 책을 보고 있었다.
"넌 뭐야!"
하고 부사관이 호통 쳤다.
"참 개자식들 많았네요, 안 그래요?"

욕설을 퍼붓는 권위적인 부사관이나 모자를 집어 들고 벌떡 일어서는 병사들과 달리, 제일 계급이 낮은 김 이병은 신세대적인 성격이 두드러진다. 그는 자리에 누워 자신이 하고 싶은 일을 하며, 도리어 상급 병사들을 개자식으로 풍자하고 있다. 이러한 김 이병의 모습은 자신의 욕망에 따라 행동하고, 자신의 생각을 직설적으로 표출하는 신세대의 사고와 닮아 있다.

〈군대와 스타〉
훈련병 시절이었는데 어느 날 교관이 물어보더랍니다.
"너네 스타크래프트 해봤나?"
후배를 비롯한 다른 훈련병들은 옳타쿠나~

---

19) 이재윤, 군사심리학, 집문당, 1995, 164면.

이러면서 스타에 관한 노가리를 까며 좋은 시간을 보낼 줄 알았답
니다.
　그런데 교관의 한마디로 인해 모든 훈련병들은 입을 다물지 못하고
충격에서 한동안 벗어나지 못하고 헤매었다고 합니다.
　"맨날 클릭하다가 클릭 당하는 기분이 어때?"
　-_-;;;;


훈련병들이 스타크래프트라는 게임에 익숙한 세대라는 점을 이용한
이야기이다. 물론 교관 역시 컴퓨터 게임에 익숙한 세대이기에, 이러한
대화가 가능한 것이다. 이는 컴퓨터 게임이 단순한 오락물의 수준을 넘
어서고 있음을 말해준다.[20] 군대에 몸담고 있는 장교나 병사들 모두에
게 컴퓨터 게임은 이제 일상적인 요소로 자리잡고 있음을 보여준다.
　이러한 유머들은 사회문화의 변화와 세대 간의 인식차이가 군대에서
도 외면할 수 없는 문제임을 분명하게 한다.


　이와 더불어서 가치와 태도의 변화는 세대 간 의식차이를 가져오게
되고 이에 군조직도 예외가 될 수 없다. 주어진 일과 내에서 임무를
완수하고 일과시간을 넘어서서 추가로 작업하는 데 대해 젊은 근로자
들은 이미 부정적인 반응을 보이고 있다. 추가 작업에 따른 얼마간의
추가보상이 개인이 향유할 수 있는 자유시간의 매력을 충분히 보상하
지 못한다. 기성세대가 갖는 전통적 사고와 새로운 세대가 갖는 개인
주의적 성향과의 차이는 세대 간 갈등을 더욱 가속화시키고 있다. 현
재 청소년층에 만연되어 있는 개인주의, 자유주의적 성향은 군 조직에
보편화되어 있는 보수주의, 권위주의와의 갈등을 심화시키게 되고, 이
의 해소를 위해 군은 정규적 군사훈련 이외에 군 조직 내부의 갈등을
중재 조정하는 노력도 함께 기울여야 한다.[21]


---

20) 이정엽, 디지털 게임 : 상상력의 새로운 영토, 살림, 2005, 3-4면.
21) 홍두승, 한국군대의 사회학, 개정증보판, 나남출판, 1996, 52-53면.

군도 이제는 세대 간의 가치관과 인식 차이를 적극적으로 받아들이고, 양자 간의 갈등을 중재하고 조정하는 노력을 함께 기울여야 한다는 진단이다. 두 말 할 필요도 없이, 요즈음 청소년들의 개인주의적이고 자유주의적인 성향은 보수적이고 권위적인 군대문화와는 상충되는 측면이 강한 편이다. 그럼에도 불구하고 지금까지의 군대문화는 사회적 변화와 변동에 적절하게 부응하지 못한 것으로 평가되기도 한다.[22]

따라서 이제는 신세대의 일상적이고 가벼운 가치관을 가졌다고 비난하기에 앞서, 현격한 인식적 차이를 가진 세대들이 공존한다는 사실을 인정하는 태도가 필요하다고 본다.

> 스스로 진보라 여기는 집단들은 신세대의 변혁적 잠재성으로부터 사회적 토론의 새로운 도약을 포착해내야 하며, 보수라 자처하는 집단들 역시 신세대의 충격은 훈육과 교정의 대상이 아닌 피할 수 없는 수용의 대상이라는 점을 인식해야만 한다. 요컨대, 비로소 흐르기 시작한 해체의 물꼬가 우리 사회의 모든 분야로 퍼져가게 하는 관건은, 미래를 살아갈 신세대로부터 선배들과 부모들이 무엇을 읽어내느냐에 달려 있다. 어른들의 숱한 걱정에도 불구하고, 새로운 토론의 중심에는 이미 신세대의 욕망과 소비가 자리하며 해체와 개혁의 근거는 이들의 가벼운 일상에 넘쳐난다.[23]

신세대는 가벼움 속에서도 변혁적 잠재성을 지닌 존재로 인식하고, 그들은 훈육과 교정의 대상으로 보기 전에 그러한 혁신성을 읽어내는 것이 바람직하다는 것이다. 신세대도 자신들이 가지고 있는 장단점을 인식하고 있으며,[24] 구세대가 먼저 이들의 장점을 인정해주고 키워주는

---

22) 위의책, 129면.

23) 추병식, "신세대의 '가벼움'에 담긴 개혁성," 청소년학연구 8권 2호, 2001, 294-295면.

24) 김진화·최창욱, "신세대 대학생의 사회의식 조사 연구," 한국농촌지도학회지, 4권 2호, 1997, 453-466면. 신세대 대학생은 스스로의 단점으로 이기적임, 사치스러움, 버릇없음, 솔직함, 참을성 없음, 나약함, 게으름, 언행불일치 등을 생각하고 있다. 구세대

노력이 필요하다는 견해이다. 신세대와 구세대 사이의 발전적 공존을 위해서는 인식과 태도의 전환이 전제되어야 한다는 것이다.

이러한 사정을 염두에 둔다면, 군대유머에 대한 연구는 사회적 변동의 첨단을 걷고 있는 신세대의 의식세계를 조망할 수 있는 창구가 될 수 있다고 본다. 군대유머는 산업화된 환경 속에서 성장한 신세대의 인식을 생생하게 반영하고 있을 가능성이 높을 뿐만 아니라, 구세대와의 인식적 차이 역시 적나라하게 드러내 줄 것으로 보이기 때문이다.

## 2.4. 생애주기와 군 경험 : 사회화 혹은 통과의례

청년기라는 생애주기 역시 군대유머의 사회문화적 위치를 가늠하는 중요한 요소라고 할 수 있다. 병사들이 군에 입대하는 시기는 대략 20대 초반이다.[25] 20대 초반은 생애주기 상으로 청년기에 해당하는데, 이 시기에는 신체적, 정신적 발달이 왕성하게 이루어져 자신의 정체성이 확립되는 중요한 단계이다.

이처럼 20대 청년기는 소년기를 벗어나 성인기로 이행하는 중간과정으로서 학교집단에서 성인사회로의 진입을 준비하거나, 그에 필요한 자질을 배양하는 과정이라고 할 수 있다. 이 무렵에는 각자의 선택에 따라서 대학에 진학하기도 하고, 직장에 취업하기도 하며, 남성들의 경우 대부분 군에 입대하게 한다. 20대 청년기에 이루어지는 이들 새로운 경험들은 그야말로 이정표적 사건(milestone)이라고 할 만하다.[26]

---

에 대해서는 언행불일치와 권위적이라는 부정적 인식이 강하고, 반면에 근면하고 희생적이며 검소하다는 점에서 긍정적으로 평가한다.

25) 육군사관학교, 현대지휘심리, 1983, 233면에 의하면 병사들의 연령은 18-27세까지 분포되어 있는 것으로 나타나지만, 21세(17.9%), 22세(27.8%), 23세(29.8%), 24세(15.9%)가 주력을 이루고 있다. 한편 육군 장병 의식조사를 할 때의 표본통계에서도 병사들의 연령은 21-22세가 50%, 23-24세가 36%에 해당하고 있어 20대 초반이 거의 대부분을 차지하고 있음을 알 수 있다.(홍두승, 앞의 책, 263면.)

26) 김애순, 성인발달과 생애설계, 시그마프레스, 2002, 32면. 이정표적 사건이란 개인의 기억이나 미래의 계획 속에서 우뚝 솟은 사건들로서 흔히 중요한 인생의 전환점이

한편 대학, 직장, 군대는 새로운 구성원들에게 고유의 組織文化에 적응할 것을 요구한다. 조직문화란 "한 조직체의 구성원이 모두 共有하고 있는 가치관(value)과 신념(belief), 이념(ideology)과 관습(habbit), 규범(norm)과 전통(tradition) 그리고 지식(knowledge)과 기술(skill) 등을 포함한 종합적인 개념으로서 조직구성원과 조직체 전체의 행동에 영향을 주는 기본요소"[27]를 뜻한다. 이러한 조직문화는 조직의 목적과 임무를 효과적으로 수행할 수 있게 해줄 뿐만 아니라, 조직 구성원들의 유대감을 공고하게 해준다. 따라서 조직문화는 집단을 유지·발전시키고 그 존재가치를 확인시켜 주는 필수적인 요소라고 할 것이다.

이렇게 새로운 구성원이 조직의 가치관과 이념, 관습과 규범, 전통과 지식을 습득하여 조직문화에 적용해가는 과정을 사회화라고 한다.

成人社會에서 社會化가 나타나는 상황조건은 우리들의 일상생활 주변에 얼마든지 있다. 신학기가 되면 많은 신입생들이 대학캠퍼스에 들어온다. 수많은 학생들이 대학을 졸업하고 직장에 취직하거나 軍에 입대한다. 이들은 각자 새로운 인간사회가 갖는 가치, 신념, 세계관 등을 내재화하도록 강요당한다. 즉 신입생은 대학생으로서의 가치, 신념, 세계관을 내재화하여야 한다. 직장인이나 군인은 각각 직장과 군대의 가치, 신념, 세계관을 내재화하도록 강요당한다. 즉 대학, 직장, 군대라는 인간집단은 각각 그 나름대로의 독특한 가치, 신념 및 세계관으로 특징지어지는 행위의 規範을 갖고 있어 개인은 이들 사회의 성원이 되기 위해 이런 규범을 내재화해야 하며 이 과정이 바로 사회화이다.[28]

---

되는 사건이나 경험을 말한다. 예를 들어 취학이나 군복무는 단순히 연령과 관련되어 있지만, 사춘기나 폐경기는 생물학적 성숙과 관련되어 있다. 또한 결혼, 출산, 취업, 승진, 자녀출가, 은퇴 등 성인기에 겪는 이정표적 사건들은 사회적 시계와 더욱 연관되어 있다.

27) 이학종, 기업문화론, 법문사, 1989, 23-25면. 조직문화의 세부적인 개념 규정에 대해서는 Edger H. Schein, 김세영 역, 조직문화와 리더십, 교보문고, 1990, 31면에 잘 정리되어 있어 참고할 만하다.

28) 정양은, "사회화의 사회심리학적 고찰," 한국심리학연구, 1권 2호, 1983, 159-160면.

이때 병역을 이행하기 위하여 입대하는 병사들에게는 다른 어떤 조직에 비하여 훨씬 강한 조직사회화가 요구된다고 할 수 있다. 병사들의 입대는 자의적 선택이 아니라 타의적으로 주어진 의무이기 때문에, 그것은 본질적으로 수동적이고 강제적인 성격을 가지고 있다. 그러므로 입대하는 병사들에게는 비교적 짧은 시간 안에 군대라는 조직에 적응할 수 있도록 훈련된다.

　　새로 군에 입대한 新兵은 최하급자 중의 최하급자이다. 이 낮은 지위는 군 생활의 어려움을 성공적으로 극복한 데 높은 가치를 설정하도록 신병들을 고무하고 현재의 지위에 입각한 主體性의 상실을 요구한다. 명확한 과거와의 斷切은 비교적 단기간에 이루어진다. 약 3달 동안 신병은 部隊를 이탈하거나 동료 이외의 사람과 사회적 교제를 하는 것이 허용되지 않는다. 완전한 隔離가 지위의 高低를 갖는 異質的인 사람들의 집합이 아닌 단결된 동질적인 신병들의 집단을 만들어 준다. 制服은 첫날부터 지급되며, 家族背景에 대한 논의는 금기가 된다. 개인이 행동하는 데 익숙한 바 있었던 과거의 役割은 다른 역할로 대치시켜야 한다. 외부세계에서의 사회적 지위를 나타내는 실마리는 거의 남지 않는다. 즉, 신병들은 조직적으로 외부세계와 격리되며, 새로운 개인적·사회적 주체성을 부여받는다. 그리고 連帶感이 고취된다. 즉, 訓練結果에 대한 評價는 개인적 수준에서보다 集團的인 수준에서 실시된다. 또한 기초전투훈련은 남자다움과 공격정신에 대한 강조를 포함한다. 이러한 훈련은 신병들을 정신적·육체적인 면에서 전쟁의 극한 상황을 가정하여 계획되어 있다. 예컨대, 野外訓練 時에는 배고픔과 목마름, 그리고 잠을 못 자게 하는 등의 신체적 억압과, 독단적인 명령이나 모순되는 命令, 또는 敎育을 반복해서 실시하겠다는 위협 등과 같은 심한 압박이 가해진다.[29]

신병훈련은 단기간에 과거와의 완전한 단절을 도모한다는 점에서 매

---

[29] 백종천, 국가방위론, 박영사, 1985, 569-570면.

우 특이하다. 이를 위해서 신병들은 외부세계와 철저하게 격리되고, 집단적이고 권위적이며 위계적인 규범과 가치를 주입받는다. 이러한 훈련과정을 통해서 신병들은 개인주의적 사고방식이나 특수주의적 편견을 떨쳐버리고, 자신이 국가와 민족의 일부임을 깨닫게 된다.

이런 군대에 대한 재사회화 과정은 몇 가지 일반적인 특징을 가지고 있다.[30) 첫째, 재사회화 시키려는 개인에 대한 전적인 통제가 이루어진다. 그렇게 하기 위해서 개인에 대한 다른 외부집단의 영향력을 배제하고 개인생활의 모든 영역에 대한 철저한 영향력을 행사한다. 둘째, 과거 사회에서의 업적이나 능력, 지위를 억제시킨다. 그래서 오직 재사회화 과정에서 획득된 업적이나 지위만을 인정함으로써 재사회화를 더욱 촉진시킨다. 셋째, 이전에 개인이 지녔던 도덕적 가치를 부정한다. 즉, 재사회화 과정 이전에 개인이 지녔던 관점을 포기할 만한 것으로 여기게 만든다. 넷째, 개인들 스스로가 능동적이고 적극적으로 자신의 재사회화에 참여하게 한다. 예를 들어 자기분석, 자기비판, 고백 등의 방법을 통해 적극적으로 자신의 재사회화에 참여하게 한다. 다섯째, 가능한 모든 부정적·긍정적 제재를 사용한다. 여섯째, 동료집단의 압력과 지지와 같은 비공식적 영향력을 통제수단으로 활용한다.

이와 같은 재사회화는 군과 일반사회 사이의 극명한 차이가 존재함을 전제로 한다. 개병제 하에서는 입대 그 자체가 비자발적이기 때문에 군대사회화 역시 수동적이고 강압적인 방식으로 이루어지는 것이 일반적이다. 이런 측면에서 한국의 청년들에게 있어 입대는 인생주기 상의 불가피한 고민대상으로 인식된다고 할 수 있다.

군대유머에서 입대를 피할 수 있는 갖가지 방법을 제시하는 이야기나[31) 병역특례와 관련된 이야기가[32) 활발하게 전승되는 것도 이 같은

---

30) L. Broom and P. Selznick, *Sociology*, New York : Harper & Row, 1968, pp. 120-121 ; 백종천·온만금·김영호, 한국의 군대와 사회, 나남출판, 1994, 274-275면.
31) <군대를 안 가는 방법 10가지>와 같은 유머가 좋은 예화라고 할 수 있다. 이 유머에

인식과 무관하지 않다. 입영통보서인 영장과 관련된 유머에서도 그러한 인식을 쉽게 찾아볼 수 있다.

　　〈도루묵〉
　　건실한 대학생이 있었다. 그에게는 여자 친구도 있고 꿈도 있고, 능력도 있는 녀석이었다.
　　그러던 어느날 그에게 절망적인 변화가 일어나게 되었다. 한창 나이에 머리가 빠지는 것이었다. 그는 심각하게 고민하게 되었고, 어느새 여자 친구도 그의 곁을 떠나고 말았다.
　　그래서 그는 한 가지 굳은 결심을 하게 되었다. 그는 열심히 아르바이트를 해서 돈을 마련해 머리를 심기로 했다. 그리고 정말로 그는 열심히 일했고, 드디어 돈을 모아 머리를 심을 수 있었다.
　　그래서 긴 머리칼을 휘날리며 돌아온 그에게 어머니가 말했다.
　　"애야, 영장 나왔다."
　　그러자 그는 머리를 쥐어뜯으며 울부짖었다.
　　"인생은 미완성!"[33]

　　꿈과 능력도 있고 또한 건실한 대학생이 있었다고 했다. 그런데 갑자기 머리카락이 빠져 대머리가 되었으며, 이 때문에 여자친구와 헤어졌다고 한다. 이에 그는 아르바이트를 열심히 해서 모은 돈으로 머리카락을 심었다. 그런데 긴 머리칼을 휘날리며 흡족한 마음으로 귀가하였는데, 어머니가 영장이 나왔다는 소식을 알려준다. 이에 청년은 인생은 미완성이라고 울부짖었다고 했다.

---

서는 右手斷指術을 비롯하여 右肩奪骨術, 脊椎奪版術, 染色體變形術, 女軍誘惑術, 女弟勸誘術, 一發三得術, 平足造作術, 視力弱化術, 局部絶斷術의 열 가지 병역회피 방법이 제시되어 있다.
32) 〈청소년에게 낙하산을 타게 하는 방법〉과 같은 이야기가 그러한 예에 해당한다. 이 유머에서는 각국의 청소년들에게 낙하산을 타도록 설득하는 방법을 제시하고 있는데, 한국 청소년에게는 병역특혜를 주겠다고 하면 된다고 하였다.
33) 한얼유머동호회, 유머학, 미래문화사, 2000, 203면.

능력과 인품을 갖춘 남자 대학생에 있어 청년기는 인생을 준비하는 중요한 시기이다. 그는 성인사회에 진입하기 위해서 많은 것을 준비한다. 대머리 대학생이 머리카락을 심은 것도 바로 그러한 준비의 일환이다. 내적인 실력과 아울러 외적인 면모 역시 중요하기 때문이다. 그러나 이러한 준비와 노력은 입대통지서로 인해 새로운 좌절을 겪게 된다. 각고의 노력과 상당한 비용을 들인 결과 대머리를 치유할 수 있었지만, 입대와 함께 긴 머리칼은 그 빛을 잃게 된 것이다.

이처럼 청년기를 거쳐 성인기로 진입하는 시기에 이루어지는 군 생활은 평생의 계획과 배치되는 경우가 흔히 있을 수 있다. 병사들의 입대가 자발적이지 않다는 점에서 그들의 고민과 갈등은 한층 복잡한 양상을 띠게 된다. 군대유머 속에는 바로 이러한 병사들의 내면세계가 그대로 함축되어 있다고 할 수 있다.

결국 군복무는 20대 청년기에 거쳐 가는 불가피한 생애주기적 경험 중의 하나이며, 이는 군대유머 속에 고스란히 반영되어 있는 것으로 보인다.

〈병역비리〉
요즘 운동선수와 연예인 병역비리 문제로 여기저기서 시끄럽다.
그러고 보니 나에게도 병역비리가 있었다.
대학교 때….
2학년 1학기를 마치고 군에 가기 위해, 병무청에 가서 미리 입영신청을 했다. 대략 9월쯤에 입대를 희망한다고 했던 것 같다. 아버지께서 군대 쪽으로 어느 정도 빽이 있는 건 알고 있었지만, <u>나도 아버지도 군대는 당연히 갔다 와야 한다고 생각하고 있었고, 신검 때 시력이 나빠 혹시나 방위판정을 받지 않을까 걱정을 했다.</u>
<u>그러나 다행히 2등급으로 현역입대가 가능했다.</u>
방학이 되고 얼마 후에 병무청에 연락을 해보니, 9월 24일(?)로 입대가 확정됐고, 조금 있으면 입영통지서가 갈 거라 했다. 그 정도면 개강

한 후라… 학교에 들러 선후배와 동기들에게 인사할만한 시간도 되고, 술도 신나게 얻어먹을 수 있을 거라는 생각으로… 즐거움 반 아쉬움 반… 유유자적 입대 전 마지막 방학을 보내고 있었다.

그러던 어느 날(7월 말쯤) 아버지께서 조용히 부르시더니, 청천벽력 같은 말씀을 내게 들려주셨다. 소위… 빽을 쓰신 것이다… 그것도 공짜로…

"너 군대 가는 문제 잘 아는 사람한테 부탁해 놓았다. 너 입영날짜 좀 앞당겨 달라고 그랬다. 방학이라고 집에서 놀고 있으면 뭐 하냐, 갔다 올 거면 빨리 갔다 와라."ㅠ.ㅠ(밑줄 – 필자)[34]

우리나라 남성들의 병역에 대한 인식을 잘 보여주는 이야기이다. 화자에게 있어서 군대는 당연히 갔다 와야 하는 곳으로 인식된다. 게다가 시력이 나쁜 화자는 혹시 방위병으로 판정될까 걱정하기도 한다. 결국 그는 신체검사에서 2등급을 받아 현역으로 입대하게 되었는데, 이를 두고 다행으로 생각한다.

물론 모든 입영대상자들이 이런 인식을 갖는 것은 아니라고 본다. 이런 생각의 근저에는 병역의 불가피성에 대한 인식이 자리잡고 있다고 할 수 있다. 군대에 대해서 긍정적인가 혹은 부정적인가 하는 차원을 떠나 병역은 피할 수 없는 과정으로 각인되어 있다고 할 것이다. 그렇기 때문에 어차피 일정기간의 병역을 이행해야 한다면 현역을 선호한 것으로 보인다.

군대유머 속에 담겨진 이와 같은 의식은 군 경험에 대한 긍정적인 시각과도 밀접하게 관련되어 있다고 본다. 다음은 군복무에 대한 국민들의 긍정적인 인식을 분명하게 보여주는 하나의 통계이다.[35]

---

34) 문화일보(2004. 9. 15.)
35) 육군본부, 청장년의 의식구조와 군복무의 효과, 1978, 31-32면(백종천, 국가방위론, 박영사, 1985, 601면에서 재인용.)

| 항 목 | 찬성(%) | 불찬성(%) |
|---|---|---|
| ○ 젊은 나이에 3년씩이나 군에서 보낸다는 것은 개인에게는 큰 손해이다. | 51.3 | 48.7 |
| ○ 어떤 사람들은 군복무기간을 별로 배우는 것이 없이 3년을 보내는 허송세월 기간이라고 한다. | 21.5 | 78.5 |
| ○ 군대생활은 자신이 노력하기에 따라 많은 것을 배울 수 있다. | 88.7 | 11.3 |
| ○ 아무래도 군에 다녀온 사람이 그렇지 않은 사람보다 생활력이 강하다. | 80.1 | 19.9 |
| ○ 군에 다녀오면 철이 나고 점잖아진다. | 68.9 | 31.1 |

　이러한 조사결과에 의하면, 우나나라 사람들은 군대에서도 자신의 노력에 따라 많은 것을 배울 수 있으며, 군복무를 한 사람은 그렇지 않은 사람보다 생활력이 강하고 철이 든 것으로 인식하고 있음을 알 수 있다. 또한 위계와 조직을 중시하는 군대생활을 경험함으로써 책임감과 인내심을 기를 수 있으며, 상하관계와 동료집단과의 관계 속에서 원만한 인간관계와 상급자에 대한 복종심, 동료와의 협동심 등을 배양할 수 있다는 것이다. 그렇기에 군복무는 물리적 시간상 다소 손해라고 할 수 있으나 절대로 허송세월은 아니라는 의식을 보여준다. 이러한 의식은 군생활이 일정부분의 사회화 역할을 담당하고 있으며, 아울러 청년기에 거쳐야만 하는 통과의례로서 인식되고 있음을 시사한다.

　이러한 인식은 군대유머에서도 흔히 확인할 수 있다고 본다. 예화에서 본 바와 같이 군대유머에서는 군복무에 대한 비판적 의식과 긍정적 의식이 공존하고 있음을 짐작할 수 있다. 다시 말해서 군대유머는 군복무에 대한 양면적 평가와 인식을 동시에 함축하고 있다고 할 것이다. 이런 점에서 군대유머에 대한 연구는 군복무 경험에 대한 다양한 인식을 효과적으로 살펴볼 수 있는 방법이라고 할 만하다.

　특히, 병역에 대한 고민과 입대에 따른 격리의 경험은 20대 초반에 이루어진다는 점에서 한층 더 의미가 있다고 생각한다. 20대 초반은 생애주기 상으로 청년기에서 성인기로 이행하는 시점에 해당한다. 이 시절은 그 어느 생애주기에 못지않게 정체성에 대한 고민이 심각하게 이루어는 시기이며, 성인으로서의 구비해야 할 여러 가지 자질과 인식을 갖추는 시기이다. 따라서 군대유머에는 이러한 청년기의 의식세계가 긴밀하게 반영되어 있을 것으로 생각되며, 이러한 의식세계를 추출하는 것도 중요한 연구대상이 될 수 있으리라고 본다.

## 3. 나오는 말

이상으로 군대유머의 사회문화적 위치에 대하여 개략적으로 살펴보았다. 그 결과 우리사회에 있어서 군대유머의 내면을 효과적으로 조망하기 위해서는 군대와 연관되어 있는 제도적 측면, 문화적 측면, 세대적 측면, 생애주기적 측면을 포괄적으로 고려할 필요가 있다고 본다.

먼저, 제도적 측면에서는 국민개병제와 병역의무를 우선적으로 고려해야 한다고 보았다. 남북간의 분단과 민족상잔의 전쟁을 경험한 우리나라는 국민개병제를 채택하고 있으며, 모든 남성들에게 병역의 의무를 부여하고 있다. 이에 따라 우리나라 남성들은 군생활이라는 공동경험을 가지고 있으며, 이런 경험은 주변의 모든 사람에게도 영향을 준다는 점에서 민족공동체적 집단경험으로 확산된다. 그러므로 군생활 혹은 군경험은 우리민족의 의식과 정서에 일부를 형성하는 데에 기여했다고 할 수 있으며, 이는 곧 군대 이야기 속에 고스란히 반영되어 있다고 보았다.

둘째, 문화적 측면에서는 군대와 일반사회 혹은 군대문화와 일반문화 사이의 차이점을 고려해야 한다. 군대는 대내외의 무력적 도전을 물리치고 국가와 민족의 안전을 보장하기 위한 목적으로 만들어진 조직이다. 그렇기에 군대는 권위주의, 획일주의, 보수주의, 집합주의 등등의 특성을 가지고 있다. 이런 성격은 일반사회와는 분명하게 다른 부분이며, 이와 같은 상이성으로 인하여 병사들은 온갖 희비를 경험하게 된다. 병사들의 희비 경험은 군대문화와 일반문화 사이의 간격에서 발생하고 있으며, 이러한 간격과 차이는 군대유머의 주요한 소재로 이용되는 것으로 보인다.

셋째, 세대적 측면에서는 구세대와 신세대 사이의 변화를 고려해야 한다. 우리사회는 6,70년대에 고도의 경제성장을 이룩하면서, 그 이전세대와 이후세대 간에 경제적, 사회적, 문화적, 인식적으로 뚜렷한 차이가 존재한다. 이러한 차이점은 신구 세대 사이에 갈등을 일으키기도 하고, 군대조직과 군대문화에도 변화를 초래하기도 한다. 바로 이와 같은 신구 세대 사이의 갈등과 변화상은 군대유머를 형성하는 하나의 인식적 축이 될 만하다고 본다.

넷째, 생애주기적 측면에서는 군에 입대하는 병사들 대부분이 초기 청년기에 해당한다는 점을 감안할 필요가 있다. 초기 청년기는 완전한 성인으로의 성장과 전환을 준비하는 시기로서, 이 시절의 경험과 인식은 훗날 성인사회에서의 삶에도 지대한 영향을 줄 수 있다. 이런 점에서 일정기간의 군 생활은 재사회화의 과정으로서, 또는 성인사회로의 진입을 위한 통과의례로서의 의미가 있다고 할 수 있다. 이러한 의미인식 역시 군대유머의 또 하나의 내면이라고 할 수 있다.

결국 군과 밀접하게 연관되어 있는 제도적, 문화적, 세대적, 생애주기적 측면은 군대유머의 사회문화적 위치를 가늠하는 의미 있는 척도라고 본다. 이들 네 가지 측면은 곧 군대 이야기의 내면세계를 구성하는 인식적 실마리이며, 또한 그러한 인식세계를 유추하는 단서가 될 수 있다고 생각한다. 물론 이들 단서는 좀 더 세부적이고 구체적이며, 하위적인 요소로 나누어야 할 필요가 있으며, 이를 군대 이야기와 관련지어 논의되어야 할 것이다.

## | 저자 소개(게재순)

김 규 철  육군사관학교 국어과
김 동 식  한신대학교 국어국문학과
김 홍 수  국민대학교 국어국문학과
나 익 주  전남대학교 영미문화연구소
박 지 용  육군사관학교 국어과
박 형 우  한국교원대학교 국어교육과
송 철 의  서울대학교 국어국문학과
윤 용 선  명지대학교 국어국문학과
윤 종 열  국민대학교 영어영문학과
이 필 영  한양대학교 국어국문학과
임 홍 빈  서울대학교 국어국문학과
채    완  동덕여자대학교 국어국문학과
최 명 옥  서울대학교 국어국문학과
최 윤 희  서울대학교 외국어교육과
김 광 년  육군사관학교 국어과
김 유 중  한국항공대학교 교양학부
김 종 윤  육군사관학교 국어과
김 재 홍  경희대학교 국어국문학과
이 경 재  서울대학교 국어국문학과
이 익 성  충북대학교 국어국문학과
이 정 엽  육군사관학교 국어과
정 대 림  세종대학교 국어국문학과
정 재 민  육군사관학교 국어과

# 어문학 연구의 넓이와 깊이

인 쇄  2006년 3월 24일
발 행  2006년 3월 31일
저 자  김규철 外

펴낸이  이대현
편 집  박소정
펴낸곳  도서출판 역락 / 서울 성동구 성수2가3동 301-80
       (주)지시코 별관 3층(우133-835)
전 화  3409-2058(대표) 3409-2060(편집부) FAX 3409-2059
이메일  yk3888@kornet.net / youkrack@hanmail.net
홈페이지  www.youkrack.com
등 록  1999년 4월 19일 제303-2002-000014호

정 가  35,000원
ISBN   89-5556-475-9-93710

*잘못된 책은 교환해 드립니다.